中国通史

（第二卷）

《中国通史》精彩扼要地勾勒出中国历史演进的基本脉络和中华民族的发展过程，从宏观上把握中国历史，窥一斑而知全豹，进而使读者从中揣摩与品味出中国历史发展的内在规律。

中国书店

健康生活

由于生产力的提高，医疗技术的进步，到了商代，人的身体素质明显增强，平均寿命也比以前大大提高。商代人很崇尚练武，历代商王都很喜欢出外打猎，上层的崇武也影响着普通平民百姓的生活。健康无灾、拥有强健的体魄成为商代人的生活追求。商代人们的居住条件得到了极大的改善。这时候人们已经不满足于把生活居所和大自然简单地分开，已经开始追求让住所变得更加干净，更加舒适。商代的人们已经掌握了防雨防潮的有效方法，他们还在城市里修建了倾倒垃圾的灰坑、灰沟和丢弃废物的窖穴等，还有排泄污水的地下管道或明暗沟设施，这些都已被考古发现所证实。

在郑州商城的考古挖掘中，还发现了用原木挖空做井壁，在井底铺上可以过滤净化地下水的水井。这主要是为了改善饮用水的水质，克服水土条件的制约，以使人喝到更干净卫生的水。

在饮食方面，商代人已经习惯一天吃两顿饭，上下午各一次，一般上午吃的多一些，称为"大食"，下午吃的少一些，称为"小食"，这种分大小餐的方式无疑对健康很有益处。而且商代人很注意对食物的灭菌消毒工作，注意饮食器具的清洁卫生，从而有效地避免了疾病的发生。

这些措施和设施的出现，大大提高了卫生条件，有效地预防了病菌的滋生和蔓延，保护了人们的身体健康。

贝币成为货币形式

原始社会末期，贝就开始作为交换的中介物，这是贝币作为货币形式的萌芽时期。

到商和西周（前17世纪～前771年）时期，贝币已经成了流通中的主要货币形式。

贝壳成为中国的早期货币，并非偶然。贝壳是古代人们所喜爱的一种装饰品，它们色泽光彩美丽、坚固耐用，很容易成为日常交换的媒介。贝壳产生于海洋，夏商两代主要活动在我国东部近海但又与海岸有一定距离的地区，贝壳的供给量多少适中，既便于普及，又能在一段时间内保持价格的稳定。而且，贝壳比较容易加工成可以分合之物，易于计量。所以，贝壳成为中国历史上较早的广泛使用的货币，是很自然的事。

贝壳最初是作为贵重的装饰品传入北方的，到商代时才真正成为货币形式。这一点，已经得到考古资料的证明。在史前的仰韶文化和二里头夏代文化的遗址中都发现有贝，但数量很少，主要作装饰之用；在商代，用贝做为随葬品的现象已相当普遍，到商代晚期，墓中随葬的贝的数量明显增多，从数百枚到数千枚，最多达到六七千枚。同时在商代金文中也出现有商王将贝赏赐给臣下的记载。这说明贝已不仅仅作为装饰品，而是具有特殊价值的物品了。将单个的贝币用索穿连成串，每5个贝为一系，2个系为一朋，10贝1朋，为1个计量单位。在商代墓葬中，还出现了石贝、铜贝、玉贝、骨贝等仿制品，说明人工铸币也开始使用。从文字学上看，甲骨文中贝字和从贝的字很多，所有从贝的字都含有财富、珍宝、贮藏的意思，这也说明贝已具有普遍的货币作用。

到西周时期，仍然以贝币为主要货币，《诗》中有"赐我百朋"的诗句，全文中也常有关于贝和朋的记载。这一时期天然的海贝数量减少，随着铜器铸造业的发展，

贝币。图中大贝为商代遗物，河南安阳殷墟出土。小贝为商代后期遗物，河南安阳妇好墓出土。

铜铸贝币的数量增多。在河南辉县玻璃阁周墓中一次出土的鎏金铜币就达 1000 多枚。贝币是我国最早的货币形式，中国货币由此衍化，发展到后世的金、银、布帛和纸币，构成了自史前时期至明清两代独具特色的独立货币体系和货币文化。

商代学校教育出现

商代的学校分为序、庠、学、瞽宗等。从《孟子·滕文公上》、《礼记·王制》等文献材料估计，商代的序和夏代的序没有多少区别，都具有养老、习射等职能，是讲武习礼的场所。学有"左学""右学"之分。左学即下庠、小学，位于国中五宫之中；右学为大学，设于西郊。《礼记·王制》中说："殷人养国老于右学，养庶老于左学。"孔颖达的注疏中称养老在学，目的是宣扬孝悌之道，学习养老之礼。殷商卜辞中的"大学"是指献俘祭祖的场所，且与宗庙的神坛连在一起，以祭祖、献俘、讯馘、养老为主要职能，以教授有关宗教祭典等礼仪知识为主要内容，但不是具有完整意义的现代高等教育机构。殷人重视祭祀、崇尚礼乐，特设"瞽宗"。瞽宗本是乐师的宗庙，用作祭祀的场所。祭祀中礼乐相附，瞽宗便逐步变成了对贵族子弟传授礼乐知识的机构。序、庠、学和瞽宗表明了商代出现了比较完备的学校机制。

甲骨卜辞的发现，证实了商代学校已进行了许多方面的教学活动。如"乎多𠂤伊自于教王族。"意即商王命令𠂤伊（官名）认真负责地教育王族成员。又如"丁酉卜，其呼以多方小子小臣，其教戒。"指商王朝对已臣服的方国子弟（或战俘）进行军事技术和武术训练方面的教育。甲骨文还表明了商代学校已进行了读、写、算教学，出现了作为教材的典册。《尚书·多士》中有"唯殷先人，有典有册"的句子，说明商代学校具有读书写字的教学条件。由于殷人几乎无事不占不卜，同宗教有密切关系的数术成为商代教育的重要内容。从甲骨卜辞看，商代最大的数字已达 3 万，并能进行一般的算术运算和绘制较为复杂的几何图形。殷商数学教育为天文历法的发展提供了有利条件，出土的一个骨片上就重复刻着从甲子到癸丑十天的干支表。据《史记》等文献和甲骨卜辞考证，商代教育具有官师合一的特点，即执掌国家宗法祭典大礼的职官往往也是在学校教授礼乐知识的教师，这种身兼两职的职官和教师统称为"父师"。

商代奴隶主贵族为了培养自己的子弟，巩固奴隶制国家的统治，建立了序、庠、学、瞽宗等学校，教师由国家职官兼任，教学内容以宗教和军事为主，此外还有伦理和一般文化知识。"六艺"教育初露端倪，为西周时期的教育开辟了道路。

车战成为主要的作战方式

车战最早起源于夏代，约在夏末商初，已有小规模的车战。从商代晚期开始，车战逐渐代替步战。已出土的一批战车和车战就是商代晚期的遗物。在商代晚期的甲骨文中，还出现了最早的"车"字，并出现了有关车战和召集战车射手（登射）的卜问，也证明了这一点。至西周时期，车战就基本上取代了步战，成为主要的、占支配地位的作战方式，从而实现了中国古代战争样式的第一次巨变。

据考古学家推测，商代可能拥有300辆战车。商代和西周时期军事角逐的中心区域是黄河中下游的关中和中原地区，战场都是广阔的平原，特别适合于战车驰骋。《诗经》中有关西周的篇什，凡写到命将出征，都要提备车备马。如《小雅·采薇》："戎车既驾，四牡业业"，反映了车战的兴盛和威力。

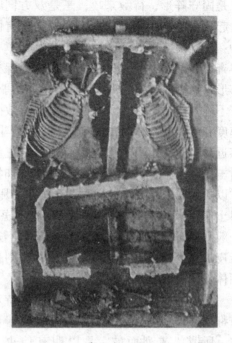

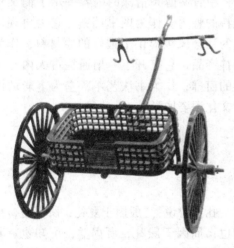

商代两马牵拉战车模型。先秦时期兵车，一般为独辕两轮，从两马牵拉演进为一车四马。

商代的战车用木制作，一些部位装有青铜饰件或加固件。其形制是：独辕、两轮、长毂、车厢（舆）呈横宽纵短的长方形，车厢门开在后面，车辕后端压置在车厢与车轴之间，辕前端横置车衡，衡上缚两轭以供驾马。战车大多数驾2马，称为"骈"，也有驾3马的，称为"骖"。只有少数驾4马。车上载3名甲士，按左、中、右排列：左方甲士持弓主射，是一车之首，称"车左"、"甲首"或"射"；右方甲士执长兵器（戈、矛等）主格斗，并负责为战车排除障碍，称"车右"、"戎右"或"参乘"；居中的是控马驭车的御者，只随身佩带刀剑等短兵器。实际作战时，"车左"除弓箭外，也配备长兵器和短兵器；"车右"除长兵器外，也配备短兵器和弓箭，但责任有所侧重。指挥车则将帅居左，卫士居右，车上配备有旗和鼓，以供指挥和联络。每辆战车还附属有一定数量的步兵，战斗时随车跟进。周代为了提高战车的机动性能，将战车车辕逐渐缩短，而轮上辐条的数目则逐渐增多，并在一些关键部位增加了青铜加固件。周代战争普遍已用4匹马驾引，其中间的2匹马叫"服马"，用轭驾在辕两侧，左右的2匹马叫"骖马"，以皮条系在车前，合称曰"驷"。

车战的一般过程是：两军相会，先扎营驻军；以单车犯敌营垒，进行挑战并炫耀武力；列阵作战，两军相合。交战的方式有三种：一是先敌发动进攻，追击敌阵；

二是固守阵形，待敌来攻；三是双方同时发起攻击。与此相应，进攻的方式也有两种：一是快速进击，所谓"疾进师，车驰卒奔"（《左传·宣公十二年》）；二是保持阵形，徐缓推进，"虽交兵致刃，徒不驱，车不驰"（《司马法·天子之义》）。进攻的速度和节奏由将帅以鼓点控制。进入战斗，接近敌军时，车上甲士先以弓箭进行正面射击；继而当敌我双方的战车相交错时，才以长兵器进行格斗；最后直至车毁马毙，甲士们便弃车肉搏。战斗持续时间很短，一般几个时辰，最多一天结束。基本不进行夜战，少数白天未分胜负的战斗，则夜间休战，次日再战。

早期车战战术非常呆板，一般要待双方都列好阵形后，才以击鼓为号，发起攻占。所谓"成列而鼓，是以明其信也，"（《司马法·仁本》），体现了早期战争重信轻诈的显著特点。但商代车阵已出现右、中、左的配置。商代晚期军队建制中右师、中师、左师概念的出现，反映了当时已经具有中军和两翼相配合的意识，较之单一的方阵是很大的进步。

商代贵族教育

从甲骨文献中我们还发现，商代已经出现了专门的学校教育机构。教育对象以贵族子弟为主，一般的平民百姓家的孩子很少有机会受到教育。

宋镇豪经过多年研究，将商代的学校教育机构分为三个层次：大学、右学、瞽宗。这些教育部门全部由商王朝直接掌管。其大学教育相当于我们现在的高等教育，是专门培养高等人才的。右学，是根据方位来定的名称。古人以西为右，学校一类的机构都建在皇都的西侧，所以就有了右学之称。瞽宗，是因为古人认为盲人虽然看不到东西，但是他们的心志是非常圣明的，他们精通音律五行，知晓礼数礼法，并被认为可以和神明相沟通，因而成为教育年轻人老师的首选。

商代对贵族子弟的教育相当严格，不但要学习祖宗的宗教礼法，还要学习舞蹈、演奏、乐理、射术，可谓能文能武，样样俱全。虽然商代的教育课程繁多，但内容多与社会生活实践紧密相连，所以贵族子弟们在参与的过程中渐渐学会了各方面的技能。这些技能的培养对他们日后的生活很有帮助。他们通过直接在社会活动场合或礼教场所进行揣摩学习，增强了自身的生活能力，逐渐成为贵族统治阶层所需要的接班人。

甲骨文博大精深的内容展示了商文化独特的魅力。作为图书档案，它为再现商代的社会风貌提供了最好的原材料；作为精神产品，它打开了一扇通往古人内心世界的窗扉；作为书法艺术，它为多彩的汉字文化添姿加彩。

周公制礼作乐

孔子曾说："殷因于夏礼，所损益，可知也；周因于殷礼，所损益，可知也。其或继周者，虽百世，可知也。"在孔子看来，夏、商、周在礼仪制度上的变化是"损益"的关系，即有所减损或增益。殷承于夏，周又承于殷，在周代以后虽然经过百世也还能看出它们的承接关系。

孔子对夏、商、周三代文化因承关系的论断放在中国的历史长河来说，可谓公断，然而单就夏、商、周三代而言，其变化还是比较显著的。因此近代史学大家王国维在其名著《殷周制度论》中说："中国政治与文化之变革，莫剧于殷周之际。"周人的礼乐制度既因于殷礼，因为当时殷人的文化水平确实高于兴起于西方的小国周；但在周公、成王之后，周人的礼与殷人的礼差异很大，由此可断定周人在革殷商之命后，继而革殷商之礼，这个巨大的变革即为周公的"制礼作乐"。

关于周公制礼作乐的记录始见于《左传·文公十八年》，其中记载季文子的话说："先君周公制礼作乐曰：'则以观德，德以处事，事以度功，功以事民。'"鲁为周公之子伯禽所建的封国，奉周公为始祖。季文子是鲁国的世家子弟，所在的春秋时代距离西周并不久远，他的话应该是可信的。而且根据殷商周初的甲骨文和金文以及后世文献考证，武王之后的周礼与殷商有较大区别。而武王去世之后，成王幼弱，能即承大统并改制的只能是践天子之位而摄政的周公，所以说周公制礼作乐应该确有其事。那么，周公到底制了什么礼，作了什么乐呢？

《尚书·召诰》记载周公总结夏、商灭亡的经验教训时说道："我虽然不知道夏、商的统治应该延续多少年，但是它们因为不敬厥德故而失去了天命，早早离开了历史舞台"。然后，他们又对殷人"先鬼而后礼"的天命思想进行了反思。周人已经认识到"天命无常"，即天命会发生转移，而这个转移的基点就是"德"，是民心所系。也就是说天命以人心向背为根

周公测景台（今河南登封）

据决定王权的兴衰，而民心的向背又取决于统治者的"德"。于是周公提出"敬德保民"的思想，将殷人的重神事转移到人事中来，同时用礼乐制度来表现和巩固周人之"德"。可见周公的制礼作乐，是基于"德"的观念。

至于西周的具体典章制度、礼仪规范、干戚乐舞，则见于反映周代礼仪的"三礼"——《周礼》、《仪礼》和《礼记》。根据"三礼"的记载，西周礼仪是一套繁复而严谨的等级制度，如规范日常生活的冠礼、丧礼、聘礼、乡饮酒礼、士相见礼，规范祭祀的祭礼，饮食宴客的飨礼、燕礼，规范君臣上下之制的觐礼、朝礼以及军队的出征礼仪——军礼等。这些礼仪规范的目的在于使"衣服有制，宫室有度，人徒有数，丧祭械用皆有等宜"，可见西周贵族生活在严密的等级规范里。与礼同源于祭祀的乐——娱神的乐舞，与礼相须为用，不可分割。"乐由中出，礼由外作"，即礼从外在来规范人伦，而乐则是通过舞乐来使这种制度深入人心，使之从内心发出对礼的欣然认同。所以上古说：礼以范人，而乐以和民。在西周，乐舞与礼仪相配，有十分严格的制度，不同的等级配以不同的乐舞。

严格来说，周公制礼作乐并非是说在周公之前没有礼乐，而是周公对礼乐进行了新的定义和规范，使之更符合西周政权统治的需要。周公之前的礼乐在周公革新之后发生了转向，而中国文明也在周公之后发生了转向。所以周公制礼作乐对西周以及整个后世的中国文化都起了不可估量的作用。

西周乐舞

《礼记·乐记》说："乐由天作，礼以

地制"，"乐者，天地之和也；礼者，天地之序也。和故万物皆化，序故群物皆别。"周公制礼作乐就是希望用礼别人，用乐和民，使整个西周社会既能尊卑有别，又能和睦融融。

西周的"乐"包括乐德、乐语、乐舞以及乐理。《周礼·春官宗伯》记载大司乐的职责为："以乐德教国子：中、和、祗、庸、孝、友。以乐语教国子：兴、道、讽、诵、言、语。以六舞教国子：《云门》、《大卷》、《大咸》、《大韶》、《大夏》、《大濩》《大武》。以六律、六同、五声、八音、大合乐，以致鬼、神、示，以和邦国、以谐万民、以安宾客、以说远人，以作动物。乃分乐而序之，以祭、以享、以祀。"这一段话涵盖了乐的内容、作用及其使用方法，可以说是对西周乐舞的基本概述。

其中"中、和、祗、庸、孝、友"为乐德。《礼记·乐记》说，乐舞和乐器只是乐的末节而非根本，其根本则为德。"乐由心生"，乐是德的体现，故以不偏不倚的"中"、中节的"和"、庄敬的"祗"、恒常的"庸"、尊老的"孝"以及团结兄弟的"友"，作为乐应体现的德。

"兴、道、讽、诵、言、语"是乐词的六种形式：托物言志为"兴"，直言其事为"道"，微言刺讥为"讽"，以声节之为"诵"，发端为"言"，答复为"语"。

"六舞"是颂扬六代圣主的舞蹈：《云门》和《大卷》是歌颂黄帝的乐舞，象征他的德行像日出云卷一样；《大咸》也叫《咸池》，是歌颂尧的乐舞，象征他的德无所不施；《大韶》是颂扬舜的乐舞，表示他能够继承尧的圣德，《大夏》是歌颂大禹的乐舞，表示他的德能光大中国；《大濩》是歌颂商汤的乐舞，表示他的德使天下皆得其所；《大武》是歌颂武王的乐舞，表示其德能成就武功。乐舞又分为文舞和

武舞，执盾牌而舞的"干舞"与执斧钺而舞的"戚舞"皆为武舞，执长尾雉羽毛而舞的"羽舞"和执牦牛尾而舞的"牦舞"同为文舞，以象征百兽率舞。此外根据《周礼》记载还有持五彩缯而舞的"帗舞"，以五彩为羽象征凤凰来仪的"皇舞"以及仿效四夷来朝拜周王的"大舞"。

西周贵族服饰

"六律"指由黄钟等六种乐器演奏的节律，称为阳律；"六同"指大吕等六种乐器演奏的节律，称为"吕律"，也称为"阴律"。阳律与阴律合称为十二律。"五声"指宫、商、角、徵、羽五个音阶；"八音"指金（钟）、石（磬）、丝（弦）、竹（管）、匏（笙）、土（埙）、革（鼓）、木（祝）八种乐器。

周的统治者认为，这些音乐在郊庙前演奏可以致鬼神，赐给诸侯可以和万邦，用在乡射可以谐万民，用在燕饮飨食时可以安宾客，用在四方诸侯方国来朝时可以愉悦远方的客人，还能使鸟兽也一起欢歌乐舞。可见乐的功用非凡，既可以祭祀天人鬼神，又可以合同万民，愉悦宾客、远人，使一切在礼制之下，又可以各得其所。

"礼乐相须为用"，有礼的地方就一定配以乐。礼以祭礼为重，乐亦如此，而且根据祭祀对象的不同要用不同的乐。《周

礼》记载："乃奏黄钟，歌大吕，舞《云门》，以祀天神；乃奏大蔟，歌应钟，舞《咸池》，以祭地底；乃奏姑洗，歌南吕；舞《大韶》，以祀四望；乃奏蕤宾，歌函钟，……"。"国之大事，在祀与戎"，除了祭礼用乐之外，具有军事演习性质的射礼也用乐，且根据级别不同而用不同的乐。

此外，乡饮酒礼和燕礼也要用乐。根据《仪礼·乡饮酒礼》记载，乡饮酒礼所作的乐分为升歌、笙奏、间歌、合乐四个部分：主人向宾客敬酒之后，乐工四人（一般是鼓瑟两人，歌唱两人）升堂，在堂上歌唱《诗经·小雅》的《鹿鸣》、《四牡》、和《皇皇者华》，用笙伴奏，所以叫升歌。歌唱结束，吹笙者退到堂下，吹奏《小雅》的《南陔》、《白华》和《华黎》，称之为"笙奏"。然后是堂上歌唱和堂下笙奏交替进行，称之为"间歌"：先歌唱《小雅》的《鱼丽》，次奏笙奏《由庚》；再歌唱《南有嘉鱼》，次奏《崇丘》；又歌唱《南山有台》，次奏《由仪》。最后是升歌和笙奏相和，奏唱《周南》的《关雎》、《葛覃》、《卷耳》，以及《召南》的《鹊巢》、《采蘩》、《采蘋》。

燕礼是诸侯宴请大夫或贵宾的礼仪，虽然用于诸侯之家，但重在娱乐性，不是大礼，所以用的乐与乡饮酒礼相同。

西周的礼是等级社会的标志，乐也一样，是等级身份的象征。不同等级的贵族所用的乐也有严格要求，如乐舞规定天子用"八佾"，诸侯用"六佾"，大夫用"四佾"。古时乐舞的行列，1行为8人，称为1佾，天子用8佾即有8行共64人。传说东周时，礼崩乐坏，诸侯大夫僭越礼制的事常有发生，如鲁国季氏本应该只用4佾，而僭礼用了天子的8佾，孔子闻听后气愤地说道："是可忍，孰不可忍！"就是说连这种僭越王制的事都忍心做了，还有什么犯上作乱的事不会做呢？

除了乐舞人数有规定外，乐器的使用也有严格规定：天子"宫县"就是四面都悬挂乐器；诸侯"轩县"则去掉南面以避王，悬三面；大夫"判县"又去掉北面，悬左右两面；士"特县"就是只在东面或阶间悬挂。1978年，湖北随县发现了的曾侯乙墓，墓葬中的乐器陈列情况，和《周礼》所说相同：墓室的西南两壁悬挂着编钟，北面悬挂着编磬，这正是诸侯"轩县"的实例。

西周之世，乐与礼都是等级身份的象征，又是和同万物的至德之音，富有深意。而到了春秋以后，随着礼崩乐坏，民间出现的郑、卫的新乐，因其行伍杂乱，奸声淫溺，男女混杂，尊卑不分，所以被君子称为"靡靡之音"。

学在官府

相传夏代的教育机构为庠、序。"庠"兼有奉养、教育和粮仓的作用。"序"是进行射箭训练的场所，可看作是武士学校。到了商朝，贵族教育有了很大发展，除了庠、序之外，还有兼教音乐的"瞽宗"和专门进行教学的"学"。商人的"学"有大学和小学之分，教育内容以礼乐和射技为主。周承接了夏、商两代的文明而又有了较大发展，是奴隶制的鼎盛时期，故西周一代，文化发达，礼乐昌明，贵族教育也有了更大发展。西周的学校以地域分为国学和乡学。国学是中央官学，乡学为地方官学。以学习阶段分为大学和小学，其教育内容以礼、乐、射、御、书、数"六艺"为主。

《大戴礼记·保傅》记载：上古时的贵族子弟8岁入小学，15岁即束发"成童"后入大学。《礼记·内则》则把贵族子弟的教育分为三个阶段：6至9岁在家中学习简单的数字、方名及干支纪日等方法；10岁外出就学，即入小学，学习写字、音乐等；15岁入大学，学习礼乐；20岁举行成人仪式——冠礼，之后开始学习礼仪。这些记述具体数目虽有出入，但基本是幼年入小学，成童入大学。

那么小学和大学又是怎样设置的呢？小学建在都城的宫内，而大学建在都城郊外，辟雍和泮宫分别是天子和诸侯所读的大学场所。"辟雍"的形制特征是四周环绕着水池，中间为圆形的高地，上面建有厅堂式的草屋。四面环绕的水池称为"辟"，中间的高地称为"雍"。辟雍也叫"明堂"，兼作天子祭祀和朝见诸侯、处理政事的地方。"泮宫"的形制与辟雍相似，但是级别低于辟雍，西、南面为水，东、北面则为墙。

周公测景图

辟雍和泮宫不仅是贵族子弟学习的场所，还是贵族成员举行集体行礼、集会、聚餐以及练武的场所。西周的地方官学——庠、序，是乡饮酒礼和乡射礼举行的地方，所以大学的辟雍和泮宫也是天子和诸侯协同贵族举行乡饮酒礼和射礼的场所。在上古时候，乡饮酒礼和射礼一般是连在一起举行的，《仪礼·射义》说："卿大夫士之射也，必先行乡饮酒礼。"乡饮酒礼目的在于"尚齿"和养老，射礼的目的在于"尚功"和练武，虽然不尽相同，但都同是为了尊尊、亲亲，加强贵族的团结力和战斗力。

西周的大学教育内容是学习礼、乐、射、御、书、数"六艺"，而以礼、乐、射、御为主。"礼乐相须为用"，所以大学学习礼也学习乐；射箭、驾车是用于战场的必要技能，所以也是学习的重要内容，并且在学校举行的射礼，并非单纯是学习和训练骑射技术，同时还是天子考察和选择军事人才的有效方式。各地的诸侯国每年都要从地方挑选优秀的士贡给天子，而天子就在大学的射宫测试他们的技能，按照才能的高低授予他们爵位和官职。一般而言，大学的学习时间为7至9年，每2年考核1次。7年考核合格后称之为"小成"，9年考核合格后称之为"大成"，达到大成之后，就有资格获取官吏职位。

西周一代的教育，无论是国学还是乡学都是由国家负责的，所以有"学在官府"的说法。负责教育的教师由国家官吏担任，在大学，由大乐正掌管，下面有小乐正、大胥、小胥、太傅、少傅、师氏、师保等；在乡学，由大司徒主管，下面有乡师、乡大夫、党正等。大学教育以礼、乐、射、御为主，小学则以书、数为主。西周的贵族教育已相当完备，其教学形式和内容都对后世产生了较大影响，进而奠定了中国两千年封建正统教育的基础。

西周贵族生活

"天子建国，诸侯立家，卿置侧室，大夫有二宗，士有隶子弟。"在贵族统治阶级内经过层层分封，形成了诸侯、卿大夫、士三个不同的贵族阶层。"天子建国"，即天子通过分封建国，而分封的各个诸侯之间也有地位高低不同，分公、侯、伯、子、男五等，他们是地方最高统治者，是王之下的第二级统治者。"诸侯立家"，即诸侯把自己的庶子分出去建立家室，有食采邑的大夫，也有无采邑而食田的大夫，大夫成为贵族统治阶层的第三级。大夫下面继续分封，庶子为士，一般没有采邑，只有食田，士成为贵族的最后一级。这些贵族因分封和宗法而形成不同的等级，他们也生活在不同等级的礼乐规范当中，从衣食住行到生老病死，从射御田猎到飨食宴饮，从待人接物到聘问拜会，无一不在礼制当中，无时不体现出与身份相符的礼仪。

衣食住行

西周贵族的帽子有冕、弁和冠等。冕是王公诸侯的首服；弁是从天子到士的全体贵族常用的首服。冕和弁的区别在于弁是前后一样平，而冕则是前面比后面低出一寸多。冕前面的穗带——旒，则依据爵位的高低而多寡不一。冠是贵族常戴的首服，所有贵族的子弟年满20后都要举行冠礼，表示他已经成人。在举行冠礼的时候，来宾要为他加三次冠：首先加黑色的布冠——缁布冠，表示从此有参政的权利；然后加皮弁，表示从此以后有承担狩猎和战斗的义务；第三次加爵弁，表示从此以后有参加祭祀等礼仪的资格。在加冠之后，再穿上成年贵族的衣服：黑色的衣——纯衣，浅绛色的裳——裳。

上衣和下裳是贵族常穿的服饰。上衣右衽，即衣襟在右边，由胸前围包背部，这是从商朝直到战国时期的常见服饰；下裳像今天的裙子，由7幅布围成，前3幅后4幅，两侧重叠处相连，所以前面方正平整，两侧有褶裥。除了上衣下裳之外，还有束在腰间用以蔽膝的"韍"和缠脚绑腿的"斜幅"。这个"韍"不仅仅是蔽膝遮寒之用，更是贵族身份的象征。

"韍"与贵族身上所配的横玉——"珩"（又写作"衡"、"黄"），一起成为贵族身份的象征。根据西周"命服"制度，即贵族服饰等级制度的规定："朱韍葱珩"是最高贵的等级，所以君王之子生下来就佩戴朱韍和葱珩，此外也赏给具有公爵的执政大臣；次一等的是"赤韍"，《诗经·小雅·才菽》记载诸侯来朝的服饰是："赤韍在股，斜幅在下"。与之相配的是"朱黄"，所以"赤韍朱黄"赏给"卿"一级大臣和诸侯；再次一等的是"赤黼韍"，赏给司土、司工、司林、司卜事等大夫一级官吏；再其次"缁韍黄"，就是黑色的韍和素色的珩，赏给司工、司辅、官司邑人等官吏；最次是"叔韍金黄"——白色的韍和金色的珩，赏赐给小官吏。凡是朝见天子，执行王命或出征，诸侯以及各级官吏必须穿戴命服，这是各级贵族身份的象征。

周人主要以稷为粮食，其中的精品为"粱"，经常与肉并称"粱肉"。黍也是周人的常见粮食，但比稷贵重，常用来招待客人。此外还有菽、麦、稻、麻等粮食。除粮食外，周人以家畜肉类为贵。而西周贵族的食和祭都有不同的等级。从天子、诸侯、卿、大夫、士以至庶人，都要在自己"食"的等级上再升一级用以祭祀。《国语》记载："天子举以太牢（牛、羊、豕三牲），祀以会；诸侯举以特牛（一牛），祀以太牢；卿举以少牢（羊、豕、鱼），祀以特牛；大夫举以特牲，祀以少牢；士食鱼炙，祀以特牲；庶人食菜，祀以鱼。"只有有采邑都鄙的贵族才能食肉，所以大夫以上按吃肉的等级再加一级祭祀；士只有鱼吃，用特牲祭祀；庶人只能吃菜，所以用鱼祭祀。

根据《诗经·大雅·绵》记载，古公亶父刚到周原时"陶复陶穴，未有家室"，这种"陶复陶穴"是一种在底部用火烧硬的半穴式居处，自新石器时代以来一直长期使用，周建国之后，用夯土版筑技术修建宫室，克商之后大兴土木建造宫室，而普通百姓仍居住在半地穴的居处里。虽然至今没有发现西周介于简陋穴居和复杂宫室宗庙之间的建筑，但从西周礼制用乐可知，西周贵族居所至少有厅、堂、阼、阶，用以演奏、摆放乐器并接待客人。西周房屋的内部陈设，大致以席和几为主。室内设席；所以登堂入室都必须脱鞋。《周礼》说："室中度以几，堂中度以筵，宫中度以寻"。"筵"即为"席"，一"筵"九尺，所以筵和几常常作为古人的度量单位。一般堂上陈设的情形是：门内设有屏风和幄帐，靠南的窗间设有饰以黑白杂绘的席，西面是镶边的蒲席和饰以贝壳的几；东面是绘有彩画的莞席和镶有玉的几；北面是黑色的筬席和漆几。

在西周，贵族的交通工具是马车。西周的车有驾马的戎车、乘车和载重的牛车。车马不仅是作战和交通工具，也是贵族的身份礼仪象征。一个贵族所用的车马数量以及装饰，都随着等级不同而有所增减。同时诸侯国大小也是按车马数量计算的。

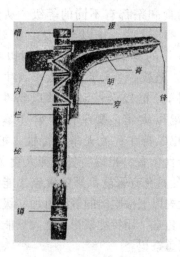

戈示意图

田猎射御

"国之大事，在祀与戎"，所以贵族对田、猎、射、御很重视。在乡学以及大学的辟雍和泮宫都设有射宫，经常举行射礼。在乡间举行乡射礼，在大学举行大射礼。贵族一般在乡饮酒礼和飨礼之后都要举行射礼，不仅娱民，还为了选拔人才。乡射礼和大射礼一样，有三番射礼，第一番射为"三耦"射，即挑选乡中或国中的弟子6人分成上、次、下三组，依次发4箭比试，由于是示范性质的比试，所以射出的结果不予以计算；第二番除"三耦"射外，乡射礼还有主人、宾和众宾参加，大射礼则有国君和宾、公卿、大夫即众宾参加，分成两组比赛，计算射中次数以分胜负，第三番是大家按音乐节奏一起发射。乡射礼与大射礼不同之处在于乡射礼只有一个"侯"——箭靶，而大射礼有三个"侯"，公射"大侯"，大夫射"参侯"，士射"干侯"。"侯"就是用动物皮或在布上绘制动物图像而制成的靶子。《周礼·司裘》说：天子大射用虎侯、熊侯、豹侯，诸侯大射用熊侯、豹侯，卿大夫用麋侯。这些侯的身上还设有箭靶的中心——鹄的。级别比较高级的贵族直接射用兽皮做的侯，而较低级的贵族射用布画兽形的侯。除了射礼之外，一年举行的4次会猎也是贵族大展身手、检阅军队的好时机。

飨食燕饮

贵族间聚会宴饮的礼节，按照等级高低，分为乡大夫主持的乡饮酒礼和高级贵族主持的飨礼。飨礼是天子、诸侯、卿大夫等高级贵族为招待贵宾而举行的酒宴，所以比较隆重。飨礼与乡饮酒礼过程相似，但规格较高，所用的酒也与乡饮酒礼所用的不同。飨礼所用的醴就是由小麦酿造的甜白酒。这种酒经常用于行礼，而非饮用，所以飨礼用醴进一步表现它的礼仪化和形式化。因为飨礼往往是站立着举行，所以又称"立饮"。而且在开始献宾之前，还要用郁鬯来灌，让宾客嗅到香气。这种灌鬯的礼节表示隆重地敬献，只在飨礼和祭礼中使用。由于飨礼隆重，所用的乐比乡饮酒礼更加繁复。至于燕礼，则是诸侯宴请大夫或贵宾的礼仪，重在娱乐性，不是大礼，所以用的乐与乡饮酒礼相同。

聘问朝会

贽见礼是贵族之间相互交往的见面礼节。诸侯派人出使他国与他国诸侯相见称之为聘礼，是贵族之间高级的会见礼。在出使前，国君要把自己的命圭给使臣，同时授"束帛加璧"，用以拜见诸侯；再授璋和"束帛加琮"，用以拜见诸侯夫人。

诸侯朝觐天子的觐礼是贵族间最高贽见礼。诸侯到近郊时，天子派使臣前来犒劳，行"郊劳"之礼。诸侯入殿门之后，行臣子之礼，把玉献给天子。天子除了受玉之外，还要"抚玉"，表示对臣下的慰勉之意。

人生礼仪

贵族从出生到入土都有一定的礼仪，其中出生、嫁娶、葬礼是人生的三部曲。《诗经·小雅·斯干》是歌颂王室贵族生子的篇章，其中记载了君王之子生下来的礼仪："乃生男子，载寝之床，载衣之裳，载弄之璋。……乃生女子，载寝之地，载衣之裼，载弄之瓦。"贵族的子女出生待遇不同：男子弄璋，女子弄瓦，所以后人称生男为"弄璋之喜"，生女为"弄瓦之喜"。不仅如此，嫡长子一生下来就成为该族的大宗，所以礼仪十分隆重，让他穿上衣下裳，还佩戴象征身份的"朱芾斯黄"。到了20岁，就举行成人典礼——冠礼。冠礼之后表示已经正式成人，享有参加祭祀、田猎和朝会的权利。一般贵族子弟在出生后只有名，冠礼之时有来宾为其取字。西周贵族的字往往包括"伯、仲、叔、季"的长幼次序以及"甫"——表示成年之后可称为人父。在宗法制下，长幼次序也是社会坐标，表示他在这个族群中的地位。

婚礼也是贵族重要的人生礼节。婚礼的第一步为"纳彩"：男家派使者——媒人贽雁到女家行礼，即一个家族向另一个家族要求建立婚姻关系。两家同意联姻之后再问名，然后是纳吉、纳征和请期。纳征具有订婚性质，男家以五匹帛和一对鹿皮送女家作为订婚之礼。请期仍然用雁。最后是迎亲，一般在黄昏，男子亲自贽雁去女家迎亲。成婚之后，新妇要拜见姑舅。贵族之间的联姻往往并不是单纯为了结成伴侣，还有延续宗嗣，结两姓之好的意图。

丧礼是贵族人生的最后礼仪，但也是极其繁复的礼仪。《仪礼》有一半篇幅都用来讨论与丧礼有关的礼节。一般死者刚死之时，要先招魂，无效之后才举办丧礼。亲人以及同宗兄弟要集中起来参加丧礼，国君也要派人前来吊唁慰问。之后依次小殓，然后大殓入棺，最后择日而葬。丧服的等级依照亲疏远近有不同的规格，而国君派使臣不仅吊唁死者，还表示对嗣子地位的确认，所以丧礼也是厘定同族社会关系以及新的宗子关系的场合。

礼不下庶人

《礼记·曲礼》说："礼不下庶人，刑不上大夫。"士是最低一级的贵族，按照嫡长子继承制，士的嫡长子仍为士，而其他庶子则为庶人，从庶人以下即为贱民。礼是调节贵族之间关系的礼仪规范，所以礼就不能下庶人；庶人也不能被礼所保护，一旦获罪，则被降为奴隶。庶人跟士一样易于分化，可以上升为贵族，也可以降为奴隶，是一个极不稳定而成分复杂的阶层。庶人基本可以分为"国人"和"野人"两类，前者是具有参与政治、教育和选拔权利，同时也需履行兵役和劳役义务的国家自由公民，是上一等的庶民，或下一等的士，属于统治阶级；后者主要承担农业生产、无偿服劳役和提供生产产品，是下等庶民，也称为"氓"，属于被统治阶级。

青铜人车辖

根据西周的乡遂制度，周王室直接统治的地区分为国和野。国与野的交界处为郊，也称为"四郊"。在国与郊之间设六乡，郊外至野设六遂，组成西周乡遂制度中的"乡"和"遂"。在周王都城郊外的广大地区，除了直接由周王控制的野地六遂外，还有卿大夫们的采邑——甸、县、都、鄙，简称"都鄙"。这些野地六遂与卿大夫的都鄙合称为广义的"野"，居住在野的居民称之为"野人"；与之相对的，都城以及四郊之内的六乡则称之为"国"，居住在国内的称之为"国人"。因统治区域的不同区分，居民在国与野之间的迁徙也不同，如《周礼·比长》记载："徙于国中及郊，则从而受之，若徙于他，则为之旌节而行之。若无授五节，则唯圜土内之。"这里的"圜土"就是用土墙围成的

监狱。也就是说六乡居民在国中和四郊范围内迁徙，手续简便，而只要迁出这个地区，必须持旌节而行，没有授予的旌节，就要被捕入狱。

国与野并非单纯的地域划分，而且还有居民身份的区分。居住在都城以及六乡之内的国人，其社会组织为乡党——"令五家为比，使之相保；五比为闾，使之相受；五闾为族，使之相葬；五族为党，使之相救；五党为州，使之相同；五州为乡，使之相宾。"这种乡党组织带有浓厚的血缘关系，他们采取的仍是聚族而居的方式，连丧葬也要合族而葬，是氏族组织的残余形式。而居住在野的六遂之民，其社会组织形式是邻里的形式。这种组织形式没有提及各个组织之间的血缘关系，可见是以地域关系、邻里关系为主。

居住在乡、遂的居民，享受的待遇也不尽相同。"庶人力于农穑"，庶人是从事农业耕作的主要劳动力，所以国人和野人都有份田，但不同的是野人的份地，是单纯为了农业生产和为贵族服役，而国人的份地是向国家服兵役和劳役的保障。野地的庶民在"方里而井，井九百亩，其中为公田，八家皆私"的井田上耕作，他们必须"公事毕，然后敢治私田"。他们无偿为奴隶主贵族耕作井田制中的公田，而这种无偿的劳动则称之为"助"。除了在公田上无偿劳作外，在自己的份地也要出贡赋。根据《周礼》记载，负责巡查庄稼成果的司稼要"巡野观稼，以年之上下出敛赋"，即根据年成的好坏制定贡赋多寡。此外，六遂的居民还要为贵族狩猎，"取彼狐狸，为公子裘"，所捕获的猎物要将大的野猪献给主子用于祭祀，自己只能留下小的。每当收割完毕，要为奴隶主和官府建造宫室，修葺屋宇，冬天还要凿冰、藏冰，以备来年奴隶主夏天消暑之用。同时，他们的妻子还要为贵族采桑、

织染，"为公子裳"，自己却"无衣无葛"，难以度日。

作为自由民的六乡之民，主要承担军赋、兵役和力役。《周礼·小司徒》说："乃会万民之卒伍而用之：五人为伍，五伍为两，四两为卒，五卒为旅，五旅为师，

西周战车（模型）

五师为军，以为军旅，以作田役，一比追胥，以令贡赋。"按照《周礼》记载，西周的军队编制完全与六乡居民的乡党组织相结合：五家为比，每家抽取一人入伍，就成"五人为伍"，以此类推，六乡居民就编成了"六军"。成王之时，西都宗周驻扎着六军之师，即"宗周六师"，而东都由于战事需要，驻扎"成周八师"。这些军队不仅用于战事，还用于田猎和力役，负责追捕逃犯，同时承担六军的军赋。与之相对的六遂之民，没有经常的军队编制，只承担劳役。

六乡之民是贵族政权的有力支柱，承当保家卫国的重任。《周礼·大司徒》说："若国有大故，则致万民于王门"；《小司徒》又说："凡国之大事致民，大故致馀子"。这里的"万民"就是指六乡的正规士卒，"馀子"就是正规士卒外的劳动力。"致民"就是召集军队保卫国家，"致馀子"就是召集六乡中的馀子、羡卒。如果遇到重大事情，如灾寇，就要

召集正卒，不够还要召集"馀子"。所以承担兵役的国人又称为"士"，即指甲士、战士。除了保家卫国外，国人还有参与议论国家大事的权利。《周礼·小司徒》说："掌外朝之政，以致万民而询焉，一曰询国危，二曰询国迁，三曰询立君。"即在国家有重大危难或迁徙国都、另立新君的时候，掌政的国君或大臣一定要征询国人的意见。同时国人还有议论国政的权利，所以周厉王因"弥谤"而引发人暴动。

除了具有参与政治的权利外，六乡居民还有接受教育的权利。在乡里设有国家的乡级教育机构——乡学。《周礼·大司徒》说："以乡三物教万民而宾兴之，一曰六德：智、仁、圣、义、忠、和；二曰六行：孝、友、睦、姻、任、恤；三曰六艺：礼、乐、射、御、书、数。"在乡里，经常举行尊老敬长的乡饮酒礼和选贤任能的乡射礼，前者以和睦乡人为主，后者则是以选举贤能为主。通常在六乡之中，每三年要"大比"一次，通过开展乡射礼，请众庶来评论，然后由乡大夫把武艺高强的人推荐给国君，在国君那里再比试，最后推荐给天子。这些六乡之民可以通过选拔，成为国家的官吏，负责乡中和军中事务。

工商业者在西周社会中是不可或缺的阶层，其地位与庶人相似，不同之处在于"庶人食力，工商食官"，即庶民是田间劳作的农人，工商业者是官府供养的匠人、贾人。《周礼·春官·大宰》说："以九职任万民：……五曰百工，饬化八材；六曰商贾，阜通货贿……"即在春官九职中有"百工"和"商贾"的职务，他们都是管理官府工匠的官职，"任工以饬材事，贡器物"，"任商以市事，贡货物"。工，即匠人，专门从事手工业生产；商，即商人，从事商品交易。除了官府设置的商贾外，

467

还有"贩夫贩妇"的民间商人。在西周初年，许多殷遗民从事商业，他们"肇牵车牛远服贾，用孝养厥父母"。到了西周后期，商人的势力相当大，郑桓公东迁时，就曾借助商人的势力，并与他们达成协议。商人在西周后期，逐渐登上了历史舞台，以至成为今天商业一词的来源。

《左传》说："庶民工商、皂隶牧圉皆有亲昵以相辅佐"，《国语》也说："庶人工商各守其业，以供其上"，虽然他们都是为奉养奴隶主贵族而从事生产的劳动人民，但是"庶人工商"是拥有自由身份的平民阶层，而"皂隶牧圉"则是专门侍奉贵族的奴隶。尽管如此，在"皂隶牧圉"之间还有等级和分工："皂臣舆，舆臣隶，隶臣僚，僚臣仆，仆臣台。马有圉，牛有牧。"具体而言，奴隶分为庶民获罪奴隶和战俘奴隶。据《周礼·秋官》记载，犯罪的平民："男子入于罪隶；女子入于春槁"，"墨者使守城，劓者使守关，宫者使守内，刖者使守囿，髡者使守积"。而战俘奴隶则分为三大类：一是单身的奴隶，称为"鬲"或"讯"，以"匹"或"夫"计算，是战争中的俘虏；二是有家室的奴隶，称之为"臣"，以"家"为单位，他们是被俘虏的夷人及其后代；三是整族沦亡的奴隶。

在西周，以战俘奴隶为主。小盂鼎记载，康王伐鬼方，一次战役就俘获敌人13081人；虢季子白盘记载夷王伐猃狁，一次"执讯五十"。在这些战俘中，还有女战俘，大多成为奴隶，并世代为奴，所以《诗经·既醉》说："其仆维何，厘尔女士。厘尔女士，从以子孙。"在上古时期，一旦战争失败，整族都就会变成奴隶，所以连商朝贵族微子在殷商末年都忧心忡忡地说："商其沦丧，我罔为臣仆"。而且一旦成为奴隶之后，地位低下，永难翻身。《易经·遁》说："系遁，有疾厉，畜臣妾

吉"，即将奴隶等同于用绳子畜养的牲畜。如果奴隶逃亡，往往要被抓捕回来。早在文王时期，就制定了"有亡荒越"的制度，即一旦有奴隶逃亡，就要大肆搜索。西周的奴隶不仅身份卑贱，还被随意交换，且价格低廉。当时的奴隶交易，五个奴隶的市值只相当于一匹马或一束丝的价格。

《国语》说"皂隶食职"，即奴隶也有各种分工。"臣妾"是从事农业生产的奴隶，可以随土地一起转让；"仆御"是管理车马和驾驭的车奴；"牧"是掌管畜牧的奴隶，"百工"是从事手工业生产的奴隶，由职官集中管理。在西周的大量手工业生产作坊，如冶铜、制骨器、玉器以及纺织业中，都有大量奴隶从事生产劳动。这种奴隶制的生产方式，一直延续到春秋时期。

以德配天

"德"是一个后起的文字，在西周之前没有这个字。文学家和史学家郭沫若认为，在殷墟卜辞及殷人的彝铭中没有"德"这个字，而在周代彝铭如成王时期的班簋和康王时期的大盂鼎却明白地写着"德"字。可见"德"字是在西周之时才出现的文字。德的古字为"惪"，可作"直心"解，即德由心生。为什么在西周之前没有出现"德"字，而在周初的铭文和《尚书·周书》中却连篇累牍地谈到"德"呢？这应该源于商、周之际的巨大变动以及周人对殷人之所以失去天命的思考。

周初统治者在总结殷亡教训时，逐渐发现了德的重要性。《尚书·君奭》有一段告诫后世子孙的话，大意是说保住天命不转移很困难，要绍继先王圣祖的光辉，发扬他们的传统，并不是单靠占卜就能永保江山。周公也在《尚书·召诰》里谆谆

告诫道：夏、商"不敬阙德"才丧失天命，早早离开了历史舞台。唯有"王其德之用"，才能"祈天永年"。

衮服示意图

那么，什么是"德"呢？在周人先王那里，"德"首先是帝王的"明德修身"。《尚书·无逸》记载了周公告诫子孙修德养性的话："呜呼！君子所其无逸，先知稼穑之艰难……继自今嗣王，则其无淫于观，于逸，于游，于田。以万民唯正之供。"即作为君王要知道百姓生产的艰辛，不耽于享乐以及优游田猎，而是要勤于政务，作万民的表率。

其次要"明德慎罚"。《尚书·吕刑》是记载西周刑法的篇章，但是它却说"王曰：'呜呼！敬之哉，官伯族姓，朕言多惧。朕敬于刑，有德刑。'"即要谨慎地使用刑罚，刑只能作为德的辅助工具以教育为目的，而不是一味惩罚报复。

最后是"敬德保民"。《尚书·泰誓》说"唯天地万物父母，唯人万物之灵，亶聪明，作元后，元后作民父母"；《尚书·五逸》"怀保小民，惠鲜鳏寡"，即告诫天子要像天作为万物的父母那样，作民的父母，要像怀抱褓褓的婴孩那样保护你的人民，尤其要照顾那些鳏寡孤独的人，因为他们更需要你的保护。

周人在"天命无常"的基础上得出了"以德配天"的思想。因为天命不是固定在某一人身上，它会发生变异和转移，而这个转移变异的基点就是"德"，是民心所系。也就是说天命以人心向背为根据，决定王权的兴衰，而民心的向背又取决于统治者的"德"。如周公在《召诰》里所说："其唯王位在德元，小民乃唯刑用于天下，越王显。……欲王以小民，受天永命。"即只有以德配天，才能够"受天永命"。

周易

《易经》又称《易》或《周易》，共12篇，主要分为"经"和"传"两部分。经的部分包，括卦、爻两种符号和卦辞、爻辞两种说明性文字，相传为文王所作。经分上下两篇，上经30卦，下经34卦，共计64卦。每卦6爻，共计384爻。卦辞和爻辞中记录了对古代自然现象、社会历史、人事行为等占筮得失、吉凶的断语，所以有人认为《易经》是卜筮之书。传的部分由《象辞》上下、《彖辞》上下、《系辞》上下、《文言》、《说卦》、《序卦》、《杂卦》等7部分10篇组成，就是所说的《十翼》。"传"是对"经"的注释和引申，据说是孔子所作。传使《易经》从占筮之书变成哲学之书。

《易经》中经的部分，大概成书于商周之际，所以也称为《周易》。《周易·系辞下》说："《易》之兴也，其当殷之末世，周之盛德耶？当文王与纣之事耶？"《史记·周本纪》记载西伯文王被商纣王"囚羑里，盖益《易》之八卦为六十四卦"。《日者列传》也说："自伏羲氏作八卦，周文王演为三百八十四爻而天下治"，《汉书·艺文志》记载："至于殷周之际，纣在上位，逆天暴物，文王以诸侯顺命而

469

行道，天人之占可得而效，于是重《易》六爻，作上下篇"。根据史书记载，皆认为《易经》为文王在伏羲所创八卦的基础上所作。同时在周原的甲骨卜辞中有一些异形符号，常见于卜辞或铜器、陶器上。根据史学家判断，这些符号很可能就是用来记录卦象的筮卦数字，足可证明在文王所处的西周早期，筮占的方法已相当成熟。故《易经》中经的部分始著于殷周之际，成书于西周的早、中时期的说法可以采信。

《易经》中的经可以说是周代时人筮占经验的集成——由文化水准较高的人收集周人的占筮记录加以订补，并将涉世经验、哲理思辨、史事休咎等内容列在卦爻之下，集合成书。至于这个"文化水准较高的人"就自然归于贤能圣德的文王名下。

筮法起源很早，据考古研究，在新石器时代的一些彩陶鬲、罐上就有八卦符号。汉代经学家认为，《连山》就是夏朝总结筮法的筮书；到了商朝，筮法与占卜并用，在殷墟和安阳四盘磨发现的甲骨以及周原的卜甲上，都发现了由数字组成的八卦符号，可知筮法是当时人们沟通神人之间的重要方法之一，《归藏》即为商朝总结筮法的筮书。"周承殷礼而损益之"，周人虽然继承了殷人筮卜两种方法，但更注重于筮法，所以筮法在西周一世逐渐完备和系统化。《汉书·艺文志》说："及秦燔书，而《易》为卜筮之事，传者不绝，"正因为《易经》为卜筮所用的书，所以才与医药之书同列而未被焚毁，流传至今。

至于《易经》中传的部分为孔子所著的传统说法殆难成立。因为孔子几乎没有自己的著作，传也不是出自一时一人之手，应是从战国到汉初有关解释《易经》的著作选辑。在战国魏王墓里发现的"竹书"中，有一部《周易》。据杜预说，这部《周易》分上下篇，没有《彖》、《象》、《系辞》和《文言》。可见，战国时的《易

西王母画像

经》本身只有上下篇。早期的《易经》，其经和《十翼》是分开的，直到东汉末年，郑玄才把《彖》、《象》纂入经中。

象数与义理

《易经》内容有像数和义理之分。象数就是《易经》里的卦象、爻象及阴阳奇偶之数，即经的部分，义理就是64卦、384爻所蕴含的哲学理致，即传的部分。后来易学也分为象数和义理两派，前者强调《易》的符号或符号系统，后者侧重《易》的哲学内涵。其实，二者不能割裂开来分说。《易经》里的哲学原本为像数，然后从象数中阐发出义理，二者犹如树木的根干和枝叶，密切关联，不可分割。

虽然像和数经常连称，但二者还有区别。《系辞传》说："《易》者，象也；象也者，像也"，"八卦成列，象在其中"。即是说《易》的符号和符号系统是世界万物的象征，也就是伏羲氏"近取诸身，远取诸物"的取像代表。在《易经》里，最初的是阴阳二画之象，伏羲画为八卦之象，文王

中国通史

最新整理图文珍藏版

演成 64 卦之象，在 64 卦中又各有 6 爻，共 384 爻之象；而"数"是指《易》中阴阳、奇偶之数及其交错变化之运的综合之数。

《易传》解释《易经》的 64 卦的结构为："易有太极，太极生两仪，两仪生四象，四象生八卦"，"八卦成列，象在其中矣；因而重之，爻在其中矣"。具体而言，64 卦由八卦演变而来，八卦源于阴阳两画，其中用"－－"来表示阴，用"一"来表示阳，就像用"＋"和"－"符号代表正负和阴阳电荷一样，代表阴阳的符号不在于符号本身而在于所代表的事物。而阴阳二物又是源于"太极"。"太极"就是"大一"，这个"一"就是《老子》所说的"道生一，一生二，二生三，三生万物"的"一"，是一个抽象的概念，表示世界宇宙的原始。"太极"就是这个抽象而绝对的原始"一"，"两仪"就是太极派生出来的与"一"相匹配的两个对立体，即矛盾的对立面。"太极生两仪"可以说就是现今哲学辩证法中一分为二的观点，这里的"两仪"就是指阴阳两仪。"两仪生四象"中的"四象"就是阴阳两仪两两相叠而成的四个卦象：由两个阴叠起来的太阴，由上阳下阴叠起来的少阳，由下阳上阴叠起来的少阴和由双阳叠起来的太阳。"四象生八卦"，就是在"四象"的符号上再叠阴仪或阳仪，形成乾、坤，艮、坎、震、巽、离、兑八个卦象。"八卦成列，象在其中矣"，这八个卦象的名称是人为编订的，分别代表八种不同的性质，如《说卦》所说："乾，健也；坤顺也；震，动也；巽，入也；坎，陷也；离，丽也；艮，止也；兑，悦也。"

《易经》称八卜为"小成"，大概八卦有了名称之后，就成为一个公式，无论自然界或人类社会，一切事物皆可套用。例如《说卦》列举道："乾为马，坤为牛，震为龙，巽为鸡，坎为豕，离为雉，艮为狗，兑为羊；乾为首，坤为腹，震为足，巽为股，坎为耳，离为目，艮为手，兑为口……"这样的例子不一而足。"因而重之，爻在其中矣"，说的是六十四卦的形成：以八卦为基础，在此基础上再重以八

最新整理图文珍藏版

传说中西王母居住的天山天池

471

卦，遂变成六十四卦，而在这六十四卦象之中，又包含有六爻的爻象。

根据《易经·系辞》的记载，当时的占筮方法是用50根蓍草来排列组合进行演算，先拣出一根另放，其余的任意分成两份，再以4根为一组计数并排除其余额。这样3次演变后，所剩的蓍草必定为36、32、28、24四个数之一，然后除以4的结果为9、8、7、6，按照奇数象阳、偶数象阴的原则得出一个阴爻或阳爻。单卦由3爻组成，只要演算3次即可；重卦由6爻组成，需要演算6次。得出的卦象再按照卦辞来解释。《易经》经的部分为六十四卦，每卦先列卦象，次列卦名，再列卦辞。每一爻先列爻题，次列爻辞。每一爻均由两个字组成，前一个字为初、二、三、四、五、上，表示爻的次序；后一个字为九或六，表示爻的性质为阴爻还是阳爻。所以每卦六爻的爻题依次为初六、六二、六三、九四、九五、上九。《周易》的卦辞和爻辞共450条，4900多字，此外还有对《易经》进行阐释的10篇传。

义理就是《易经》中所包含的哲学道理。《系辞传》说："夫《易》，彰往而察来，而微显阐幽，开而当名，辨物、正言、断辞则备矣。其称名也小，其取类也大。其旨远，其辞文，其言曲而中，其事肆而隐"，"《易》之为书也，广大备悉。有天道焉，有地道焉，有人道焉"。可见《易》道广泛，无所不包，蕴含着宇宙人生的诸多道理。《易经》的核心思想即为"易"。郑玄在《易赞》和《易论》中说《易》含有3个基本的含义：一是使用简单，简而易懂，二是《易》就是通过不同的卦像分析推测事物的变化，三是宇宙万物永远有它自己不会变易的自然法则——规律。其实变易和不变都是《易》的真髓，通过变易来窥探不易，就是《易》的主旨，因此在《易经》中，基本是根据阴阳两事物的

转变来考察事物的变化规律的。

《系辞》说："在天成相，在地成形，变化见矣。是故刚柔相摩，八卦相荡；鼓之以雷霆，润之以风雨；日月运行，一寒一暑；乾道成男，坤道成女"。在八卦的卦象之中，以"－－"和"—"代表阴阳二性。之所以以"－－"和"—"作为阴阳的基本符号，郭沫若认为"—"为男根之象，"－－"为女阴之象，即"画一以像男根，分而为二以像女阴"。这与《系辞传》"乾，其静也专，其动也直"，"坤，其静也翕，其动也辟"的说法基本吻合。

在上古时代，初民们最困惑的是天地间的无中生有现象，在他们的思维里，天地万物是相互交感而生的，而人类男女结合就是阴阳二性相互交感的典型代表。所以在先民社会的自然崇拜里，有很多崇拜物与生殖相关。当人们确信生生不息在于阴阳二性的交感之后，遂把男女生殖推广到天地万物，生殖崇拜也进而演化为宇宙的形成模式。源于男女两性器官形状的阴阳符号遂变成世间所有两两相对事物的代表，其阴阳的思想也就贯穿于《易经》之中。所以《庄子·天下篇》说："《易》以道阴阳"，《系辞下》也说："一阴一阳谓之道"。在《易经》中，也直接出现了四个"道"："小蓄"初九的爻辞说："复自道，何其咎"；"复"卦九四爻说："反复其道，七日来复"，这两个"道"是道路的道；"随"卦九四爻辞说："随有获，贞凶。有孚在道，以明，何咎！"《象传》说："随有获，其义凶也。有孚在道，明功也。"这里的"道"指的是事物发展变化的规律，意思是说跟随事情而有收获，结果是凶兆；如果有诚信，依道行事，哪里会有咎呢？《易经》首次把作为事物发展变化的"道"提出来，对后世中国哲学思想的发挥起了重要作用。

另外，《易经》还主张采取"中行"。

"泰"卦九二爻辞说："包荒，用冯河，不遐遗；朋亡，得尚于中行。""包荒"就是大度包容，"冯河"就是勇敢地涉水过河，远处不遗漏；不结朋党，得当而"中行"，就能发扬光大。"复"卦六四爻辞也说："中行独复"，即是说采取中行的手段，就能独自回复到正道上来，另外"益"卦的几处爻辞也提到中行，可见中行之道在《周易》中非常重要。

《周易》背后的周代社会

《易》道广泛，天道、地道和人道无所不包，所以除了探究变易的旨趣和无处不在的阴阳思想外，《易经》还保存了商周时期的大量史料，涵盖了当时社会农业、畜牧、渔猎以及祭祀、征伐、诉讼等诸多内容。

《易经》中经常反映西周的军国大事以及适应周统治者的行事决策。"既济"的九三爻辞说："高宗伐鬼方，三年克之，小人勿用"；"未济"九四爻辞也说："贞吉，悔亡。震，用伐鬼方，三年有赏于大国。"《诗经·鲁颂·閟宫》说："不亏不崩，不震不腾。"郑笺："震、腾皆谓僭逾相侵犯。"所以爻辞里的"震"是指鬼方入侵。这两条爻辞反映了周人在季历时期征讨鬼方而得到商王大量赏赐的事迹。鬼方是殷周之际居于中国西北方的一个方国部落，经常骚扰中原，对商王朝边疆形成威胁。商王武乙时，季历奉商王命令讨伐鬼方，力战三年，俘虏了鬼方20多个部落首领。商王武乙在周人对鬼方用兵取得初步胜利后，赐给季历土地、玉器以及马匹。又如"屯"卦初九的爻辞说："磐桓，利贞居，利建侯"；"豫"卦的卦辞也说："豫，利建侯，行师。"这里的"建侯"就是建置诸侯"行师"就是出师征伐，反映了西周初年周公东征和分封诸侯的事情。"离"卦上九爻辞说："王用出征，有嘉斩首，获匪其丑，无咎。""丑"就是俘虏，

说的是周王出征，嘉奖斩获敌人首级和擒获敌人的战士。

玉纹戈

《易经》的"师"卦可以说是对用兵战术的一个总结："初六，师出以律，否臧凶。"就是说师出必须要有纪律，否则就是凶兆"在师，中吉，无咎，王三锡命"，即指挥得当，就能取得胜利，获得周王的多次赏赐；"六三，师或舆尸，凶。"这里的"舆"解释为"众"，在周人的祭祀制度里，经常由一个活人扮尸代表被祭祀的祖先，称为"尸"，后来演化成祖先的牌位，所以"尸"解释为"主"，"舆尸"就是众人做主的意思。这段爻辞的意思是说，如果军队由多人指挥，就是凶兆；"六五，田有禽，利执言，无咎。长子帅师，弟子舆尸，贞凶。"即是说在以田猎演练战事时，擒住野兽是有利而没有危害的。如果长子率领军队，众弟子主管，则是凶兆；"上六，大君有命，开国承家，小人勿用。""大君"是指周王，"开国"是指建置诸侯，分封建国，"承家"就是分赏卿大夫的官爵，"小人勿用"就是不任用小人，以免发生叛乱。

"国之大事，在祀与戎"，除了军国大事之外，《周易》还反映了周代祭祀的情况。"益"卦的"六二"爻辞说："或益之十朋之龟；弗克违，永贞吉，王用享于帝"，反映了周王祭祀上帝的情况。"随"卦的"上六"爻辞说："拘系之，乃从维

之，王用享于西山"，说的是周王驾车前往西山，到达后，先把马系好，然后举行祭享。"萃"卦的卦辞也说："王假（格）有庙，利见大人，亨，利贞。用大牲，吉。利有攸往。"指的是周王来到宗庙，接见许多"大人"，祭祀用"大牲"。《周易》的爻辞和卦辞中经常见到"亨"、"利贞"、"无咎"等专用词汇以及"大人"、"小人"等指代名词，皆有其固定含义。

此外，《周易》还反映了西周与方国之间的关系。"比"卦的卦辞说："不宁方来，后夫凶。""不宁方"就是"不宁侯"或"不廷方"，指的是不来朝觐的方国。在西周举行射礼的时候，往往用兽皮或画布做成射箭的靶子，称为"侯"，其中就有射不来侯的习惯。《大戴礼记·投壶》记载道："嗟尔不宁侯，为尔不朝于王所，故抗而射女。"《白虎通义》也说："名为侯何？明诸侯有不来朝者，则当射之。"西周十分重视与方国的关系问题，经常要征伐，不来朝王的诸侯方国，所以当不宁侯来朝见周王时，《周易》认为是吉利的大事。

中国宗庙祭祀体制

宗庙祭祀在周代成为国家政治生活的一项重要内容，产生专供祭祀使用的建筑群并且建立规范祭祀活动的礼仪制度，形成一套完备的宗庙祭祀体制，为历代封建王朝沿用和发展。

中国早在夏朝就有正式的祭祀活动，其内容以祭拜天地和自然神为主。周代推行以礼治国的方针，祭祀活动遂成为国家政治统治的一种方式，由国君亲自主持祭祀天地、宗祖和社稷的礼仪制度在周代正式形成，与此同时，中国古代专供祭祀使用的礼制建筑群产生，祭祀遂有了专门的场所和规范的仪式。

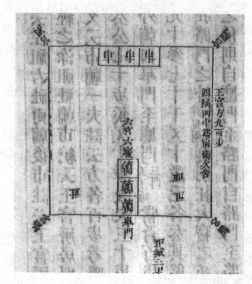

周代宫室图。《考工记》中有"左祖右社，前朝后市"的记载，宫图中明确表示出左祖（太庙）右社（社稷坛）的布局，说明修建明代宫城时仍严格按《周礼》的要求设计。

这些礼制建筑按祭祀内容分为几类：一类是建于皇城之前作为帝王祭祀祖先的"太庙"和祭祀社稷的"社稷坛"；一类是建于都城近郊供帝王祭祀天地的"天地坛"，以及分布在全国各地由帝王派出官吏主持祭祀的岳庙、镇庙和渎庙；还有一类是为定国安邦而建的祠和庙，如后来的孔庙、武侯祠等。这些建筑适应周代以礼治国的统治方式，反映了这套祭祀体制的完备与成熟。根据周代礼治主义的观念，没有这套祭祀宗祖和社稷的活动和场所，国不成其为国，君不成其为君，废祭祀甚至可以成为被讨伐的理由。因此每个帝王郎把礼制建筑置于最突出的位置，给予最隆重的处理。这类建筑追求典雅、纯正，不加浮饰，显得庄重而神秘。

周代礼制建筑非常严谨，帝王的祭祀活动都有严格规定。祭祀天地是王朝政治活动的重要内容，周代规定祭天是帝王的特权，诸侯只能祭土。祭天地要在都城之外的郊进行，方位与阴阳相配，祭天于阳位南郊，祭地于阴位北郊。帝王祭祀祖先在宗庙建筑——太庙进行，太庙按周制被置于都城宫殿建筑群的左前侧。祭祀社稷反映我国古代以农立国的社会性质，社代表土地，稷代表五谷，社稷成为国家的代称。祭祀社稷在社稷坛进行，其总体形制与太庙相反。除祭祀天地、社稷和宗祖外，国君即位和出盟也要举行大祀，象征性地表明国君的统治权力来自祖先神灵。这些祭祀活动不仅表达对天地和祖先的崇敬和感恩，它还起着治国安邦、抚慰民心的作用。宗庙祭祀不同于宗教崇拜，它带有很强的政治色彩。中国古代奴隶社会对至上神的崇拜从一开始就兼有祖先崇拜的意义，宗法血缘关系直接构成周代社会基础。周代设立的宗庙祭祀体制，以宗法原则为依据，适应周人祖先崇拜的观念，把祭祀活动贯穿在国家政治生活中，客观上起了教

化民心、淳化民风的作用。由帝王亲自主持祭祀大典，国君独揽祭天的大权，这种思想在周代宗庙祭祀体制中的反映，体现了神权与皇权的统一。

周代设立的这套宗庙祭祀体制，作为礼治思想的外化，使宗法观念和礼治意识在一代人头脑中固定下来。并且一代代延续，影响了几千年来中国社会和中国文化的发展。

六艺教育的形成

西周在继承商代教育体制的基础上，建立起典型的政教合一的古典教育官学体系，形成当时先进的六艺教育。

据文献记载，西周官学分为国学和乡学，国学专为贵族子弟设立，设在王城和诸侯国都，分小学和大学两级，小学在城

西周旂觥。盖前端为羊首，额上加小兽首。盖面起扉棱，前有伏龙，两侧衬以夔纹，后端为饕餮纹。器口下饰顾首夔纹。兽器腹及圈足为方形，腹饰饕餮纹，足饰顾首夔纹，扉棱七道。有铭文40字。

内宫廷中，大学在南郊。乡学则按地方行政区域，州设序，党设庠，闾里设塾，乡设校。乡学教育对象是地方普通贵族子弟及致仕退居乡里的绅士乡官子弟，乡学的优秀生可升入国学。

西周国学教育内容以礼乐为中心，附以射、御、书、数的六艺教育。礼教是有关政治、宗法、人伦道德规范礼仪等知识的教育，在六艺教育中占有核心地位。西周国学礼教包括吉、凶、军、宾、嘉五个方面，由师氏主掌，乡学有冠、婚、丧、祭、飨、相见等"六礼"，由大司徒主掌。乐教主要学习宗教祭祀乐舞知识，即乐德、乐语、乐舞的教育。乐教是国学主课，由大司乐总其责。乐德教育包括中和祗庸孝友六方面，核心是张扬等级观念。音乐之道与政相通，各种重要的国事活动和宗庙朝觐、祭祀、乡饮酒礼等都配以乐，以不同的乐舞表达现实世界的尊卑各分，"亲疏、贵贱、长幼、男女之理，皆形见于乐。"（《礼记·乐记》）乐语教育包括兴、导、讽、诵、言、语，乐舞主要有黄帝、唐尧、虞舜、禹、汤、文武六代史诗性配乐舞蹈，歌颂历史人物的丰功伟绩。礼教与乐教相结合，可缓和统治阶段内部矛盾，调和尊卑贵贱之间的冲突有利于巩固西周王权。

六艺中的射御是培养武士的军事技术训练，西周礼法中规定士子要习"五射"：白矢、参连、剡注、襄尺、井仪，学"五御"：鸣和鸾、逐水曲、过君表、舞交衢、逐禽左。射御是一种综合性的教育。包括道德情操、内心志向和技艺的培养。当时射最受重视，射艺的高下常作为士子奖励、提升的标准。贡士也要经过射礼考核才定优劣。书数是有关读写算的知识教育，主要在小学阶段讲授，称为小艺，而射御在大学阶段学习，称为大艺；礼乐之教，是最高境界的道德学问，是学

为人君、治理天下必备的修养，故称为大道、大德。

西周瓦当。西周早期大型宫室建筑已全部用瓦，同时也出现了瓦当。

西周建筑遗址瓦件，瓦分板瓦和筒瓦两种。

西周六艺教育的特点是学在官府、官师合一，教师既行教又兼管国家事务。这与古希腊罗马教育截然不同，后者为私立学校，教师地位低，西周的学校均为官办，执教者也为现任官吏，这种官与私的两种类型，反映了东西方两种教育形态最初的历史渊源，中国古典教育在西周已初具规模。

西周晚期，奴隶制统治开始动摇，到了春秋战国，封建经济不断发展，周王室势力日渐衰微，出现了"礼崩乐坏"的局面，兴起学在四夷的私人自由讲学的风气，贵族官学从此走向衰落，中国古代教育的一次重大改革正在来临。

分封制

据《左传》记载，周公在平定三监之乱后，鉴于管叔、蔡叔的忤逆作乱而"封建亲戚以藩屏周"，开创了西周的分封制，而"封建亲戚"也就成为分封制的核心。

封土建国的封建制度实始于陶唐，虞夏之际，夏、商两朝亦有分封，但周代的分封与夏、商的分封有着显著的区别。周代的分封是建立在"亲亲"的原则之上，将宗亲贵戚按照血缘关系的远近而分封在离周朝王畿远近不同的地方上，这种分封以宗法制为保障，自上而下，层层分封：周王室的嫡长子即承王位为周天子，庶子分封出去为诸侯，诸侯的嫡长子即位为诸侯，庶子分封出去为大夫，大夫的嫡长子即位为大夫，庶子则分封出去为士。周朝的分封在融合了其特有的宗法精神之后，形成了一个完全不同于夏、商社会的"等级"社会。而夏、商两朝时期的分封不过是一种方国部落联盟的松散形式，并没有形成像周天子与诸侯那样严密的君臣关系。

周朝的这种分封制度在周公平定三监之乱后开始形成，经成康之际的大量分封得以确立，成为定制。在此之前，文王和武王也进行过分封，如武王克商之后，"追思先圣王，乃褒封神农之后于焦，黄帝之后于祝，帝尧之后于蓟，帝舜之后于陈，大禹之后于杞"，并封商纣王的儿子武庚于殷，以继殷祀。但是这些分封都不是周公之后真正意义的分封，仍属于传统的巩固部落联盟的分封。

据古书记载，西周分封的诸侯国很多，《吕氏春秋》说周天子分封的国家有400多个，臣服的方国部落有800之众。在这些封国之中，以周王室的宗亲为主，《荀子·儒效》说："周公兼制天下，立七十一国，姬姓独居五十三人。"而这些姬姓的贵族，又集中在文王、武王和周公的后裔当中。据《左传》记载，先后受封的管、蔡、郕、霍、鲁、卫、毛、聃、郜、雍、曹、滕、毕、原、酆、郇等国是文王的后裔；邗、晋、应、韩等国是武王的后裔；蒋、邢、茅、胙、祭等国是周公的后裔。这些封国多在今关中地区和黄河中下游经济发达的地区，属于周王朝统治的核心区域。此外，姬姓之国还有芮、息、随、贾、沈、密、郑、虢、滑、樊等国。在这些姬姓诸侯国当中，周公之子伯禽所建的鲁国，武王同母弟康叔封所建的卫国，召公奭之子旨所建的北方大国燕国以及成王叔虞所建的唐（即后来的晋国），成为周宗室的主要屏障。

鲁国是周公之子伯禽所建的诸侯国，位于山东半岛。半岛南部的奄国，在三监之乱时参加东夷的叛乱，就是《尚书》大传所说的"三年践奄"的"奄"。武王克商之后，封周公于鲁。由于周公忙于辅佐成王，一直没有就封，直到东征结束之后，周公才派他的儿子伯禽代替他前往封国，成为鲁国的第一任国君。因鲁国尊奉周公为始祖，所以将鲁国位于文王后裔之列。

在伯禽就封前，周公曾告诫他要谨小慎微，千万不要因为自己身份尊贵而傲慢无礼。鉴于镇守东夷之地的重要性，鲁国初封时不仅受赐丰厚，还得到了不少特权。伯禽抵达封国之后，坐镇"商奄之民"，谨行周公教诲，成为辅佐周室的重要封国。孔子之所以能从周礼，是因为周公所建的鲁国完好地保存了周的礼仪制度。《淮南子·齐俗训》也记载："昔太公望、周公旦受封而相见，太公问周公曰：'何以治鲁？'周公曰：'尊尊亲亲。'太公曰：'鲁从此弱矣！'"这些话未必真的出自周公、太公之口，但是由此可见鲁确实是尊奉周公制定的宗法制度，完好地保存了西周的礼仪制度。正因如此，孔子才能根据周的文献，删《诗》、《书》，定《礼》、《乐》，编著儒家经典。

卫国的始祖为武王的同母少弟叔封，因初封于周室王畿内的康国，故称康叔封。周公在平定三监之乱后，封康叔封于卫，都城在今河南淇县。由于地处殷人旧地，封赐仪式颇为隆重，由司空聃季授土，司徒陶叔授民，得到殷民七族以及车、旌旗、钟等玉器仪仗。在临行前，周公亲自向康叔封发布训诫，即为《尚书·康诰》。为了让年轻的康叔封谨记殷商亡国的教训，周公还特别作了一篇《酒诰》以告诫康叔封。在成王时期，康叔封还担任司寇一职，执掌刑罚大权。卫国在所有封国中封地最大，又地处中原，其地理位置十分重要，所以又执掌"成周八师"，成为当时屏藩周室的重要支柱。

西周·鬲

燕国是西周北疆的一个大国，由召公奭的长子旨所建。燕国的军事位置十分重要，此地不仅可以震慑曾为殷商与国的孤竹国的殷顽，还是沟通中原和辽海地区的枢纽。

晋国是成王弟叔虞的封国。晋在今山西境内，历来是戎狄杂居的地方。武王死后，这里的唐国曾经参加叛乱，成王时封其弟叔虞于唐，以加强对唐的控制，叔虞之子燮父时改国号为晋。传说晋的建国始于成王的一次戏言，一天年幼的成王与叔虞一起玩耍，成王把一张桐叶剪成圭状，作为封土的宝玉赐给叔虞。后来成王果然兑现儿时的戏言，把唐封给了叔虞，这就是有名的"桐叶封弟"传说。

除了姬姓之国，西周还分封有功大臣及臣服的与国。在这些异姓诸侯当中，姜姓的齐国、子姓的宋国、芈姓的楚国等都是有很大影响的国家。子姓的宋国是周公为了稳定殷遗民而立的，芈姓的楚国在文王时始封为子男，后来成为与周天子分庭抗礼的强国；姜姓的齐国则是周初所立的诸侯国中最显赫的异姓国。齐国毗邻鲁国，其地东至海滨，西至黄河，南至穆陵，北至无棣，是抗周势力蒲姑的旧地。武王克商之后封吕尚即姜太公于此，周公东征之后又命姜太公征服这里的"五侯九伯"，使之成为夹辅周室的重要力量。

分封制度终西周之世而存在，以周公、成王和康王时期最为集中，故至西周中期的宣王时期，在西周的版图上形成了姬姓诸侯与异姓诸侯交错并列的格局，如《国语》所说："当成周时，南有荆蛮、申、吕、应、邓、陈、蔡、随、唐；北有卫、燕、鲜虞、潞、洛、泉、徐蒲；西有虞、虢、晋、隗、霍、杨、魏、芮；东有齐、鲁、曹、宋、滕、薛、邹、莒，是非王之支子母弟甥舅也，则皆荆蛮戎狄之人也。"即姬姓国家以东、西两都为中心散布，似众星拱月般环绕在王畿四周，同时又与异姓诸侯以及地方土著居民相间，形成星罗棋布、犬牙交错之势。

周王室与诸侯之间通过分封与受封的形式形成主从关系。受封的诸侯对周天子承担捍卫王室、镇守疆土、定期朝觐纳贡以及奉命征伐等义务。除了周天子分封诸侯外，在诸侯内部，诸侯也可以将本封国内的土地和人民分封给卿大夫，卿大夫也可以继续分封给子弟和家臣。周通过分封，形成天子与诸侯的上下君臣关系，诸侯臣服于天子，而在诸侯内部又有自己的臣民和疆土，形成相对独立的地方政权。而这种分封制既有别于夏、商的部落联盟，又异于后来中央集权制兴起后的郡县制，是周在政治体制上的一种创举。

西周通过这种独特的分封建国制度，加强了周王朝对四方的控制力度，建立起一个幅员空前辽阔的奴隶制王朝，对各地区政治、经济、文化，尤其是边远地区的开发起到了重要作用。但是，随着周王室的衰微和诸侯的强大，形成了尾大不掉之势，最终导致了春秋战国之际诸侯争霸、列国纷争的局面。

宗法制

分封制和宗法制是西周社会的两大基石，两者相辅相成：分封借助宗法得以顺利实施，宗法则通过层层分封得以固定。宗法制度可上溯到原始社会末期的父系家庭公社以血缘关系为纽带的宗族组织系统。国家产生之后，奴隶主贵族将之改造为奴隶社会的上层建筑。商代末年宗法制基本形成，至西周时已趋完备，并与分封世袭制度相结合，成为西周一代的重要政治制度。西周的宗法制以嫡长子继承制和馀子的分封制为核心，通过"大宗"和"小宗"的区分层层分封，最后形成"大邦维屏，大宗维翰，怀德维宁，宗子维城"的局面，以及天子、诸侯、卿大夫、士以至庶民、工、商的金字塔式的宗法社会。

天子大宗，天下共主

按照宗法制的原则，西周的继承制是"立嫡以长不以贤，立子以贵不以长"，即立嫡夫人所生的长子，如果嫡夫人无嗣则立身份尊贵的夫人所生的儿子，这就是嫡长子继承制：嫡长子为大宗，其他旁系庶子为小宗。按照嫡长子继承制，周天子为天下大宗，由嫡长子继承，是姬姓贵族的最高族长，又是治理天下的共主，而其他诸子则为小宗，分封为诸侯。在诸侯国内，也要按照嫡长子世袭的原则，由嫡长子继承诸侯之位，其他诸子分封为卿大夫。相对而言，继承侯位的嫡长子是该诸侯国的大宗，而其他诸子则是小宗。在卿大夫的采邑内，继续执行嫡长子继承制，继承采邑的嫡长子为大宗，其他诸子成为士为小宗。至"士"这一阶层，嫡长子仍为"士"，其余诸子则为庶民。通过嫡长子继承制，从周王室到诸侯、卿大夫，形成"世卿世禄"的特权制度，他们是姬姓氏族中不同等级的大宗，而每一等级都是上一级的小宗。

在嫡长子继承制下，只有大宗才有祭祀宗庙的特权，所以宗庙都建在大宗的所在地。周天子是天下大宗，故天子祭祀的宗庙是最高一级的祭祀祖先的场所，称之为"太庙"。诸侯、卿大夫也在各自所在的地方设立祭祀始祖的宗庙，供奉牌位时，始祖放在中间，其后按照父在左为"昭"、子在右为"穆"的次序排列。在宗法制下，只有大宗才有主祭的权利，故在"国之大事，在祀与戎"的古代社会，只要掌握了祭祀大权就等于掌握了国家的军政大权。

金字塔式的社会阶层

在宗法制度之下，大宗与小宗的关系，是"本根"与"枝叶"的关系，即为一种等级从属关系，小宗必须服从大宗，各级小宗也都要受到同级大宗的支配和约束。周天子为天下大宗，故西周天子所居的都城镐京被尊为"宗周"，而各级大宗都要受到同族子弟的尊崇，故被奉为"宗子"。宗子通过对祭祀大权的掌握强化大小宗之间的等级从属关系。与嫡长子世袭制相适应，大宗永不迁祖，而小宗"五世则迁其宗"，即高祖以上的远祖神位要迁入祧庙，不再祭祀，大宗与小宗之间至五世之后就成为疏远的族属。

西周武士复原图

"周之宗盟，异姓为后"，即西周的宗法制同样适用于异姓诸侯。姬姓的贵族通过联姻的方式与异姓诸侯联系起来，故周天子称同姓诸侯为叔父、伯父，称异姓诸侯为叔舅、伯舅。

通过这种甥舅关系，周天子将异姓诸侯也纳入到宗法制的范围中来。

最初，宗法制的原则只在周天子和诸侯之间实行，随着分封制的发展，波及到中小贵族，以至士与庶民之间，在奴隶主贵族内部，形成了"王臣公，公臣大夫，大夫臣士"的等级名分制度。而这种等级之分又产生了"公、侯、伯、子、男"的五等爵位。西周墓葬中的列鼎数目：天子的墓葬为9鼎，卿大夫7鼎，下大夫5鼎，士则1～4鼎，也可反映这种等级制度。故在宗法、分封制度之下，西周成为"天有十日，人有十等"的等级社会。

植根于血缘关系的宗法制度，是西周贵族相互联系的黏合剂，周天子与诸侯之间关系的连接纽带，故宗法制对周代的社会秩序具有积极的稳固作用。而其宗法观念对后世的影响更为深远，成为几千年来中华民族维系与发展的核心纽带之一。

井田制

西周的井田制是在分封和宗法的过程中形成的，与分封制和宗法制密不可分："普天之下，莫非王土，率土之滨，莫非王臣。"即周天子是西周土地及权利的最高所有者，他通过分封，把西周的土地在统治贵族的宗族范围内实行层层封赐，最后形成多层次宗族贵族占有的土地所有制。西周的井田制源于原始社会末期的氏族公社土地公有制，但又不等同于这种土地所有制，与战国以后的国家授田制也有区别，是介于二者之间的独特的土地所有制度。这种土地制度行于西周之世，直到战国商鞅变法时才有所改变。至秦得天下后，"用商鞅之法，改帝王之制，除井田，民得卖买"，井田制在经历500年之后退出了历史舞台。

对于井田制，先秦的许多文献都有所提及，如《国语·鲁语下》曾记述孔子论古时征军赋情况时谈到，古代以"井"作为田地及军赋的计量单位；《国语·郑语》也说："故王者居九畡之田，收经入以食兆民"，即周王对百姓征收"什一"之税。

中国通史

最新整理图文珍藏版

《孟子·滕文公上》中则描述了井田制下"方里而井，井九百亩，其中为公田，八家皆私"的划分方法，"公事毕，然后敢治私田"的耕作秩序以及"野九一而助，国中什一使自赋"的田赋原则。但是按照孟子所描述的"方里而井"的井田区划，从后世田地的区划情况来看，这种繁复的区划方式是不可能形成的，所以很多学者认为"井田"只不过是存在于孟子的"乌托邦"中。然而后世的考古发现为西周的井田制提供了有力证据。1980年，在四川青川县发掘了一批战国墓葬，其中一个墓葬出土了一件反映秦武王二年，丞相甘茂前往蜀地平定叛乱后更改田律情况的木牍。这一发现不仅佐证了西周井田制的存在，还证明了孟子关于井田制的说明符合西周的田制情况。

至于井田的具体划分办法，《周礼·大司徒》载：先按照所封之国都城的大小而制定都城的疆界；沟封之后，再按照土质的好坏划分土地的数量。在搭配好份地之后，还要定期进行重新分配。

通过分封制，"普天之下"的土地可以分为三个部分：一是属于周王室直接管辖的籍田；二是分封给诸侯建国的土地，这些土地可经过诸侯再次分封给各级宗族贵族；三是周天子直接赏赐给王朝卿士或有特殊身份的中、小贵族，成为其领地。

西周的社会基层单位为邑、里或社。《周礼·小司徒》说：1邑有4井，共36户人家。邑也称里，由于在邑、里中都有"社神"，故邑、里又称之为"社"。西周时期，封赐贵族都以邑、里为计算单位，一个贵族往往拥有数十至数百邑人口，而邑、里的成员是耕作的庶民。西周庞大的上层建筑就是建立在以邑、里为单位的井田制的剥削之上。

西周的井田制与夏、商时代的氏族田制一样，也分为"公田"和"私田"，其

天亡簋

耕作方式如孟子所说的"公事毕，然后敢治私田"。

西周的井田制在"方里而井"的区划之后，形成了与夏、商不一样的赋税制度。周人是"百亩而彻"，与"殷人七十而助"有很大不同：殷商的农民完全为奴隶主服劳役；而西周的农夫则是为贵族服劳役并缴纳稷禾、秉刍、缶米等实物，故周人的"彻"是"贡"与"助"的结合，实行劳役地租与实物地租的并行制度。其征收的赋税大概是总收入的是1/10，即什一之税。

在井田制下，各级奴隶主由天子那里分得土地和依附农民。但他们只有土地占有权，没有所有权；只有使用权，没有买卖权。《礼记·王制》所说的"田里不鬻"即此意。因此，西周的井田制与分封制和宗法制紧密相连，适应了当时的生产力状况，在一定程度上推动了西周社会生产力的发展。

官制

周王室在推行分封制和宗法制的同时，也建立了一套比夏、商两代更为完善，对后世影响深远的统治机构。成书于战国的

《周礼》系统地记述了西周的这种统治机构，它说周有六官之制，即"天官冢宰"、"地官司徒"、"春官宗伯"、"夏官司马"、"秋官司寇"、"冬官司空"，可见周朝的官职整齐而严密。但是，《周礼》在编辑之时经过了儒家的改造，加进了大量的理想化和系统化成分，只能作为代表儒家思想的著作，所以关于西周一代政权机构的详情已难考查，仅可从《诗经》、《尚书》等先秦资料以及铜器铭文的记载中略知一二。

在西周初期的政治机构中，周天子下面重要的辅弼之官为太师和太保，故有"召公为师保，周公为师"的说法。"师氏"与"保氏"的性质相同，只不过一个主内，一个主外，故太师和太保作为西周初期中央政权的首脑，掌握着朝廷和军政大权，并成为保育和监护年少君主的长者。

召公名奭，其采邑在召，后封于燕，由于辅佐成王未能就国，遂让其长子姬克就封，其次子一支则留在周室世代即承召公的职位。在周初的铜器中有不少"公大保"的铭文，可以佐证召公曾担任太保，并被尊称为"公大保"。在召公担任太保期间，曾奉命率兵出征，后来康王的即位大典，也由召公布置。

周公名旦，其采邑在周，武王克商之后封之于鲁，但因战事频繁一直未能就国，故在平定殷顽之后，让其子伯禽就封，次子一支相周，世代袭为周公。周公是武王的弟弟，成王的叔父，原为太宰，辅佐武王伐纣。武王死后，成王年幼，周公摄政称王7年，至东征胜利，营建成周之后还政成王。成王命周公留守成周，主持东都事务。

姜尚，姜姓，名望，因官至太师，又称尚父，又因被尊为齐国的始祖而称太公，民间则称其为姜子牙或姜太公。太公在武王时统率大军相武王伐纣，武王死后，与召公、周公一起作为辅政大臣辅佐成王。

"三公"是后起的称谓，在西周之时不是官职而是对周公、召公和太公的尊称。其中，召公居太保之职，而周公与太公都居太师之位。所以说太师和太保为周初的最高官职，而非"三公"。

根据西周金文资料，西周的中央政权可以分为卿事寮和太史寮两大官署。

金文的"卿事"即为文献的"卿士"，周将执政大臣称之为卿事或卿士，是卿事寮长官的简称，主要执掌军政大事。前文所述的"三公"即属于卿事寮，西周初期为太师和太保，而到了后期则为太师，他们是卿事寮的最高级官员。

按《周礼》所说，自"天子立三公"之后，又有"冢宰、司徒、宗伯、司马、司寇、司空"等为"六卿之属"。虽然《周礼》为后儒所编，但据史料及金文记载，周的卿事寮与《周礼》六卿大体相同，司徒、司马、司空确为西周的重要大臣，其位仅次于称"公"的太师或卿士。司徒又称司土，管理农田耕作及劳役征发；司空也称司工，负责管理百工职事和工程建设；司马则管理军赋征收及军旅事宜。司徒、司空、司马并称为"三司"，其管理的事务又被称为"三事"。除"三司"之外，诸尹、里君和百工也属于卿事寮系统，但职事不如"三司"重要。

《周礼》书影

中国通史

最新整理图文珍藏版

与卿事寮相对的是太史寮。《诗经·小雅·节南山》说：尹氏和太师是周王室的砥柱，执掌着国家大权。这里的"尹氏"，就是内史尹或作册尹，是太史寮的长官，与卿事寮的长官太师一起执掌国政。太史寮的出现是周王权加强的结果，在西周初年就有很多史官活跃在政治舞台之上，在《周礼》中，"史"也是数量最多的官职之一，他们是周王的近臣，主要负责起草和宣布册命，传达周王的命令，整理和保存文化典籍并主持典礼和仪式等。在西周的中后期，史的地位上升，太史寮的长官太史的地位仅次于太保和太师。史官除了记录天子言行之外，还可以规谏周王的缺失，如商旧臣辛甲归周之后成为太史，行使"命百官、官箴王缺"的职责。

在周的卿事寮和太史寮之外，还有一个位列太保、太师和太史的"太宗"一职。太宗也称"宗伯"，是管理宗族内部事务的最高长官。

根据职位高低和职权轻重的不同，西周建立了相应的官爵制度。据文献考证，西周的官爵至少有公、卿两级。公一级的在西周早期为太保、太师，在后期则为太师、太史。而执掌军政大权的太师或卿事一职往往由两人担当，称为"二卿事"，如周初成王时周公旦和太公望同为太师，厉王时虢公长父和荣夷公同为执政大卿事，幽王时则有虢公鼓和祭公敦共秉国政，直到春秋时仍沿用这种左右二卿事执政的制度。卿一级的，在早期为司徒、司马、司空、司寇、大宰、公族六卿，到了中后期司寇职位下降，剩下五位大臣。至于中下级官吏的爵位，还有待继续考证。

随着分封制和宗法制的实施，周贵族阶级中的权利分配日益明朗化和固定化，因而到了西周中期以后，出现了如虢季氏世代为师、微氏世代为史的官职世袭情况。周天子对每一位世袭的官职要进行重新册命，在重新册命之时，可以对职位进行变更和调整。周王的，这些册命之文在周的彝铭中有不少记载，足证在西周中后期已逐渐形成官爵世袭制度。在周王室外的诸侯国内，也仿造王室建立相应的官职，而且诸侯还可以兼任王室的官职，周天子也可以任命、调度诸侯国内的官员。

春秋时期商业的空前发展

中国在商和西周时期就已出现专门的商业和商人。有学者认为，古代从事商业活动的人被称作商人的原因，就源于商代商人擅长经商。从春秋到战国，铁制农具和牛耕的推广普及，以及耕作技术的提高，使农业生产力获得飞速发展，农业劳动者也由奴隶转化为个体小农。农民有越来越多的剩余产品要求出售，交换所需的生活生产资料。同时，独立的手工业者广泛出现，其产品就是以交换为目的的商品，不进入市场就无法获得生活必需品和再生产的资料。另外，当时山泽相继开放，青铜、冶铁、煮盐等重要手工业部门经常允许私人经营，手工业由官方垄断的格局被打破。再加上城市的兴建、交通的开辟，政治局势的渐趋统一，这都是春秋战国时代商业空前发展的良好条件。当然，各国为谋富图强也都注重制定保护商业政策，以促进本国经济的全面发展。

商人形成为独立的社会群体

商人形成为独立的社会群体就是春秋战国时期商业发展的重要标志。春秋以前虽然也有商人和商业，但"商"是为官家服务的，所谓"工商食官"。春秋初期管仲治齐，把国人分为士农工商四个阶层，各行其业，各居其所。商人虽为四民之末，但表明经营商业已是正当的事业，意味着商人可以摆脱官府的依附关系自行经营。

虽然传统观点认为，中国古代商人的地位低下，但春秋战国的许多富商巨贾都对当时的政治产生过重要影响。比如说管仲曾经做过商人，郑国商人弦高智退秦军，富商吕不韦把持秦国朝政等。春秋后期，越国范蠡帮助勾践灭吴后，变名易姓，经营商业，19年中三致千金，再尽散其财，周济贫人，被后世商人奉为祖师。

随着商人阶层的形成，他们经营商品种类繁多，活动范围极广，涉及到各个生产部门，获利丰厚。《史记·货殖列传》中列出十余名私人富豪，都是与王者比富、礼抗万乘的人物。

商业都市的兴起

春秋战国时期商业的发展重点是统治阶级居住和为它服务的人群集中的城市，各国的都城和位于交通枢纽的货物集散地，都形成规模不等的城市。这里以商业发展较早的齐国都城临淄为例。《史记·齐太公世家》载，西周初年姜太公封齐后，注重发展工商渔盐业，使"人民多归齐"。春秋时期的齐国都城临淄已是热闹非凡，当时相国晏婴的住宅靠近街市，"湫隘嚣尘，不可以居"，建议他搬家。晏婴却以"朝

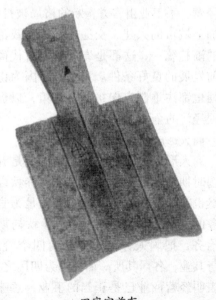

田字空首布

春秋·玉牌

夕得所求"即购物方便为由谢绝。到战国时，临淄住户达7万，"其民无不吹竽鼓瑟，弹琴击筑，斗鸡走犬，六博蹋鞠者。临淄之途，车毂击，人肩摩，连衽成帷，举袂成幕，挥汗如雨。家殷人足，志高气扬"。足见当时临淄的繁华景象。再如楚国的都城郢，城内人群相挤，以致有"朝衣鲜而暮衣敝"的说法。连后起的秦国都城咸阳，也呈现出"四方辐辏并至而会"的局面。春秋战国时的商业都会数目众多，星罗棋布于全国各地。

城市里商品交换的固定场所叫"市"。市内列肆成行，设官管理。那时的市是封闭型的，营业时间也要受到限制，市门朝开夕闭。交易时间上要是亡午，过午后渐散，至夕而罢。由于西周礼制已趋于崩溃，许多过去严格禁止的商品已变为市场交易的重要项目，珠玉珍宝和兵器公然陈列于市。而在农村，道路旁的空地上也由原来交换而自发形成定期的市集。

货币的演化

就现有资料看，中国最早的货币是贝币，它萌发于原始社会，盛行于商代。商业的勃兴，势必会推动货币经济的发展。春秋战国时代，商业取得空前发展，货币的使这些各种形制和质地的货币，穿梭于

各国间。各类货币在流通中逐渐形成较公平兑换比率，但这种混乱货币形态会给经济发展带来诸多不便。有学者说，春秋战国的货币正是这个时代分裂割据、但最终会走向统一的历史缩影。这时期的货币是实物货币和金属货币并用。实物货币以珠玉为贵，绢布等较为普遍。金属货币除金银外，还有铜，锡等金属铸币。虽然当时社会上存在着各种货币，然而铜铸货币却日益普及流行，成为民间商业来往中的主要货币。各国流行的铜铸货币主要有四种形式：

铜贝：殷周时长期使用天然贝作货币，春秋战国沿用。但由于商业的发展和天然贝来源不多，西周晚期出现骨制和铜制的贝。战国时，贝多由铜制，常称为"蚁鼻钱"或"鬼脸钱"，主要流行于楚国。铜贝是中国最早的青铜铸币，同时也是世界上最早的金属货币。"寻"为铜贝的计算单位。铜贝体质轻，易携带，是良好的货币。

刀币：刀币是由古代石刀演化而来，春秋战国时，用铜仿制作货币用。后来为携带方便，减轻重量，缩小体积，但沿袭形制，成为刀币。流通的地区是齐国、赵

国和燕国部分地区。齐国刀币形制较大，尖头。燕赵刀币形制较小，为方头或圆头。

布币：即所谓铲币。布币由农具铸发展而来，布与镈是通假字。镈就是现在的铲。古代石铲是重要的农业工具，常用作商品交换的货币。春秋战国时期铜铸布币，体制轻薄，主要流行于三晋地区。布币的形制是逐渐演变的，最原始的空首币，后来变为方足布、尖足布、圆足布，进而出现圆足圆肩的布币，说明货币形式逐渐向圆的方向发展。

圜钱：圜钱为圆形，"圜，谓均而通也"。取其圆转均通的意思，如泉水畅流，所以也称钱为泉。圜钱是后起的货币，可能出现在春秋末期。战国时，圜钱主要流行于周、秦和韩、魏两国的沿黄河地区。后世铜贝、刀币、布币等都废止，只有周圆空方的圜钱流行。战国中期以后，秦国的主要货币是"半两"方孔圆钱。公元前221年，秦统一中国，秦始皇把他的货币制度推广到全国，于是货币世得到统一。

随着商品经济的发展，春秋战国时黄金成为贵重的货币进入流通领域。黄金作为货币进行流通，说明春秋战国货币经济已经有较高的发展水平。当时的黄金以镒或斤为单位。1镒重20或24两，1斤约合

战国石鼓。石形如鼓，共有10石，文字内容为记述游猎的10首诗。图为《銮车》，在其中一块。这是战国现存最早的一组石刻。

石鼓文拓片。石鼓文是大篆体，我国最早的刻石文均用此体。

石鼓文拓片

今 250 克。黄金与铜币相比的显著特点是不受国界和地域的限制，可以在各国通用，这对促进各国交往和政治统一起到不可低估的作用。另外，铜币通常是在民间使用，而黄金则主要在统治阶级的各种活动中使用，如馈赠、赏赐、贿赂、购买贵重物品等。秦国就屡以黄金千斤反问敌国，在消灭六国中起到重要作用。

考古已发现春秋战国时楚国的金币。现在通常将楚金币称做爰金，爰金，是目前我国发现并已著录的最早的黄金货币。已发现的爰金中，钤印有"郢爰"的占绝大多数。因此又以郢爰代指爰金。"爰"，有人认为是楚国的重量单位，1 爰即楚制 1 斤，约合今 250 克。楚国之所以能在我国最早利用黄金作货币，是因为楚地拥有丰富的黄金资源。这点已被古代文献的记载和现代地质勘探结果证明。楚国金币在币材、币形、币值、币文诸方面都与其他各国的货币存在诸多区别，从而使其成为经济领域中的楚文化的重要特征。

春秋战国时期货币经济的发展使人们的经济观念发生明显变化，追求物质利益的趋向应运而生。先秦诸子的思想基本都反对人生单纯追名逐利，但也认为人的本性是趋利的。所谓"今人之性，生而有好利焉"。

中国通史

最新整理图文珍藏版

历史上黄河第一次大改道

周定王五年（前 602），黄河第一次大改道，这是黄河改道最早的记载。

以前，冀中地区甚少人居住，黄河于国于民都没什么大害。春秋以后，人烟渐增，黄河泛滥之时对人危害极大，因此改道的意义甚大。

黄河原从今河南武陟东北流到浚县西，折北流至河北平乡北，向东北流，分为"九河"（意指多股河流），最北一支为干流，在今天津南入海，即所谓"禹贡河"。改道后自今河南滑县附近向东，至河南濮阳西，转而北上，在山东冠县北，折向东流，到茌平以北，折而北流，经德州，渐向东北，经河北沧州，东北流至原河口以南，在今黄骅以北出海。

黄河是中国第二大河，汉以前称"河"，汉始称"黄河"。黄河是中华民族的摇篮，南宋以前，黄河流域一直是中国政治、经济、文化的中心。

黄河的洪水灾害闻名于世，中原地区受害最大，一年中的四个汛期常发生洪水泛滥，成为历代河祸之始。

楚艺人优孟

优孟是楚庄王时乐人，身高八尺，善于讽谏。宰相孙叔敖知道他品德很好，甚为器重。孙叔敖病危时嘱其子日后穷困时可去找优孟帮助。后来，孙叔敖儿子果然穷得以打柴为生，便把孙权敖临终之言相告。优孟答应想办法。于是他穿戴起孙叔敖的衣冠，模仿孙权敖的言谈动作，经过一年多的练习，装扮得很像。一次楚庄王宴会，优孟上前敬酒，庄王猛吃一惊，以

镶嵌龙纹钟。春秋中期。有盖，椭圆口，鼓腹，平底。通体镶嵌红铜龙纹和半环形纹。

富子上官登。通体素面，原应有带捉手的盖。铭文共22字。青铜器自名登的很少见。此器据铭文属于"富子之上官"，上官是管理饮食的官府机构。

有一定的表演艺术才能，是史载最早的演员。

蔡太史钟，春秋盛酒器，椭圆体，侈口，鼓腹，平足。腹部两侧有耳，一侧为牛首衔环，一侧为环耳。环耳两侧有铭文五行十八字，记蔡太史作钟。

镂空蟠虺俎，春秋切肉食案。俎面中部略窄并下凹，俎下四足，呈口形。俎面和四足均饰蟠虺纹。

长剑出现

为孙叔敖复活，立刻请他当宰相。优孟表示须和妻子商量。三天后，优孟答复庄王说："我妻子认为楚国的宰相不值得去做，像孙叔敖那样忠心廉洁地治理国家，使楚国称霸天下，可是死后其子却穷得没有立锥之地，像这样还不如自杀。"然后还唱了一支歌，意思是做贪官要犯罪，做清官又要受穷，还是不为官的好。庄王听了，承认自己处事失当，随即把孙叔敖的儿子召来，赐予土地和奴仆。后人常以优孟作为古优的一个代表，并将他的故事，概括为一句成语：优孟衣冠，意即装扮古人以为表演，或引申为演戏，比喻演员表演逼真的赞语。

优孟能逼真地装扮一个人物，说明具

青铜剑在春秋时期即已出现，但剑身较短，车战中只是用于佩带，作近战防身武器，并被贵族用为日常佩饰，不是野战兵器。春秋晚期的吴越地区首先开始铸造长剑，而且形制趋于统一化规范化，成为成熟格斗兵器，在步战中大量使用。剑从

蔡太史钟铭文

此在相当长的时期内成为中国步兵、军官和官员的制式武器。

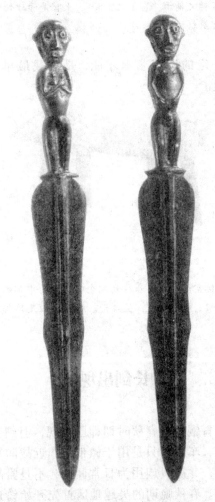

阴阳青铜短剑。剑柄为人形，一面为阳性，一面为阴性。

子产当政开始改革

周灵王十八年（前554），郑相子也因长期专权而被郑简公诛杀，子产由是被立为卿，任少正。子产为人清正廉清。光明磊落，深为国人敬重。周景王二年（前543），在郑国当朝显贵子皮等人支持下，子产开始当政，子产一当政，即以自己的原则进行改革。他让城乡有所别，上下尊卑各司其职，土田以界区分。推行严刑峻法的"猛政"，创立重利的"血赋"等新制；任能用贤，注意经济建设。执政三年。

子产治国十分讲究策略。既要达到目的，又要不犯众怒。周景王三年（前542）。然明建议毁掉乡校，认为郑人聚集在乡校议论得失会影响政府的威信，子产不同意，他说："他们认为好的我就推行；他们认为不好的我就改正。这无异于我的教师。为什么要毁掉呢？"乡校因此得到保存。同年，子皮想让尹你为家邑之任。子产认为尹你太年轻，难当此重任。子皮说，尹你很谨慎柔顺，不会背叛我，他虽年轻。但在邑任上学习一下就懂得如何处理了。子产不赞同。说："我听说学习以后才做官，没有听说将做官当成学习的。譬如打猎，只有熟习射箭驾车。才能获得猎物，如果过去没有登车射过箭，没有驾过车，那么他一心害怕翻车压人。哪里能获得猎物？"子皮被他说得心服口服，改变了初衷。在外交中，子产也不卑不亢。以理服人。

周景王三年（前542）六月郑简公到晋国聘问，子产为辅相。晋平公因为鲁国丧事而没有接见他们。子产派人拆了宾馆的围墙，以放车马。士对此深为不满，说："由于我们治理不好，盗贼多有，所以才修建围墙以保客人的安全，你怎么竟将围墙拆了？"子产回答说："我说晋文公做盟主时，宫室低小，没有可供观赏的台榭，但却把接待诸侯的宾馆造得又高又大，好像现在君主的寝宫一样，对宾馆内的库房马厩也多修缮。文公不让进见的宾客耽搁，和宾客忧乐相通，宾至如归，什么也不用担心，现在晋国铜（今山西沁县南）的离宫上延数里，而来访的诸侯住在类似奴隶居住的房子里，门口进不去车子，而又不能翻墙而入。如果不拆墙而入，怎样进奉财礼？虽然君主遭到鲁国丧事，但这同样是敝邑的忧虑。如果能够奉上财礼，我们愿把墙修好再走。这是君主的恩惠，岂敢害怕辛劳？"士复命，赵文子认为情况确实如子产所说。晋国实在是德行有亏，把容纳奴隶的住处去接待诸侯，这是晋国的罪过。于是派士前去向郑国群臣致歉。晋平公很快就接见郑简公，并且礼仪有加，宴会隆重，馈赠丰厚，然后送他们回去。其后，又重新建造接待诸侯的宾馆。

子产是一个务实的、精明的政治家，他执政三年，郑国法纪严明，国人各得其所，国家逐渐富强。郑人甚至还歌颂道："我有子弟，子产教育；我有田土，子产栽培。子产若死，谁来继承？"子产还是一位伟大的思想家，他首铸刑书，首颁成文法典，第一次明确提出天道与人道各不相同、互不相关的天人相分思想，产生了深远影响。

中国第一部成文法诞生

周景王九年（前536）三月，在子产主持下，郑国将刑法条文铸在鼎上。晋叔向派人向子产致书说，从前先王衡量事情的轻重来判罪，并不制定刑法，害怕百姓有争夺之心。但这不能禁止犯罪，因此就用道义来防范，用政令来约束，用礼仪来奉行，用信用来保持，用仁爱来养育。并且制定禄位以勉励服从的人；严厉地判罪以威服放纵的人。还怕不能收效，所以又用忠诚训诫他们，根据行为奖励他们，用知识技艺教导他们，用和悦的态度使用他们，用坚决的态度判断他们的罪行；还要访求聪明睿智的卿相、明白事理的官吏、忠诚守信的乡长、慈祥和蔼的老师，这样，百姓才可以使用而不发生祸乱。百姓知道法律，就会对上面不恭敬。大家都有争夺之心，并征引刑法作为根据，而且想侥幸得到成功，这样就不能治理。夏朝有违犯政令的人，就制定《禹刑》；商朝有违犯政令的人，就制定《汤刑》；周朝有触犯政令的人，就制定九刑。现在您制定三种法律，把刑法铸在鼎上，打算以此安定百姓，是很难的。《诗》说，效法文王的德行，每天抚定四方。又说，效法文王，万邦信赖。像这样，何必要有法律？百姓知道争夺的依据，将会丢弃礼仪而征引刑书，一字一句，都要争个明白。触犯法律的案件会更加繁多，贿赂就会到处使用。在您活着时，郑国恐怕就要衰败，我听说，国家将要灭亡，必然多订法律，说的就是这个。子产向给叔向复信说，按照您所说，子产我没有才能，不能考虑到子孙，但我是用来挽救当世的。尽管不能接受您的命令，又岂敢忘您的赐予！

子产所铸的刑书，是中国第一部成文法，是中国法律（特别是刑法）的真正起源，同时又是春秋时代上层建筑领域的重大创造。

单人骑马开始出现

周敬王三年（前517），宋人左师展与宋元公"乘马而归"，此时，单人骑马开始出现。在洛阳金村出土的春秋铜镜上，绘有骑士持剑刺虎图，也反映出单人骑马的出现。

在此之前，上古中国属于乘车穿裙文化，男女都以穿裙为主，交通和战争中使用马匹也主要用于拉车，骑马是上古中国人的生活方式。后来，受游牧民族的影响，骑马才逐渐流行，生活方式亦随之发生变化。为中国服饰进入按头制帽、量体裁衣阶段打下基础。中国历代服饰分为两种基本形制：一种是上衣下裳制，一种是衣裳连属制。在数千年的服饰演变史中，两种形制的服装交相使用。

围棋广泛普及

中国最早的围棋记载是《论语》、《左传》和《孟子》中的记载。《论语·阳货》："饱食终日，无所用心，难矣哉，不有博弈者乎，为之犹贤乎已。"《孟子·离娄下》："博弈好饮酒，不顾父母之养，二不孝也。"孔孟所说的"博"是指古代象棋，"弈"指下围棋，二人所论反映出当时喜欢下围棋的大有人在。《孟子·告子上》说："弈秋，通国之善弈者也。使弈秋诲二人弈，其一专心致志，唯弈秋之为听。一人虽听之，一心以为有鸿鹄将至，思援弓缴而射之。虽与之俱学，弗若之矣。"这段文字表明作为围棋好手的弈秋列

双兽三轮盘，春秋后期盥洗器。吴越青铜器中属于有强烈地域色彩的器物。

弈棋图。只要摆开棋盘，不管是在雅室内，还是山上大石旁，棋手马上就会全身心的投入，成为一种高雅的享受。

国皆知，且以此教授学生，可见春秋时代围棋已广泛普及。

围棋在当时寓意着军事，因此弈成为人们相当重视的活动。《关尹子·一字》说："习射、习御、习琴、习弈，终无一事可以一息得。"可见当时的人们已把下围棋和射箭、驾车、操琴看做并列的文体活动。与此同时，下围棋的规律也逐渐总结出来。《尹文子》中说："以智力求者，譬如弈棋，进退取与，攻劫放舍，在我者也。"

子夏传授孔学

周定王二十四年（前445），即魏文侯初年，晚年的子夏（前507～前445）在魏国西河讲学，传授孔子《诗》、《春秋》等儒家经典。

子夏姓卜名商，以字行。晋国温（今河南温县西南）人，一说卫国人，是孔子弟子。孔子死后，《诗》、《春秋》等儒家

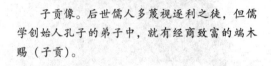

子贡像。后世儒人多蔑视逐利之徒，但儒学创始人孔子的弟子中，就有经商致富的端木赐（子贡）。

战国前期曾侯乙升鼎。饪食器，敞口，立耳斜置，浅腹，束腰，平底，三蹄足。腹部有对称的四条龙形装饰，龙口衔器沿。器表镶嵌勾连云纹、鸟首龙纹及梭形纹。腹内壁有铭文七字，表明为曾侯乙所作器。出土时鼎内有兽骨。此种形式的升鼎，春秋中期起行用于长江中下游地区。

经典就是由他来传授。子夏主张"死生有命，富贵在天"，"大德不逾闲，小德出入可也"，提出"学而优则仕，仕而优则学"，强调国君应以《春秋》为鉴防止臣下篡夺。魏文侯尊他为师。李悝、吴起都是他的弟子。

　　孔子死后，"儒分为八"，有子张之露，子思之儒、颜氏之儒、孟氏之儒、漆雕氏之儒、仲良氏之儒、孙氏之儒、乐正氏之儒。其中子思之儒、孟氏之儒，即思孟学派，是子思学于孔子弟子曾参，孟子又学于子思的学生，因而形成思孟学派，推重中庸之道和"诚"。孔子的弟子曾参（前505～前436），字子舆，鲁国武城（今山东费县）人。以孝行著称，以孝为伦理思想之本；认为"忠恕"是孔子一以贯之的思想，并提出"吾日三省吾身"的修养方法。曾参曾著《孝经》，后世尊为"宗圣"。孙氏之儒，即荀子一派儒学，主张"隆礼重法"，认为人不应听天由命，表达人定胜天的思想。其他各派，今无著作传世。子张之儒，指孔子弟子子张（姓颛孙，名师），相传这一派儒者主张"尊

贤而容众，嘉善而矜不能"，"见危致命，见得思义，祭思敬，丧思哀"。颜氏之儒，指孔子得意门生颜回一派儒者，孔子赞扬颜回"好学，不迁怒，不贰过"。漆雕氏之儒，指孔子弟子漆雕开一派儒者，提倡廉洁正直。乐正氏之儒，指孔子弟子曾参的门生乐正子春，或指孟子弟子乐正克，属思孟学派。仲良氏之儒，所指不详。

曾子像

商人用甲骨占卜

占卜是中国古代的一种预测方式，先民们在万物有灵观念的支配下，往往就某件事的吉凶成败向神灵请示，以期了解神意，求得神灵保佑。占卜活动在古代被看作是沟通人神关系的最灵验的方法，早在新石器时代，先民就开始用兽骨进行占卜。到商代占卜问卦的活动开始规范化，人们用龟卜和兽骨（主要是祭祀用的牛肩胛骨）占卜，并根据卜兆的纹式来判断事务的成败与吉凶。这些用以占卜的龟甲和兽骨称为甲骨，刻在其上的卜辞就称为甲骨文。商朝也称殷朝，殷墟的发现与发掘为

协田卜骨

我们研究商人甲骨及占卜了实物依据。殷墟总面积24平方公里，出土了15万片以

上的甲骨，甲骨上契刻的文字多是商代王室占卜的卜辞。解放前前中央研究院曾组织对安阳小屯殷墟进行发掘，共得有字甲骨29000余片，河南省博物馆也在小屯村掘得有字甲骨。甲骨文记载了殷商社会生活方面的内容，借助于这些实物史料，我们可以较充分地了解商人占卜的情况。由于龟腹甲匀称悦目、易于处理，在商代成

龟甲上的文字

为主要的占卜材料。除龟甲外，商人占卜还用骨，其中以牛肩胛骨为主，也有少量鹿、羊、猪、马等兽骨，甚至还有个别人头骨。甲骨在占卜之前都必须先行整治：首先要对它们进行锯削。龟壳自腹甲与背甲之间锯截为二，腹背之间相联的甲桥存留于腹甲上，同时外缘部分使之成为有规则的弧形。背甲则从中脊处平分对剖为二，或锯去中脊凹凸不平之处，再锯去首尾两端，便鹅卵状。卜用胛骨也要锯去脊骨及臼骨。其次则要对甲骨进行刮磨。对龟甲要刮去胶质鳞片，刮平坼纹，磨琢高厚之

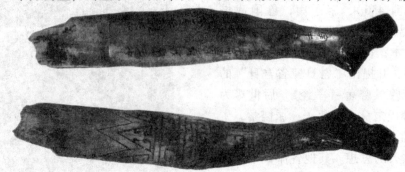

宰丰骨匕刻辞

处，务使全版均匀，最后再加光磨使有光泽。对胛骨则是将正面锉平，摩刮光润。

甲骨占卜主要是商朝王室向神灵或先祖问事的仪式，由专职的占人进行操作。商人极为迷信，几乎每事都要贞卜，而且一事往往反复卜问多次。每次占卜的程序是一致的：

首先，在甲骨上进行钻凿，经钻凿的位置较其它位置为薄，因而经灼烤后就容易爆裂呈现兆纹。钻凿是商人的发明，商朝以前龙山文化遗址中的卜骨，就只有灼痕而无钻凿的痕迹。所谓钻，是在甲骨上钻出深而圆的穴，凿，则是在钻穴的一侧凿出口宽底窄的枣核形长槽，钻凿可以合用也可以单独使用，但都不能钻透骨面。

钻凿之后，再用一加热金属器在钻凿处进行灼烧，灼烧后甲骨便发出"pu"的爆裂声，并在正面出现"卜"形裂纹，即告占成，卜者可根据兆纹的纹式和走向来判断所问事项的吉凶。人们之所以称占卜"卜"，其实字形正取自兆纹之形，而读音则拟自甲骨爆裂之声。

然后，占人根据兆纹判定吉凶，并把卜辞刻在兆纹附近。有时为了美观和显示养生，还把字划涂上朱砂或涂墨。对于反复多次的贞卜，有时还标上占卜的次数。这一套用甲骨占卜的方法，一直延续至汉代，而且历代都设有专司占卜的官职。

刻在甲骨的卜辞，就是今人所称的"甲骨文"，它主要用于记录占卜的内容，字数多寡不同，每条卜辞多者近百字，少者三四字，通常在二三十字左右。

一条完事的甲骨卜辞，包括四个部分：叙辞、记录占卜日期和占卜者；命辞，是要占问的事项；占辞，是卜者依据兆纹判断所问之事的成败吉凶；验辞，则是占问的应验记录。比如，《前》4.4.2的这条卜辞：

"壬申卜，㱿贞：叀毕麋。丙子穽麋。允毕二百有九。"

表明是壬申日由名叫"㱿"的卜者进行占卜，询问略猎狩鹿的事。占卜的结果兆未应在丙子日用猎麋。结果，该日果然猎和麋鹿二百零九只。"允毕二百有九"就是验辞，它当是在事情应验之后中华民族追刻上去的。

商人占卜的内容很丰富，田猎之外，还包括收成、天象、祭祀、征伐等等，甚至生病做梦也必占卜，另外，历代商王在每旬之末，都要贞问下旬的吉凶，因而甲骨卜辞中占旬之辞也就特点多。

占卜职业都是师徒相授，他们可以凭技术经验在一定程度上控制龟上兆纹的走向和纹式，也可迎合占问者的心理进行解说阐释。不过，龟甲占卜毕竟受工具本身物理属性的限制，比如龟甲的质地，钻凿的深浅，火焰的强弱，都可能影响兆纹的形状，无法随心所欲，因而自汉代以后，甲骨占卜渐渐湮灭；而那种可以凭现实需要妄加解释的形式，如占梦等，因为成功系数高而迅速发展和流行。

由于龟腹甲匀称悦目、易于处理，故在商朝龟腹甲渐渐成为主要的占卜材料。殷墟的发现与发掘为我们了解商人甲骨及占卜提供了有力的证据。殷墟总面积24平方公里，出土了15万片以上的甲骨，甲骨上契刻的文字多是商王占卜的卜辞。借助于这些丰富的实物史料，可以较充分地了解商人甲骨占卜的情况。

妇好逝世·下葬殷墟

妇好是商王武丁60多位妻子中的一位，即祖庚、祖甲的母辈"母辛"，生活于前12世纪前半叶武丁重整商王朝时期，是我国最早的女政治和军事家。据甲骨卜辞记载，妇好曾多次主持各种类型和名目

妇好墓出土偶方彝

的祭祀和占卜活动，利用神权为商王朝统治服务。此外，妇好还多次受武丁派遣带兵打仗，北讨土方族，东南攻伐夷国，西南打败巴军，为商王朝拓展疆土立下汗马功劳。武丁对她十分宠爱，授与她独立的封邑，并经常向鬼神祈祷她健康长寿。然而，妇好还是先于武丁辞世。武丁十分痛心，把她葬在今河南安阳小屯村西北的100米处。

妇好墓出土象牙杯

妇好墓是1976年由中国科学院考古研究所进行发掘的，也是目前唯一一座能与殷商甲骨文相印证而确定其年代和墓主身份的商代奴隶主贵族墓葬，同时也是殷墟发掘50年来唯一未经扰动保存完整的商王室墓葬。墓塘呈长方形竖穴，南北长5.6米，东西宽4米，深8米。葬具为木椁和木棺，木椁长5米，宽约3.5米，高1.3米。木棺腐烂不堪，里面遗骸也已腐朽。16名奴隶被武丁杀死，成为妇好的殉葬品，反映了商代奴隶制社会阶级压迫的残酷性。

从妇好墓发现的遗物来看，各类随葬品多达1928件，其中许多是前所未有的艺术珍品。青铜器共460多件，重逾千斤，其中礼器210件，样式多种多样，有不少纹饰华丽的大伯器物，造型最为奇特者当属偶方彝和三联甗。刻有"妇好"或"好"的礼器多达109件，占礼器总数一半

妇好墓扁足方鼎

以上。铸有"司母辛"铭文的铜器是一对大方鼎、一对带盖四足觥和一件带觷方形圈足器。兵器之中当数四把铜钺最为瞩目，特别是其中两把有八九斤重，上刻"妇好"两字，表明妇好生前拥有很高的军事权力。另外，墓中出土的4面铜镜镜面平薄，直径分别为12.5厘米、11.7厘米和7.1厘米，表明中国使用铜镜的历史可以远溯到武丁时代。玉器共750多件，大部分都是软玉，具有较高的工艺水平，各种立体或浮雕的人物和动物像比例基本恰当，形态逼真、栩栩如生、线条流畅，表明当

时造型艺术和琢玉技术达到较高的水平，堪称商代玉器中的精品，对研究古代动物的形象具有一定的价值。63 件石器主要以大石岩、石灰岩为原料，有些石器上面雕刻虎、鸽、龟等各种动物形象，工艺较为精细，堪与玉雕相媲美。560 多件骨器中以笄为数最多。第一次完整出土的 3 件象牙杯制作十分精致，是罕见的瑰宝。11 件件陶器则对断定墓葬年代具有重要意义。此外妇好墓中还发现了 6800 多枚海贝，这是商代的货币。

从发掘妇好墓的情况来看，武丁建造的妇好墓在现已发现的殷代大墓中是规格很高的一座墓葬，一方面反映妇好地位的显赫，另一方面也反映了武丁时期文化艺术上的杰出成就在，对研究商王朝的社会经济也具有重要价值。

商代中期青铜代表作
杜岭方鼎铸成

杜岭方鼎是中国商代中期最大的青铜礼器，用于祭祀、饪食。1974 年发现于河南省郑州张寨南街杜岭土岗。共出两件，形制、纹饰相同，都是斗形深腹立耳，分别编为 1 号、2 号铜鼎。1 号鼎较大，通高100 厘米，器口长 62.5 厘米，宽 61 厘米，鼎口、腹略呈横长方形，腹壁厚 0.4 厘米，鼎腹成斗形，深 46 厘米，重约 86.4 公斤。鼎体巨大，造型浑厚、计生。鼎口沿外折，两侧沿面上有圆拱形立耳，微微外张，耳的外侧面呈凹槽形，内有 3 道凸起的棱线。鼎腹上部约 1/3 处饰有阳纹的饕餮纹装饰带，每面正中及 4 个转角处也各有一组饕餮纹。腹部左右和下部边缘装饰一圈整体成 U 形的乳钉纹。其余部分均为素面。装饰手法朴素大方。从造型和纹饰上，都充分体现了商代中期青铜器的特征，是这个

时期的代表作。但由于年代较早，铸造技术还不够完善，在整体比例和细部处理上尚有不足之处。和商代后期以司母戊鼎为代表的方鼎造型相比，杜岭方鼎腹部过深，足相对较短，显得庄严感不足，耳和口沿也太单薄，尚有外范接合不严、部分纹饰有重叠的缺点。

杜岭方鼎

此鼎出土时腹底和足表有烟熏的痕迹，证明鼎作为礼器不仅摆设在宗庙里作为权力的象征或用以祭祀，还用来饪煮食物，作为炊具。

2 号鼎通高 87 厘米，口径 61×61 厘米，为正方形，重 64.25 公斤。1982 年，在郑州城东南的商代中期窖藏中又发现两件大方鼎造型和装饰手法与杜岭方鼎相同，形体稍小，都通高 81 厘米，口径 55×53 厘米，一重 75 公斤，一重 52 公斤。

杜岭方鼎的发现开拓了人们对商代中期青铜工艺的眼界，它为商后期出现的司母戊等大方鼎在造型和工艺上开了先河。

八卦出现于甲骨、金文、陶文

商、西周的甲骨文、金文以及陶文中出现八卦数学符号是三千多年以前的事实，但直到二十世纪七、八十年代以来才得到较初步的认识。

宋代出土的"安州六器"之一的"中方鼎"，铭文末尾有两个数字组成的"奇字"（见图甲）王黼在《博古图》中释为"赫赫"，郭沫若《两周金文辞大系图录考释》中讲"末二字殆'中'之族徽"，唐兰《在甲骨金文中出现的一种已经遗失的中国古代文字》中收集了更多的材料，认为是"特殊形式的文字"，而且是"殷和周以外一个民族的文字"，都没有揭开其中之谜。

后来李学勤在《谈字阳小屯以外出土的有字甲骨》中指出"这种纪数的辞和殷代卜辞显然不同，而使我们想到《周易》的'九'、'六'，显然已经着边，但无深入考查，因此仍没引起大的注意。1978年长春召开的古文字学术讨论会上，张政烺第一次具体地运用《易·系辞》所载八卦揲蓍法的原理，来解释周原出土甲骨文上的这类纪数符号，确认它们是八卦的数字符，并按奇数是阳爻，偶数是阴爻的原则，解释为（见图文），经卦为（见图丙），别卦为剥和比。这在商周甲骨金文陶文的八卦字符的研究上走出了关键性的一步，并引发了学界对这一问题的深入探讨，逐步达成许多共识。

商、西周甲骨文金文陶文中出现的纪数符号，的确是八卦数字纪法的实证。目前已发现有八卦的器物计二十九件，记有三十六条八卦数字符号，这些符号广泛见于商和西周的甲骨、铜器和陶器上，包括青铜礼器鼎、簋、瓹、卣、罍、盘，制铜器的陶范，日用陶罐，龟甲、兽骨和骨制箭镞等。而且在地域、社会阶层、时间的分布上都体现出八卦已是商周时代的流俗的特点。

从现有材料看，筮法的出现，最迟不能晚于武丁，甲骨文的"十"是很好的证据，商代后期的重卦，有的略早于文王，有的与文王活动时代相当。组成八卦的数字都是"一""五""六""七""八"，而且早期形态的单卦符号较普遍地在西周出现，揭示出商周筮法同源，大可能"周因殷礼"，即八卦首先出现于商，后传至周。这就破除了两千多年来对于八卦起源说，特别是《史记·周本纪》记载的"文王发明重卦说"的"迷信"。

《易·系辞传下》载，"古者包（伏）羲氏之王天下也。仰则观象于天，俯则观法于地，观鸟兽之文与地之宜，近取诸身，于是始作八卦，以通神明之德，以类万物之情"，由于没有考古材料的发现，对于原始社会是否有筮法可以存而不论。

卜筮是人类在无力掌握客观规律的情况下，希望借助某种符号的变化窥测神明的意向，虽然有浓厚的宗教迷信色彩，但也保存了古代社会的一些社会生活情况，其中包含着朴素的辩证法思想的萌芽。商周甲骨文金文陶文中的八卦，已有井然有序的卦变，并出现三条平行线夹两条由两短线组成的平行线或两平行线夹三条由两短线组成的平行线的卦象。

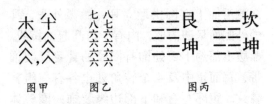

图甲　　图乙　　　　图丙

八卦图（图甲）及八卦图解释（图乙、图丙）

商代服装上衣下裳

　　商代手工业颇为发达，已初具规模。特别是纺织业的发展，使商代在体现人类装饰自己的欲望方面迈开了一大步，即实行上衣下裳制。

　　商代已能生产各种各样的麻丝制品，它的丝织品除有纹绢外，还生产出世界上最早的提花织品结绫纹绮。纺织技术的进步，必然使衣着日趋精美，随着生活观念的变化而不断更新。"上衣下裳"制一方面是技术进步的结果，另一方面也反映了社会分层和风俗习尚。

　　中国古代以"衣"作为各类服饰的统称，分为头衣、体衣、胫衣、足衣、寝衣。在社会生活中，则统称上身所穿为衣，下身所穿为裳。在春秋以前没有裤子，男女都穿裙，所以当时的裳实际上就是裙。早在夏代，衣和裳就有一定程度的分离，到了商代，成为普遍现象，形成中国古代服饰的两种基本形制这一。夏商周时代的服饰，多为上衣下裳制，如：元端、袴褶、襦裙。元端为国家法定服装，自天子以至庶民皆可穿服，唯天子服之以燕居，诸侯服之以祭宗庙，大夫和士则朝服元端，夕服涤衣。元端因其形有端正之意而得名，衣袂皆二尺二寸，衣长也十尺二寸，玄色，正幅下削。袴褶是上身穿褶下身穿袴的一种服式。襦裙指上襦下裙的女服，二者皆于东周以后流行。

　　我国服饰另一种基本形制为衣裳连属制，出现于春秋战国后，如：涤衣、袍服。

雅乐成为官方礼乐

　　周朝建立使奴隶制经济空前发展，音乐文化显著提高。西周初期的统治者建立起中国历史上完整的的宫廷礼乐中所用的音乐和乐舞，后世称为雅乐。雅乐的黄金时代在西周，到春秋时期，它渐趋衰落。

　　雅乐的始作俑者是周武王姬发，在他兴师伐殷的过程中，军中常表演歌舞以鼓舞士气，灭殷后又作了《象》和《大武》等大型歌舞庆祝胜利。公元前11世纪周成王姬旦在位时，制定各种贵族生活中的的礼仪和典礼音乐，以此来加强宗法制社会的等级制度，巩固王权。后继的统治者把礼、乐、刑、政并列，使音乐的社会功能与政治和法律等统治手段结合在一起，成为贵族统治的支柱。据《周礼》、《仪礼》、《礼记》等古籍记载，西周各种贵族礼仪

西周井叔钟

497

应用雅乐的场合有：一是祭祀，二是宴飨，三是射礼，四是军事演习和军功庆典。显然雅乐是为维持统治阶级内部秩序而设立，普通百姓与之无涉。

雅乐的主要形式包括：一是六代乐舞，包括黄帝、唐尧、虞舜、夏禹、商汤、周武王留下的最高规格的乐舞，用于祭祀神明天地祖先；二是小舞，有羽舞、皇舞、干舞、人舞等名目；三是诗乐，大都载于《诗经》中的"大雅"、"小雅"、"颂"；四是宗教性乐舞。

在礼乐制度中，其歌唱、舞蹈、器乐演奏所用的调式、乐曲及演奏顺序，甚至乐器种类、数目、表演时间、地点、场合都有繁琐的规定，这给人一种沉重的压抑感，反映了贵族阶级庄严神秘而沉闷呆板的美学观念。

雅乐所用乐器如编钟、编磬的制造要耗费大量人力物力，只有贵族才能配置。湖北随县出土各种土乐器124件，其中一套65件的编钟最为精美，从实物上印证了周朝雅乐的奢侈和辉煌面貌，反映春秋时代我国古代音乐所达到的高度水平。

周王室为了推行雅乐，设置了专门机构大司乐，掌管音乐行政和贵族子弟的音乐教育，目的是培养大批音乐专职人员，承担各种仪式典礼的表演任务，贵族子弟受教育的内容规定为"四术"，即诗、书、礼、乐。他们必须按规定的时间和严格的程序接受教育。

西周成熟的礼乐制度和音乐教育体系，使贵族和知识阶层普遍重视音乐修养，把它看成日常生活要素之一，这对于巩固奴隶制宗法统治和积累音乐艺术实践的经验，发展乐器、乐制等音乐文化方面无疑是有利的，西周礼乐制度和音乐教育体系的完备和成就，在当时地世界上是绝无仅有的。但其严格的社会等级制度，礼的呆板森严，束缚了音乐艺术本身的发展，阻碍了音乐

审美的大众化，因而雅乐的制度和体系随着周朝中央政权的瓦解而衰落，形成春秋时期"礼崩乐坏"的局面，贵族诸侯深感雅乐的沉闷压抑转而喜爱世俗音乐，一种新的音乐潮流以独立的审美姿态在民间蓬勃兴起，这就是以"郑卫之音"为代表的新乐潮流。在整个封建社会时期，个别皇帝如康熙、乾隆对雅乐饶有兴趣，雅乐借政治力量勉强保持着一席之地，但其传统优势又被民世俗音乐所吸收，因而雅乐本身已毫无生气。雅乐的乐器在音乐苑囿里遂渐消失。

冠冕服装成熟

服装的进化是文明发展的一种表现。西周时期出现的冠冕服装反映出周代礼仪制度的成熟与完备。

冠制是先秦服饰中的重要组成部分，冠帽与衣裳的产生相始终，二者合起来才形成一套完整的服装，所以冠帽与衣裳必须同步发展，才能搭配协调。冕服是周代天子帝王在祭祀、登基、婚礼、朝会、寿日、册封等重大活动时穿的衣服，代表周代服装设计的最高成就。它由冕冠、玄衣和纁裳等组成。戴冕冠者须着冕服。冕服上衣为黑色，称为玄衣，下裳为绛色，称为纁裳。冕服上用五种颜色绣十二种图像（上衣绘出纹样，下衣绣出纹样），称十二纹章，依次为日、月、星辰、山、龙、华虫、宗彝、藻、火、粉米、黼黻。周代以前，十二纹章全施于冕服上，到周代，日、月、星三像被画于旌旗，不再施于衣服。即使在最隆重的场合，帝王的冕服也只有九章，前五章绘出，后四章绣出。其他场合用七章或五章即可，一般来说，章数与冕冠上的旒数相配。如果冠用八旒，衣裳则用七章；冠用七旒，衣裳就用五章，以

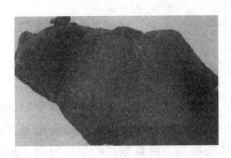

西周丝织物

此类推。

周代冠的形制有冕与弁两种。冕是大夫以上的官员才可戴的礼帽，其形制与一般的冠帽有别，冕的上面是一幅前低后高的长方形板，叫延。延的前后挂着一串串的圆玉，叫旒。旒数反映官员的等级，一般天子十二旒，诸侯以下旒数各有等差，等级最低的玄冕仅有二旒。

冠冕服装作为帝王、诸侯及卿大夫的专用服装，其严格的等级规定本身就有十分鲜明的政治色彩。周代颂教铭记载："易（锡）女（汝）玄衣黹屯，赤市朱黄。"铭文中所说的"锡汝"就是当时周天子赐命于诸侯及有功臣的臣僚的服饰，连衣服及鞋子的颜色也作了规定。此外，冕服上束在腰间的大带和革带也有等级之分。总之，冕服作为官服，适应周代礼仪制度的发展而不断完善。

周代服装丰富多彩，除官场专用的冕服外，日常生活中的服饰也很有特色。从冠帽来说，除冕外，还有用鹿皮缝合的皮牟（武冠），以及顶上有延、红中带黑的爵牟（文冠）。男子长到 20 岁行加冠礼，小孩、女子、平民、罪犯和异族人不戴冠，平民以巾裹头，不得戴冠。上衣的式样很多，有齐腰或到膝盖的短衣即襦，也有上下衣裳合为一体的深衣，类似今天的连衣裙，镶有彩色花边。周代服装实用美观，其样式与采用的衣料随四季冷暖不同而变化。有夏天穿的单衣，春、秋两季穿的带里子的夹衣和用以御寒的裘、袍、襺等，

贴身穿的内衣也有专门设计。

周代以冠冕服为代表的服装习俗及其制式表明，这一时期的衣服已不象史前时期那样完全出于功利和实用目的而设计，而是伴随社会发展和文明进化的历程不断演变，成为周代文化的一个重要部分。

明堂制形成

明堂制度是一种宗教、宗法、政治、社会意识形态一体化的制度。明堂制形成于周代，是中国古代宗教在周代达到鼎盛的重要标志。

明堂从建筑到功能都是一个不断发展的过程。远古的明堂是一个有顶无墙，四面开放式的大房子，是古人进行宗教活动的场所。随着朝代更替，明堂的名称也在不断变换。明堂则只是周代的称谓。

周人在前代明堂的基础上，渐成一种明堂制度。该制度以明堂为核心，形成一

西周营建东都洛邑图

499

个政教合一的政治体制和宗教、宗法、政治、伦理、教育一体化的意识形态。明堂在周代具有综合性的多样的功能。如在宗教上，明堂中央大殿是周人祭天、祭祖的宗教殿堂。明堂报享是周人祭天的三种形式之一，是一种常祭，其次是祭祖，中国古代社会是宗法社会，父系血缘是连结人们的纽带。因而祭祖仪式受到统治者的特别重视。同时统治者又通过祖灵将天神垄断以利于自己统治。在明堂制度中，宗教与宗法合一，天神与祖神合一，宗法制度由宗教而获得神圣的光辉。在行政方面，明堂是国家的政治中枢。在政教未分的年代，宗教圣所也是王朝执政的殿堂、天子朝会诸侯的地方和颁行历法的地方。在教育上，周代教育与宗教、政治合一。天子将未成年的贵族子弟集中于此，通过明堂中的宗教祭祀活动教子侄们宗教知识和宗教伦理；通过明堂中的政治活动教子侄们学会掌握政权，控制臣属的知识；通过种稼了解生产知识，知稼穑之艰靠，通过狩猎学会骑马打仗，练武用兵。

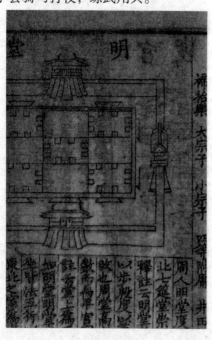

周代明堂图

周人始用陶瓦

西周初期，陶瓦出现。在西周早期的遗址中，人们发现，周人在建筑房屋时已经使用陶瓦，但数量比较少，只用于屋脊和屋面，无筒瓦、板瓦之分。瓦片上仰面和俯面分别很清楚，两面分别有陶钉或陶环，背面饰有强纹，青灰色。

西周中晚期，陶瓦的使用扩展到全屋顶。从陕西扶风出土的西周晚期遗址中发现，这时的陶瓦一是数量多，遗址中留有大量的瓦片堆积；二是种类多，有板瓦、筒瓦、大板瓦，还出现了一种面饰绳纹充地繡黻纹小筒瓦和头带素面的半瓦当。陶瓦有大有小，形制不一。三是瓦面上饰有精致花纹，有回曲纹、绳纹、繡黻纹等，呈青灰色，反映了周人已把陶瓦的使用和美观有意识地结合起来。

瓦的发明是在制陶工业进一步发展的条件下建筑材料的一个重大改革，也是中华文明发展的必然产物。陶瓦的出现，解决了房顶的防水问题，提高了人们抵抗自然灾害的能力，也促使中国建筑脱离了"茅茨土阶"的原始简陋状态而进入了比较高级的阶段。

周人也使用龟卜

周代是中国古代社会发展史上的一个重要时期。周族原是中国西部黄土高原上的一个古老部落，以农业生为主，始祖为稷，从稷开始，周人完成了从母系氏族社会到父系氏族社会的过渡，到公刘时建立宗庙并进入国家阶段。古公亶父时期，周族迁到岐山之下的周原，并在那里建造都邑宗庙和太社，设官分职，作为商王朝的一个诸侯国存在。从此，周人向商王进贡，受命从征服役，在与宗主国商王朝的交往中，接受了商朝先进文化的影响，并逐步认同了商人较高层次的文明。周人不仅向商进贡龟甲，而且学习商人的占卜术，使用龟甲进行占卜。

解放以来的大量考古材料表明，周人也使用龟卜。1954年在山西洪洞县赵坊堆村发现一片带有刻辞的卜骨，刻辞八字，似当隶定为"疒室疒玉止双疾贞"，1955至1957年间，陕西丰镐遗址出土的两片卜骨。兆旁极细的数目字是由阴爻和阳爻组成的"卦象"。另有1975年在北京北郊昌平县白浮村西周墓发现的许多卜骨卜甲残片上，也发现"贞"、"不出"、"其祀"、"其尚上下韦驭"的卜辞。卜甲背面凿有西周时代所流行的"方钻"，均有灼痕。刻辞字形甚小，接近商代晚期甲骨文的作风。

岐山西周甲骨文

所出最多的是1977年在陕西岐山凤雏（周原）遗址的发现，仅一窖穴就出土甲骨1.7万多片，其中包括带字甲骨289片。1979年又于同一遗址发现四百余片卜甲和卜骨，又清出带字卜甲10片。这二百九十八片有文字的卜甲，面积都很小，与现在通用的一分或二分硬币相仿，所刻字体，

小如粟米，需五倍以上的放大镜，才能辨清，所刻文辞亦多残断，字灵符从一二字或三四字、十字左右到三十余字不等。卜辞体例同商代各期均不相同，辞序特点还未理出规律。

西周青铜龟纹盘，龟的形象生动可爱。

周代从公刘到古公亶父，其间经过九世。在古公亶父时代，据说因为受到北来狄人的压迫，遂迁到岐山脚下，历史上称为"周原"。这里土地肥沃，灌溉便利，是早周都城的所在地。周原甲骨，一般认为是灭商前后的遗物，即文王到成王或穆王时期。这批卜辞的时代，它的上限可早到先周，下限可到成王时代。周原卜辞中的"王"不是周王，而是商王帝辛。其内容：一类为与占卜有关的卜辞和记事刻辞，如"癸乙，彝文武帝乙宗，贞，王其邲祭成唐，鼎祝𣪘二女，其彝显三、豚三，西有正。"指在帝乙宗占卜，贞向西方，即周之故居是否安定无患。可能是文王拘商时所贞，后来又随同文王归周，置于周原。记事的如"衣王田至于帛，王隹田"，可能指文王在殷，同殷王（商一）一起在帛畋猎。另一类为记占筮时的"筮数"，或称卦象，如："五八七八七八"，刻辞由六个数目字组成，若以奇数为阳，偶数为阴，易卦阳爻为"——"，阴爻为"- -"，经卦为"☵"，离下坎上，别卦"未济"。

周代甲骨发现虽少，却记录了不少重要史实，商周王名，如成汤、太甲、文武丁、文武帝乙、周方伯等；职官，如太保、师氏等；重要人名，如毕公，箕子等；方

国地名，如帛、蜀、巢、密、楚、黄河、洛水、镐等。此外还有关于历法的记载。

周代甲骨，特别是陕西周原甲骨的发现，引起了国内外学者极大的重视，它不仅证明了周人也使用龟卜的事实，证明了先周都城岐邑这所在，而且对研究商周关系、周与其他少数民族的关系，以及西周初期至中期的历史、地理、职官、历法等都提供了宝贵的资料。

春秋出现皮制甲胄

商代的胄用青铜铸造，甲则多用皮制。西周时期也用铜胄，并出现了整片的青铜胸甲和用青铜甲片相缀联的身甲。至春秋时期，皮甲的制造工艺有了突出发展，于

春秋战国时期征战频繁，兵士的作用尤为突出。这是春秋战国时期的皮甲胄复原模型。

是甲胄都用皮革（牛皮或野牛皮）制成。制作方法是先将皮革加工作成小甲片，涂上漆，然后用丝绳缀联成甲、胄。甲的防护部位达到胸、背、腹、胯、劲项和胳膊。

春秋末年的甲片漆皮，是春秋时期征战的珍贵历史物证。

中国开始使用算筹

算筹是中国古代的计算工具，是横截面为圆形、方形或三角形的小棍，使用木、竹、骨等物制成。算筹起源很早，春秋战国时期的《老子》中就用"善数"，不用"筹策"的记载。不久算筹被作为专门的计算工具被普遍采用，筹的算法已趋成熟。到秦汉时代，算筹的长短、粗细有了明确的规定。《汉书·律历志》称："其法用竹，径一寸，长六寸，二百长十一枚而成六觚，为一握。"

算筹记数的规则，最早载于《孙子算经》。用算筹表示数目有纵横两种方式。

表示一个多位数，则是将各位数码由高到低从左到右横互列，各位筹式在须纵横相间。表示数字有不同的数系：简单分群数系、乘法分群系、字码数系、定位数系等。最科学也最实用的是定位数系（今天通用的阿拉伯数字就属于这个数系），它用固定的数表示一个位上的数量，用它的位置表示它的位。

商周人所使用的，也就是我们今天汉语中的数系是乘法分群数系，它用固定的数表示一个位上的数量，而给予每个位以

九九表竹简残片

不同的名称和表示。

它用一至五根筹的不同组合表示一个位上的值，而用位置表示不同的位，用空位表示这个位上的零。虽然对于零的处理是不充分的（到宋代才出现符号），但当在当时无疑是最先进的，它表明战国人在基本算术还未发展完善的基础上至少在这个问题上一下子就超过了外国。

这种算筹记数制度十分明确地体现了十进位值记数法，便利简洁，与工界古代各民族的记数法相比显示出极大的优越性，以他为基础发展出一整套筹算算法，形成了中国传统数学的独特风格，取得了诉多辉煌的数学成就。

无论是历史记载，还是考古学都不能证明早于春秋有算术，商代，商代甲骨文有大量的记数、历法，但最多只能肯定其

503

中存在加减法。商周天文观测非常发达，但看不出有计算。

象牙算筹

有些人因此完全把中国数学抹杀，认为不值一提，甚至把一些学抹杀，认为不值一提，甚至把一些数学思想归之于外来。但事实上，就数学而论，虽然殷商文明与其它古代文明相比确实不值一提，但这正表现了战国文明的伟大，它与希腊不同，后者是在巴比伦、埃及的基础上进入抽象和证明科学，而战国人则必须自己从头来。因此我们只应该际上大大超过了这个水平，不能不说是超凡的。

算术在战国中迅速发展，《汉书·食货志》记载了李悝的算术。《九章算术》包含的内容（它是前代成果的总汇）和战国时代的科技都证明了这一点。有证据表明在前六世纪已有分数和九九乘法表。

布币产生

中国古代最古老的货制币是贝币，它萌发于原始社会未期，盛于商代。西周时期，贝币仍然是主要货币，但随着这一时期天然贝数量减少而铜器铸造业不断发展，已开始出现较多的铜铸贝币。春秋之际，货币经济得到很大发展，出现了以黄金、青铜、银、锡、铜等金属铸成的型制多样的货币。其中，布币是最先得到广泛流通

的金属货币。

布币是由农具镈发展而来的，"布"即是"镈"的假借字。镈即铲，是古代重要的农业工具，因而可以作为市场交换媒介。春秋战国时期的铜铸布币，体制薄小，已没有农具镈的实用功能，但仍保持了镈的形状和名称。布的形状有很多类型，空首布是较为原始的类型，后从空首布又演化出平首布。此外还有方足、尖足、圆足、方肩、圆肩，方跨、圆跨等多种类型。布币主要流通于韩、赵、魏三国。燕和楚也铸造少量布币。在韩、赵、魏三国中，又以赵国诸郡铸造的布币最多。

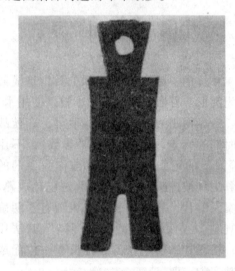

楚国筛钱当釿布

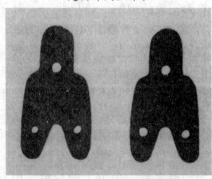

赵国无终三孔布（正、背面）

但是布币等金属货币的流行并不意味这铜币很快绝迹，楚等国家直到战国时期仍以铜铸贝币蚁鼻钱（又称鬼脸钱）为

蚁鼻钱

空首布

辅币。

布币的出现，标志着我国古代进入了一个新时期，即以金属货币的时期；布币是春秋战国经济发展的结果，同时又成为推动经济发展的力量。

弩的出现

弩是由弓发展而来的射远兵器，由弓、木质弩臂和铜弩机三部分组成：弓横装在弩臂前端，弩机装于弩臂后部；弩臂用以承弓、撑弦，并供使用者托持。弩机用以扣弦、发射。由于弩将张弦装箭和纵弦发射分解为两个动作，射手无须在用力张弦的同时瞄准，命中率比弓大为提高。而且弩可以用足踏张弦，故能够比弓射得更远，在步兵野战布阵、设伏和防御作战中，弩能发挥良好的作用。

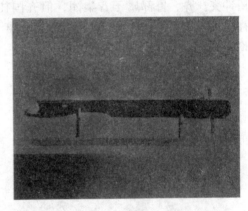

弩机，以机械力发射箭的远射装置。1952年湖南长沙出土。

山东武梁祠足蹬弩施放图

春秋晚期，实战中开始用弩，战国时期，弩被大量使用。前341年，马陵之战中，孙膑就是以弩兵伏击歼灭了庞涓率领的魏军。战国以后，弩续有发展，东汉时有腰引弩，三国时期有诸葛亮改制的连射弩。南北朝以后，骑兵大规模驰骋战场，弩不便在马背上使用，逐渐衰落。

鲁国实行初税亩

春秋时期，诸侯之间大欺小，强凌弱，关系错综复杂。当时不仅有晋、楚两大集团的对抗，在每一集团内部亦往往发生矛盾冲突。齐、鲁都属于晋集团，但齐国往往倚仗强大而欺负鲁国。鲁国为积聚财富、增强军力，进行了许多内政改革。

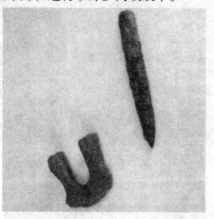

春秋时期用木炭还原法制得的铁制品

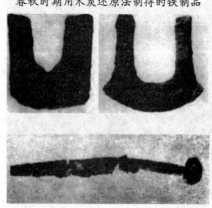

铁削

周定王十三年（594），鲁国开始实行按田亩之多少征收田税的"初税亩"。商、周以来为井田制度，国家对于人民籍而不税，行力役之征，借民力以耕公田。春秋以后井田制崩溃，人口流动增加，生产力得到大发展，私田日辟，为增加国家之财政收入，鲁国遂于此年实行按亩收税。周定王十六年（前591）齐、鲁交恶，鲁国害怕齐国侵伐，于第二年"作丘甲"，增收军赋，以加强军事力量。

"初税亩"制度的实行，表明私田的大量出现，得到官方的承认。自此，井田制宣告全面崩溃，一种新的封建土地制度开始形成。

吴国改造铜矛

由商代的阔叶铜矛演变为战国的窄叶铜矛是中国兵器发展的重要一环，矛头的窄瘦锐利大大提高了矛的杀伤力，使其效力倍增。战国定型的窄叶铜矛在西汉改为同钢铁制造，并发展出槊、枪等变体，成为中国冷兵器时代最主要的单兵格斗武器。

智君子鉴

春秋时期晋国器物，河南辉县出土，共二器，铭文一行六字。器高22.2厘米，宽51.5厘米，口径43.5厘米，底径23厘米。铭文为："智君子之弄鉴。"意为智君子珍爱的大盆。鉴，在古代又用作在月下承露取水的器具。

智氏始见于《史记·晋世家》景公三年，时当前597年；《晋世家》又载："悼公元年正月庚申，栾书、中行偃弑厉公，葬之以一乘车。厉公囚六日死，死十日庚午，智罃迎公子周来，至绛，刑鸡与大夫

中国通史

最新整理图文珍藏版

二十八宿体系形成

春秋时期吴王夫差青铜矛

盟而立之，是为悼公。"其时为前573年。智氏之灭在前453年，《史记·周本纪》："定王十六年，三晋灭智伯，分有其地。"《六国年表》司马贞《索隐》云："三卿（叛）[败]智伯晋阳，分其地，始有三晋也。"其后晋大夫智开、智宽先后率邑人奔秦。年代约在前573～前453年之间。

智氏与韩、赵等同是活跃于春秋时代晋国的大夫家族，对于晋国及中原的政治有极大的影响。智君子鉴是智氏家族的遗物。

湖北随县发掘的战国初曾侯乙墓中，出土了一个漆箱，其盖上绘有青龙白虎，中间书写一个斗字，围绕斗字的二十八个字正是二十八宿的名称，表明将四象与二十八宿配合在当时已是常识，所以才会将这种图案描绘于日常用具上作为装饰。

战国曾侯乙墓出土封开十八宿漆木箱

二十八宿是将黄赤道带星空划分成二十八部分，用二十八个名称命名的星空划分体系。早期载有二十八宿的可行文献是《吕氏春秋》、《礼记·月令》、《周礼》等书，它们的时代最早的大约在战国中期（公元前四世纪）。而从这些记载中的天象推算，则可提前到春秋中叶（公元前七世纪）。湖北省随县出土的二十八宿漆箱盖的发现，则把文献证据提前到公元前五世纪。此时，二十八宿名称已经完备。它们与四象配伍如下：东宫苍龙：角、亢、氐、房、心、尾、箕七宿；北宫玄武：斗、牛、女、虚、危、室、壁七宿；西宫白虎：奎、娄、胃、昴、毕、觜、参七宿；南宫朱雀：井、鬼、柳、星、张、翼、轸七宿。各宿分布，疏密不均，井宿横跨30多度，而觜宿、鬼宿仅跨几度。中国二十八宿是不等间距划分，这同先秦时期形成的"分野"说有一定关系。"分野"是将地上某州域与星空相对应，用某区天象占卜地上某州域之事

507

的星占用语，是先秦天人观的一种表现。州域有大小，诸侯有强弱，故相应星空的间距也不相等。二十八宿体系的建立，使人们能较准确地测量日月五星相对于恒星的运动，能较准确决定冬至点之所在，它对于中国古代天文学的发展，有着特殊重要的意义。

父己方鼎

商朝古老的继承制度

商代是以商王为首的奴隶主贵族的专政政权。王权是奴隶主阶级专政的总代表。在卜辞中，商王自称"余一人"或"一人"，充分揭示了商王唯我独尊、至高无王的本质。

王权的世袭制度在夏代已经确立。商代王位同夏代一样，是一姓世代相传的。至于王位世袭的方法，夏代大致是兄终弟及和父死子继相结合。到了商代，工位的继承仍然遵守这样两个法则：一是兄终弟及，一是父死子继。

商代前期，还没有确立嫡长子继承制，因此商王的儿子原则上都有继承王位的资格，兄长去世后，兄弟们都可以继承王位。这就是"兄终弟及"制。与此并行的则是父死子继制，即传位于子的继承制度。从商汤到纣的17代中，兄终弟及的有共9世，而从康丁以后一直到商末，则一直实行嫡长子继承制，即由商王生前预立的嫡妻所生的长子继承王位。例如商纣王帝辛有兄弟3人，长兄为微子启，次兄为仲衍，帝辛最小，但帝辛却得以继承上位，就是因为帝辛的母亲是他父亲帝乙的嫡妻，他两个兄长都是庶妻所生的缘故。

从商代以后，中国历代王朝，虽也有兄弟相传之例，但王位世袭的主流却变为了父死子继。历史经验表明，兄弟在未婚之前尤其是孩提时代，关系十分亲密，融洽，一旦各自娶妻生子、成家立业，由于异姓之介入，便渐疏远。倘若遇到根本利害冲突，如财产、权位等承继，则往往势同水火。所以商代后期嫡长子继承制的确立并非偶然，实为家族关系演进的必然结果。

商朝的宗法与分封

长子继承制的确立，标志着王权统治的加强。兄终弟及制大概是氏族社会推举制的一种残余。兄终弟及制曾使得商代前期屡次发生争夺王位的纷争，特别是仲丁以后，发生了连续9世的内乱。嫡长子继承制的确立，使王位纷争明显减少，王室内部稳定下来，王权得以加强。而嫡长子继承制又和宗法制度紧密联系在一起。商代后期嫡长子继承制的确立，意味着宗法制度在逐渐形成。

在私有制下，为了确保财产的继承，在父权制下产生了嫡庶制度，在婚姻上就表现为一夫多妻制。正妻所生的长子就是嫡长子，于是一个大家族就产生了"大宗"和"小宗"的区别。"大宗"代表了正统的传承，是由嫡长子一系世代相传的；

而"小宗"则为庶出，由嫡长子之外庶出的家族成员组成；"大宗"不仅获得家族的绝大部分财产，更拥有管理"小宗"的权力。"大宗"和"小宗"的划分，正是宗法制度形成的一个重要标志。宗法制度源于氏族社会的血缘关系，在商代发展成为一套以嫡长子继承制为核心的宗法制度，成为奴隶社会的一项重要政治制度。而宗法制的确立，也促使了分封制的产生。为了巩固统治，与王室有血缘关系的宗族被分到各地去做诸侯，作为商王朝在各地的统治支柱，形成了许多新的子族。商王在政治上是最高统治者，在宗法关系上是"大宗"，各地诸侯对于商王来说是"小宗"，但他们同时以宗法制的原则分别用"大宗"、"小宗"维系他们下属贵族的统属关系。商王正是通过宗法制和分封制，把"国"和"家"紧密结合在一起，加强了以商王为首的各级贵族的家长权力，巩固其在政治上的垄断地位。

不过商代的宗法和分封制度还处于逐步发展成熟的阶段，到周代由周公进一步将之完善发展，才确立于中国所特有的宗法和分封制度。

春秋爱情生活

春秋时代的爱情生活也显示出了一种多彩多姿的气象，其典型代表就是郑卫之声的兴盛，郑卫之声反映了普通人民对爱情的追求，是在旧礼制崩溃的文化氛围下，感情生活的丰富和自觉。郑风中的溱洧和邶风中的静女是其代表。

春秋时期，郑国（今河南省中部）在上巳（夏历三月上旬逢巳的日子）这一天，青年男女都到溱、洧两水岸边游春。在那里，他们可以自由地互赠芍药、表示相爱。《溱洧》写的就是这种欢乐的情景。

篇幅虽短，却颇有魅力。

溱与洧，浏其清矣。士与女，殷其盈矣。女曰："观乎？"士曰："既且。""且往观乎！洧之外，洵讦且乐。维士与女，伊其相谑，赠之以芍药。"

全诗仅有两节，章法也相同。都是先写背景，再叙述男女对话，最后点出互相爱慕的主题。写背景扣紧溱、洧两水的特点：一是水势盛大（涣涣），二是水色清亮（浏）。叙述话语言简练，情深意长。女的说："看看去好吗？"男的说："已经去过了。"女的又说"再看看去吧，湖水那边，真是既热闹又使人高兴啊。"写青年男女互相爱慕则用"伊其相谑，赠之以芍药"两句，来表现两性间质朴、纯洁的感情。

《郑风》中的子衿描写一位热恋中的姑娘在约会地点，久候情人不至的情景。她急不可待，一天没有见面就仿佛隔了三个月一样。她想起情人的青色衣领和佩饰，此时一腔怨情不禁油然而生：纵使我不去，你难道就不能来，怎么全无音讯！全诗对这个热恋中的少女缠绵幽怨的心情刻画得细腻入微。

青青子衿，悠悠我心。纵我不往，子宁不嗣音？

青青子佩，悠悠我思。纵我不往，子宁不来？

挑兮达兮，在城阙兮。一日不见，如三月兮！

诗中说，你的领颜色青青，我的心情思绵绵，纵使我没有去你那里，难道你不能捎个信给我吗？

你的佩饰颜色青青，我的心情思绵绵，纵使我没有去你那里，难道你不能来吗？

我急躁地在城门楼走来走去，一日不见如三月啊！

春秋盛行上巳日之会

古代有采诗以观风俗的制度。这说明诗歌在一定程度上真衬地反映了当时社会生活的面貌。从古籍留存的材料来看，春秋时代或以前中原地区曾有过类以古希腊人在祭祀酒神的节日放纵情欲的风俗。这种风俗在古今中外各不同民族都曾见过。即使在 20 世纪的现代，有些较落后的地方沿有类似的风俗。

春秋金异兽形车辕饰件

诗经郑风溱洧篇，王先谦《三家诗义集疏》引韩诗说，记载一段关于郑国的风俗："溱与洧，说人也。郑国之俗，三月上巳之日于两水上招魂续魄，拂除不祥，故诗人愿与的说者俱往观也，""所说者"指的是喜欢的人。

韩诗说云："当此盛流之时，从士与众女执兰而被除邪恶。"

"维士与女，伊其相谑赠之以勺药。"郑笺："伊，士与女往观，因相戏谑，行夫妇之事。其别，则送女以勺药，结恩情也。"

从上述所引述材料，可见在三月的春天，郑国风俗有上巳日之会。在溱、洧水畔，举行盛大的祭祀典礼。在这节日里，男女相携而至，彼此言笑甚至欢，互相戏弄而以狂欢"行夫妇之事"。从这几则可见这节日本来就是被除不祥。三月三日修禊节。可见由于男女杂沓而来，变成男女狂欢最大会期。

古籍中记载："燕之有祖泽，当齐之社稷，宋以桑林，楚之云梦也，此男女之所乐而观也。"

这里"祖泽""社稷""桑林""云梦"正如前文引郑国溱洧之上，是男女幽会野合的场所。而"桑林""桑间"后来更成为中国语言中有现淫秽之所的隐语。

第三章

战国时期

"战国"的名称，源于《战国策》。这部书是西汉学者刘向根据《国策》而编定的。确切地说，这并不是一部史书，因为它是以对这一时期的事件的记叙和演绎为主，并没有《春秋》那样的时间观念，更缺乏一致性和准确性。因此，这一时期到底始于何时，史家有种种不同说法。有根据《春秋》记事结束而开始的（公元前479年），也有根据"三家分晋"（公元前453年）或被封为诸侯而开始（公元前403年）的。而战国时期的结束则比较明显，那就是秦始皇对中国的重新统一（公元前221年）。

严格说来，战国与春秋时代并没有本质区别。这两个时代的划分，根据的多半是一些形式上的东西。诸侯的争霸在战国时代照常进行，只是某些旧势力退出了历史舞台，而新势力开始扮演主要角色。首先，越国在灭吴国之后，自身也精疲力竭，渐渐销声匿迹了。其次，在春秋时代尚能掀起一定波澜的小国家，比如鲁、卫、宋、郑等，也失去了发言权，只能苟且偷生。再其次，齐国的田氏，虽然取代了姜氏，但是，他的掌权始于春秋末期，到了战国初期，他已经无力进行政治改革，终现败相。在逐渐消失的旧势力当中，最引人注目的是被韩、赵、魏三家瓜分的晋国。而新势力的代表，则是三家中的魏国。魏国在战国初年的一时强盛，主要得利于魏文侯主持下的政治改革。这场改革，不仅振兴了魏国，也使其他国家看到了国富民强的曙光。随后进行改革的赵国和韩国虽然不及魏国，但也曾经扮演过强国的角色。楚国自春秋末年被吴国击破之后，一直没有缓过气来，而更可惜的是，吴起在楚国的改革又胎死腹中。所以，在整个战国期间，楚国再也没有出现在强国之列。真正的新生力量是偏居西部、忍辱负重的秦国。

第一节 史海钩沉：重大事件 历史典故

战国七雄

齐

西周、春秋时姜姓诸侯国，战国时为田（陈）氏所取代，是为七雄之一。

姜齐是周初重臣太公吕望（亦称师尚父）之后所立。吕望为周文王所举用，并从武王伐商，有功。周公平定三临之叛，伐灭商奄、蒲姑（今山东博兴东南），吕望被封于营丘（今山东淄博东北），占有蒲姑旧地，齐立国始于此。

齐的疆域最初在今山东偏北。齐桓公称霸后，领土有所扩大，北至黄可与燕接界；西至济水与卫接界；南至泰山与鲁接界；东至今山东寿光一带，与杞、莱接界。齐灵公灭莱后，领土更扩大到今山东半岛。

西周后期，周夷王听纪侯之谮烹齐哀公，立其弟静为胡公，胡公曾迁都蒲姑（即蒲姑）。哀公弟山率营丘人杀胡公自立，为献公，献公又将都城迁回营丘，称为临淄。从此，齐的国都一直在临淄。

春秋早期，齐与主要竞争对手鲁国之间经常发生战争。公元前 689 年，齐襄公灭鲁的与国纪，扫除东面障碍。公元前 686 年，公孙无知杀襄公自立，公子纠奔鲁，公子小白奔莒。次年，无知被杀。鲁伐齐，欲纳公子纠，而齐高氏、国氏已召小白先入，击败鲁师，立为齐桓公。桓公在位期间，任用管仲为辅佐，实行一系列改革，齐国日益强大。公元前 684 年，齐

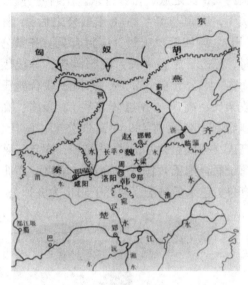

战国时期形势图

灭掉西面小国谭，向鲁推进。公元前 681 年，又与宋、陈、蔡、邾会于北杏，南下灭掉逼近鲁的小国遂，迫使鲁与齐言和，盟于柯。次年，齐假王命合陈、曹伐宋，迫使宋国屈服，并与宋、卫、郑会于鄄，又次年，齐与宋、陈、卫、郑复会于鄄，开始称霸诸侯。

春秋中期，齐桓公以"尊王攘夷"为号召，联合中原诸夏，讨伐戎、狄、徐、楚，安定周室。公元前 664 年，齐北伐山戎，救燕；又逐狄，存邢救卫；公元前 656 年，齐合诸侯之师侵蔡伐楚，与楚盟于召陵。此后，齐多次大会诸侯。公元前 651 年，齐会鲁、宋、卫、郑、许、曹于葵丘，周天子赐齐侯胙，齐霸业达于顶峰。公元前 643 年，齐桓公卒，齐从此失去霸主地位，但仍想和晋抗衡。公元前 589 年，

齐、晋大战于鞍（今山东济南西北），齐师大败。到灵公、景公时，虽无法胜晋，却依然是仅次于晋的中原强国。

春秋晚期，齐国公室衰落，卿大夫相互兼并。公元前548年，崔杼杀齐庄公，立景公，与庆封共同执政。公元前546年，庆封灭崔氏之族，崔杼自杀。庆封专政。次年，庆舍与栾、高（齐惠公之后）、陈（田）、鲍四族攻庆封，庆封奔吴。齐景公时，陈桓子施惠于民，民归陈氏，陈氏因而强大。公元前532年，陈桓子联合鲍氏攻栾氏、高氏（齐惠公之后），栾施、高疆奔鲁。公元前489年，景公卒，国氏、高氏（齐文公之后）立晏孺子，次年，陈僖子联合鲍氏攻国氏、高氏，国夏、高张奔鲁，遂杀晏孺子，立公子阳生为齐悼公。

带翼神兽

人骑骆驼铜灯

悼公在位四年，被杀，齐人立悼公子壬为简公，阚止为政。公元前481年，陈成子杀阚止，追执简公子舒州，杀简公，立简公子敬为平公，专齐政。

公元前386年，陈成子玄孙太公和立为诸侯，迁齐康公于海上。公元前379年，康公卒，姜齐绝祀。

田齐是妫姓国家，出于陈厉公之子陈完。陈与田古音相近，故古书往往作田。公元前672年，陈完入齐，事齐桓公。陈完传五世至陈桓子，陈氏开始强大。以后陈氏逐渐兼并齐国的栾、高（齐惠公之后）和国、高（齐文公之后）以及鲍、阚等族，专齐政。田齐的国都仍在临淄，疆域亦袭姜齐之旧。

田齐立国时，已经进入战国中期。太公和是第一代齐侯。太公和之孙桓公午在国都临淄的稷下置学官，"设大夫之号"，招聚天下贤士。到威王、宣王时，稷下人才济济，成为东方学术文化的中心。齐威王任用邹忌为相，改革政治，齐国遂强大。公元前353年，齐大败魏军于桂陵。公元前341年，齐又大败魏军于马陵。公元前334年，齐威王与魏惠王"会徐州相王"，正式称王。威王晚年，相邦邹忌与将军田忌争政。公元前322年，田忌攻临淄，求邹忌，不胜，逃亡楚国。齐宣王时燕国发生"子之之乱"。公元前314年，在孟轲劝

中国通史

最新整理图文珍藏版

火牛阵

说下，宣王命匡章率"五都之兵"、"北地之众"伐燕，五旬克之，一度占领燕国。

战国晚期，齐仍保持着强盛的地位。公元前301年，齐联合韩、魏攻楚，大败楚军于垂沙。公元前298～前296年，齐联合韩、魏连年攻秦，入函谷关，迫秦求和。公元前288年，齐、秦并称东、西帝，旋皆放弃帝号。次年，苏秦、李兑合赵、齐、楚、魏、韩攻秦，置于成皋。又次年，齐灭宋。公元前284年，燕以乐毅为上将军，合燕、秦、韩、赵、魏攻齐，攻入临淄，连下70余城。齐城不下者只有莒和即墨。齐湣王逃入莒，被淖齿杀死。王孙贾与莒人杀淖齿，立湣王子法章为齐襄王，距守。燕引兵东围即墨，即墨大夫战死，城中推举田忌为将。双方相持达五年。公元前279年，田单组织反攻，用"火牛阵"大败燕军，收复失地。齐虽复国，但元气大伤，无力再与秦抗衡。公元前221年，秦灭韩、魏、楚、燕、赵后，使将军王贲从燕地南攻国齐国，俘虏齐王建，齐国灭亡。

楚

先秦芈姓诸侯国，战国七雄之一。亦称荆。芈姓是所谓"祝融八姓"之一，始祖为季连。季连的后世子孙鬻熊为周文王师。古书记载，鬻熊以下楚君皆以熊为氏，但据出土战国晚期楚国铜器铭文，楚君名号皆以酓为氏。鬻熊曾孙熊绎僻处荆山（在今湖北南漳、保康一带），跋涉山林，以事周成王，被封以子男之田，居丹阳（今湖北秭归），从此立为国家。

楚的疆域最初主要在今湖北西部山区和江汉平原一带，后逐渐向西溯江而上扩展到今四川东端，向北溯汉水而上扩展到今河南西南的南阳盆地和丹江流域，向南扩展到今湖南北部的洞庭湖平原，向东沿淮水和江水扩展到今河南东南、安徽北部、江西北部和山东南部、江苏、浙江一带。

西周时期，楚对西周保持相对独立，往往叛服无定。周昭王曾两次率师伐楚。一次在昭王十六年，周师有较多俘获；一次在十九年，周师还济汉水，全军覆没，昭王本人也死在汉水中。这是西周历史上的著名事件。夷王时，王室衰微，熊绎的后代熊渠乘机出兵攻打庸和扬粤（即扬越），至于鄂，分其土，封长子毋康为句亶王，中子挚红为鄂王，少子执疵为越章王。厉王时，熊渠畏周伐楚，去其王号。周宣王时，楚一度内乱。熊严有子四人，长子熊霜先立。熊霜卒，三弟争立：仲雪死，叔堪亡濮，而少弟季徇立，是为熊徇。熊徇之孙熊仪为若敖（楚君无谥称敖，冠以葬地名），其庶支称为若敖氏，是后来楚国的显族。若敖二十年（公元前771），西周结束。

春秋早期，若敖之孙熊眴（音冒）开

战国战车（复原模型）

战国赵邯郸城夯土遗迹（今河北邯郸境内）

启濮地。熊眴卒，其弟子熊通杀其子代立，迁都郢（今湖北江陵纪南城）。公元前740年，熊通自立为王，是为楚武王。武王多次进攻汉以东的强国随（在今湖北随州）。文王时，楚更为强大，凌江汉间小国，并北上伐灭申（在今河南南阳）、息（在今河南息县）、邓（在今湖北襄樊）等国。

春秋中期，楚成王屡次北上伐郑，引起北方各国的联合干预。公元前656年，齐桓公合诸侯之师伐楚，与楚盟于召陵（今河南郾城东）。齐桓公卒，宋襄公乘机图霸。公元前638年，楚败宋于泓（今河南柘城一带）。宋襄公伤股，病创而死，楚势益张。公元前632年，晋文公败楚于城濮（今山东鄄城西南），楚北上之势暂时受挫。楚并先后灭亡弦（在今河南息县）、黄（在今河南潢川）等小国以及楚的同姓国夔（在今湖北秭归）。穆王时，楚又先后灭亡江（在今河南息县）、六（在今安徽六安）两国。庄王时，楚的势力达到顶峰。公元前606年，楚伐陆浑戎，观兵周郊，问鼎大小。公元前597年，楚大败晋师于邲（今河南郑州西北）。公元前594上，楚围宋五月。楚并先后灭亡庸（在今

湖北竹山）、舒蓼（在今安徽舒城）、萧（在今江苏徐州）等小国，终于称霸诸侯。共王时，楚的势力有所衰落，公元前575年，晋败楚于鄢陵（今河南鄢陵西北）。次年，楚灭舒庸（在今安徽舒城）。

春秋晚期，楚长期内乱。共王有子五人，子康王先立。康王卒，子郏敖立。康王弟子围、子比、子皙、弃疾争位。子围杀郏敖先立，是为灵王。灵王先后灭亡赖（在今湖北随州东北）、陈、蔡。公元前529年，弃疾、子比、子皙乘灵王外出，攻入郢都，杀灵王太子禄，立子比为王，子皙为令尹，弃疾为司马。灵王饿死申亥家。后弃疾又杀子比、子皙而自立，为平王。平王暴虐，夺太子建妇，杀伍奢及伍奢子伍尚。伍奢子伍子胥出奔吴。楚昭王时，伍子胥劝说吴王阖闾伐楚。

公元前506年，吴败楚于柏举（今湖北麻城），五战及郢，攻入楚都。昭王逃入随，使申包胥请救于秦。次年，秦、楚败吴于稷（今河南桐柏），吴引兵去。昭王灭唐（在今湖北随州），还归郢，迁都鄀（今湖北宜城东南）。昭王复国后，又灭顿（在今河南商水）、胡（在今安徽阜阳）等小国。昭王卒，子惠王立。公元前481年，平王太子建之子胜，为白公，袭杀令尹子西和司马子期于朝，劫惠王。叶公子高出兵，平定白公之乱，再度灭陈。

战国早期，楚惠王再度灭蔡，占领淮水流域；公元前431年，简王北上灭莒（在今山东莒县）。简王卒，声王立，立仅六年，"盗"杀声王。声王子悼王晚年任用吴起变法，南收扬越，占领洞庭、苍梧，楚复强大。

战国中期，楚威王败越，占领吴故地，越从此破散。楚怀王时，楚与齐纵亲。公元前318年，魏、赵、韩、燕、楚等国合纵攻秦，以楚怀王为纵长，不胜而归。秦使张仪入楚，离间齐、楚，许与商（今陕

西商县）、于（今河南西峡一带）之地600里，已而背约不与，楚因伐秦。公元前312年，秦败楚于丹阳（今河南西峡一带），取楚汉中。楚反攻，秦又败于蓝田（今陕西蓝田）。楚服秦，但仍与齐、韩合纵。公元前306年，楚灭越（其后裔退居闽越），设郡江东。

战国晚期，楚背齐合秦。公元前301年，齐联合韩、魏攻楚，大败楚于垂沙。次年，秦亦攻楚，取襄城。又次年，楚怀王入秦被执，后三年死于秦，楚从此一蹶不振。顷襄王时，秦继续攻楚。公元前278年，秦将白起破楚拔郢，楚迁都于陈（今河南淮阳）。顷襄王卒，考烈王立，以黄歇（封为春申君）为相。公元前257年，黄歇与魏信陵君救赵败秦。次年，楚灭鲁。公元前253年，楚迁都巨阳（今安徽太和

宴乐铜壶

东南）。公元前241年，楚迁都寿春（亦称郢，今安徽寿县西南）。考烈王卒，李园杀黄歇，立幽王。幽王卒，同母弟犹代立为哀王。哀王立仅二月余，为庶兄负刍之徒袭杀，负刍立为王。公元前223年，秦将王翦、蒙武破楚，虏王负刍，楚国灭亡。

燕

先秦姬姓诸侯国。战国七雄之一。燕本作匽，又称北燕，以区别于姞姓的南燕（今河南延津东北）。周公东征后，周太保召公奭被封于燕，他自己留辅王室，而令其子就封，成为第一代燕侯。

西周、春秋时期，燕的疆域主要包括今北京地区和辽宁西部的大凌河流域，都城在蓟（今北京）。其周围分布着许多戎、狄和貊部族，仅东南与齐邻接，同中原各国来往较少，国力一直不强。

关于西周时期的燕国，史书记载很少，只知当时共有十一代燕侯，第一至八代名号不详，最后三代为惠侯、釐侯和顷侯。

春秋时期的燕国，史书记载也较少，《春秋》经传和《国语》都很少提及。《世本》、《竹书纪年》和《史记·燕世家》记

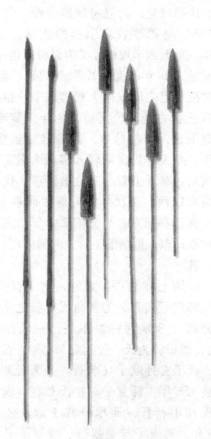

箭镞

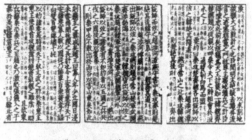

《史记·苏秦列传》书影

录了这一时期的燕世系，但彼此龃龉不合。春秋早期，承西周晚期夷狄交侵的局面。燕国常常受到北方山戎的侵扰。据《世本》记载，燕桓侯曾一度把都城南迁到临易（今河北雄县西北，或疑为今易县）。公元前664年，山戎侵燕，齐桓公出兵相救，恢复了燕的疆界及其与中原周王室的联系，阻止了山戎南下。此后（或更早），燕的都城又北迁到蓟。

战国时期，燕在各大国中实力最弱，但在当时的列国兼并战争中也起过重要作用。燕与齐、赵、中山相邻，四国经常发生冲突，到战国中晚期，争战愈演愈烈。公元前323年，燕易王称王。易王卒，子燕王哙即位，相邦子之深受重用。公元前316年，燕王哙把王位禅让给子之，又收回秩禄300石以上官吏的官玺，让子之重新任命，并由他决断国事，实行政治改革。公元前314年，子之行新政三年，将军市被与太子平聚众作乱，围攻子之。子之反攻，杀死市被与太子平。双方激战数月，死伤甚众。在孟轲的劝说下，齐宣王出兵伐燕，五旬将燕攻下。燕王哙死难，子之出亡，被齐擒获而醢其身。中山也乘机攻占燕大片土地。各国见齐国无意退兵，打算吞并燕国，遂谋伐齐救燕。公元前312年，秦、魏、韩出兵救燕，败齐于濮水之上。次年，赵武灵王召燕公子职于韩，派兵护送回燕，立为燕昭王。昭王即位于燕破之后，立志报仇雪耻，卑身厚币招聚天下贤士，得乐毅等人，励精图治，燕从此

强大。这一时期，燕国设有两个都城，上都为蓟，下都为武阳（今河北易县东南），但也有一说认为汉良乡县为燕的中都。燕将秦开破东胡后，将领土扩大到辽东，设上谷、渔阳、右北平、辽西、辽东五郡，有今滹沱河以北的河北北部及辽宁之大部。公元前284年，燕以乐毅为上将军，联合秦、楚、赵、魏、韩五国伐齐，攻入齐都临淄，连下70余城，齐城不下者只有莒和即墨。齐湣王逃入莒，被齐相淖齿杀死。齐人立湣王子法章为齐襄王，距守。燕引兵东围即墨，即墨大夫战死，城中推举田单为将。双方相持长达五年。公元前279年，燕昭王死，惠王即位，惠王猜忌乐毅，改用骑劫为将。田单进行反攻，收复丧失的70余城，燕从此国势不振。到燕王喜时，又屡败于赵。公元前251年，燕派栗腹、庆秦攻赵，为赵将廉颇所败。公元前243年，赵派李牧攻取燕的武遂、方城。次年，燕派剧辛攻赵，又为赵将庞煖所败。公元前236年，庞煖攻取燕的狸、阳城。秦乘燕、赵之间发生大规模战争，也不断攻取三晋之地。公元前228年，秦破赵，虏赵王迁，兵临易水，直接威胁到燕国。次年，燕太子丹派荆轲入秦刺杀秦王，没有成功。秦派王翦、辛胜击溃燕、代联军于易水以西。又次年，王翦拔取燕都蓟，燕王喜迁都辽东。公元前222年，秦将王贲攻取辽东，俘虏燕王喜，燕国灭亡。

韩

战国七雄之一。姬姓，出于晋公族。祖先韩武子名万，为晋曲沃桓叔之子，封于韩原（今陕西韩城东北，一说在今晋南），因以韩为氏。公元前588年，晋作六军，武子玄孙献子（名厥）列为晋卿。公元前458年，韩宣子与智氏和赵、魏共灭范氏和中行氏，而尽分其土地。公元前453年，韩康子与赵襄子、魏桓子又共灭智氏，三分晋国。公元前403年，韩景侯

中国通史

最新整理图文珍藏版

与赵烈侯、魏文侯被周天子正式策命为诸侯。

　　韩的疆域最初在今山西东南部，后逐渐扩大到今河南中部。春秋晚期，韩宣子徙居州（今河南温县东北），韩贞子又徙居平阳（今山西临汾西南）。当时韩的疆域大体在今山西临汾地区及其以东的沁河流域和沁河下游的河南温县一带。战国早、中期，韩武子徙居宜阳（今河南宜阳西）。韩景侯时又迁都阳翟（今河南禹县）。公元前375年，韩哀侯灭郑，将国都迁到郑（今河南新郑），重心遂移到今河南新郑一带和洛阳周围地区。

　　韩所处地理位置正当所谓"四战之地"的中原地区，东有魏，南有楚，西有秦，北有赵，因受各大国威胁，势力一直未能发展起来。公元前355年，韩昭侯任用申不害为相，实行政治改革，一时"国内以治，诸侯不来侵伐"。但申不害死后，韩仍不能摆脱困境，来自秦的威胁尤为严

战国武士复原图

重。公元前335～前301年，秦曾多次败韩，先后攻取韩的宜阳、鄢、石章、武遂、穰等地。公元前296年，齐、韩、魏联军攻入秦函谷关，秦归还韩河外及武遂。公元前293年，秦大败韩、魏联军于伊阙，后又攻取韩的宛、邓，韩不得不献上武遂之地方200里。自公元前286～前263年，秦又大败韩，并连续攻取韩的少曲、高平、陉城、南阳。公元前262年，又取韩的野王，切断上党通往韩都新郑的道路，韩上党郡守以郡降赵。次年，秦攻取韩的缑氏、纶。数年后，攻取阳城、负黍。公元前249年，秦灭东周，又取得韩的成皋、荥阳，后全部占领上党郡，并攻取韩的13城。公元前233年，韩派韩非入秦，劝秦存韩伐赵，但不久韩非被迫自杀。公元前230年，秦派内史腾攻韩，虏韩王安，以韩地设颍川郡。韩国遂亡。

赵

　　战国七雄之一。嬴姓，与秦同出于蜚廉之后。祖先造父，为周穆王御，有功，封于赵城（今山西洪洞北），因以赵为氏。赵氏的后代赵夙事晋献公，献公封赵夙于耿（今山西河津南）。赵夙子赵衰（赵成子）事晋文公，徙居原（今河南济源西北）。赵衰的后代赵盾（赵宣子）、赵朔（赵庄子）、赵武（赵文子）、赵鞅（赵简子）皆为晋卿。公元前453年，赵襄子与韩康子、魏桓子三分晋国。公元前403年，赵烈侯与魏文侯、韩景侯被周天子正式策命为诸侯。赵的疆域最初主要在今山西中部。赵简子居晋阳（今山西太原西南），公元前475年，赵襄子灭代，将领土扩大到今山西东北部及河北蔚县一带。公元前425年，赵献子即位，徙居中牟（今河南鹤壁西）。公元前386年，赵敬侯迁都邯郸（今河北邯郸）。其活动中心逐渐移到今河北东南和河南北部。

　　战国初期，赵经常与韩、魏联合进攻

别国，并向北方各少数民族地区（林胡、楼烦、代、中山等）扩展。它首先灭代，后又助魏进攻中山，取得过一些胜利。战国中期，赵与齐、魏争夺卫，连年大战。赵求救于楚，转败为胜。此后不久，被魏灭亡的中山复国。赵又与中山战于房子、中人。公元前354年，魏围赵都邯郸。次年，齐救赵，败魏于桂陵。公元前333年，赵为御北敌修筑长城。其间，中山强大起来，一度围攻赵的鄗地，对赵形成严重威胁。公元前325年，赵武灵王即位，他发奋图强，重新开启"胡、翟之乡"。公元前307年，赵武灵王与老臣肥义不顾天下之议，实行军事改革，教民"胡服骑射"，图灭中山和北略胡地。是年，赵攻中山到房子，次年，到宁葭，攻略胡地到榆中。又次年，攻取中山的丹丘、华阳等七邑，中山献邑求和。公元前300～前296年，赵连续进攻中山，中山灭亡。

公元前299年，赵武灵王立太子何为王，是为惠文王，令其守国，而自号主父，率军西北攻略胡地。公元前295年，公子章与田不礼乘赵主父、惠文王出游沙丘之机发动叛乱。公子成、李兑起四邑兵平定叛乱，公子章逃入主父所住沙丘宫。公子成、李兑围沙丘宫，主父饿死。赵惠文王时，赵国实力比较强大。公元前287年，苏秦、李兑合赵、齐、楚、魏、韩五国攻秦，罢于成皋，秦归还部分赵、魏失地求和。其后，赵还不断进攻齐、魏，取得过一些土地。公元前273年，秦大败赵、魏于华阳，史载斩首十五万。公元前269年，赵大败秦于阏与。公元前260年，秦、赵激战于长平，秦军大破赵军，史载坑降卒四十余万，进围赵都邯郸。公元前257年，魏信陵君、楚春申君救赵败秦，解除邯郸之围。公元前251年，燕派栗腹、卿秦攻赵，为赵将廉颇、乐乘所败。公元前241年，赵庞媛率赵、楚、魏、燕、韩五国兵攻秦，至蕞。公元前236年，赵攻燕，秦乘机攻取赵的阏与、撩阳、邺、安阳等城，后又大举攻赵，遭到顽强抵抗。赵虽两次打败秦军，但兵力耗损殆尽。公元前228年，秦将王翦、辛胜破赵，虏赵王迁。赵公子嘉出奔代，自立为代王。公元前222年，秦将王贲攻取代，虏代王嘉，赵国灭亡。

战国人首纹青铜剑

魏

战国七雄之一。公元前445年，魏文侯任用李悝实行变法，较早地实行了社会改革，使魏国成为最先强盛的国家。公元前354年，魏惠王派大将庞涓率兵进攻赵国。魏军横冲直闯，如入无人之境，很快逼近赵都邯郸。在这形势危急的情况下，赵成侯忙派使者前往齐国求救。齐威王派田忌为主将，孙膑为军师，出兵救赵。孙膑说：要想解开纷乱的丝线，不能用手强拉硬扯；要劝解两个打架的人，不能直接参加进去打。派兵解围，应出其不意，攻其不备，采取避实击虚的策略，造成敌人的后顾之忧。田忌接受孙膑的意见，领兵杀向魏国都城大梁。庞涓听说大梁吃紧，领兵回救，星夜赶路。孙膑、田忌将齐军埋伏在桂陵（今山东菏泽东北），静等魏军前来决战。魏军长途行军，疲于奔命，人困马乏。双方一经交战，魏军全线崩溃，齐军获得全胜。这就是以"围魏救赵"的战法著名于世的"桂陵之战"。

事隔不久，魏国联合韩国打败齐国，挽回了败局。魏国在中原又成为第一强国。公元前342年，魏国进攻韩国。韩国向齐国求救。齐国仍派田忌、孙膑率军解救韩国。孙膑采取退兵减灶、诱敌深入的战术。齐军佯败后退，第一天留下了 10 万人做饭的锅灶，第二天减少到 5 万人的锅灶，第三天减少到 3 万人的锅灶。庞涓以为齐军逃亡严重，穷追不舍。这时，孙膑在马陵设下埋伏，等庞涓带兵追到马陵，孙膑一声令下，齐军金鼓齐鸣，万箭齐发，大败魏军，庞涓自杀，魏太子申被俘。这就是著名的"马陵之战"。此后，魏惠王和齐威王会盟徐州，双方妥协，均分东方的霸权地位。

后来，魏国逐渐衰弱，齐国和秦国成为东西对峙的两个霸主，进入了齐、秦争强时期。

秦

先秦嬴姓诸侯国，战国七雄之一。秦是古代嬴姓部族中的一支，奉祀少皞。嬴姓祖先大费，传为女脩吞玄鸟卵而生，佐禹治水。商代末年，嬴姓有叫中潏的一支住在西戎之地，其子蜚廉、孙恶来均事商王纣。西周中期，中潏的后代大骆居西犬丘（今甘肃天水西南、礼县东北），生子成与非子。成为嫡子，继承大骆，住在西犬丘。非子为周孝王养马有功，被孝王封于"汧渭之会"（汧、渭二水交会处）的秦（一说在今甘肃清水一带，一说在今陕西宝鸡县境内），从此非子这一支遂以秦为氏。周厉王时，西戎攻灭西犬丘的大骆之族。周宣王即位，以非子曾孙秦仲为大夫，伐戎不胜，死于戎。秦仲于秦庄公始破西戎，收复西犬丘而居之。庄公子襄公护送周平王东迁有功，被平王封为诸侯，秦立国始于此。当时秦的国都在西犬丘，襄公为第一代国君，立国后追称庄公为公。

秦的疆域最初主要在今甘肃东南和陕西西部的渭水流域，后逐渐并灭今陕、甘境内的西戎各部，沿渭水东进，逾黄河和崤函之塞，进攻三晋；逾今陕西商洛地区

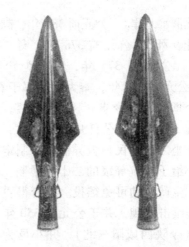

蝉纹铜矛

进攻楚；逾今陕西汉中地区，进入巴蜀，并从巴蜀进攻楚。

春秋早期，周人退出今陕西境内后，秦致力于东略伐戎，收复周故地。公元前 762 年，秦文公收复"汧渭之会"，又迁都于秦。公元前 753 年，秦"初有史记事"。公元前 750 年，秦文公扩地至岐（今陕西扶风、岐山一带），收周余民。公元前 677 年，秦德公迁都雍（今陕西凤翔东南）。

春秋中期，秦继续向东扩展。秦穆公利用晋国发生的"骊姬之乱"，曾夺取晋的河西之地。但晋文公即位，晋逐渐恢复强大。公元前 627 年，晋于殽大败秦军，遏制了秦东进的势头。秦遂用由余之谋伐戎，"益国十二，开地千里"，称霸西戎。穆公之后，秦、晋长期争夺河西之地，秦胜少败多，逐渐处于劣势。秦哀公时，晋公室衰落而六卿强大，两国之间的争夺暂时有所缓和。

战国早期，厉共公至出子七世，秦长期处于内乱之中，无暇外顾，魏乘机夺取秦的河西之地，迫使秦退守洛水以西。在这种情况下，秦国内矛盾有所缓和，并进行了一系列改革。公元前 409 年，秦简公"令吏初带剑"。次年，"初租禾"。

战国中期，秦献公迁都栎阳（今陕西

临潼北渭水北岸）。公元前 384 年，献公下令"止从死"。公元前 378 年，秦"初行为市"。公元前 375 年，秦"为户籍相伍"。公元前 364 年，秦大败魏军于石门。秦孝公即位，下令求贤，商鞅自魏入秦。公元前 356 年，孝公任用商鞅变法，实行什伍连坐之法和民户分异制度，制定按军功大小给予爵位等级的二十等爵制，奖励耕织，生产多的可免徭役。秦变得更为强大，连续击败魏，并于公元前 350 年迁都咸阳（今陕西咸阳东北），并小邑为三十一县（一说四十县），又"为田开阡陌"。公元前 348 年，"初为赋"。公元前 338 年，孝公卒，惠文君即位，车裂商鞅。但秦的变法并未废止，国力不断增强。公元前 324 年，惠文君称王改元。在此前后击破东方六国的连横进攻，灭巴、蜀，疆域迅速扩展。

战国晚期，秦更进一步向东扩展，不断取地于韩、魏和楚。公元前 288 年，齐、秦并称东、西帝，旋皆放弃帝号。次年，苏秦、李兑合赵、齐、楚、魏、韩五国攻秦，罢于成皋，秦归还部分赵、魏失地求和，东进企图暂时受挫。但其后六国之间矛盾迭起，齐、燕皆一蹶不振。秦乘机继续向东扩展，于公元前 260 年在长平大败强敌赵。公元前 256 年，灭西周。公元前 249 年，灭东周。公元前 247 年，魏信陵君合五国兵攻秦，败秦于河外。公元前 241 年，赵庞煖率赵、楚、魏、燕、韩五国兵攻秦，但并未扭转秦国强盛、六国衰落的大势。公元前 230 年，秦灭韩。公元前 228 年，秦破赵，俘虏赵王迁，赵公子嘉奔代，自立为代王。公元前 226 年，秦破燕拔蓟，燕王喜迁都辽东。公元前 225 年，秦灭魏。公元前 223 年，秦灭楚。公元前 222 年，秦灭燕、代。公元前 221 年，秦灭齐。列国均被兼并，于是秦王政称始皇帝。

七国的兼并战争

从公元前 475 年到前 221 年，是我国历史上一个动荡时期。广大奴隶和平民起义风起云涌，各诸侯国之间的战争接连不断，社会呈现天下大乱的形势。因此，人们把这时期称为"战国"时期。这期间，北起长城，南达长江流域，先后出现了秦、齐、楚、燕、韩、赵、魏七个大国。他们侵伐小国，互相兼并，战争愈演愈烈，历史学家称这七个大国是"战国七雄"。

战国时期的 254 年，大致经历了三个阶段：

首先是魏国独霸中原。公元前 445 年，魏文侯任用李悝实行变法，较早地实行了社会改革，使魏国成为最先强盛的国家。公元前 353 年，魏惠王派大将庞涓率兵进攻赵国。魏军横冲直撞，如入无人之境，很快逼近赵都邯郸。在这形势危急的情况下，赵成侯忙派使者前往齐国求救。齐威王派田忌为主将，孙膑为军师，出兵救赵。孙膑说：要想解开纷乱的丝线，不能用手强拉硬扯；要劝解两个人打架，不能直接参进去打。派兵解围，应出其不意，攻其不备，采取避实击虚的策略，造成敌人的后顾之忧。田忌接受孙膑的意见，领兵杀向魏国都城大梁。

庞涓听说大梁吃紧，领兵回救，星夜赶路。孙膑、田忌将齐军埋伏桂陵（今山东菏泽东北），静等魏军前来决战。魏军长途行军，疲于奔命，人困马乏。双方一经交战，魏军全线崩溃，齐军获得全胜。这就是有名的"围魏救赵"的桂陵之战。

事隔不久，魏国联合韩国打败齐军，挽回了败局。魏国在中原又成为第一强国。公元前 342 年，魏国进攻韩国。韩国向齐国求援。齐国仍派田忌、孙膑率军解救韩

楚王戈

国。孙膑采取退兵减灶、诱敌深入的战术。齐军佯败后退，第一天留下 10 万人做饭的锅灶，第二天减少到 5 万人的锅灶，第三天减少到 3 万人的锅灶。庞涓以为齐军逃亡严重，穷追不舍。这时，孙膑在马陵设下埋伏，等庞涓带兵追到马陵，孙膑一声令下，齐军金鼓齐鸣，万箭齐发，大败魏军，庞涓自杀，魏太子申被俘。这就是"马陵之战"。此后，魏惠王和齐威王会盟徐州，双方妥协，均分东方的霸权地位。

后来，魏国逐步衰弱，齐国和秦国成为东西对峙的两个霸主，进入了齐、秦争强时期。

秦国在商鞅变法后，一跃成为七国中实力最强的国家。这时，东方的齐国与秦国旗鼓相当，双方在不断兼并周围弱国、扩大势力范围的同时，又进行着所谓"合纵"、"连横"的外交斗争。"合纵"就是指弱国联合起来，阻止强国进行兼并。"连横"就是强国迫使弱国帮助它进行兼并。实际上，"合纵"和"连横"都是争取暂时同盟者的外交手腕，其目的是进一步兼并土地，扩张领土。

齐秦斗争的焦点在于争取楚国。楚国的国力开始很弱。战国初期，楚悼王任用吴起为令尹，实行变法，国势富强，一举打败了魏国，并出兵伐秦。公元前 381 年，楚悼王死，吴起的新法被废除。楚国一天天走下坡路。楚怀王在位时，秦国派张仪入楚鼓吹"连横"，劝楚绝齐从秦，并口头许愿，以归还楚国商于（在今河南淅川县西南）六百里地方为代价。楚怀王信以为真，就和齐国断交。当楚国派人向秦国

讨取土地，秦相张仪狡猾地说："我和楚王商定是六里，没听说六百里。"楚怀王十分恼火，发兵攻秦。结果吃了败仗，楚兵被杀 800 人，楚将屈匄被俘，汉中地方被秦国占去。楚怀王又调动所有兵力与秦军战于兰田。魏国乘楚国空虚，袭击楚国。齐国却不支援楚国。楚国吃了大亏，从此一蹶不振。

这时，秦齐斗争趋于白热化。公元前 298 年，齐、韩、魏、赵、中山等五国联军攻入函谷关。秦国被迫退还夺去韩、魏的一些地方，五国才退了兵。齐国成为关东各国的盟主。公元前 288 年，秦昭王自称西帝，尊齐湣王为东帝，用远交近攻的策略拉拢齐国，破坏了关东的"合纵"联盟。

公元前 286 年，齐国灭掉宋国，一时威势很盛，引起各国的不安。秦国联合了燕国、楚国、韩国、赵国、魏国共同伐齐，于公元前 284 年，在济西（今山东聊城南）大败齐军。燕国自昭王即位后，招纳贤能，任用乐毅为将，决心报齐国入侵之仇。这时，趁势攻下齐的国都临淄，连下 70 余城，并入燕国版图。后来，齐将田单利用燕国内部矛盾，驱逐燕军，收复了失地。然而，齐国已经丧失了与秦国抗衡的能力。

秦国在"合纵"斗争中削弱了齐国，开始向东方大发展。公元前 278 年，秦将白起率军攻破楚国都城鄢郢（今湖北江陵西北），楚迁国都于陈（河南淮阳），秦国夺得巫郡和黔中郡。楚又迁都到寿春。楚国更加削弱了。

公元前 260 年，秦将白起串军进攻韩国的上党郡，郡守投降赵国。赵国派著名大将廉颇率大军镇守长平（山西高平），筑垒坚守，以逸待劳，与秦军相持三年，不分胜负。秦国丞相范雎派人到赵国行施"反间计"，散布廉颇坏话。赵王信以为真，就派那个只会"纸上谈兵"的赵括替

换廉颇。赵括骄傲轻敌，一到前线，下令倾巢出击。秦将白起采取了诱敌深入、迂回包抄的战术，迫使赵军在极为不利的情况下作战。在一次突围中，赵括被秦军乱箭射死，赵国40万大军被俘，白起把他们全部活埋。

秦军乘胜前进，包围了赵都邯郸。赵国因怕秦军，不敢出兵向各国求救。公元前257年，魏国公子信陵君无忌盗出魏王虎符，假传军令，挑选8万精兵援救赵国。同时，楚国援军赶到，联合打败秦军，解除邯郸之围。这就是"信陵君窃符救赵"的历史事件。

秦国虽然暂受挫败，但实力雄厚，六国没有一个能单独抗秦。秦国统一六国的形势完全成熟了。

桂陵之战

韩、赵、魏三家分晋，标志着历史上新的一页又打开了。魏、韩、赵、齐、秦、楚、燕七个大国占据了历史舞台的中心位置，上演了一幕幕纵横捭阖、干戈不休、争雄兼并、你死我活的精彩话剧。人们根据这一时代特色，将这一历史阶段命名为"战国"，是名副其实的。

在战国七雄之中，最先崛起的是地处天下之中的魏国。周定王二十四年（公元前445年）魏文侯即位，任用李悝、吴起、西门豹、段干木等贤能之士，进行各方面的改革。在政治上，基本废除了世袭的禄位制度，推行因功受禄的政策，建立起比较清明、健全的官僚体制。在经济上，改变不适应生产力发展的井田旧制，"尽地力之教"，抽"什一之税"，创制"平籴法"，兴修水利，鼓励开荒，促进了社会秩序的稳定和农业生产的发展。在军事上，加强军队建设，推行"武卒"选拔制度，重视军事训练，提高部队的战斗力。通过这些改革，魏国一跃而成为战国初期最为强盛的国家。魏惠王继位以后，继承文侯、武侯的霸业，继续积极向外扩张，更使魏国君临天下，不可一世。

但是魏国本身也存在着先天性的不足。它地处中原腹心，被称为"天下之胸腹"，四周大国环列，西有秦，东临齐，北接赵，南邻楚，是典型的"四战之地"，很容易陷入多面作战的不利境地，战略地理环境较为恶劣。可是魏国几代统治者对这一点缺乏清醒的认识，反而采取了战略上"四面出击"的错误方针，这不但分散了力量，消耗了实力，而且也容易四面树敌，陷于被动。所以在魏国最为兴盛的同时，也埋下了其日后衰落的根子。

长杆三戈戟头部

中国通史

最新整理图文珍藏版

魏国的勃兴和称霸，直接威胁和损害了楚、齐、秦等国的利益，引起这些国家的普遍恐惧和嫉恨，其中尤以齐、魏之间的矛盾最为尖锐。

齐国自西周以来一直是东方地区的大国。公元前356年齐威王即位后，使贤任能，改革吏治，强化中央集权，进行国防建设，国势日渐壮大。面临魏国向东扩张的严重威胁，它就积极利用韩、赵诸国和魏国之间的矛盾冲突，趁魏国深深地陷入数面受敌的内线作战之际，展开了对魏的激烈斗争。

战争是政治的继续，齐、魏间的矛盾冲突在当时只能通过战争的手段来加以解决。就在这样的背景下，公元前353年爆发了桂陵之战。

当时赵成侯为了摆脱魏国霸权的控制，进而达到兼并土地，扩张势力的目的，于公元前356年在平陆（今山东汶上）和齐威王、宋桓侯相会结好，同时又和燕文公在阿（今河北境内）相会。赵国的举动引起魏惠王的极大不满。适逢公元前354年，赵国向依附于魏国的卫国动武，迫使卫国屈服称臣。于是魏国便借口保护卫国，出兵攻赵，包围了其国都邯郸。赵与齐有同盟关系，这时见局势危急，遂于公元前353年遣使向齐国求援。

齐威王闻报赵国告急，就召集文武大臣进行商议。丞相邹忌反对出兵救赵。齐将段干朋则认为不救赵既会失去对赵国的信用，又会给齐国争雄造成困难，因而主张救赵。但他同时又指出，从战略全局来考虑，如果立即出兵前赴邯郸，赵国既不会遭到损失，魏军也不会消耗实力，对于齐国长远的战略利益来说是弊大于利。因此他主张实施使魏与赵相互削弱，而后"承魏之弊"的战略方针。具体地说，是先派少量兵力南攻襄陵，以牵制和疲惫魏国。待魏军攻破邯郸，魏、赵双方均师劳

兵疲之际，再予以正面的攻击。段干朋这一谋略显然有一石三鸟的用意。第一，南攻襄陵，牵制魏军，使其陷于两面作战的窘境。第二，向赵表示信守盟约、提供援助的姿态，帮助赵国坚定其抗击魏国的决心。第三，让魏、赵继续互相攻伐，最后导致赵国遭受重创、魏国实力削弱的结果，从而为齐国战胜魏国和日后控制赵国创造有利的条件。

段干朋的计谋，完全符合齐国统治者的根本利益，因此为齐威王所欣然采纳。他决定以部分军队联合宋、卫南攻襄陵，主力暂时按兵不动，静观事态的发展，准备伺机出动，以求一举成功。

当时魏国的扩张，也引起楚国的敌视。因此，楚宣王便乘魏国出兵攻赵、后方空虚之际，派遣将军景舍率领部队向魏国南部的睢、濊地区进攻。而西边的秦国也不甘寂寞，发兵先后攻打魏国的少梁、安邑等要地。这样，魏国实际上已处于四面作战的困难境地。幸亏它实力相当雄厚，主将庞涓又决心破赵，不为其他战场的局势所动摇，因而一直勉励维持着邯郸方面的主攻局面。

魏国以主力攻赵，两军相持近一年。当邯郸形势危在旦夕，赵、魏两国均已非常疲惫之时，齐威王认为出兵与魏军决战的时机业已成熟，于是就任命田忌为主将，孙膑为军师，统率齐军主力救援赵国。

田忌打算直奔邯郸，同魏军主力交锋，以解救赵围。孙膑不赞成这种硬碰硬的战法，提出了"批亢捣虚"、"疾走大梁"的正确建议。他说：要解开乱成一团的丝线，不能用手硬拉硬扯；要排解别人的聚殴，自己不能直接参加进去打。派兵解围的道理也是一样，不能以硬碰硬，而应该采取"批亢捣虚"的办法，就是撇开强点，攻击弱点，避实击虚，冲其要害，使敌人感到形势不利，出现后顾之忧，自然也就解

围了。孙膑进一步分析说：现在魏、赵相攻多时，魏军的精锐部队全在赵国，留在自己国内的是一些老弱之卒。根据这一情况，他建议田忌迅速向魏国的都城大梁（今河南开封）进军，切断魏国的交通要道，攻击它防备空虚的地方。他认为一旦这么做，魏军必然被迫回师自救，齐军可以一举而解赵国之围，同时又能使魏军疲惫于路，便于最终战胜它。

田忌虚心采纳了孙膑这一作战建议，统率齐军主力迅速向大梁方向挺进。大梁是魏国政治、经济、文化中心，此时处于危急之中，魏军不得不以少数兵力控制历尽艰辛刚刚攻克的邯郸，而由庞涓率主力

战国·铜匕首

急忙回救大梁。这时候，齐军已把桂陵（今山东菏泽东北一带）作为预定的作战区域，迎击魏军于归途之中。魏军由于长期攻赵，兵力消耗很大，加上长途跋涉急行军，士卒疲惫不堪，面对占有先机之利、休整良好、士气旺盛的齐军的截击，顿时陷入了被动挨打的困境，终于遭受到一次沉重的失败。它所攻占的邯郸等地，至此也就得而复失了。

战国前中期，魏国的实力要胜过齐国，其军队也比齐军精锐善战，所以荀子曾说"齐之技击不可以遇魏氏之武卒"，然而齐军终于在桂陵之战中重创了魏军。其主要原因，就是齐国战略方针的正确和孙膑作战指挥艺术的高明。在战略上，齐国适宜地表示了救赵的意向，从而使赵国坚定了抵抗魏军的决心，拖住了魏军；及时对次要的襄陵方向实施佯攻，使魏军陷入多线作战的被动处境；正确把握住魏、赵双方精疲力竭的有利时机，果断出击。在作战指导方面，孙膑能够正确分析敌我情势，选择适宜的作战方向，进攻敌人既是要害又呈空虚的国都大梁，迫使魏军回师援救，然后以逸待劳，乘敌之隙打了一个漂亮的阻击战，一举而克，自始至终都牢牢掌握住主动权。另外，主将田忌虚怀若谷，从善如流，也为孙膑实施高明作战指导，夺取胜利提供了必要的前提。至于魏军的失败，也在于战略上未能掌握诸侯列国的动向，长期屯兵坚城之下，造成将士疲敝，后方空虚，加上作战指导上消极被动，让对手牵着自己的鼻子走，最终遭到惨败的命运。

马陵之战

争雄的战国时代，虽说是齐、楚、燕、赵、韩、魏、秦七雄并立，可是具有左右全局的力量，先后起而争雄的主要是魏、

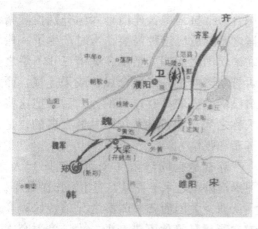

马陵之战示意图

齐、秦三国。其中，最先变法的是魏国，首先强大起来的也是魏国。

魏自公元前5世纪中叶开始，在一百年左右的时间里逐渐强大，称雄中原。它曾西却强秦，兼并了黄河以西的大片土地，使秦东进屡屡受挫；东攻齐国夺城掠野，使其不敢西顾；北与赵国开衅，一举陷落赵都邯郸（今河北邯郸市西南）；南败楚国，夺得了黄河以南的大片土地。当其时，小国朝魏的伞盖沿途相望，大国听命，"令行于天下"。

魏侯莹凭借国势强大，建造了高大华美的王宫，穿上了朱红色的王服，坐着君王才坐的车子，打着七星的旗子，摆出了俨然天子的场面，自称魏王，即魏惠王（公元前400～前319）。魏都大梁（今河南开封市西北），故又称梁惠王。

正当魏惠王在得意地称孤道寡的时候，邻近国家因其强大而不安起来，相与谋划弱魏的策略。

魏称王两年后，齐、魏争雄的一场大战发生了。公元前341年，魏攻韩。第二年，韩求救于齐，齐派田忌为将，孙膑为军师，出兵往救。魏王也派出太子申和大将庞涓，率10万大军迎战。孙膑深知魏兵强悍而又轻敌，于是就因势利导，佯作退兵，诱其深入。齐退兵第一天扎营时，造了10万个锅灶，第二天减少到5万个，第三天又减少到3万个。庞涓每追一天就察看齐军锅灶。追了三天，以为齐兵已逃亡过半，大为高兴，于是丢下步兵辎重，只带轻锐兼程追赶。孙膑计算魏军行程，夜晚当到马陵（今河北大名东南）。马陵路陕，两旁多阻隘，齐军就夹道伏兵。并剥下一块大树皮，在树上写道："庞涓死于此树下"。又命令射手们但见树下火举，就万箭齐发。庞涓果然夜晚赶到那棵树下，举火观看，未及读完，箭如雨下。魏军大乱，自相践踏。庞涓自知大势已去，就自杀了。太子申也做了俘虏。

马陵之战的运筹者孙膑是战国时著名的兵法家，曾著兵书留传于世。可是，自汉以后失传了一千几百年。直到1972年才在山东省银雀山发现，现已整理成书印行，名《孙膑兵法》。它同孙膑的先人春秋时兵法家孙武所著的《孙子兵法》，都是中

马陵道遗址

孙膑

国古兵书的精华。

马陵之战造成了齐国与魏国在东方的均势。从此，齐势渐起，魏势转衰了。

合纵与连横

战国中期的秦国，自秦孝公任用商鞅实行变法以后，国力迅速强大起来。而山东诸侯国中，魏国的力量这时已经衰落，最东端的齐国力量和秦国相当。由于领土的互相接壤，各大国之间的冲突更加剧烈。秦、齐两个大国彼此展开争取与国，孤立敌国的斗争。而赵、魏、韩等国国内，由此分成联秦抗齐和联齐抗秦两大派，从而展开了合纵连横活动。

所谓合纵连横，从地域上说，原是以韩、赵、魏为主，北连燕，南连楚为纵；东连齐或西连秦，东西相连为横。从策力上讲，合纵是"合众弱以攻一强"，是阻止强国进行兼并的策略；连横是"事一强以攻众弱"，是强国迫使弱国帮助它进行兼并的策略。起初，合纵既可以对秦，也可以对齐，连横既可以连秦，也可以连齐。直到秦赵长平之战后，才凝固成合纵是六

国合力抵抗强秦，连横是六国分别投降秦国之意。适应这种需要，当时产生了一些在诸侯国之间四处活动，凭借三寸不烂之舌打动诸侯王，或取合纵，或采连横，而自己借机谋取高官厚禄的人。后来把这些人称之为"纵横家"。其中最有名的，是苏秦和张仪。

苏秦是东周洛阳（今河南洛阳）人，习纵横游说之术于齐鬼谷先生。出游数年，无所遇，大困而归。苏秦之兄弟嫂妹妻妾都在背后耻笑他不事产业、力工商，弃本务而事口舌。苏秦听说后，既自感惭愧，又感悲伤，乃杜门不出，寻书遍读。一年后，觉得自己可以说当世之君，便出而求说周显王。周显王不信其言。苏秦又西至秦国，欲说秦惠王。恰巧秦国刚杀了商鞅，嫉便士，不用苏秦之言。苏秦被迫又北至燕国，一年多后，才见到燕文公。苏秦对燕文公说："燕国之所以不被诸侯国侵扰，是因为赵国在燕国之南而为之障蔽。而且，秦若攻燕，需战于千里之外；赵若攻燕，只须战于百里之内。不忧百里之患而重千里之外，燕国没有比这更错误的政策了。愿大王与赵国纵亲，天下为一，则燕国必无后患。"燕文公从其计，资给苏秦车马，让他到赵国去。苏秦到了赵国，对赵肃侯说："当今之世，山东诸侯国没有比赵国更强大的。秦国之所嫉恨的，亦莫如赵国。然而秦国之所以不敢举兵伐赵，是害怕韩、魏攻其后背。秦国若进攻韩、魏，二国无名山大川之险可守，必然地尽而后止。韩、魏不能抵挡，必然入臣于秦。秦国无魏之忧，便必然加兵于赵国。臣研究了天下的地图，诸侯国之地五倍于秦，诸侯之兵卒十倍于秦。六国为一，并力而西向攻秦，则必然击败秦国。搞连横的人，都想割诸侯之地给秦国，秦国成功，则其身荣华富贵，自己的国家被秦国进攻却从不放在心上。所以他们日夜以秦国的威权来恐吓诸

侯，以求割地。愿大王认真考虑这一点！为大王计，莫如图结韩、魏、齐、楚、燕、赵为纵亲以抗秦国，合天下之将相会于洹水（流经今河南安阳境）之上，定下盟约，相互救援，则秦兵必不敢出函谷关（今河南灵宝北）以为害山东。"赵肃侯大悦，隆重招待苏秦，让他纵约诸侯。

河北易县燕下都出土的战国铁矛

苏秦到韩国，劝韩宣惠王说："韩国之地方圆九百余里，带甲战士数十万，天下之利剑、强弓、劲弩皆从韩出。以韩国士兵之勇，被坚甲，带利剑，以一当百，不足与言。大王如果臣事秦国，秦国必求韩之宜阳（今河南宜阳西）、成皋（今河南荥阳西北）。今天给了它，明年又来要求割地，与之则无地可给，不与则必受后患。大王之地有限而秦国之求无已，只能市怨结祸，不战而地已削减了，俗话说：'宁为鸡首，无为牛后'。以大王之贤，挟强韩之兵，而有牛后之名，臣窃为大王感到羞耻。"韩王听从了苏秦的话。

苏秦到魏国劝魏王说："大王之地方圆千里，地方虽不大，却人口稠密，繁荣富庶。大王之国不下于楚国。大王之士兵，武士20万，苍头20万，奋击20万，厮徒10万，战车600乘，骑兵5000人，却听众群臣之说，而想臣事于秦。所以，赵王让臣来效愚计，奉明约，只要听大王您一句话就行。"魏王也听从了苏秦之言。

苏秦又到齐国劝齐王说："齐国四塞之国，方圆2000多里，带甲数十万，粮食堆积如山。军队之精锐，进入锋矢，战如雷霆，解散如风雨。都城临淄有7万户，每户3个男子，不用到远县发兵，即可得到21万士兵。临淄又十分富实，居民无不斗鸡、走狗、六博、蹴鞠。临淄的大街上，车毂相击，人肩相摩，连衽可成帷幕，挥汗如同下雨。韩、魏所以畏惧秦国，是因为与秦国接壤。两军交战，不出十天，胜败就决定了。韩、魏即使能战胜秦国，军队也要损失一半，而无余力守卫四境；如果不能战胜，随之而来的便是国家的危亡。故韩、魏宁愿向秦国称臣而不轻易和秦国作战。秦若攻齐则不然，必须经韩、魏之地，过亢父（今山东金乡东北）之险，车不得方轨，骑不得并列，百人守险，千人不敢过。秦虽相深入，却要担心韩、魏从背后袭击。所以，只能虚张声势而不敢进。所以，秦国不能为害齐国是明显的。而群臣却劝您西向事秦，这是错误的。今天臣事秦国之名而有强国之实，愿大王少留意计之！"齐王也答应了。

苏秦之南到楚国，劝楚威王说："楚国是天下之强国，地方6000余里，带甲百万，战车千辆骑兵万匹，粮食可以支持十年，这是称霸天下的资本。秦国之所担忧的莫如楚国，楚强则秦弱，楚弱则秦强，其势不两立。所以，为大王计，莫如合纵以孤立秦国。臣请令山东之诸侯承大王之明诏；委社稷，奉宗庙，练士厉兵，唯大王所用而已。所以，合纵则诸侯割地以事楚；连横则楚国割地以事秦。这两者相去甚远，大王您站在哪一边呢？"楚王也答应了。

于是，苏秦成为合纵的纵约长，同时当山东六国的相国，身佩六国相印。苏秦完成任务，回赵国报告之时，跟在后面的车骑辎重排成长队，俨如王者出游一般。这一年是周显王三十六年（公元前333年）。

苏秦之后的著名纵横家是张仪。

张仪是魏国人，曾和苏秦一起师事鬼谷先生。当苏秦在山东六国搞合纵的时候，张仪西入秦国，取得了秦王的信任。周慎靓王五年（公元前317年），张仪成为秦国的相国。

当时，山东诸侯的合纵活动仍在进行。特别是齐、楚两个大国结为联盟，对秦国非常不利。所以，张仪首先把力量放在了破坏齐、楚联盟上。他取得了成功，并使楚国蒙受巨大损失。周赧王四年（公元前311年），秦惠王使人告诉楚怀王，请以武关以外的秦地换楚国的黔中地（今湖南西部）。楚怀王正恨上了张仪的当，说："不愿换地，愿得张仪而献黔中地给秦。"张仪听说后，请求前往秦国。秦惠王说："楚王必杀你而后甘心，你为何要去呢？"张仪说："秦强楚弱，有大王在，谅楚国也不敢杀我。而且，我和楚王之嬖臣靳尚关系很好，靳尚深得楚王宠姬郑袖信任。郑袖之言，楚王无不听从。"张仪遂前往楚国。楚怀王将他抓起来，准备杀他。靳尚对郑袖说："秦王十分喜爱张仪，准备以上庸六县和美女来赎回他。"郑袖怕秦女夺其宠爱，便在楚怀王面前日夜哭泣。昏庸的楚怀王便释放了张仪，并隆重地对待他。张仪乘机劝楚怀王说："搞合纵无异于驱群羊而攻猛虎，明摆着不行。大王若不臣事秦国，

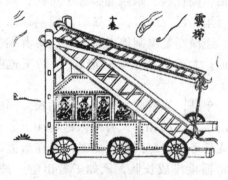

战国时的攻城云梯

秦国胁迫韩、魏攻楚，楚国就危险了。秦之西有巴、蜀（今四川），打造船只，积聚粮食，顺江而下，一日夜行五百里，不出十天便可达扞关（今湖北宜昌西）。扞关动则扞关以东之楚地尽皆城守，黔中和巫郡（今湖北西南部）便不再为楚国所有。秦军出武关，则楚国北部就完了。秦军攻楚，三个月内即可定胜负，而楚待诸侯之救兵要在半年以上。待弱国之救而忘强秦之祸，我为大王感到担忧。大王诚能听我之言，我可使秦、楚长为兄弟之国，不相攻伐。"楚怀王答应了。

张仪随后到韩国，劝韩王说："韩国地势险恶，山居野处，粮食不过支持二年，士卒不过20万。秦国披甲百万。山东诸国以兵攻秦，秦兵应战，左手提人头，右手挈俘虏，如虎入羊群。用孟贲、乌获那样的勇士之军以攻弱国，就像在鸟卵之上垂千钧之重，必然没有好结果。大王不臣事秦国，秦军据宜阳，塞成皋，大王之国便被切为两段。鸿台之宫殿，桑林之苑，必非大王所有。为大王计，莫如事秦以攻楚，将祸害转到楚国而讨秦国的欢心，没有比这更好的计算了。"韩王听从了。

张仪归报，秦以六邑封之，号武信君。张仪又向东到齐国劝齐王说："搞合纵的人劝说大王，必定说：'齐国西散三晋，地广民众，兵强士勇，就是有一百个秦国，也无可奈何。'大王只知道好听而不算计一下是否真实。如今秦、楚两国嫁女娶妇，为兄弟之国、韩国献宜阳，魏国献河外（指黄河以西原属魏国的上郡地区），赵王入朝秦国，割地以事秦。大王若不事秦，秦驱韩、魏以攻齐国南部，派赵军进攻临淄。那时虽想臣事秦国，已经晚了。"齐王答应了。

张仪到赵国劝赵王说："今秦与楚为兄弟之国，韩、魏称东藩之臣，齐献鱼盐之地，这是断了赵国之右臂。秦派三将军，一军塞午道（在齐之西），一军军成皋，率韩、魏之军以攻赵之西境，一军军渑池（今河南渑池），约四国为一以攻赵国，赵国就危险了。为大王计，莫如与秦

王当面相约，常为兄弟之国。”赵王答应了。

张仪又北到燕国，劝燕王说：“现在赵王已入朝秦国。王若不事秦，秦军下云中，过九原，又率赵军攻燕，则易水和长城非大王所有。如今齐、赵和秦国相比，如郡县一般。若王能事秦，则长无齐、赵之患。”燕王许之。

张仪回秦国报告，未到咸阳，而秦惠王死，秦武王立。秦武王为太子时就讨厌张仪。诸侯听说此事后，都背叛连横，重新合纵。但张仪凭着自己能言善辩，又取得了秦武王的信任。后来，张仪又当了魏国的相国。

苏秦和张仪皆以纵横之术游说诸侯而致富贵，引得天下之士竞相仿效。当时有名的纵横家，还有魏国人公孙衍。此外如苏秦的弟弟苏代、周最、楼缓等也都十分有名。而纵横游说之士，遍于天下，不可胜纪。

司马错灭巴蜀

今天我国的四川省，在远古时期曾经产生过与中原文明有着差异的、相对独立的古代文明，特别是今川西的成都平原一带，是古代著名的蜀国所在地。而今天的重庆及其附近地区，则是巴国所在地。

巴国原是周王朝在南土的封国，国君为姬姓，属周王室的分支。但巴国的人民被称为南蛮，因而他们与国君可能不属于同一民族。有关春秋战国时代巴国的历史，史书并无任何正式的记载。巴国的旧壤在汉代的巴郡、南郡，即今湖北省的荆门、江陵等地以西地区。因为巴国靠近楚国，在有关楚国的记载中，才附带地叙及巴国的叛服。如《左传》桓公九年（公元前703年）：“巴子使韩服告于楚，请与邓为

河北辉县出土的战国错金车轭饰

好。楚子使道朔将巴客以聘于邓，邓之南鄙鄾人攻而夺之币，杀道朔及巴行人。”又庄公十八年（公元前676年）：“（楚）文王即位，与巴人伐申而惊其师，巴人叛楚，伐那处，取之，遂门于楚”。从当时的记录我们可以知道，巴国在春秋时沦为楚国的附庸。它叛楚后，对楚用兵的那处在今湖北荆门县，鄾在今襄阳。战国以后，在楚国的逼迫下，巴国沿长江逐渐向四川盆地退却，先退据捍关（今重庆市奉节县），再向上游退至长江支流嘉陵江流域，先都平都（今重庆市丰都县），后又都江州（今重庆市）。到秦国向南进军时，巴国北上而定居在阆中（今四川阆中）。

蜀国的历史比巴更为悠久。早在周武王伐纣时，蜀就是出兵助战的西南少数部族之一。在战国以前，除《尚书·牧誓》外，中国史书中没有任何有关蜀的记载。到战国时代，蜀国逐渐强大，出兵向北攻取南郑（今陕西汉中），向东攻伐兹方（今湖北松滋县），竟然和秦、楚这样的强国作战。《华阳国志·蜀志》载，战国时代的蜀王杜宇“自以为功德高诸王，乃以褒斜（即褒斜道，在今陕西南郊）为前门，熊耳、灵耳、灵关为后户，玉垒、峨眉为城郭、江、潜、绵、洛为池泽，以汶山为畜牧，南中为园苑”，说明这时蜀已具

国家的规模。以近年在四川地区出土的巴、蜀青铜器和其他遗物来看，巴、蜀的文化已相当发达，其文字、形制等都独具地方特色。

直至战国中期，巴国还比较强大，还曾和蜀国联兵伐楚。此后却逐渐衰弱，放弃了长期作为其政治、经济中心的江州而向北退居到阆中。蜀国的势力向东发展，与巴连年交战。在此之前，蜀王将其弟封于汉中，号曰苴侯。苴侯和巴王交好。蜀王攻巴，因怒而攻苴侯。苴侯抵敌不住，便逃奔到巴。巴向秦国求救。蜀也派人到秦国请求出兵帮助。这一年，是周慎靓王五年（公元前316年）。

秦国接到巴、蜀两国的告急文书后，立即在朝廷进行了讨论。当时在位的秦惠王很想出兵伐蜀，又觉得蜀国山高路远，行程艰难，韩国也恰在此时出兵进攻秦国的东界，因而犹豫不决。大臣们也意见不一。大将司马错请求乘机出兵伐蜀。丞相张仪却坚决反对。秦惠王让他们发表各自的意见。张仪说："如果我们亲近魏国，和楚国交好，然后兵进三川（指伊水、洛水和黄河交汇地区，即今河南洛阳地区），进攻新城（在今河南洛阳市南）、宜阳（今河南宜阳西），兵临二周之郊，据有九鼎，按天下之图籍，挟周天子以令于天下，天下莫敢不听，此霸王之业也。臣听说，若要争名利益，应该在朝堂；若

要争名誉，则应在市场。如今三川和周室，乃天下之朝市，世人之所注目，而陛下不去争，却要去和戎狄相争，这不是实现霸王之业的办法。"司马错听了以后说："不然。臣听说，要想让国家富起来，就要扩大国家的地盘；要想使军队强大，就要先让百姓富足。想成就王业者，要先博施其德惠。这三者具备了，王业自然可以实现。如今，陛下国土狭小，人民贫困，所以臣愿陛下先从容易的事情上着手。蜀国地处偏僻的西方，为戎狄之长，国内正发生混乱。以我们秦国的力量去进攻它，就像豺狼追逐绵羊。得到其土地可以扩大国土，取其财富可以让百姓富足。付不出多少伤亡便可以征服它。消灭掉一个国家，天下人并不以为我们暴虐；利尽四海而天下人也不认为我们贪婪。这样，我们一举而名实相符，名利双收。但是，如果我们进攻韩国，劫持周天子，便只能得到恶名，这对我们并没有什么好处。而且，我们又落个不义之名，去做天下人不愿看到的事情。这种作法是危险的。臣请求详细谈一下其中的缘故：周天子为天下之所宗，齐国和韩国又互相亲睦。周天子知道自己将被灭亡，韩国知道自己将要丢失三川郡，他们便会并力合谋，依靠齐国和赵国的力量，和楚国、魏国取得谅解，将九鼎送给楚国，将地送给魏国，陛下是没有办法阻止他们这样做的。那时，我们的进攻就失去了意义。因此，臣以为出兵伐蜀为十全之策。"秦惠王听了，认为司马错的分析有道理，便采纳了司马错的意见，并任命司马错为将，率军伐蜀。秦军南越秦岭，以摧枯拉朽之势，仅用了十个月的时间，便平定了蜀地和巴国，将其纳入秦国的版图。贬蜀王为侯，而令陈庄相蜀。从此，秦国的土地面积扩大了一倍以上，国力更加富强，对山东诸侯国形成了更大的优势。

楚四联鼎

中国通史

最新整理图文珍藏版

济西、即墨之战

战国中期，随着魏国霸权的衰落，齐、秦两强成为左右天下局势的主导力量。它们东西对峙，互争短长，使当时的争雄兼并战争进入了新的发展时期。

在齐、秦各自称雄东西的战略大背景下，齐、燕两国的矛盾也十分紧张。当时，较弱的燕国是齐的近邻，双方曾结下过不共戴天的仇恨：公元前318年燕王哙演出一场"禅让"的闹剧，将君位让于相国子之，结果导致太子平与子之因争夺王位而发生内乱。齐宣王于公元前314年乘机发兵攻燕，在五十天之内攻下燕都蓟（今北京一带），杀燕王哙和子之。但由于齐军在燕国大肆烧杀抢掠，燕国民众纷纷起来反抗，各诸侯国也准备出兵救燕，迫使齐军撤退。太子平即位为王，即燕昭王。经过这一番周折冲突后，燕国对齐怀有深仇大恨，衔思报复。燕昭王即位后，广招贤士，改革内政，发展生产，增强军力，积极准备报齐破国之仇。

当然，从两国的实力对比来看，齐国占有明显的优势。可是自周赧王十四年（公元前301年）齐湣王即位以来，齐国极盛的势头却面临着夭折的可能。齐湣王毫无战略头脑，只知道穷兵黩武，四面树敌，南攻宋、楚，西击三晋，连年征战，劳师疲众，弄得国力日耗，处境孤立。所以，从表面上看，齐国处处得手，神气十足，可实际上早已是危机四伏，衰败在即。

齐国失败的契机，为燕昭王君臣捕捉到了，准备乘机攻齐。但是从燕国的土地、人口和经济条件看，燕国远不如齐国，单凭燕国本身的力量，是不可能战胜齐国的。在此形势下，燕将乐毅和燕相苏秦提出争取邻国，孤立齐国；并怂恿齐国灭宋，以加剧它与各国的矛盾，尔后联合各国，大举攻齐。燕昭王欣然采纳了这一计策。

为此，燕表面上臣服于齐，极尽恭

卷云纹铜戈

533

顺从命之能事，并派遣苏秦入齐进行离间活动，取得了齐湣王的信任。齐国被燕国表面的屈服所迷惑，放松警惕，对燕不加戒备，甚至连防备燕国的兵力也全部从北部边境撤回。公元前288年，秦约齐王同时称帝，结成联盟。燕再一次派苏秦到齐国从事离间活动，劝说齐湣王撕毁齐、秦盟约，废除帝号，而后伺机灭亡宋国。昏庸的湣王果然被打动，于同年年底废除帝号，转而与各国合纵攻秦，迫使秦国"废帝请服"。齐湣王取得攻秦之战的胜利后，又经过三次战争，灭掉了宋国。邻近齐国的宋国，土地肥沃，生产发达，其大商业城市定陶的数量可观的税收，尤为齐、秦、赵三国所垂涎。齐攻灭宋国，不仅加剧了齐国同秦、赵的矛盾，也对韩、魏、楚形成相当的威胁，因此导致齐与各国矛盾异常尖锐。燕利用这种形势，积极活动，终于和各国结成攻齐联盟。

周赧王三十一年（公元前284年），燕昭王任命乐毅为上将军，统兵伐齐，乐毅佩赵国相印，与赵、秦、魏、韩等国军队约期会师，组成五国联军浩浩荡荡向齐国进军。

齐湣王骄傲自恃，忘乎所以，开始并未料到燕国会联合诸国攻齐。及至发现燕军已攻入齐国时，才匆忙任命触子为将，率领全国军队主力渡过济水，西进拒敌。双方兵力各约20余万在济水之西（今山东高唐、聊城一带）展开决战。齐军由于连年征战，士气低落。齐湣王为了迫使将士死战，以挖祖坟、行杀戮相威胁，更使将士离心，斗志消沉。结果，当联军发起进攻时，齐军一触即溃，遭到惨败。触子逃亡不知下落，副将达子收拾残兵，退保都城临淄。联军主帅乐毅鉴于当时齐军主力已被消灭，难以组织有效抵抗的实际情况，果断遣

返秦、韩两国的军队，并让魏军去攻取宋国的故地，让赵军去攻占河间，免得诸国继续分享伐齐的胜利成果。尔后，他针对齐国兵力空虚，主力被歼后的恐惧心理，指挥燕军实施战略追击，长驱直入，直捣齐都临淄，一举加以占领，从而摧毁了齐军的指挥中枢。齐湣王被迫出逃至莒（今山东莒县）。此时楚顷襄王为分占齐地，便以救齐为名，派淖齿率兵入齐。齐湣王幻想借楚军力量抵抗燕军，便委任淖齿为相。淖齿在莒地杀掉了齐湣王，并夺回了以前被齐占去的淮北之地。

攻克临淄后，乐毅根据战局的发展，进一步制定了征服齐国的作战计划。一方面采取布施德政、收取民心的政策，申明军纪，严禁掳掠，废除残暴法令和苛捐杂税，进行政治攻心。另一方面分兵五路，以期彻底消灭齐军，占领齐国全境。其中左军东渡胶水，攻取胶东、东莱（今胶东半岛）；右军沿黄河和济水，向西攻克阿城、鄄城（今山东西南部）；前军沿泰山东麓直至黄海，攻取琅邪（今山东沂南至日照一带）；后军沿北海（今山东临淄东北沿海一带）出击攻占千乘（今山东高青东北）；中军则镇守齐都临淄策应其他四路。燕军五路大军进展顺利，仅在六个月的时间里，就攻取了齐国的70余城，只剩下莒（今山东莒县）和即墨（今山东平度东南）两座孤城侥幸未被攻克。强盛一时的齐国此时已濒临亡国的边缘，沧海桑田，天翻地覆，真可以说是盛衰无常！

可是，齐国毕竟是一个富有尚武传统的伟大国度，齐国军民也不是任人宰割的羔羊，在十分困难的局面下，他们奋起了，他们以死相拼了，从而为扭转战局，摆脱覆亡带来了一线的生机。

周赧王三十二年（公元前283年），齐

国大臣王孙贾等人设计杀死趁火打劫的楚将淖齿，拥立齐湣王之子法章为齐襄王，坚守莒城，并传檄齐地，号召广大民众起来抵抗燕军的侵伐。另一座未曾沦陷的城池——即墨的军民，也在其守将战死殉国之后，一致公推有勇有谋的齐宗室人士田单为守将，万众一心共同坚守城池，抗击燕军，这样便形成了齐国当时两个抗燕的坚强堡垒。燕军统帅乐毅知道自己这一回碰上了两块难啃的骨头，只好重新调整自己的军事部署，集中右军和前军攻打莒城，左军和后军进攻即墨。希望尽快地攻陷两城，完成灭齐的宏伟大业。

可是燕军这次却打得很不顺手，进攻莒和即墨一年有余，除了损折了一些兵将，其他方面毫无进展。乐毅无可奈何之下改换了战法，全面采用攻心战，下令燕军后撤至距离两城9里的地方筑营建垒，以示

长期围困，并传令凡城中居民有外出的一律不加拘捕，有困难的慷慨予以赈济，想借此来动摇守城军民的意志，努力争取不战而下两城。可是此计似乎也没有很大效果，三年时间悄悄过去了，两城依然没有被攻克。

即墨为齐国境内较大的都邑，地处比较富庶的胶东，依山傍海，土地肥沃，财物丰富，有坚固的城池和较雄厚的人力可用于防守。田单被推举为将后，为挽救危局，除了大力开展争取人心的工作外，还将所带的族兵及收容的残兵7000余人，及时加以整顿和扩充；又身先士卒，带头构筑城防工事，加固城墙，浚深壕池；把族人、妻妾编入军营参加守城。由于田单与将士同甘共苦，在各方面作出表率，致使即墨城的军民群情振奋，斗志昂扬，决心为保卫自己的生命财产，光复祖国山河而

楚悼王提拔吴起担任令尹，直接辅佐楚王主持朝政。

同燕军周旋到底。

田单复齐的机会终于出现了。公元前279年，燕国一代名君燕昭王撒手告别人世，燕惠王即位。这位国君早在做太子的时候便和乐毅有矛盾，这时见乐毅数年攻齐不能最后平定，自然是既不满又怀疑。田单及时捕捉到这一信息，立即派人潜入燕国进行间谍活动，到处宣扬说：乐毅借攻齐为名，想控制军队乘机在齐国为王，所以故意缓攻莒和即墨。假如燕国另派主将，这两座孤城指日可下。燕惠王被敌人蒙骗，果然中计，委派骑劫前去替代乐毅。乐毅被撤换，不仅使田单少了一个难以对付的敌手，而且也使得燕军将士愤愤不平，军心涣散。

骑劫兴冲冲到任后，即一反乐毅的做法，改长围为强攻，但在齐国军民的殊死抵抗面前，燕军依然被阻于坚城之下。田单为了进一步激励士气，便四处散布谣言说：齐军最害怕割掉鼻子，挖掘祖坟。骑劫不辨真伪，上当中计。即墨军民目睹燕军的暴行，个个恨入骨髓，怒不可遏，纷纷要求同燕军决一死战。田单见时机成熟，便积极部署反攻措施。他先是命令精壮士卒全部隐伏起来，让老弱、妇女登城守望，使燕军误以为齐军青壮已经伤亡殆尽，失去继续作战的能力；然后派人出城向燕军洽谈投降事宜。燕军信以为真，一心坐待受降，完全失去了对齐军的警惕。

田单在欺敌误敌的同时，也抓紧了己方的反攻准备。他收集了千余头牛，在牛角上扎上锋利的尖刀，牛身上画上斑斓的花纹，牛尾巴上绑上浸透油脂的芦苇干草，并预先在城脚上挖好几十个大洞，直通城外。又挑选了5000名精壮勇士，扮作神怪模样。下令全城军民备好锣鼓以便出击时呐喊助威。一切准备就绪后，在一个无月漆黑的夜间，一把火点燃牛尾巴上的芦苇干草，驱赶1000多头火牛从城墙洞中突出，向燕军大营猛冲狂奔；5000名勇士随之呼啸杀出，全城军民擂鼓击器以壮声势。一时间火光通明，杀声震天动地。燕军将士从美梦中惊醒，全都吓懵了。三十六计，走为上，纷纷抛弃甲仗，四出逃命，结果死伤无数。骑劫本人也不能幸免，死于乱军之中。至此围攻即墨的燕军主力彻底溃败。

田单奇袭破围得手后，认为燕军肝胆已破，不能再作有效的抵抗，于是就决定全线反攻，乘胜追击。齐国民众痛恨燕军的暴行，纷纷群起响应，协助齐军痛打落水狗，很快就将燕军逐出国境，收复了沦陷的70余座城池。

在济西、即墨之战的第一个阶段，乐毅采用诱齐攻宋策略，形成了天下联合攻齐的有利形势。在作战中又善于适时展开决战，大破齐军主力于济西，并抓住敌我强弱态势已发生变化的有利时机，乘胜追击，直捣齐都，因而取得了重大胜利。而齐湣王自恃强大，穷兵黩武，四处树敌，落入燕国的圈套而不自知。当五国联军攻齐时，仓促应战，过早集中主力与强大的联军交锋，因而惨败，几致亡国。

至于齐军在后来的即墨保卫战中能先坚守后反攻，最终一举击败燕军，光复国土。这一是由于即墨城有较好的防御条件；二是燕军分兵多路攻齐，发展过快，攻城克坚的准备和力量不够充分；三是田单面对优势之敌，采取有效措施，取得守城军民的信任和支持，为挽救危局、实施反攻创造了条件。接着巧使反间计，借敌人之手除去最难对付的乐毅；又针对骑劫愚妄无能、燕军士气不振等弱点，以诈降手段造成敌人错觉，使之麻痹松懈。然后实施夜间奇袭，出其不意地击破围攻即墨城的燕军主力，打好了反攻初期的关键性一仗，取得了战场上的主动权。接着不给敌人以任何喘息的时机，乘胜追击，在齐国民众的坚定支持下，终于夺取了复国斗争的胜利。

当然不容忽视的是，田单复齐虽然取得了辉煌的成功，但是在经历了五国合纵伐齐这一场大浩劫之后，齐国的实力已急剧削弱，今非昔比，不再是东方的头号强国了。战国诸雄之间的战略平衡再一次被打破了。这在客观上就为秦国实施东进战略，兼并六国，席卷天下，提供了极佳的机会。

赵秦阏与之战

战国中期以后，赵国由于赵武灵王"胡服骑射"，改革政体和兵制，建立起强大的骑兵部队，国力迅速增强，成为仅次于秦、齐的第三强国。而齐国由于齐湣王灭燕，后燕昭王使乐毅伐齐，攻下齐70余城，后虽由田单复齐，逐走燕军，但国力大减，从此一蹶不振。魏、韩等国又慑于秦国之盛而宾服于秦。于是，秦国便将东向的矛头指向赵国，秦赵大战随即展开。而其第一次大战，便是阏与（今山西省和顺县）之战。在这一战中指挥赵军赢得胜利的赵军统帅是赵奢。

赵奢原是赵国的田部吏（掌管收田地租税之官）。一次，向平原君（赵王之弟）赵胜家收租税时，平原君家不肯交。赵奢毫不客气，以法治之，杀了平原君的管事家臣不肯出租税者九人。平原君大怒，以为赵奢轻蔑自己，将赵奢抓了起来，想杀掉他。赵奢说："你在赵国身为贵公子，如今却纵容家臣，不奉公守法。您不守法，则赵国之法必削，法削则国家贫弱，贫弱则诸侯会来进攻，这样赵国就完了，那时，您的富贵从哪里来？以您的尊贵地位，奉公守法则上下心服，上下心服则国家强大，国家强大则赵国巩固。而您又是贵戚，难

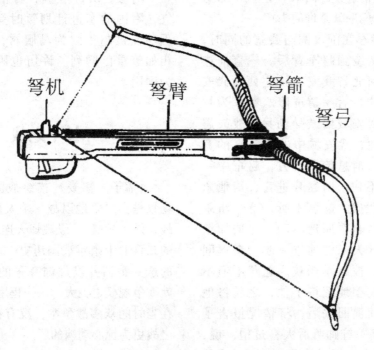

弩示意图

537

道那时您的地位还会削弱吗？"平原君听了，认为赵奢是个有用之才，就向赵王推荐赵奢。赵王让赵奢管理国家赋税，赵奢管理得井井有条，人民富裕而国家府库也充实起来。

周赧王四十五年（公元前270年），秦国向赵国进攻，遣军进袭赵国西北部的要塞阏与，企图由此进袭赵都邯郸（今河北省邯郸市）。由于秦军善战，又势在必得，阏与形势十分危急。赵王召来大将廉颇和乐乘，问他们可不可以出兵援救阏与守军，二人都认为阏与路程太远，而且都是山路，通行艰难，很难救援。赵王很失望，又去问赵奢，赵奢回答说："道路远而又艰难，就像两只老鼠在一条穴中相争斗，哪一方将领勇敢，哪一方就可以获胜。"赵王大喜，立即命令赵奢率赵军援救阏与。

赵奢率赵军从邯郸出发，出城三十里，传令赵军停止前进，并向军中下令："谁敢向我谈进军的问题就杀谁的头！"

这时，秦军在围攻阏与要塞的同时，派出一支部队绕到赵军背后，一直前进到武安（今河北省武安县）之西。武安是邯郸西边的最后一道屏障。秦军为炫耀武力，在武安城西鼓噪勒兵，战鼓震天，吼声动地，武安城中的屋瓦有的竟被震落下来。消息传到后方，赵军中一个军官按捺不住，向赵奢进言，请他急速前进援救武安。赵奢不听，下令斩杀这个军官，命赵军原地不动，并增加壁垒，整整十八天未曾前进一步。秦军间谍潜入赵军，被赵军抓获，赵奢不但不杀，反而很友善地招待了他，之后将他放走。这个间谍回去后，将情况报告了秦军统帅。秦军统帅听后大喜过望，说："离开国都三十里便不前进，反而增修壁垒，阏与肯定会成我们的了。"并因此放松了对赵军的警惕。赵奢将秦军间谍打

发走后，突然命令全军立即出发，火速前进，一天一夜便赶到了前线，在离阏与五十里的地方扎营，并立即修起壁垒。秦军得知后大惊，倾巢出动，前去迎战。眼看大战在即，赵军士兵许历请求和赵奢会见，谈作战问题。赵奢问他有何良谋，许历说："秦军未料到我军会突然到达，定会气势汹汹地扑上来。您必须令全军坚守阵地以待其弊。不然，我军必败。"赵奢说："就听你的。"许历请求处罚自己，赵奢说："等等，回邯郸以后再说。"许历又出主意说："阏与北山地势险要，必须先占领它。谁先占据北山，谁就能获胜，后至者败。"赵奢采纳了这个建议，立即派1万精兵强占北山。秦军也派部队抢夺北山，但比赵军晚了一步。赵奢在赵军占领北山后，立即挥军出击，居高临下，猛攻秦军。秦军大败，伤亡惨重，被迫解阏与之围，撤军而去。

阏与之战的胜利，打击了秦军的锐气，秦国的东进计划暂时受阻。赵奢也因功而被赵王封为马服君，与廉颇、蔺相如等重臣同列。许历也因功而被擢升为国尉。

长平之战

《孟子·离娄》描绘战国时期的战争场景是："争地以战，杀人盈野；争城以战，杀人盈城"。纵观烽火连天、刀光剑影的二百七十余年战国历史，可知孟老夫子的这一番话并没虚饰夸张的成分。当然，就战争规模之庞大，杀伤程度之惨烈而言，在当时的众多战争中，没有比秦、赵长平之战更为惊心动魄的了。

长平之战发生在公元前260年，是秦、赵之间的一次战略决战。在战争中，秦军贯彻正确的战略指导，采用灵活多变的战

术，一举歼灭赵军 45 万人，开创了我国历史上时间最早、规模最大的包围歼灭战先例。

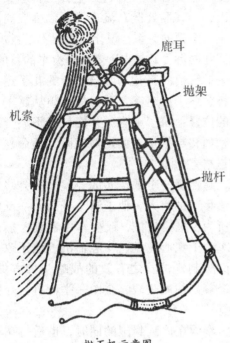

抛石机示意图

鹿耳
抛架
机索
抛杆

秦国自孝公任用商鞅实行变法以来，制定正确兼并战略：奖励耕战，富国强兵，国势如日中天；连横破纵，远交近攻，外交连连得手；旌旗麾指，铁骑驰骋，军事捷报频传。百余年间，蚕食缓进，重创急攻，破三晋，败强楚，弱东齐，构成了对山东六国的战略进攻态势。在秦国的咄咄兵锋跟前，韩、魏屈意奉承；南楚自顾不暇；东齐力有不逮；北燕无足轻重。只有

赵国，自公元前 302 年赵武灵王推行"胡服骑射"军事改革以来，国力较雄厚，军队较强大，对外战争胜多负少，而且拥有廉颇、赵奢、李牧等一批能征惯战的将领，还可以同强秦进行一番周旋。

形势非常清楚，秦国要完成兼并六国、统一天下的殊世伟业，一定得拔去赵国这颗钉子；自然，赵国也不是温顺的羔羊，岂肯任他人宰割？双方之间不是你死，便是我活，一场战略决战势所难免。

秦昭王根据丞相范雎"远交近攻"的战略构想，从周赧王四十七年（公元前268 年）起，先后出兵攻占了魏国的怀（今河南武陟西）、邢丘（今河南温县附近），迫使魏国亲附于己，接着又大举攻韩，先后攻取了陉（今河南济源西北）、高平（今河南济源西南）、少曲（今河南济源西）等重要战略据点。并于公元前261 年攻克野王（今河南沁阳），将狭长的韩国拦腰截为两段。消息传来，韩国朝廷上下一片惊恐，急忙派遣使者入秦，以献上党郡（今山西长治一带）为屈辱条件，向秦国求和。

然而，韩国的上党太守冯亭却不愿献地入秦，他将朝廷的指令放置在一边，做出了献上党之地给赵国的抉择。他的用意当然很清楚：转移秦国的锋芒，促成赵、韩携手，共同抵御秦国，挽救被灭亡的命运。

赵王目光短浅，见天上掉下馅饼，欣

秦赵长平之战图

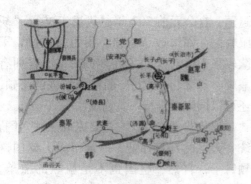

长平之战示意图

喜若柱，在不计后果的情况下，将上党郡并入自己的版图。赵国的这一举动，无异于虎口夺食，秦国方面岂肯善罢甘休，秦、赵之间的矛盾因此而全面激化了。范雎于是建议秦昭王乘机出兵攻赵。昭王便于周赧王五十四年（公元前261年）命令秦军一部进攻韩国缑氏（今河南偃师西南），直趋荥阳，威慑韩国，使其不敢增援赵国；同时命令左庶长王龁率领雄师扑向赵国，攻打上党。上党赵军力不能支，退守长平（今山西高平西北）。

赵王闻报秦军长驱东进，急出一身冷汗，得地的喜悦早就去了一大半，只好兴师应战，委派老将廉颇率赵军主力开往长平，企图以武力重新夺回上党。廉颇抵达长平前线后，即向秦军发起攻击。遗憾的是，秦强赵弱，赵国数战不利，白白地损失了一些人马。廉颇不愧为一名明智的将帅，见进攻遭受挫折，便及时调整战术，转取守势，依托有利地形，筑垒固守，以逸待劳，疲惫秦军，静候其变。廉颇的这一招颇为奏效，秦军的速决势头被抑制住了，两军在长平一带相持不决。

但是秦国的战争指导者毕竟老谋深算，棋高一着，他们运用谋略来打开缺口，使局势朝着有利于己的方向发展，为尔后的战略进攻创造条件。一方面他们借赵国使者郑朱到秦国议和的机会，故意大鱼大肉殷勤款待郑朱，向各国制造秦、赵关系和

解的假象，使赵国在外交上和列强"合纵"抗秦的机会失之交臂，陷于被动和孤立。另一方面，又采用离间计，派人携带财宝前赴邯郸，收买赵王左右见利忘义的权臣，让其四处散布流言飞语，挑拨离间赵王与廉颇的关系，说什么廉颇不足畏惧，他固守防御，乃是出于要投降秦军的目的，秦军最害怕的是让马服君赵奢的儿子赵括为将。终于借赵王之手，将廉颇从赵军主帅的位置上拉了下来，并使赵王不顾贤臣蔺相如和赵括母亲的反对谏阻，任命赵括为赵军主帅。

赵括是一个缺乏实战经验，只会"纸上谈兵"的庸人。他走马上任后，一反廉颇所为，更换将佐，改变军中制度，搞得赵军上下离心离德，斗志消沉。他还改变了廉颇制定的行之有效的战略防御方针，积极筹划战略进攻，企图一举而胜，夺回上党。

秦国在搞乱赵国的同时，也适时调整了自己的军事部署：立即增加军队，起用骁勇善战的武安君白起为上将军，替代王龁统率秦军。为了避免此事引起赵军的注意，秦王下令军中严守这一机密："有敢泄武安君为将者，斩。"白起，他是战国时期最杰出的军事将领，智勇双全，久经沙场，

牺背立人擎盘

曾经大战伊阙，阵斩韩、魏联军24万，杀得两国肝胆俱裂；南破楚国，攻入鄢、郢，焚毁夷陵，打得楚人丧魂落魄。只会背吟几句兵书的赵括哪里是他的对手。

白起到任后，针对赵括没有实战经验，求胜心切，鲁莽轻敌等弱点，采取了诱敌入伏、分割包围而予以聚歼的正确作战方针，对兵力作了周密细致的部署，造成了"以石击卵"的强大态势。

白起的具体作战部署是：以原先的第一线部队为诱敌之兵，等待赵军出击后，即向预设的主阵地长壁方向撤退，诱敌深入；其次，巧妙利用长壁构筑袋形阵地，以主力守卫营垒，抵挡阻遏赵军的攻势，并组织一支轻装精锐的突击部队，待赵军被围之后，主动出击，以消耗赵军的有生力量；其三，动用奇兵25000人埋伏在两边侧翼，待赵军出击后，及时穿插到赵军的后方，切断赵军的退路，协同主阵地长壁上的秦军主力，完成对出击赵军的包围；其四，派出一支骑兵部队，牵制和监视赵军营垒中的留守部队。

战局的发展果然按着白起所预定的方向进行。周赧王五十五年（公元前260年）八月，对秦军战略动态茫然无知的赵括统率赵军主力，向秦军发起了大规模的出击。两军交锋没有几个回合，秦军的诱敌部队就佯败后撤。愚妄鲁莽的赵括不问虚实，以为秦军不堪一击，立即率军追击。但当赵军进抵秦军的预设阵地——长壁时，却遭到了秦军主力的坚决阻击，攻势顿时受挫，被阻于坚壁之下。赵括见情势不妙，急忙想退兵，可惜为时已晚，预先埋伏在两翼的秦25000奇兵迅速出击，及时穿插到赵军进攻部队的侧后，抢占了西壁垒（今山西高平北的韩王山高地），截断了出击赵军与其大营之间的联系，构成了对出击赵军的重重包围。另外的秦军5000精骑也迅猛地插到了赵军的营垒之间，牵制、

连发弩

监视留守营垒的那小部分赵军，并切断赵军的后勤运输线。与此同时，白起又下令突击部队不断出击被围困的赵军主力。赵军左冲右突，都无法逾越秦军铜墙铁壁一般的阵地，情况日益危急，不得不就地构筑营垒，转攻为守，等待救援。

秦昭王在都城咸阳听到赵军被围，就歼在即的消息，便亲赴河内（今河南沁阳及其附近地区），将当地十五岁以上的男子全部编组成军，及时增援长平战场。这支部队开进到长平以北的今丹朱岭及其以东一带高地，进一步断绝了赵国的援军和后勤补给，从而确保了白起得以彻底地歼灭被围的赵军。

到了九月，赵军断粮已长达46天，内部互相残杀以食，军心动摇，士气涣散，死亡的阴影笼罩着整个部队，局势万分危急。赵括困兽犹斗，负隅顽抗，组织了四支突围部队轮番冲击秦军阵地，希望能杀开一条血路，逃脱性命，但是都无功而返，陡然增大伤亡而已。绝望之中，赵括孤注一掷，亲率赵军精锐强行突围，结果败得

更惨，连他本人也丧身在秦军如蝗般的箭镞之下。赵军失去主将，斗志全无，彻底放弃了抵抗，40余万饥疲之师全部向秦军卸甲投降。白起杀心大起，只放过其中年幼的240人的性命，将赵军降卒残忍坑杀。秦军终于取得了空前激烈残酷的长平之战的彻底胜利。

长平之战秦胜赵败的结局并非偶然。除了总体力量上秦对赵占有相对的优势外，双方战略上的得失和具体作战艺术运用上的高低也是其中重要的因素。秦军之所以一举全歼赵军，在于：第一是分化瓦解了关东六国的战略同盟；第二是巧妙使用离间计，诱使赵王犯下临阵易将、起用庸人的严重错误；第三是择人得当，起用深富韬略、骁勇善战的白起为主将；第四是白起善察战机，用兵如神，诱敌出击，然后用出奇制胜战法分割包围赵军，痛加聚歼；第五是在战斗的关键时刻，秦国上下一体动员，及时增援，协调配合，断敌之援，为白起实施正确的作战指导提供了必要的保证。

赵军惨败的主要原因，一是不顾敌强我弱的态势，贸然开战，一味追求进攻。二是临阵易将，让毫无实战经验的赵括替代执行正确防御战略的廉颇统帅赵军，中了秦人的离间之计。三是在外交上不善于利用各国仇视秦国的心理，积极争取同盟国，引为己助。四是赵括不知"奇正"变化、灵活用兵的要旨，既无正确的作战方针，又不知敌之虚实，更未能随机制宜摆脱困境，始终处于被动之中。五是具体作战中，屡铸大错。决战刚刚开始，就贸然出击，致使被围。被围之后，又只知道消极强行突围，未能进行内外配合，打通粮道，终于导致全军覆没的悲惨下场。

在长平之战中，秦军前后共歼灭赵军约45万人左右，从根本上削弱了当时关东六国中最为强劲的对手赵国；同时，也给

其他关东诸侯国以极大的震慑。从此以后，除了极个别的情况（如邯郸之战）外，关东六国再也不能对秦国进行像模像样的抵抗，秦国兼并六国、混同天下的道路基本上畅通无阻了。

信陵君窃符救赵

信陵君是魏昭王的少子，当时在位的魏安厘王的异母弟。为人仁而下士，士无论贤与不肖皆谦恭而以礼交之，并不因自己贵为王侯而骄士。所以，当时之士人不远千里争往归附于信陵君，信陵君有食客三千。因为信陵君贤，多客，诸侯有十余年不敢加兵于魏。信陵君之礼贤下士，可以他与侯嬴的交往为典型。

当时，魏国有隐士叫侯嬴，年已七十，家境贫寒。在魏都大梁的夷门当监者（看门人）。信陵君闻其贤，前去请见侯嬴，想赠给侯嬴一些财物。侯嬴却不肯接受。信陵君乃置酒大会宾客。等宾客坐定后，信陵君亲自坐车去迎侯嬴赴宴。侯嬴也不客气，摄敝衣冠而直上公子之车，想以此观察信陵君是否是真心。信陵君仍是非常谦恭，侯嬴又对信陵君说："臣有客在市屠中，请您枉车骑过之。"信陵君让车子赶到大梁的市场上，侯嬴下车，去见其客朱亥，故意在那儿说了半天话，并暗中观察信陵君，信陵君脸色愈和，毫无怒意。当时，魏国将相宗室，宾客满堂，都在等待信陵君回去举酒开饮。市场上的人都围观信陵君为侯嬴赶车。信陵君之从骑皆窃骂侯嬴。侯嬴见信陵君颜色始终不变，乃谢客就车。回到家中，信陵君引侯嬴坐上座，并引侯嬴遍赞宾客，宾客都大吃一惊。酒酣，信陵君起而为侯嬴上寿，侯嬴："今日侯嬴之为公子亦足矣。侯嬴不过为夷门之抱关者，而公子亲枉车骑，自迎嬴于众人广坐之中。

战国铜兜鍪

赢欲成公子之名，故让公子车骑久立于市中，过客以观公子，公子愈恭。市人皆以赢为小人，而以公子为长者能下士也。"于是，侯赢遂成为信陵君之上客。侯赢又向信陵君推荐了朱亥。信陵君当时并未想到，这二人以后对他的事业起了巨大作用。

周赧王五十五年（公元前260年），秦国和赵国在长平（今山西高平北）发生大战。赵军统帅赵括只会纸上谈兵，率领赵军轻易出击，被秦军切断后路，断粮四十六日。主力40万人全部被秦军歼灭。第二年（周赧王五十六年，公元前259年），秦国复派王陵为将，率秦军主力从上党地区（今山西东南部长治地区）突破井陉关，进围赵国都城邯郸。赵国精锐尽失，不得不困守孤城。秦军日夜急攻，意在灭赵，形势十分危急。赵王之弟、赵相平原君在率军力战的同时，派使者四处求救。因为平原君的妻子是信陵君的姐姐，当此危急之时，平原君发使至魏，请平原君让魏王发兵救赵。

魏安厘王接到求救书之后，便命晋鄙率10万魏军救赵。秦昭王听说后，便派使者到魏国去威胁魏王说："吾攻赵旦暮且下，而诸侯谁敢救之，拔赵之后，必先移兵击之。"魏安厘王怕秦军来攻，便命人让晋鄙停止前进，驻扎在邺（今河北临漳西南），筑垒固守。名为救赵，实持两端。平原君苦等救兵不至，使者冠盖相属于魏国，移书责让信陵君。信陵君几次向魏王请求，并让宾客辩士万般劝说，魏安厘王畏秦，终不听从。信陵君自度达不到目的，又不愿自己独生而令赵国灭亡，便召集宾客，约车百余辆，准备往赴秦军，与赵国共亡。行过夷门，见了侯赢，将自己的想法告诉了侯赢，并与侯赢诀别。侯赢对信陵君说："公子喜士，名闻天下，今有难，无端而欲赴秦军，譬如以肉投饿虎，何功之有？赢闻晋鄙之军的兵符常在王君的卧室之内，而如姬最得王君宠幸，经常出入于王君卧室，有机会得到这兵符。赢闻公子曾为如姬报仇，如姬愿为公子去死，只是没有机会罢了。公子诚一开口请如姬，如姬必定答应，窃得虎符而夺晋鄙之军。北救赵而西却秦，有何不可！"信陵君从其计，往请如姬，如姬果然将兵符盗出给了信陵君。

得到兵符后，信陵君准备出发。侯赢对他说："将在外，君命有所不受，以便国家。公子去合了兵符，而晋鄙不愿交出兵权，事情必定难办。臣客屠者朱亥可与您一起去。朱亥是一个力士。晋鄙听命自然好；如不听命，便可让朱亥击杀他。臣本应跟您前去，只是老了，走不动了。请数公子行日，以至公子至晋鄙军之日，北向自刎，以送公子。"信陵君便出发了。

信陵君到达邺之后，矫魏王之命，要晋鄙交出兵权。晋鄙合过兵符之后，又起了疑心，不想交权。朱亥用四十斤重的铁锥椎杀了晋鄙，信陵君便统帅了晋鄙所率的魏军。信陵君下令军中："父子俱在军中者父归；兄弟俱在军中者兄归，独子无兄弟者归养双亲。"最后得选兵8万人，进兵向秦军攻击。因魏军人人皆抱必死之心，故一个冲锋，便逼得秦军向后撤退。这时，赵平原君散掉家财，得敢死之士3000人为先，冲击秦军，秦军抵敌不住，后退三十里。信陵君率领的魏军和楚国的救兵正好赶到，内外夹击秦军。秦军大败，向西撤退。秦军后部郑安平所率25000人被切断归路，向赵军投降。邯郸之围遂解，赵国也转危为安。

信陵君之救赵，是战国时期的"士"阶层活跃于社会政治舞台的一个典型。所谓"得士者昌，失士者亡"。

六国合纵对秦战争

六国合纵对秦战争，主要的有五次：

第一次合纵战争为楚、燕、韩、赵、魏五国合纵攻秦。发生于周慎靓王三年，楚怀王十一年，魏襄王元年，赵武灵王八年，韩宣惠王十五年，燕王哙三年，秦惠文王七年（公元前318年）。合纵军很快被秦军击败。

第二次合纵战争为齐、韩、魏合纵攻秦、赵、宋。发生于周赧王十七年，齐湣王三年，韩襄王十四年，魏襄王二十一年，赵惠文王元年，秦昭王九年（公元前298年）。三国合纵军经三年苦战至公元前296年，战胜秦军。

第三次合纵战争为燕、齐、魏、韩、赵合纵攻秦。发生于周赧王二十七年，燕昭王二十四年，齐湣王十三年，魏昭王八年，韩厘王八年，赵惠文王十一年，秦昭王十九年（公元前288年）。最后于公元前287年以秦退还所占魏、赵的土地而罢兵。

第四次合纵战争为赵、楚、韩、燕、魏合纵伐秦。发生于秦庄襄王三年，赵孝成王十九年，楚考烈王十六年，韩桓惠王二十六年，燕王喜八年，魏安厘王三十年（公元前247年）。秦军初期被五国联军战败，退守函谷关后，双方休战。

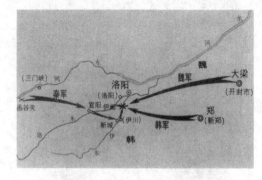

伊阙之战示意图

第五次合纵战争为赵、燕、楚、韩、魏合纵攻秦。发生于秦王政六年，赵悼襄王四年，燕王喜十四年，楚考烈王二十二年，韩桓惠王三十二年，魏景湣王二年（公元前241年）。五国联军攻至今临潼东北，各自收兵。

赵魏燕韩楚五国联合攻秦

秦相张仪来魏，向惠王提出秦、韩与魏联合伐齐的建议，被惠王接受，起用张仪为相。张仪当上魏相后，就积极实现他的"欲令魏失事秦而诸侯效之"的所谓"连横"策略，压迫东方各国。在这种形势下，齐、楚、燕、韩、赵五国又联合支持主持"合纵"策略的公孙衍。魏惠王为了巩固与五国的政治关系，改任公孙衍为相国，把张仪赶回秦国。公孙衍这位素见重于六国的新相国，展开"合纵"策略，联合各国，组织第一次"五国伐秦之战"。实际参加作战的有燕、韩、赵、魏四国军队，公举楚怀王为联合军的"纵约长"，于周慎靓王三年，声势浩大的四国联军，排除秦军的抵抗，打到秦东方战略要隘函谷关。但由于秦军的奋力抵抗，联军最终被秦军击败。四国联军的进攻，虽然没有达到战略目的，但对秦震动极大，纵、横双方的斗争，更加激烈化。

中国通史

最新整理图文珍藏版

齐魏韩三国联合攻秦

继五国联合攻秦之后，六国间虽也知道应以对秦作战为主，但在此期间，由于秦国极力破坏六国的合纵，挑动各国之间互相攻伐，以削弱六国的实力，所以各国之间也发生过一些战争。周赧王十四年（公元前301年），韩、魏受秦军事压力，向东方大国齐靠拢。齐相孟尝君田文，加紧对韩、魏的联合工作，终于促成齐、魏、韩三国合兵对楚进攻。齐将匡章、魏将公孙喜、韩将暴鸢统率的联合军，进攻楚的方城，经过六个月交战，击破楚军于小沘水上的垂沙，宛叶以北地区被韩、魏所占有。齐、韩、魏联合作战的胜利，不仅使楚军屈服，秦也惶恐不安。秦为了拆散这三国的合纵联盟，提出由秦王之弟泾阳君至齐为质，与齐修好。到秦王政十八年，魏景湣王十四年，韩王安十年，楚幽王九年，赵王迁七年（公元前229年），秦又邀请孟尝君田文入秦，担任秦相。表面上对齐友好，实际是把田文控制于咸阳，以破坏他的"合纵"战略。这一行动立即引起赵国严重不安，秦，齐两大国联合的战略形势，使赵陷于两面受敌的危险，于是赵国发动政治攻势，策动秦贵族樗里疾借口田文"外借秦权，阴为齐谋"，促使秦免去孟尝君相位，改任楼缓为相。

周赧王十七年，齐、韩、魏三国联合对秦进攻。战争开始后，赵、宋两国并未真正协助秦国作战，而是利用大国间的矛盾冲突，乘三国与秦作战之机，兼并邻近其他小国，以扩充自己的领土。三国进攻秦国的战争，连续三年之久，最后攻进函谷关，迫使秦国承认战败，退还侵占魏的河外、封陵和韩的河外、武隧等地区，缔结了和约，停止了战争。

楚燕韩赵魏五国联合攻秦

秦为着拆散六国"合纵"战略，解除关东压力，继续推行"连横"。丞相魏冉实施"联齐"政策，积极拉拢东方大国齐国。以便秦、齐联合，对付敢于反抗的楚、燕、韩、赵、魏，还与齐相约，并称为帝。秦王称西帝，统治西方；齐王称东帝，统治东方。周赧王二十七年（公元前288年）十月，秦昭王在宜阳自称西帝，遥尊齐王为东帝。订立"约伐赵"盟约，议定了共同行动与出兵日期，中原各国面临受到夹击的危险局面。周赧王二十七年（公元前288年），魏昭王通过奉阳君李兑的策划，与赵惠王相会，商量如何联合对秦。

赵楚燕韩魏五国联合攻秦

秦王政六年，赵将庞暖组成第五次联军，推举楚王为联军统帅"纵约长"，由楚相春申君黄歇代行纵约长指挥权。庞暖向黄歇和其他国的将领说明过去关东诸侯对秦作战，主要战略是攻取函谷关，以为只要攻克此关，就能顺利向秦国腹地推进，但终因关隘险要攻而不克，多次受挫，遭到失败。这次应经蒲关渡河直冲渭南。于是五国军队声势汹涌的经河东由蒲关渡河，伸进关中腹地，排除秦军抵抗，进抵距咸阳不远的蕞城。企图攻克蕞城，长驱直入，进攻咸阳。但由于蕞城秦兵顽强坚守，屹立不动，联军久攻不克，出现胶着状态。联军攻城不克，只得停止西进，这给了秦军调动、整顿的时间，重整阵容。后来联军改变战略，攻进关中，打了秦军一个措手不及，首都咸阳形势紧张，国相吕不韦亲自担任统帅，指挥秦军，进驻灞桥，迎

战国时期铁锄

击关东五国军队。汇集于灞桥附近秦军的兵力有王翦、李信、桓 军等约 10 多万人。

秦军认为："以五国精锐，攻一城而不克，其无能可知"，"晋习秦战，楚兵久未经过战争"，进而决定"集中兵力攻楚，击破楚军，其他各国军队会闻风崩溃"。于是除留下部分军队与赵、魏保持对峙状态外，于五军中各抽出精兵 1 万，进攻楚军，并规定夜间开始行动。由于李信军的一个军官，运粮误期，受到斥责，暗地叛逃于楚军，把秦军作战计划完全泄露给楚军。而黄歇这位庸愚无能的联合军统帅，闻讯后竟惊慌失措，没有通知友军，只率楚军仓促撤退，离开战场，返回楚国。当秦军按预定计划，对楚军实施大规模夜袭，进入楚军兵营，才发现楚营无人，扑了个空。王翦当即回军转攻联合军队的主力赵军。王翦、蒙骜、李信等率领将士猛攻赵营。赵军统帅庞暖遭秦军突然猛袭，一方面严令所属，不得妄动，沉着应战，一方面自己亲临营门镇静指挥。双方展开激战，秦军攻势虽猛，赵兵岿然不动，两军激战到天明，韩、魏、燕军闻赵军被攻，前来救援，秦军才停止攻击，收兵回营。秦、赵两军经过这次激战，王翦等将领，称赞赵军战斗力强，并赞扬赵将庞暖遇到夜袭，临危不惊，从容镇静和韩、魏、燕各军将领，在秦军收兵后，再了解到楚军放弃友军，不战而走的原因，深感痛惜。并一致认为这次"合纵"对秦作战，已失去取胜的希望。于是各自收兵回国。庞暖既不满楚军的不战而走，又痛恨齐国的拒不参加联合行动，于返国途中，联合燕军，东攻齐属饶安，攻克了饶安城，以示泄愤。自此第五次联合对秦进攻后，六国再没有组成过"合纵"阵线。形势的发展对秦极为有利，为秦将六国各个击破创造了条件。

战国时期的联姻

赵简子、赵襄子与代王、西戎的联姻

赵简子名赵鞅，又名志父，亦称赵孟，是春秋末年赵国之卿。晋平公时，晋已进入"季世"，"晋国之政，卒归此（韩、赵、魏）三家"；晋昭公时，赵、韩、魏、智伯、中行、范氏等六卿更强，公室更卑。作为名义上是"晋卿"但"实专晋权，奉邑侔于诸侯"的赵简子来说，这种局面正是发展自己势力的大好时机。晋定公十九年（公元前493 年），赵简子打败了范氏和中行氏，然后扩大封地，为此后赵国的建立奠定了坚实基础。

代是春秋末期至战国初期活动在今河北蔚县东北的一个古国。据《史记·赵世家》记载，"翟（狄）犬者，代之先也"，而且代为白狄的住地，所以，赵简子与代的联姻实际上就是与白狄的联姻。

赵简子何时与代联姻，史无明载。根据赵襄子伐代时其姊所言"吾受先君之命，事代之王，今十有余年矣"来看，此次联姻应在战国初期的晋出公元年至八年（公元前474～前467 年）之间。

非常耐人寻味的是，赵简子曾利用野人致他的"帝命"，说他儿子将"克二国于翟"，并"且必有代"，他的儿子毋即也曾当着赵简子的面说"从常山上临代，代可取也"，为何后来又要把女儿嫁给代王呢？联系赵简子父子的言行及赵襄子即位后灭代等事件来看，赵简子与代联姻主要为了麻痹代王，借联姻进一步了解代国的情况，以便为以后消灭代国作准备。

赵简子在位时，赵与代的关系非常平静。但赵简子一死，其子赵襄子安葬了父亲，还没有脱去丧服，便迫不及待地率军北上，准备一举消灭代国。由于代国地势

曾侯乙墓出土的楚惠王熊章镈钟

险要，道路艰阻，代王又英勇善战，如果赵襄子强攻，肯定会遭到代国的强烈反击，胜败很难预料。为了顺利消灭代国，赵襄子先登上夏屋山，然后设宴诱骗代王来此相会。代王因是赵襄子的姐夫，当然不会怀疑赵襄子。赵襄子为了实现他的阴谋，他令工人制作金斗，并在金斗上安上形状如刀的长柄，"令可以击人"。代王到达后，赵襄子派厨夫拿斗盛酒，招待代王及其随从，并暗中命令宰人说："即酒酣乐，进热啜，反斗以击"杀代王及从官。当"代君至酒酣"时，宰人各"反斗而击之，一成脑涂地"，使其死亡，然后出动军队一举攻占了代国。

作为赵襄子之姊的代王夫人，对母国的军事行动深表不满，所以当赵襄子派人迎请她回到赵地时，她便对来人说："我按照先君的命令，来到代国侍奉代王，到现在已经十余年了。代王并没有什么大错，

主君却杀害了他。现在代国已经灭亡，我将到何处去呢？而且我听说，妇人应当坚持行义，不能有第二个丈夫，难道我还要有第二个丈夫吗？你们想把我接到什么地方去？如果我因为弟弟而不敬丈夫，这是不义；如果我因为丈夫而怨恨弟弟，这是不仁。我虽然不敢有所怨恨，但也不想回到赵地。"深明义理的赵襄子之姐当时确实处于两难境地。为了摆脱这种窘境，她只好在"泣而呼天"后"摩笄自杀"。赵襄子所派使者见此情景，"遂亦自杀"。

代王夫人自杀事件在代人当中引起了极大震动，当时"天下莫不闻"。代人为了缅怀她的壮举，把她自杀之地命名为摩笄之山。《史记·赵世家》正义引《括地志》云，摩笄山（一名磨笄山）原叫马头山，在今河北省蔚县东南；一说原称鸡鸣山，在今河北省宣化东南。

赵襄子袭灭代国后，曾一度受到韩、魏和智伯的围攻，他所在的晋阳城内曾出现过"悬釜而炊，易子而食"的悲惨局面，后以计与韩、魏联合消灭了智氏势力。为了继续扩展赵的势力，赵襄子便娶空同氏为夫人，与西戎人建立了同盟。

空同氏为生活在崆峒山的西戎人。据《史记·赵世家》正义引《括地志》云："崆峒山在肃州福禄县东南六十里，古西戎地。又原州平高县西百里亦有崆峒山，即皇帝问广成子道处。"司马贞正义强调说，此两处"俱是西戎地"。由此可见，赵襄子所娶空同氏无疑是西戎之女。

空同氏与赵襄子结合后生下五个儿子，但因赵襄子一定要传位给其兄伯鲁之子代成君，所以空同氏的五个儿子以后都没有承袭父位，在母以子贵的时代，空同氏自然也没有显要之位，甚至在史书中再也没有出现过她的名字。

秦惠王与燕、巴、义渠的联姻

秦惠王为秦孝公之子。秦孝公即位后，

痛感"诸侯卑秦，丑莫大焉"，决心继承秦献公的事业，大力进行改革。他重用商鞅，让他主持变法。从公元前356年至公元前350年，商鞅推行过两次大规模的变法，使原来比较落后的秦国一跃成为战国时期的强国，秦国于是产生了"吞天下之心"。

燕是公元前11世纪周所分封的诸侯国，在今河北北部和辽宁西端，建都蓟（今北京城西南），到战国燕文公在位时期，燕东有朝鲜、辽东，北有林胡、楼烦，西有云中、九原，南有滹沱、易水，"地方二千余里，带甲数十万，车六百乘，骑六千匹，粟支数年"。而且"南有碣石、雁门之饶，北有枣栗之利，民虽不佃作而足于枣栗"，成为战国七雄之一。

正是由于一方准备吞并天下，一方处于优越的地理位置，距秦甚远，秦在当时无法攻燕，所以在秦惠王即位的第四年即燕文公二十八年（公元前334年）秦便与燕联姻，秦惠王将女儿嫁给燕国太子。次年，燕文公死，其太子继立，是为易王。秦惠王之女成了王后。

对秦、燕两国来说，尽管这次联姻都是各有所需，但联姻之后，燕国明显得到了实惠。燕文公去世后，齐宣王"因燕丧伐燕"，攻占了燕国的十城。当时燕易王刚即位，没有能力夺回十城，便求苏秦帮忙。苏秦满口答应后，便到了齐国，劝说齐宣王归还了所占十城。对此，《史记·苏秦列传》有详细记载。其文云：

苏秦见齐王，再拜，俯而庆，仰而吊。齐王曰："是何庆吊相随之速也？"苏秦曰："臣闻饥人所以饥而不食乌喙者，为其愈充腹而与饿死同患也。今燕虽弱小，即秦王之少婿也。大王利其十城而长与强秦为仇。今使弱燕为雁行而强秦敝其后，以招天下之精兵，是食乌喙之类也。"齐王愀

然变色曰："然则奈何？"苏秦曰："臣闻古之善制事者，转祸为福，因败为功。大王诚能听臣计，即归燕之十城。燕无故而得十城，必喜；秦王知以己之故而归燕之十城，亦必喜。此所谓弃仇雠而得石交者也。夫燕、秦俱事齐，则大王号令天下，莫敢不听。是王以虚辞附秦，以十城取天下。此霸王之业也。"王曰："善。"于是乃归燕之十城。

由此可见，齐国之所以会归还所夺燕国十城，虽然与苏秦的不烂之舌有关，但最重要的还是由于燕、秦联姻以及秦国的强大。如果齐国不归还十城，那么作为岳父的秦惠王势必出面干预，而且极有可能联合燕国征伐齐国。齐国当然会考虑到这种可能性以及由此造成的严重后果，因此便主动归还燕城，且"愿为兄弟而请罪于秦"，使燕国、秦国都对齐国感恩戴德。总之，强大的秦国与弱小的燕国联姻，即使燕国在一定程度上得到了保护，又使秦国的远交近攻战略得到了初步尝试。

秦惠王时，秦国还与巴联姻。与秦燕联姻相比，这次联姻在性质上完全不同。

巴为历史上的一个古国，在先秦时期主要活动在川东、鄂西和陕西汉中一带，相传周以前巴人居于武落钟离山（今湖北长阳西北）一带，廪君为其著名首领，后向川东扩展。巴国在商代已与中原交往，并且参加了周武王伐纣之战。《华阳国志·巴志》云："周武王伐纣，实得巴蜀之师，著乎《尚书》。巴师勇锐，歌舞以凌，殷师徒倒戈，故世称之曰，武王伐纣，前歌后舞也。"但《牧誓》八国中有濮无巴，或以为濮即为巴，或以为"西土"八国中的彭即为巴国。春秋初叶，巴与楚、邓等国时战时和。楚、秦强大后，巴人曾力图在楚秦夹缝中寻求独立地位，既依附楚国，又向秦国朝贡。公元前611年，庸国屡胜

联禁龙纹壶

楚师，巴又与秦共同支持楚国夹击庸国。灭庸之后，巴在与楚、秦分割庸国时得到了庸国的西部地区，完全控制了由长江中游通往上游的枢纽，其政治中心也向今重庆地区发展，形成了与蜀在今四川地区东西对峙的局面。到春秋中后叶，巴国已发展到了鼎盛时期，兵锋所指北达邓，南涉沅澧，并与蜀国在西南相抗衡。战国时期，巴国在清江流域的故地被楚国吞食，在鄂西北及陕南的势力也被楚、秦所逐。战国中叶，楚又掠夺了巴在川东的许多地方。至楚威王时，又"使将军庄娇将兵循江上，略巴黔中以西"。秦惠王后元九年（公元前316年），秦国司马错出兵巴蜀，消灭巴国。

秦国虽以武力征服了巴国，但要牢固地控制住巴蜀地区，还需要采取一些切实可行的措施，以消除那些固有的不稳定因素。为此，秦国便在此后实行了联姻政策，"以巴氏为蛮夷君长，世尚秦女"。综观这次联姻可以看出如下三个特点：

第一，联姻政策的连续性，即巴氏"世尚秦女"。所谓"世"即"父子相继"，可见继位的巴氏均娶秦女为夫人。

第二，明确了巴蜀向秦国交纳赋税的义务："其君长岁出赋二千一十六钱，三岁一出义赋千八百钱。其民户出幏布八丈二尺，鸡羽三十镞。"

第三，先出兵征服后嫁女联姻是中国古代政治婚姻史及中国古代和亲史上的独特类型。

秦惠王时，秦国还曾与义渠联姻。这次政治联姻也有一定特点。

义渠为西戎之一，分布于岐山、梁山、泾水、漆水之北今甘肃庆阳及泾川一带。春秋时期，义渠发展很快，到战国初，"义渠、大荔（西戎之一）最强，筑城数十，皆自称王"。此后，义渠常与秦国发生战事。秦厉共公六年（公元前471年），"义渠来赂"；三十三年（公元前444年），秦出兵义渠，俘虏其王；秦惠王七年（公元前331年），义渠发生内乱，秦庶长操"将兵定之"；十一年（公元前327年），秦攻取义渠之地，义渠王向秦称臣；秦惠王后元七年（公元前318年），韩、赵、魏、燕、齐"帅匈奴共击秦"。当时秦怕义渠君乘叽出兵秦国，便"求亲义渠君"，并将"好女百人"送给义渠君。

秦国之所以会在此时向义渠君求亲，关键在于义渠君当时处于举足轻重的地位。陈轸对此就看得比较透彻。《战国策·秦策二》载：

> 居无几何，五国伐秦。陈轸谓秦王曰："义渠君者，蛮夷之贤君，王不如赂之以抚其心。"秦王曰："善。"因以文绣千匹，好女百人，遗义渠君。

由此可见，秦向义渠君求亲主要出于如下考虑：一是义渠君是一位"贤君"，在西戎中有一定的影响，将他拉拢过来对秦抗击五国大有益处；二是通过联姻，使义渠出兵"相助"，以增强秦国的兵势；

三是"是时诸侯连匈奴，秦恐义渠因而有变，故略以和之"，使义渠保持中立立场，至少希望在匈奴配合韩、赵、魏、燕、齐等五国伐秦的严峻形势下，义渠不要趁火打劫。总之，秦国与义渠联姻并不是为了建立或发展双方的友好关系，而是一种解除危难的权宜之计，属于结交同盟类型的联姻。

而作为义渠君来说，他本人虽然当时不可能完全看透秦国向义渠求亲的真实用意，但当后来的事实与公孙衍早些时候向他提醒的基本吻合时，他立即改变了对秦的态度，不但不援助秦国，反而起兵袭击秦国。《史记·张仪列传》载：

银首人俑铜灯

义渠君朝于魏。犀首（公孙衍）闻张仪复相秦，害之。犀首乃谓义渠君曰："道远不得复过，请谒事情。"曰："中国无事，秦得烧掇焚杅君之国；有事，秦将轻使重币，事君之国。"其后五国伐秦。会陈

轸谓秦王曰："义渠君者，蛮夷之贤君也，不如略之以抚其志。"秦王曰："善。"乃以文绣千纯、妇女百人遗义渠君。义渠君致群臣而谋曰："此公孙衍所谓邪？"乃起兵袭秦，大败秦人李伯之下。

在公孙衍看来，如果齐、魏等诸侯国不联合攻打秦国，那么秦国必会对义渠国焚烧抢掠；如果齐、魏等六国联兵征伐秦国，那么秦国必会向义渠君求亲，并"事义渠之国，欲令相助"。当然公孙衍所言旨在挑拨义渠与秦的关系，"令义渠君勿援秦也"。但后来秦在遭到多国部队征伐时确实向义渠君求亲。这一事实，促使义渠君得出了秦求亲并无诚意的结论，因此便出兵秦国。由此可见，只把联姻作为权宜之计，对联姻毫无诚意，并不能给自己带来实惠，相反会给自己带来灾难。

楚与郑的联姻

战国时期，楚与郑国的联姻主要是郑袖与楚怀王的婚姻。

郑袖亦作"郑衰"。周紫芝《楚辞说》云："郑国之女多美而善舞。楚怀王幸姬郑袖，当是善舞，故名。袖者，所以舞也。"可见郑袖为郑国人，以貌美善舞而得宠于楚怀王。

楚怀王是个好色国王，虽然非常宠爱郑袖，对郑袖"所言无不从"，但当张仪问他是否"好色"以及"郑、周之女，粉白墨黑，立于衢闾，非知而见之者，以为神"时，楚怀王竟恬不知耻地说："楚，僻陋之国也，未尝见中国之女如此其美也。寡人之独何为不好色也？"楚怀王之言对郑袖造成了一定的心理压力。据《战国策·楚策三》记载，"郑衰闻之大恐"。

郑袖所惧非常自然。她清楚自己以色得宠的历史，而且更清楚天下美女如云，其他美女也会以色得宠的现实。为了巩固自己的地位，她所能做到且最有成效的工

中国通史

最新整理图文珍藏版

550

作就是防止其他美女投入楚怀王的怀抱。楚怀王十八年（公元前311年），楚国囚禁了张仪，并"欲杀之"。在这危急时刻，张仪的楚国朋友靳尚对郑袖说："秦王甚爱张仪，而王欲杀之，今将以上庸之地六县赂楚，以美人聘楚王，以宫中善歌者为之媵。楚王重地，秦女必贵，而夫人必斥矣。夫人不若言而出之。"郑袖听后，觉得靳尚所言在理，于是便日夜缠着楚怀王说："人臣各为其主用。今地未人秦，秦使张仪来，至重王。王未有礼而杀张仪，秦必大怒攻楚。妾请子母俱迁江南，毋为秦所鱼肉也。"不出张仪所料，楚怀王果然对郑袖言听计从，不仅赦免了张仪，而且"厚礼之如故"。张仪乘机劝说楚怀王"与秦合（和）亲，约婚姻"，结为同盟。

为了报答郑袖，张仪在离开楚国前，便借机赞美郑袖，以帮助她巩固自己的幸姬地位。《战国策·楚策三》云：

张子辞楚王曰："天下闭不通，未知见日也，愿王赐之觞。"王曰："诺。"乃觞之。张子中饮，再拜而请曰："非有他人于此也，愿王召所便习而觞之。"王曰："诺。"乃召南后、郑袖而觞之。张子再拜而请曰："仪有死罪于大王。"王曰："何也?"曰："仪行天下遍矣，未尝见人如此其美也。而仪言得美美人，是欺王也。"王曰："子释之。吾固以为天下莫若是两人也。"

当然从郑袖曾派人送给张仪五百斤金"以供刍秣"来看，张仪赞美郑袖可能受郑袖之托，而张仪能够死里逃生并且圆满完成出使楚国的任务，主要应当归功于郑袖，因此便对郑袖大加赞美。

郑袖不仅天生丽质，而且还工于心计，为了保住自己的宠姬地位，甚至不择手段。据《战国策·楚策四》记载，魏国国王曾赠给楚怀王一名"美人"，颇受楚怀王的宠爱。郑袖见状，非常担心自己的受宠地位会被魏女长期夺走。为使楚怀王最终疏远魏女，郑袖先假惺惺地装出非常喜欢楚怀王这位"新人"的姿态，竭尽全力满足魏女的要求："衣服玩好，择其所喜而为之；宫室卧具，择其所善而为之"，甚至对魏女的喜爱"甚于王"。郑袖的假情假意骗取了"不妒"的美名，楚怀王曾对他人夸赞郑袖说："妇人所以事夫者，色也；而妒者，其情也。今郑袖知寡人之说新人也，其爱之甚于寡人，此孝子之所以事亲，忠臣之所以事君也。"郑袖见自己的努力已大见成效，于是便开始设计破坏魏女在楚怀王心目中的形象。一日，郑袖对魏女说，国王虽然非常爱你的美貌，但却讨厌你的鼻子，以后你见到国王时，务必用手捂着你的鼻子。魏女不知这是郑袖陷害她的计策，误以为这是郑袖对她的关心，于是每次见到楚怀王时，总是捂着鼻子。楚怀王对此大惑不解，便问郑袖，新人见到寡人时，总是捂着鼻子，这是什么原因? 郑袖回答说，她是怕闻到你身上狐臭的气味。楚怀王一听，张口就骂魏女"悍哉"，下令割掉她的鼻子。这样，郑袖又控制了楚怀王的感情。

彩绘云纹漆圆耳杯

赵与韩的联姻

在赵武灵王即位的第五年（公元前321年），赵国与韩国联姻，赵武灵王娶韩女为夫人。

当时，赵为"强国"，"韩微小"，两国的国势虽有很大差别，但为了共同利益，双方都极愿联姻，结成同盟。

赵、韩二国本来是在与魏三家分晋基础上结成的联盟，但到魏国强盛并暴露出恢复晋国统一局面的野心后，赵、韩便趁公中缓与魏惠王争立之机，武装干涉魏国，在浊泽大败魏军，围攻魏惠王。当时赵国企图杀魏惠王，另立公中缓，割取魏国土地，而韩国则主张不杀魏惠王，支持公中缓分裂魏国。这样，赵、韩联盟出现了较大裂痕。魏惠王巩固霸业后，赵、韩二国经常遭到魏国的侵扰。魏襄王继位后，赵、韩仍时常感受到魏国的威胁。就在赵武灵王即位之年（公元前325年），魏国还出兵打败赵将赵护和韩将韩举。武灵王是一个有所作为的国君，迫切希望赵国迅速发展，而要发展，就必须削弱魏国，而要做到这一点，首先要有良好的外部环境。赵武灵王根据赵国所处的地理位置，觉得赵国极有必要与韩结成比较牢固的同盟关系。因此，他先与韩国国君会于区鼠，然后与韩联姻。

此外，赵、韩联姻也是共同对秦的需要。当时秦国已经强大起来，其国君已"有吞天下之心"，赵、韩的邻国——强大的魏国时常遭到秦国的威胁和侵扰。按照赵、韩所处的地理位置，秦国一旦攻打韩国，"无有名山大川之限，稍稍蚕食之，傅之国都而止矣。韩、魏不能支秦，必入臣。韩、魏臣于秦，秦无韩、魏之隔，祸必中于赵矣"。也就是说，秦当时虽然不敢举兵伐赵，但作为"赵之南蔽"的韩国一旦为秦所有，赵国也就门户洞开，成了秦国直接攻击的对象。为了保住"南蔽"，赵国也有必要与韩联姻，以共同抗秦。联姻之后，赵、韩不仅参加了六国的伐秦战争，而且赵、韩还于次年（公元前317年）联合魏国"共击秦"。

田齐与秦的联姻

在韩与赵联姻的次年（公元前320年），田齐与秦也建立了联姻关系。关于这次联姻，史书记载得非常简略，《史记·田敬仲完世家》和《史记·六国年表》"齐表"中只有"迎妇于秦"四个字。

田齐与秦联姻在很大程度上与秦相张仪有关。《史记·秦本纪》载："（后元）二年（公元前323年），张仪与齐、楚大臣会啮桑。"《史记·田敬仲完世家》载："涽王元年，秦使张仪与诸侯执政会于啮桑。三年，封田婴于薛。四年，迎妇于秦。"由此可见，张仪与齐国大臣的相会奠定了齐秦联姻的基础。

齐秦联姻之所以能够顺利实施，主要取决于当时双方的国势及复杂的国际关系。从齐国来看，自齐宣王与魏、楚、赵等国交战以后，"士卒疲敝"，"其民力竭"，需要休养生息。齐涽王即位后，因听从张仪的劝说，"厚葬（齐宣王）以明孝，高宫室大苑囿以明得意"，结果使齐出现了"破敝"景象；而且，北方的燕国一直是齐国的仇雠，随时都有伐齐的可能，加之秦已"有吞天下之心"，对齐构成了一定威胁，因此田齐便以联姻为手段结交秦国，将秦国作为外援。从秦国来看，当时秦国虽已强大起来，但也明白齐仍"地方二千余里，带甲数十万，粟如丘山。三军之良，五家之兵，进如锋矢，战如雷霆，解如风雨"的"强国"事实，而且更加清楚齐国加盟楚、韩、赵、魏、燕等国联军"以畔秦"的可能性。再说，秦国虽已"有吞天下之心"，但当时根本不可能出兵齐国。因为秦如要伐齐，必"倍韩、魏之地，过卫阳晋之道，径乎亢父之险，车不得方轨，骑不得比行，百人守险，千人不敢过也。秦虽欲深入，则狼顾，恐韩、魏之议其后也。是故恫疑虚猲，骄矜而不敢进，则秦之不能害齐亦明矣"。既然秦国当时不能伐齐，又要实施"吞天下"战略，就有必要与齐联姻，将其作为自己的同盟。

正是由于双方都为了各自的私利而联姻，所以双方的关系并不牢固。双方联姻的第三年（公元前318年），齐国便参加了以楚怀王为纵长的韩、赵、魏、楚、燕、齐等六国参加的伐秦战争。

楚与齐的联姻

楚怀王在位时，楚国曾与齐国联姻。关于这次联姻，史书中没有明确记载，兹根据有关记载略加述论。

金盏、金勺

《史记·楚世家》载："十六年（公元前313年），秦欲伐齐，而齐与楚从亲，秦惠王患之，乃宣言张仪免相，使张仪南见楚王，谓楚王曰：'敝邑之王所甚说者无先大王，虽仪之所甚愿为门阑之厮者亦无先大王。敝邑之王所甚憎者无先齐王，虽仪之所甚憎者亦无先齐王。而大王和之，是以敝邑之王不得事王，而令仪亦不得为门阑之厮也。'"《史记·楚世家》索隐对"大王和之"解释为"和谓楚与齐相和亲"。由此可见，在公元前313年之前，楚已与齐国联姻。

楚齐联姻之议早在楚威王时期即已产生。当时苏秦自齐国到楚后，曾对楚威王说："秦之所害莫如楚，楚强则秦弱，秦强则楚弱，其势不两立。故为大王计，莫如

从亲以孤秦。……大王诚能用臣之愚计，则韩、魏、齐、燕、赵、卫之妙音美人必充后宫，燕、代橐驼良马必实外厩。故综合则楚王，衡成则秦帝。"只是因为当时条件并不成熟，所以联姻之议未占突出位置。直到楚怀王继位多年后，楚齐联姻才得以实现。

楚齐联姻使战国时期南部和东部的两大强国结成联盟，对秦国构成了严重威胁。因此，秦国便不惜一切代价破坏楚齐联姻关系。

楚与秦的联姻

战国时期，楚与秦国最早的联姻是芈八子与秦惠王的婚姻。

《资治通鉴》卷三载："芈八子，楚女也，实宣太后。"芈为楚姓，"八子"为她在秦惠王后宫中的称号。据元人胡三省介绍，"汉因秦制，嫡称皇后，次称夫人，又有美人、良人、八子、七子、长使、少使之号"；"八子视千石，比中更"。由此可见，芈八子仅是秦惠王嫔妃之一。

尽管芈八子在当时后宫中的地位并不显赫，但由于她生下了秦昭襄王，所以在秦昭襄王继位后，她的地位突然变得异常显赫，不仅由芈八子改称宣太后，而且掌握秦国的大权。秦昭襄王即位时（公元前306年）仅有19岁，宣太后"自治事"，任用她的异父弟魏冉"为政，威震秦国"。秦昭襄王七年（公元前300年），宣太后又任用魏冉为相，后又将其封为穰侯。魏冉虽有宣太后做靠山官运亨通，但他的才能也确实出类拔萃。正如太史公所称赞的那样，"秦所以东益地，弱诸侯，尝称帝于天下，天下皆西乡稽首者，穰侯之功也"。

宣太后及外戚势力的强大，最终引起了秦昭襄王的反感及担忧。秦昭襄王三十六年（公元前271年）之后，昭襄王开始重用范雎。范雎向昭襄王"言宣太后专制，穰侯擅权于诸侯，泾阳君、高陵君（宣太

后之子）之属太侈，富于王室。于是秦昭襄王悟，乃免相国"，并将他们驱逐出关。

魏冉等外戚势力以及宣太后两个儿子的失势，对宣太后打击很重，次年（公元前265年）她便病死；魏冉也"忧愤而亡"。

虽然"楚秦和亲，由来已久"，但在战国时期，楚怀王、楚襄王与秦昭襄王之间所建立的联姻关系，无论在联姻背景、内容、实质，还是对后世的影响等方面，都最具特色，更类似于汉唐时期的和亲。

楚怀王在位时，正是楚国由盛转衰的时期。楚怀王既无主见，容易被张仪等纵横家的如簧之舌所左右，又轻率、固执，喜欢女色，可谓昏庸至极，所以，楚国当时虽在名义上是天下第一大国，但国势已相当虚弱。

楚怀王即位（公元前328年）时，正是秦惠王即位的第十个年头。此时的秦国已"有吞天下之心"。对各诸侯国造成了极大威胁。楚怀王十一年（公元前318年），秦国击退以楚怀王为纵长的魏、赵、韩、燕、楚等六国联军的入侵。两年之后，秦惠王出兵伐蜀，攻入蜀都；不久，秦又兼并了巴国，进一步扩大了领土，加强了兵力。此时，"秦地，天下之半也，制齐、楚、三晋之命"。而对楚国来说，秦取巴蜀如拊楚人之背，迫使楚国重新考虑对秦国的态度。于是，政治联姻便成了双方所考虑的重要问题之一。

楚、秦联姻先由张仪提出。《史记·张仪列传》载：

秦欲伐齐，齐、楚后亲，于是张仪往相楚。楚怀王闻张仪来，虚上舍而自馆之。曰："此僻陋之国，子何以教之？"仪说楚王曰："大王诚能听臣，闭关绝约于齐，臣请献商於之地六百里，使秦女得为大王箕帚之妾，秦、楚娶妇嫁女，长为兄弟之国。

此北弱齐而西益秦也，计无便此者。"楚王大说而许之。

据《史记·楚世家》和《史记·六国年表》记载，张仪相楚在楚怀王十六年（公元前313年），所以，在公元前313年张仪就向楚怀王提出了与秦联姻问题。从张仪的建议来看，楚、秦联姻建立在破坏

错银凤纹铜尊

齐、楚联姻关系以及楚得商於之地基础之上。在此之前，楚与齐已"相和亲"，为楚国抗秦增加了一定的砝码。如陈轸就曾对楚怀王说："秦之所以重楚者，以其有齐也。"可见楚齐联姻对楚国抗秦起到了一定作用。对秦国来说，当时要想寻求发展，必须破坏齐楚联盟。而要达到这一目的，一是答应献地，二是与楚讨论联姻问题。当然，秦国对后者容易做到，但前者只是诱饵。所以，楚与齐绝交后，楚国派人向秦讨取土地，秦国拒绝不给，楚怀王大怒，遂于公元前312年发兵攻秦，双方战于丹阳，楚军大败，八万名甲士被杀，屈匄、逢侯丑等将领七十余人被俘。秦军乘胜南进，"遂取汉中之郡"。楚怀王对此怒不可遏，"乃悉国兵复袭秦"，企图报复秦国，结果不仅在蓝田被秦军打败，而且还遭到了韩、魏两国的偷袭。楚国只好"割两城

以与秦"讲和。在这种形势下，张仪自请使楚，与楚怀王再次讨论了楚、秦联姻问题。

张仪这次所议联姻与上次所议有所不同。《战国策·楚策一》记张仪对楚怀王说："今秦之与楚也，接境壤界，固形亲之国也。大王诚能听臣，臣请秦太子入质于楚，楚太子入质于秦，请以秦女为大王箕帚之妾，效万家之都，以为汤沐之邑，长为昆弟之国，终身无相攻击。臣以为计无便于此者。故敝邑秦王，使使臣献书大王之从车下风，须以决事。"楚怀王在张仪这样的说客面前，变得毫无主见。《战国策·楚策一》记楚怀王对张仪说："楚国僻陋，托东海之上。寡人年幼，不习国家之长计。今上客幸教以明制，寡人闻之，敬以国从。"于是派使者以车百乘入秦，献"鸡骇之犀"和"夜光之璧"给秦惠王，"约而与秦合（和）亲，约婚姻"。为了扩大楚、秦缔结联姻之约的影响，张仪到处宣传楚秦两国联姻之事。如他到齐国后，曾对齐宣王说："今秦楚嫁女娶妇，为昆弟之国。"

尽管楚、秦再次相约联姻，但由于秦惠王的去世以及齐宣王的策动，楚怀王"竟不合秦，而合齐以善韩"。秦武王继位后，楚、秦没有商量联姻问题，到秦昭襄王继位的次年（公元前305年），楚国才派人到秦国"迎妇"。

自楚怀王十六年（公元前313年）张仪第一次提出联姻到楚怀王二十四年（公元前305年）秦女出嫁楚国，秦国经秦惠王和秦武王二个国君，直到秦昭襄王继位后才将联姻之约变成现实。秦昭襄王之所以在即位的次年即与楚国实施联姻，尽管原因是多方面的，但如下二点最为重要：

一是秦昭襄王之母宣太后是楚国公族之女，对母国很有感情，加之她"自治事"，便于处理与楚联姻事宜。

二是秦昭襄王即位后秦国发生了秦庶长壮与若干大臣、公子谋反事件，国内局势不稳，需要结交外援，于是便"厚赂于楚"，与楚国联姻。

关于楚、秦将联姻之约付诸实施的时间，目前有两种观点值得商榷。一种意见认为在公元前292年。元人胡三省即持此说。他说："余按张仪言秦、楚嫁女娶妇为昆弟之国；考之于史，自赧王四年（公元前311年）至是年（赧王十六年，公元前299年），秦、楚未尝嫁娶也。至十九年（公元前296年），楚怀王死于秦。至二十三年（公元前292年），楚襄王逆妇于秦。盖先已约亲，其后襄王终丧，始逆妇成婚姻。"另一种观点认为在张仪出使齐国时，"怀王与张仪达成的楚秦和亲之约，确实付诸实施了"。张仪使齐在公元前311年。

我们认为，第一种观点将楚怀王时的楚秦联姻与楚襄王时的楚秦联姻混为一谈。前面已经提到，不仅在《史记·楚世家》中有"楚往迎妇"的记载，而且在《史记·六国年表》"楚表"中也有"秦来迎妇"的记载，前者记为秦昭襄王初立，后者记为楚怀王二十四年（公元前305年），可见在公元前305年楚秦之间已有嫁娶之事。至于公元前292年楚秦联姻则是另外一次联姻。第二种观点则忽略了齐国破坏楚、秦联姻关系等因素，遂将联姻实施时间提前了数年。我们知道，楚、秦相约联姻后，齐宣王"欲为纵长，恶楚之与秦合"，便致信楚怀王，挑拨离间楚、秦关系。楚怀王阅信后，"犹豫不决，下其议群臣。群臣或言和秦，或言听齐"。最后楚怀王"竟不合秦，而合齐以善韩"。联姻之约遂被一再推迟。

正是由于楚秦联姻是建立在秦国欲以楚国为外援的基础上面，所以在双方联姻之后，楚从秦国获得了一定的利益。联姻的第二年（公元前304年），秦国把上庸归还楚国；复次年，齐、韩、魏因楚怀王背盟，合兵伐楚。楚怀王极为恐惧，便令太子横"人质于秦而请救"兵。秦国立即出兵，迫使三国联军引兵而退。楚怀王二十七年（公元前302年），楚太子横因私怨杀死秦国的一位大夫后逃回楚国，秦、楚由此交恶。此时，秦昭襄王的地位已经巩固下来，不再需要楚国作外援，于是便先联合齐、韩、魏三国伐楚，然后又两次单独出兵楚国，大获全胜。为了控制楚国，秦昭襄王继续打出联姻牌子，致书楚怀王说："寡人与楚接境壤界，故为婚姻，所从相亲久矣。……寡人愿与君王会武关，面相约，结盟而去。"以此将楚怀王诱骗至秦国，然后把他软禁起来，胁迫楚国把巫郡和黔中郡割让给秦国。

楚怀王被秦国囚禁后，其太子横自齐归国即位，是为顷襄王。顷襄王在位时，楚与秦国共有二次联姻。第一次联姻在楚顷襄王七年（公元前292年），第二次联姻在楚顷襄王十四年（公元前285年）。对楚国来说，这二次联姻都是为了减轻秦国的军事压力；而对秦国来说，则想以联姻改善自己的残暴形象和孤立处境。

我们知道，顷襄王即位后，楚国因拒绝了秦国的割地要求，激怒了秦昭襄王，遭到了秦国的侵扰，邓等十六城被秦国攻占。楚顷襄王六年（公元前293年），秦在大败韩、魏两国，斩首24万后，立刻威逼楚顷襄王说："楚倍秦，秦且率诸侯伐楚，争一旦之命。愿王之饬士卒，得一乐战。"秦昭襄王致楚顷襄王的恫吓信使楚国君臣都非常恐惧，"乃复与秦和亲"。次年，楚国派人到秦国迎娶秦女。对此，宋人司马光评论说："楚之不竞也，忍其父而婚其雠！乌呼！楚之君诚得其道，臣诚得其人，秦虽强，乌得陵之哉！"而秦国之所以会接受楚国的联姻建议，主要因为楚怀王死于秦国后，"秦之无道"形象愈益突出，出

现了"诸侯由是不直秦"的孤立局面。为了改变这种处境，秦国当然需要改善形象，因此便同意嫁女于楚，与楚国建立联姻关系。此后，秦国的兵锋主要指向魏、韩、赵三国，而楚秦之间的关系一直处于比较平静状态。顷襄王也许将双方的平静状态全部归功于联姻的作用，因此又在十四年（公元前285年）"与秦昭王好会于宛，结和亲"。而对秦昭襄王来说，通过与楚联姻既可以稳定楚国，集中精力对付齐、魏等国，又可以把楚军绑到自己的战车上，所以也愿意再次联姻。此次联姻之后，楚顷襄王参加了秦国的伐齐战争就能说明秦国同意联姻的意图。

按照当时的国际局势，顷襄王如果能够继续遵循娶秦女为夫人，"长为昆弟之国，终身无相攻伐"的原则，那么楚秦之间的平静关系或许还会持续多年，但他却被一位猎人的豪情壮怀所感染，自以为楚国"地方五千里，带甲百万，犹足以踊跃中野"，遂想联络诸侯伐秦，但还没有来得及出兵，消息就传到了秦国，结果接二连三地遭到了秦国的征伐。楚国虽然"割上庸、汉北地予秦"，但郢都仍被攻克，其先王墓亦被焚毁。

综上所述，可将楚、秦联姻归纳为如下几点：

第一，双方各有所需，各获其利。对楚国来说，主要想借联姻得到商於之地和减轻秦国的军事压力；通过联姻，楚国虽然没有得到商於之地，却要回了上庸，并与秦国平静相处了一段时间。对秦国来说，主要想借联姻破坏齐楚联盟，结交外援，改善自己的"无道"形象，联姻之后，秦国上述目的基本上都已经达到了。

第二，联姻除嫁女娶妇外，还包括以太子为人质、约为兄弟之国及签订"无相攻击"之约等内容。

第三，由于当时复杂的国际关系，一

中国通史

最新整理图文珍藏版

方面秦国积极破坏齐楚联姻关系，另一方面，楚秦联姻关系也曾遭到齐国的破坏。

第四，由于楚、秦两国势力的悬殊，所以联姻双方名义上是兄弟之国，实际上秦王视楚王"如蕃臣，不与亢礼"。楚国虽然"怨莫大"，但因此时已处于风雨飘摇之秋，无法与秦相争，只能"忍耻而与之婚"。即使如此，楚国仍无法摆脱秦国攻伐的厄运。所以，楚秦联姻对楚来说是屈辱性质的联姻。

第五，楚秦联姻为西汉与匈奴和亲建立了样板。楚怀王时与秦国的联姻最有特色，而此时双方联姻先由张仪提出。只要我们把张仪劝说楚怀王"与秦合（和）亲"与汉代首次和亲的缘起加以对照，就可以清楚地看出楚秦联姻对后世和亲的影响。《战国策·楚策二》载：

楚怀王拘张仪，将欲杀之。靳尚为仪谓楚王曰："拘张仪，秦王必怒。天下见楚之无秦也，楚必轻矣。"又谓王之幸夫人郑袖曰："子亦自知且贱于王乎？"郑袖曰："何也？"尚曰："张仪者，秦王之忠信有功臣也。今楚拘之，秦王欲出之。秦王有爱女而美，又简择宫中佳玩丽好玩习音者，以欢从之；资之金玉宝器，奉以上庸六县为汤沐邑，欲因张仪内之楚王。楚王必爱，秦女以强秦以为重，挟宝地以为资，势为王妻以临于楚。王惑于虞乐，必厚尊敬亲爱之而忘子，子益贱而日疏矣。"郑袖曰："愿委之于公，为之奈何？"曰："子何不急言王，出张子。张子得出，德子无已时，秦女必不来，而秦必重子。子内擅楚之贵，外结秦之交，畜张子以为用，子之子孙必为楚太子矣，此非布衣之利也。"郑袖遽说楚王出张子。

《史记·张仪列传》记郑袖对楚怀王说：

人臣各为其主用。今地未入秦，秦使张仪来，至重王。王未有礼而杀张仪，秦必大怒攻楚。妾请子母俱迁江南，毋为秦所鱼肉也。

《史记·楚世家》在记载以上内容后接着叙述说：

战国·长方形铁炉

郑袖卒言张仪于王而出之。仪出，怀王因善遇仪，仪因说楚王以叛从约而与秦合（和）亲，约婚姻。

再看西汉与匈奴首次和亲的有关情况。汉高祖六年（公元前201年），刘邦被匈奴冒顿单于围困于平城达七天七夜。当时，刘邦和部下束手无策，而陈平则去劝说匈奴阏氏说：

汉有好丽美女，为道其貌天下无有，今困急，已驰使归迎取，欲进单于。单于见此人必大好爱好，爱则阏氏日益疏远，不如及其未到，令汉得脱去，去亦不持女来矣。阏氏妇女有妒媚之性，必憎恶而割去之。

应劭认为："陈平使画工图美女，间遗阏氏曰：'汉有美女如此；今皇帝困急，欲献之。'阏氏畏其夺己宠，言于冒顿，令解围。"

《史记·匈奴列传》记阏氏对冒顿单于说：

两主不相困。今得汉地，而单于终非能居之也。且汉王亦有神，单于察之。

从以上所引资料，我们可以看出楚秦联姻与汉匈和亲在许多方面有共同之处。

其一，靳尚和陈平所劝说的对象相同，即都为夫人，前者为楚怀王的夫人郑袖，后者为匈奴冒顿单于的阏氏（相当于中原王朝的后妃）。

其二，靳尚和陈平能够说服二位夫人所用的法宝一致，即都是美女。对楚怀王而言，就是秦王美丽的"爱女"及其"以宫中善歌讴者为媵"；对冒顿单于而言，就是汉朝的美女。

其三，郑袖和匈奴阏氏力劝楚怀王和冒顿单于的动机相同，都是害怕美女夺宠，因此她们都极力加以阻止。

其四，靳尚的美人计和陈平的美人计都为此后的和亲奠定了基础。就楚国而言，楚怀王释放张仪后，张仪"因说楚王以叛从约而与秦合（和）亲，约婚姻"。就汉朝而言，这次拟献美女给冒顿单于启发了刘敬和汉高祖刘邦，所以，刘邦便于此后采纳了刘敬的建议，"岁奉匈奴絮缯酒米食物各有数，约为昆弟以和亲"。

如果说二者有何不同的话，那么靳尚的美人计使张仪化险为夷，而陈平的美人计则使刘邦解除了"平城之围"。

魏与秦的联姻

战国时期，魏国与秦国的政治婚姻见诸史书记载的只有秦"武王取魏女为后"一次联姻。

魏秦两国之所以能够结成联姻关系，关键在于双方都有联姻的愿望，都希望通过联姻提高自己的国际地位，为牵制他国创造良好的外部环境。从魏国来看，当时"魏地方不至千里，卒不过三十万。地四平，诸侯四通辐凑，无名山大川之限。从郑至梁二百余里，车驰人走，不待力而至。

梁南与楚境，西与韩境，北与赵境，东与齐境，卒戍四方，守亭障者不下十万。梁之地势，固战场也。梁南与楚而不与齐，则齐攻其东；东与齐而不与赵，则赵攻其北；不合于韩，则韩攻其西；不亲于楚，则楚攻其南：此所谓四分五裂之道"。魏国如果与秦联姻，建立同盟，"则楚、韩必不敢动"武于魏国。魏国从自身考虑，当然迫切希望与秦国联姻。从秦国来看，当时秦已"有吞天下之心"，而且"秦之所欲弱者莫如楚"。在当时的国际形势下，秦国无论从削弱楚国还是吞并天下等方面考虑，都有必要暂时与魏国建立同盟。此外，从秦国向韩、赵、齐等国用兵的策略考虑，秦国也有必要与魏联姻。因此，秦武王继位后，始终采取亲魏政策，既娶魏女为后，又与魏王二次会面。

魏秦联姻后，两国关系得以进一步加强。公元前310年，魏襄王与秦武王会于临晋；魏襄王十一年（公元前308年），两国国君又会于应地；同年，秦武王"使甘

彩绘单方镇墓兽

中国通史

最新整理图文珍藏版

茂约魏以伐韩"；次年，魏国太子到秦国朝拜秦武王。

就在两国关系沿着友好方向深入发展之时，秦武王因举鼎"绝脉而薨"，魏秦关系突然恶化起来。秦昭襄王一继位，秦国就出兵魏国的皮氏，尽管秦国"未拔而解"，但对魏国造成的伤害却是非常严重的。

秦武王死后，其异母弟继位，是为昭襄王，次年（公元前305年），魏女悼武王后回到了魏国。她的归国，既有被迫的一面，也有自愿的一面。我们知道，秦昭襄王即位后，其母宣太后执掌秦国大权，对秦惠王和秦武王的王后实行了打击迫害政策，迫使武王后回到母国。《史记·秦本纪》所记"惠文后皆不得良死。悼武王后出归魏"以及《史记·魏世家》所记"秦来归武王后"都反映了她被迫归魏的一面。另一方面，魏女与秦武王结合后既没有生育子女，又因在秦国时间较短，根基不深，所以，在秦武王死后，她的地位必会发生动摇；加之秦昭襄王一继位，秦国就改变了秦武王的亲魏政策，对魏用兵，给武王后造成了一定的伤害。这些，都会使武王后产生离开秦国的念头。《史记·六国年表》"魏表"中所记"秦武王后来归"似乎就反映了她主动要求归魏的一面。

范蠡退隐

范蠡，楚国宛（今河南南阳）人，字少伯，是越王勾践成就霸业的主要谋士，殚精竭虑事奉勾践二十多年。勾践用其计谋，来吴，会诸侯尊周，最终成就霸业。相传范蠡献计将美女西施献给吴王夫差，使其耽于美色之中，越由此灭吴。勾践成霸业后，尊范蠡为上将军。范蠡以为大名

之下，难以久居，认为勾践可与同患难，难以共安乐，于是不顾勾践挽留而装其珍宝珠玉，与随从乘从海上离开越国。相传与他一起离越的还有美女西施。

范蠡沿飘流，到了齐国，从齐国寄书给勾践的另一位谋士种，说"飞鸟尽，良弓藏狡兔死，走狗烹"，越王为人挑剔，可共患难不可同离乐，你为什么不离去呢？种收书后诈病不上朝。有人向勾践说种是想作乱，勾践于是赐种剑，种自杀。

范蠡到齐后，埋名隐姓，自称鸱夷子皮，你子治生产有方，不长时间就家产数十万齐国人听闻他很有才能，就请任宰相.范蠡以"久受尊命，不详"为理由辞出相位，尽散家财给以朋友、邻居和乡党，只带少量重要的宝物离去，到天下交号陶朱公（今山东定陶北），留居经商，自号陶朱公，成为传播说中春秋战国时代中国最大的财神，积聚了资财巨方，被后世人奉为财神。范蠡像。范蠡游徙湖，曾作三迁。

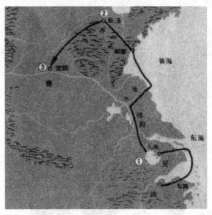

范蠡游徙江湖，曾作三迁。

晋大夫侯马盟誓

"盟书"是春秋战国时代各诸侯国或卿大夫之间订立盟誓中所记录的言辞，又称"载书"。1965年，在山西侯马晋国遗址，出土了大量春秋晚其晋国的盟

559

书，总数多达五千余件，其中文字清晰可辨的有六百五十余件。盟书文字为毛笔书写，字迹为朱红色，少数为墨色。所用材料分石和玉两种。石质的形体以圭形为主，最大的长 32 厘米，宽 3.8 厘米，厚 0.9 厘米。小型的一般长 18 厘米，宽不到 2 厘米，厚 0.2 厘米。石质圭片共约三千余片。玉质的形体较小，最大的玉圭相当于石质小圭。

侯马盟书内容所涉及的历史事件基本发生的春秋晚期，盟书记载的主盟人为赵孟。盟书的内容从性质上可归纳为六类：

"宗盟"类：这是同姓同宗的人参加的盟誓，内容多为强调与盟者必须遵守盟约，敬奉决裂，把自己献身给新的主君。

"纳室"类：内容为参盟人发誓自己不"纳金"，即不得把别人的财产、奴隶据为己有，而且也要反对和声讨宗族兄弟们中间的"纳室"行为。

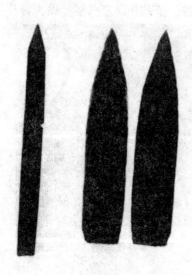

侯马盟书

"诅咒"类：内容为对既犯的罪行加以诅咒的与谴责，使其受到神明明 的惩处。

"卜筮"类：这是明誓中有关卜筮的一些纪录，不是正式盟书。其他：少数残碎盟书，内容特殊，但辞句支离，难以索解其意。

盟书内容表明，当时赵氏宗族之间有一场大的流血斗争，主盟者赵孟以盟誓的方式，加强内部团结，分化瓦解敌对阵营，打击邯郸赵氏等政敌。同时盟书给 我们提供了许多文献中难以见到的珍贵史料，对研究春秋战国时代的社会变革具有很重要的意义。

侯马盟书在中国文字、书法史上也占有重要地位。盟书文字型体多样，结构严谨，用笔富于变化，笔致舒展而有韵律，且是当时用笔书写文字的完整篇章。侯马盟书。

吴起改革·遭致杀身

周安王十二年（前 390）左右，吴起在与贵族商文争夺相位的斗争中失败，他的仇敌大夫王错乘机挑拨，魏武侯对吴起遂生疑心，撤支他西河郡（今陕西华阴以北，黄龙以南，洛河以东，黄河以西地区）守之职。吴起被近离开魏国，投奔楚国。楚悼王任命他为楚国北部边防要地宛（今河南南阳市）守，以加强对魏、韩二国的防御。次年，又任命吴起为令尹（相当于国相），主持楚国变法。

周安王十七年（前 385），令尹吴起开始在楚国主持变法。吴起认为楚国地广人多，军队有百万之众，曾经称霸于诸侯，现在国家却贫弱不堪，主要原因是大臣权势过重，受封食禄者太多，不仅耗费大量国家钱财，还利用权势对上威胁国君，对下欺压百姓。要改变这种局面，只有"明法审令"，重新编定官员等级，订出奖惩的章程，实行变法革新。楚悼王十分赞成他的主张，决心起用吴起实行变法。变法首的，都是取消爵禄，子孙不再继承。公族出了五辈的，一律取消特权和俸禄，迁到边远贫瘠的地区，从事生产，自食其力。原有土地由国家收回，在政治上和经济上给旧贵族以沉重打击。又整顿政治机构，裁减无能无用和不必要的官员，并削减官吏的俸禄，用以抚养战士，奖励军功。严禁私门请托，互相勾结，危害国家，提倡尽忠于国，不得因个人"私"利损害国家利益，从而限制了贵族对国家的干预。在军事上，提出"厉甲兵以时争于天下"，建立强有力的军队，由国君统率，用它统一全国。为了加强首都防卫，城墙高度由过去的两板增加到四板。还明方规定不许纵横家在国中游说。吴起还为楚国开拓疆土，南收扬、越，北并陈、蔡，击退三晋，攻秦国，并进逼魏之黄河两岩岸。

吴起变法沉重地打击了楚国旧贵族，加强了王室的权力，使楚国迅束强盛。但是，吴起的变法着重在中央集权和强兵等访友，缺管改革社会经济制度的措施，更未触及土地所有制问题，改革并不全面，有些措施未能赢得人民广泛拥护，旧贵族反对。屈宜臼指表吴起变法是变乱常法，吴起好用失是大逆不道，认为楚蛋王支持改革是逆于道，任用吴起将会助逆成祸，甚至当面辱骂吴起为"祸人"。周安王二十一年（前381），楚悼王去世，吴起处境十分困难。吴起逃到楚蛋王治丧的处年，贵族们手持各种兵哭蜂拥而至，吴起遂伏在悼王尸体上贵族们乱箭齐射吴起，及于悼王尸体。按楚之法律，以兵哭伤及国王尸体，要全部处死，并诛连三族，许多贵族因此被诛。呈起虽被车烈肢解而死，但他的变法对楚国产生了深远影响。

田氏代齐

经长期发展，田氏终于代姜氏据有齐国。

战国铁胄

田氏本是郑国贵族。春秋初年郑国内乱，公子完逃往齐国，被齐恒公任命为"工正"。公子完的后代就是齐国的田氏。齐景公时，田桓子采取各种手段笼络民心，使齐国的大量民从逃往田氏门下。周敬王三十一年（前489），田桓子采取各种手段笼络民心，使齐国的大量民从逃往田氏门下。周敬王三十一年（前489），田桓子的儿子田乞（田僖子）发兵驱逐齐国旧贵族高氏和国氏，由田氏把控制了齐的军政大权。齐简公时，田乞的儿子田常与监止任左右相，监止得简公宠信，谋杀田常。在民众支持下，田常以武力取胜。田常（田成子）继续采取小斗进、大斗出的办法，争取民众支持，民间流传着"妪乎采芑，归乎田成子"的歌谣，说明了齐国民心向着田氏。周敬王二十九年（前481），田成子将出逃的齐简公和监止杀死，将鲍氏、晏氏以及有势力的公族一一诛除。周安全十一年（前391），田成子曾孙田和将齐康公造于海上，使食一城，以奉其祀，田和遂有齐国。周安王十五年（387），田和与魏武侯、楚人、卫人会于濁泽（今河南白沙水库东），求为诸侯，魏武侯派使臣言于周安王和诸侯，转达田和的请求，周安王许之。第二年，田和正式立为齐侯，列于周室并改元。

战国镶嵌云镜

　　齐侯太公田和死后，其子午继位为齐桓公。周安王二十三年（前381），齐康公贷死，姜齐亡，其奉邑皆入于田氏，至此，田氏代齐才算最终毛底完成。战国铁甲。战国镶嵌云镜。

商鞅再度变法

　　商鞅第一主持秦变法取得成并立下显求赫战功，周显王十七年（前352）秦任命商鞅为大良造，地位相当于中原各国的相国兼将军。为了进一步巩固秦国的变法成果，加强中央集权，商鞅于周显王十九年（前350）再次变法。

　　"开阡陌封疆"，废除井田制。"开"即开拓；"阡陌"指亩上小田界；"封疆"是顷田上的大田界，合称为"封"。具体地讲，"开阡陌封疆"就是把标志土地国有的阡陌封疆去掉，废除土地国有。早在秦秋晚期，晋国六卿中的赵氏，就已废除井田制，商鞅变法吸收赵氏改革的经验，并加以发展，在秦国境内正式废除井田制，确认地主和自耕农的土地所有制，在法律上公开允许土地买卖，并扩大政府拥有土地的授田制度，便利地主经济的发展，增加地主政权的地税收入。

　　普遍推行县制。商鞅第二次变法以前，县一级的行政机构在秦国某些地区就已存在。商鞅变法将这一行政机构推行于全国，将原有乡、邑、聚等地方组织合并为县，使这成为秦国地方政权的基本组织形式。最初设置的县有三十多个，其后，随着国土的扩张，又有所增加。每县设县丞是县令的助手。此外还县尉，掌管全县军事。县制的普遍推行，把地方正权和兵权集中到中央，加强了中央集权的封建统治。各县的政治制度形态相同，人人都在遵从，奸邪的官吏不敢玩弄花样，接替的官吏不敢更改制度，被罢黜的官吏就不敢掩盖共错误，农民专心垦殖耕作，使秦国立于不败之地。

　　统一度量衡制度。此前，各地度量衡不一，不便于人们的贸易往来，统一斗、桶、权、衡、丈、尺管度量衡后，地区间的商业往来十分便利，并对赋税制和贪大求全俸禄制的统一产生了积极作用。

　　开始按户、按人口征军赋。这一制度的推行，为秦国强大的军力量提供了保障。

　　革除残留的戎狄风俗。商鞅下令革除戎狄风俗，禁止父子兄弟同室居住。秦国西南和西北都是少数民族居住区，秦在统一少数部族地区的同时，也受到戎狄风俗的影响。为了加强秦王朝的封建统治，商鞅按照中原民族的风尚、习俗改革秦的社会风俗。

　　迁都感阳。秦国原来的国都栎阳位于关中平原的中部，对魏作战比较有利，而今河西地区已被秦收复，斗皱的中心由河西地区转移向函谷关以东，如仍都栎阳，则难以向东发展。咸阳南临渭河，北依高原，地处秦岭怀抱，既便于往来，又便于取南山之产物。如浮渭而下则可直入黄河，终南山与渭河之间就是通往函谷关的大道，水陆交通十分便利，可谓"据下之上游，制天下之命者"。所以，秦徙都咸阳，不论在经济上还是从战略上，都具有重大意义。咸阳城规模宏大，城内建筑有南门、北门、西门，由商鞅监修的咸阳宫在城内，是由众多的宫殿连接而成的宫殿群，豪华瑰丽。

这次变法同样获得了巨大成功，秦的国力在变法之后继续上升，为秦统一六国创造了条件。

苏秦合纵五国攻秦

周赧王二十七年（前288）秦齐再次联合，十月，秦昭王自称西帝，尊齐湣王为东帝。不久，苏秦向齐湣王陈述称帝号的利弊，认为齐、秦虽共同称帝，天下人却只尊重秦而轻视齐，齐国如果取消帝号，天下人则会爱齐而恨秦，再者，与秦国攻打赵国，远不如攻打宋国有利。他劝说齐王放弃帝号，以收揽天下人心，然后抓住宋国内乱之机发动进攻，并顺势向其他国家扩张领土，如此，则不仅齐国地位提高名声显赫，而且燕楚也会被迫服从，天下诸侯都不敢违抗齐国号令，齐湣王采纳了苏秦的意见，出兵攻打宋国，大胜。此年十二月（前287）初取消帝号，恢复称王。而秦仍使用帝号，自居于天下诸侯之上，激起各国不满。苏秦劝说齐湣王联合各国攻秦。赵相李兑又出面约赵、齐、燕、韩、魏五国合纵攻秦。五国出兵各有打算，因而貌合神离。军队行至荥阳、成皋便不再前进。为了破坏五国合纵，秦离间笼络合纵各国，赵、韩、魏都有所动摇。齐遂派苏秦去游说；五国终于合纵攻秦，迫使秦国废除帝号，并将以前所取占温、轵高平当还魏国，将五公、符逾归还赵国，与五国媾和。秦国再次遭受重大挫折。

苏秦在五国合纵攻秦中扮演重要角色。他曾学于鬼谷先生。初游不被重用，后得周书《阳符》，发愤研读，有所收获后，重新出游。至秦，不被用。又至燕，说服燕文公与赵和，得重用，又说服赵联合韩、魏、齐、楚、燕以攻秦，赵肃侯很高兴，重赏苏秦。苏秦得到赵肃王的帮助，又到韩，游说齐宣王；又往魏，游说楚威王。诸侯皆赞同苏秦之计划，于是六国达成联合的盟约，苏秦为纵约长，并任六国合纵的情况通告了秦。此后十五年，秦兵不敢图谋向函谷关内进攻。

苏秦是战国时其纵横家的代表人物。燕昭王广招天下贤士，苏秦入燕。苏秦认为，燕国欲报强齐之仇，必须先向齐表示屈服顺从，以掩盖复仇愿望，赢得振兴燕国所需的时间。其次，要鼓动齐国不断向其他国军服用兵，以防止齐国攻燕，并消耗其国力，为此他劝说齐王伐宋，合纵攻秦。在时机成熟时，则联合其他国家共同攻齐。前285年，苏秦到齐国离间齐赵关系，取得齐湣王的信任，被任为齐相，暗中却仍在为燕国谋划。苏秦运用智谋让人建议齐湣王命他率兵抗御燕军，齐燕之军交战时，他有意使齐军失败，死亡五万人。使齐国群臣不亲，百姓离心，为乐毅五国联军攻破齐国奠定了基础。

燕乐毅将五国军伐齐

燕昭王即位之后，为向齐报国之分，奋发国强、广招贤者，优礼相待，又慰问、抚恤死难者亲属，与百姓同甘共苦。燕国由此罗致了一批智能之士，其中有熟悉简易师范国险阻要塞及其君臣关系的谋士和善于用兵的国事人才。其中有乐毅，他主张应依据人的功劳大小，能力高低任以相应官职。他帮助燕昭王进行政治改革，使国力进一步增强。

燕昭王二十八年（前284），国家殷实富足，士卒奋勇勇战，愿为国献身疆场。

最新整理图文珍藏版

燕昭王与乐毅 商量伐仇之事，乐毅建议燕昭王与赵、楚、魏等国联合伐齐。燕昭王便派使者出使魏、楚，派乐毅出吏赵，并亲自到赵国与赵惠文王相会。赵惠文王将相国之印授予乐毅。燕昭王遂任命乐毅为上将军，征发全国军队，与赵、秦、魏、韩等国联合向齐国展开进攻。

其时齐湣王征调全国军队，由向子率领，在济水以西与五国联军交战。由于齐湣王晚年暴虐无道，杀死几位敢于直言进谏的大臣，使得臣民离心，毫无斗志。双方一交战，向子就令下退兵，自己一人熟练地先乘车逃脱，齐军在败。齐将锋时又被打败，达子战死。

战国碧玉龙形佩

两次战役使齐国主力受到重创，不能再与五国联军交战，只得退守各地城池。乐毅遂遣还秦、韩之军，让魏国进攻原宋国地区，赵国去攻取河间，自己则率领燕军长驱进击，攻打齐都临淄，齐湣王逃走。乐毅攻入临淄后，搜取齐国宝器，全部运回燕国。燕昭王亲自到济水慰劳将士，并将昌国（今山东淄博东南）之地封给乐毅，号昌国君。五国联合伐齐，秦国攻取原疲齐国所战友的宋国大邑定陶（今山东定陶西），魏国攻取大部分原属宋国的领土，赵国攻取济水以西的大片土地，连鲁国也乘机攻占齐国的除州（即薛，今山东滕县东南），齐国遭受沉重打击。

同时，楚国担心五国攻破齐后再图楚国，遂派掉齿率兵援救齐国。齐国已被五国联军打败，燕军攻入国都临淄（今属山东），齐湣王逃到卫国，后又逃回到莒（今山东莒县）。淖齿上述情况与燕瓜分齐国，便将齐湣王任为相国。淖齿想与燕瓜分齐国，便将齐湣王杀死，乘机收复了以前被宋国夺取的淮河以北地区。

五国联合伐齐，是战国时的一场大战，之后六国之间的自相残杀愈演愈烈。

（战国碧玉龙形佩。玉料呈青碧色，间有紫色浸蚀。两面形式相同，皆琢成S形的龙，身饰春纹。龙腹中部上方有一圆穿。形制古朴生动。）

孟尝君联赵燕抗秦

秦军夺取了宋国的工高业大邑定陶（今山东定陶西北）后，为使三个人和国的本土能与新占的定陶等地相连，前283年，秦昭王联合韩国攻魏。

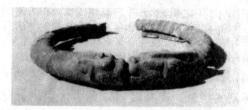

战国对虎圆铜环

（战国对虎圆铜环。环空心，作两虎相向踞伏状。吻部相接。虎作沉静安睡状，身体蜷曲成环。与铜武士俑共出，应为塞人神话传说中的动物形象。）

秦军伐魏之初，魏昭王连夜召见相国孟尝君田文，高议对策。孟常君认为，魏国若能得到它国救援，就不会亡国。于是魏昭王为孟尝君备下一百辆车，派他出使赵、燕；去求救兵。赵惠文王起初不肯发兵救魏，孟尝君用救卫即是救赵的道理相劝导，认为赵国没有象魏国那样每年都遭掠夺，就是因为有魏国作屏障；如果魏国被打败，赵国与秦边界相连，那时赵国的土地也会每年都遭到掠夺，百姓也会大批

中国通史

最新整理图文珍藏版

死于战乱。赵惠文王听后决定出兵十万，战车三百乘，前往救魏。孟尝君又去燕国，燕昭王借口连年收成不好，不能去救魏国。孟尝君，如果燕国气绝忙乱魏，魏国就会割让土地，屈服于秦，然后联合韩、赵，并向秦国借兵，共同攻打燕国，那时燕国处境更为险恶。燕昭五听后，便派兵八万，战车二百乘，随孟尝君救魏。韩国见赵、燕两国军队前来救皖，但心三国击退秦军后会攻掠韩国，故冷语备投向魏、赵、燕三国，共同攻秦。秦军见已陷入孤立地位，遂退兵回国。

战国对翼兽铜环

（战国对翼兽铜环。翼兽双角，双翼扬起，是一咱神话中的形象。是塞人文化生活中，具有影响的一种神兽形象。）

战国楚高盘缶

（战国楚高盘缶。山东泰安泰山脚下出土。）

范睢相秦

秦穰侯魏冉，是秦昭王母宣太后异父同母弟。秦昭王年幼时，魏冉辅佐宣太后执政，多次出任秦相国，长期执掌朝政，权重一国。宣太后另有弟华阳君（名芈戎；一号新城君），泾阳君（公子市）、高陵君（公子悝），凭借宣信后的荫庇，富甲王室，与魏冉同称"四贵"。范睢入秦取得昭王信任后，便向昭王指言宣太后专制，"四贵"擅权，万世之后，有秦国者非王子孙也。昭王因此在击赧王逻辑上十发年（前266）废太后，免除魏冉相职，逐"四贵"，使各就封邑。拜范睢为丞相，封于应（今河南宝丰本南），号应侯。

战国立牛葫芦笙

这年，范睢相秦，改名张禄，其他国都不知张禄就是范睢。魏国听到消息。范睢知道后，身穿粗布衣服来到须贾的客邸与须贾见面。须贾见到范睢大吃一惊，问："我以为你已死了，现在干什么？"范睢回答："现在帮别人打工做庸人。"须贾说想

565

见秦相张禄，范雎说可以引见。范雎回府驾驶马车前来，说是主人的马车，带须贾问下人："刚才进去的范雎为何这么久不出来？"下人答："与你同来的人正是秦相张禄。"须贾大惊，脱衣膝跪叫下人带人请罪。范雎升帐见须贾，历数其罪状，但又说：你现在还不会死，因为你送我绨袍，有朋友之情，所以释放你。"说完向秦昭王报告，秦昭王同意释放须贾。须贾临行前向范雎辞行，范雎令须贾回去告诉魏王，速把魏齐的头拿来。须贾回去后告诉魏齐。魏齐十分害怕，逃到赵国平原君处匿藏。

（战国立牛葫芦笙。笙作为礼乐器，《周礼》即有明确记载。）

秦王政诛嫪毐

秦王政母赵太后私通吕不韦。随着秦王政逐渐长大，吕不韦恐事泄被斥，于是将门下舍人嫪毐推荐给太后以代替自己，经事先买通主事者，嫪毐得以不受腐刑，只拔去须眉而入宫侍奉太后，与太后私通，太后非常喜欢他，赏赐了丰厚的财物。春王政八年（前239）封为长信侯，事无大小皆听从嫪毐的裁决。又将山阳（今河南焦作东南）赐予嫪毐居住，将河本太原为嫪毐封国。他有家僮数千，有千余人为了为官司而请求成为嫪毐的门客。嫪毐与太后私生有二子，因此以秦王"假父"自居。

秦王政九年（前238），秦王政二直二岁，亲自主持国政。有人告嫪毐并非宦者及与太后奸情。嫪毐见事不妙，于是益用秦王御玺和太后玺，发兵政打秦王政所住的雍都蕲年宫。秦王得知，便令相国昌平君、昌文君领兵攻击嫪毐，战于咸阳（今陕西咸阳东北），斩着数百，嫪毐等败走，秦王号令全国中，如果谁活捉了嫪毐，赏

钱百万，杀死嫪毐的人，可得赏金50万。于是嫪毐及其党羽全部被抓获。秦王将协同嫪毐作乱的官吏卫尉竭、内史肆、佐戈竭、中大夫令齐等二十人枭首，车裂嫪毐，来其三族，杀死与太后所生二子，迁太后于故都雍（今陕本凤羚南）别官司，嫪毐的门客舍人或罚徒役三年，或夺爵迁蜀。免吕不韦相国。嫪毐之乱平息。

吕不韦自杀

秦王政平嫪毐之乱后叮国吕不韦因与嫪毐之事牵连很深，被免去相国，迁往洛阳（今河南洛阳东北）。不韦虽失权位，但宾客使者仍频繁与之来往，为其求情者络绎不绝。秦王政深恐他发动政变，乃赐书责务他，谓吕无功于秦却被封于河南，有十万户的食邑；吕与秦王宗室无亲却号称"仲父"，实在是件大逆不道之事。又命吕不韦与其家属迁蜀。

吕不韦像

吕不韦自思难免秦王诛戮，遂服毒酒自杀，其宾客舍人偷偷地将其埋葬于洛阳北芒山。秦王政得知，下令凡参与丧葬事物之人，如果为三晋之人（指韩、赵、魏三国）就逐出秦国；如果是奉禄在六百石

以上的秦国官司员，夺其官司爵，迁于房陵（今湖北房县）。五百石以下，未参与窃葬者，不夺官司爵，亦迁房陵。并宣告此后，执掌国事的官司员，如果有类似象吕不韦、嫪毒这种情况的，满门抄斩。

韩非入秦遇害

韩非，韩国遗族，喜欢钻研刑名法术之学。韩非与李斯曾一同从学于荀子，李斯自认为比不上韩非。那时，秦国日益强盛，六国日渐衰微。韩非见韩削弱，屡次上书韩王，希望韩王变法图强。韩王不能用，韩非于是作《孤愤》、《五蠹》、《内外储》、《说林》《说难》等文章，计十余万字。畅论治国当修明法制，去邪枉之臣，用贤明之士，才能富国强兵。

韩非像

韩非的著作流会心至秦，秦王政读后，十分感慨：我如果能够见到这个人并与他一起畅游，就死无怨言了。李斯告诉秦王，这是同学韩非之作，于是秦王急急发兵攻韩，求韩非。韩王遂派韩非出使秦国。救命稻草五政十四年（前233），韩非来到秦国，秦王很高兴，但韩非口吃，善著书而不善谈，又劝秦王先伐赵而缓伐韩。秦王终未信用韩非。李斯、姚贾因嫉妒而乘机进谗言诋毁韩非，谮韩非本是韩国公子，终究为韩不为秦。如果秦王不用而放他回韩国，将给秦国留下狱论罪。李斯派人送毒药给韩非，要他自杀。韩非希望而见秦王却不可能，被迫服毒身亡。

韩非是先秦法家思想的集大成者，综合商鞅的"法"治，申不害的"术"治，慎到的"势"治，创立"法、术、势"三者合一的封建专制主义中央集权理论。韩非的法治学谙，大体宗法商鞅，主张由国家制订宪政法令。大家都完全依法行事，立功者受赏，犯法者受罚，君王不可矫法徇情，如此国可大治。但韩非不满意商鞅只讲法，不用术。所谓"术"，指人君驾驭臣民的手段，韩非以为国君治国若不讲究策略就会出现弊端，客易受臣下欺骗、愚弄，因此韩非采纳申不害有关术的学谙。主张人君根据才能而看家戏人以官职，使官员名符其实，执掌生杀大权，监督深察群臣氮。韩非又汲取慎到的"乘势"谙，强调权势的重要性，主张拉开君主与臣下之间上尊下卑的差距，加强和巩固君主的权力和威势，严防大权旁落。韩非这套"法、术、势"并重的统治理论，对于秦汉封建专制主义中央集权制度的形成、发展具有重大影响。因而韩非及其思想，在中国法制史、思想史和哲学史等方面，都具有一定地位。

鲁仲连义不帝秦

鲁仲连是齐国人，战国末期著名辩士，喜欢出奇伟俶傥的计谋，却不肯仕宦为官，而保持自己的高风亮节。他往来四方，而经常居住在赵国。周赧王五十五年（公元前260年），秦、赵两国在长平大战，赵军全军覆没。第二年，秦军进围邯郸。诸侯军之救赵者，皆畏秦军而不敢前。魏安厘王遣将军晋鄙救赵，而止于荡阴（今河南汤阴）不进。魏王又派客将军辛垣衍化装成平民，潜入邯郸，通过平原君求见赵王，对赵王说："秦军所以急围邯郸，是因为以前和齐湣王争强为帝，后来又去掉帝号。如今齐国已经衰弱，只有秦国称雄于天下。

虎座鸟架鼓

这并非贪于得到邯郸，是想重新得到帝号。赵国若能派使者尊秦昭王为帝，秦国必定喜而罢兵。"平原君和赵王听后，犹豫不决。此时，鲁仲连恰好在赵国，赶上秦军包围邯郸，鲁仲连也被围在城中。他听说魏国想让赵国尊秦王为帝，便去找平原君，问道："你打算怎么办？"平原君说："我还能说什么呢？前面在外丧亡赵军40多万，如今邯郸又被包围，而又不能解围，魏王派客将军辛垣衍让赵国尊秦为帝。他人还在这里。我又能说什么呢？"鲁仲连

说："以前我还认为你是天下的贤公子，如今才知道你不是。辛垣衍在哪里？我给你说让他走。"平原君遂引见辛垣衍于鲁仲连，辛垣衍听说鲁仲连来了，不愿意见，说："我听说鲁仲连先生是齐国之高士。而我只是个人臣，有我自己的职务和责任。我不愿见鲁仲连先生。"平原君说："我已经说过了。"辛垣衍不得已，才答应见。鲁仲连见了辛垣衍后，看着他不说话。辛垣衍说："我看在这座被包围的城中的人，都有求于平原君。可我看先生您的玉貌，不是有求于平原君的人。您为什么老在这座城中呆着不走呢？"鲁仲连说："世人都认为周代的介士鲍焦的死，是不能自我宽容而取死。他们都错了。众人不知真情，都认为他只是为了自己。秦国是抛弃礼义而崇尚首功之国，以权诈使其战士，把人民当奴虏驱使。秦国若得肆其志而为帝，将其恶政遍布天下，那我还不如跳到东海中死去，决不做秦国的臣民。我所以想见将军，是为了帮助赵国。"辛垣衍说："先生将怎样帮助呢？"鲁仲连说："我将让魏国和燕国帮助赵国。齐国和楚国则本来已经在帮助赵国了。"辛垣衍说："燕国我没有把握，至于魏国，我自己就是魏国人。先生怎样让魏国助赵呢？"鲁仲连说："魏不助赵，是因魏国未看到秦国称帝的害处。如果魏国看到这一点，则必然助赵。"辛坦衍说："秦国称帝之害怎样呢？"鲁仲连说："过去，齐威王曾经施行仁义，率天下诸侯而朝周。周王室贫穷而弱小，诸侯都不去朝见，而齐国却去朝见。过了一年多，周烈王去世，齐国在奔丧的时候去晚了一些，周王室大怒，给齐国发讣告说：'天崩地坼，天子下席，东藩之臣若因齐国而来迟，则必斩首。'齐威王勃然大怒说：'呸！你妈不过是个婢女！'此事被天下人传为笑谈。生的时候去朝见，死了以后去呵斥，连一点要求都不能忍受。周天子本

来就是这样，不足奇怪。"辛垣衍说："先生难道没见过仆人吗？十个人跟随一个人，是力量和智慧胜不过他吗？是害怕。"鲁仲连说："魏国和秦国相比？难道像仆人吗？"辛垣衍说："是的。"鲁仲连说："我将让秦王把魏王给煮了。"辛垣衍听后非常不愉快，说："噫，先生的话太过分了。先生又怎么能让秦王煮了魏王？"鲁仲连说："本来就是如此。你听我道来。过去，九侯、鄂侯和周文王是纣的三公。九侯有个女儿长得很好，献给纣，纣认为丑，就把九侯剁成了肉酱。鄂侯为此和纣争辩，被纣杀了做成肉干。文王听说这件事后喟然而叹，就被纣抓到羑里关了一百天，想让

方形插座

他死掉。前贤尚且如此，为什么本来与别人俱称王而要自己去找死呢？当年乐毅伐齐，齐湣王将要逃到鲁国时，夷维子执鞭跟从，对鲁国人说：'你们将怎么招待我们的国君？'鲁国人说：'我们将以十太牢招待'。夷维子说：'你们从哪里来的这个办法？我们的国君是天子，天子巡狩四方，诸侯必须避正朝而居外舍，交出筦籥（钥匙），整理衣裳，到堂下去给天子准备饭

菜。等天子吃完了，方能退而听朝。'鲁人一听，紧闭关门，不让齐湣王进来。齐湣王只好到薛（今江苏邳县南），向邹（今山东邹县东南）国借路。当时恰逢邹国君去世，齐湣王想去吊唁。夷维子对邹君的儿子说：'天子来吊唁，主人应背对殡棺，在北面设座，然后天子才南面而吊唁。'邹国群臣听了以后说：'若一定要这样，我们还不如拔剑自刎而死，也不愿你们来吊唁。'邹、鲁之臣，生则不得事养，死则不得赙禭，齐湣王却想让他们对他行天子之礼。所以邹、鲁两国不让齐湣王入境。如今，秦国是万乘之国，魏国也是万乘之国，各有称王之名，看到秦国打了一次胜仗，便要顺从它，称它为帝，这样使三晋（韩、赵、魏）之大臣，连邹、鲁的妾都不如。而且秦国不仅是要称帝而已，它还要变易诸侯之大臣，剥夺他们不喜欢的人，而支持他们喜欢的人；剥夺他们厌恨的人，支持他们爱的人。他们还要派他们的女子谗姜为诸侯姬妾，住到魏王的后宫里去，那里魏王还能高枕无忧吗？而将军你又怎样保持你目前的地位和权力呢？"辛垣衍听了这些话，起身而拜，道歉说："开始我以为先生是个庸人，如今才知道先生乃天下之士。我请求离开，不敢再说奉秦为帝之事。"秦军将领听说此事后，为之退军五十里。恰在此时，魏信陵君夺晋鄙之军以救赵，向秦军进攻，击败秦军。秦军撤退，邯郸之围遂解。平原君为答谢鲁仲连，想给鲁仲连一块封地。鲁仲连推辞不受。平原君派人去讲了三次，鲁仲连坚决不受。平原君便摆下酒宴，大会宾客。酒酣，平原君起身走到鲁仲连面前，以千金为鲁仲连祝寿。鲁仲连笑着说："我之所以为天下之士所贵，是因为我为人排忧解难而不取分文之报。如果收取报酬，那是商贾干的事情，我鲁仲连是不干的。"于是，鲁仲连便辞别了平原君，终身不再见他。

西门豹治邺

受命于困厄之际

位于今河北临漳县西南的邺城是魏国北面的重镇，长期以来，贪官当政，巫术盛行，人民苦不堪言，纷纷逃亡。魏文侯为此多次与群臣讨论，因事涉面广，盘根错节，一直议而不决。大臣翟璜力排众议，举荐了为人正直、公而好义的西门豹，魏文侯也想改变一下过去历任邺令优柔寡断的作风，决定任命西门豹为新的邺令，赋予他治邺全权。西门豹非常理解魏文侯的心意，如邺城不治，民众离心，日后势必成为燕、赵入侵的突破口，后果将不堪设想。他以高度负责的态度走马上任。

百姓不堪河伯娶妻

西门豹来到邺城，未入衙门，先微服私访，在地头、巷间访问当地的老人，邺城百姓最苦的是什么。老人们告诉他："最不堪忍受的是每年一次的'河伯娶妻'。"西门豹听了很惊讶，问："为什么呢？"老人们说："邺城官吏年年向百姓强征'河伯娶妻'税，每次不下数百万元，钱到手后，只将其中的二三十万作为活动费用，其余的全由这些当官的与巫婆神汉们瓜分了。巫祝们挨家挨户窥探，见谁家女子长得好，就说：'当作为河伯的妻子！'百姓舍不得，他们就乘机勒索。河伯娶亲的日子，他们将选来的女子沐浴更衣、打捞一新，然后在漳河边新盖的斋宫中戒守，四周布满红色帷幔，每天设牛酒饭食供奉，十天以后，就将那女子与嫁妆投入河中，随水漂浮，最后沉入河中。有女儿的人家怕被选中，就举家逃走，剩下的人家越来越少。人家少了，分摊的税款越来越大，所以邺城的百姓就越来越穷了。"西门豹听了，不由义愤填膺，对老人们说："今年河

玉勾莲纹灯

伯娶妻时，你们来告诉我一声，我也要前往送那女子。"大家都说："好！"

作威作福的巫婆三老受到惩罚

河伯娶妻的口子又到了，西门豹如约来到河边，只见邺城的官吏。豪长以及把持当地社会的"三老"都已来了。主持仪式的巫婆年近七十，十来个衣衫鲜艳的年轻女弟子排成一排，站在巫婆后面。那巫婆见县令驾到，不敢怠慢，赶忙满脸堆笑地来到西门豹跟前行礼。西门豹说："将河伯要娶的那位女子叫来我看看。"巫婆忙将那女子牵过来，西门豹装模作样地上上下下看了一遍，回头对官吏们说："这女子长得不漂亮，选她做河伯夫人岂不貌视了河伯？不行，不行！"一边说一边摇头，嘴中还啧啧有声："不如麻烦大巫婆到河伯那里去禀告一声，就说等我们选个更漂亮的女子隔日送来！"说罢，不由分说令军士抱起那巫婆就投入河中。西门豹装出一副虔诚的样子望着河面，等于一会不见动静，回头对大伙说："巫婆办事这么拖沓？来人，派个弟子去催一催，"军士闻言，抱起排首

中国通史

最新整理图文珍藏版

的年轻女巫投入河中，这样一连投了三个，仍不见河中回音。西门豹说："这些女子没用，连说句话的事也办不了。还是麻烦三老到河伯那边走一趟吧！"军士们又将平日里作威作福、鱼肉乡民的三老投入河中。西门豹继续率众面对漳河侍立等待，那些官吏、豪长们个个吓得面如土色，唯恐接下来自己也被扔到河里。西门豹望着他们，慢吞吞地说："巫婆、三老都没有回来，怎么办呢？"一边说，一边眼光在他们身上扫来扫去，那些官吏、豪长吓得纷纷扑倒在地，拼命叩头。又过了许久，西门豹才嘘口气对伏地不起的官吏们说："你们都起来吧，看样子，是河伯留客了，我们不如先回去，等他们回来后再说吧。"

彩绘乐舞图鸳鸯盒

从此以后，邺城再也没人敢提为河伯娶妻的事。

大兴水利，根绝河患

在惩罚了一帮贪婪作恶的巫婆、三老、官吏、豪长，使人心大快之后，西门豹不敢怠慢，立即发动民众，开凿了十二条渠，引漳河水灌溉邺地的良田，不但根绝了水患，而且，使庄稼年年获得好收成，老百姓丰衣足食，过上了富裕的生活。由是邺城大治，直到汉代，人们犹称他"名闻天下，泽流后世"，怀念着他的功绩。

白圭的经商策略

激烈竞争的战国时代促使了农业、手工业、商业的飞速发展。繁荣的商业既诞生了许多富可敌同的巨富，也促使了商业理论的形成。在魏国做买卖的周人白圭就是一个有经商理论的大商贾。

人弃我取，人取我予

白圭读书，见范蠡、计然帮助越王勾践富国强兵，其中有"夏则资皮，冬则资绨旱则资舟，水则资车"；"贵出如粪土，贱取如珠玉"；"财币欲其行如流水"等语，就有很多感慨。他又联想到范蠡后来弃官经商，隐姓改名为朱公，在陶地（今山东定陶）治产积居，同好几个诸侯的都城交通，货物流通便利，最终成了巨富，人们一谈起富翁就会以"陶朱公"作比喻。陶朱公之所以成为巨富，也无非是实践了上述那些策略而已。白圭还读到过孔子的弟子子贡成为巨富的事，他利用出使其他国家的机会，发现了各国间的商品差价，于是进行贩卖，无非就是贱买贵卖使他成为富翁的。

求富原来并不难。白圭就决定暂时辍学，利用家中所剩无几的钱财去经商。开始时就靠手提肩打地进行小规模的贩卖，成功后，白圭用挣得的钱购置了车辆，买卖的规模比原先大了。继而他购置了更多的车辆，并雇用了人力，组织成车队，进行更大规模的贩卖。有知识有智慧的白圭不仅赚取地区性差价，而且注意赚取季节性差价。白圭成了战国时代首屈一指的巨富。

白圭总结出这样的规律：当庄稼成熟的时节，就买进粮食，而出售丝、布匹、生漆等商品；当蚕茧结成时，他就收购新丝，出售粮食。白圭始终在观察时节的变化，他最有名的一句话是："人弃我取，人取我予。"在贱买贵卖中不断地积累。

兵家之谋，法家之法

成了巨富的白圭就能读更多的书。他于兵家、法家、阴阳家，乃至神巫占卜之书无所不读。丰富的知识促使他进一步升华他的经商理论。他用天文学知识和占星术来预测年成的好坏，比如：月亮在卯的位置，今年大丰收，明年的收成就会减少，月亮在午的位置，本年会遭到旱灾，明年却是个丰年。能预测来年的农业收成，当然就能决定来年的经商项目。因此白圭的决策很少失误。白圭认为经商者应该过节俭的生活，要禁戒嗜好，要同自己的雇用者同苦乐，这样才能积累财富，扩大经营，形成规模。在盈利机会出现时，要迅速反应，趋之若猛兽鸷鹰。白圭非常自信地把自己的经商策略比作伊尹、姜尚之谋，把自己指挥雇用者的运作比为孙子、吴起的用兵，把自己制定和厉行法规制度比作商鞅执行法。

白圭富了，很多人向他讨教经验。他说：你虽然是一个智者、勇者、仁者、强者，也学不会我的经验。而白圭内心想的是"终不告之也"，商业机密，不可泄露。白圭后来成为天下做生意的祖师，他的经商理论和策略是战国时代商业繁荣的结晶。

齐威王纳谏

众人称"美"的启示

齐相邹忌身高八尺，奇伟英俊，算得上是个美男子。一天早上，他穿好朝服准备上朝，顺便照照镜子看还有什么不周全处，望着镜子中自己浑身光鲜的样子，不禁得意地问身旁的夫人："你看，我跟城北的徐公比，哪个英俊？"夫人回答说："你长得这么美，徐公怎能比得上你呢？"徐公

战国秦长城

是齐国有名的美男子，邹忌不相信妻子的话，转身再问身后的小妾："你说我与徐公哪个美？"小妾也说"徐公怎么比得上您呢？"第二天，有位客人来访，二人聊天时，邹忌笑着问客人："我与徐公谁长得英俊？"客人答："徐公比不上您英俊。"

说来也巧，又隔了一天，徐公恰巧到邹忌家来拜访。邹忌一边与他谈话，一边仔仔细细地观察徐公，觉得徐公比自己英俊；后来又对着镜子再三审视，觉得自己比徐公差得远了。当天晚上，邹忌独自一人躺在床上，反复思考这个问题，他一边思忖一边有所领悟，自言自语道："我妻说我美，是爱我；妾说我美，是怕我；客人说我美，是有求于我啊！"

下令鼓励直指错误

次日上朝，邹忌对齐威王讲了这桩事情，说："臣确实长得不如徐公美，但因为妻子爱我，小妾怕我，客人有求于我，所以都说我比徐公美。如果我相信了他们的话，我就受到了蒙蔽。现在我们齐国地方千里，一百二十座城，宫妃嫔娥，侍卫内臣，无人不爱大王，百官大臣、满进文武，无人不敬畏大王；四境之内，士农工商，无不有求于大王，他们都在说同样赞美的话。由此可知，王将要受到的蒙蔽更大啊！"齐威王一听，觉得大有道理，连说："对，对！这肯定对治国不利。"于是下了一道诏命："无论官民，能当面指出寡人过

失者，给上赏；能上书指出政疵、提出建议者，给中赏；能在朝廷和街市间，指出寡人的错误而被寡人知道者，给下赏。"

"战胜于朝廷"的褒扬声

诏令一出，官民争着献议，宫廷门口，宛如集市。几个月后，给齐王贡献建议者逐渐稀少。过了一年，因为各方面的事都已安排得井井有条，竟没有再来进谏献议的人。燕、赵、韩、魏等周边列国，听说齐威王如此治理国家，纷纷派使者持书奉礼，争着同君臣贤明、万众归心的齐国修聘结好。

邹忌作为相国，能及时把自己的想法告诉齐王；而威王也胸怀坦荡，能马上接受臣下的建议。这就是为什么齐国在战国中期能强大起来的原因。人们称赞邹忌和威王的做法是："战胜于朝廷。"

立木为信

制定变法新政

新上任的左庶长公孙鞅在秦孝公支持下，制定了变法条款，推行新政。新法的内容概括起来有四个方面：一是编造户籍，百姓每五家为一"伍"，十家为一"什"，实行连坐法，有功者奖，有罪同罚；二是鼓励军功，严禁私斗，定爵位二十级，杀敌一名赐爵一级，私斗省严惩不贷；三是鼓励生产，积极者免除徭役，懒惰者没官为奴，四是革除陋习，严禁父子兄弟同居，等等。

执法如山，取信于民

法制虽然制定了，但是秦国百姓多少年来已经散漫成性，他们能不能遵守这些法纪呢？公孙鞅心里却没底。为了树立法令的威信，同时也为了引起广大民众、官吏对新法的重视，公孙鞅想了个办法，他让人在咸阳南门口竖起一根三丈长的木头，旁边贴一告示，说谁能把这根木头扛到北

门口，赏黄金十斤。黄金十斤对一般百姓来说，实在是一笔大财富啊！扛一根木头穿城走一趟，就能得到十斤黄金，这真是闻所未闻的事！因而围观的人越来越多，谁也不相信天下竟有这等好事？这葫芦里卖的究竟是什么药，谁也弄不清，因此，尽管围观的、指指点点议沦的人越来越多，就是没有一个人敢上去扛这根木头。

公孙鞅见无人响应，又出了个告示，将赏金翻五倍：谁能将这根木头扛到北门口，赏黄金五十斤！这下，人们更加生疑了，议沦得更加热烈了。但是议论归议论，还是无人敢上去扛木头。终于，有一个人熬不住了，站出来说："不管这告示是真是假，我就当回冤大头吧！"说罢，扛起木头就走。围观的百姓想着个究竟，纷纷簇拥着他一同向北门口走去。咸阳城不大，不多一会工夫，就从南门走到了北门。看守告示时官吏急忙奔来报告公孙鞅，公孙鞅二话不说，即下令将扛木头的人带来，当着大众的面表扬他遵令守法，将早已准备好的五十斤黄金奖给了他。众人顿时看得目瞪口呆，还真有这样的好事！告示上怎么说，官府就怎么做，官府真是执法如山啊！

士的崛起

遵守法令得奖的消息不胫而走，很快传遍了整个秦国。同时，所有的变法新政，

也随之公布，传遍秦国所有的城市乡邑，深入了人心。

继续扩大变法成果

在第一次变法取得成就的基础上，卫鞅在公元前 350 年又进行第二次变法，内容有四：一是国都由雍（今陕西凤翔）迁到咸阳，以谋向东发展；二是分全国为四十一县，每县设令、丞各人；三是开田间阡陌封疆，扩大田制；四是统一度量衡，以便计算。经过两次变法改革，秦国进一步国富兵强。

田忌赛马

齐国人孙膑曾与庞涓一起学习兵法。庞涓自以为才能不及孙膑，便把孙膑骗到魏国，借权势施以酷刑，断其两足。孙膑以计逃回齐国，在齐将田忌门下做客。田忌知道孙膑有奇才，乃待之如上宾。

赛马时尚

当时，齐国人都喜欢赛马。齐威王也热衷于这项活动，在王公贵族间形成了一种时尚。每赛必赌，更加刺激了赛马场面的热烈与众人参与的兴趣。

这一天，田忌邀请孙膑前去观礼，看他与齐威王赛马。当时的田忌，家产丰厚，特别喜欢马，手下众多的门客经常四出搜寻，给他觅来许多良驹宝马，匹匹强壮有力、品相非凡。然而齐威王是一国之主，谁不拍他的马屁，连他国诸侯修聘，也投其所好，以宝马为礼，所以每次赛马，田忌总是稍逊他一筹，因而也总要输掉大笔彩金。这次也不例外，又输了。齐威王扬扬得意，田忌自然垂头丧气。

孙膑献计

孙膑旁观赛马，把情况看得清清楚楚。当时赛马规定，参赛双方各将自己的马分为三棚，也就是上、中、下三个等级，双方以最后胜负多寡来定输赢。他看到田忌的三棚马，每棚马都比齐王同棚的马差一点点。所以当田忌回到府中闷闷不乐地喝酒时，孙膑不由笑了。田忌看了奇怪，问："先生为何发笑？"孙膑说："田君明日再同大王复赛，在下有办法使你稳操胜券。"田忌一听，兴头上来了，忙问："先生有何妙法快说来听听！"孙膑侧过头去，附耳对田忌说了一遍，田忌一边听一边点头，还没听完，已拍手大笑起来，吩咐下人换大杯，要与孙先生痛饮一番，同时派家人去同齐威王约战：明日再赛，并且声明愿倾其家产与威王一赌输赢，每棚赌彩一千金。齐威王原本生性豪爽，见田忌如此出手不凡的赛约，兴奋地一口答应。

智谋的胜利

次日，双方如约来到赛场，皆以重彩装饰车马。消息传出，场地四周的观众人山人海。按规定，第一场比赛是上驷赛，即定为上等的第一棚马先赛。齐威王自然拉出自己最出色的一棚马参赛，而田忌呢？却依孙膑之计，将自己最差的那棚下驷披红挂彩，金鞍锦鞯打扮好了出来比赛，结果当然输了，被齐威王的上驷拉下很长一段距离。齐威王见自己的优势如此明显，笑逐颜开，信心大增，又如约将自己的中驷拉出来。田忌不动声色，拉出了自己的上驷，冒充中驷与威王真正的中驷比赛，结果田忌赢了。第三场，齐威王的下驷，又输给了田忌冒充下驷的中驷。三战两胜，最后获胜的当然是田忌。齐威王惊讶得差点从车上栽下来，他百思不得其解，往日自己的三棚马每棚都胜过田忌一筹，今天怎么就输了呢？田忌不敢说谎，就一五一十将孙膑的计策告诉了威王，末了由衷地说："今日取胜，并非微臣的马力有了进步，实在是孙子智谋的胜利啊！"齐威王听罢，赞叹不已，从此知道孙膑有非凡的才能。

孟母三迁

寻找满意的居住环境

孟子是邹国人，其地在今山东自吮市，早年丧父，从小和母亲生活在一起。孟轲和母亲原来的居室靠近墓地，孟子从小在坟墓间嬉戏玩耍，在土堆里跳跃追逐，筑土掩埋。孟母看到这种情景，认为住在这里对儿子的教育没有什么好处，感叹道："这里不是我们适宜居住的地方！"乃毅然迁移搬家。

战国·虎咬羊铜饰牌

后来，孟母和孟轲搬到一个闹市旁居住下来。孟轲看到商人们都在开店设摊，叫卖自己的商品如何好，价钱便宜，他也跟着吆喝起来。孟母见此，深有感触地说："这里不是我安顿儿子的好地方啊！"

于是，孟母又领着儿子搬迁到一所学宫旁边。在这里，孟轲经常到学宫外去听琅琅的读书声，观看学生恭敬、礼让的举动。时间长了，他也跟着要读书，讲求礼貌。孟母看到孟轲的变化，不禁感叹："这里真是适合我儿子居住的地方！"就决定再不搬迁，在学宫旁安定地居住下来。

刀断织布，激励学习

孟轲年少的时候，有一次从学堂归来，孟母正在机上织布，便问："今天学到了些什么？"孟轲说："自由自在，我玩得很开心。"孟母一听，立刻脸色阴沉，拿了一把刀子，把所织的布全部斩断。孟轲惧怕，问母亲为什么要这样。孟母说："你现在荒废学业，就像我斩断织布 一样。君子学以立名，问则广知，所以居则安宁，动则远害。现在你荒废它，将来会盗窃犯罪，或做苦役了。"

孟轲看到母亲的行动，听了母亲的训话，觉得十分害怕，再也不贪玩了，天天早起晚睡，勤学不息。

讲究诚信，不能欺瞒

有一天，孟轲看见房东家杀猪，便问母亲："东家杀猪，干什么？"孟母开玩笑地说："杀猪是为了给你吃肉。"随后便懊悔起来，自语道："我怀这儿子时，席不正不坐，割不正不吃，是为了在胎儿时就教育他。现在他刚知道事情而欺骗他，是教他不诚信了。"想到这里，孟母便到房东那里买了一块猪肉来烧给孟轲吃，以表明做人要诚实，不能欺瞒。

母亲教育有方，造就一代大儒

待孟轲长大，道德、知识和技能迅速提高，成为天下知名的儒学大师。人们说，这是孟母善于潜移默化的结果啊！

缘木求鱼

从小刻苦学习

孟子名轲，字子舆，邹国人，三岁时父亲去世，与母亲相依为命。知书达理的孟母知道，不论怎样也不能耽误了儿子的学业，于是便以芦荻为笔，以沙地为纸，对孟子开始了启蒙教育。后来又为了给孟子找一个良好的学习环境而三次搬家，最后搬到学宫附近。良好的学习氛围再加上孟母严格的管教，孟子小小年纪便懂得要刻苦学习，不辜负母亲的期望。

追求"仁政"理想

孟子被孔子的儒家思想所吸引，决定

到孔子的家乡鲁国探究真理。功夫不负有心人，他终究拜得孔子的孙子子思的门徒为师。经过更加深入的学习，孟子认为孔子是有人类以来最伟大的人，于是一心要发扬孔子的思想，便来到当时的大国齐国，以求实现自己的抱负。

为了借鉴许多治国的方法，让各种思想自由争鸣，齐国在都城临淄西南的稷山脚下兴办了一个学宫，召集天下学者前来讲学。齐宣王得知孟子前来，就造了一幢通衢大宅赐给孟子，并以千金作为讲学的酬劳。孟子得到重视和厚遇，很愿意为齐国效力。孟子以他的博学和口才很快获得学子们的拥戴，门下求学之人纷至沓来，一时孟子成了稷下学宫最有影响的学者。

后来，孟子来到滕国。滕是姬姓国家，在邹国甫，其地在今山东滕州市。滕国的太子、后来当了滕国国君的滕文公，对孟子的"仁政"十分感兴趣，于是孟子就在滕国实行他的"仁政"主张。但孟子清醒地意识到：滕国只是个小国，在当时各国争雄的情形下，时刻都有被灭亡的危险，不可能把"仁政"推行于天下。于是孟子离开滕国，到其他国家去继续宣扬"仁政"思想。可惜在各国互相攻伐、强者称霸的混乱战争局面下，没有一位君主愿意实施他的主张。

与齐宣王论辩

因为对齐国寄予厚望，孟子一生曾多次到过齐国，与齐宣王进行论辩，宣传他的政治思想。有一次，齐宣王一见孟子，就迫不及待地询问有关齐桓公和晋文公称霸的事。齐桓公曾九合诸侯，一匡天下；晋文公曾定乱扶周，破楚救宋，都是当时的霸主。但因为他们的行事不是靠仁政，而是凭武力，因此被主张"王道"的儒家称之为"霸道"。孟子见此，便轻轻地以一句"臣未之闻也"，把话题岔开，转而谈论王道。他要求齐宣王"发政施仁"，

编磬

给民众以恩惠，使天下的农民、商人及各行各业的人都来归附，这样就可以"王天下"了。他告诉宣王："你的目的是要开辟土地，使秦、楚来朝，当中国的首领，而你的办法是扩军备战，危及臣民，构怨诸侯。以你的所作所为，而想要达到你的目的，就好像缘木而求鱼啊！"也就是爬到树上而想抓到鱼，这是绝对不可能的。尽管孟子苦口婆心，用了生动的比喻予以开导，但齐宣王仍无施行"仁政"的诚意。

迂阔而不合时宜

当孟子之时，秦用商鞅，楚、魏用吴起，齐用孙膑、田忌，天下都在搞合纵、连横，以攻伐取胜，兼并土地，掠夺财富，而孟子却宣传实行唐尧、虞舜、夏禹、商汤、周文工的德政，所以没有哪一个君王采用它。孟子周游列国，但没能实现理想，决心著书立说。他和弟子万章等人著《孟子》七篇，记录他的思想和言行。

庄子的蝴蝶梦

庄周（约前369年～前286年）是宋国蒙人，其地在今河南商丘东北。以任蒙地的漆园吏为生，家贫而好学，以恣肆汪洋的文笔著书十余万言。是继老子之后又一位杰出的道家思想家。

游戏污渎之中

漆园吏其实不是什么官，只是一片漆园的管理者，不仅生活得不到保障，经常要向他人借粟，弄不好还会发生漆中毒。

庄子把自己的生活说成是"游戏污渎之中"。

庄子论道，自然无为

楚威王得知庄子的贤能，就派了两个大夫去请庄子到楚国当官。两个大夫来到庄子的家乡，见庄子正在河边垂钓，就向他说明了来意。庄子头也不回地说："我听说楚国有一只三千年的神龟，死后楚王用丝绸把龟板包好装在竹筒里，又把竹筒珍藏于太庙。你们说此神龟宁愿死后被视为珍宝呢，还是宁愿摇尾伸颈地生活在泥涂中呢？"两个楚大夫异口同声地说："那当然宁愿摇尾伸颈地生活在泥涂中。"庄子说，我就愿意像神龟那样自由自在地生活。两个楚大夫明白了庄子不愿意出仕的志向，回到楚国向威王作了禀报。

楚威王还不死心，又派了使者，并携带厚礼聘请庄子到楚国任相。庄子笑着对楚国使者说："你们带来了上千块印子金，确实是一笔重大的财利，楚王要我担任相，也确实是尊贵的地位。可是难道你不知道一头作祭祀用的牛，供养了数年后，当它被披上彩袍牵入太庙时，还有机会像一般的牲口继续生存下去吗？你们赶快给我离开，别来污辱我。我宁可游戏于污渎之中而自快，决不会让高官厚禄来束缚我。我终生不仕，情愿这样无拘无束快乐地活着。"楚国使者既没有完成使命，又想不通庄子为什么不接受厚礼聘请，快快地回去了。

为死亡击盆而歌

庄子的妻子去世，惠施前往吊唁，见庄子张开两腿坐着，正一边敲击陶盆一边歌唱。惠施就责备他："尊夫人同你一起生活，为你生儿育女，现在不幸身亡，你不哭泣也已经够狠心了，还在那里击盆而歌，真是太过分了。"庄子说："不是的。她刚死时我确实慨然痛苦！但仔细一想，人本来就无生、无形、无气，在茫野恍惚之中变成有气、有形、有生了。从生到死，返回到初始，就像春夏秋冬四季轮转，现在她平静地躺在巨室之中，而我在旁边号啕大哭，认识到这是不理解'命'，所以我不再痛苦，反而要为她返回到初始无生而击盆歌唱。"

过了若干年，庄子老病将死，弟子们为他准备了较丰的随葬品。庄子反对厚葬，说："我把天地当作棺椁，把日月当作璉璧，把星星当作珠玑，天下万物都是我的随葬品，我的葬具岂不完备？何必还要增加这些东西！"弟子们解释说："我们担心乌鸦鸢鹰会啄食先生呀。"庄子却坦然地说："在上为禽鸟啄食，在下为蝼蚁侵食。夺彼而与此，岂非太偏心了？"正由于庄子把死亡理解为返回到初始无生的大自然，所以他能坦然处之。

人与天地万物齐一

在庄子丰富的思想成就中，人与天地万物齐一的学说是核心。有一天晚上，庄子做了一个梦，梦见自己变成一只蝴蝶，忽上忽下地翩翩飞舞，真是愉悦畅快无比，竟然不知道这是在梦境中。突然惊觉，原来庄周还是庄周。可是尚在回忆梦境的庄子还在怀疑：究竟是庄周在梦中变为蝴蝶呢，还是蝴蝶做梦变成了庄周？其实庄子十分清楚：庄周，蝴蝶为二物。只不过用此梦来说明"万物与我为一"的道理，既然人与万物齐一，那么物就可以互化，庄周可以变化为蝴蝶，蝴蝶也可以变化为庄

577

山字形器

周，庄周可以梦见自己变为蝴蝶，蝴蝶也可以梦见自己变为庄周。

有一次，东郭子问庄子："道究竟在哪里？"庄子说；"无处不在。"东郭子希望庄子能具体一些。庄子接连举例说"在蝼蚁"、"在稊稗"、"在瓦甓"、在屎溺"。东郭子被庄子这种"每况愈下"的举例弄得目瞪口呆，更加糊涂了。庄子接着解释：这些东西只是名称不同罢了，却存在同一的"道"。既然道相同，所以万物可以齐一。庄子抹杀事物的差别，他的思想成为一种逃避现实的唯心主义学说。

黄金台招贤

大乱之后必有大治，衰败之后必有振兴，这似乎是个历史规律。历经三年大乱

之后登基的燕昭王，痛感国破家亡的教训，即位后日夜操持国事，吊死问孤，与百姓同甘苦。他特别期盼的是，招揽贤才，共商兴国大计。一天，有人报告，附近一位名叫郭隗的长者，很有学问。他就特意前去拜访。

君王流品各不同

燕昭王来到郭隗家，向郭隗致礼问候，然后对郭隗说："齐国乘我内乱，出兵侵略。寡人有心向齐国讨回公道，但恨国小人少，力不从心，因此特来向先生请教，怎样才能得贤士帮助，使国家强盛，有朝一日报破国杀父的深仇大恨？"郭隗回答说："振邦兴国以人才为本，但招揽何等模样之人才，却有三种不同情况，采取不同的措施，成就不同的事业。"燕昭王赶紧在席上挪身向前，拱手为礼说："请先生救我！"郭隗说："上品的君主以贤者为师成就帝业，中品的君主以贤者为友成就王业，下品的君主以贤者为臣成就霸业。不入流的亡国之君则以贤者为奴。以贤者为师的君主对贤人执弟子礼，面北居学生位，聆听贤者教诲，如此，能力强他百倍的人也会投奔于他，以贤者为友的君主，事必躬亲，吃苦在前，享受在后，如此，强他十倍的人愿来为其效力，自命高人一等，以名位爵赏驾驭臣下的君主，能力与其相等的人始来效力于他，如君主颐指气使，投奔其手下者只会是家奴一流人物，至于刚愎自用、目中无人，又不懂尊重人才的君主，其手下汇聚的无非是吹牛拍马之辈。古往今来，这类例子不胜枚举，大王求贤若渴，不能不善加考虑啊！"

死马引得活马来

郭隗的一席话，说得燕昭王连连点头，他又恭敬地向郭隗施了一礼说："寡人一心想振邦治国，当然以上品为目标，先生能否将所知的最佳贤才推荐给寡人，寡人一定以师礼相待。"郭隗点头，笑着对燕昭王

说:"天下之大，贤才不知凡几，为臣所知毕竟有限。臣听说古时有位君主以千金求千里马，一手下自告奋勇去找马，历时三月终于找到，可惜此马已死，他用五百两金子买下这匹死马，然后持马头回来交差。君主大发雷霆，说：'死马要来何用呢？'手下说：'大王息怒，微臣代大王用五百两重金买下死千里马，消息传出去，肯定轰动海内，死马尚值五百金，活马价格岂不更高？大王稍待数日，定会有人送千里马来。'结果不到一年，君主果真得到三匹千里马。现在大王如真想招贤纳士，不妨从微臣开始，连微臣这般无名之人都能得大王赏识，比我贤能之人必定更受青睐。这样，即使千里之外的贤才也会闻名而来为大王效力了！"

人才济济国运兴

燕昭王一听大喜，马上为郭隗在易山下造了一座商台，装饰得金碧辉煌，取名"黄金台"，专门用于接待天下贤士，又选定吉日，在台上举行仪式，拜郭隗为师。消息传出，天下轰动，许多身怀一技之长的人都想，默默无闻的郭隗尚且受此荣宠，我等到了燕国必定更受重视！于是乐毅自魏往，邹衍自齐往，剧辛自赵往，纷纷来到燕国。一时间，贤士云集，人才济济。燕国由是大治，国力空前强盛，士卒个个摩拳擦掌，只等向齐国复仇这一天的到来。

完璧归赵

在战国时代的历史上，流传着许多动人的故事，蔺相如"完璧归赵"，就是其中脍炙人口的一个。

奉璧西行，出使秦国

那年赵惠文王得到了一块名为"和氏璧"的著名楚玉，秦昭襄王听说后，派使者持国书来见赵王，提出愿意用十五个城邑换取这块和氏璧。赵惠文王召集群臣商议对策。大伙议论纷纷，莫衷一是：如将和氏璧交给秦王吧，十五城不见得就能得到，岂不白白受人欺辱？如不给吧，又正好给了秦国向赵发动进攻的借口。如何向秦国交涉此事才好呢？思来想去，一时拿不出两全之策。

伊阙古战场遗址

一旁的宦者长官缪贤见此情形，对赵惠文王说："臣有个门客名蔺相如，可以充当与秦国交涉的重任。"赵王问："你如何断定他有这个能力？"缪贤答："有一次臣获罪于大王，因怕惩罚想逃奔燕国。这位门客问我：'你与燕王有何交情？'臣对他说：'我随大王曾与燕王在赵燕边境有一面之交，当时燕王私下里握住我的手，说愿与我相交。因有这份私交，所以想投奔燕国。'门客听后对臣说：'赵燕相会，赵强而燕弱，你得赵王宠幸，所以燕王刻意与你攀交情，如今你叛赵逃燕，燕国害怕赵国追究，怎敢收留？必定会将你遣返以讨好赵国。君不如肉袒负斧去向大王请罪，方能免祸。'臣听从他的建议，果然获得大王的赦免。故臣以为其人勇士，有智谋，可担当与秦交涉的重任。"

蔺相如应召紧急入宫，赵惠文王问他："秦王提出用十五城交换寡人的和氏璧，你看应怎么办好？"蔺相如揖首回答："秦强赵弱，只能答应。"赵王又问："如果秦国拿去和氏璧不给我十五城，又当怎么办？"蔺相如说："秦国用城换璧，如我不肯，理亏在赵，如赵交璧，而秦国不交城，理亏的便是秦国。两者权衡，后者对我有利。"赵惠文王听了蔺相如的分析，自己也已拿定主意，便问："谁可当赴秦使者？"大臣们面面相觑，不敢答话。蔺相如见无人应声，就说："如果大王一时难有合适人选，臣愿奉璧赴秦。如秦将十五城交予赵国，臣就将璧留秦；如他们不交十五城，臣一定将和氏璧完好无损地带回赵国。"惠文王于是就派蔺相如奉璧西行，出使秦国。

智勇双全，不辱使命

秦昭襄工在章台上接见蔺相如。蔺相如行礼后双手奉上"和氏璧"，秦王见璧大喜，自己看了好一会，接着又让左右美人及文武大臣一同观赏，众人兴高采烈地争呼万岁。蔺相如等了好久，见秦昭襄王只顾把玩玉璧，全然没有将十五城交给赵国的意思，就走上几步，对秦王作揖说："璧上有微瑕之处，请容臣指给大王看。"秦昭襄王不知是计，把璧递给蔺相如。蔺相如接过和氏璧，猛然后退几步，倚靠在殿前大柱上，厉声说："大王想得和氏璧，致书赵王，赵王与群臣商议，一致认为：'秦王贪婪，倚仗强大，定用十五城谎言谋夺玉璧。'商议结果是不能将玉璧交给秦国。臣说，布衣之交，尚不相欺，何况秦国是有尊严、讲体面的大国，难道连平头百姓也不如吗？于是赵王斋戒五日后，捧出玉璧，让微臣送到秦国。今见大王态度

黄玉镂空龙形佩

倨傲，不以使节之礼相待；玉璧到手，却无将十五城交给赵国之意，所以臣取回玉璧。现在大王如想用武力逼臣就范，臣愿将头颅与玉璧甓一同撞碎在石柱之上！"说罢，捧起玉璧，作出奋力击柱的样子。

秦昭襄王大吃一惊，唯恐玉璧被撞碎了，马上站起身来作揖致歉，请蔺相如千万不要摔玉，一面马上将负责管地图的大臣叫来商定划出哪卜五城。蔺相如知道这是秦王的缓兵之计，就顺势说道："和氏璧乃天下至宝，赵王捧出玉璧时曾斋戒五天。现在大王想得到此玉，也应斋戒五天，设九宾礼于朝廷，臣方敢上璧。"说罢退了出去。蔺相如料定秦王虽然答应斋戒，但割让十五城之事决不会如实照办，于是令随从藏好玉璧，经化装后从小路逃回赵国，交给赵王。

五天后，秦昭襄王斋戒期满，下令于大殿上设九宾之礼，引蔺相如奉璧人见。蔺相如走上大殿，行过礼后对秦土说："秦国自穆公以来二十余位君主，从未有一诺千金的人。臣实担忧受大王欺骗而失信于赵，故已令手下将和氏璧送回赵国。众所周知，秦强赵弱，秦王只要遣一使者赴赵，赵国必定马上奉璧而来。以秦之强大先割十五城予赵国，赵国怎敢持璧不放而得罪秦国呢！臣知道欺骗大王罪当诛杀，现在甘愿就死，刀砍还是锅煮，一切由大王决定！"在场的秦国大臣们见秦昭襄王双目喷火，个个紧张得喘不过气来。两边卫士见状，冲上前来抓住蔺相如正要捆绑，不料秦王大喝一声："放了他！"叹口气又说："现在就是杀了他，也得不到玉璧了。与其秦赵交恶，不如仍然以礼待他，放他回去，想赵王也不至于因一块玉璧而欺骗秦国。"

蔺相如不辱使命，回到赵国，赵惠文王因他的大智与大勇，拜他为上大夫。秦昭襄王或许自觉理亏，或许舍不得十五城地方，再也没提此事。

毛遂自荐

门客三千，挑不出二十人

长平之战，赵军主力丧失殆尽。秦军乘势东进，长驱直入，把赵都邯郸团团围住，全力猛攻，准备一举吞灭赵国。公元前258年，秦昭襄王派大将王陀领兵十万，增援围攻邯郸的秦军，赵军渐渐顶不住了。赵孝成王命平原君为使臣，以"合纵"的名义，前往楚国求援。平原君匆匆回府，打点行装，同时要管事的挑选二十名文武双全的门客作为随员。

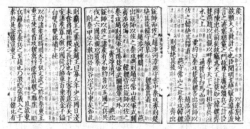

《史记·苏秦列传》中记载的苏秦合纵战略

当时，各国养士成风，齐国孟尝君、魏国信陵君、楚国春申君门客都在三千以上，赵国平原君的门客也有三千。不过这些门客，或以文才见长，或以武功取胜，文武双全者却为数不多，挑来挑去只挑出十九名。正在这时，最下首处一人，走到平原君跟前说："微臣毛遂，愿与主公同往。"平原君见有人自荐，很是高兴，仔细看毛遂，颇觉陌生，就问："先生来这里多久了？"毛遂答："已有三年。"平原君失望了，说："大凡人才，如同放在口袋里的锥子，尖头很快会扎出口袋。先生在我门下已三年，既未听到人们有何赞誉，也未见做过出色之事，可见只是平常之人先生不用去了，还是留在家里罢。"毛遂听了，不觉有些难堪，接口便说："既然如此，今日就请主公将微臣放入袋中。主公如早将

微臣放入袋中，微臣就脱颖而出了，何止扎出一点尖头？"平原君见他出言不凡，一时又找不到其他更合适的人，就让他一同去了。

金对虎纹长条饰

楚考烈王前慷慨陈词

平原君一行来到楚国，拜见了楚考烈王，可是任凭平原君怎么说，从太阳出来一直说到日当正午，楚考烈王就是不点头。随行的门客个个皱起眉头，无可奈何。毛遂见状，一手按住腰间的佩剑，一边迈步走上台阶，当着楚考烈王的面问平原君："合纵的利弊，几句话就可说清，何以从早上说到中午仍犹疑不决，究竟什么原因？"楚考烈王正不耐烦，见无端跑上一个人来，开口又如此不客气，不由沉下脸来问平原君。"他是何人？"平原君答："是我门客。"楚王一听大怒，对毛递叱斥道："滚下去！寡人同你主人说话，不用你来插嘴！"毛遂按住剑柄踏前一步，不动声色地对楚考烈王说："大王对我如此无礼，大概是依仗楚国兵马众多，但此时十步之内，我一剑就可置大王于死地，再多兵马又有何用？昔日商汤最初封地不过七十里，后来统有天下；周文王封地最初不过百里，最后成就灭商建周大业，天下成大事者并不仅靠兵多，根本原因在于君王英明。今楚地五千里，甲士百万，完全拥有争夺天下的条件，可眼下是何处境？秦将白起不过一匹夫，率数万人马来攻，一战夺鄢、郢；再战焚夷陵，三战又毁贵国祖庙。大王历代先人遭受如此凌辱，实是百世之羞，连我赵国都感到愤愤不平，大王竟无丝毫痛恨之心！我主公此次奉命来贵国商议合纵之策，根本目的是商量如何同心协力打

败暴秦，此举对楚国实现复仇称霸大业大大有利，难道仅仅只是为了赵国吗？"

歃血为盟，完成合纵使命

毛遂一席话，尖锐地触动了楚王的隐痛，也激起了楚考烈王的雄心，他不由坐直身子对毛遂行了一礼，说："先生所言极是，如赵王真是如此考虑，寡人愿竭全国之力，赴赵与秦决一死战！"毛遂见楚考烈王答应了，为防他反复，又追问一句："合纵决定了吗？"考烈王坚毅地说："决定了！"于是毛遂转过脸去，对楚王的侍从说："请拿鸡、狗，马血来。"按当时歃血为盟的礼制规定，天子用牛、马血，诸侯用狗、猪血，大夫以下用鸡血。侍从将血取来，毛遂接过盛血的铜盘，走到楚考烈王面前跪下，高高托起，让楚考烈王先歃血而定纵，然后平原君，再是自己，殿上人歃毕，又到阶前，阶下十九人也一一行过歃血礼。平原君终于不负重任，完成了使命。

回到赵国后，平原君感慨地对人说："以往我总觉得阅人无数，优劣巧拙，一眼就能看清，从不埋没人才，想不到这回毛遂先生给我上了一课。"自此以后，平原君对人更加谦虚，毛遂也因此被列为上客。

一字千金

吕不韦的煊赫权势

由于吕不韦以大量财物进行活动，在赵的秦公子子楚得立为太子。公元前250年，秦孝文王去世，太子子楚即位，即秦庄襄王。庄襄王元年，公元前249年，任命吕不韦为丞相，并封为文信侯，以今陕西蓝田附近的十二个县作为吕不韦的食邑，后又改以河南洛阳十万户人家的租税作为俸禄。公元前247年，庄襄王去世，太子政立为王，乃尊称吕不韦为"相国"，号"仲父"，意即秦王的叔父。

吕不韦喜欢摆阔，家里养的奴仆有一万人。他又向当时名声远扬的魏信陵君、赵平原君、齐孟尝君、楚春申君等公子官僚看齐，也招致有各种特长的食客三千人，把他们供养起来，给以优厚的待遇。

编大著作流芳百世

商人出身的吕不韦，有了这样煊赫的权势和阔绰的生活，还想在文化上出人头地，编写一本大著作，以便流芳百世。于是他令宾客们人人各著所闻，写成一篇篇小文章，再把这些小文章加以汇总整理，终于编成了一部二十多万字的大书。

这部大书分为"有始览"、"孝行览"等八览，"开春论"、"慎行论"等六论，"孟春纪"至"季冬纪"等叙述每月天象和人事变化的十二纪。每个"览"、"论"、"纪"下都有若干篇文章，全书共有文章一百六十篇。这些文章包含了道、儒、法、兵、墨、农、阴阳等各家学说。吕不韦宣传这部书兼容

函谷关及其关外战场遗址

天地、万物、古今之事，把它命名为《吕氏春秋》。因为该书以"八览"开首，后世又把它简称为《吕览》。

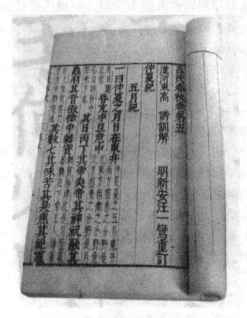

《吕氏春秋》书影

抬高身价显示威风

《吕氏春秋》编成后，看看各方面的反响还不那么热烈。于是，吕不韦又想出

《吕氏春秋》

奇招：把编好的书公布于都城咸阳市大门旁，又放一千两黄金在上边，并贴出告示说："凡诸侯、游士、宾客中的任何人，有能增损书中一个字的，就给予一千两黄金的奖赏。"后来人们便用"一字千金"这个成语来形容诗文的珍贵。

书文、黄金、告示在咸阳市门旁放了好长时间，却没有对书文提出异议，进行增损的。难道书文的质量就这么高吗？很可能是人们害怕吕不韦的权势，不敢在太岁头上动土、老虎头上拍苍蝇吧！

荆轲刺秦王

易水悲歌

荆轲准备好行装，将樊於期的头装在特制的匣子里。太子丹又张榜告示，征求天下最锋利的匕首，赵国有位铸剑名师，姓徐名夫人，闻讯前来应征，太子丹出价一百金将他的匕首买下，然后让工匠用毒药淬染锋刃，经过淬染的匕首，只要刺人流出一丝血，这人就会立刻中毒死亡。于是太子丹为荆轲准备行装，同时另派了一个名叫秦舞阳的勇士给他当助手。

动身的那天，太子丹带着几名知情的宾客，穿着白色的丧服来到易水边为荆轲送行，大家沉默不语，气氛十分凝重。祭拜仪式结束后，荆轲的好朋友高渐离取出随身携带的"筑"（"筑"是一种用竹尺敲奏的乐器，共有十三根弦，乐声深沉浑厚），为荆轲奏曲壮行。荆轲和声而歌，歌声悲壮而苍凉，听的人都情不自禁地泪流满面。荆轲最后歌道："风萧萧兮易水寒，壮士一去兮不复还！"慷慨激昂的歌声使人心潮澎湃，热血沸腾。歌毕，荆轲驾车而去，头也未回一次。

入殿晋见

荆轲来到秦都咸阳，先用千金重礼贿

赂了秦王政的宠臣中庶子蒙嘉。蒙嘉进宫对秦王说："燕王畏惧大王的威严，不敢举兵抗秦，情愿率全国官民归附大王，与其他诸侯国一样编为秦国的郡县，每年按时朝贡，以保留他们燕王祖先的香火。他们的使臣不敢冒昧上陈，特地砍下了樊於期的头以及燕国督亢地区的版图作为晋见礼，让臣先报告大王，听凭大王裁定。"秦王正在兴头上，闻言自然更加高兴，马上穿上朝服，以受一国之降的礼仪设下九宾之礼，传令在咸阳宫接见燕使。

公元前227年的一天，荆轲捧着装有樊於期头的那只匣子，让秦舞阳捧着地图匣跟在身后，上殿去见秦王政。咸阳宫气势恢弘，长长的通道两旁戒备森严，站满了高大魁梧、威风凛凛的铁甲武士。上台阶时，未见过大场面的秦舞阳已吓得脸色煞白，胆战心惊，浑身紧张得几乎变了形，秦国的大臣们见状不由笑出声来。荆轲怕露出破绽，赶忙回头对秦舞阳笑了笑，再转过头去替秦舞阳解释说："他是北方夷狄之地出身的乡巴佬，没见识过天子的威严，所以紧张得连路都走不稳了，还请大王原谅。"

图穷匕见

秦王政傲慢地瞟了一眼秦舞阳，对跪在面前的荆轲说："你起来，将他手里的地图拿给寡人。"荆轲一听，心中暗喜，谨慎地站起身来，拿过秦舞阳手中的地图，捧到秦王面前。地图一点一点地展开，将到尽头时，卷藏在地图中的那把匕首露了出来，荆轲乘秦王还未回过神来，左手一把扯住秦王的衣袖，右手拿起那把淬毒的匕首，挥手向秦王胸口刺去。秦王大惊失色，猛然一挣，向后跳开，衣袖"唑"的一声被扯了下来。荆轲一击不中，跨上几步再

刺，秦王四处闪避。

刹那间，殿上的大臣都傻了眼，有几个稍稍清醒的也只能站在原地干着急。原来秦律规定，大臣上朝时，不得携带任何兵器，殿中卫士只能远远站在宫前台阶下，没有秦王的亲口诏令谁也不准上殿。此时，秦王政在荆轲的追杀下四处躲闪，一边逃一边想抽出自己的佩剑，但是剑身太长，一时抽不出来，只能狼狈地绕着柱子跑，躲避荆轲的追击。

正在危急关头，侍立殿旁的御医夏无且举起身边的药囊，向追赶过来的荆轲奋力砸去。荆轲被阻了一下，秦王乘机脱出追杀。此时殿下的群臣看出窍门来了，在下面大叫："把剑移到背后去，把剑移到背后去！"秦王一听会意，马上将佩剑移到背后，"咣"地一声抽了出来。说时迟，那时快，秦王一旦宝剑在手，立刻大喝一声向迫逼上来的荆轲一剑劈去。荆轲匕首太短，无法抵挡秦王长剑的攻击，秦王一剑砍断了荆轲的左腿。荆轲扑倒在地，忍住剧痛，将匕首向秦王投去，秦王一闪，匕首掠面而过钉在了柱子上。秦王见荆轲没了武器，返身在荆轲身上连刺八剑。

荆轲知道没有指望了，倚在柱子上放声大笑，伸腿而骂道："今天没把你刺死，是因为我想活捉你，逼你立下退还诸侯土地、停止进攻他国的协议，以报答燕太子丹对我的知遇之恩。"这时秦宫卫士一拥而上，将荆轲杀死。秦王望着他那怒目而视的样子，还是忍不住心惊胆战，连续好几天魂不守舍。

荆轲刺秦王虽然没有成功，但此事悲凉壮烈的气氛和惊心动魄的场景，千百年来经常被人们谈论和传颂。

第二节　文化中兴：艺海拾贝　科技撷英

曾侯乙墓

　　春秋战国时期，诸侯国林立，只有少数大国的宏功伟业流传于史册，扬播于闾巷之间，为人们所熟知。众多的小国却逐渐消失在历史的记忆之中，例如东周时期先后被楚国吞并的"汉阳诸姬"，史籍中对它们只有零星记载。然而，在上个世纪70年代末，历史的迷雾终于被揭开了一层，一个重大的考古发现将人们领入2000多年前"汉阳诸姬"之一——曾国辉煌灿烂的文化当中，这就是曾侯乙墓。曾侯乙墓位于湖北省随州市城关西郊擂鼓墩附近。由于随州地处南方荆楚文化与中原华夏文化交流与荟萃之地，所以曾侯乙墓的文化内涵有着鲜明的时代特征和地域特色。

对凤纹漆耳杯

音乐圣殿

　　我国民族音乐的发展历史悠久，但随着时间的流逝，许多史籍有载的乐器逐渐湮没无闻，难闻其声，有的乐器残缺不全，或者众说纷纭，莫衷一是。曾侯乙墓中出土的乐器数量极多，品种全面能够形成配套，规模也最大，是中国乐器史上的大发现。其中的十弦琴、编钟、排箫，为早已失传的品种，它们的发现意义十分重大。

　　曾侯乙墓出土的大批乐器，以其品类之多、数量之众、规模之大，展现了当时音乐艺术的辉煌成就。根据《周礼·春官》，中国传统乐器按制造材质可分为"八音"，即金、石、木、革、丝、土、匏、竹八类。曾侯乙墓出土的乐器按"八音"分类，编钟为金，编磬为石，建鼓、悬鼓、手鼓为革，琴瑟为丝，鹿鼓为木，匏有葫芦笙，排箫等为竹，只缺土质乐器。这些乐器件件制作精美绝伦，在地下埋藏2400余年而不朽，出土时摆设位置还保持着当年下葬时的原状，这在中国考古史是没有前例的。此墓出土的9种125件乐器，分属两个乐队使用。出自中室的115件钟、磬、鼓、箫、笙、篪属于"庙堂乐队"，按照礼制规定来编组，不仅娱人，而且也在祭天祀租等仪式上演奏。东室的七件乐器主要用来为人提供娱乐欣赏的享受，属于"寝宫乐队"。各有自己的主要功能与表演技艺的两个乐队、两组乐器，是曾国音乐艺术高水平的反映。

　　编钟是中国具有悠久历史的打击乐器，为古代宫廷乐器的最重要的组成部分，是

彩绘竹排箫

拥有者权位、身份的象征。曾侯乙墓出土的一套编钟，包含铜木结构的钟架一副，青铜挂钟65件以及挂钟构件和演奏工具。整架编钟在墓坑积水中长期浸泡，竟然毫无锈蚀，这种罕见现象令人惊叹不已。65件编钟可分为钮钟、甬钟、镈三类，它们放置有序，使钟架既达到饱和状态，又能够方便演奏者演奏。全套编钟不同层、组的钟，音色各有特点：上层钮钟音质清脆嘹亮，余音较短；中层甬钟音质圆润，余音适中，为演奏乐曲旋律的主要部分；下层大钟声音深沉浑厚，气势磅礴，余音较长，适于和声，用来烘托气氛。整套钟合奏时多种音质音色混合，优雅和谐。又因为钟架呈曲尺形三层，演奏时乐音有了三维立体效果，高低错落有致，音韵跌宕。从声学和音乐学的角度考察，这件钟有一个最为奇妙的地方：敲击每个钟的鼓（钟体下部）的口沿正中和鼓部两侧，能发出两个不同频率的乐音，这两个音可以单独也可以同时击发，而且互不干扰。

全套编钟音域宽广，跨5个八度又1大二度，比现代钢琴高低仅各差一个八度。经过研究，这套钟是以姑洗律为标准设计制作，就是按照现代的C调来调制的，这说明春秋战国之际，我国已存在绝对音高和相对音高的概念，打破了过去一些西方人持有的"中国直到战国晚期受到西方影响才有相对音高的概念"这一说法。

曾侯乙编钟的钟体、钟架、挂钟构件上共有铭文3700多字，内容除少数记事外，绝大多数都和音乐相关。其中字数最多的是钟体铭文，65件钟上有2800多字，内容主要为记事、标音和阐述乐理关系。这些铭文堪称目前所见世界上最早的乐理书，将其与测音所获音响资料对照研究，中外音乐史上许多长期以来争论不休的问题迎刃而解。例如唯一沿用至今的一套中国传统乐律十二律，有人认为它是汉朝由希腊传来而后汉化，曾侯乙钟铭文中出现的十二律及其异名达28个，其中大多数早已失传，证明曾国十二律已经过漫长的发展过程，外来之说不攻自破。另外还有我国何时使用七声音阶的问题，长期以来没有定论，甚至有七声音阶是汉以后随着佛教从国外传入的说法。在曾侯乙钟铭文的考释和编钟的演奏实践中，证明了钟磬铭文的阶名包括传统的宫、商、角、徵、羽，还有变徵、变宫；可以奏出五声、六声、七声音阶的乐曲。这表明战国以前七声音阶存在并使用于中国了。

天文学成就的新发现

曾侯乙墓的发掘，还发现了许多我国先秦科学技术史的新资料，反映出我国先秦科学技术的光辉成就，也提出了许多有待探索的课题。

自然科学中，天文学是一门古老的学

科。人们根据天象变化、四季循环来安排耕种收藏等生产和生活活动，出行时也要依靠星宿和太阳的位置来辩明方向。中国是世界上天文学发展最早的国家之一，几千年中积累了丰富的天文知识。作为先秦中国天文学发达的见证，曾侯乙墓中出土了不少研究我国先秦天文学的珍贵资料。在曾侯乙墓中出土的漆木衣箱5件，它们形制相同、大小相近，但纹饰和铭文各异。与天文星象或天地宇宙间的神话故事有关。编号为E·66的衣箱箱体是矩形，箱盖拱起，分别象征天穹和大地；衣箱顶中央有一个大"斗"字，用意表示北斗天极，象征天球的中央；绕着"斗"字有二十八宿星辰的全部名称，箱盖和箱身绘有代表二十八宿的"四象"中的三象：青龙、白虎和朱雀。古代二十八宿的划分，在中国、印度、波斯、阿拉伯等国家都有，这个衣箱上的二十八宿天文图，是迄今为止世界上最早的，有力支撑了中国老一辈学者关于二十八宿起源于春秋时代的推断。编号为E·61的木箱箱盖左端一角有漆书20字。衣箱上的图像与漆书是中国古代天文历法的形象与文字相配的最早记录，也反映出我国古代天文学的杰出成就。

彩绘几何纹漆方豆

青铜和纺织工艺的见证

曾侯乙墓出土的青铜器造型大，工艺精湛，需要高超的铸造技术。例如墓主的外棺铜构架，重达3000多公斤。还有编钟，铸造时不仅要求外形精美，还要求音律准确、音色纯正悦耳，铸造难度极大。就是在现在，我国的研究人员采用现代技术复制曾侯乙编钟，总觉得与原钟存在差距。曾侯乙墓青铜器的铸造者们，继承了我国古代传统的青铜铸造工艺，而且在许多方面还有创造发明。

首先是组合陶范浑铸技术有了创新。陶范浑铸就是利用多块陶范合铸铜器的一种技术，曾侯乙墓出土的各类青铜礼器的主体部分大都是采用浑铸法铸成。另外，传统的分铸技术也有了突破。分铸就是先分别铸出局部，然后与主体铸接。以往的分铸件大多形体小，重量轻，而曾侯乙墓中则出土了许多大件分铸的青铜礼器。例如用来储酒的两件大尊缶，高1米多，腹径1米，重300公斤，铸造时设计和工艺流程十分严密，工序没有丝毫差错。它们的铸件的结合部位，不仅十分牢固，而且还很严密。还有焊接技术，不论是强度较高、操作较难的铜焊，还是强度较低、操作简便的锡焊，都取得了新成就。此外，还大量使用了在前期铜器中少见的榫卯和组装连接技术。使用比较复杂的先组装再加焊的技术，在过去的器物中也是比较罕见的。曾侯乙墓大量青铜器红铜纹饰呈铸态组织，是浇铸而成的，根据其工艺特点，这种方法被称为"铸镶法"，是一种新的发明。

曾侯乙墓还出土了大量的丝麻织品，由于年代久远而且长期浸水，都已经腐烂，但仍然为研究战国早期的纺织工艺提供了宝贵的实物资料。通过检测丝纤维，可以看出当时已经注意蚕茧的选用，缫丝质量较之早期也有提高。墓中还首次发现了丝麻交织的纱袋，经线或丝或麻，纬线则全部用丝，是世界上已知最早的丝麻混纺织品。在出土的丝麻织品中，包括纱、绢、锦、绣等多种织物，其中首次发现了一种用夹纬使经线现出暗花的单层几何织锦，对我们了解商锦，周锦再到汉锦的发展过程和织造工艺具有重要价值。

矩纹彩漆竹扇

军事装备种种

春秋战国时代，诸侯割据，各国之间征战频繁，军事装备的制作技术随之迅速发展。曾侯乙墓出土的众多兵器、车马和记载葬仪的车马兵甲的竹简，都生动地反映出这一点。

其中兵器既有车兵所用，又有步兵所用，还有骑兵武器。功能攻防兼备，包括用于格斗的戈、矛、戟、殳，用于远射的弓矢，以及防卫的盾、甲、胄。各种武器如何配备，竹简遗册上还有明确的记载。

在进攻性长兵器中，锐殳、双戈、三戈相结合的戟都极具特点。它们的器首锐利异常，所用长杆一般都在3米以上，甚至有4.3米的。长杆大多为积竹木柲，制作时以木杆为芯，外包竹篾，再用丝线缠绕，最后髹漆。这样的复合杆身，强度、硬度、韧性和防腐防潮都得到了很好的保证，更加适于车战的远距离厮杀，是我国先秦时代兵器制造技术的一大创举。在长兵器中，有我国兵器史上首次发现的锐殳、双戈或三戈结合的戟，杀伤力都很大。

防卫性武器甲胄有大量出土，包括人胄和马胄。经过清理、复原和仿制研究，首次查明了制作甲胄的工艺流程，获得了有关东周甲胄的珍贵科研资料。

曾侯乙墓出土了1127件车马器，其中有许多重要品种，尤其是铜车𫐐的铸造，不仅种类多，铸造精，而且出现了两件矛状车𫐐。𫐐是车轴上用于固定车轮的部件，矛状车，是在车𫐐外端加铸连弧刃的矛。装有这种车𫐐的战车在中国极为少见，可以在和敌车交错时铰断对方车轮的辐条，杀伤战马，这是军事挂术上的创造，相当于世界古代史上的刀轮战车。这两件车𫐐的出土，表明在曾侯乙的时代，中国的战车制作与车战技术处于世界的前列。

曾侯乙墓出土的240枚竹简，记载参加葬仪的车马兵甲的情况，所记车名有40多种，不少是在文献中没有记载的，其中战车至少有21种，明显多于其他用途的车乘。从竹简的记载中，人们还可以看到当年车战的某些情况，例如车上的武器装备，战车的队列阵形等等，反映了当时军事科技的发达。

另外，曾侯乙墓出土的文物，在雕塑、绘画、书法等等艺术领域也有着重要的意义。

曾侯乙墓的发掘和研究，为研究东周诸侯葬制提供了可考资料，为东周考古断代树立了新的标尺。在春秋战国时期曾国这样一个小国的墓葬里，出土了这样多的精美文物，展示出这么高度发达令人称奇的文化。它是社会制度变革，生产力发展的结果，也是中国区域文化交流的见证。

好蚤圆壶

稷下学宫

学者自由讲论、共同研讨的场所

战国时代齐国为招引学者前来讲学，开设了一个学宫，它位于齐都临淄城西面的稷门附近，在稷山之下，因此称为"稷下学宫"。学宫建立之处，原来是谈说之士经常聚会的地方。开设学宫后，在那里建起了讲室、馆舍。学者们定期在学宫聚会，进行讲学活动更方便和频繁了。来到学宫讲学的人称"稷下先生"，他们各自著书立说，谈论如何治理国家。

稷下学宫的创立者是齐桓公，这不是春秋初年的霸主，而是战国时期的田齐桓公，公元前374年到前357年在位。建稷下学宫后，就招致贤人，给以大夫的称号，尊宠有加。当桓公子齐威王时，稷下学宫有了进一步的发展。威王子宣王更喜爱文学游说之士，学宫更加繁盛。直到齐襄王时（公元前283年到前265年在位），稷下学宫犹存。据说当时来学宫讲学的人，都给予"列大夫"的地位。荀子五十岁来游学，由于他的学问和声望，曾经三次当了荣誉最高的"祭酒"。学宫的学术讲论活动，在齐国一直延续了一百余年。

待遇优厚，贤士云集

齐王对来稷下学宫讲学的学者，一向给予优惠的待遇。除了赠予"列大夫"的称号和高额的俸禄，还给他们分配高门人屋的住房；专门划出一个区域，给稷下学者居住，在居住区内开辟宽敞的大道，让学者和官吏们自由往来，显示出宏伟的气派。据说齐宣王时稷下学者七十六人，都赐以大住宅，命为"上大夫"，让他们在学宫中高谈阔论。由于统治者的扶持、提倡，稷下学宫的规模愈来愈大，学者云集，最盛时学者达到数百，甚至上千人。这在战国时代，真是一个奇迹。

当时各国的学者，大部分都到稷下学宫来讲过学，其中较著名的有：齐国人田骈，著作有《田子》二十五篇，接子，著作有《接子》二篇，淳于髡，言谈诙谐幽默，著作未详；邹衍，善言谈辩论，提出过"大九州"等学说，著作有《邹子》四十九篇和《邹子终始》五十六篇，邹奭，善写文章，著作有《邹奭子》十二篇；鲁仲连，好出奇策，著作有《鲁仲连子》十四篇；楚国人环渊，著作有《蜎子》十三篇；宋国人宋钘，著作有《宋子》十八篇；尹文，著作有《尹文子》一篇；邹国人孟轲，著作有《孟子》十一篇，赵国人慎到，著作有《慎子》四十二篇；荀卿，

鄂君启节

著作有《荀子》三十二篇，等等。

争鸣热烈，成果累累

上述这些学者，分属于不同的学派。他们自由讲学，各抒己见，互相切磋，必然形成热烈的争鸣气氛。据说齐国有个辩士田巴在稷下学宫讲学，他诋毁五帝，斥责三皇，赞美五霸，一天折服千人。有个年轻人鲁仲连发问说："今楚攻南阳，赵伐高唐，燕夺聊城，国家危亡在旦夕，先生该怎么加"田巴无言以对，乃终身不谈，可见稷下学宫讲学活动中交锋的激烈。孟子能提出"民贵君轻"，荀子提出"制天命而用之"即制服天命而利用自然等先进理论，显然是受了稷下学者热烈争鸣的思想影响。

除稷下学者个人的著作外，学宫还有许多集体的研究成果。现今流传的《管子》一书，内容丰富，包罗万象，它就是稷下学者的论文汇编。齐威王时，又命稷下学者追论整理古代的《司马法》和春秋时的《穰苴兵法》，使它们重放光辉。

稷下学宫的创办和学术交流活动的盛行，使齐国成为战国时代学术文化的重要中心，在当时以至后世都产生过积极的影响。

楚国帛画达到鼎盛期

帛是战国时期对丝织物的通称。帛画大概起源于战国中期，到东汉以后才消亡不复见。中国现存最早的帛画出于楚地。即江陵马山1号墓所出的帛画。此墓年代属战国中期偏晚或战国晚期偏早（前340以后）。可惜由于年代久远，并且由于这幅帛画是折叠的，已残损得无法辨认。

除了马山，在长沙沅湘流域也出土了三幅帛画。即陈家大山一号墓《人物龙凤图》、子弹库一号墓的《人物御龙图》和《楚帛书》。这四幅帛画的形制和内容可分两类。有学者认为《人物龙凤图》和《人物御龙图》属于为墓主人招魂的旌幡，陪墓主人下葬的。而帛画则为数术辟邪图谱，为墓主人生前使用的。从内容来看，《人物龙凤图》和《人物御龙图》仅有卓而不群的墓主人画像，以及龙凤等个别的图案。帛画的风行，相信跟楚招魂的习俗有关。帛画的发展可分为四期：（一）成长期（战国中晚期）；（二）鼎盛期（西汉初期）；（三）扩大期（汉武帝时期）；（四）衰落期（西汉末至东汉）。据学者研究帛画的内容可分为三大类：（一）巫术辟邪的天界内容；（二）模拟人间的像生内容；（三）旌幡招魂的冥间内容。帛画的分类，完整地反映出楚人的世界观，包括天界和神界观、人生和像生观、地界和冥界观。

楚国帛画是中国现存最早的独幅绘画，而西汉初期马王堆帛画不仅填补了绘画史的空白，而且是整个秦汉绘画最瑰丽的篇章。

定名为《人物龙凤》的一幅于1949年出土于长沙东南郊陈家大山战国楚墓。图

战国帛画龙凤仕女图。湖南省长沙市陈家大山楚墓出土。四周均为毛边，是当时用以"引魂升天"的铭旌。占画面主要位置的仕女，侧身而立，面向左方，细腰长袍，衣长曳地，下摆向前后分张，衣上饰卷曲的云纹图案。仕女头上，左前面飞翔着一只凤鸟，头向上，两翅上张，两脚一前曲一后伸，似乎在振翼奋起。鸟的前面有一龙，势若扶摇直上。全画的主题是祈求飞腾的龙凤引导墓主人的灵魂早日登天升仙。龙凤仕女帛画是现存两幅最早的帛画作品之一，是研究战国时期楚文化的珍贵资料，与人物御龙帛画比较，龙凤仕女帛画的笔触显得较为古拙和简劲。

高 31 厘米，宽 22.5 厘米。居于画面主体位置的是下方一侧身而立的青年女子，头上挽一垂髻，双手合掌，身着缀秀卷云纹的宽袖长袍，袖口略束，腰肢纤细，令人想及"楚王好细腰"的谣谚。女子前上方一硕大的凤鸟正展翅飞翔，其尾羽飞扬，前后足有力地撑开。凤的前方居于画面左边的是一升腾而上的龙。定名为《人物御龙》的一幅于 1973 年重新清理 40 年代被盗的长沙东南子弹库楚墓时出土。画面正中是一侧身执缰的男子，头戴高冠，身着

长袍，腰佩长剑，正驾御着一条状似舟形的长龙。龙首高昂，龙尾上翘，龙身平伏让男子伫立，龙尾上部立着一只长颈仰天的鹤，龙首下部有游鱼，暗示龙浮游于水，人物上方正中则画有一华盖。

帛画人物御龙图。画中人物比例相当准确，使用单线勾勒和平涂与渲染兼用的画法。人物略施彩色，龙、鹤用白描。画上有的部分用了金白粉彩，是迄今发现用此画法的最早作品。

考古证明，两幅帛画中的人物皆为墓主肖像。两画的主题均为表现在灵物（游龙、龙凤）护持、导引下，墓主飞翔升腾，意在表示死者灵魂不朽，升归天国。这种主题反映了当时楚国流行的引魂升天意识，并且两画在造型观念和绘图方式上都相接近，表明它们是当时楚国绘画的一种普遍样式。从绘画表现看，两幅帛画都是运用线描，并有晕染。说明线作为传统绘画重要表现手段在战国时期已运用得相当熟练，细如游丝的墨线传达了物象的整体形貌，更贴切地表现了创作意图所需要的物象运动感，龙、凤、鸟、有羽葆的华盖等都因线条飞扬、舒展而呈现出游动、腾升、飘浮的各种意念。

墨子创建墨子学派

墨翟，鲁国人，生活于孔子之后，孟子之前。曾为宋国大夫。相传墨翟早年曾受过儒家教育，后来却抛弃儒学，创立了墨家学派。《墨子》一书，一共有 53 篇，大部分内容是墨翟的弟子或再传弟子记述墨翟言行的集录。

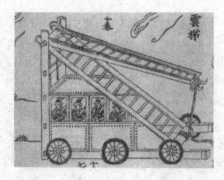

墨子学派发明的战国云梯。攻城工具。

墨子像

墨子的社会理论是兼爱，用"兼相爱，交相利"的原则作为拯救天下的药方。同时，"节用"是墨翟学派的经济理论的核心，他反对穷奢极欲、挥霍浪费，"节葬"、"非乐"就是由此而提出的。

相传公输般为楚制作攻城的器具将要攻宋，墨翟闻讯就从齐步行十日十夜至郢都见楚王和公输般，宣传"兼爱"。"非攻"的道理，让楚不要攻宋，并和公输般比试攻防的器具效能，使公输般甘拜下风。墨翟还派 300 弟子赴宋帮助坚守。

墨子的哲学是浅薄的和陈腐的，他的哲学是实用的，他宣扬天意的目的说穿了也是为了证明他就是天意的代言人。

墨家学派的伟大贡献在于其科技上的观点。墨子力学的展开方式是墨子三表法的应用，也就是在对事物的本、原、用中展开对象。运动（动、行）在他的物理学中有重要的地位，墨子实际上在运动中考察时间和空间，从而在运动中把它们合为一体，这与希腊乃至西方的时空分离是不大相同的，因此可以说，时间和空间的组合是在运动变换中完成的，用时空作为运动的用，这就是组合变换。

墨经在力学上的主要贡献是在分析上，以发悬物（若发长均匀，则力分散平均）、杆杠、球体平衡、垒石平衡就都具有这一特点。

墨子的光学是墨经中的一部分，在墨经中其他物理学科占分量极少的情况下就显得极为突出。

虽然表面上它包含了很像是几何光学的东西，却不是现代意义上的几何光学。墨子几何光学的核心是影，它是在影的构成和变化的说明中包含了几何光学的东西。

因此，墨子几何光学是其变换范式的一个应用，这个范式是三表法中"用"的升华，即在用对象中，在使它物作用于对象使之变换中展开对象的性质。

墨经中包含小孔成像（小孔使影在大小、正反上的变化），有投影、反射以及平面、凸面、凹面镜对影的改变。这些物体都是围绕影的，是它们使影的结构发生变换。

中国通史　最新整理图文珍藏版

因此墨子几何光学不包括光、光线性质的讨论，因此也缺少反射角、折射角的研究。它的核心是组合（影）在事物作用下的变换结构。

但是这八条在古代几何光学史上也是很辉煌的了，不但在后代中国没有可以与之相比的，在当时也是先进的。

《墨子》特别是其中的墨经含有很多科技内容。几何就是其中一种。墨经彻底否定了中国人擅长代数不懂几何的说法。墨子几何在很多基本几何观念上表明了当时几何的抽象水平。

墨经中的逻辑学内容十分丰富，它关于达、类、私三大种属和专名概念的分别以及谓（命、举、加）的逻辑语法是异常重要的，这已经构成了概念逻辑的基本结构。

《墨子》书影。清光绪湖北崇文书局刻本。《墨子》一书，一共有53篇，大部分内容是墨翟的弟子或再传弟子记述墨翟言行的集录。

这一结构的核心是四同（重同，二概念的外延同。体同，一方包容另一方。类同，外延相交。合同，二者组成另一概念的外延），这就构成了概念的基本结构，《大取》分为十同是繁琐化。它把概念的结构叫谓，是在实名词间进行的，二者相并组成判断（叫"合"），二者相作用使之变动叫"为"，合有三种，为有六种（存、亡、易、荡、治、化）。它关于判断的三种类型是易于理解的，而关于为的理论则不

那么容易了，这实际上才是战国文明的特殊性所在。四同的概念说超出了希腊文明，而"为"则是对这个概念结构的操作变换（"合"才是希腊式的判断）。

它对于蕴涵（"故"）的形式（"体"）的两个件（"端"）的充分必然的双向关系是明确提出了的，对于同一律（"彼，彼此于彼；此，此止于此"），不矛盾律（"不两可"）、量词（"尽"与"或"）、偷换论题，说谎者悖论（"以言为尽悖悖"），表明墨经逻辑知识不但丰富，而且与希腊文明相比大大超前。

墨子的逻辑在概念结构及其变换上达到了一个奇妙的境界，可惜我们已不能完全复原，在此之后，中国逻辑学上没有人再达到墨经的水平。

从整个墨经来看，它们指的应该是《大取》的"以故生，以理长，以类行"，生对存亡，理对易荡，行对治化，是根据本（故）、原（类）、用（理）来展开概念构成辩论，相比之下，类推、援比、假设等辩论和推论方式则是零散的了。

《孙膑兵法》成书

战国中期孙膑及其弟子们写下一部中国古代著名的兵书，即《孙膑兵法》，古称《齐孙子》。

该书继承并发展了《孙子兵法》等书的军事思想，总结了战国中期及其以前的战争经验，在战争观、军队建设和作战指导上都提出了许多有价值的观点和原则。

在七国纷争的战国时代，战争必不可少且对一个国家的盛衰起着重大影响。孙膑认为"战胜而强立，故天下服矣"，否则就会"削地而危社稷"。这种思想是符合当时争雄的客观实际的。

在军队建设上，此书提出首要的问题

孙膑像。孙膑是战国时齐国著名军事家，是孙子之后中国历史上又一位战争谋略大家。

是"富国"，一个国家只有富裕充足了，"强兵"也就有了可靠的基础与保障。关于强兵，它重视训练、法制和将帅条件。提出"兵之胜在于篡（选）卒，其勇在于制"，即士兵要严格挑选，严格训练，有良好的组织编制，做到赏罚严明，令行禁止。对于将帅的看法，它认为他不但要具备德、信、忠、敬等品质，更应善于用兵之道，即要"破强敌，取猛将"。

在作战指导上，强调要"知道（取胜之道）"，认为"安万乘国，广万乘王，全万乘之民命者，唯知道"。《孙膑兵法》一书把孙武所说的"道"加以发展，把它看作是战争的客观规律。所谓"知道"，具体总结地说就是"上知天之道，下知地之理，内得其民之心，外知敌之情，阵则知八阵之经。"强调创造有利的作战态势，即所谓的"孙膑贵势"（《吕氏春秋·不二》）。孙膑发展了孙武"我专而敌分"的理论，提出了以寡胜众，以弱胜强的战法。这在齐魏马陵之战和历史上有名的"围魏救赵"中，得到了充分体现。他还主张

"必攻不守"的战略不以防御为主，重视攻取城邑和阵法的运用。

孙膑兵法早有著录，《汉书·艺文志》载："《齐孙子》八十九篇，图四卷。"其后失传，不过在《史记》、《通典》等古籍中仍然保存了少量佚文。1972年4月，山东临沂银雀山汉墓出土了一批孙膑论兵的竹简，经过整理、注释，编纂为《孙膑兵法》，共364简，11000余字，分上下两编，各15篇。这些出土竹简为了解《孙膑兵法》原稿提供了珍贵材料。

儒法之争

春秋以来，奴隶主贵族维护其统治的周礼逐渐失去了原有的威力，旧有的典章制度随之而衰落。因而出现了一批改革家如管仲、子产等，他们颁布法令与刑书，改革田赋制度，成为战国时期法家思想的先驱。

法家的创始人李悝任魏相时，废除了官爵世袭制，按照"食有劳而禄有功"的原则选拔官吏，与儒家的"贤其贤而亲其亲"的重德观有了差异。他还收集诸国法律，完成《法经》6篇。与李悝同时的吴起在楚国进行政治改革，破除世卿世禄制，强迫旧贵族去边疆垦荒。虽然使楚国强大起来，却为贵族所不容，其改革措施甚至被当面斥为阴谋诡计，最终为贵族杀害。商鞅在秦国实行两次变法，其主要内容是开阡陌封疆，废除井田制，承认土地私有，奖励农战，有军功可授爵位；实行郡县制，主张严刑重罚以杜绝犯罪。但他排斥道德教化，轻视儒家的礼乐，反对效法古代的治世之道。他的变革也使秦国富强起来，但却因得罪贵族而终遭杀害。而申不害、慎到分别强调重"术"和"势"，反对因循守旧。

中国通史

最新整理图文珍藏版

到战国末期，韩非集法家思想之大成，将"法"、"术"、"势"三者糅合为一，主张"以法为教"，厉行赏罚，奖励耕战。在理论上直接地批判儒学的治国方法。韩非继承荀子人性恶的思想，认为要治理好国家，必须依靠严刑峻法，而不能凭借仁义道德之教，认为"威势可以定暴"，"德厚却不能定乱"。儒家不顾社会的具体情况，言必道尧舜，韩非认为这"非愚即巫"。在他看来，治国之道随着时代不同、情况不同应有所变革。在"争于气力"的时代，只有实施法制，统一于法才能制服民心，稳定社会，强国富民。韩非甚至将儒家称为"五蠹"之一，说他们"以文乱法"，罪当禁绝。韩非把"法治"与儒家的"德治"对立起来，主张"不贵义而贵法"，"不务德而务法。"认为人们各以"计算之心相待"，根本不会有什么"恩爱"之心，嘲笑仁义道德不合时势，揭露了它的虚伪性。

战国雷纹鼓。乐器。鼓身明显分为三段，胴部突出且大于鼓面，束腰，外侈足，腰部有四耳。属于云南石寨山铜鼓的早期形式。

法家对儒家在理论上和实践上的批判，顺应了当时由奴隶制社会向封建社会过渡的大势，对社会的发展起了积极的推动作用。但是法家"刻薄寡恩"，过份地压制的政策，显示出其残暴、酷苛、不合人情，也因此决定它不能一直居于显学地位。秦亡后，其法治思想被汉儒吸收到儒学体系中，主张德刑并用，成为地主阶级维护统治的有力工具。

屈原作《九歌》

《九歌》本是远古的乐曲名。屈原的《九歌》是在楚地祀神歌舞的基础上创作而成的。它包括《东皇太一》、《东君》、《云中君》、《湘君》、《湘夫人》、《大司命》、《少司命》、《河伯》、《山鬼》、《国殇》、《礼魂》共11篇作品。《礼魂》是送神曲，《国殇》祭奠为国捐躯的将士，其余9篇，各祭1位天神地祇。《九歌》带有浓厚的宗教情调，普遍采用由男女巫觋扮作神祇和迎神者，互相唱和的形式，如同生动的歌舞剧。其中有隆重热烈的迎神场面，有对神的礼赞和歌颂，更多的是写男女神祇之间的爱慕和思念，实际是笼罩着宗教面纱的人间恋歌。《九歌》的语言优美隽永，风格清丽绵邈，深婉曲折。诗中善于表现主人公深邃复杂，缠绵细腻的感情。如《山鬼》中写女主人公精心装扮，伫立于山巅，等候恋人，时而自信，时而怨恼，时而猜测，时而狐疑，时而感伤。诗中把她那种起伏不定，倏忽变化的思绪表现得淋漓尽致，充满了哀怨忧伤的情调。《九歌》中还常常用环境物描写来烘托感情，创造情景交融的境界。如《湘夫人》中描写湘君等候湘夫人的情景，萧飒的秋景，衬托着湘夫人的绰约身姿，勾起湘君的无限惆怅。诗的一开头，就把读者带进了优美而凄婉的意境。另外，《国殇》一诗是对阵亡将士的祭悼，写出了激烈的战斗场面和将士们视死如归的战斗意志，风格也豪迈悲壮，是历来传诵的名篇。

《天问》作于屈原被逐之后，相传他走进楚国先王之庙和公卿祠堂，见到壁上所画的天地山川、神灵鬼怪及古代圣贤的故事，于是援笔发问，以抒忧泄愤。诗中

595

九歌图局部

共提出 170 多个问题，涉及很多神话传说和历史故事，表现了屈原的怀疑批判精神和深沉的忧国情绪。它是研究中国古代神话的珍贵资料。

楚辞是屈原在楚地民歌基础上改造而成的一种新诗体，其名称最早见于汉初，人们用它来称指屈原、宋玉等人的作品以及汉代作家的模仿之作。屈原是楚辞的伟大奠基者，他的作品在中国诗歌史上占有重要地位。本世纪 50 年代，他曾被推举为世界文化名人。

《乐记》

《乐记》是中国古代儒家音乐理论的重要经典，是荀子学派的著作。《乐记》主要论述了音乐的产生和形成过程。指出音乐产生于人的思想感情，受到外界事物的影响而感情激动起来，就表现为"声"（包括乐音和噪音），这种声互相应和，其变化有一定规律的成为"音"（乐音）。把音按照一定组织奏作起来，再加上舞蹈，就成为"乐"（音乐歌舞）。

它认为音乐表现不同的感情，因而反映并影响社会的治、乱。它列举了哀、乐、喜、怒、敬、爱各种不同感情在音乐上的不同表现，进而指出社会的治、乱和国家

的兴亡必然会影响人的思想感情，因此必然会从音乐中得到反映；反之，音乐表现的不同，也必然会对社会的治乱和国家的兴亡起反作用，给予潜移默化的影响。

《乐记》强调音乐的社会教育作用。音乐应成为社会教育的工具，与礼、刑、政一起，在不同的方面发挥作用，以安定社会，使国家有大治。这一方面的论述，贯穿着《乐记》全文，是儒家音乐思想的核心。它在后世被称为"乐教"。

在音乐美学方面，它要求以善为准则。提倡"德音"、"和乐"，反对"溺音"、"淫乐"。艺术美的最高境界在于个体与社会、人与自然的和谐统一。

《乐记》鲜明地体现了儒家美学的理性精神和特征，具有重要的理论意义，并产生深远影响，在 2000 余年的封建社会中，它所表达的音乐思想被视为正统。

《乐记》的音乐理论创始于孔子的音

战国虎钮錞于。乐器。椭圆筒形体。器顶为折沿平盘，肩部鼓出，腹内收，中空，平底。顶正中立一虎形钮，虎钮背及后股已残缺。虎钮四周镌刻有人、鱼、船、四蒂、兽等图像，常见于巴蜀兵器。

乐思想。当时，在炽热的百家争鸣学术气氛中，礼乐制度的乐的问题是争鸣的焦点之一。论争主要是集中在两个问题上：一是乐是否有存在价值，是否为人类社会生活所必需；二是乐的社会功能，包括乐的教育作用在内。儒家派对乐持肯定态度。比较其他各家来说，这一派的论点最具有历史进步性。与孔子大约同时的道家和略迟的墨家，都反对孔子维护的礼乐制度。

墨家完全否定乐的看法，是从想象中的史实出发，证明从事音乐无益于国家治理。而且，从事音乐还妨碍工作，耽误生产。但是在根本上并没有否认音乐之美，这一点和道家仍有区别。

道家对音乐也持完全否定态度，他们对于文化艺术采取一种虚无主义、取消主义的态度，认为它们是使人丧失本性的东西。但是他们崇尚自然，主张返朴归真的观点却被后世的一些音乐家所吸收，成为在音乐实践活动中提倡抒发人的至性的思想武器，从而为音乐文化的发展，带来有益影响。儒家方面，孔子认为，礼乐必须体现"仁"，如果不能体现，则无意义。其次才是外在的钟鼓等表现形式。孔子之后的儒家代表人物孟子，继承了孔子的中心思想"仁"，提出"仁声"的主张。他并且认识到音乐艺术所特有的打动人心的力量。儒家的另一代表人物荀子，著有《乐论》一篇，系统地论述了乐的本质和社会功能等。他的音乐思想是"隆礼"，他认为乐是服从于礼、配合于礼的，可以起到巩固君臣上下社会等级秩序的作用。

至于法家的音乐思想，一方面是彻底否定礼乐，另一方面则是从狭隘的功利主义出发，只看重有利于促进耕战的歌谣。

春秋战国时期，儒、墨、道、法诸家音乐思想相比较而言，仍以儒家音乐思想具有先进性，有利于促进音乐文化的发展，对后世的影响也最大。

孔子逝世

周敬王四十一年（前479）四月十一日，孔子逝世，享年七十二鲁哀公作诔文蛋念孔子，开后世诔文之先河。孔子的门徒服丧三年，而子贡则在墓冢帝建房而居，门年之后才离去。因为孔子弟子及鲁国人在孔子墓附近聚居，所以墓地一带就叫孔里。

孔子在浓厚的礼乐文化氛围中长大，加之他勤奋聪慧，少时已掌握祀、乐、射、御、书、数等方面的知识，以好礼而闻名于鲁国，并曾等方面的知识，以好礼而闻名于鲁国，并曾专程到周向老子请教礼仪。

孔子少时贫贱，前半生热衷政治，曾作季氏小吏。鲁昭公二十五年（前517），孔子在齐高昭子家作家臣，后来又回到鲁国，聚集门徒讲学，门徒日增。鲁定公时，孔子曾出任中都宰、司空、大司寇官职。前500年，队随定公夹谷会见齐景公。前497年，孔子想伸张国群的权利而堕三都，但由于孔子本质上是个文人，他的政治主张多是理想化的，不切合衬际，堕三都以失败告终。前496年，孔子摄行相事，执政两月使鲁国大治。后因不满鲁国当权的季氏的作为，弃官离鲁，带领弟子周游卫、陈、宋、郑、蔡、楚、等国，多次遇险。孔子四处淳说，但终不见用。前487年，孔子回到鲁国。

晚年的孔子不再求仕，自称"不怨天不尤剑学而上达"闭门治学，潜心研究礼仪。了与弟子整理古籍，评论时事人物。传说作《书传》、《礼传》、为《易》、作《象辞》、《象辞》、《系辞》、《序卦》、《说卦》、《杂卦》、《文官》，人称《十翼》删减《诗》三千多篇为三百零五篇；整理《春秋》，使文辞简约而内寓褒贬；正乐，

孔子行教图

《六经》书影

成六艺以备王道。孔子的主张虽然被当是的君主所采用，影响却很是深远。他门下弟子三千，孔子以文、行、忠、信教诲他们，身通六艺有七十二年。

孔子信天道、天命，乃至鬼神，但他却少谈或不谈它们。在严格意义上把孔子作为哲学家是愚蠢的，但是，在严格的意义上不把他作为哲学家也是无知的，他并没有建立天道、自然的本位论学说，而是采取存而不论的态度，也就是在哲学上对天道和传统采取中止判断的物手法。

在此基础上就是中止判断后重建的行为（他自称不是生而知之，必须学，就是这个意思）他的行为哲学的本质就是一种磊同思想：将对名胜无区别地纳入自身不断更新的大同就是"日新"。在伦理上，他认为人性大同，不诮区别对待，他的仁（爱人）的核心是恕：恕是真正的、无区

孔门弟子守丧

别的爱，他不是三纲五常伦理的提出者，他是礼多半指的文明（在这一点上是矛盾的，他确实区别了社会等级，但也说过礼不是它们）。在教育上，他的方法是有教无类。在政治上，他提倡天下为公的大同社会。

孔子的伦理，社会思想在很多地方都是不统一乃至矛盾的，但是他的大同精神、日新精神 和存而不问但求进取的精神 却是战国文明的主导精神。

孔子的仁兴于诗、立于礼、成于乐的思想就是美的功能的分（诗言志，因此仁成于意志，立于有别，成于和）。再结合其兴、观、群、怨说，就可以说，孔子的学说主要的分析美和艺术对于人具的社会的功能。但是，无可置疑从他的言辞和儒家对于音乐、和的使 用和扒崇来看，他接受了关于和的基本理论，这是其大同哲学的一来来源。

他关于尽善与尽美、文质两全以及中庸等审美标准的热衷对后代产生了很大影响。

孔子的道德学说与春秋道德思想有联系。春秋人从西周的天道观下的德中解脱出来，以德徐为政治、行为的规范，对于义、信、仁、忠等范畴从个人的角度进行规范，这是战国道 德思想的发生。孔子完成了春秋的道 德思想，从无本体（无天、无神）的纯人文角度设立了道德。

孔子的仁是社会道德的代名词，他的周礼是虚的，"人而不仁如礼何"，"礼运礼云，玉帛云乎哉"。因而他以仁为中心，以大同的怒为核心建立了仁的规范（中庸也与恕有关），并交仁与礼、义、智、勇、信等联系起来成为一个规范体系，与"性相近习相远"的观点相关，他提出了道德渐成和修养的学说。孔子是真正的伦理思想家。

楚国漆画成就辉煌

战国时期，漆画艺术比以前有了更大的发展。商周时期的漆器主要表现形式为红地黑花的图案纹饰，较为简单，而春秋战国时期的乐器、棺椁以及奁（樽）、盘、青铜镜等日用器物上的漆画，则以其绚丽的色彩表现令人耳目一新。楚地漆绘如随县曾侯乙墓和湖北荆门包山战国楚墓的漆器是为代表。

曾侯乙墓的漆绘作品主要存于棺、衣箱、鸳鸯盒与皮甲上。棺内壁髹朱漆，外壁髹墨，其上再髹红漆，然后呈红漆上用黑、金等色绘出繁密的龙、蛇、鸟、鹿、凤、鱼等动物一共 895 个，皆为人与鸟、兽特征综合了的形象，有的手中操蛇，有的一人三首，其中有些形象可与《山海经》记述的图像相印证。这些图像线条流畅，加之丰富的穿插变化，令人叹为观止。

包山楚墓所出彩绘漆奁的盖外壁周长87.4 厘米，高 5.2 厘米。画面以柳树为间隔，将出行与迎宾双方的活动间隔为 5 个段落。出现于画面的有各种不同社会身份的人物共 26 人，车 4 辆，马 10 匹，穿插于人物活动之间的还有飞鸟、黄犬、豕等。从其绘画表现技巧看，比之春秋、虞国之交的一些青铜器上的画面有了很大进步。画家已屁较自如地表现正立、背立、奔走、匐伏等各种动作，和相互之间晤面时的动态，从而以此明晰地表明其中不同人物之间的关系。马匹嘶鸣，柳树迎风，长空雁过，又增强画面的环境 气氛。漆奁的用色为内红外黑，《聘礼行迎图》是在黑色的漆地上，以桔红、海蓝、土黄、棕褐、云日等色彩绘制而成。《聘礼行迎图》在构形、着色和格局营造上都 表现出了成熟的物法，可以说是战国时代中国绘画的最高典范。显然，战国时代的漆绘艺术已表现出通晓色彩配置规律的高度技巧，并取得了辉煌成就。

周各代典、谟、训、诰、誓、命等文献，其中主要记载商、周两代统治者的一些讲话纪录，少数篇目为春秋战国人根据往古

战国中期漆画《聘礼行迎图》局部

战国中期漆画《聘礼行迎图》局部

材料编成。

《尚书》编成

中国古代的一部历史文献汇编《尚书》编成于战国时期，《尚书》双称《虞书》、《夏书》、《商书》、《周书》，战国时总称为《书》，汉人改称《尚书》，"尚"的意义是上古，"书"的意义是书写在竹帛上的历史记载，"尚书"意即"上古"的史书。

《尚书》所录，据称为虞、夏、商、

关于《尚书》编订年代，以前有说为孔子所编，近代学者多以为《尚书》编订于战国时期。秦始皇焚书后，《尚书》多残缺，汉初，《尚书》存29篇，为秦博士伏生所传，用汉时隶书抄写，称为《今文尚书》。西汉前期，恭王拆毁孔子故宅，发现另一部《尚书》，是用先秦六国时字体书写，称为《古文尚书》。它比《今文尚书》多16篇。

《尚书》中涉及的虞、夏及商代部分文献是据传闻写成，不尽可靠。但多数为殷商、西周时期作品，具有重要的文献价值。全例上，"典"是重要史实或专题史实的记载；"诰"是勉励的文告；"誓"是君主训诫士众的誓词；"命"是君主的命令。其它还有一些以人名、以事、以内容为标题。《尚书》内容丰富，在中国史学、文学、政治学上占有重要地位。如《盘庚》篇记载了商朝中期盘庚迁殷这一重大事件，反映出迁殷的原因、迁殷前后的社会思想状况和商王盘庚迁殷的决心及其对

《尚书》书影

战国牺尊

战国鹿角立鹤

贵族们的反复告诫。《牧誓》篇记载了殷周政权更替之际周武王讨伐殷纣王的经过和气势，写出殷王的暴虐无道和周师的灭殷信念。而《尚书》中国的殷商、西周人的记载，又是中国史学上最早的历史典册。与这种典册相关，中国历史上出现最早的史职、史官。《尚书》中的殷商、西周人作品正是这种典册制度和史官职掌相结合的产物。《尚书》中的一些作品还是中国史学的萌芽。如《召诰》反复讲到夏商兴废的历史，指出："我不可不监（鉴）于有夏，亦不可不监（鉴）于有殷。"《多士》讲殷商兴亡之故。《无逸》讲殷商统治者勤与逸跟"享国"时间长短的关系。这些都是有意识地总结朝代兴衰的历史经验及其对现实鉴戒作用，对后代史学影响深远。

自汉以后。《尚书》一直被视为中国封建社会的政治哲学经典，既是帝五的教科书，又是贵族子弟及士春必遵的"大经大法"，在历史上有重要影响。

楚国流行简策

战国时代楚国大量使用简策，现在考古所见先秦简策都 是楚国的，虽然这与楚

国防腐技术有关，不能说北方种因不使用简策，但楚国的简策是极其重要的。

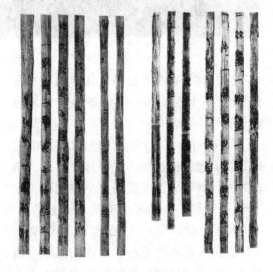

楚国竹筒

简策是中国早期的书籍形式之一。在造纸技术发明以前，中国古代书籍主要是用墨写在竹木劈成狭长的细条，经过刮削整治后在上面写字，单独的竹木片叫做"简"。若干简编连起业就叫做"策"（亦写作"册"），这是现在称1本书为1册书的起源。中国先秦时期的古籍，最初就是写在简策上而流传下来的。

战国时期的简策现在发掘只出现于楚国，如《信阳楚简》，出土于河南省信阳市北，出土的竹简共分两组，一组存470

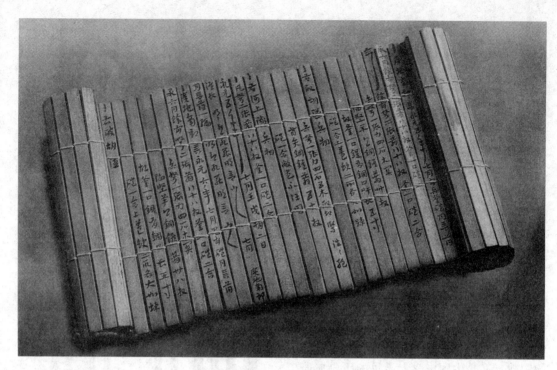

余字，内容是一部古佚书，其中记述有击公所说的一段话。另一组共 29 支，内容是记录随葬品的请单。

简文字体与长沙仰天湖楚简大体相同，也是战国进代的楚古文字体呈方形，结构紧密，用笔平缓而流畅，笔划匀称，表现现一种挺拔的书写格，有艺术价值。

楚国竹简简策。中国最早的正式书籍，是约在公无前八世纪前后出现的简策。西晋杜预在《春秋经传集解予》中说："大事书之于策，小事简牍而已。"这种用竹木做书写材料的"简策"（或简牍），在纸发明是中国书籍原主要形式。将竹木削制成狭长的竹片或木片，统称为简。若干简编缀在一起中"策"（册），又称为"简策"。编缀用的皮条或绳子叫"编"。

战国文字异形局面形成

经过春秋至战国数百年的分比发展，战国时代各国形成了不同的文字风格和形体体系，对当时的文化、政治产生了影响。

秦文字的保守性是电磁学强的，在文字的弗体与风格上，都还保留着中周以下的特点，与其他各国迥异。到了战国中期以后，俗体一类的写法也有侵入到秦文字中，都是后来产生秦隶的因子。但秦文字的俗体字发展的趋势，事实上已将篆文的圆笔拉直，使形体变为平直正方（见秦简牍与小篆对比例），这也是汉字后来发展趋向。

楚系文字在战国中期以后的书风趋向却是笔势圆中有方，结体不平不直，内圆外方。代表的书体楚帛书，这种岗格在出土的望山简，包山简上也明显地反映出来。

对于燕国的文字，我们目前所能看到的材料主要是兵器与玺印之类。这两类材料的性质，由于与燕国的正体字应该有一段距离，就现有的材料对燕文字下结论，无疑尚为期过早。

中原大国在文字书写系统中所表现来

的则是彼此参杂、交互影响的线索。当我们彤历时的方法去检查齐国的文字材料时，并不太容易掌握它的演变，譬如陈喜壶与陈逆簠年代相近，但风格不类。陈贻簠盖那种较疏阔的书风，跟它前后的标准器比较，表现得很不协调。

春秋中期以后，在南方和东方的一些国家，逐渐流行一种狭长的字体，非常美观整齐。譬如吴王光鉴、王孙遗者钟等。甚至齐的邾公华钟都有这种倾向，只是没有吴、楚等南方国家那么诘曲。而在北方的晋国，有另一种风格的字体兴起，如著名的智君子鉴、尊子鸟尊等。这些器中和铭文笔划中丰末锐，与侯马盟书、温县盟书有毛笔所书的字体相近，这大概就是所为表蝌蚪文。在过去历史上曾出土过的战国文字材料，古人曾称为蝌蚪，相信就是类似的风格。其实这应该就是春秋战国之际在北方流行的文字。从智君子鉴、吉日壬午剑上的形体风木桥中，可以与齐国的禾簠相比较。后者明显是受到了晋国这方面风格的影响，否则我们也不容易解释齐国这两件标准器的特征是怎么来的。

上面提到南方那种狭长的风格与北方这种中丰末锐的特色在战国中期的器上，有明显的反映。十四年孙侯午敦与韩的哀成叔鼎为什么那行相近，主要是南、北风格在战国中期交汇所产生的影响。而中山王错鼎与方壶上的字体风格，更明确地指出了种审美趣味的合流。中山王错诸器字体狭长而笔划却中丰末锐。它们与十四年陈侯敦的差异，只在于后者没有那么过份强调这各路特点而已。这种书风的影响是巨大的，在战国中晚期的楚国器物中也有明显受到这种风气影响的例子。如秦王钟那种笔意，跟同期的鄂君启节、曾姬无恤壶等完全不，而与齐、晋风格相呼应。

春秋战国时期的书体风格，大到老可分为两个阶段。前价段是南、北的差异，后阶段是东、西的异同。秦国僻处西陲，在早期完全是闭关自守，不与中原诸国相交往，故比保留着宗周文字的纯洁性。在五霸争雄的年代，南北交汇的情况相当普遍，这使战国中期以后，南北文字风格、结体多有互相影响的地方。而秦自穆公以后，才开始打开自守的局面，到孝公变法以后，由于国势强大，与中原诸国战争、合盟的机会多了，才开始受东方文字的影响。但由于保守的风气，本身的书风并没有大变。

然而，战国时代文字书写系统是不可能真的杂乱无章的，否则便不能满足社会交际的需要。因此，关于战国时期"文字异形"的说法，是一个被混淆了的概念书它已不是专指某一时期、不同地域上文字结体与书法风格的差别，而是对整个时代文字书写系统的一种印象式的概括。这种印象主要来源于必个方面这当中既有地域性的不同，也有朝代的先后以及书写工具所反映书风上的差异，更有来自不同书手、不同书写态度和习惯所导到老的变素。当我们后人将这两百多年的文字材料不加区分地压在一个平面上来看待时，就会被这些复杂纷乱的材料所迷惑，从而得出战国时代"文字异形"非常严重要的共性，即存在相对稳定和趋同的一面，这便是我们从标准器题铭中所得到的一点启示。

所谓正体就是在比较郑重的场合使用的正规字体，所谓俗体就是日常使用比较简便的字体。战国时代文字异形其中一方面的表现，是由于俗体字大量增加。俗体的大量出现，反映当时使用文字的频繁。这与社会生产力的提高商品交换的发展等因素是分不开的。由于文字被广泛地使用，使用者的阶层、文化背景并不一致，这对传统的正字造成很大的压力。由于俗体讲求简易速成，简化、草率的异字的因素，致使发展的方向则是愈来愈简化。

战国文字比较

大体上说，铜器上的铭文与简帛、兵器上的文字可分别看作是正体与俗体的代表。由于铜器本身铸造的性质，其目的是为垂示后代、褒扬祖先功勋或使用于祭祀，所以字体庄重典雅，不敢草率。然而由于尊古要求，文字保守性强，不一定能代表当时日常应用时所写的字体。相反，简牍、帛书等材料是为了日常生活的需要，如记录、书信、书籍誊抄，往往以方便简易为主，常有急就草率的情况。在这类材料中所保留的字体，很能反映当时文字结体以至书写风貌的真相。而在这类材料中，俗体字出现的较多。

秦始皇统一天下后所推行的书同文政策。古籍记载"李斯乃秦同之，罢其不与秦文合者"。秦始皇确实意识到一个统一的国家，在制度、文字上的统一是必需的。而东周以来的分乱局面，尤其需要在天下一统之后，来一个整体的统一，于是从丞相李斯之请，以秦代的正体篆书来划一文字。然而，从现存的小篆材料（必块碑）与铜器、诏书看，这种正全推行是值得怀疑的。我们试将公元前三百年左右的青川

木牍与统一天下时的睡虎地简加以此较，从字体结构到书风都 变化不大，而与的历史却不小。始皇是意识到统一文字的圆角潮流，但却先错了用来统一的工具——小篆。事实上，战国中期以事，各国的文字都 有趋于简化、统一的趋势。从目前可看见的简牍帛书材料看，虽然秦、楚在书风上迥异，但字体在简化与线条化方面，所走的路程却是极相似的。青川木牍在那么边远的地方发南，上面已有大部分形体为以后的隶书所接受。可见民间俗体瞳上历史舞台已是大势所趋。即使最后秦隶不能因为政治上的胜利，而登上历史舞台，统一整个文字体系；在六国文字体系中也会有一种类似的书体最后能代替传统的正体，划一文字。这种看法是符合当时的情况的，可以这么说，秦代事补并未能靠其强大的政治的基础上，由民间的俗体古隶最后统一了文字。而六国流 行的俗体也并不是猝然而亡，从汉初简帛上的隶书可以看顾到，六国俗体的成份，仍是加入在秦汉古隶之中，汇集而成为新生的今文字，并最后取代了古文字。

《楚帛书》成

记录楚国神话、历史、宗教、天文和占星术的楚文化经典作品——《楚帛书》成书于战国时期。

楚帛书于 1942 年 9 月发现于湖南长沙东郊子弹库的纸源冲，原是一块丝织品，出土时已呈深褐色，长方形，纵长约 33、横宽约 41 厘米。中间有用毛笔墨书两组字：一组十三行，另一组八行。书写的方向两组文字互相颠倒，如以右侧的八行文字为正，则左侧十三行皆为倒置；反之，将十三行放在右侧正置，而左侧的八行又成倒置。四周每边均有边文和图像，各分

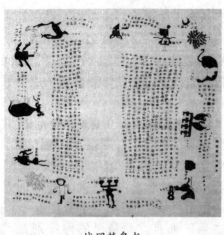

战国楚帛书

三段，四周共分十二个部位。图像有两种内容，一种是树木，另一种是人身兽首，或一身三首等神怪人物，并涂有青、赤、棕三种颜色。每一图像皆有月名注写其侧，下有二至四行文字，说明利行和不利行之事，犹若"月忌"。因为中间两组文字彼此倒置，互为正反，究竟应从哪一组文字开始起读，其说不一，成为当前缯书研究中的一大分歧。有些学者根据古代的四时方位，所谓上冬、下夏、左秋、右春的原则，来确定缯书的正倒。以右方为春，正月的月名为陬，缯书写作"取"，两相吻合。因此多数学者皆主张十二段边文，当以"取于下"为开端，然后按逆时针的方向转动，旋转十二个部位整为一周。以"取于下"为正月，右方为春，则正是十三行一组的文字居于右侧，正置，八行居于左侧倒置。故此多数学者皆认为当以十三行文的一组为全文的第一章。另一些学者的意见与此相反，他们认为缯书的方位当是上夏、下冬、左春、右秋，这样则八行文的一组居于右侧，正置，文章当从八行文开端。

楚帛书的这两段文字是相互关联的上下篇，其中八行篇第一节的内容，主要讲太古朝代天地未分，宇宙间瞢瞢冥冥，亡章弗弗。而庖羲娶女娲为妻，生四子，经营天地，驱除虫蛇，疏通山川，测定四时。

第二节继前节所述，而谓四时之名，如"长曰青阳、二曰朱四兽、三曰黄难、四曰口墨杨（英）"，并说。炎生日月，天方运转，划分九州，山陵备脉。还说：炎帝命祝融奠三天、四极，以及帝炎为日月运行等。

最后一节谈到共工、十日、四时和闰月，其中说：无有百神，风雨、星辰乱作，日月循规运转，宇宙间即"有宵有朝，有昼有夕"。

下篇十三行文，亦分三节，第一节开始讲日月嬴绌不当，春夏秋冬四季失常，日月星辰乱行。继而又说：嬴绌既乱，草木不长，天地作殃，瀑雨倾降，山陵平夷，川泉横溢，月闰勿行，日月既乱，祸降于民，咎及于王。

第二节中继前节进一步说：凡岁德匿，日月皆乱，星辰无光，风雨非常。逢之言曰："生民务需慎行不可妄动。并引帝之言曰："敬之哉，毋或弗敬，惟天作福，神则恪之；惟天作灾，神则惠之，敬惟备，天

战国楚帛书

像是测，下民是戒，敬之无祸。"

第三节，也即全文的最后一节，则谓：因民不敬百神，祭祀亦不庄重严肃，得罪于帝，故帝命日月德愿，星辰乱行，降此灾祸。并教民相善，不得相扰，祀神务敬，祭社勿滥，激怒于帝，将遭灾凶。

楚帛书是楚文化宗教神话和天文术数的经典文献，它不但反映了楚人的思想意识和世界观，也记录了楚民族的源流，成为研究楚文化的重要史料。

楚声兴起

西周时期，王室有很高的权威。周平王东迁，王室权势一蹶不振。在这种政治形势下，西周初确立的以社会等级制度为核心的礼乐制度，到春秋时期就每况愈下了。例如，《雍》是歌颂周文王的。按礼乐制度的规定，它只能用于王室祭祀家庙撤除祭品的时候。而鲁国当正的仲孙、叔孙、季孙三家大夫，居然也用它来结束祭祀。这一时期，礼崩乐坏表现在僭越和瓦解两个方面。鲁国执掌礼乐的专职乐师，风流云散，各奔前程。

雅乐衰颓的原因，从社会的角度来分析，是由于诸侯雄强称霸，对效忠王室的伦常观念早已弃置不顾，礼乐制度随之崩

战国透雕钮龙纹镜

溃，从音乐艺术本身来分析，雅乐的程式化僵化，则是它必然衰颓的内在因素。随着春秋时期文化下移趋势的发展，民间新乐应运而兴，雅乐便伴随着周王室的衰微日趋没落了。

新乐之兴起，是中国先秦音乐文化的重要现象，是春秋时期在文化巨大变动中音乐文化领域里发生的重大转折。"新乐"，是相对于"古乐"而言；有时又称为"世俗之乐"，是相对于"雅乐"、"先王之乐"而言。而最早的称呼则是"新声"。新乐是众多诸侯国的民间兴起的一种生气勃勃的音乐，范围十分广阔，是一种真性流露，热情奔放，相当华丽，激越动人的民间音乐。

楚声，是战国时期楚地的音乐，也泛指长江中游、汉水一带以至徐、淮间的音乐。亦称"楚调"或"南音"。战国时期是楚声的极盛时代，诗人屈原的《九歌》及其他楚辞作品，多依据楚国民间乐舞歌唱形式而作。《九歌》的词句中曾对盛极一时的楚声表演情况与乐器等多有描述。楚国流行歌曲《下里巴人》、《阳阿》、《薤露》等，是"国中属而和者数千人"。楚声的音乐形式，反映在楚词中有"少歌"、"倡"等歌曲结构用语，大约是插入歌曲中间部分的小段或单句。楚声调式结构，有相和五调中的"楚调"之说。

中山国青铜器

中山国是原在陕北的白狄，于前6世纪左右所建，虽然长期受中原文化影响，但至春秋战国之际仍保存着浓重的北方游牧民族的文化特点。春秋至战国早期（约前6～前5世纪）的中山国地域（今河北省）的墓葬中，出土了许多青铜器。主要有鼎、甗、豆、壶、盘、匜、勺、剑、削、

战国山字形器

斧、凿等。铜器花纹有蟠螭纹、蟠虺纹、云雷纹、垂叶纹、窃曲纹及镶嵌红铜和绿松石等。这些铜器造型浑厚，花纹精细优美，组、柄、流部还有兽面、鸟首、虎首等动物形象，并于目、鼻、口部镶嵌绿松石。鼎均有盖、附耳，深腹圜底，三兽足较瘦高，其中有代表性的如乳钉烈虺纹鼎、蟠虺纹鼎、勾连雷纹鼎等。豆形釜双直耳，口微敛，深腹稍鼓，圜底，喇叭状座，器表附有烟炱，是北方民族特有的一种炊具。铜壶也很有特色。络绳纹双环耳壶和提梁匏壶，形似葫芦，造型质朴；环蟠螭兽纹圆壶和环耳络绳纹扁方壶，不仅两肩有环耳，而且盖的两边和下腹部均有立环或铺首衔环，以便绳索网络，盖上二环可贯穿络绳提网以免壶盖脱落，保持着游牧民族用器适宜游动携带的特点。

战国时期的中山国青铜器以河北平山三汲中山王墓的出土物为代表，有鼎、鬲、簠、盒、豆、壶、灯、方案、神兽、编钟、铙、铎、屏座、帐构、兵器、车马器、山字形器、兆域图版等，其中很多铜器上有刻或铸的铭文，特别是铁足大鼎、夔龙饰

战国镶嵌鸟纹双翼兽

方壶和一圆壶均有长篇铭文，共计 1099 字，填补了中同国的历史空白，并明确了制器时间约为前 321 ~ 前 314 年。器上纹饰除横铸蟠螭、蟠虺、云雷纹外，还有错金银、错红铜、填漆、嵌松石或玻璃等。其铸造方法除浑铸外，还有嵌铸、铆接、焊接、铸接和失蜡法等。有的器物造型结构复杂，有的器物转轴可自由转动且毫无缝隙，有的花纹细如毫发，有的动物象自然逼真，反映出其铸造工艺的进步。山字形器为中山国所独有，器上部呈"山"字形，向上出三支尖峰，两侧向下回转成透空雷纹，下部中间有圆筒状銎，可列于帐前或立于帐周，十分雄伟，是象征权威的一种器。

此外，平山中山王墓还出土了一批造型奇特的青铜工艺品，如：银首人形座铜灯，铸一男子昂首立于兽纹方座上，宝石镶睛，双臂张开手握双螭，身上挺托一圆

战国镶嵌龙凤方案

柱顶一灯盘，沿柱有夔龙戏猴；错金银龙凤方案，器身下有梅花鹿两牡两牝环列侧卧，共托一圆环，环上四只神龙分向四方，龙间尾部纠结处各有一凤，龙首顶着斗栱承一案框，结构复杂，是迄今所见最精致的战国青铜器；鸟柱盆，盆内底部爬有一鳖，背立圆柱，柱顶有猛禽，双爪抓着纠结的双蛇头部，形态逼真；错银双翼神兽，昂首，首扭向一侧作咆哮之状，两肋生翼，上肢弓曲，利爪撑地平稳有力，全身以漫卷云纹为饰，增强了神兽抓扑小鹿状，猛虎凶勇，小鹿绝望地努力挣扎，十分传神。这批青铜工艺品保存着北方民族善于刻划动物造型的熟练技能，构思精密，制作严谨，反映出中山国青铜工艺的族属特点。

易传形成

《易传》是儒家学者对《易经》所作的解释，共有十篇：《彖》上、下，《象》上、下，《文言》，《系辞》上下，《说卦》，《序卦》，《杂卦》又称"十翼"，翼有铺助之义。《易传》形成于战国时期，至于"十翼"各篇形成的年代和作者，有各种不同意见。

《易传》本为占筮之书，《易传》如以阐释，使其哲理化，这种解《易》的学风春秋时代就已开始，《左传》，《国语》中对于筮法、卦象和卦爻辞的解释，已孕育着哲理化的萌芽。孔子就是这种学风的倡导者之一。《易传》在中国哲学史上占有重要地位，其中影响最大的是《彖》与《系辞》。《彖》把"天地盈虚，与时消息"视为自然界与人类生活的普遍法则，承认世界处于不断的变化过程之中，并且有其永恒的规律。认为从天地万物到人类都存在着对立与统一的关系，或者相吸引，如

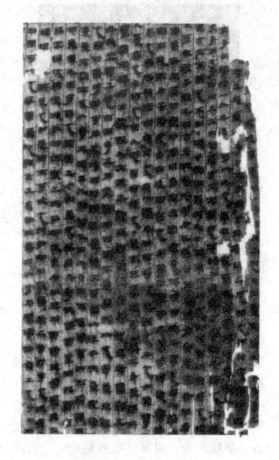

西汉帛书《周易》（残页）

"天地感而万物化生"；或者相排斥，如"水火相息，二女同居，其志不相得，曰革"，而对立的事物又具有统一性，所谓"万物睽而其事类"。《系辞》以"一阴一阳之谓道"说明任何事物都具有两重性，是中国古代哲学中两点论的代表。《系辞》提出"刚柔相推而生变化"，"生生之谓易"，将乾坤、刚柔、天地、寒暑、男女、爱恶等对立面的相互作用，以及相取、相荡、相攻、相摧、相感等，看成是事物变化的普遍法则和万物化生的泉源；对立面的互相转化说明事物变化的过程；以"穷则变，变则通，通则久"，说明事物须经变革方能发展前进。这些都为中国古代辩证思想的发展奠定了理论基础。

庄子作《逍遥游》

战国中晚期，宋国著名哲学家庄子写成以《逍遥游》为主的一系列哲学著作，构成道家重要理论，也成为道教的主要经典，对中国哲学、美学、文学和中国文化产生了深远的影响。

庄子名周（前369～前286），宋国蒙（今河南商丘）人，他出身穷苦，靠打草鞋为生，一度在蒙做过漆园小吏，终身不仕。庄子生性孤傲，曾拒绝楚威王的厚币相聘，一生过着贫困的隐居生活。

庄子学识渊博，才华横溢，常以寓言的形式表达哲学思想。他吸收老子《道德经》的思想，并进一步发挥，形成自己的思想体系。在先秦百家争鸣的学术氛围中，庄子哲学占有重要的地位，他因此与老子并称道家宗师。《逍遥游》充分体现了庄子哲学的内在禀赋和独特气质。而《逍遥游》的真如然姿态又与万物齐一的观念以及忘却自我、与道合一的精神修炼紧密相关。所以《逍遥游》、《齐物论》与《大宗师》三篇自成一体，构成庄子哲学的基本架构。《齐物论》以相对主义的认识方式齐是非、齐彼此、齐物我；《逍遥游》主张各任自性的生存方式；《大宗师》以论道和修道为主要内容，说明达到逍遥游的修炼方法。

逍遥游是庄子哲学思想的中心，《逍遥游》一文以鲲鹏和蜩鸠为例，说明凡物各有自然之性，只要顺应自性，任性而生，就可以逍遥自在，恬然自得。鲲鹏不必因为自己大而傲视蜩鸠，蜩鸠也不必因为自己小而羡慕鲲鹏，两者虽有大、小之差，但都可任性逍遥。这个寓言阐释了求道应该从自性中寻找，道既是无形无相、自本自根、先天地生的绝对本体，同时道又普遍存在于万物中，万物顺应自性存在，各有其栖性，各有其生存方式，所以物与物之间又存在高低、贵贱的分别，从道的角度审视，万物齐一。逍遥游的生存方式与齐物论的哲学观点在这里统一起来。

不过，鲲鹏和蜩鸠这些动物虽然能任性逍遥，但还要依赖外界条件，只能达到有待的逍遥，这不是逍遥游的最高境界，庄子所追求的是绝对无待的精神自由——乘天地之浩气遨游无限宇宙。庄子肯定人通过自身修炼可以达到自由无待的境界，而且指出通过这种境界的修持方法，叫"心斋"或"坐忘"。意思是说，心、神专一，真如越具体思维活动，保持身心虚寂进而忘却自身的存在与道合一，这时人的心神就可不受外界条件限制，自由自在地遨游于道、我合一的无穷境域。

庄子描写的逍遥游，在许多人看来只是一种虚幻的仙境。事实上，庄子的"心斋"或"坐忘"不能理解为认识方法，由"心斋"或"坐忘"所达到地境界是一种审美体验，它丰富了中国美学。庄子的逍遥游开出的审美境界影响了中国艺术的发展，逍遥游体现的那种逍遥地待的道家风范为历代文人学者喜爱，成为中国艺术精神的一大特色。汪洋恣肆的文风使《逍遥游》成为中国文学史上的佳作，影响深远。

老庄像

庄子及其后学的著作集成《庄子》，对后世形成多方面的影响。在宗教方面，它成为道教的一部经典，唐天宝元年《庄子》与《老子》在魏晋时期并称"三玄"。玄学代表人物向秀、郭象发挥《庄子》的思想，作《庄子注》。在文学史上《庄子》也占有重要地位。此外，历代思想家都借注释《庄子》发挥自己的思想。

老庄并称为道家宗师，但其实他们不同的地方远多于相同的地方。庄子的本体论是其艺术哲学的一个模式翻版。

庄子以音乐和乐人作为他的主要思想（甚至孔子、颜渊在他的书中也如此），他的"虚静恬淡"的仙人之乡是一种旋律虚化所构成的世界（与理念书世界迥然不同），是与言不同的意，而达到它的方式就是游是主体的一种真如超越活动。心斋是忘我，是对主体客体同时超越，进入一个"道"和"和"的世界。

与这个世界相似的是老子的道，因而庄子才成为道家（但其实二者是不同的，道更多的具有唯理性质，它的能生性更有逻辑意义），他把老子的道作为一个对象，但赋予道 的是驱驰、变动，也就是游的性质，这就与老子拉开了距离。

庄子大量使用比喻手段（河水、大鹏、仙人、梦蝶），这是他的气质，用来表游的特质（因而他并没有对它本身作有意义的独立刻划），他达到这个境界与他的艺术气质有关，因而后代人无论如何模仿都达不到他的水平，因为他的关键不在所达到的世界而在于达到这个世界的方法，这才是庄子的魅力所在。

中国最早的教育专著《学记》成

《学记》为《礼记》中的一篇，是中国教育史上最早的教育专著。大约成文于

战国镶嵌几何纹方壶

前4至3世纪，是战国末期思孟学派的作品。

《学记》全文1229字，言简意赅，内容丰富，系统而精辟地阐述了教育的目的，作用和任务，教育与教学原则和方法，教育制度及教育制度及教师的地位和作用等。

战国蟠螭纹龙首壶

《学记》开宗明义强调教育对于人生的价值："玉不琢，不成器；人不学，不知道。"并引申出"化民成俗，其必由学"和"建国君民，教学为先"的结论肯定了立身、立国必以教育为本的观念。《学记》设计了一套从地方到中央的学校教育系统：每25家设立一个家塾，每500家组成的行政区域——"党"设痒；每2500家组成的行政区域——"术"设序；在国都设有大学，以培养各级各类人才为国所用。这个广泛的学校系统的构思，说明了2000多年前中国古代哲人就已经开始追求教育普及的理想了。《学记》有以下四个鲜明特色：

一、提出了学校的考核制度。大学全程9年中，每隔一年对学生进行一次考核，体现了学校教育已在客观上产生了要求教学正规化和人才规格标准化的需要。二、阐述了"教学相长"的命题。明确指出了教与学的相互依存、相互渗透、相互促进、相辅相成的关系，并推论出：教因学而得益，学因教而日进，教促进了学，学又助长了教学上成功与失败的经验教训，提出了"长善而救其失"的方法。四、反对老师照本宣科，教学生呆读死记的做法，强调："能博喻，然后能为师"，把能多方启发诱导学生，看作是当老师的重要条件。

此外，《学记》还大力倡导"尊师重道"的风尚，使"尊师重道"的思想成为中国传统文化的重要支点。

《吕氏春秋》编成

秦庄襄王即位三年（前247）去世，其子政继位，当时年仅十三岁，尊吕不韦为相国。号称"仲父"。那时魏有信陵君，楚有春申君，赵有平原君，齐有孟尝君，门下皆有大量宾客，吕不韦羞以秦之强而不如人，于是也广招宾客达三千人，进而主持《吕氏春秋》的编纂，他先让其宾客"各自将他们的见闻写来"，博采先秦诸子各家学谱，在此基础上整理、编辑，于秦王政八年（前239）成书。全书分十二纪、八览、六论，共161篇（今缺篇），十多万字。《吕氏春秋》因"兼儒墨，合名法"，自《汉书·艺文志》开始即被称为"杂家"。事实上，《吕氏春秋》对各家学谱并非简单抄录，而是取其所需，融汇贯通，思想上自成体系。书中提出的统治方法和国家建设蓝图，对秦汉政治颇具影响。

《吕氏春秋》内容宏富，吕不韦自认

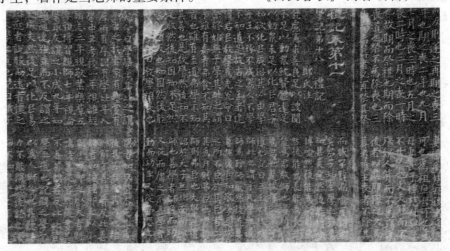

中国最早的教育专著《学记》部分内容碑刻

为"务天地万物古今之事"，书成之后，公布于咸阳市城门，并在上面悬赏千金，宣称：如果有诸侯游士宾客能增加减少一个字，就将那千金送给他，可见其书的严密和用语精当。

一纵一横动天下

马陵之战后，战国局势发生重大变化。昔日最为强盛的魏国衰落，秦、齐两大强国东西对峙，尤其是新兴的秦国，声势咄咄逼人。秦、齐二强不断发动战争。为了争取在兼并战争中获胜，齐国和秦国都展开了争取盟友，孤立敌国的外交斗争。而韩、赵、魏等国在不同时期，根据形势的变化发展也采取了联秦抗齐和联齐抗秦的政策。他们这些"没有永恒的朋友，也没有永恒的敌人，只有永恒的利益"的错综复杂的结约活动，被称为"合纵"和"连横"，在合纵和连横的斗争中，有一批游士和食客往来奔走于各国之间，为各国君主出谋划策，影响巨大。因为他们的学说以如何处理合纵和连横为主要内容，讲究权变，历史上把这些人叫做纵横家。

纵横家产生

纵横家的出现是春秋战国时期社会巨大变动的产物。春秋时期周王室衰微，诸侯争霸，小国灭亡踵继。原来依附于王室和诸侯的史官大量流散到四方，其所学也随之流布民间。春秋时期"国""野"界限逐渐被打破，乡学普及，加速了学术在民间的传播。这样，学术在于官府的局面随之改变，平民有了学习的机会，一个新的知识阶层——新士人应运而生。新士人有的还来自大夫家臣。当时的家臣不但博学多闻，而且往往骁勇善战。最后，在社会变革的春秋战国之际，有大批的没落贵族被抛进了平民阶层，他们过去受过教育，

也成为新士人的一个来源。

新士人是一个有着广泛社会联系和很大社会影响的阶层。他们有独立的人格和思想，可以按照自己的意思著书立说或发表言论，成了这一时期不同阶级和阶层的思想代表。按照所持学说的不同，他们又分为各个学派，纵横家即是其中一派。和其他新士人一样，纵横家在政治和经济上摆脱了过去士对贵族的依附关系，他们奔波于各诸侯国，能用则留，不用则去，具有相当的独立性。战国时期各国国君都非常重视招纳人才，即使他们在其他的国家担任职务，只要能为己所用，也照样能委以重任。所以那时往来于诸国之间的纵横家可能同时担任几国高官。

张仪替秦奔走

战国时期，最早发起合纵的是魏国的公孙衍，其后合纵的组织者以燕国的苏秦最为有名。而组织连横最有成效、最著名的是秦国的张仪。

张仪是魏国贵族的后代，他曾经到楚国游说，和楚相饮酒。不久楚相发现自己的一块玉璧不见了，他的手下都猜测是张仪偷的，说："张仪贫困，品行也不好，盗璧的多半就是他。"于是大家抓住并鞭打他，张仪不肯承认，只好释放了事。张仪的妻子说："要是你不去读书游说，怎么会受到这样的羞辱的呢？"张仪对妻子说："你看看我的舌头还在不在？"他的妻子笑着说："还在。"张仪说："这就够了。"公元前329年张仪进入秦国，被秦惠文王拜为客卿，直接参与谋划讨伐诸侯的大事。公元前328年，张仪与公子华带兵攻魏，夺取了魏国的蒲阳城。这时，张仪建议秦王把蒲阳归还魏国，并且振公子繇到魏国去做人质，向魏国示好。而他利用护送公子繇入魏的机会与魏王接近，游说魏王投靠秦国。结果魏王被张仪说动，割地与秦，两国结好。张仪的连横政策首战告捷。张

漳水
西门渠

仪也被秦王提拔为相，代替了公孙衍的大良造职位。公孙衍是魏国阴晋（今陕西华阴县）人，流传下来的事迹不多，但在当时一些人的心目中与张仪是齐名的。公孙衍宣扬合纵，张仪力推连横，他们二人在政治和私人关系上都是对头。这样，公孙衍因得不到重用而离秦奔魏。

秦魏虽暂时和解，但是秦国扩张的战略并没有改变。过了两年，背信弃义的秦惠文王又派张仪攻魏。魏国上下一片恐慌，企图依靠齐国对抗秦国。由于张仪从中挑拨离间，又极力为秦国拉拢齐国和楚国，结果齐、楚共同打击魏国。公元前324年，由秦归魏的公孙衍趁机发起魏、赵、韩、燕，中山"五国相王"，就是五国国君都宣布称王，互相承认，用意是联合抗秦，借以增强魏国的防御力量。但是，楚国就在当年发兵攻魏，在襄陵大败魏军，占领了八个城邑。"五国相王"没有达到预期效果，魏与齐、楚却结下了深仇。这时，魏国已经陷于孤立，张仪认为联合它对付他国的时机已到。公元前323年，张仪约集齐、楚、魏三国执政大臣在啮桑相会，试图为魏国调停，以讨好和拉拢魏国。魏

惠王在此后果然放弃公孙衍的合纵政策，而接受了张仪的联合秦、韩以对付齐、楚的政策。

一年之后，张仪辞掉秦国相位，来到魏国，魏王马上任命他为魏相，但实际上张仪是为秦国的利益在魏国活动。公孙衍取得韩国当权者的支持，破坏了张仪联合秦魏的政策。张仪的阴谋败露，被驱逐回秦国。公元前319年，公孙衍在齐、燕、赵、韩、楚五国的支持下做了魏相。次年，他发起合纵，联合东方的魏、赵、韩、燕、楚五国，联合伐秦。当时曾推楚怀王为纵长，但由于各国的利害关系不同，楚、燕两国对合纵不热心，没有出兵。结果在公元前317年的修鱼（晋河南原阳西）之战中，三晋联军大败于秦军，斩首8万，这次合纵以失败告终。

秦国的强盛，给其他各国造成了严重的威胁，于是东方和南方的两强——齐国和楚国——互相结盟，加强了与秦国争雄的力量。因此，齐楚联盟成了秦国的心腹之患，而离间齐楚联盟，削弱齐楚力量就成为秦向东扩张过程中的关键。公元前313年，张仪来到楚国见楚怀王，称秦国

最痛恨的就是齐国，想要攻打它，如果楚国断绝与齐国的关系，秦王就献出商于（今河南淅川西南）一带六百里的土地给楚国。目光短浅的楚怀王中计了，决定和齐国断交，任命张仪为相，派人去秦国接管土地。张仪假装坠车受伤，三个月不上朝。楚王以为张仪嫌他与齐国断交的意念不诚，于是振人骂了齐王一顿。齐王盛怒之下，和秦国联合起来，要对付楚国。这时张仪却翻脸不认账，对使者说："秦国的土地怎么可能随便送人呢？我答应让给楚国的是我的六里封地，不是什么六百里。"楚王听到使者的回报，大怒，立即调集大军进攻秦国。公元前312年，秦楚战于丹阳（今河南丹水北），楚军被打得大败，主将和副将都被俘虏，斩首8万余人。楚国的汉中也被秦国夺去。失败的消息传到楚国，怀王恼羞成怒，倾全国之力进攻秦国。同年，秦楚又战于蓝田（今属陕西），楚军再次大败。这时，韩、魏两国趁火打劫，攻击楚国，一直打到邓（今河南邓县）。楚军两面受敌，只好割城与秦国，草草撤兵。

秦王振使者知会楚王，说愿意以秦国武关以外的地方换取楚国的黔中地。怀王对张仪痛恨未已，说："只要得到张仪，就愿意献上黔中地。"张仪听说后请求到楚国去，秦王认为危险，张仪说："秦强而楚弱，楚王不敢随便处死我。我贿赂过深受楚王爱姬郑袖信赖的大臣靳尚，而郑袖的话，楚王多半要听。只要我买通靳尚去劝说郑袖，性命便可无虞。"张仪到楚国后，楚王将他关押起来，这时靳尚向郑袖说情。郑袖对楚王说，杀掉张仪于事无补，而且势必破坏与秦国的关系，不如放掉张仪，与秦国和亲。怀王果然听从了她的意见，放了张仪。

过了不久，秦惠王病死，武王继位。武王自幼讨厌张仪，群臣中忌妒张仪的又

兽形金带钩

趁机向武王进谗言，张仪害怕大祸迟早降临，因而辞掉相位，去了魏国，并于公元前310年病死。

从公元前328年开始，张仪游说于魏、楚、韩等国之间，利用各国之间的矛盾，或组织连横，或拆散合纵，为秦国利益谋划。尽管他不讲信义，在外交场上运用欺骗伎俩，为人所不齿，但在整个秦惠文王时期，他使秦国在外交上连连取得胜利，为秦国开疆拓土，日后统一六国立下了汗马功劳。

苏秦为燕谋利

楚国被击败后，秦、齐两强东西对峙，对各弱小国家构成威胁，在这样的形势下，著名的合纵者苏秦，开始活动于政治舞台。苏秦是东周洛阳人。相传他曾到齐国跟随鬼谷子先生学习，后来外出游说了几年，没有人理睬他，他的盘缠耗尽，只好返回家乡，遭到亲人和乡里的冷遇和嘲讽，于是更加发愤读书，"头悬梁，锥刺股"，终于学业大进。公元前314年，燕国发生内乱，齐国乘机大举攻燕，几乎灭掉了燕国。第二年，燕昭王即位，他不忘亡国之耻，广纳贤才，力图报仇，燕国国力逐渐增强。这时苏秦来到燕国，他受命出使齐国，劝说齐宣王归还了燕国土地，他因此受到燕王器重。他一生主要谋求燕国的强大，在齐国从事反间活动，同时奔波于齐、赵、韩、魏等国之间，组织合纵攻齐和合纵攻秦。

公元前288年，秦昭王和齐王相约称

中国通史

最新整理图文珍藏版

帝，秦为西帝，齐为东帝。秦齐联合对其他国家更加不利，燕昭王于是再次派苏秦到齐国，劝说齐王进攻宋国，宋处在齐国南面，齐若攻宋，必然就减弱北面对燕的防守；宋与楚、魏接壤，而且还和秦国交好，齐国进攻宋国，肯定与这三个国家产生矛盾，处于四面树敌的地位。苏秦又劝齐王放弃帝号，孤立秦国，拉拢各国反秦，以便乘机灭宋，齐王采纳了他的主张。于是苏秦分别游说韩、赵、魏、燕四国国君，各自出军兵粮草，进攻秦国，推选赵国宰相奉阳君为合纵长，而实际上由苏秦一手操纵。这次合纵声势很大，联军与秦国军队对峙在荥阳、成皋一带。然而，各国表面上联合起来了，但其实各自都有自己的打算。齐国乘各国无暇东顾之机，同时出兵攻打宋国，引起各方不满。秦国乘机对五国联盟进行分化瓦解。齐国既不卖力，其他各国自然也都互相推让，逡巡不进，联军始终未与秦发生大规模的战争。尽管如此，这次合纵还是取得了一些成果，秦昭王放弃了帝号，退还了过去所占魏国、赵国的一些土地。

公元前286年，齐国灭掉了宋国，土地和人口大大扩张，引起了震动，各国感到了齐的强大压力。秦国乘机约上韩、赵、魏、燕攻齐，在济西大败齐军，燕昭王乘机派乐毅率军南下攻入齐国。由于齐王对苏秦的信任，所以对燕毫无防备，齐大败，几乎亡国。但苏秦身在齐国心在燕的间谍身份也完全暴露，被处以车裂之刑。从此以后，东方巨人齐国一蹶不振，秦国独霸的局面形成。

在苏秦之后，随着各国斗争形势的变化，又出现了一批纵横家，例如李兑、信陵君等人也曾发起和组织合纵，但是无论从规模上还是影响上都比不上以前。

战国时期的纵横家，心怀机诈权谋，口含巧舌如簧，活动于政治舞台，一旦他们的主张被采纳，各国关系可能面临调整，关系到一国兴衰，所以《孟子》上说："公孙衍、张仪岂不诚大丈夫哉！一怒而诸侯惧，安居而天下息。"足见他们的影响力之大。

地理学之祖——《禹贡》

《禹贡》是《尚书》中的一篇，大概是中国古代最完整、有系统、有科学性的地理记载，文简而赅，一直被奉为地理学之祖。战国秦汉以来，人们一直认为它是大禹本人或禹时代对大禹治水过程的一部记录，同时顾及与治水有关的地理状况和把贡品送往当时的帝都所在地冀州的贡道。《禹贡》的序说："禹别九州，随山浚川，任土作贡。"《禹贡》大约成书于春秋末期和战国初期。它以地理为径，分天下为九州，这是撰著者理想中的政治区划，此外山脉、河流、土壤、天地、物产、道路，以及各地的部落，无不详加论述。

《禹贡》全篇共1100多字，约为4部分：第一部分是最主要的部分，把中国东部按自然条件的河流、山脉和大海等分界，划分为九州。之后简括各州境内的山、水、泽、地，然后较详细叙述其土壤，三等九则的田赋，动、植、矿的物产和手工业，及其转运的贡道。

《禹贡》所说的九州，包括冀、兖、青、徐、扬、荆、豫、梁、雍。冀州相当于今山西省和河北省的西部、北部以及太行山南河南省的一部分土地，兖州与冀州当时以黄河为界，包括今河北省东南部、山东省西北部和河南省的东北部；青州在今山东省东部；徐州相当于今山东省东南部和江苏省北部；扬州在淮海之间，是今江苏和安徽两省惟水以南，兼有浙江、江西两省的土地，梁州大概包括今陕西南部和四川省，或者还包括四川省以南的一些地方，雍州的具体范围和梁州一样，现在不能十分确定，大约在今陕西省的北部和中部、甘肃省（除东南部）和青海省的东部。

各州的土壤、植被、特产、田赋，《禹贡》中都作了描述，较真实地反映了各个地区的地理特色。例如对冀州和兖州的描述，指出冀州土是一种松散的白色土壤，岁收属于上等，有些地方较差，田地属于中等，当地人穿皮衣服。兖州土壤是黑色的肥土，草木茂盛，田地属于中等，以桑田养蚕，向帝都进贡漆和蚕丝。

《禹贡》书影

《禹贡》对于当时以黄河为中心的水系网络记述得井然有序，提供了古河道情况的宝贵历史资料。贡道，是作者对全国水道交通系统的构想，以帝都安邑为各条送交贡赋道路的目的地：冀州夹右碣石入河；兖州浮于济、漯，通于河；青州浮于汶，达于济；徐州浮于淮、泗，达于河；扬州沿于江海，通于淮泗；荆州浮于江、沱、潜、汉，逾于洛，至于南河；豫州浮于洛，入于河；梁州浮于潜，逾于沔，入于渭，乱于河；雍州浮于积石，至于龙门西河，会于渭、汭。因为时代的局限，这些记载不尽确切，但作者能够有这样宏伟的设计，对于当时的天下形势是相当了解的，对于当时的地理山川也是较为熟悉的。

第二部分是导山，按从北到南的顺序

都江堰

列出了四列山系，自西向东延伸，而且是西部集中，东部分散，正确反映了中国西部多山，东部平坦，西高东低的地形特点。群山分为四系：第一系，自岍至碣石十二山，在黄河北岸，第二系，自西倾至陪尾八山，在黄河南岸；第三系，自嶓至大别四山，在汉水流域；第四系，自岷山、衡水至敷浅原，在长江流域。这部分对黄河两岸山势，叙述首尾详细明晰，但长江流域诸山则比较模糊。

第三部分是导水，分为九系，对9条河流的水源、流向、流经地区、汇纳的支流和河口等内容都作了叙述。这9条河流分别是弱水、黑水、黄河、漾水、江水、沈水、淮水、渭水、洛水。中国以农立国，作者大概假借大禹治水的故事，描绘全国与农业有关的水利，可作经济地理看待。由于扛河河道变迁，加上此部分与导山一样，明北晦南，详于冀而略于梁，所以今天要考证清楚各条河流已经不大可能。

最后部分附带修正《国语·周语》的"五服"制，规定甸、侯、绥、要、荒各五百里，它不受诸侯割据形势的局限，把广大的地区看作一个整体，以帝都为中心向外扩展，所言范围远超当时实际了解的地域。这反映了作者政治上的大一统思想，但与九州制不免矛盾。

《禹贡》在我国地理学历史发展过程中具有重要地位，它关于九州区划、山岳关联、水道体系、交通网络以及土壤、物产、景色的描述，都体现出明确的地理观念，所以它对我国后世地理学的发展产生了深远的影响。

《山海经》

除了《禹贡》，到西汉末年才通行于世的《山海经》也包含了先秦时代丰富的地理知识。《山海经》是一部内容丰富，风貌独特的古代著作，包含历史、地理、民族、神话、宗教、生物，水利、矿产、医学等诸方面。《山海经》的今传本为18卷39篇，由《山经》、《海经》和《大荒经》三部分组成。其中《山经》5卷，包括《南山经》、《北山经》、《东山经》、《中山经》，共2.1万字，占全书的2/3。《海内经》、《海外经》8卷，4200字。《大荒经》及《大荒海内经》5卷，5300字。

《山经》大约是战国后期写成的，包括五篇，在结尾处有"天下名山经五千三百七十山……居地也，言其五藏"的文字，所以又被称为《五藏山经》。所谓五藏，可能兼有地分五区，书分五篇的意思。《五藏山经》以山为纲，把我国的山地分为中、南、西、北、东五个走向系统，每个系统中的许多山又被分为若干行列，即若干次经，依次分别叙述它们的起首、走向、相距里数和结尾。虽然当时还只有把山隔成行列的概念，而缺乏山势连绵的意义，但在叙述每列山岳时记述山的位置、高度、走向、陡峭程度，形状、谷穴及其面积大小，并注意两山之间的相互关联，有的还涉及植被覆盖密度、雨雪情况等，显然已具备了山脉的初步概念，堪称我国最早的山岳地理书。《五藏山经》中的有些山名现在还在使用，但由于原著对五大系统中各个山列的方位、距离的说明不够准确，加上一些虚构、夸张的内容，造成后人的许多误解和争论。

龙形玉佩

《五藏山经》叙述的地理范围从黄河流域的中原地区一直延伸到长扛流域，反映出当时人们的地理视野已经相当开阔。其中《东山经》的范围包括今山东及苏皖北境，东到大海。包括46座山，分为四次经，大致都呈南北走向。《北山经》西起今内蒙、宁夏腾格里沙漠贺兰山，东抵河北太行山东麓，北至内蒙阴山以北。有山87座，由东而西分成三次经，其中不少山名至今可考，不过夸大了各国山之间的距离。《南山经》东起浙江舟山群岛，西抵湖南西部，南抵广东南海，包括今浙、赣、闽、粤、湘五省。有山40座，从北到南分为三次经，都是东西走向。《西山经》东起山、陕间黄河，南起陕、甘秦岭山脉，北抵宁夏盐池西北，西北达新疆阿尔金山。有77座山，由南而北分为四次经，大致分布在今山西，陕西两省之间的黄河大峡谷以西。

《中山经》论述的范围大致在巴、蜀和东部的湘、鄂、豫部分地区。包括97座山，分为十二次经，基本都是东西走向。这一部分叙述得最为详细，大概是作者最熟悉的地方。

《山经》中还有关于河流的内容，叙述其发源与流向，还注意到河流的支流或流进支流的水系，包括某些水流的伏流和潜流的情况以及盐池、湖泊、井泉的记载。

617

它一共记述了358条河流和湖泊，粗略勾画出了北至黄河流域，南至长扛中下游的水系分布情况。关于黄河源头，《北山经》说："敦薨之水，流入泑泽，出于昆仑之东北隅，实惟河源"，又称："积石之山，其下有石门，河水冒以西流。"这似乎是想把黄河之源推向积石山以远地区，夸大河源遥远，但由于当时地理考察的局限性，因而把昆仑山以北很远的罗布泊水系和昆仑山以东的黄河水系不切实际地混连起来，把前者当作黄河的上源，这个错误的说法对后世影响颇大。关于长江之源，《中山经》把"岷山之首"称为女几之山，其水是"东注于江"的支流，"又东北三百里曰岷山，江水出焉，东北流注于海"。这是沿袭"岷山导江"的说祛。

《五藏山经》关于其他自然地理的知识也很丰富。例如《南山经》说"南禺之山……其下多水，有穴焉。水春辄入，夏乃出，冬则闭。"这是对南方山地喀斯特溶洞的描述。又如"白沙之山……鲔水出于其上，潜于其下"，这是关于潜流或地下暗河的描述。关于北方干旱和半干旱地区季节性或间歇性河流，有"教山……教水出焉，西流注于河，是水冬干而夏流，实惟干河"等记载。《西山经》还有对火山的描写："南望昆仑，其光熊熊"。

《山经》中还记述了许多具有区域自然地理特色的内容。例如对西部高山地区的描写："申首之山，无草木，冬夏有雪。"《南山经》中有"多桂"，"多象"、"多白猿"的叙述，反映了热带和亚热带的区域特点。凡此种种，不一而足。

到了秦汉以后，有人将《海经》和《大荒经》与《山经》合并成《山海经》。《山海经》是一部记录远古自然地理和人文地理的专著，它记述着中华民族文明与文化的起源和发展，以及这种生存与发展所凭依的自然生态环境。《海经》和《大荒经》记载的内容虽然也有一些地理学方面的内容，但是大都不准确，包含了众多的神话传闻和诡谲荒诞的内容。正因为如此，清在编撰《四库全书》时把此书列入小说类。到了20世纪，一批学者重新研究《山海经》，取得了重要成果。顾颉刚的《五藏山经试探》，提出了许多极为精辟的见解，使人们认识到《山海经》的科学价值。其后，谭其骧又利用《山海经》中丰富的河道资料，考证出一条最古的黄河故道。《山海经》尤其是《五藏山经》在地理学上的科学地位，得到进一步确立。

郑国渠

缓兵之计

自秦昭襄王采纳范雎"远交近攻"的策略后，魏、赵、韩三国就成了秦国大军重点攻伐的对象，尤其是位当秦国东进要冲的韩国，更是岁无宁日。秦庄襄王元年（前249年），吕不韦出任秦相伊始，就派大将蒙骜伐韩，攻陷韩军事重镇成皋、荥阳，设置三川郡，次年，转攻赵国，连陷榆次、狼孟等三十七城，再过一年，秦将王翦又攻上党，上党地区二十几城尽被秦军占领，置太原郡。与此同时，蒙骜占领魏高都、汲城。在秦军凌厉的攻势下，赵、魏、韩三国简直成了惊弓之鸟，寝食难安。

如何才能遏制侵略成性的秦国，使自己有个喘息的时机，三国国君动足了脑筋。公元前246年，韩桓惠王终于想出了一个办法；听说秦国一直苦于关中地区得不到开发，何不将国内水利专家郑国派去？让他以帮助开发关中为名，诱使秦国大规模兴修水利，一旦丁夫全派去开河挖渠，还有余力兴兵打仗吗？他把这个想法和大臣们一商量，个个拍案叫绝。关中地区方圆几百里，不倾注全部人力、物力，根本无从下手，且没二十年工夫难以奏效。只要秦王被关中吸引住，韩国十几年的安稳日子就没有问题了。

间谍还是工程师？

郑国奉命悄悄来到秦国，装扮成行商四处转悠，先把关中地区的山川河道、地形地貌、土质物产考察了一遍，然后设计出一个庞大的水利工程计划：凿开仲山（今陕西泾阳西北），引泾水向西至瓠口（即今焦获泽），再沿北山南麓东去，经今

三原、富平等县注入北洛水，全长三百余里。水渠凿成后，可将这一带荒芜不毛的四万余顷盐碱地全部改良成高产良田。郑国暗自盘算：吕不韦商人出身，爱财如命，只要用重金先打通吕不韦，就可请他向秦王推荐。

此时，秦庄襄王已去世，年轻的嬴政继承了王位。这天，秦王政接受吕不韦的安排，召见郑国。郑国将调查得来的精确数据，和水渠开成后关中地区的丰饶前景，作了生动的描述，又有"仲父"吕不韦从旁敲边鼓吹，秦国君臣个个被郑国的设计所折服，当场就通过了他的计划，并封他为这一水利工程的技术总管。

郑国渠渠首

当时火药尚未在生产中得到广泛使用，劈山开河全凭原始的人力，因此对人力、物力、财力的消耗非常巨大，时有死伤，怨声四起，朝廷对这项工程的得失也出现了争论。水利工程进行到一半时，郑国的真实身份被秦国侦知，顿时朝野一片哗然。秦王政暴跳如雷，下令把郑国押来咸阳亲自审问。

关中开发带来的效应

郑国十分平静，他从踏入秦界的第一天起就做好了赴死的准备。甲士把他推上大殿，满殿君臣恼怒的目光恨不得把他撕成碎片。郑国镇定地说："我奉韩王之命到秦国来鼓动开发关中，韩国能得到什么呢？充其量不过是秦国不去进攻，过几年安定日子，但对秦国来讲，一旦关中水渠修成，就成就了秦国的万世基业，粮食将更多，人丁将更兴旺，国力也会更强盛。说到底开发关中究竟对谁有利岂非不言自明吗？"

郑国的一席话，说得文武大臣无言以对，秦王政的脸色也慢慢地转怒为喜。秦国君臣心里都明白：秦国要实现横扫六合、一统天下的目标，足够的兵员与粮草是根本前提，关中一旦开发成功，方圆数百里将成为巨大的粮仓和后备兵力源源滋生的基地，眼前看似乎东进的步伐延缓了若干年，但从长远看，关中的开发实在是秦最终统一天下的必需准备。秦王想到这些，转怒为喜，走下王位，亲自为郑国解除了锁链，好言抚慰，请他继续负责水利工程的实施。

数年以后，这个庞大的水利工程终于完工了。汹涌的泾河水穿过被劈开的仲山，源源不断地流入关中平原，水流过处，一片片不毛的盐碱地逐渐变成麦浪翻滚的绿色田园，昔日荒芜的山丘飘溢出瓜果的芳香，原本落寞的原野出现了人口稠密的村庄。于是关中为沃野，连年丰收。人们为纪念郑国，就把这条水渠叫作"郑国渠"。

秦国因郑国渠的开凿而更加富强，加快了兼并的步伐，韩国并没有因这个缓兵之计而挽救自己的灭亡。

战车和车战

在人类战争史上，步兵是最古老的兵种。步兵对军队装备要求不高，易于组建和维持。相应地，人类战争的形式最初也主要是步战。在中国历史上，原始社会的战争也以步战为主，这种状况一直延续到商代前期。但是到了商代晚期，这种步战方式开始逐渐让位于新崛起的车战。到春秋时期，车战已是当时重要的作战方式。

战车结构和人员装备

在安阳殷墟已发掘出殷商时的车子18辆，可以知道商代的战车用木制作，其形制是独辕、两轮、长毂。车辕前有车衡，衡上缚两轭以供驾马，后端与车轴在车厢（舆）底相交，挖槽嵌含。车轴两端镶有铜车苦。车厢呈横宽纵短的长方形，四周有轻桄，桄间有栏，门开在后面。车厢内可容纳甲士三人和他们携带的兵器、马鞭、修理车的工具等。这种基本形制，西周和东周的战车承袭下来，但在结构上也有所改进。一是车辕的曲度加大，辕端抬高，减少了服马的压力，马的拉力由此增加；二是车厢加宽，甲士完全可以在车上自由挥动兵器，有利于甲士在战车行进时灵活刺杀。为了使战车更加牢固，耐冲撞，一些关键部位的青铜加固件有所增加。例如大多数车子都用铜辖把车舌固定在毂外侧轴上，内侧以铜轴饰保护毂，减轻了车辆运行时的左右摆动。为了提高战车的机动性能，周代战车的轨宽逐渐减小，车辕逐

齐国都城遗址

渐缩短，而轮上的辐条则逐渐增多。西周的兵车种类也增多了：除了供进攻用的"轻车"外，还有供防御用的"广车"，有环和皮革以遮蔽矢石的"苹车"，有指挥用的"戎车"，有攻城用的临车、冲车；有装器物用的辇。

商代战车大多数均驾2马，少数驾4马。车上载3名甲士，按左、中、右排列：左方甲士持弓主射，是一车之首，称"车左"，又称"甲首"，甲骨卜辞中也直接称之为"射"；右方甲士执长兵（矛、戈等）主格斗，并负责为战车排除障碍，称"车右"或"戎右"，又称"参乘"；居中的是控马驭车的御者，只随身佩戴刀剑等短兵。实际上，车左除弓箭外，也还配备长兵或短兵；车右除长兵外，也还佩戴短兵和弓箭，只是责任有所侧重。指挥车则将帅居左，卫士居右，车上配备有旗和鼓，以供指挥和联络。左右中的次序反映了甲士崇左的原则。此外，每辆战车还附属一定数量的徒兵，战斗中随车跟进。

战车上的进攻性武器包括戈、酋矛、夷矛、戟、殳等5种长兵器，用于近距离肉搏、随身防卫的短兵器刀、剑等，还有用于远距离攻击的兵器弓矢。战车上甲士的护卫装备有盾、甲胄等。

车战时，比较近距离的格斗发生在两乘战车交错时，所以具有勾割功能的戈是一种比较有效的杀伤工具。戈装有长柄，主要适于在战车上抡动作战。矛是尖形的刺杀工具，也是西周、春秋战车上常见的兵器。从商周到春秋战国，矛的形状不断改进，矛身逐渐加长，两翼则变得窄小，这样能刺得更深，加强了杀伤力。戟是戈和矛的复合体，兼有二者啄、刺、勾三种功能。春秋时期戟的形制也在不断变化，战国时期更是出现了钢铁制造的戟。殳是一种打击兵器，由菱形的金属头和竹、木杆构成。战国时殳的金属头往往带刺或棱。用于防卫的盾有木、竹、藤、金属等各种质地；甲形如衣服，披在身上，胄形如帽子，戴在头上，就是头盔。

形严整，谁就能争得在战车错毂的瞬间夹击对方战车，在格斗中占有优势。如果两车正面相遇，甲士之间相隔在 4 米以上，3 米多的戈、矛、戟发挥不了效力，只有两车相错，车厢侧面间距在 1.6 米以下，双方甲士才能用长兵器进行格斗。这样的车战战斗方式，队形整齐就成为取得胜利的重要保障。

以战车为主力的车、步结合的作战方式要求交战双方选择平原旷野作为战

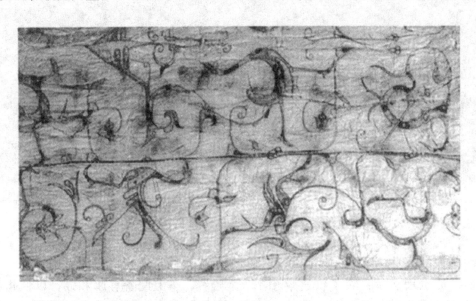

对凤对龙纹绣绢面衾

车站的战斗方式

战车的形状与战斗队形密切相关。西庵战车长宽各 3 米左右，加上两侧徒兵的位置，超过 9 平方米的面积。这样大的方形战斗单位本身的机动性能有限，再加上攻杀器械的制约，战车组成的队形作纵深配置很困难，只有采用大排面横列方式作战才能发挥战车的效能。横排队列可以做到左右照应，免受敌人的攻击。

车战时双方战车在接近过程中，首先是用弓箭对射，力图以强大的杀伤力造成对方阵容的混乱，到战车逼近时，谁的队

场。《六韬·犬韬·战车》说："步贵知变动，车贵知地形，骑贵知别径奇道"。"贵知地形"，确实是对车战特点的最好概括。

春秋时期车战成为主要战争方式，使军事编制也随之发生了改变。春秋列国军队典型的编制一般有军、师、旅、卒、两、伍 6 级。春秋早期，伍由 5 名战士组成，是战车下的步卒，以战车为依托展开战斗。两由 5 个伍 25 名战士和 1 乘战车组成，战车是战斗核心。4 两是一卒，5 卒组成 1 旅，5 旅成 1 师，5 师

成1军。

屈原在《楚辞·国殇》中生动描写了车战的悲壮情景："操吴戈兮披犀甲，车错毂兮短兵接。旌蔽日兮敌若云，矢交坠兮士争先。凌余阵兮躐余行，左骖殪兮右刃伤；霾两轮兮絷四马，援玉枹兮击鸣鼓。天时怼兮威灵怒，严杀尽兮弃原野。"郭沫若将它翻译成了今文：盾牌手里拿，身披犀牛甲。敌我车轮两交错，刀剑相砍杀。战旗一片遮了天，敌兵仿佛云连绵。你箭来，我箭往，恐后争先，谁也不相让。阵势冲破乱了行，车上四马，一死一受伤。埋了两车轮，不解马头。擂得战鼓咚咚响。天昏地暗，鬼哭神号。片甲不留，死在疆场上。

车战战术的发展

春秋时期是车战的鼎盛时期，当时的大国，动辄拥有万乘战车，小国也拥有千辆战车，各国的军事实力，也以战车数量来衡量。其时的战争，绝大部分都是车战。总体而言，当时的车战尤其是春秋早期的车战是贵族式战争，崇尚礼节，本是残酷的战斗中甚至弥漫着艺术化的气息。两国发生大规模冲突时，作战军队相会，首先安营扎寨驻军，称

为"次"或"军"、"合"。例如公元前632年晋楚城濮之战时，晋军"次于城濮，楚师背部而合"。然后双方约定战斗时间和地点。城濮之战时，楚军元帅子玉给晋文公送信说："请与君之士戏，君冯轼观之，得臣与寓目焉。"在正式战斗之前，往往还有"致"或"致师"的行动，就是以猛士驾单车进犯敌军营垒，目的是挑战和炫耀武力。战斗在约定的日期开始，双方要排列好阵势，这是车战最主要的步骤，春秋车战无一例外地遵循预先列阵，先阵后战的原则。如城濮之战时，"晋师陈于莘北"。宋襄公意欲争霸，与楚军交战时等到楚军过河摆好阵势再进行决战，被后世讥笑为不知变通，其实这也表现了春秋及以前战争尚礼，先阵后战的风气。摆好阵势之后，双方冲锋，发起最后的决战。春秋时期各国军队规模不大，车兵的机动性也不强，所以战争在很短时间内就可以分出胜负，一般几个时辰，最多一天即结束。城濮之战在春秋时期算是规模非常大的战争，一天就打完了。公元前575年鄢陵之战，晋楚两军"旦而战，见星未已"，在春秋中期已属罕见。春秋的车战

六边形纹绦带

基本都在白天进行，若有少数白天不见胜负的战争，则夜晚休战，双方清理死伤，重组部伍，以待明日再战。

春秋时期列国之间战争频仍，在战争中车战战术也取得了显著进步。首先是车战阵形有了很大发展，比较普遍地采用了中军和左翼、右翼三部分相配合的宽正面横向阵形。随着车战规模扩大、参战车辆增加，战车编队也扩大了。其次，出现了初级的野战防御方法——营垒，能够阻碍战车的冲击。另外，春秋时尤其是晚期的战争中诈术也开始使用，信义在战争胜负的比照下显得微不足道，比如乘对方阵形尚未列好就发起攻击。又如鲁僖公三十三年（前627），晋、楚军队隔河对峙，因为渡河的一方在渡河时很容易被对方攻击而溃败，所以双方相持不下。这时晋国内部发生动乱，晋军急切回撤，于是晋军将领写信给楚帅，提出了一个建议：或者晋军后退三十里，楚军过河，然后双方列阵决战；或者楚军后退，让晋军过河。楚帅接受了后一种办法。他没想到等楚军撤退后，晋军乘机也撤回国了，追之不及。

春秋时期的战车阵战灵活运用了多种作战方法，比如迂回侧后、攻其不备，佯退侧击和设伏合围等等。在城濮之战中，晋楚双方各自都有左、中、右三军。晋军首先击溃了薄弱的楚军右翼陈、蔡联军，接着上军和下军同时向后佯退，楚左师孤军追击晋上军，结果造成侧翼暴露，晋中军乘机从旁侧击，晋上军也回师夹攻，楚左师大败。这是佯退侧击的著名战例。公元前684年齐鲁长勺之战，当齐军败退时，曹刿阻止鲁庄公匆忙追击。他观察齐军败退时的旗帜和车辙，确认齐军是真的溃败后才下令追击，就是因为害怕齐军佯退设伏。

车战逐渐淡出历史舞台

商周时期，军事角逐的中心区域在关中和中原地区，地势开阔平坦，是适合战车驰骋的平原地带，马拉战车的巨大冲击力是早期步兵无法抗拒的。春秋中期以后，由于争霸战争不断发生，作战区域扩大，地形也变得复杂，其中不乏山川沼泽，战车无法在这些地方列阵冲锋，也就没有用武之地。于是一些国家又组织了适应能力更强的步兵，或将车兵改编为步兵。这些现象预示了车站的衰落和步战的复兴。

到战国时期，战争规模进一步扩大，残酷性增强，伤亡也随之增多，必须征召大量军队。战国群雄军队数量较之春秋时期十倍几十倍地增长，秦国有带甲百万，齐国带甲数十万，楚国也有带甲百万。这些军队都来自农民，平时没有经过车战必需的长期系统的训练，而以各国的实力，也根本没有可能将这样庞大的军队装备成车兵，以农民为主体的大规模军队必然是步兵。另外，车战也有其固有弱点，除了对地形依赖较大外，它作战方式呆板，主要是速战速决的野战，不适于攻城，缺乏有效的攻坚手段。战国时期，经济发展，城市作为商品贸易和政治中心的战略地位不断上升，攻城灭国成为大国兼并的直接目标，城的防御功能也显得突出。车战既然不能担任起攻城的重任，其地位也必然下降。战国时期步兵的战术有了很大突破，在野战方面，广泛采用了先进的密集阵形和更加坚固的布障设垒等防御方法，能够与战车抗衡；他们的武器装备有了很大改进，特别是大量使用了威力巨大的远射兵器弩，能够在宽大的正面上有效遏制战车的冲击。战国时期作战区域进一步扩大，地形更加复杂。正是在这些因素的作用下，车战风光不再，步战取而代之。

玉器和漆器

玉是质地细密、色泽淡雅、浸润光华的美石，以玉制成的物品称作玉器。古代玉器不仅是日常用具和怖品，同时还是具有宗教意义的礼器，以及祭祀天地、沟通神灵的法物，它反映出的是相关的意识形态，宗教信仰和丧葬习俗。这种以玉器的形式、蕴涵和审美为内容所形成的文化，即为"玉文化"。玉文化是中国古代文明的重要蛆成部分，有着鲜明的民族特色。

玉器

先秦时期是中国玉器和玉文化孕育和成长的时期。考古发掘证明，中国的先民最迟在七八千年以前就已经开始制造和使用玉器。现在所知最早的玉器出自内蒙古敖汉旗兴隆洼遗址和辽宁阜新查海遗址。当时的玉器主要是用作装饰品和礼器。商周逐渐认识到五的价值，玉器的数量和品种都有增加，雕琢技艺也有提高。玉被琢成礼器、盛器、乐器和各种装饰品，供奉于庙堂或佩戴于身上。这时的玉器已成为王者，贵族高贵身份的标志，形成"君子必佩玉"的风气。同时，古人还把玉器看作是高尚、纯洁、亲善、吉祥的象征。

春秋战国时期，由于诸侯蜂起，经济发展，各国的区域文化异彩纷呈，交融频繁，玉器的制作和工艺逐渐走向成熟和趋

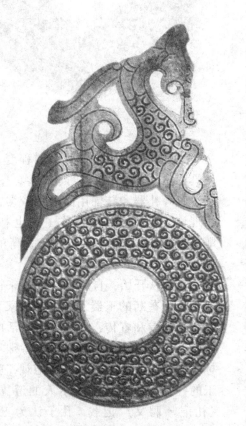

龙形玉佩和谷纹璧

同。这时期玉器种类主要有：璧、环、玦、璜、琮、珠、佩、冶、串饰、勒、瑗、圭、璋、管、柄形器、戈、带钩、镜架、匕等。其中多数是礼器，少数为生活用具。

春秋时期墓葬出土的玉器数量和种类极多，制作工艺相当精湛。河南信阳春秋早期黄君孟夫妇墓出土玉器130余件，器类有璧、块、环、璜、虎、鱼、牌、兽面饰、蚕形饰、玉雕人、玉雕兽首等，河南淅川下寺春秋中期楚墓出土玉器3139件，器类有璧，环、璜、琮、瑗、镯、珠、管等，器形有虎、鸟、鹦鹉、龙等；山西太原金胜村251号春秋晚期墓出土玉器545件，器类有璋、靛、璧、环、璜、珠、玦、玉刀、玉尺、玛瑙环、水晶环等十余种。山东沂水、扛苏吴县，山西侯马、陕西凤翔等地都有春秋玉器出土。

从出土的玉器看，春秋时期琮、璋、璧、圭等礼器仍在继续制作，但玉制的工具和兵器已经较为少见，玉器更多的是用作装饰品。当时盛行随身佩带玉饰，"行则鸣佩玉"。这时期的玉器雕琢精致，构图考究。淅川下寺1号楚墓出土玉兽面纹饰，长7.1、宽7.5厘米，上宽下窄，四边有高低起伏的脊牙。正面中下部琢兽面纹，兽面两侧饰以三组对称的变形龙首纹，背面光素无纹。器中端上下分别钻上小孔，可用来嵌固在它物上。这件玉器纹饰细密，工艺难度颇高，是春秋晚期的代表性作品。

有学者估计，目前已经发掘的战国墓葬可能要超过万座，出土的玉器也较为普遍。安徽省长丰县杨公庙战国墓出土玉器79件，器类有璧、璜、佩、圭、环、镌、管等，纹饰为谷纹或涡纹。陕西雍城考古队发现秦国墓葬40余座，出土玉器28件，器类有璧，块、冶、珠、串饰等，均素面无纹，其中有1件玉蝉，造型逼真，形象生动。湖北迁陵九店乡雨台村558座楚墓出土玉器253件，器类有璧、环、璜、佩饰、串饰、玉料珠、五料管、绿松石片等。湖北随县曾侯乙墓共出土器物15404，其中玉器528件，器类有璧、环、玦、璜、琮、方镯、佩、挂饰、串饰、珠、管、双面人、剑、梳等，这批玉器都经过打磨抛光，制作精良，色彩丰富，纹饰华美，是战国时期最著名的玉器墓葬。

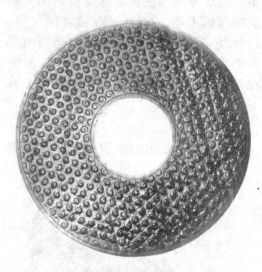

谷纹大玉璧

战国玉器达到空前繁荣的程度。当时工具和仪仗玉器比以前明显减少，璧、璜、环、佩等礼器和装怖用品增加较多，而且出现许多新的器形。制作工艺也有提高，雕刻细腻，纹饰精美，具有极高的艺术价值。

从春秋开始，自原始社会以来被贵族所钟爱和垄断的玉器，经过以儒家为首的诸子的推崇和宣传，成为社会生活中具有礼仪、宗教、经济和装饰多种特殊功能的标志物。先秦儒家的用玉道德观，就是以玉的各种物理性质来表示人的道德品质。《礼记·聘义》记载，孔子认为玉有仁，知，义，礼，乐，忠，信，天，地，德，道十一种品德。"夫昔者，君子比德于玉焉：泪润而泽，仁也缜密而栗，知也廉而

四节龙凤玉佩

比如秦国为得到赵国的和氏璧，诈以15城相换，好在蔺相如智勇双全，使"完璧归赵"。从古文献考古发现来看，玉璧的用途有用作祭器、礼器、佩饰、砝码、辟邪和防腐。

按古书的说法，半璧为璜，但实际并非完全如此。殷商时期的玉璜多数只有玉璧的1/3，达到半璧的较少。玉璜初为祭器，用黑玉制成，是立冬祭祀北方的器物，后衍生成饰品，故又称佩璜。玉璜形制多样，纹饰精美。曾侯乙墓出土透雕四龙玉璜，青色，长15.2厘米，宽4.6厘米，厚0.6厘米，体扁平，呈弧形，透雕对称的四条龙，曲身卷尾，

不剡，义也垂之如队，礼也；叩之其声清越以长，其终诎然，乐也；瑕不掩瑜、瑜不掩瑕，忠也；孚尹旁达，信也气如白虹，天也；精神见于山川，地也；圭璋特达，德也；天下莫不贵者，道也。"这种以玉比德的观点为后世玉器的发展提供重要的理论依据。

《周礼》载："以玉作六器，以礼天地四方：以苍璧礼天，以黄琮礼地，以青圭礼东方，以赤璋礼南方，以白琥礼西方，以玄璜礼北方。"这是后世苍天、黄土、青龙、朱雀、白虎、玄武思想的由来。如下就来简单介绍这几类玉器。其中玉琥，由于史料的缺乏，不再展开论述。

玉璧是有孔的圆形玉器，其纹饰主要有几何纹、云纹和谷纹。《尔雅》说："肉倍孔谓之璧"，就是说玉璧圆孔的直径要等于周边直径的1/2。玉环和玉瑗的形状和璧相同，只是"肉"与"孔"的比例不是2∶1。所以有学者建议把三者统称为璧环类，或简称璧类。秦代以前玉璧极为珍贵，

兽面纹玉琮

单面阴刻眼、鳞、爪等。同时用阴线刻出两条蛇纹，精雕细琢，布局对称。故宫博物院收藏的战国双龙首玉璜，白色，长17.1厘米，宽7.4厘米，厚0.5厘米，体扁薄，呈半圆形。两墙镂雕龙首，龙口微启，唇微卷，露牙，环眼圆睁，长耳后伏于颈，饰阴刻细线纹。龙身浮雕六行勾连纹。外缀以对称的镂空夔纹，中部有圆孔，可穿系，制作极为精巧。

玉琮是内圆外方的管形玉器，用作礼地、发兵、敛尸等。原始社会末期玉琮曾经非常盛行，夏商时迅速衰落，西周规定

"以黄琮礼地"，玉琮应该是比较常见的，但这时期墓葬中基本没发现其身影，这至今是个谜团。春秋战国墓葬中出土的玉琮极少，即便偶有发现，工艺也十分简陋。到西汉以后，玉琮逐渐退出历史舞台，后世也有好事者仿制上古玉琮，但已明显脱离先秦的风格。

《说文》说，"剡上为圭"。玉圭指的是上部尖锐呈三角、下端平直，长方形的玉器，有的玉圭两侧略呈梯形。玉圭源自新石器时代的石铲和石斧，因此，有人将新石器时代至商周时期的许多玉铲和方首长条形玉器都定名为圭。但真正标准的尖首形圭到商代才开始出现，盛行于两周时期。玉圭是标明身份的瑞玉和祭祖盟誓的祭器，用来规范宗法关系。按照等级不同，王执持镇圭，公执持桓圭，侯执持信圭，伯执持躬圭。周代玉圭，以尖首长条形为多，圭身素面，尺寸长 15 至 20 厘米。战国墓葬出土的圭数量较多，圭身宽窄各异。汉代玉圭逐渐淡出社会生活，后世王公贵族只有想显示其地位时，才雕造少量的玉圭。

玉璋与玉圭相似，"半圭为璋"，它与圭都是区分等级的器物。玉璋始见于龙山文化，殷墟出土过许多石璋，西周的玉璋较为少见，器形与商代相近，器身窄长。春秋战国墓葬出土的玉璋与古书的记载情况存在着诸多不同，这还有待考古工作者作深入的研究。《周礼》将玉璋分为赤璋、大璋、中璋、边璋、牙璋五种。赤璋用赤玉（玛瑙）制成，是祭祀南方神灵朱雀的礼器。大璋，中璋、边璋是天子巡守时祭祀山川的器物，所祭的如果是山，礼毕后就将玉璋埋于地下；如果是川的话，则将璋投到河里。《考工记》还有"大璋亦如之，诸侯以聘女"的记载。《周礼·典瑞》说："牙璋以起军旅，以治兵守。"郑玄注："有钼牙之饰于琰侧，先言牙璋有纹饰

也"。牙璋可能与军旅有关，与后代虎符相似。璋牙尖锐，流露出锋利、肃杀气息。三星堆出土的牙璋，中间开刃，形状似齿，直伸向前，攻击的意味极其明显。从三星堆的考古发现来看，牙璋的用途极可能是祭山的礼玉。

除以上的仪礼"六器"外，先秦日常社会生活中盛行用玉作佩饰。人佩带玉饰是有讲究的，《白虎通义》说，道德高深者佩环，能决嫌疑者佩玦。当然最普遍的佩饰是玉佩。佩的概念较为宽泛，凡是璧、环、玦、璜、琮、圭等规范性玉器以外的饰玉，都可以称为佩。春秋战国时期人们用佩玉来协调举止、标明身份、表达情意和作为承诺的信物。另外，先秦的丧葬制度也盛行用玉，例如放入死者口中的玉含、堵住尸体孔窍的玉塞、下葬时死者手里的握玉等。

龙形玉佩

漆器

用漆树自然分泌的漆液涂在各种器具上，这就是原始的漆器。漆树的液汁经搅拌后变为熟漆，生漆或熟漆加进熟桐油调制即成漆膜坚硬、光亮、耐温的广漆，再添入颜料或染料就形成彩色漆层。

考古发现证明，中国是世界上最早知道和使用天然漆的国家，漆器的制造有着悠久的历史。古代以漆涂于物称"髹"，用漆绘制图案花纹谓"饰"。六七千年前

的河姆渡文化遗址出土的木胎朱漆碗是现知最早的漆器。商周时期开始用色漆和雕刻来装饰器物，还设立有皇家漆园。《尚书·禹贡》载："厥贡漆丝"。

建鼓座

春秋战国是古代漆工史上的重要时期，漆器种类和髹漆工艺都得到飞速发展，漆器业空前的繁荣，甚至使新兴的诸侯不再仅热衷于青铜器，而把兴趣转向光亮洁净、易洗，体轻，隔热，耐腐、嵌饰彩绘五光十色的漆器。当时，鲁国出现所谓的漆室女，这是专门从事漆工的作坊，主要承担者可能是妇女。官方也极为重视漆器工艺的发展，选派专人进行管理，道家的著名代表庄子就曾作过宋国的漆园史。

春秋战国漆器工艺取得辉煌的成就首先体现在器物种类丰富，几乎包括当时生活各方面的用品。现结合考古发现，简要列举如下：家具类有床、几、案、枕、俎等；容器类有筒、箱、盒、奁、匣、豆、樽、盂、鼎、勺、盘、壶、杯、耳、匜、卮等；丧葬类有棺、笭床、木俑、镇墓兽等；饰物类有座屏、木鱼、木球、木壁等；乐器类有编钟架、钟锤、编磬架、大鼓、小鼓、虎座，双鸟鼓、瑟、琴、笙、竽、排箫、笛等；兵器类有甲、弓、弩、矛柲、

戈柲、箭、箭菔、剑鞘、盾等，交通类有车、车盖、船等；文具类有笔，笔架、文具箱等。

值得注意的是，这时已逐渐应用木案和漆案，反映生活方式的进步。此前的古人席地而坐，有几无案，盛食物的器皿放在地上，人坐在地上饮食。从考古文物来看，漆案开始较多地出土于战国墓中。自从有案以后，食物就可以放到案上，后来汉代就沿用这种生活习惯。

其次，这时期漆器的分布范围极为广泛。山东、山西都有大量的春秋彩绘漆器出土。战国漆器的产地更是遍及各地，目前已经在全国40多个县市的80多处发掘出漆器，其中以河南、湖南、湖北三省最多。当时巴蜀地区竹、木漆器业发达，多数考古遗存都保留有许多带有文字和符号漆器，有学者认为，成都可能是春秋战国时期长江上游最大的漆器制造中心。

当然，最能体现春秋战国时期漆器业进步的还得说是髹漆工艺的发展。春秋以后，为适应制造各种漆器的需要，漆器胎骨除木胎外，还出现夹贮胎、皮胎和竹胎。木胎便于斫制、雕刻、描漆和银嵌，容易制造出立体感强烈、色彩绚丽、纹饰复杂华美的漆器作品。当时人们用大张薄木片圈制卷木胎，来制造圆筒状器物，圆形而体轻的奁和卮就是用这种方法做成的。

夹贮胎是纯用漆与编织物构成的胎骨，夹贮胎漆器比木胎更牢固和轻巧，而且随气候变化失水和吸水的能力比木胎漆器强，适宜制造形状复杂而且不规则的器物，它就是现在所谓的"脱胎漆器"。夹贮胎的数量不多，著名的有长沙左家塘3号战国中期墓出土的黑漆杯和彩绘羽觞，以及常德战国晚期墓出土的深褐色朱绘龙纹漆奁等。

皮胎质地柔韧轻盈，多用来做防御武器，比如长沙近郊出土的龙凤纹描漆盾（也有人认为可能是舞蹈道具）。竹胎漆器则有江陵拍马山出土的双层篾胎奁。至于藤胎就是矛柲。同时，这时期的漆器不断改进质量，具备无异味、抗酸耐腐的特点。

春秋战国的漆器还充分使用色彩，将髹漆、雕刻和彩绘三者完美地结合起来。湖北江陵楚墓出土的由蛇蛙鸟兽盘结而成的彩绘透雕座屏，就是利用这种方法的代表。这件漆器通高 15 厘米、长 51.8 厘米，两端落地，中部悬空，浮雕着蛇蟒。座上是矩形外框，框中透雕着各种动物，整个小屏先雕刻 51 个动物，计 20 条蟒、17 条蛇、2 只蛙、鹿凤雀各 4 只，周身黑漆为地，施以朱红、灰绿、金银等色进行彩绘。雕刻的动物互相角斗，鹿作奔跑状，神鸟食蛇，屈蟒蟠绕，造型生动，体现出中国古代精湛的工艺水平和高度的审美意识。

同时，春秋战国时期漆器的花纹装饰也达到极高的造诣。花纹的图案以云、雷、龙、凤纹为主，飘逸轻快，富于变化，看似随心所欲，实则自有章法。绘画的内容涉及现实生活、神话传说以至飞禽走兽。湖北江陵包山楚墓出土的件彩绘漆奁，描绘的是楚国贵族出行的场面。奁盖上共绘有 16 个人、4 乘车、14 匹马、5 棵树、1 头猪、2 条狗、9 只雁，画面以黑漆为地，先用单线勾勒出轮廓，再平涂颜色。整幅图画构思精妙，疏密有致，生动传神，是春秋战国漆器中的杰作。

春秋战国的漆器业空前繁荣，为以后漆器工艺的发展起到重要的推动作用。汉代以后，中国的漆器和髹漆工艺先后流传到亚洲各国，后经波斯人、阿拉伯人和中亚人传到西方世界。正如瓷器那样，世界各国的漆器制造，也受益于中国古人的发明创造。

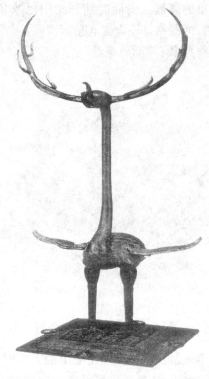

鹿角立鹤

中国首创生铁铸造技术

春秋战国时期，中国在世界上首先发明生铁铸造技术。

冶炼生铁必须具备几个最为基本的条件：一是具有足够高的温度，二是始终保持足够强的还原性气氛，三是具有足够大的冶炼空间。中国古代很早发明了竖炉炼铜，积累了一整套高温还原冶炼的经验，中原地区在冶炼出块炼铁后不久，就炼出了生铁。长沙杨家山鼎形器等，是中国，也是世界上最早的生铁铸件。

春秋战国时代的生铁铸造遗址在河北易县燕下都，河北兴隆，河南登封、西平、新郑，山东临淄、滕县等都有发现，其中出土了大量铁渣、部分铸范以及炉壁残块。

战国铁臿

战国双镰铁范。经化验证明为标准的白口铁铸件。范腔光滑，范壁厚薄均匀，浇铸时受热均匀。

春秋晚期的铸铁实物，已出土的有铁鼎、铁块、铁条、铁削（匕首）、铁臿、铁锛等，出土地点分别为江苏六合程桥，湖南长沙龙洞坡、识字岭、杨家山，常德德山，河南三门峡后川，洛阳中州路，信阳长台关，山西侯马等地。从这些实物中，我们可知当时生铁冶铸技术的基本状况。

化铁炉技术。1977 年，河南登封阳城外发现一座战国铸铁遗址，出土了许多炉底残块和炉壁残块。前者是由掺了粗砂的粘泥制成，后者依工作部位的不同，从材料到构筑方式都有三种情况：一是炉底周壁残块，是由耐火泥夹入铁锄残块制成；二是炉腹内壁残块，是用泥条盘筑而成；三是炉壁口部残块，是由草拌泥条上下重叠而成。

陶范铸造。登封阳城陶范的器形有镢、锄、镰、斧、刀、削、戈、带钩等，所有范料都由细砂精制而成。1957 年，长沙出土的战国铁铲器形完整，器身厚 1~2 毫米，可见战国陶范铸造技术已达相当高的水平。

战国铁斧范。据化验为含碳 3.82% 的标准白口铁，说明是采用液体生铁铸造的。

铁范铸造。铁范约发明于战国前期，战国中晚期后，人们将它用于农具、手工业工具的铸造上。今河北兴隆出土的战国铁范共有 87 件，器形有锄、镰、镢、斧、凿、车具等。铁范可反复使用多次，可减少工作量，提高生产率。

生铁铸造技术的掌握及其后不久生铁经退火制造韧性铸铁和以生铁为原料制钢技术的发明，标志着生产力的重大进步铁器在更大程度上满足了社会生产、社会生活的需要。相比之下，欧洲几乎迟了两千年才掌握了生铁冶铸及铸铁可锻化退火处理的技术。

李冰主持兴修都江堰水利工程

秦昭王五十六年（前 251），李冰主持兴修水利。李冰是秦昭王、孝文王时的蜀郡守，在担任蜀郡守期间，主持修建了岷江上的大型引水枢纽工程——都江堰，都江堰也是现有世界上历史最长的无坝引水工程。

岷江水流湍急，夏秋季节水位骤升，给平原地区造成灾害。李冰通过实地考察，

李冰石人水尺。水位测量水尺
是水文观测的主要标志。

都江堰杩槎，用于挡水截流的木竹石构件。

总结历代民众治水的经验，巧妙地因势利导，于今四川灌县西部，主持修建了都江堰水利工程。

宝瓶口。都江堰渠首由"鱼嘴"、"飞沙堰"和"宝瓶口"等主要设施组成。"宝瓶口"是内江进入灌溉区的咽喉，被开凿的岩石堆于内外江之间，称为离堆。

都江堰水利工程主要由鱼嘴（分水工程）、飞沙堰（溢流排沙工程）和宝瓶口（引水工程）三大主体工程组成。鱼嘴建在江心洲顶端，把岷江分为内江和外江。内江为引水总干渠，由飞沙堰、人字堤和宝瓶口控制泥沙及对水量进行再调节。外江为岷江正道，以行洪为主，也由小鱼嘴分水至沙黑河供右岸灌区用水。由于堤岸

隆筑于卵石和沙砾之上，在冲积很深的河床上不易筑成永久性堤岸，所以采用竹篾编成竹笼，里面装满巨大的鹅卵石层层堆积以使堤岸牢固。由于三大主要工程的合理规划布局和精心设计施工，都江堰水利工程发挥了良好的引水、防沙、排洪等综合作用。在适宜河段的恰当位置修建鱼嘴，能使枯水时内江多引水，洪水时外江多泄洪排沙；在河流弯段末端建飞沙堰，利用了环流作用，能大量溢洪排沙；宝瓶口凿通玉垒山使内江水通过宝瓶口引向成都平原灌溉三百万亩良田，宝瓶口在人字堤配合下又能控制内江少进洪水，减免成都平原洪涝灾害。都江堰在历代的完善、保护、维修管理，历二千多年而不废，至今仍发挥着重要的作用。

都江堰之外，李冰还主持兴修了蜀地南安江、文井江、洛水等水利工程。李冰

都江堰三字经

都江堰。位于四川灌县，约创建于前251年。秦蜀郡守李冰主持修建。从此，川西平原"水旱从人，不知饥馑"，四川因而成为"天府之国"。

成功主持的一系列除水害、兴水利的工程，造福于历代，为百姓所颂扬、怀念，从东汉开始就有了李冰治水的神话传说。

技术发明家公输般

公输般是春秋战国之际鲁国人，又叫鲁班，是著名的应用技术发明家，他的事迹在《墨子》、《礼记》和《战国策》等古典文献中均有记载。

据《墨子·公输》记载，支梯就是公

公输般像

输般发明。楚惠王欲攻宋，但面对宋坚固的城池却一筹莫展，因为找不到一种有效的攻城器械。楚于是聘请公输般，发明了克敌制胜的器具——云梯。公输般的这一发明，将中国古代战争技术推进到一个新时代。公输般发明了磨粉的碨（即石磨），改变了传统的磨粉方式。对于木工工具的改进和发明，他作出了特别重要的贡献，相传刨、钻等工具都是他发明的。他曾用竹片和木制成了一种能在天上连续飞行三天的飞鹊，并为其母制造了一辆由木制的人驾御的、结构精巧的木车马。

战国前期斗拱形建筑构件

公输般的杰出成就使他成为中国应用技术的祖师，直至今天，农村木匠在建房时还要纪念他。

组合数学：河图与洛书

河图洛书据传是《周易》八卦的来源，《周易·系辞上》说："黄河出图，洛水出书，圣人以之为准则。"河洛之辞最早见于《尚书·顾命》，后又见于《论语·子罕》。河图洛书原来只有河图一个图式，至南宋刘牧而发展出两个图式，九宫图为河图，五行生成图为洛书。其图如下：

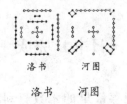

洛书　河图

河图的数学解释众说纷纭，洛书则显然是1个三阶幻方，其横、纵、对角线各行三数之和都是15。据北周甄鸾注《数术记遗》："九宫者，二四为肩，六八为足，左三右七，戴九履一，五居中央"，而其数学排列形已流行于西汉时期的著作中，因此一般认为其产生的年代不会晚于战国时期，是世界上最古老的大理石阶幻方，其组合数学的原理在世界上最早。

司南开始使用

《管子·地数》篇说："上面有磁石的地方，地下有铜金矿藏"，这是世界上关于磁石的最早记录之一。到战国末年，人们已知磁铁吸铁的磁性作用。《吕氏春秋·精通》篇说："磁石对铁有吸引力。"并利用其指极性，发明了确定方位和南北的仪器司南。司南形如汤匙，用磁石做成，底圆而滑，置于刻有方位之铜盘上，使用时，黑心动勺把，待其静止时，勺把指向南方。司南是世界上最早的指南仪器，后来逐渐发展成为指南针。

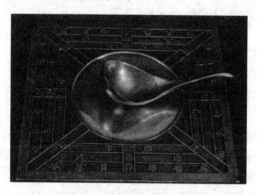

汉司南

《日书》完成

中国现存最早的术数百科全书《日书》在战国末年完成。

睡虎地秦墓出土的秦简《日书》记录了大量术数、宗教、迷信和社会生活的材料。秦墓的主人喜于秦王政六年（前241），任安陆令吏，掌文书，墓中出土的各种文书都与喜一生的经历相关，是他一生中使用过的文书的汇集，其中《日书》可能是他作令吏时所记录的。

《日书》是中国最早的术数类书，记录了秦楚各种术数和楚地风俗文化。黄历是中国民间文化的一个重要组成部分，它虚构了众多的吉凶神煞，根据它们当值日子的干支来确定一天的所宜与不宜。这种术数迷信在中国民间大量流行至今不衰，但还没有发现有早于唐代的完整记录。睡虎地秦简日书的出现显示出这种文化形成于战国时代，《日书》中保存的很多神煞——虚星已具备了今天的完整形态，这是中国文化史的一个重大发现。

秦简《日书》是实用的选择书，它

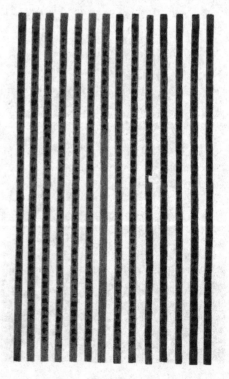

睡虎地云梦秦简

基本上按照实际干支选择和用途来排列材料，同一个原理可以根据不同需要放在完全不同的地方。它有甲乙两个版本，内容不尽相同，同一个东西也差异，说明甲乙两本是民间流行的不同本子。从内容和字体上看，甲本较为成熟，成书较晚。

《日书》记录了战国时代民间流传术数的极为丰富的材料，太岁纪年法、十二次等天文历法内容在《日书》中都有所反映，但更重要的是它保存了大量的术数内容、五行生克、五行纳音、十干与四季及四方的搭配等五行学说有了较成熟的表现，同时，辰星、招摇、天理等后代神煞的虚星化也已经完成，还有些内容也表现了《日书》的丰富性。

《日书》的另一个重要内容是保存了大量的楚文化，它完整的秦楚月名对照表，为释读楚国文物提供了工具，其中很多楚月名已见于楚地出土文物。它的《诘咎鬼》篇记录了各种鬼的形态和整治方法，是楚国鬼文化最早、最完整的材料，与《荆楚岁时记》等相符，反映了楚国民俗。

《日书》是战国民间术数的一个总体，它与战国末和秦汉之交中国文明的整一化和综合趋势相一致，是战国秦汉术数的经典文献。

第三节　社会生活：生活百科　民俗缩影

最高贵的丝绸品种

西周时期，随着养蚕、缫丝、染织技术的进步，一种绚丽华美的提花织物——锦诞生了。中国商代出现了素色的提花纹绮，战国时出现了双色纹绮，绮的花纹都是利用经纬组织的变化而显现出来的。锦则是用两种以上的彩色丝线提花的多重织物，既利用经纬组织的变化，又利用经纬色彩的变化来呈现花纹，这在织物品种设计史上是一个重大的突破。辽宁、山东、陕西等地周代的墓葬中都发现过锦。1976年在山东临淄郎家庄一号东周墓发现精细

战国对龙对凤纹经锦。地色深棕，龙凤纹浅棕色，彩条经朱红色。这件经锦表明我国在战国时期已经用了经线分区牵彩条的方法，并已能够织造形象轮廓比较复杂的纹样。

战国十字菱形纹锦。经线提花锦，经线为土黄、深棕两色，纬线为棕、朱红两色。

的经锦残片，经密每厘米 112 根，纬密每厘米 31 根，是经二重组织的经锦。纬丝正反面都和经丝成三上一下交织，一组为夹纬，作为花纹轮廓处调换表里层经丝，使花纹轮廓分明，并分隔纹经与夹经，又使它们联结一体，适合实用。这种正反对应、厚度适中的组织设计，对现代大提花复杂组织的设计，仍有一定的参考价值。珍贵华丽的织锦一经问世，立即被当时的奴隶主阶级视为珍宝，他们用锦作为诸侯国君之间礼聘交往的礼物。锦在当时既用来制作衣裳，也用来制作被面，而在穿锦衣锦裳的时候，还用麻衣麻裳来保护。说明锦是很高贵的商品。

战国时期的织锦更加发达，出现了各种类型。

几何骨格填充各种人物、动物、几何形体的组合型纹样。龙凤是吉祥的象征，麒麟是圣人的象征，燕子古称玄鸟，为商代祖先之神，走兽中虎是威德的象征，这

战国龙凤纹锦

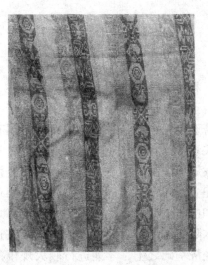

战国凤鸟兔几何纹锦。经线提花锦。经线为灰黄、朱红、深棕、红棕四色，纬线为深棕色。

战国大菱形纹锦。经线提花锦，经线为深棕、深红、土黄三色，纬线为深棕色。

战国褐地红黄色几何纹经锦。由褐、红、黄三色经线显花，花纹根据菱形重合连接，或整或破，大小相错组合而成，变化莫测。对三色双重经绵组织的经锦。经密每厘米69对，纬密20对。经丝粗直径0.26毫米，纬丝粗直径0.2毫米。

些纹样反映了战国时代贵族阶层的思想意识。装饰纹样的美学观念包含着时代的精神崇尚和理想追求。

散点式排列的小型几何纹。这种散点式小几何花纹，疏朗活泼，服用适应性很强，故流行时间也较长。

几何组合纹。在几何骨格内再以其他几何纹样填补充实，使之增加层次起伏。战国时的几何纹常用菱形组合成漆耳杯状的形式，称为"杯纹"，寓意生活丰裕。

同时因几何形可以无限地向四方扩展延续，故又称长命纹，寓意"长寿"。这种把抽象的几何纹样赋予吉祥含意的传统，一直为后世所继承，成为中国民族装饰艺术的一个特点。

织锦在战国时代广泛出现于日用品中，丰富了中国人的衣着和居住方式。

玺印产生并流行

春秋中晚期以后，玺印大量产生，并流行于各个地域各个阶层。玺印的产生及其普遍应用，与当时社会经济的发展有密切关系。首先是农业和手工业生产已有很大发展，铁制工具普遍应用，城市经济已经建立，许多国家都出现了较大的商业城市和中、小型集市，国家之间和城市之间的水陆交通皆有一定的发展。唯有在这样的经济基础之上，才能进行较大规模的货物交换和国与国之间的贸易往来。为了谋取商业利益，在频繁的交易中，就需要办理一定的行政手续，因而作为一种信物的凭证——玺印，应运而生。在两周时代，西周显然尚未达到如此的经济水平。春秋

中叶以后，王室的势力衰微，各大诸侯国的经济力量均有不同程度的发展。例如齐国，不仅地广物博，而且鼓励人民经商，晋国商人，富比国君，郑国富商大贾更可直接参与政治，越国大将军范蠡，则弃官经商，成为巨富。

（战国）乐阴司寇

经济的发展，必然促进政治上的巨大变革。春秋中叶以后，是我国历史上一个

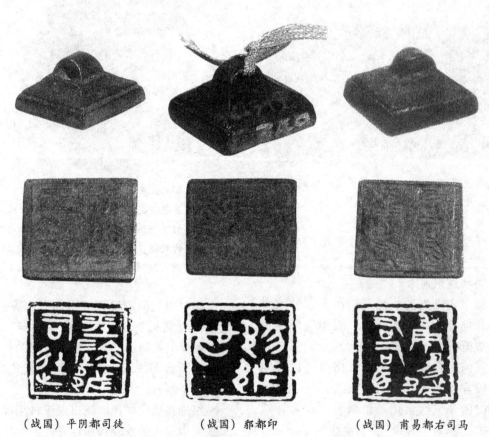

（战国）平阴都司徒　　　　（战国）邹都印　　　　（战国）甫易都右司马

中国通史

最新整理图文珍藏版

急剧转变时期。由于生产力的提高，私有土地得到空前的发展，伴随而来的一个突出的变化，首先是传统的宗法制度和贵族间的等级制度遭到严重的破坏，从而使那些靠贵族血缘关系的世卿世禄制度，也随之瓦解。旧贵族的势力日益没落，新兴的地主阶级和相当于士一阶层的知识分子，得以参与国家机构的管理。但是，这样一些新的官吏，既不是名门贵族出身，又没有近亲的血缘纽带，全凭自己的才能或战功而取得显赫的官职，因而必然会引起国君对他们进行种种控制，他们则竭力摆脱控制，以维护自己的权利。这就需要有一种信物来体现他们同国君之间的从属关系，以及执行其职权的凭证。得到这种凭证，无论是对上下官吏，或同僚之间，均能互相保护和支持，得使平日政务顺利执行。这种凭证就是由国君授予官吏的官玺。据《韩非子》记载：西门豹初为邺县县令的时候，第一年，魏文侯很不满意他的政绩，而"收其玺"，即罢官缴玺。西门豹请求再让他继续留任一年，"愿请玺复以治邺"，后来西门豹在任内自己觉察到重敛了百姓，于是"纳玺而去"，即交回了官玺，辞去了官职，这说明在战国时代，官印已普遍使用了。

（战国）春安君

（战国）左庑桁木

玺印的起源，还必须具备一个条件，即青铜工艺技术的发展。春秋中叶以后，青铜工艺发生了很大的变化，不仅发明了焊接技术，变浑铸为分铸，而且在雕琢花纹方面出现了捺印板的新工艺。这种青铜工艺方面的花纹印模，为玺印的发明提供了重要条件，可以说玺印就是在这种捺印板技术的启发下产生出来的。

玺印产生于战国之前，但主要流行于战国时代，现存先秦玺印基本上是战国印。

楚国使用黄金铸币

楚国金爰在战国时代大量使用，成为当时主要黄金铸币。黄金质量均一，价值稳定，耐久耐磨，又可以任意分割，携带贮藏方便，比珠玉、龟贝、刀布、绢帛都要优越。黄金的单位价值高，比各种铜铸币更适合于高额交易。因此，随着春秋战国时期货币经济的发展，黄金开始成为货币。

战国爰金。爰金，是春秋战国时期出现的黄金货币，以镒（二十两）、斤（十六两）计量。币中印有"郢爰"或"陈爰"等字样。"郢"为楚国都城（今湖北江陵县），"爰"是古代重要名称。"爰金"流通于南方楚国地区，是中国最早的黄金铸币。

目前已知最早使用黄金铸币的是楚国。楚国铸造的爰金以若干小方块连在一起，中间有格，以利切开，每一小块为一标准单位，也可在使用时临时称量。后黄金成为全国通行的标准货币，其单位有斤（16两），镒（20两）和金（一块黄金）。春秋战国时期，诸侯割据，政制不一，布、刀、钱、贝等货币都是区域性货币，难以促进经济进一步发展，而黄金在全国各地的通行不仅极大地促进了各国间的商业交往和各国经济政策的改革，而且促进了全国政治统一的形成，甚至影响到社会习俗与观念的变化。

气功产生

气功是通过调身，调息、调心相结合，以内外兼练、动静相兼的自我身心锻炼的功法。它是中国古代流传下来用于医疗保健等各种功法的总称，古称吐纳、导引、行气、食气、服气等。练功者通过对身心（形体和精神）呼吸等进行特定的自我锻炼，而调动生理潜能，培育人体真气（体能及其信息），达到防治疾病、保健强身、抵抗衰老、延年益寿的目的。气功一词始见于晋代许逊《净明宗教录》。据《吕氏春秋·古乐篇》记载，我国4000多年前已有气功，但普遍认为气功产生于春秋战国之际。由于医、儒、道、武、杂、俗等诸家的努力，春秋战国时对诸如气的形成、养气炼功的方法、要领及气功的作用等等形成了一整套认识并逐渐发展成后来不同的气功流派。

关于中国气功产生的最早的证据是战国时代的行气玉佩铭，它是刻在一个十二面体的小玉柱上的铭文，共计有45字，其文为："行气，深则蓄，蓄则伸，伸则下，下则定，定则固，固则萌，萌则长，长则退，退则天。天其春在上，地其春在下。顺则生，逆则死。"这是我国已知最早的气功专门文献的珍贵文物，论述了气功调息的方法要领。

战国行气玉佩铭。这是我国已知最早的气功专门文献的珍贵文物，论述了气功调息的方法要领。

战国铜镜

中国古代人的镜子多为铜质，其中一面磨光用来照人，背面则铸刻花纹和图案。中国铜镜起源很早，在汉晋时代已广为普及，但战国是铜镜发展的关键时代。铜镜的造型绚丽多彩，其纹饰代表了当时中国工艺和雕塑艺术。

战国彩绘兽纹镜

战国龙凤纹镜

战国六山纹镜

如楚国的四兽镜。弦钮，圆钮座，宽缘，饰四兽纹，以羽状蟠虺纹为地。这一类铜镜流传者不少，有明确出土记录的不多。此面花纹精美，兽纹形象诡异，为楚镜中的佳品。

又如彩绘兽纹镜。三弦钮，圆钮座。以羽状纹为地纹，以四只怪兽为主纹。怪兽作狐面鼠耳，垂首张门，前一足握住前一兽的尾，另一足踏至镜缘。后足一踏钮座之边，一踏镜缘。尾长而蜷曲，兽面为浅浮雕，兽身以简洁的细凸线构成。镜边沿绘一圈红色菱形纹（或名方连纹）。湖南各地出土楚镜甚多，但有彩绘者甚罕见。

楚国的蟠龙纹镜，主纹为四组蟠曲的龙纠缠在一起，组成环绕式的图案。以云纹为地纹。龙，张口、卷尾、利爪，线条优美，刚健有力，使这一传说中的神物，能在图案化的线条中表现出活力。此镜铸制甚精，反映出楚地湖南当时铸镜工艺的高超水平。

出土于西汉初期的龙凤纹镜，亦是三弦钮，圆钮座，窄卷边。钮座周围有一圈云纹。主纹为四组龙凤纹组成的一圈图案，每组左有站立的凤鸟一只，右有身躯弯曲的龙纹一条。在每组龙凤之间有由菱形纹组成的璜形图案，在璜形图案之空白处，还补以张口露齿身躯蟠曲的龙纹一条。以云纹为地纹。此镜线条简练，龙凤神态生动，镜虽出土于西汉初期墓中，但完全是楚镜风格，是楚镜中少见的精品。

战国夔纹镜

和氏璧

楚国有一件叫做和氏璧的宝玉，为赵惠文王所得，秦昭王听说后，表示愿意用十五城换取和氏璧。赵国君臣商议此事，担心将宝玉给秦国后，却得不到秦国的城邑；若不给，又怕秦军攻打，因而想派人到秦国去妥善办理此事。宦者令缪贤推荐蔺相如，说此人勇而有谋，可担此重任。赵惠文王召见蔺相如，蔺相如表示愿带和氏璧去秦国，如果赵国得到秦国的城邑，就将和氏璧留在秦国，反之，一定完璧归赵。蔺相如到秦国后，秦昭王在章台召见他，蔺相如将和氏璧献上，秦昭王大喜，与妃嫔及近臣传看，却全无将城邑给赵之

意。蔺相如假说玉上有一小疵点，要指给秦昭王看，拿回了宝玉。他在柱旁站定，说：赵惠文王担心秦国自恃强大，得和氏璧而不给城邑，经过我劝说方才答应。赵王斋戒五天，然后才让我捧璧前来，以示对秦国威严的尊重和敬意。不料秦昭王礼仪简慢，毫无交割城邑的诚意，现在若大王一定要抢走宝玉，我宁可将脑袋与宝玉一起在柱子上撞碎。秦昭王无奈，只得划出十五个城邑给赵。蔺相如估计秦昭王不过是假意应付，便提出要秦昭于也应斋戒五日，再郑重其事地交换宝玉。秦昭王只好应允。蔺相如知秦昭王毫无诚意，便派随从怀藏宝玉，从小道返回赵国。秦昭王斋戒完毕，举行交换仪式时，蔺相如才把送宝玉回赵之事告诉秦昭王，说如果真想要和氏璧，可以先割让十五城与赵，赵国绝不敢负约。他坦然承认犯了欺君之罪，表示愿受刑伏诛。秦国君臣十分恼怒，主张立即处死蔺相如，秦昭王认为杀了他也

东汉蔺相如故事画像砖

东汉画像砖完璧归赵拓片

中国通史

最新整理图文珍藏版

得不到宝玉，反使秦、赵两国结下仇怨，于是仍按礼节召见，然后让他回国。结果秦国未将城邑给赵，赵国也未将和氏璧与秦。事后，蔺相如被赵惠文王任命为上大夫。

战国白玉龙凤云纹璧。以优质白玉制，局部有紫红色浸蚀。中央镂雕一张口蜷曲的龙（或称螭虎），璧身满饰规则的朵云纹。外缘两侧对称地各镂雕一形式相同而方向相反的凤。两面纹饰相同，雕琢十分精美。

战国青铜工具普及到生活各方面

春秋战国时代，因礼乐崩溃，使王室之器衰退，诸侯之器兴起，日用器也发达起来。尤其是春秋晚期以来，随着经济生产发展，青铜工具开始增多。此时整个青铜器物的形制打破了商、西周时的呆板、厚重、千篇一律的局面，而代之以轻便、

新颖的造型，种类也更增多起来。由于经济发展，战争频繁，铸钱业、铸镜业、铜剑等兵器铸造业遂成了青铜业的重要生产部门。并出现了层叠铸造、失蜡法铸造、和金属型铸造，使青铜器进一步满足了社会的各种需要；锻打、钎焊、镂刻、镶嵌、鎏金银，以及淬火回火技术，都得到了较大发展。青铜工具就是在这种环境下数量大大增加。春秋时期开始，青铜农具比较大量地生产和使用，手工业工具、多用途工具，因手工业的发展亦逐渐增多，而且品种繁多。到了战国晚期，青铜礼器已经很少制造了，其主导地位已被青铜工具所代替。

铁器普及到生活各个方面

战国时期，随着冶铁业的发展和冶铸技术的突飞猛进，铁器已普及到生活的各个访友。据《管子·轻重乙》记载："一农之事，必有一耜、一铫、一镰、一耨、一椎、一铚，然后成为农"它反映出农具已成为农民所不可舆离开的重要的生产工具。

当时的铁器主要有武器、生活用具和

战国镶嵌金银虎子

生产工具。生产工具主要是铁农具,河南辉县因围村出土的战国铁农具有犁铧、铧、锄、铲、镰等;河北易县燕下都出土的铁农具还有五齿耙。同一类的铁农具还有不同的形式,如钁有长方板楔形和长条椭孔形;锄有梯形、六角梯形和凹字形铁口锄。生活用具的铁制品更多,如铁刀、铁斧、铁削、铁铣、铁锛、铁锥、铁凿以及铁锯等。

战国中期以后,铁哭的成型和加工工艺技术都达到相当高的水平,采遍采用白口铁铸件经控制脱碳热处理的方法来制造铁器。通过这种方法制造的铁器,既坚硬又耐用。铁器的大量涌现及普及,大大方便了当时的社会生活。

吴越青铜器

春秋战国时期长江下游吴、越两国的青铜器、因有相当多共同点,故统称吴越青铜器。主要出土于江苏南部、浙江北部和安微东部一带。吴越青铜器可分为中原系统和本地系统两大系。属于中原系统的器物如鼎、簋、尊、卣、盘等,造型带有本地特色,与中原地区的器形又不尽相同。

战国前期鸟柱房屋模型

其中鼎主要是撇足鼎,通称越式鼎。簋则为不要浅腹扁体,双耳或作出繁复的镂空花脊,耳下或垂尖色状小珥。尊多为侈口、短颈、扁圆鼓腹。在中原地区,西周中期限以后尊已消失,但在吴越及其以南的地区尊却长其存在,卤体则较粗短,盘的双耳与口沿平齐,离器壁很近,有的甚至紧巾器壁。本地系统的青铜器,形制独特,如江苏丹徒烟墩山出土的角状器。大港母子墩出土的飞鸟盖双耳壶、鸭形尊,武进淹城出土的三轮盘,镇江出土的弧形镈于等,在吴越地区以外很少见。吴越青铜器眸纹饰如变形兽面纹、编织纹、锥刺纹、纠结草叶纹等,亦不见于中原地区。

吴越地区的青铜兵器特别是剑及青铜农具也很发达。吴国的吴王光、吴王夫差、夫差大子姑发间反之剑,越国的越王鸠(勾践)、者旨于肠(鹿郢)、州句(朱句)等人的剑均铸造精美,有的到今仍极锐利,剑身或布满菱形暗纹,剑格或嵌松石、琉

战国螭首盉

战国前期鸟柱房屋模型局部

璃，并常有错金铭文。农具方面有犁、臿、铲、锄、镰、铚等，在中国其他地区青铜农具出土的数量则很少。

战国瓦当

瓦当是瓦的一种，以粘土（包括页岩、煤矸石等粉料）为主要原料，经泥土处理、成型、干燥和焙烧而成。瓦当很早出现，西周时期（前1066～前771）就已制出。一般的瓦当表面刻有各种精美的图案，既具有衬用价值，又极具艺术价值。

战国放牧纹半瓦当

战国母子鹿纹瓦当

现今所存瓦当，以战国时代的最为典型和重要。母子鹿纹瓦当直径14.5厘米，是封闭筒瓦顶端的圆形部分。该瓦当与秦

蜀图语印章

都雍（陕西凤翔）出土的瓦当完全相同，装饰的以子母鹿为主的花纹，既能起到保护橡木作用，又发挥了装饰效果。放牧纹半瓦当半径9厘米，为半圆形，正中有树形花纹，左右各系一马，树两旁空隙处有飞雁。瓦当上装饰着写实纹饰，是山东战国齐故都临淄遗留的建筑材料。

战国蚕桑业发展

战国时，蚕桑业大有发展。桑树栽植不仅早就进入大量人工栽培时期，而且已从自然生态的乔木生长形态过渡到人为经济利用的各种栽培形式。从战国铜镜的采桑图案看，既有美观而高产养成的乔森桑，又有经过剪定的高干桑和低干桑。养蚕技术也有显著进步。战国时的思想家荀况所著《蚕赋》描述了蚕的形态和生活史，对蚕的生活习性有较深入的观察研究。譬如《蚕赋》把蚕儿生长发育所需的环境条件，概括为"夏生而恶暑，"喜湿而恶雨"。

战国铜镜采桑图纹饰

战国持剑木俑

战国漆绘木俑

战国木俑

战国时代的俑塑中，木俑是很重要的一类。木俑的代表作有漆绘画木俑、彩绘木雕女俑和持剑俑等。漆绘木俑先以木块雕出人体大形，然后着色、彩绘。此俑面相浑圆，溜肩，双手拢于胸前。俑体涂黑漆，面部与手涂红，眉、目以黑线勾出。衣着交领右衽，宽袖，袖口略束，饰菱纹边。胸、腹部绘成珠、璜、彩结、彩环等

成组饰物。珠、璜白色，彩结红色，绳纽澄黄色。后背腰间束红、黄相间之三角纹锦带。衣襟间露出鲜艳内衣。彩绘木雕女俑以长木条削成。形体简括，仅具人体大形和简构关系。面貌、服饰皆为采绘画。鬓发整齐，削肩袖手，长袍右衽，秀眉朱唇。宽领缘，绕襟旋转达而下，衣上绘黑红色支纹与小簇花。持剑木俑系一整木雕成，表现一名着战袍、持长剑的武士。双臂另配，右掌已残。头部浅雕五官，眉弓长而刚建，眼角上挑，左手握剑柄，右手握剑鞘，身体向前微倾，双膝略屈。此俑刻手法简洁、粗犷，生动地表现了临阵武士的形象。

深衣出现并流行

春秋战国时期的衣着，上层人物的宽博、下层社会的窄小，已趋迥然。深衣是值得注意的形式之一。

深衣有将身体深藏之意，是士大夫阶层居家的便服，又是庶人百姓的礼服，男女通用，可能形成于春秋战国之交。从马

中国通史

最新整理图文珍藏版

战国玉人

战国凤鸟花卉纹绣浅黄绢面绵袍

战国一凤一龙相蟠纹绣紫红绢蝉衣

战国秋衣

山楚墓出土实物观察，深衣是把以前各自独立的上衣，下裳合二为一，却又保持一分为二的界线，故上下不通缝、不通幅。最智巧的设计，是在两腋下腰缝与袖缝交界处各嵌入一片矩形面料，据研究可能就是《礼记》提到的"续衽钩边"的"衽"其作用能使平面剪裁立体化，可以完美地表现人的体形，两袖也获得更大的展转和运肘功能。所以古人称道深衣"可以为文，可以为武，可以宾相，可以治军旅"，认为是一种完善的服装。

据记载，深衣有4种不同名称：深衣、长衣、麻衣、中衣。从出土文物看，春秋战国时衣裳连属的服装较多，用处也广，有些可以看作深衣的变式。战国凤鸟花奔纹绣浅黄绢面绵袍。战国对凤对龙纹绣线黄绢面绵袍。战国一凤一龙相蟠纹绣紫红绢蝉衣。战国秋衣。

战国刺绣工艺

战国时期刺绣工艺已发展到成熟阶段。湖北江陵马山砖厂一号战国楚墓出土的丝绸刺绣数量之多，保存之完好，文彩之灿烂缤纷，都是前所未有的。刺绣品如对凤对龙纹绣浅黄绢面衾、飞凤纹绣、龙凤虎浅黄绢面衾及龙凤合体相蟠纹绣等等，都是完全用辫绣法全部施绣而成，不及画缋填彩，此墓和长沙烈士公园出土的战国时期刺绣，说明战国时期刺绣纹样、题材基本上是图案化并互相穿插着花草、藤蔓和动物。花草、藤蔓的分布，都严格按照垂直线、水平线线或对角线组成的方形骨格或菱形骨格布局；但穿插灵活，有时顺着骨格线反复连续，有时突然中转隔断，有时作左右对称连续，有时作上下对称连续，有时则按上下左右错开二分之一的位置作移位对称连续；花草藤蔓既起装饰作用，

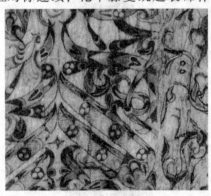

凤鸟花卉纹绣

又起骨格作用。在枝蔓交错的大小空位中，填饰动物纹样。动物纹样的头部比较写真，而身部或经过简化，或直接与藤蔓结成一体，或彼此互相蟠叠。写实形与变体形共存，数种动物或数个动物合体，动物体与植物体共生，利用几何学的原理，把动物图案变形与几何形骨格结合，这些都是春秋战国时期刺绣纹样的重要特征。由于采

取了按几何骨格对位布局、同位对称与移位对称等方法，因而纹样既有严格的数序规律，又有灵巧的穿插变化。战国刺绣的色彩，第一花样一般只配三色基调的缓和对比或邻近调和，在色相上多数采取暖色基调的缓和对比或邻近调和，在色彩明暗则拉开层次，故富丽缤纷又和谐统一。

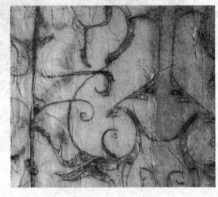

战国对凤对龙纹绣浅黄绢面衾（部分）

战国时期刺绣纹样的题材，具有一定的象征含意。当时最为流行的龙凤，既象征宫廷昌隆，又象征婚姻美满。鹤与鹿都与神仙长寿的神话有关，象征长寿。翟鸟是后妃身份的标志。鸱鸺（猫头鹰）则象征胜利之神。

中国刺绣工艺源远流长，在战国时就已经绚丽多姿，十分成熟。

战国禽鸟花卉纹绣

中国通史

最新整理图文珍藏版

战国铜塑

战国时代的青铜艺术在造像上有了突飞猛进，使中国雕塑艺术迅速发展。战国时期，由于青铜工艺的分铸、焊接等技术的进步，失蜡法的应用，和错金、银、铜与镶嵌技术的风行，使铜塑有条件追求华

战国镶嵌云纹壶

美奇巧，出现了许多生动、充满活力的艺术作品。人物铜塑，主要是用以连接承受器物的人形器坐，突破呆板，表现出人物活动的瞬间表情。湖北曾侯乙墓的6个钟虡铜人是战国人物铜塑的代表作，其武士

战国铜女孩像

装束表现得肃穆、刚毅、有力。战国时动物铜塑也达到很高的艺术水平，其代表作有陕西兴平出土的犀尊、江苏涟水出土的卧鹿、河北中山国墓出土的虎噬鹿器座等。犀尊躯体结构准确，充分表现巨大体量的动物在静止时的内涵力量。卧鹿据考应是青铜镜架，镜悬于鹿角上。但其造型的完整性完全可以作为独立的雕塑作品看。它很好地表现了在静卧中仍然保持警觉的鹿。虎噬鹿器座表现一头猛虎衔住小鹿向前奔驰，有力地表现了兽类在激烈搏斗中迸发出的冲击力量。这些作品反映了作者对于客观察与高超的表现技巧。

战国制衡器

春秋中晚期至战国，中国度量衡体系逐渐完善，出现了大量铜制量器。在衡器方央《墨子经说》已提到衡、权，说明衡器可能在春秋时代已有出现。楚国制造了小型衡器——木衡·铜环权，用来称黄

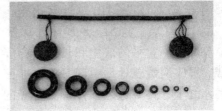

战国木衡与铜环权

金货币，是现存中国衡制最早的代表，完整的一套环权共十枚，大体以倍数递增，分别为一铢，二铢、三铢、六铢、十二铢、一两、二两、四两、八两、一斤，一铢重0.69克，一两15.5克，一斤251.3克，十枚相加约500克，为楚制二斤。战国时的铜衡杆，正中有拱肩提纽和穿线孔，一面显出贯通上、下的十等分刻线，全长相当于战国的一尺，每等分一寸，形式既不同于天平衡杆，也有异于称标，是

界乎天平与杆秤之间的一种衡器，现暂称为不等臂天平。它可以把被物与权放在提纽两边不同位置的刻线上，即把衡杆的某一臂加长，这样，用同一个砝码就可以称出大于它一倍或几倍的重量。这是杆秤的雏型。

战国高奴铜石权

楚国座屏

楚国座屏最具代表性者有二，一是战国中期的彩绘透雕漆座屏，一是战国晚期彩绘透雕四龙漆座屏。彩绘透雕漆座屏1965年于湖北江陵望山一号墓出土，木质，高15厘米、宽51.8厘米、厚3厘米。座屏由一扁平的底座和长方形的屏面构成，屏座两端着地，中部悬空。屏面竖嵌屏座之上，镂空透雕多种形态各异的动物。屏面雕刻有凤、鸾、鹿各4只，蛇17条；屏座雕刻有蟒20条，青蛙2只，共计动物51个。座屏布局谨严，巧妙地利用座屏上、下之部位，使鸾居高临下，似空中向下俯冲，姿态矫健，而蛇在下蜷缩一团。表现了鸟蛇博斗、鸟胜蛇败的景象。各种动物均以黑漆为地，饰以朱红、灰绿、金银等漆的彩绘。彩绘透雕四龙漆座屏为江陵天星观一号楚墓出土，木质，长480.8厘米、高12.8厘米。座屏为长方形，下有凸座，屏的左右各有两条透雕的龙，两龙相背。龙作瞪目、吐舌、屈身、蜷爪状，通体髹黑漆，里用红、黄、金三色漆绘。屏座上有阴刻云纹，屏框及中隔木饰三角形卷云纹，龙身满绘条纹，整个造形古朴自然。

战国四虎足器座

赵武灵王胡服骑射

赵武灵王雄才大略，即位之后，勤于国政，思光大先王功业，但赵国西有强秦，南有魏、韩，东有劲齐，难以发展；而东北的东胡、北面的匈奴、西北的林胡、楼烦等游牧部族，又经常以骑兵侵扰赵国，破坏边地农业生产和人民生活，迫近赵国腹心地区的中山国也曾倚恃齐国，侵夺赵国领土。赵武灵王决定趁中原地区各国互相攻伐之机，向中山国及北部游牧部族地区展开进攻，拓展领土。周赧王八年（前307），赵武灵王率军攻取中山国的房子（今河北高邑西南）之后，向北打到无穷之门（今河北张北），又折而向西到达黄河边，考察了赵国北面的游牧部族所在区。赵武灵王发现，中原地区普遍使用的车战，在北方山地和丘陵地区并不适用，胡人骑马射箭的作战技术则显示出特有的长处，胡人穿短衣、束皮带、用带钩、穿皮靴的装束，又很利于骑马作战，于是他决定在军队中采用胡人骑射战术以及与之相适的短衣装束。

中国通史

最新整理图文珍藏版

战国铜武士俑

为推行这项改革，他首先请来大臣楼缓商议，向他分析了赵国的周边形势，认为赵国若没有强大的兵力自救，就有亡国的危险，因此必须学习胡人骑射技术，推行胡服，以增强赵国的军事力量。楼缓表示赞成。但其他大臣们知道后极力反对。赵武灵王向大臣肥义表述了自己继承先王赵简子、赵襄子抗击胡人、翟人的功业，向中原及北方开拓领土的志向，说明穿胡服是为了掌握骑射技术，提高赵国战斗力，削弱敌人优势，如此则可事半功倍，不耗尽民力而能光大先王勋业。他对群臣、百姓囿于世俗，不了解自己意图而妄加议论感到忧虑。肥义认为，愚昧的人看到事情做成后才明白，聪明的人却能在事先就看清楚，因此讲究最高德行的人，不必理会世俗之见；成就大功业的人，岂能与凡人高议。从前尧为了取得成功，曾在苗人中舞蹈；禹为了取得成功，曾在裸国中脱衣服。俗语"做事犹豫就不会成功，行动犹豫就不能成名"。他希望赵武灵王坚定决心，不必顾虑世人议论，不要犹豫不决。赵武灵王得到肥义支持，遂坚决在赵国倡行胡服，带头穿上胡人服装，又谕服叔父公子成身穿胡服上朝，对封建贵族赵文等人的反对意见严词驳斥，下令在全国推行胡服，并招募士兵进行骑射训练。

赵武灵王的改革很快收到了效果。周赧王九年（前306），赵北攻至中山之宁葭（即曼葭，今河北石家庄西北）；西略林胡（少数民族部落，分布于今陕西东北部和内蒙地区）之地至榆串（今内蒙古伊克昭盟东部），迫使林胡献马求和。次年，赵再取中山之丹丘（今河北曲阳西北）、华阳（今河北唐县西北）、鸱之塞（又作鸿上塞，今河北涞源南）、鄗（今河北高邑东南）、石邑（今石家庄西南）、封龙（今石家庄西南）、东垣（今石家庄东北），迫使中山国献四邑始罢兵。中山经此重创，不久灭亡了。胡服骑射不仅拓展了赵的疆土，壮大了赵的实力，而且使赵国继晋之后与燕国同为北方民族融合的中心，也为中原的生活方式带来了新的因素。

第二编

秦汉至隋统一时期

所谓"天下大势，合久必分，分久必合"。从秦始皇统一六国一直到杨坚建立隋朝，人类历史亦是分分合合，治乱相仍。

秦朝是中国历史上一个极为重要的朝代，是由战国时代后期的秦国发展起来的统一大国，它结束了自春秋起五百年来分裂割据的局面，成为中国历史上第一个统一的、多民族的、中央集权制国家。自秦始皇至秦王子婴，共传三帝，享国十五年。虽然短暂，但它为接下来出场的两汉文明奠定了坚实的基础。

秦朝灭亡后，继之而起的是一个大一统的王朝，这就是汉朝。公元前202年，刘邦称皇帝，国号汉，史称西汉，刘邦即汉太祖高皇帝。公元9年1月10日，王莽自立为皇帝，改国号为新，西汉灭亡。而后东汉建立，延续繁荣。汉朝是中国文化发展的一个高峰，社会经济、文化艺术全面发展，对外交往的日益频繁，使之成为当时世界上最强盛的国家之一。西汉定都长安，陵寝遍布关中，文物遗存十分丰富，显示出"汉并天下"、多姿多彩的时代风貌。

东汉末年，黄巾起义、董卓之乱，还有无休止的割据政权间的纷争，充斥于当时的中国。最后呈鼎足之势崛起了三个政权——魏、蜀、吴，这就是历史上的"三国时期"。中国历史继秦汉统一之后，再次陷入割据与动乱之中。

公元265年，司马炎从幕后走到台前，他登台祭天，受魏禅让，建立了一个新的王朝——晋，史称西晋。十余年后，晋平吴成功，至此结束了汉末近一个世纪的分裂局面。虽然晋朝实行的与民休息的政策使社会经济得到恢复，可是好景不长，内有司马氏贵族纷争，外有匈奴政权威胁，使得西晋政权陷落。另有大批官民纷纷逃亡江南，建立起了偏安一隅的东晋政权。东晋末年，内有桓玄专权，外有卢恩、卢循起义的打击，风雨飘摇中的东晋政权也将不久于人世。

公元420年，刘裕取代了名存实亡的东晋，建立刘宋政权。此后半个多世纪中，江南相继出现了齐、梁、陈三个以建康为都城的政权，历史上将这四个政权称为"南朝"。而此时的北方也多灾多难，政权更迭频繁，民族矛盾尖锐，社会动荡不安，经济衰落凋敝。直到公元439年北魏道武帝拓跋焘统一北方，人民才得以歇息，社会才得以安宁。历史上将北魏与魏末分裂的东魏、西魏，以及继起的北齐、北周合称北朝。

公元581年，隋文帝杨坚废黜北周末代皇帝，另建隋政权。589年，隋灭陈，南北朝至此结束。

中国通史

最新整理图文珍藏版

秦汉至隋统一时期历史纪年表

秦朝		昭襄王（嬴则，又名稷）	乙卯前306	公元前221～前206
		孝文王（柱）	辛亥前250	
		庄襄王（子楚）	壬子前249	
		始皇帝（政）	乙卯前246	
		二世皇帝（胡亥）	壬辰前209	
汉朝	西汉	高帝（刘邦）	乙未前206	－－
		惠帝（盈）	丁未前194	－－
		高后（吕雉）	甲寅前187	－－
		文帝（刘恒）	壬戌前179	－－
			戊寅前163	后元
		景帝（启）	乙酉前156	
			壬辰前149	中元
			戊戌前143	后元
		武帝（彻）	辛丑前140	建元
			丁未前134	元光
			癸丑前128	元朔
			己未前122	元狩
			乙丑前116	元鼎
			辛未前110	元封
			丁丑前104	太初
			辛巳前100	天汉
			乙酉前96	太始
			己丑前92	征和
			癸巳前88	后元
		昭帝（弗陵）	乙未前86	始元
			辛丑前80	元凤
			丁未前74	元平
		宣帝（询）	戊申前73	本始
			壬子前69	地节
			丙辰前65	元康
			庚申前61	神爵
			甲子前57	五凤
			戊辰前53	甘露
			壬申前49	黄龙
		元帝（奭）	癸酉前48	初元
			戊寅前43	永光
			癸未前38	建昭
			戊子前33	竟宁

公元前206～公元25

		己丑前32	建始	
	成帝（骜）	癸巳前28	河平	
		丁酉前24	阳朔	
		辛丑前20	鸿嘉	
		乙巳前16	永始	
		己酉前12	元延	
		癸丑前8	绥和	
	哀帝（刘欣）	乙卯前6	建平	
		己未前2	元寿	
	平帝（衎）	辛酉公元1年	元始	
	孺子婴（王莽摄政）	丙寅公元6	居摄	
		戊辰公元8	初始	
	［新］王莽始	己巳公元9	建国	
		甲戌公元14	天凤	
		庚辰公元20	地皇	
	更始帝（刘玄）	癸未公元23	更始	
东汉	光武帝（刘秀）	乙酉公元25	建武	公元25～公元220
		丙辰公元56	建武中元	
	明帝（庄）	戊午公元58	永平	
	章帝（炟）	丙子公元76	建初	
		甲申公元84	元和	
		丁亥公元87	章和	
	和帝（肇）	己丑89	永元	
		乙巳105	元兴	
	殇帝（隆）	丙午106	延平	
	安帝（祜）	丁未107	永初	
		甲寅114	元初	
		庚申120	永宁	
		辛酉121	建光	
		壬戌122	延光	
	顺帝（保）	丙寅126	永建	
		壬申132	阳嘉	
		丙子136	永和	
		壬午142	汉安	
		甲申144	建康	
	冲帝（炳）	乙酉145	永憙（嘉）	
	质帝（缵）	丙戌146	本初	

			丁亥 147	建和	
		桓帝（志）	庚寅 150	和平	
			辛卯 151	元嘉	
			癸巳 153	永兴	
			乙未 155	永寿	
			戊戌 158	延熹	
			丁未 167	永康	
		灵帝（宏）	戊申 168	建宁	
			壬子 172	熹平	
			戊午 178	光和	
			甲子 184	中平	
		献帝（协）	庚午 190	初平	
			甲戌 194	兴平	
			丙子 196	建安	
			庚子 220	延康	
三国	魏	文帝（曹丕）	庚子 220	黄初	公元220～公元265
		明帝（叡）	丁未 227	太和	
			癸丑 233	青龙	
			丁巳 237	景初	
		齐王（芳）	庚申 240	正始	
			己巳 249	嘉平	
		高贵乡公（髦）	甲戌 254	正元	
			丙子 256	甘露	
		元帝（奂） （陈留王）	庚辰 260	景元	
			甲申 264	咸熙	
	蜀	昭烈帝（刘备）	辛丑 221	章武	公元221～公元263
		后主（禅）	癸卯 223	建兴	
			戊午 238	延熙	
			戊寅 258	景耀	
			癸未 263	炎兴	
	吴	大帝（孙权）	壬寅 222	黄武	公元222～公元280
			己酉 229	黄龙	
			壬子 232	嘉禾	
			戊午 238	赤乌	
			辛未 251	太元	
			壬申 252	神凤	
		会稽王（亮）	壬申 252	建兴	
			甲戌 254	五凤	
			丙子 256	太平	

		景帝（休）	戊寅 258	永安	
		乌程侯（皓）	甲申 264	元兴	
			乙酉 265	甘露	
			丙戌 266	宝鼎	
			己丑 269	建衡	
			壬辰 272	凤凰	
			乙未 275	天册	
			丙申 276	天玺	
			丁酉 277	天纪	
晋	西晋	武帝（司马炎）	乙酉 265	泰始	公元 225 ~ 公元 317
			乙未 275	咸宁	
			庚子 280	太康	
			庚戌 290	太熙	
		惠帝（司马衷）	庚戌 290	永熙	
			辛亥 291	永平	
			辛亥 291	元康	
			庚申 300	永康	
			辛酉 301	永宁	
			壬戌 302	太安	
			甲子 304	永安	
			甲子 304	建武	
			甲子 304	永安	
			甲子 304	永兴	
			丙寅 306	光熙	
		怀帝（炽）	丁卯 307	永嘉	
		愍帝（邺）	癸酉 313	建兴	
	东晋	元帝（司马睿）	丁丑 317	建武	公元 317 ~ 公元 420
			戊寅 318	大兴	
			壬午 322	永昌	
		明帝（绍）	壬午 322 闰	永昌	
			癸未 323	太宁	
		成帝（衍）	乙酉 325 闰	太宁	
			丙戌 326	咸和	
			乙未 335	咸康	
		康帝（岳）	癸卯 343	建元	
		穆帝（聃）	乙巳 345	永和	
			丁巳 357	升平	
		哀帝（丕）	壬戌 362	隆和	
			癸亥 363	兴宁	

		海西公（奕）	丙寅 366	太和	
		简文帝（昱）	辛未 371	咸安	
		孝武帝（曜）	癸酉 373	宁康	
			丙子 376	太元	
		安帝（德宗）	丁酉 397	隆安	
			壬寅 402	元兴	
			乙巳 405	义熙	
		恭帝（德文）	己未 419	元熙	
	十六国				公元 304 ~ 公元 439
南北朝	宋	武帝（刘裕）	庚申 420	永初	公元 420 ~ 公元 479
		少帝（义符）	癸亥 423	景平	
		文帝（义隆）	甲子 424	元嘉	
		孝武帝（骏）	甲午 454	孝建	
			丁酉 457	大明	
		前废帝（子业）	乙巳 465	永光	
			乙巳 465	景和	
		明帝（彧）	乙巳 465	泰始	
			壬子 472	泰豫	
		后废帝（昱）（苍梧王）	癸丑 473	元徽	
		顺帝（準）	丁巳 477	昇明	
	齐	高帝（萧道成）	己未 479	建元	公元 479 ~ 公元 502
		武帝（赜）	癸亥 483	永明	
		鬱林王（昭业）	甲戌 494	隆昌	
		海陵王（昭文）	甲戌 494	延兴	
		明帝（鸾）	甲戌 494	建武	
			戊寅 498	永泰	
		东昏侯（宝卷）	己卯 499	永元	
		和帝（宝融）	辛巳 501	中兴	
	梁	武帝（萧衍）	壬午 502	天监	公元 502 ~ 公元 557
			庚子 520	普通	
			丁未 527	大通	
			己酉 529	中大通	
			乙卯 535	大同	
			丙寅 546	中大同	
			丁卯 547	太清	
		简文帝（纲）	庚午 550	大宝	
		元帝（绎）	壬申 552	承圣	

			乙亥 555	绍泰	
		敬帝（方智）	丙子 556	太平	
	陈	武帝（陈霸先）	丁丑 557	永定	公元 557 ~ 公元 589
		文帝（蒨）	庚辰 560	天嘉	
			丙戌 566	天康	
		废帝（伯宗）（临海王）	丁亥 567	光大	
		宣帝（顼）	己丑 569	太建	
		后主（叔宝）	癸卯 583	至德	
			丁未 587	祯明	
	北魏	道武帝（拓跋珪）	丙戌 386	登国	公元 386 ~ 公元 534
			丙申 396	皇始	
			戊戌 398	天兴	
			甲辰 404	天赐	
		明元帝（嗣）	己酉 409	永兴	
			甲寅 414	神瑞	
			丙辰 416	泰常	
		太武帝（焘）	甲子 424	始光	
			戊辰 428	神（上鹿下加）	
			壬申 432	延和	
			乙亥 435	太延	
			庚辰 440	太平真君	
			辛卯 451	正平	
		南安王（拓跋余）	壬辰 452	永（承）平	
		文成帝（濬）	壬辰 452	兴安	
			甲午 454	兴光	
			乙未 455	太安	
			庚子 460	和平	
		献文帝（弘）	丙午 466	天安	
			丁未 467	皇兴	
		孝文帝（元宏）	辛亥 471	延兴	
			丙辰 476	承明	
			丁巳 477	太和	
		宣武帝（恪）	庚辰 500	景明	
			甲申 504	正始	
			戊子 508	永平	

		壬辰 512	延昌	
		丙申 516	熙平	
	孝明帝（诩）	戊戌 518	神龟	
		庚子 520	正光	
		乙巳 525	孝昌	
		戊申 528	武泰	
	孝庄帝（子攸）	戊申 528	建义	
		戊申 528	永安	
	长广王（晔）	庚戌 530	建明	
	节闵帝（恭）	辛亥 531	普泰	
	安定王（朗）	辛亥 531	中兴	
		壬子 532	太昌	
	孝武帝（脩）	壬子 532	永兴	
		壬子 532	永熙	
东魏	孝静帝（元善见）	甲寅 534	天平	公元 534 ~ 公元 550
		戊午 538	元象	
		己未 539	兴和	
		癸亥 543	武定	
北齐	文宣帝（高洋）	庚午 550	天保	公元 550 ~ 公元 577
	废帝（殷）	庚辰 560	乾明	
	孝昭帝（演）	庚辰 560	皇建	
	武成帝（湛）	辛巳 561	太宁	
		壬午 562	河清	
	后主（纬）	乙酉 565	天统	
		庚寅 570	武平	
		丙申 576	隆化	
	幼主（恒）	丁酉 577	承光	
西魏	文帝（元宝炬）	乙卯 535	大统	公元 535 ~ 公元 557
	废帝（钦）	壬申 552	－ －	
	恭帝（廓）	甲戌 554	－ －	
北周	孝闵帝（宇文觉）	丁丑 557	－ －	公元 557 ~ 公元 581
	明帝（毓）	丁丑 557	－ －	
		己卯 559	武成	
	武帝（邕）	辛巳 561	保定	
		丙戌 566	天和	
		壬辰 572	建德	
		戊戌 578	宣政	
	宣帝（赟）	己亥 579	大成	
	静帝（阐）	己亥 579	大象	
		辛丑 581	大定	

第一章

秦郡县图

秦国以秋风扫落叶之势，先后消灭了韩、魏、赵、楚、燕、齐六国，于公元前221年统一了全国，所谓"六王毕，四海一"。梁惠王曾问孟子：天下怎样才能安定？孟子答：统一才能安定，不喜欢杀人的人才能统一。荀子也主张天下为郡县，四海成一家。儒家的政治理想，反映出战国时期人民厌恶战争、要求统一的愿望。秦国的政治经济文化比山东六国都进步，兵力也较强，所以秦国能完成统一中国的伟大任务。

　　秦王朝一统天下，是中国历史上的第一次大统一，因此也被史学家称为"万世开基"。这个开基之人即为始皇嬴政。秦王朝是中国历史上第一个中央集权的封建王朝。秦王朝废除了周代的封建制，代之以郡县制，将全国划分为36郡，后又增设闽中、南海、桂林、象郡4郡，郡守县令都由朝廷任免，中央对地方有很大的控制权。此外，秦始皇还北伐匈奴、修筑万里长城以定边疆，统一了文字、货币和度量衡，为中国作出了许多开创性的贡献。举世闻名的万里长城，已成为中华民族的象征；而留给后世的秦始皇陵兵马俑则空前绝后，成为世界第八大奇迹。

　　然而，秦始皇显然过于乐观了，他错误地认为秦朝的统治可以像太阳一样，万世不灭。他过度征用民力，虽然很多措施有利于统一，但人民也确实疲惫不堪了。以"焚书坑儒"为代表的一系列暴政加上秦二世的昏暴无能，人民被迫起义，迅速地推倒了秦朝的统治。

　　秦朝是短命的朝代，但又是极重要的朝代。

中国通史

最新整理图文珍藏版

第一节 史海钩沉：重大事件 历史典故

崛起于蛮荒之地

从玄鸟部落到"西陲大夫"，从诸侯霸主到"天下共主"，秦人自东西迁，立足关中后又转而自西东进，直至策马中原，独步天下。随着历史时空的演进，他们逐步纵横在历史的中心舞台，日渐走近我们的视野，其身影也从模糊渐渐变得清晰。

玄鸟图腾

秦人从哪里来？究竟源自何方？当我们带着这些问题，把视线投向远古，秦人的身影却是那样的模糊。亦如夏商周三代，秦的起源还只能从远古传说追溯起。

秦，嬴姓，秦氏。嬴秦族群是众多嬴姓族群的一支，嬴姓族群声称其始祖是"帝颛顼之苗裔"，同出于黄帝一脉。几乎与世界上所有的民族一样，嬴姓族群也有一个英雄始祖的神奇传说。据《史记·秦本纪》载，颛顼孙女名女修，"女修织，玄鸟陨卵，女修吞之，生子大业"。大业之子大费（即伯翳，一说伯益）曾经辅佐大禹治水有功，又曾为帝舜主管畜禽，因而被帝舜"赐姓嬴氏"。这是见于史籍的秦人祖先嬴姓及古代东方其他嬴姓的由来。

如果大费就是学者们认定的伯益，那么可以说嬴姓始祖在从"公天下"到"家天下"的历史巨变中错失了一次重要的机遇。相传颛顼之孙禹临死前按禅让惯习，将王位传给伯益，可惜被禹的儿子启所篡夺。伯益子孙沦为夏朝臣属，"或在中国，或在夷狄"。这些嬴姓子孙按照各自封邑采用不同的姓氏。按照《史记·秦本纪》记载，有徐氏、剡氏、终黎氏、运奄氏、菟裘氏、将梁氏、黄氏、江氏、修鱼氏、白冥氏、蜚廉氏、秦氏等等。

诏文空心铜权

类似的始祖"感生"说广见于众多中外传说，多不可信，但是一些学者依据考古成果，透析出《史记》所载传说中的确含有历史成分。祝中熹（甘肃考古所考古部主任）近著《早期秦史》利用考古资料初步解决了秦早期历史中诸如族源、西迁等众多史界难题。学界研究嬴秦早期历史多集中于族源问题。一说认为秦人西来，远在陇西，出自戎族，此说以王国维、蒙文通为代表，一说认为秦人东来，系殷商之后或东夷一支，此说以卫聚贤、徐旭生、黄文弼为代表。西来说和东来说各执己见，应和者都不少。祝中熹则认为嬴秦文化与先周文化最为接近，而决不与羌、戎文化同宗。他比照各部族图腾考古成果，认为嬴秦族群实际上是崇鸟部族少昊与崇日部族颛顼融合而成的阳鸟部族所派生的一支，既可说是少昊之后，也可说是颛顼之后。

秦人从海东走来，也从西原走来。秦人自东向西的大迁徙，祝中熹认为很大程度上源自阳鸟部族崇日、逐日的传统。秦先人可能囿于当时的条件，或许认为今青海湖一带就是最西的地方，因而，他们西迁的脚步也就止于此。

披荆斩棘

大费有二子：长子大廉和次子若木。夏商之际，若木的玄孙费昌"去夏归商，为汤御"，帮助商汤在鸣条之战中大败夏桀。也许因为出自相同的玄鸟崇拜，自此以后秦人世世佐商，受到商王的重用与礼遇。商王太戊时期，大廉玄孙中衍还与商族联姻，秦人也因此得到更大发展。按照《史记》的说法，"嬴姓多显，遂为诸侯"。中衍玄孙中潏"在西戎，保西陲"，拱卫商室。商朝末年，暴纣无道，诸侯反叛，周人勃兴，虽如此，秦人仍誓死效力殷商。中潏之子名叫蜚廉，蜚廉之子名叫恶来，相传"恶来有力，蜚廉善走"，父子忠心侍奉纣王。武王伐纣，恶来战死，蜚廉殉商，颇为悲壮。

西周建立，殷人部属包括秦人先祖，都变成了周王朝的氏族奴隶。一部分嬴姓氏族被迁往周朝西部边陲。蜚廉另有一子叫恶来革，其子名叫女防，是秦人的直系祖先。蜚廉的四世孙造父，因善于御车而颇得周穆王宠幸，曾为穆天子驾车西巡，尔后又日驰千里迅速东归，及时平定周室徐偃王之乱。本支嬴姓族人"以造父之宠，皆蒙赵城，赐赵姓"。因此，秦、赵共祖，同出自嬴姓蜚廉一脉，同因"造父之宠"而得姓。

女防三世孙非子居于犬丘（今甘肃东南与陕西西南交界处），因擅长饲养牲畜，被犬丘之民推荐给周孝王，孝王召他主持"汧渭之会"（汧水和渭水交汇处，今陕西宝鸡一带）的马政。孝王赏识他的才干，"分土为附庸"，令其"邑之秦，使复续嬴氏祀，号曰秦嬴"。从此，历史上才正式有了"秦"的名称，嬴姓秦氏一族由此而形成。"汧渭之会"也就成了嬴秦族属的政治发祥地。秦地肥沃，宜于农耕，秦人在那里安居乐业，很快就发展强大起来。因长期与西戎杂处，秦人常与西戎通婚且多能和睦相处，但也时有冲突和战争发生。

非子玄孙秦仲之时，周厉王昏庸无道，内部国人暴动，外部西戎叛周。留居犬丘的秦人大骆一族被西戎所灭。周厉王死后，周宣王即位，"乃以秦仲为大夫"，讨伐西戎。大夫虽比不上卿和诸侯，但比起附庸还是强得多。秦仲受爵，"有国有家"，更是励精图治，率部族与西戎厮杀20余年，最终血染疆场。秦仲有5子，长子庄公继立。庄公兄弟五人凭借宣王拨调给他们的7000士卒，大败西戎，夺回犬丘故地。宣王将包括大骆犬丘之地的大片土地赏赐给他们，并封庄公为"西陲大夫"，这可是好几代人浴血奋战换来的可贵封赏啊！庄公死后，襄公代立。秦襄公一方面将其妹缪嬴嫁给西戎丰王为妻，另一方面迁都汧邑，并节节东进。秦地位迅速上升，引起东方诸侯的关注。

学界有三种观点，分别以嬴秦为附庸、秦仲任大夫、襄公列诸侯，作为秦国的起点，都有其道理。这些历史事件共同为周秦之变揭开了序幕。历经千载，秦人发展的脚步越来越快，身影也日渐清楚起来。他们在这以后的历史舞台上闪亮登场，名垂史册。

奋发崛起

或许是机缘巧合，嬴秦创始之期恰恰是西周衰亡之际。西周末年，王道衰微，内忧外患频仍，终被犬戎所灭。平王东迁以后，王室困守一隅，天子权威一落千丈。与此相应，社会正进入大分裂、大动荡、大变革的重要时期。周王朝的权力不断下移，礼乐征伐再也不是从天子出，而是逐渐蜕变为从诸侯出，从世卿出，甚至于"陪臣执政，大夫世禄"。周朝衰落为嬴秦崛起提供了难得的历史机遇。周王室在"政由方伯"的春秋之时遭遇了楚庄王问鼎中原的尴尬，进而在"蚕食鲸吞"的战国之际为强秦所灭。

铜量

　　秦人或许从善御的祖先那里受到启迪，他们更加娴熟地驾御时局，操控政治。两周变局之际，秦襄公应对得体，积累了雄厚的政治资本。周幽王重用奸佞，荒淫无道，宠幸褒姒，废长立庶，烽火戏诸侯，千金博一笑，终于酿成败国灭身之祸。幽王再燃狼烟时，诸侯多不理会，秦襄公却起而勤王，率兵救周，捍卫王室，拥立废太子宜臼（即周平王），后又亲率大兵护送平王东迁，功勋卓著。平王封襄公位列诸侯，"赐之岐以西之地"。襄公封爵赐土，嬴秦不仅斩获重要的政治名分资源，还奠定了"王业之基"，并且承继华夏政治、经济、文化遗产，打着天子封赐、"尊王攘夷"的旗号合法吞疆并土，在春秋战国时期的大国角逐中长居要角。

　　立国之初，秦便东越陇阪，沿渭水而下迅速东进。秦襄公为了稳固岐西之地，"伐戎而至岐"，揭开东进序幕。由于长年征战劳累，秦襄公出师未捷身先死，怀着满腹遗憾长眠岐山。直到公元前763年，秦文公才完全占领岐山。他把岐东之地献给周天子，埋头经营岐西，收编西周遗民，发展农耕，逐步在关中西部站稳了脚跟。经过几代人的苦心经营，秦国横扫三戎，荡平关内诸侯，直至饮马黄河。秦国政治中心也先后6次东徙，由西陲故地到"汧渭之会"，每次迁都既是扩张果实，也是着眼于再次东扩的起点。　"秦中自古帝王州"，关中地区沃野千里，形势险峻，人文荟萃。当然，"八百里秦川"卒成"帝王之基"不只因为其坐享这些天时地利，更在于华夏先民及嬴秦数代的谋划经略。

　　周失其鹿，群雄竞逐。秦穆公任贤使能，重用蹇叔，巧收百里奚和由余，在他们的谋断辅佐下，制定并执行交晋与服晋、和戎与制戎的方略。秦坐拥关中，东向结成"秦晋之好"，进而四服强晋，西向讨伐戎狄，"益国十二，开地千里，遂霸西戎"。这不仅使其跻身五霸之列，更实现了秦人驱逐、降服戎狄的梦想。穆公时代虽繁盛不已，但仍抱残守缺。他一世英明，临死时竟以包括贵族子弟在内的177人殉葬，引发国人对奴隶旧制的抵制和不满。此后秦国长期停滞，失去东征锋芒，甚至被强晋阻拒函谷关外，勉强维持大国地位。

策马中原

　　秦国虽自襄公起就位列诸侯，但因立国较晚，僻处关中，杂居戎狄，无论在政治经济还是文化习俗等方面都落后于东方各国，屡屡遭受东方诸侯歧视，"夷狄遇之"，不与会盟。正当春秋战国之交东方各国忙于变法图强之际，秦国内部政局动荡，国君如走马灯似的频繁更换。落后必然招致挨打，秦国被率先变法的强魏夺走河西之地。秦人痛定思痛，决心变法图强。

　　在各国变法中，秦国的商鞅变法最为彻底。在秦献公初步改良的基础上，秦孝公任用商鞅变法。在政治上，推行县制，加强中央集权，清明吏治，提高行政效率。

在经济上，奖励耕织，重本抑末，统一度量衡，以法令的形式确认土地私有，扶植小农经济。在军事上，实行"军功爵"制，打压世袭贵族，扶植新兴军功地主，极大提高了秦军的积极性和战斗力。在法律上，编制户口，加强刑罚，赏罚分明。商鞅变法的成功，为秦国打下了富强之基。后来商鞅虽遭车裂之刑而死于法，但秦法未败。与此形成鲜明对照的是，其他各国变法都遇到旧贵族强烈抵制而不同程度地遭到失败。楚国曾经在过去数百年里一直问鼎中原，最终因改革失败而国运不昌。楚悼王曾任用吴起变法，但他去世不久，贵族即刻发动政变，吴起躲藏在楚悼王尸体旁避难都不得脱。按楚国的规定，凡是以兵器伤害王尸的人，都要处以灭族的刑罚，可是贵族们仍将躲在楚悼王尸体旁的吴起乱箭射死。由于各国变法不很彻底，综合国力对比正朝着有利于秦国的方向倾斜，关东六国有识之士无不争相效秦。

秦自商鞅变法图强以来，就逐渐形成"囊括四海之意，并吞八荒之心"，不断发动兼并战争，蚕食东方六国。秦军主要把矛头对准两个方向：东方三晋之地及西南的蜀汉和楚地。在三晋方向，秦军挥师关外，直逼中原：公元前330年和公元前328年，秦两度攻魏，魏国先后献河西地及上郡15县；公元前307年，秦攻占韩宜阳，秦国领土扩展到中原；公元前289年，秦再度攻魏，取61城。在西南方向，秦先夺取巴蜀，尔后进逼楚汉。公元前316年，秦灭巴、蜀。此战可以称得上是以秦国运相赌，很好地收到秦将司马错所预见到的功效："得蜀，则得楚。楚亡，则天下并矣"。果然，在此以后，秦军取得对楚的一系列关键胜利，为日后称雄六国、兼并天下打下坚实基础：公元前312年，秦攻占楚汉中地600里，置汉中郡；公元前298年，秦攻楚，取16城；公元前278年，秦

取楚都郢，置南郡；公元前277年，秦取楚巫、江南，置黔中郡；公元前272年，秦置南阳郡。

铜盾

在战国称"王"称"帝"风潮中，强秦也不甘落后。秦惠文王继魏、齐之后称王，是秦国历史上第一位称王的国君。他没有听取苏秦巧舌如簧的连横计，审慎地作出缓称帝的英明决断。但是不断攻取楚、魏、韩而羽翼丰满的秦昭王却并不满足于称"王"，公元前288年，他自称"西帝"，遣使遥尊齐湣王为"东帝"。狡猾的齐湣王背盟约，会诸侯，逼迫秦取消了帝号。强秦迅速组织五国攻齐，燕国上将军乐毅几乎灭齐，齐从此一蹶不振。秦在取得长平之战的关键性胜利以后，虽也曾吃过败仗，但兼并扩张态势丝毫未减。公元前256年，秦灭周，取九鼎。此后，山东列国争先"朝"秦，昭王俨然像是"天下共主"。他留给子孙的是日益明朗的天下。

秦国的发迹史恰好与周王朝更替史相始终。春秋战国之变，不仅仅是一次改朝换代，更是一次重大的社会变迁。历经此变，秦汉与商周的差异昭如日月。嬴秦家族立家立国，称王称霸，变法改制的历史

恰好与这千年之变局相呼应，相始终。在旷日持久的兼国并土、称霸图王的历史过程中，秦国是笑到最后者。放眼世界，秦国还共同开辟了欧亚大陆帝制时代。正如张分田在其《秦始皇传》一书中指出的，在一定意义上讲，一部秦国史就是一部春秋战国史，一部浓缩了的中国帝制发生史。

剪灭群雄，天下归一

唐代大诗人李白曾写过这样一首颂扬秦始皇的诗："秦王扫六合，虎视何雄哉！挥剑击浮云，诸侯尽西来。"这首诗描绘了千古一帝秦始皇威震六国，一统天下的雄姿和气概。但实际上，秦国论地不过千里，且偏居一隅；论习近戎俗，远不比文明日久的中原诸国。然而，"吞二周而亡诸侯，履至尊而制六合"的盖世奇举却最终由虎狼之秦来完成。史学家司马迁就认为此非天意而难为。历代学者对此也众说纷纭，莫衷一是。

秦灭六国

公元前 230 年～公元前 221 年，秦王政先后兼并韩、赵、魏、楚、燕、齐六国，建立了中国历史上第一个多民族的中央集权国家。这一进程主要分为前后两个重要阶段。

前一阶段，即公元前 230 年～公元前 225 年，主要对距秦较近的三晋之地及疲弱之燕用兵。三晋之中韩最弱，故攻韩一役拉开了秦国大规模兼并战争的序幕。公元前 230 年，秦派内史腾取韩，俘虏韩王安，韩国灭亡。公元前 229 年，秦大将王翦等人领兵攻赵，不到一年就大破赵军，克赵都邯郸，俘虏赵王迁，赵亡。赵公子嘉投奔代（今河北蔚县东北），自立为代王。秦国连年用兵，且进展神速，赵亡以后兼并战火更是燃至燕境，这引起了赵国

北端之燕的极大恐慌，燕太子丹遂派壮士荆轲以献图之名行刺赢政，妄图打乱秦国野心勃勃的吞并计划。不料，图穷匕见，行刺败露，荆轲不仅没有刺及赢政，反而喋血秦宫。公元前 226 年，又惊又恼的秦王政派王翦攻燕，破燕都蓟，燕王喜迁都辽东。报完这一箭之仇以后，秦国按照既定计划向三晋余敌魏国用兵。公元前 225 年，秦派王贲攻魏，围魏都大梁，决水灌大梁城，魏王假降，魏亡。至此，秦军所向披靡，以上四国土崩瓦解。

后一阶段，即公元前 225 年～公元前 221 年，主要对南方和东方的大国楚国及齐国用兵，并以摧枯拉朽之势歼灭前一阶段遗留余敌。公元前 225 年，秦将李信年轻气盛，扬言率兵 20 万即能灭楚，秦王被胜利冲昏头脑，不顾老将王翦等人劝谏，轻率出兵，不克反败。秦王遂改派王翦将 60 万大军攻楚。公元前 224 年，楚举国皆兵，王翦则坚壁清野，任楚人一再挑战，均置之不理。楚军不得战，引而向东，王翦乘机追击，大破楚军，诛杀项燕（一说项燕自杀）。次年，虏楚王负刍，楚遂亡。翦灭强楚，兼并战争大局已定，了无悬念。公元前 222 年，王贲率秦军如秋风扫落叶般先后攻取辽东和代，虏燕王喜和代王嘉，燕、代遂亡。次年，王贲自燕南攻齐。秦兵长驱直入齐都临淄，齐王建降，齐亡。十年兼并战争就这样谢幕了。

在短短 10 年的时间里，秦王赢政在尉缭、李斯、王翦等文臣武将的辅佐下，以迅雷不及掩耳之势，闪电般剪灭六国，完成了波澜壮阔的统一进程，揭开了中国古代历史崭新的一页。

大势所趋

秦的统一，在客观上讲，与长期历史演进特别是春秋战国以来所形成的必要社会经济基础分不开。随着各国政治经济的迅速发展，各地文化联系的不断加强，民

秦始皇像

族联系的日益巩固，政治上的分裂状态逐渐成为社会发展的绊脚石，统一正成为大势所趋。

西周以来，人们多使用简陋的木制和石制工具进行农业生产，个人很难单独完成繁重的生产劳动，人们通常在贵族田地里集中劳作，形成"千耦其耘"的局面。但是到了春秋时期，铁制工具开始广泛应用于农业耕作。铁农具无论是在数量上还是质量上都明显占据着主导地位。那时候，铁农具种类很多，有锸、锄、耙、镰、镢等等。这些铁农具的广泛使用，便利了砍伐树林、兴修水利、殖垦荒地和精耕细作，从而极大地促进了农业生产的发展。这一时期还出现了牛耕，时人常以"牛"、"耕"作为名或字，足见一斑。如，孔子弟子司马耕，字子牛；晋国大力士姓牛，名子耕。这说明，牛耕正成为当时人们习见的生产方式。到了战国时期，牛耕已经推广，人们还开始使用两头牛牵引的犁进行耕作。前尖后宽的 V 形犁铧极大加强了深耕刺土的功能，适应了深翻土壤、开沟

起垄等主要农作环节的需要，是耕作技术的一大飞跃。铁器牛耕的广泛使用，使得小农生产成为可能，真正意义上的农业革命开始了。"公作则迟"、"分地则速"反映了个体小农取代集体农耕的时代精神，小农与新兴地主阶级开始登上社会历史舞台，也极大推动了各国旨在发展小农以富国强兵的改革风潮。各国变革的程度又直接影响其国运的兴衰成败。

农业的发展还极大地促进了工商业的进步。战国时期，漆器、矿冶、煮盐等手工业都有长足的发展，并且已经有了固定的商品交易场所，如"市张列肆"等，还形成若干个地域性的商品交易市场。那时，东方的渔、盐，南方的象牙、丝、竹，西方的皮革，北方的马匹、吠犬，甚至穷乡僻壤的金、银、铜、锡、驴、骡、姜、桂、丹砂、玳瑁、珠玑等都能运到中原地区交换。与此同时，一些大的都会相继形成，如齐的临淄、楚的郢、赵的邯郸等等。行商坐贾竞相逐利，涌现出众多像范蠡这样的富商大贾。这些都为统一局面奠定了必要的经济基础。

随着工商业的发展，水陆交通也纵横交错，进一步密切了各地的经济、文化联系。这时的天下已如荀子所说的"四海之内若一家"，这就为统一提供了必要的社会基础。

从另一方面来看，政治上的分裂割据局面，越来越成为社会经济发展的桎梏。长期兼并战争耗费大量人力、物力和财力，极大影响农业生产，造成劳动力的锐减。各国统治者以邻为壑，反目成仇，则直接威胁到人民的生命、财产安全。各国城池遍设，关卡林立，横征暴敛，更是直接阻碍交通发展和经济、文化交往。这样一来，统一日趋迫切地提上了社会发展的日程。

人心所向

统一不仅是历史大势，更是人心所向。

自周平王东迁洛邑以来，长期战乱，分裂动荡，民不聊生，广大人民颠沛流离，背井离乡，无论哪个社会阶层都引颈期盼早日结束割据局面，能过上安定的社会生活。秦王政结束往日"兵革不休"、"流血满野"的惨局，赢得了"天下之士，斐然向风"的大好政治局面，这是中国古代历史的重大转折，也是秦迅速席卷六国的民众基础。

另外，从民族关系的角度看，华夏文明正经受北方游牧民族的袭扰，人们迫切希望建立统一的国家以加强边防，保护先进的中原农耕文化。战国时期，秦、赵、燕三国均面临着北方游牧民族如东胡、楼烦、匈奴等族的侵扰，尤以匈奴为害甚巨。三国尽管修筑长城，派遣精兵，但是长期的兼并战争，迫使其注意力不得不转向统治中心，致使边务废弛，民怨沸腾。匈奴更是乘机据有水草肥美的河套地区，这不仅严重威胁到边地民众日常生产、生活正常秩序，也对中原农耕文明构成巨大挑战。

荣膺大任

统一的客观条件虽已成熟，但是统一大业最终由秦国来完成，这并不只是历史的偶然。在战国七雄中，最有资格荣膺大任的则非秦莫属。

始皇不是"从布衣而为天子者"，而是"从千乘而得天下者"。他有着显赫家世，出身王公世家，有着霸王之胄。正如上一节提到的，赢秦先人的政治发迹史为始皇提供了极其丰厚的政治遗产。秦国历代苦心经营几百年，随着国力的上升，不断鲸吞列国，疆土迅速扩大。至公元前246年赢政即位之时，包括秦本土，秦的疆域已东至今河南中部，西至甘肃，南至西川、鄂西，北至山西中部。皇皇大国，远非昔日建国之初所可比了。素不为山东大国正眼相瞧的秦国，已没有哪一国可以匹敌的了。

秦半两钱

我们从秦赵长平之战就可见一斑。长平之战是战国时期规模最大的一次战争，也是中国古代战争史上大型歼灭战的著名战例。公元前262年，秦包围韩上党，郡守冯亭不愿降秦，献地于赵，引发史无前例的长平（今山西高平西北）之战。起初，秦国并没有占到便宜，赵国老将廉颇坚守长平达3年之久。公元前260年，秦军成功施用反间计，放言廉颇老弱，迟早投降，秦军所害怕的只有名将赵奢之子赵括。昏庸的赵孝王不听蔺相如及赵奢之妻的劝阻，执意启用纸上谈兵的赵括为将替代廉颇。秦昭王见反间计成功，秘密派遣能征善战的白起为上将军。赵括率大军盲目出击，白起则正面佯败后退，另遣两路奇兵抄袭赵军后路，将赵军团团围困。赵军困守46日，不得突围，械尽粮绝，士卒自相残杀，赵括不甘坐以待毙，亲率精兵突围，竟被秦军活活射死。赵军群龙无首，军心大乱，被迫投降。白起担心降军造反，竟将40余万赵军全部坑杀活埋。战国晚期，各国相继衰落，只有赵国比较强大。此战之后，赵国地位一落千丈，强秦优势地位更是不可撼动。秦王赢政秉承先辈遗烈，虽年少即位，但此时的秦国已是"地方数千里，师名百万，号令赏罚天下不如"

了。这正是他大展宏图的绝佳时刻，一场更加惊心动魄的兼并战即将拉开序幕。

雄才大略

公元前246年，嬴政即秦王位，年仅13岁。少年嬴政性情乖张，孤僻，多疑，暴戾，这与他随父客居赵国充当人质的经历有关。另外，他的身世众说纷纭，布满疑云。母后奢侈糜乱，也给他的心理布下不少阴影。日后他多次将母后逐出宫中，而且自己从未封后，大抵与他的早期经历有关。

当时，秦国一些官员夹在两大集团之间无所适从，常常长嗟短叹："与嫪氏乎？与吕氏乎？"嫪氏即颇得嬴政母后宠幸的假宦官嫪毐，吕氏即辅政相国吕不韦。随着两大集团权势的发展，他们争权夺利的斗争日趋白热化。少年嬴政忍气吞声，主动示弱，待他22岁亲政后，即刻诛杀起兵作乱的长信侯嫪毐，随后又免"仲父"吕不韦相国职，并逼迫其服毒自杀。嬴政摆平两大政敌，就为他"独制其民"，集中王权，扫清了棘手的障碍，这也突出地反映了他冷静果敢的政治智慧。

如果说顺利铲除嫪、吕两大政治集团反映了嬴政的政治智慧，那么他听从李斯《谏逐客书》之议，收回驱逐客卿成命，承续秦国重用客卿的传统，则更是突出反映了他在政治上的成熟。嬴政不仅没有诛杀企图借大修水利拖垮秦国财政的水工郑国，反而让他继续主持修建了关中水利，千里沃野卒成良田。他不拘一格，任人唯贤，任用年仅12岁的甘罗为相以出使赵国，任用曾经有过失的姚贾做使臣，封李斯为廷尉执掌刑法，命尉缭为国尉统领全军，诸如此类，不一而足。这些客卿都在秦的统一大业中立下赫赫功勋。他不仅用人唯贤，而且知人善任。伐楚时他先用自恃年轻有为的李信，既而勇敢承认轻敌错误亲赴老将王翦家中强请其领兵出征，一举灭楚，完成了统一征程的重要一站。反观六国，不谓无才：有孟尝、平原、信陵、春申四公子，有田单、吴起、孙膑、赵奢等将领。相对而言，六国失在人不得用，才不得伸。如魏人张仪因求事魏、楚不得才辗转至秦；魏国人范雎在魏国竟几被冤屈至死；赵王听信谗臣郭开之言拒廉颇而杀李牧。人得其用，人尽其才，这是强秦统一的制胜法宝。

嬴政的雄才大略还突出反映在他为统一制定的正确得当的战略策略方面。他采纳尉缭的离间之计，定下金帛利诱与武力打击相结合的方略，不仅派姚贾携重金出使山东，破坏反秦四国同盟，而且在对齐、赵等国的统一兼并战争中重金贿赂离间君臣，可以说这一策略百试不爽。秦国还重用魏人张仪推行"事一强以攻众弱"的连横政策，以对抗公孙衍、苏秦等人"合众弱以攻一强"的合纵政策，不仅多次离间像齐、楚联盟那样的多国同盟，还使一些小国"朝秦暮楚"，无所适从。我们注意到，张仪之所以成功离间齐、楚，在很大程度上归结于他不惜重金，巧舌如簧。由于措施得当，也由于各国利害不一，六国之间从未结起有威慑力的巩固同盟，成不了什么大气候。因此北宋文学家苏洵在其《六国论》中指斥六国败在自己而不在强秦。除了成功施行重金、连横等策略以外，嬴政在兼并战争中还创造性地发挥了由范雎提出而历代秦统治者沿用的"远交近攻"策略，先对距秦较近的三晋（即韩、赵、魏）用兵，伐燕虽在灭魏之前，也大抵与荆轲刺秦有关。最后才灭楚、齐。这样不仅可以各个击破，还便于转徙兵粮。

秦的统一，既是大势所趋，人心所向，也是秦与东方六国实力对比逐步扩大的必然结果，同时还与秦王个人的雄才大略分不开。秦的统一，将中国历史推进到一个崭新的阶段。

中国通史

最新整理图文珍藏版

构建庞大的封建政治金字塔

作为秦王的嬴政，横扫六国，缔造秦朝，结束春秋战国"天下共主"名存实亡的局面，是数百年群雄争霸历史的终结者。作为始皇帝的嬴政，摒弃王制，开创帝制，推行专制主义中央集权制度，更是2000余年历史的开创者。始皇确立皇帝制度，构建起庞大的封建政治金字塔，可谓"定一制而传千古"。

皇权至上

秦代以前，商、周最高统治者均称"王"。战国时期，王室式微，群雄并起，称"王"称"帝"引为风尚。秦灭六国，秦王政以为不改名号，"无以称成功，传后世"。因此他在统一后下达的首道重要诏令就是命令群臣商议帝号，着手建立皇权。秉承其旨意，群臣集议后认为，他功过三皇，德比五帝，取号"泰皇"，秦王政则不以为然，他提出用"皇帝"的称号。这是秦王政的第一个历史性创造。此后，"皇帝"这一称号为历代最高封建统治者所沿用。

秦王政还规定了皇帝的专用称谓，确立玉玺制度，废除谥号，重拾五德终始旧说，确立并神化皇权。

为显示皇帝的独尊地位，秦王政采纳李斯等人的建议，制定了一套制度。如皇帝的命为"制"，令为"诏"，自称为"朕"，皇帝所用玉印称"玺"，文字要避皇帝"讳名"，等等。而此前，"朕"及"玺"并非最高统治者所专用。此外，还规定了专门的冠服乘舆。这些繁琐的仪式制度化，适应了封建统治者为加强对全国的统治而强调"尊君"的需要。

自周代中叶开始实施的"谥法"制度有善恶褒贬之别。"子议父，臣议君"，有

琅琊侯印封泥

悖秦代加强专制集权需要。为此，秦王政下制书正式废除谥法，自称"始皇帝"，"后世以计数"，称为"二世、三世"，幻想"至于万世，传之无穷"。

五德终始说始为战国邹衍所创，以金、木、水、火、土五种物质相生相克、周而复始、循环往复，来比附朝代的历史更替乃天命注定。这一学说适应了秦国的政治需要，被《吕氏春秋》所收。始皇发挥五德终始说，认为周得火德，水胜火，秦为水德之始，色尚黑，以十月为岁首，限定"数以六为纪"，"度以六为名"。始皇采用这套倒退的历法，显然是为了给皇权涂抹神秘主义的天命色彩。

三公九卿

皇帝制度当然不限于以上方面，也不只停留在形式方面。更重要的是，为加强中央集权，秦皇朝建立起一套从中央到地方的统治机构和封建官僚制度。高居整个统治机构之上的自然是皇帝，此外中央还设立了三公和九卿。

三公即丞相、太尉、御史大夫。丞相，三公之首，金印，紫绶，秩万石，"掌承天子，助理万机"，有左、右之分，是直接听命于皇帝的文官之首。太尉，金印，紫绶，秩万石，"掌武事"，"主五兵"，为武官之长。关于"太尉"一职的资料，现存文献不足，姑且存而不论。御史大夫，银印，青绶，"掌副丞相"，承转诏令制书，负责监察百官。御史大夫多为皇帝心腹，由位

微低职的御史改置擢升，以平抑相权。

三公之下有诸卿，号九卿，实际不只九位，多数为秦国原有，少量为秦朝新设。主要有：奉常，掌宗庙礼仪，兼管文化教育；宗正，负责皇室宗族和外戚事务；郎中令，掌宿卫宫殿掖门户，卫尉，秦朝新设，统辖宫内武士守护宫门以内；太仆，秦朝设置，是皇帝最亲近的臣仆，主管皇室车马；廷尉，掌刑罚，是全国最高司法长官；典客，主管少数民族事务，负责如来访接待等事宜；少府，掌管宫殿、宗庙、陵寝的修缮及其他重要工程；治粟内史，主管天下钱粮和财政收支；少府，秦朝设立，掌山海池泽之税和关市之征，专门供应皇室开支，并负责皇室饮食起居。三公九卿均由皇帝任免，概不世袭。

三公和诸卿的设立，行政、军事、司法、监察、财政的分设，博士议政，既分工，又相互制衡，皇帝操大权于股掌，驭群臣如牛马，体现出高超的政治手腕，强化了家国一体的政治"大一统"格局。

废分封，置郡县

以三公诸卿为主而组成的封建朝廷，绝对听命于皇帝，受命代行政务，是秦代专制主义中央集权政治的核心。围绕这个核心，秦王朝还组建了以郡、县、乡、里为主的遍布全国的地方权力网络。

秦朝建立之初，秦朝君臣曾就分封与郡县组织过多次宫廷辩论。秦朝灭亡以后，整个封建社会都延续了类似的分封与郡县之争，因而单纯把这场旷日持久的历史之辩简单两分为新、旧势力论战，儒、法斗争，抑或是分权、集权之争，都是有失偏颇的。实际上家国一体的政治格局内在地存在"家天下"与"公天下"，历代封建最高统治者在这个问题上总是很难端平这碗水的。表面上看，在两次论辩之中，李斯都战胜了王绾、淳于越等论敌，始皇最终也采纳了李斯的见解而推行单一的郡县

制，而实际上，正如张分田在其《秦始皇传》中指出的那样，秦国施行多年的郡县制从制度上能更有效地维护皇权至上，维护君尊臣卑。因此，郡县制也就成了战国、秦汉以来历代封建王朝的基本政治制度之一。

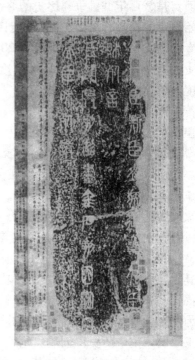

泰山刻石（明拓本）

除首都、京畿要地设立内史直辖中央以外，秦朝地方政权多设置郡。秦郡设置，学界素有争议。始皇二十六年（前221）刚统一，秦朝"分天下为卅六郡"，以后随着边远地区的开拓及郡治的调整，总郡数最多可能达到46个。各郡一律置"守、尉、监"。郡守，"掌治其郡，秩二千石"，是秦代最高地方行政长官，统摄辖区政治、军事、财政、民政、司法、监察等要务。郡守之下设有郡丞、佐守，秩600石。郡尉，"掌佐太守典其武职"，亦秩2000石，可见其在军事帝国中的地位。郡监，负责监督官吏及百姓，因其隶属御史大夫，故仍具备较大权力。设立监御史，是秦朝实

行郡县制，加强中央集权的重要措施之一。

郡下设县、道和彻侯食邑。道和彻侯食邑基本相当于县一级建制。道设在少数民族聚居区域。这些县级机构都由郡统辖。县令、尉、御史分工与郡守、尉、监类似。县万户以上置县令，秩600石至1000石；不满万户设县长，秩300石至500石。县令或县长统领一县赋役征发、审判、治安等政务。县令主要佐官是丞，还有令史等属吏。从云梦秦简可以看出，县一级经济管理机构也不少，真可谓"麻雀虽小，五脏俱全"。

县下设乡，乡下有里，里下有10户编成的什和5户编成的伍。户是个体小农家庭，而什和伍则是秦皇朝最基层的单位。

由郡、县、乡、里为主组成的郡县制，适应了封建专制政体的需要，对于结束诸侯割据、维护国家统一，无疑有着巨大的进步意义。当然，对于秦皇朝本身而言，适当补充分封，或许可以"救土崩之难"，"削尾大之势"，延缓反秦势力的坐大和嬴秦皇朝的速亡。始皇构筑起从中央到地方，从三公九卿到乡里什伍的金字塔般的统治机构。皇权高高在上，雄踞塔尖，劳动群众则被压在塔底。这样奇异的金字塔，标志着秦帝国政治"大一统"文明的确立。

车同轨，书同文

始皇作为中华帝制的创建者确立了政治"大一统"文明，他还实行车同轨、书同文、制同度，促成中华文化共同体的基本形成，奠定了"大一统"文化的基本格局。在当时乃至以后的历史发展进程中都产生了巨大的影响。

车同轨

战国时期战乱频仍，诸侯混战，关塞壁垒高筑，加之各国道路宽窄不一，不利于交通往来，因此秦统一后立即着手拆毁关塞，建立起遍布全国的交通游驿网络。这是秦朝建立以后始皇明令修建的首项重大交通工程，也是当时世界上首屈一指的人工交通网络。

始皇于二十六年（前221）刚称帝不久，便下令实行"车同轨"，规定道路和车轨统一尺度为"舆六尺"。次年又下令"治驰道"。二十八年（前219），始皇开始大规模巡行各地。三十二年（前215），他下令"堕毁城郭，决通川防，夷去险阻"，进一步扫清人为设置的交通和水利障碍。同年，他下令南征大军开通灵渠，打通粮道，从而沟通珠江和长江两大水系。三十五年（前212），为巩固北部边防，始皇令北逐匈奴的大将蒙恬修筑"直道"，才两年半的工夫就迅速完成。除了这些"驰道"和"直道"，秦皇朝在建立后的短短几年内，还修筑了西南边疆的"五尺道"和位于今湖南、江西及两广之间的"新道"，构筑起以首都咸阳为中心的遍布全国的交通游驿网络。

"驰道"被时人视作"天子之道"，是以首都咸阳为中心的交通主干道。这些"驰道"，"广五十步，三丈而树，厚筑其外，隐以金椎，树以青松"，中央供天子行走，但以植树为界，两旁还是可供人行走的。这些"驰道"，"东穷齐、燕，南极吴、楚，江湖之上，濒海之观毕至"，蔚为壮观。

"直道"、"五尺道"及"新道"则是秦朝专门修建的军事和国防通道。"直道"专为北伐匈奴而设，是从首都咸阳经上郡、云阳到北方九原郡最便捷的通道。这条大道穿越山谷，横越草原，全长"千八百里"。"五尺道"是秦朝进一步密切巴蜀与西南地区联系而修建的通往云贵地区的大道。这条道路凿山越岭，遗迹至今尚存，因宽约5尺，故而得名。"新道"是始皇在平定百越的过程中下令按驰道标准修建的通往南海的扬越新道。这些道路的拓展，反映了秦朝开拓边疆的军事能力，也密切了边地与内地经济、文化交流，有着重大的战略价值。

这么庞大的交通网络，如果单纯归结于巡幸、用兵，斥之以黩武或奢靡，恐怕不足以解释这一帝国行为。秦帝国的条条驰道通咸阳不也可以比之于条条大道通罗马吗？凡大帝国，必有大道通衢现象，这是文明发展到一定程度的必然产物。

书同文

中国文字源远流长，至春秋战国时期，社会政治、经济、文化急剧变革，并且长期处于分裂割据状态，以至出现"言语异声、文字异形"的格局。同一个文字，各国间甚至一国之内往往都有不同写法。秦在统一前使用的小篆是由大篆演化而来的，大篆比小篆难写难认，而关东"六国文字"较之篆体更难识别。文字不一，造成各地经济、文化交流的严重障碍。

始皇二十六年（前221），始皇刚刚统一称帝就接受李斯的建议，下令"书同文字"。他规定以秦小篆为统一书体，罢"不与秦文合者"。秦小篆是以秦国文字为基础，结合了周秦大篆、齐鲁蝌蚪文的优点，修改而成的。为推行这种统一书体，始皇令李斯、赵高、胡毋敬分别用小篆编写《仓颉篇》、《爰历篇》、《博学篇》作为标准的官方文字范本，颁行全国。尽管这3篇字书早已不存，但是各地留下的刻石相传为李斯等人所作，我们还是可以管窥其貌。这些刻石流传至今的有《泰山刻石》、《琅琊台刻石》以及山东峄山、浙江会稽两刻石的摹本。它笔画简略，整齐划一，匀圆紧凑，将文字发展推进到一个新的高度。

始皇的"书同文"还有更大的贡献，除法定小篆以外，还推行更为简易的隶书。相传隶书为狱吏程邈所作。他因罪入狱，潜心钻研10余年，创造出的文字扁平、方折，书写更加省便、流畅。因秦代称罪徒为隶，故名之谓隶书。始皇很赏识这种字体，不但赦免了他，还给他加了官。从此以后，隶书在全国流行开来。秦代通行隶书不是传说，而是历史事实，这从实物材料可以得到证实。包括秦律和《语书》在内的睡虎地秦墓竹简，就是用隶书写成的。不过透过程邈造隶书的传说，我们可以看到在那个重法治、多狱案、公文成堆的时代，为提高效率，节省时间，简化书写，才产生了隶书。隶书很有可能是在群众创造的基础上加以整理并得到始皇的认可和推广的，并非就是程邈的个人创造。事实上，正如李学勤在《秦简的古文字学考察》一文中所指出的，隶书的滥觞应上溯到战国晚年，那么隶书更有可能脱胎于秦国的古隶。隶书的诞生是中国文字史和书法史上具有里程碑意义的大事，它标志着中国文字已由古体转化成今体，奠定了楷书的基础，代表着汉字朝着合理的方向迈进了一大步。

秦代统一文字，使小篆和隶书成为通行全国的字体，对于中华文化的发展有着不可磨灭的重大历史功绩。中国幅员辽阔，各地方言、乡音差别很大。但是汉字表意性强，统一文字则有利于克服各地经济、文化交流中的语言障碍和隔阂，促进统一多民族国家的发展和中华文化共同体的形成。

统一货币和度量衡

战国时期，各国货币制度和度量衡制度并不一致，秦朝结束了这一混乱局面，通过统一货币和度量衡，在一定程度上推进了经济和财政的制度化和法制化。

由于长期分裂割据，各国货币制度不一致，货币的形制、大小、轻重、单位等等，往往各不相同。即以形制而论，可分为四大类：郢爰，流行于楚；布币，流行于韩、赵、魏；刀币，流行于齐、燕、赵；圆钱，主要流行于周、秦及赵、魏沿黄河一带。币制的这种混乱局面，成为经济社会发展的严重障碍。因此，秦统一后制定了中国迄今最早的货币金融法规《金布律》及一系列相关法规，依法统一币制并

加强了货币管理。"及至秦，中一国之币为二等，黄金以镒名，为上币。铜钱识曰半两，重如其文，为下币。而珠玉、龟贝、银、锡之属为器饰宝藏，不为币。"黄金和铜钱作为全国法定金属货币，将珠玉、龟贝、银锡等排除在法定货币之外，进一步提升了金属货币的地位。整顿周秦旧币，废除六国刀、布、蚁鼻钱及郢爰等，一律使用新规定的法定货币。上币黄金的单位改斤为"镒"（24两），下币圆形方孔铜钱以半两为单位，史称"秦半两"，这种外圆内方的铜钱形制为历代王朝所沿袭。秦律还规定货币铸造权归国家，严禁私人盗铸，否则"索其室"，没收货币和钱范，并且拘捕严惩。《金布律》还确保国家发行货币正常流通，无论货币质量好坏，禁止"择行钱、布"。秦朝统一货币，促进了商品经济发展和国家统一，垂范后世，

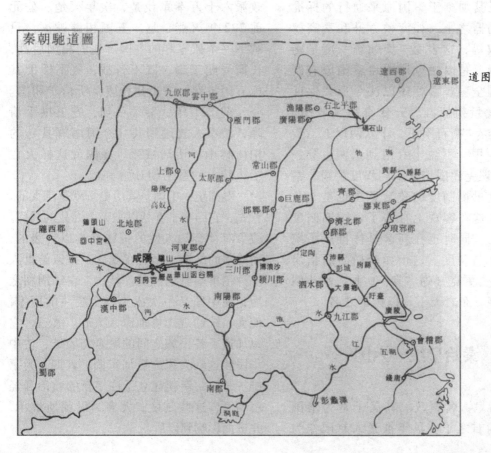

秦朝驰道图

影响深远。

战国时期各国度量衡制度也不统一。即以量器而论，赵以斗、升、分、益等为单位，齐则以升、豆、区、釜、钟等为单位。姜齐规定，"四升为豆，各自其四，以登于釜，釜十则钟"。而田氏代齐以后，则改为五升为豆，五豆为区，五区为釜，十釜为钟。至于衡制，就更是千差万别。各国为确保正常的经济和统治秩序，已经出现计量标准趋同迹象。秦在商鞅变法时就施行过"平斗桶权衡丈尺"的政策，传世的商鞅方升至今还藏于上海博物馆。继商鞅之后，秦国多次采取"一度量，平权衡，正钧石，齐斗桶"的措施。到了战国末期，秦国的度量衡标准已经趋于划一。因此，秦完成统一以后，就以秦制为基础，"一法度衡石丈尺"，发布诏令，"法度量则不壹，歉疑者，皆壹之"。这些秦代铭文，多见其加刻于秦国原来通行的标准器与日用器之上，如商鞅方升和秦高奴禾石铜权等，这表明，秦朝统一度量衡制，实际上是以法令形式将秦国原有制度推广到全国。秦朝还以法令形式保证统一的度量衡标准。云梦秦简《效律》就曾规定："衡石不正，十六两以上，赀官啬夫一甲，不盈十六两到八两，赀一盾"。凡误差超限均受不同程度惩罚。秦朝统一度量衡制度的政治意图也是十分明显的，这在客观上打击了六国旧制度与旧势力，同时也在新区具体推广了统一的法令与制度。这正如李斯事后指出的那样，"更克（通"刻"）画，平斗斛度量文字，布之天下，以树秦之名"。

秦始皇统一六国

秦始皇，名嬴政。其父子楚为秦国太子安国君之子，早年被送入赵国作为

人质。逃回秦国后不久即登上王位，是为秦庄襄王。在位仅三年，公元前247年，子楚死，嬴政从13岁即位。秦国大权操纵在丞相吕不韦手中。吕不韦是当时颇有政治才能的人物，他利用秦国传统优势，积极推进蚕食六国的统一活动，对秦国的发展曾作出贡献。但吕不韦与太后及宦官嫪毐等相勾结，专权用事，引起秦王政的不满。

公元前238年，22岁的嬴政举行了加冕典礼，开始亲临朝政。他首先镇压了嫪毐的叛乱，次年，免除吕不韦的相国之职，令其迁蜀，后迫使其自杀。秦王嬴政掌握了国内的大权以后，就开始实施他的吞并六国，统一天下的雄伟战略。公元前230年，嬴政派内史腾率兵攻打韩国，俘虏韩安王，灭亡了韩国。公元前225年灭魏。公元前224年，嬴政派六十万秦军伐楚，次年灭楚。公元前222年灭燕、赵。五国相继被灭，只剩下一个孤零零的齐国。他的相国后胜，长期受贿于秦，既不备战，更不援助其他五国抗秦。齐王建昏庸，听信于相国。公元前221年，秦军一到，齐王拱手请降，被秦人放逐到共（今河南辉县）的柏树林中，活活饿死。齐国就这样灭亡了，统一的秦王朝开始了。

秦国统一中国，其历史贡献是巨大的。首先，它结束了春秋以来天下混战的局面。战争对社会和人性的摧残是难以言表的，而战争的结束，至少在观念上可以给世人一种稍事喘息的感觉。其次，它继周朝之后，使中国又一次成为一个统一的国家，使大一统的观念更加深入人心。其三，它也加速了各民族之间的融合与团结，使中华民族这一大家庭更加牢固。其四，为了维护统一，秦朝建立了许多新的政治和经济制度，这些制度，大多为汉朝所继承，并进而影响到以后。

秦王称帝

秦统一中国后，秦帝国空前强大。秦王的称号显然已不足以显示其威力。在春秋以前，"帝"是天上最高神的名号，"王"是人间最尊贵的称谓，所以说"天无二日，士无二王"（《礼记·曾子问》）。战国时代，周王室进一步没落，七国相继称王，王的尊严就降低了。当时便把天神的尊号下放到人间，齐秦两霸的国王曾相约分别称为"东帝"和"西帝"，不过没过多久又先后放弃了。

秦代武士复原图

秦王政当时年仅38岁，年轻气盛，自以为建立了旷世伟业，于是召集大臣、百官、博士征集名号。最后决定把传说中三皇五帝尊称合而为一，号称皇帝。他是第一代皇帝，所以叫始皇帝，希望"二世、三世至于万世，传之无穷"。皇帝是封建国家的最高统治者，拥有至高无上的权力。

从秦始皇以后，历代的封建统治者都沿用了皇帝这个称号。秦始皇为了显示自己独一无二的至尊地位，自称为"朕"，"命为制，令为诏"，"印"称"玺"。又废除子议父、臣议君的"谥法"。制定了尊君抑臣的朝仪和等级森严的舆服制度。

秦始皇创造了"皇帝"这一新名词，秦朝的皇帝虽然二世而亡，但"皇帝"这一名号却为历代封建王朝袭用，从此就成了专制主义中央集权的封建国家中最高首脑专用的尊称。

封建官僚制度的确立

秦始皇二十六年（公元前221年）开始，秦王朝开始在全国推行封建官僚制度，以适应新形势，加强中央集权。

秦王朝的中央政权是原秦国的中央政权的延续和扩大，但官职的名称和权力有许多变化。具体来说，就是在中央设立负责政务的丞相、太尉、御史大夫。丞相为百官之长，其职责是协助天子处理全国的政务和事务，丞相使用的相印为玉石所制，上面的印钮为金制，所以称"金印"。官员上朝时官印要放在袋中用一丝带系于腰际，丞相用的丝带为紫色，所以称之为"金印紫绶"。秦朝的丞相为左、右两位，左丞相的地位高于右丞相。太尉是辅助皇帝以参理武事，同样也是"金印紫绶"。御史大夫是负责监察工作，同时又要辅助丞相处理政务，为"银印紫绶"。

丞相、太尉、御史大夫，在习惯上称为"三公"。三公虽然有分职，但相互牵制。如：丞相虽有百官之长，但其仅负责民事，军事由太尉管理；太尉虽管军事，但并不直接掌握军队，也没有发兵权，发兵权归皇帝；御史大夫虽然地位比丞相和太尉低，但由于他负责监察百官，同时又负责协助丞相处理政务，所以对丞相和太尉都有所牵制。三公互相牵制的结果，使军政大权都掌握在皇帝一人手中。

在三公之下，设有一些分受具体事务的官员，一般称之为"九卿"，其实不止此数，其中主要有：负责宗庙礼仪的奉常，负责皇帝禁卫的郎中令，负责皇宫守卫的卫尉，负责京城防卫的中尉，负责皇室车马的太仆，负责皇室财政的少府，负责宫室修葺的将作少府，负责宗室亲属事务的宗正，负责全国司法的廷尉，负责全国财政的治粟内史，负责民族事务的典属国等等，九卿都分别有自己的办事机构和属僚。

三公和九卿都可以参加商议国家大政和决策。商议中，群臣各言其是，最后由皇帝裁决，颁布诏令，分头执行。

此外，秦还在中央设立了由那些博学强志，通古达今，有理论学说为基础，又辅以渊博见闻的人担任的博士官，充当皇帝的参谋或顾问，也参加议政。秦王朝推行的封建官僚制度，历中国封建社会两千年之久而没有大的改变，是历史的一大进步。它不仅改变了世袭制，而且取消了"食邑"、"食封"制，并规定了各级官吏的俸禄。

郡县制的推行

秦始皇二十六年（公元前221年），秦始皇决定对国家全面施行郡县制行政管理，在全国范围内确立了郡县制度。最初，分天下为三十六郡，以后，随着边境的开发和郡制的调整，总郡数最多时曾达到四十六郡。郡设郡守，郡守之下有郡丞、郡尉、监察史等。郡下设县，万户人口以上为大县，设县令；万户以下为小县，设县长。县令或县长之下又设县丞和县尉，也与上级政权一脉相承。县以下以乡、亭、里为

单位。十里为一亭，十亭为一乡。并设各级官员加以管理。这样，从中央到地方都建立起了封建专制主义中央集权制。

其实，早在秦献公十年（公元前375年），秦国就建立了以"告奸"为目的的"户籍相伍"制度。后来商鞅规定，不论男女，出生后都要列名户籍，死后除名；还"令民为什伍"，有罪连坐，秦律载明迁徙者当谒吏转移户籍，叫做"更籍"。秦王政统治时期，户籍制度趋于完备。秦王政十六年（公元前231年）令男子申报年龄，叫做"书年"。据云梦秦简推定，秦制男年十五（另一推算是十七）载明户籍，以给公家徭役，叫做"傅籍"。书年、傅籍，是国家征发徭役的依据。始皇三十一年"使黔首自实田"，即令百姓自己申报土地。土地载于户籍，使国家征发租税有了主要依据。户籍中有年纪、土地等项内容，户籍制度也就远远超过"告奸"的需要，成为国家统治人民的一项根本制度。秦置二十级爵，以赏军功。国家按人们的爵级赐给田宅，高爵者还可以得到食邑和其他特权。爵级载在户籍，所以户籍也是

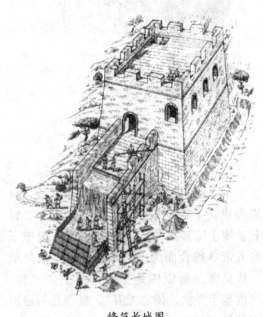

修筑长城图

中国通史

最新整理图文珍藏版

人们身份的凭证。

实际上，郡县制并非秦始皇所开创，只是到了秦始皇统一全国时，才实现了它的系统化和规范化，才成为整个国家法定的行政制度，所以才称秦始皇推行郡县制。其实，早在春秋时期，县制管理便已在一些诸侯国家中萌生了。秦国在统一全国前早已开始在国内设县，并从公元前324年秦攻楚汉中地六百里置汉中郡开始，创立并逐渐采用了郡制，到本年统一六国为止，秦国已先后设置了巴郡、陇西郡、北地郡、蜀郡、南郡、九江郡、齐郡等十几个郡。县制之后又设郡制，使从中央到地方的统治又多了一个层次，中央集权就更加巩固了。

秦始皇统一律法

秦始皇二十六年（公元前221年），秦始皇为了维护封建秩序，令大臣在秦国原有法律的基础上，加以修订、扩充，吸取其他各国的有关条文，制订了一套严密的刑法制度，发布于全国。

秦的主要法律形式有律、令、法律答问、式、廷行事等多种。秦代完整的法律条文今已佚失。但人们从考古发掘中能够部分地窥见其内容。1976年，湖北云梦县睡虎地出土秦代竹简一千余支。这些秦律主要有三部分：一是《田律》、《工律》、《徭律》、《军爵律》、《置吏律》、《陈吏律》，《效》等各种单行条例近三十种。二是案例与疑案问答，其中有六十多条是关于治"盗"的。三是有关判决程序的规定与说明。由此可见，秦律集中反映了地主阶级的意志，它对巩固和统一专制主义中央集权国家起了积极的作用。秦律所确认的法律形式，对后世封建法制的发展具有深远的影响。

维持一个大国的统一，还需要强大的军队。秦军以灭六国的余威，驻守全国，南北边塞，是屯兵的重点地区。秦制以铜虎符发兵，虎符剖半，右半由皇帝掌握，左半在领兵者之手，左右合符，才能调动军队。这是保证兵权在皇帝手中的重要制度。秦军是一支前所未有的巨大的震慑力量。近年发掘的秦皇陵侧的兵马俑坑，估计其中两坑有武士俑七千件，战车百乘，战骑百匹。武士俑同真人一样高大，所持武器都是实物而非明器。这种车、步、骑兵混合编组的大型军阵，其规模之大，军容之盛，是秦军强大的表征。

皇权的加强和神化

为了巩固自己的统治，秦始皇不但建立了一套专制主义中央集权的统治机构和制度，而且还采用了战国时期阴阳家的终始五德说，以辩护秦朝的法统。终始五德说认为，各个相袭的朝代以土、木、金、火、水等五德的顺序进行统治，周而复始。秦得水德，水德尚黑，所以秦的礼服旌旗等都用黑色；与水德相应的数是六，所以符传长度、法冠高度各为六寸，车轨宽六尺；水德主刑杀，所以政治统治力求严酷，不讲究"仁恩和义"；与水德相应，历法以亥月即十月为岁首，等等。秦始皇还确定了一套与皇帝地位相适应的复杂的祭典以及封禅大典，择时进行活动。秦始皇在咸阳附近仿照关东诸国宫殿式样营建了许多宫殿，并于渭水之南修造富丽宏伟的阿房宫。咸阳宫殿布局取法于天上的紫微宫，俨然是人间上帝的居处，天下一统的象征。秦始皇还在骊山预建陵寝，墓室中以水银为百川、江河、大海，机相灌输，上具天文，下具地理。他采取这些措施，和他采用皇帝的名号一样，是要表示他在人间的

竹简《秦律杂抄》

权力与上帝在天上的权力相当，从而向臣民灌输皇权神秘的观念。皇权神秘观念，是专制主义中央集权制度的思想基础。

皇权的加强和神化，郡县制的全面推行，体现专制皇权的官僚机构和各种制度的建立，法律的完备和统一，皇帝对军队控制的加强等等，这些就是专制主义中央集权制度的主要内容。专制主义中央集权制度。在当时的条件下是维持封建统一所不可少的条件。但是这种政治制度对百姓的束缚极大；而且它对经济文化发展的促进作用也可以转变为阻滞作用，这在封建社会后期更为显著。

秦始皇巡游

秦始皇帝二十六年（公元前221年）秦国统一天下之后，还带领百官仆从，大规模出游，巡视东方，这是秦始皇在采取一系列巩固统一的措施之一。他巡游天下的目的在于：一是向山东原六国诸侯旧地之民显示武力和威风，压服他们的反抗之心；第二是为了遍观各地山川风物人情。

秦始皇的大规模出游主要有三次。

秦始皇二十七年（公元前220年），秦始皇由咸阳（今陕西咸阳）向西，巡视陇西（治狄道，今甘肃临洮）、北地（治义渠，今甘肃镇原东），至鸡头山（六盘山支脉，在今宁夏泾源北），然后经回中道（今陕西陇县西）回到咸阳。此次巡游，主要意图在视察西北地区边防。

秦始皇二十八年（公元前219年），秦始皇由咸阳向东，巡视山东郡县，上邹峄山（在今山东邹县东南），在此立石颂功，并召集鲁地的儒生，和他们讨论，商议封禅望祭山川的事情。之后，秦始皇一行北上泰山，立厂，祭祀。下山的时候，突遇暴风雨，在一棵大树下避雨，因此封此树为五大夫。他们又在泰山南边的一座叫梁父的小山祭祀仪式，并立石碑颂秦朝之功德，其辞有"皇帝圣躬，既平天下，不懈于治。夙兴夜寐，建设长利，专隆教诲"等句。从泰山上下来后，秦始皇一行北至渤海，沿渤海向东，经过黄（今山东黄县）、睡（今山东福山），翻越成山（今山东荣成东北），登上芝罘（今山东烟台北面的芝罘岛），刻石颂功。一路走，一路遍祭各名山大川的神灵。

离开芝罘后，秦始皇南至琅琊（今山东胶南），在此居留三月，徙民三万户于琅琊台下，立石刻，歌颂秦德，辞中有"六合之内，皇帝之土，西海流沙，南尽北户，东有东海，北过大厦（即晋阳，今山西太原西南）。人迹所至，无不臣者"等句。这便是著名的琅琊刻石。

秦始皇在琅琊时，齐国方士徐市等人上书，说东海之中有三神山，名叫蓬莱、方丈、瀛洲，上面居住着仙人，请求秦始皇斋戒祭祀，并派童男童女前去寻找。秦始皇想长生不老，便派徐市征派童男童女几千人入海求仙。但徐市等人一去即不复返。

秦始皇从琅琊回来，路过彭城（今江苏徐州）。彭城东有一条河叫泗水，传说秦昭襄王时派人向周王索要象征国家政权的九鼎，移置咸阳。有一个鼎飞入了泗水。所以，秦始皇想把这个鼎从泗水中捞出来。他派了一千多人到水中去摸，没有摸到。便向南渡过淮水，到衡山（今安徽当涂北）和南郡（今湖北江陵）去。又渡过长江，进入洞庭湖，至湘山祠（在今湖南岳阳西）。突遇上大风，几乎渡不过去。秦始皇问博士："湘君是什么神？"博士回答说："听说是尧的女儿、舜的妻子，死后埋葬在这里。"秦始皇大怒，以为湘君蔑视自己，便派三千名刑徒把湘山上的树木砍了个精光。然后，自南郡由武关而归咸阳。

秦始皇二十九年（公元前218年），又一次东游。他们走到阳武县（今河南原阳境）南的博浪沙中时，韩国贵族之后张良派力士操铁锥在这里狙击秦始皇，但误中秦始皇的副车。秦始皇受到惊吓，派人追捕，未能捕得，便令天下大索十日，仍一无所获。秦始皇没有停留，继续东行，登上芝罘，刻石颂功。回头经过琅琊，从上党（今山西长治地区）取路而归。

秦始皇三十二年（公元前215年），秦始皇北巡，到达碣石（今河北昌黎北），派燕人方士卢生寻求羡门等神仙。然后由碣石向西，巡视北部边防，取道上郡（治肤施，今陕西榆林南）而归。卢生从海上回来后，向秦始皇献上《禄图书》，其中有"亡秦者胡也"之句。秦始皇大怒，派将军蒙恬率军三十万北伐匈奴。

秦始皇三十七年（公元前210年）是秦始皇最后一次出游。左丞相李斯和少子胡亥跟从。冬十一月，他们到达云梦（今湖南、湖北交界的洞庭湖、洪湖地区）。又

秦代士兵使用的铜戈

南至九疑山（今湖南宁远南）望祀虞舜。然后顺江东下，经丹阳（今安徽马鞍山东南）至钱唐（今浙江杭州西南），到浙江（即今钱塘江）边上，欲渡河，会河水猛涨（即有名的钱江潮），被迫沿河上溯一百二十里渡河，上会稽山（今浙江绍兴西南），祭祀大禹，望于南海，立石颂德，即《会稽刻石》，一路上，秦始皇处处立石树碑，让人们敬颂他的功绩，宣扬秦国的威强。

这行巡游队伍，盛况空前，努力制造巩固专制主义中央集权国家的舆论。实际上这支庞大的巡游队伍本身，就是最形象最有力的宣传队。它把皇帝的威严，官府的声势，帝国的雄伟气魄，朝廷的政令制度，最生动鲜明地带到沿途各地，给各处地方官吏以至广大民众留下最深刻的印象。在幅员辽阔，交通不便，文盲众多的古代中国，这是贯彻中央集权的有力措施，其作用远远超过若干道诏书和刻石。为了处理政务，秦始皇巡游时还把他主要的文武官员也都带上，这样沿途照常可以批阅公文。

出兵南越

秦虽统一六国，但处于中国的西南部、东南部广大地区还没有统一起来。秦代所指的南越地区即今福建、浙江东南部、广东和广西的一部分地区。这个地区气候温和，雨水充沛，森林茂密，十分富饶，但为山川所阻隔，仍过着相当原始的生活，社会的发展远远落后于中原地区。越人主要分布于今华南和华东的广大地区，分为西瓯、东瓯、南越、闽越等几个部分。西瓯约在今广东西南部、广西南部；南越遍布于今广东南部、北部与西部地区；东瓯、闽越散居于浙江、福建一带。西瓯人主要从事农业生产，南越和闽越主要从事渔猎和农业。越人"断发文身"，文化知识落后，各部互不统属，甚至经常自相残杀，带兵打仗方面作战虽勇敢，但缺乏大部队的整体协同观念，更没有相应的战略头脑，无论政治、军事、经济等等方面均明显地劣于秦军。南越居住的地区，高山大川纵横交织，沼泽密布，陆路交通极为不便，一些城邑之间虽有山路相通，但也多蜿蜒于崇山峻岭之间，对大部队的进军造成极为不利的障碍。相比之下，水路交通尚比较便利。东面有鄱阳湖五水，西面有洞庭湖四水，有的可以通达南越、闽越、西瓯部族居住的一些地区，为水路进军的重要通道。秦国此时正值统一大业兴时，国富兵强，军威鼎盛，秦始皇想乘胜南征，统一中国东南和西南的广大地区，最终完成全国统一大业。

秦军统一南越之战，因在广大地域对付分散之众多部族作战，所以无法集中力量于一地作战略决战，因而采取多路分兵进击的作战行动，如遇重大抵抗，可以将多路分兵合兵共击。据《淮南子·人间训》记述，秦军征南越计划分五路大军作战：一军塞镡越之岭，一军守九嶷之塞，一军处番禺之都，一军守南野之界，一军驻余干之水，这样各路大军即可适时向前推进，分别进入闽地、粤地、广州、桂林等地，既分路行动，也相约合击，确保作战胜利。

秦对东越的用兵、对闽越的用兵，都是相当顺利的，可以说是所向披靡，这说明秦所采用的用兵政策是正确的，即分兵与合兵相辅相成的战略部署。秦在统一这两个地区后，设置了闽中郡，以东越、闽越的首领为行政长官。

从秦始皇二十六年（公元前221年）起，秦始皇派尉屠睢率五十万大军按照分路与合兵相辅相成的作战计划，进入与南越、闽越等接界之地区，"三年不卸甲弛弩"。秦始皇三十三年（公元前214年），五路大军开始按预定计划行动。

秦军统帅尉屠睢亲自率领第三路军，从长沙、宜章南下，势头正劲，所向无敌，发展顺利，击溃越族许多部落，瓯君采宁战死。

秦之另一路军于出兵当年顺利进至闽中区，击破了闽越人的抵抗，将所占地区建立为中郡。

秦第五路与第四路军，分别由镡城、零陵进合击，占领了桂林周围广大地区，进而占据红河流域地区，建立了桂林郡和象郡。把这些地区纳入秦帝国的统治之下。

为确保经营岭南的大军和戍卒的后勤供应粮道，秦始皇命令监禄负责转运粮饷。监禄继承秦国兴修水利事业的优良传统经验，经过精心查勘规划，巧妙地在长江水系和珠江水系的关键地段，即湘江和漓江源头分水岭上，修建了著名的兴安灵渠。就是在向北流的湘江上修筑"人字坝"，分出约1/3的水量向西流入十公里长的人工渠道，再利用灵河二十公里的河道，汇入向南流的漓江。头十公里渠道是在分水岭上开凿，不仅工程艰巨，而且比降大（10公里落差27米），不能行船。为了解决这个难题。便创建了三十六座"斗门"，也就是船闸，分段控制水位，使船只沿梯级上下，顺利通过了两大水系的分水岭，把华中和华南联结起来。至今，灵渠——这一巧妙的工程仍令今天的建筑师为之惊叹不已。

蒙恬征匈奴

　　少数民族生活于中国北方与秦王朝接壤处，至秦统一六国前后，已逐渐融合为东胡、匈奴、月氏三大民族，并以匈奴最为强大。匈奴部族主要居住于蒙古高原地区。匈奴单于头曼为一世之雄主，他雄心勃勃，常以武力征服周围弱小部族，多年来，与赵、燕、秦交兵于三国北部长城内外，成为三国之大患。它已占有了现今之辽宁西北部、山西北部、内蒙、宁夏等一带地区。匈奴已将东胡部族全部逐赶于燕山以东，将月氏部族逐赶至祁连山以西地区，并进占河套水草丰茂地区，人强马壮，经济繁荣，且男女老少长于乘骑，勇猛凶悍，具有相当强的野战机动作战能力，成为北方各国最难对付的敌手。

秦长城排水陶瓦

　　秦、赵、燕三国北部地区长期受到匈奴等部族的袭掠，秦在统一六国之前，边境地区烽火连绵不断，人民生命财产经常处于朝不保夕的状态之中。当时除原赵将

李牧防守代郡期间堪与匹敌之外，各国既无征战匈奴的精兵勇将，也无对匈奴作战长期有效的战略，多以筑长城单纯防御为主，战略上始终处于消极被动的局面。秦始皇在统一六国之后，为消除来自匈奴的侵袭，寻求对匈奴作战的策略，于秦王政三十二年（公元前215年）亲自沿边境地带巡视，进而确定了对匈奴作战的战略：（一）从内地移民充实边境地区，开发边境地区的经济，以增加战争的人力和物力资源；（二）修筑从内地通往边境的道路，为调兵运粮提供可靠的保障；（三）连接秦、赵、燕之长城，使之成为绵亘不断的防护屏障；（四）加紧战争准备，收复失地，彻底战胜匈奴，永保边疆巩固。

　　匈奴族对秦朝的威胁依然存在，秦始皇为了保障大一统的版图免受侵扰，秦始皇二十六年（公元前221年），秦始皇完成统一六国的大业后，加强了对匈奴的防范。秦始皇二十七年（公元前220年），为了向匈奴表示皇帝的威力，对匈奴起威慑作用，车驾出巡边郡，并登鸡头山（今宁夏回族自治区泾源县西）。秦始皇二十九年（公元前218年），秦始皇调集三十万大军，派蒙恬为将，向匈奴居住地河南地（今内蒙西河套及鄂尔多斯市地区）大举进攻。由于有备而战，军事进展十分顺利。秦始皇三十二年（公元前215年），将匈奴赶出河南地。秦始皇三十三年（公元前214年），蒙恬又率军渡过黄河，占领了高阙（今内蒙古乌拉特中后旗西南）、阴山（今内蒙古狼山）、北假（今内蒙古河套以北、阴山以南地区）等地。为了加强防御，在榆中（今内蒙古鄂尔多斯市地区）以东，黄河以北直到阴山的广大地区内，设置三十四个县，并重新设立九原郡，将有罪官吏及内地人民迁徙到这一地区。三十六年（公元前211年），始皇又令内地三万户移居北河（今内蒙古河套地区）、榆中，垦田生产，开拓边疆。

在设置郡县的同时，蒙恬又沿袭战国时期筑长城拒匈奴的方法，秦始皇三十四年（公元前213年），蒙恬从内地征发在刑犯人，与边军戍卒一起，把秦、赵、燕三国长城连接起来，修成西起临洮（今甘肃岷县）东到辽东的万里长城。始皇又命蒙恬修筑从九原（今内蒙古包头西北）到云阳（今陕西省淳化西北）的直道，工程十分浩大，这项工程对加强关中与河套的联系起到重要作用。

秦始皇的暴政

在短短的十年中，秦始皇残酷地剥削压迫人民，这使得秦的统治具有急政暴虐的特征。

秦始皇好神仙方术，追求长生不老，为此也耗费了大量人、财、物力。秦始皇想在自己活着的时候，做完一切要做的事，好让子孙世守，二世三世以至于千万世，传之无穷。所谓"常职既定，后嗣循业"，就是他的唯一愿望。他知道死到底是不可避免的，因而在骊山大造坟墓；他又希望或者可以不死，因而召集方士求神仙，浪费大量财物，寻求长生不死的奇药。派徐市率千名童男童女下海求仙即为一例。方士妖妄，劝他隐藏，不让臣下知道住处。多造宫室，建筑长城（方士奏图书说"亡秦者胡也"，秦始皇发大军击匈奴，并筑长城），大都是受方士欺骗。

秦始皇即位后，大造宫室和坟墓，规模宏大，空前未有。秦始皇灭六国后即图绘各国宫室，在咸阳北照样建筑，共有宫室一百四十五处，藏美女一万人以上。他还以为小，在长安西南造阿房宫前殿，东西五百步，南北五十丈，庭中可以坐一万人，殿中可以建立五丈高的大旗。宫前立

十二个铜人，重各二十四万斤，这是初并天下时，收集民间兵器，销毁改铸的。又用磁石作大门，防有人藏铁兵器入宫。征发所谓罪人七十余万人，分工营造，北山的石料，楚蜀的木材，都运输到关中。计关中共有宫室三百所，关外四百余所。这样巨大的工程还没有完毕，秦始皇死了，秦二世继续兴修。后来项羽入关，烧秦宫室，火三月不息，阿房宫全部被烧掉。一座艺术珍品就这样被毁掉了。

秦始皇在大修宫殿的同时，又为自己大造坟墓。他刚即位就在骊山造自己的坟墓。并六国后，征发所谓罪人70余万人到骊山服役。

据史料记载，骊山陵高五十余丈，周四五里多，墓基很深，并用铜液进行灌注。墓中筑有各式各样的宫殿以及百官位次。殿内陈列着各色珍奇珠宝，配以水银做成的百川、江河、大海，以机械使其转动，形象逼真，用明珠做成日月星辰，用人鱼膏做成蜡烛长期照明。为了防止后人挖掘坟墓，命令工匠装置了许多机弩，如有盗墓之人穿坟入内，弓弩就会自动发射，将入墓者杀死。据考古工作者实地挖掘表明，骊山陵的地宫呈长方形，长约四百六十米，宽约四百米。地宫东、北、西三面都有通往地窖深处的甬道。另外，经过钻探还发现，陵园有内外城垣。城垣呈长方形，有十个城门，外城四个，内城六个。内外城四角都有角楼。近年来，在骊山陵东侧发掘陪葬的兵马俑坑三个。俑坑总面积为一万二千六百平方米，陶俑与真人真马大小相仿，估计全部武士俑的数目当在六千左右，排列成一个完整的军阵场面。

当时流行着这样一首歌谣："望石甘泉口，渭水为不流。千人歌，万人吼，运石堆积如山阜。"可见为了修建这座坟墓，秦始皇在征战六国过程中，就征发人力物力，前后共征发全国刑徒及奴隶七十八万人。

征集北山的石椁、巴蜀等地的优质木料，千里迢迢运往骊山。可见修筑陵墓工程之浩大。始皇死后，秦二世胡亥在埋葬始皇时，竟下令把后宫无子女的宫女全部殉葬。为了不泄露陵墓的秘密，把参加修陵的工匠全部活埋。帝王就是如此，死后也不忘残暴统治人民。这样必然会引起起义。

秦时全中国人口约 2000 万左右，被征发造宫室坟墓共 150 万人，守五岭 50 万人，蒙恬所率防卫匈奴兵 30 万人，筑长城假定 50 万人，再加其他杂役，总数不下 300 万人，占总人口 15%。使用民力如此巨大急促，实非民力所能胜任。虽然形式上不发闾左，但刑法苛暴，很多农民被称为罪人去服各种劳役，农民苦不堪言。

除了繁重的赋税徭役之外，广大人民还受到严刑峻法的摧残。秦的法律十分残酷，刑法的名称很多。人民摇手触禁，动辄陷刑，轻则判徒刑，重则处死。还有所谓族诛、连坐等法，一人犯法，罪及三族；一家犯法，邻里连坐。秦朝的官吏大都是穷凶极恶的刽子手，如一个小小的范阳令"杀人之父，孤人之子，断人之足，黥人之首，不可胜数"。当时犯罪的人很多，有人统计不下 200 万，牢狱皆满。押解的囚徒，甚至堵塞了道路。

秦始皇的残暴统治，加剧了阶级矛盾，"于是百姓离心瓦解，欲为乱者，十家而七"。有的已经逃亡山林、草泽，准备起义。

赵高与"沙丘政变"

赵高是秦始皇的宦官，秦始皇死后，赵高利用掌握皇帝印玺的特殊条件，说服李斯，施用诈术，拥立胡亥，搞了个宫廷政变，史称"沙丘之变"。

《史记》没有赵高的传。赵高的历史散在《秦始皇本纪》、《李斯列传》和《蒙恬列传》里。据说，赵高出身"诸赵疏远属"，沾点赵贵族的边儿。他的父母都是秦国的罪人，一说是秦统一战争中灭赵时的俘虏。赵父受秦宫刑，母亲是官奴婢。赵母在秦宫中生下赵高兄弟几人，都是生而为奴，"世世卑贱"。后来秦始皇听说赵高身强力壮，懂点"狱法"，提拔他做中车府令，是专管宫廷乘舆车与印信、墨书的宦官头儿。秦始皇并且命赵高教自己的小儿子胡亥学习法律，"使教胡亥决狱"。

公元前 210 年秦始皇第五次出巡，李斯、胡亥和"百官"随行。出巡中少不了中车府令的事务。而且，后来赵高还"行符玺事"，即职掌传达皇帝命令和调兵的凭证"符"和"玺"。事情不多，十分机要。赵高当然随从出巡。

秦始皇这次出巡，第一站到了云梦（今湖北江陵至蕲春间湖泽的泛称），去过湖南南部的九嶷山（今蓝山县境）。然后顺长江而下，到过今江苏、浙江一些地方；转过头来，从今镇江附近上船至长江口，沿海北上，到琅琊（今山东诸城东南），又到胶东半岛东端的荣成山（今成山角）、芝罘山等地，一路劳顿。接着，又沿海而行，到平原津（今山东平原附近）就病倒了。赵高奉命写遗书，给受命监军河套的秦始皇长子扶苏："与丧会咸阳而葬。"

赵高曾犯法，蒙毅依法律判赵高死罪，后被始皇赦免，赵高因此与蒙氏家族有了仇怨。信已经加封，还没送出，秦始皇死在沙丘行宫（今河北广宗附近）。丞相李斯顾虑政局动荡，秘不发丧，照常行事。知道真情的只有五、六个人。

胡亥是个二十岁的花花公子。当时，赵高随即和胡亥作了如下的对话：

"皇上死了，生前没有封诸子为王，只给长子有遗书。扶苏到了咸阳，立为皇帝，你可是一点地位没有啦，对这些事你有什么打算？"

"是啊！父亲死了，不封诸子为王，（还）能说什么呢！"

"唔！不能这么说。现今天下大权连谁生谁死都操在你、我和丞相的手中，你可以想办法！做人君和做人臣，制人和受制于人，大不一样哩！"

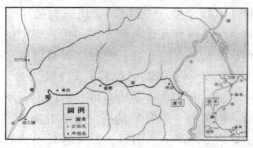

秦灵渠示意图

"废掉兄长和违背父亲的遗嘱都是不道德的。我又没什么才能，勉强靠别人的力量做了皇帝，天下不服，那多危险呢！"胡亥也要试探一下赵高。

"办大事不能顾小节，顾小事而忘大，将来一定是祸害。你要立即采取行动！"

赵高又说："不跟丞相商量，恐怕大事难成，我去替你找李斯。"胡亥同意了赵高的意见，赵高以胡亥可以保住李斯的相位为辞，说服了李斯，"丞相（李）斯以为然"。

秦始皇给扶苏的遗书和符玺在赵高手里。于是，赵高、胡亥、李斯经过一番共同密谋，决定一面由李斯出面，装作受秦始皇命，宣布立胡亥为太子；一面伪造了秦始皇给扶苏的信，严辞谴责，"赐剑自裁"，令他自杀。胡亥等一行赶往咸阳。路上，天气正热，秦始皇的尸体已经发臭，他们就命用一辆车，载了一石鲍鱼，"以乱其臭"。到了咸阳为秦始皇发丧，由胡亥继位，是为"二世皇帝"。赵高先任郎中令，总管宫殿大小门户，可以把秦二世控制在

手。后又升任丞相，由于他是宦者，可以出入宫禁，特称"中丞相"。

秦二世的昏庸统治

秦二世是个昏庸而残暴的皇帝。本年九月，他在葬其父秦始皇于骊山陵时，下令凡后宫无子者全部殉葬，为保守墓中机密，将制作机弩的工匠皆闭死墓中。为巩固皇位，他派人杀死蒙毅，又逼迫蒙恬服药自杀。接着，为防止诸公子与他争权，先后逼死和杀死公子十余人，公主十人，牵连者不可胜数。秦二世的暴行，使群臣人人自危，宗室为之震恐。不仅如此，秦二世还大兴徭役，加重赋役。开始，他调集大量劳力加紧修建骊山墓。当骊山墓竣工后，又下令继续修建阿房宫。为了加强关中的统治力量，又征调五万人屯卫咸阳。而且还豢养大批狗马禽兽，以供游猎享乐之用。上台不久，他就终日沉溺于享乐，深居简出，一切朝政由赵高一人决断。

赵高上台后，立即改变了秦始皇的法家路线，推行一条"兴灭国，继绝世，举逸民"的复辟、倒退的儒家路线。他更改法律，大赦天下，实行"收举余民，贱者贵之，贫者富之，远者近之"的反动政策，极力扶植被打倒的奴隶主贵族，听任他们在咸阳街头弹冠相庆，作威作福。疯狂打击新兴地主阶级，进行阶级报复，对执行过秦始皇法家路线的大臣，大肆清洗，血腥镇压。蒙恬的弟弟蒙毅也惨遭杀害，右丞相冯去疾、将军冯劫被逼自杀，相连坐者不计其数。就连秦始皇的公子、公主也难于幸免，搞得宗室震恐，"群臣人人自危，欲叛者众"。赵高的复辟，加重了对农民的剥削和压迫，给劳动人民带来更加深重的灾难。兵役徭役没有止境，赋税越来越多。许多农民被迫离乡背井，有的又重

新沦为奴隶。激起了人民的反抗。

秦二世三年，即公元前207年，赵高做丞相后，一次当众贡献给二世一只鹿，并说这是马。二世笑了，说，丞相错啦，把鹿说成马了。但，一问左右大臣，大臣们有的默不吱声，有的人讨好赵高，也说是马，也有人不敢撒谎，说是鹿。结果那些说了实话的人，后来便被赵高暗中依"法"制裁了。

这就是赵高企图篡秦的一次预演。他特意设下圈套，要试验一下哪些人对他俯首贴耳，哪些人还不大听话。

沉重的徭役，残酷的刑法，无限的剥削，是秦二世同秦始皇所共有的。这加剧了统治阶级同农民阶级的矛盾，最终爆发了陈胜、吴广领导的农民起义，导致了秦朝的灭亡。

项梁起兵

项梁是秦代下相（今江苏宿迁）人。他的父亲就是原楚国著名的大将、被王翦所打败的项燕。项家在楚国世代为将，有着很久的尚武传统。因战功显赫，被封于项（今河南沈丘），成为楚国的贵族。

秦始皇二十六年（公元前223年），楚国被秦军攻灭。项燕战死。项家随即成为秦朝政府的打击对象。项梁万不得已，带着自己的侄子项羽逃到栎阳（今陕西临潼北）。这里距秦都咸阳很近，反而比较安全。可项梁在栎阳出了事，被栎阳县官抓起来，关进了栎阳狱，后被救出。但没过多久，项梁又杀了人，因而不得不带着项羽离开关中，逃到了几千里外的吴中（今江苏南部）。当时，六国诸侯虽然被秦吞灭，但六国贵族的后代时刻都在寻找时机，准备恢复自己昔日的割据局面，项梁也不例外。到达吴中后，项梁表面上和吴中的

士大夫阶层处得非常好，暗中却交结豪杰，利用给别人主办徭役和丧事的机会，用兵法"部勒宾客及子弟"，还要项羽学习兵法。而"吴中贤士大夫皆出项梁下"，由此，项梁集结了一定的力量，为起兵反秦打下了基础。

云纹高足玉杯

秦二世元年（公元前209年）七月，陈胜在大泽乡起义，天下纷起响应。秦桧稽郡守殷通见天下义军蜂起，秦亡势成必然，也想乘机捞点利益。他素知项梁之能，便把项梁找来商议，欲以项梁和另一个豪杰桓楚为将。但项梁有自己的打算。他向殷通谎称，只有他一个人知道当时逃亡在外的桓楚的下落，然后以商议军情为名，让项羽持剑闯入，杀了殷通，夺取了印绶。"乃召故所知豪吏"，告诉他们，自己要起兵反秦。"遂举吴中兵。使人收下县，得精兵8000人"。公开打起了起义的大旗。很快占领了吴中地区。

是年腊月，陈胜被章邯军击败。广陵（今江苏扬州）人召平奉陈胜之命徇广陵，未能下。听说陈胜败走，不知下落，秦军

很快就要打来，局势严重。他当机立断，渡江到吴中，"矫陈王命"，拜项梁与楚王上柱国，并令他"急引兵西击秦"。项梁乃受命，以八个人渡江而西。一路上，他陆续收编了陈婴、黥布和蒲将军等人领导的几支义军。等到下邳（今江苏睢宁北）时，兵力已达六七万人。

项梁军下邳时，广陵人秦嘉已经立景驹为楚王，驻扎在彭城（今江苏徐州）东。他听说项梁接受陈胜的指挥，便欲进兵攻击项梁。项梁大怒，谓军吏曰："陈王先举事，战不利，未闻所在。今秦嘉背叛陈王而立景驹，逆无道。"随即挥军进击，击败秦嘉，追击至胡陵，杀死了他。

项梁消灭秦嘉后，准备挥兵向西。这时，章邯率领的秦军攻了过来。项梁派别将朱离石和余樊君二人率兵迎战。但二人被秦军打败，余樊君战死，朱离石逃了回来。项梁大怒，杀掉了朱离石，引兵入薛（山东滕州）。这时，陈胜牺牲的消息传来。项梁感到有必要重新树立一面反秦的大旗，便召集各路将领至薛商议大事。刘邦此时已在沛起兵，也参加了这次会议。会上，居鄛人范增劝项梁立原楚国王室之后，认为"秦灭六国，楚最无罪。自怀王入秦不反，楚人怜之至今，故楚南公曰：'楚虽三户，亡秦必楚'"。立楚王之后，具有更大的号召力。项梁听从了范增的意见，乃求楚怀王的孙子、在民间为人牧羊的心立为楚王，仍号楚怀王，以从民望，而项梁自号为武信君。

在薛休整数月之后，项梁引兵西攻，在东阿（今山东东阿）大败秦军。他又派刘邦和项羽二人率军进攻定陶（今山东曹县），向西攻至雍丘（今河南杞县），在这里大败秦军，杀死了秦丞相李斯的儿子、三川郡守李由。

接连获得几次胜利之后，项梁对秦军轻视起来，认为秦军不足惧。部下宋义劝

项梁提高警惕，认为秦军在几次失败之后，必然要增加兵力，寻机反扑。但项梁听不进去，并派宋义出使齐国。

秦军在几次失利之后，见项梁指挥的义军如此强大，便把进攻的重点对准了项梁。秦朝政府调集了所有的精锐部队，由章邯指挥，开始向义军反扑。这时，项梁还沉浸在胜利的欢乐中，对敌军的动向注意不够。章邯在作了充分准备之后，在一天晚上，趁着夜色急行军，令人马皆"衔枚"，向项梁的义军发起突然袭击。毫无准备的义军被打得大败，项梁也在混战中牺牲。

项梁虽然死了，但他领导的义军主力并未被消灭。项羽和刘邦当时正率军在外，逃过了这场大难。以后，他们成为反秦、灭秦的主力。项梁的功绩是不可磨灭的。

钜鹿之战

秦二世二年（公元前208年）九月，秦将章邯率军突袭定陶，项梁战死。破项梁之后，章邯认为楚地兵不足忧，乃率秦军主力北渡黄河攻赵，大破赵军。当时，赵歇为赵王，陈余为将，张耳为相，张耳保护着赵王走保钜鹿（今河北平乡西南）。章邯命大将王离和涉间率秦军包围钜鹿，而自率秦军主力军于钜鹿城之南，在两军之间筑起一条甬道以保证王离军的粮草供应。陈余收恒山（治今河北石家庄东北）之兵得数万人，驻扎在钜鹿城之北，和城中遥相呼应。因兵力弱小，陈余不敢向秦军进攻，遂一面坚壁固守，一面派人向楚国和齐、燕等国求援。

项梁战死后，楚怀王和项羽、刘邦等人率余部退保彭城（今江苏徐州），又将项羽和吕臣等人所率之军统归自己直辖。接到赵国告急，便将全部兵力拨出，遣以

中国通史

最新整理图文珍藏版

阿房宫遗迹

救赵。因为在定陶（今山东定陶）之战前，宋义曾准确地预料项梁必败，楚怀王便召见宋义，和宋义交谈，认为宋义知道兵机，便以宋义为上将军，项羽为鲁公，为次将，范增为末将，率军救赵。诸别将为桓楚、英布、蒲将军等人，皆由宋义统辖，并号宋义为卿子冠军，以示尊宠。一面分遣刘邦向西略地，以袭扰秦军后方。

宋义率军出发，行至安阳（今山东曹县东），便停军不进，屯驻安阳达四十六日之久。项羽会见宋义说："秦军攻赵很急，应赶快引兵渡河，楚军击其外，赵军应其内，定能击败秦军。"宋义却认为秦军方强，不敢进击，并回答说："若牛虻在牛背之上，自然可以一下把它打死。若牛虻深藏在牛毛之内，就要运用智谋才能达到目的。如今秦军攻赵，若战胜赵国，士卒必然疲惫，我军可乘其弊。如果秦军战败，则我军可鼓行而西，一举攻破秦国。说到披坚执锐，冲锋陷阵，我宋义不如你；说到运用智谋，你不如我。"遂不采纳项羽的建议。宋义又觉得项羽意气凌人，骄横难制，便下令军中说："有猛如虎，贪如狼，强而不可使者，皆斩之！"宋义又派他的儿子宋襄到齐国为齐相，自己把儿子送到无盐（今山东东平），一面置酒高会。这时已是十月，天气转冷，又不断下起大雨，楚军士卒冻饥。项羽心中愤恨，便向军中

宣称说："我们出来齐心协力攻秦，却久留于此，不往前进。如今粮食歉收，人民贫困，士卒只能吃个半饱，军中无现成的粮食，却每天置酒高会，不引兵渡河因赵地之粮，和赵军并力攻秦，还说什么承敌之弊。以强大的秦军进攻刚刚重建的赵国，其势必定击败赵国。击败赵国，秦军会更加强大，我们去承什么弊？而且，我军刚打了败仗，怀王坐不安席，扫尽境内所有军队而交给宋将军，国家安危，在此一举。如今，宋将军却不恤士卒而徇其私情，图其私利，非社稷之臣。"十一月初，宋义回到安阳。第二天清晨，项羽借朝见宋义之机，就帐中杀死宋义，并号令军中："宋义和齐国图谋反楚。楚王暗中命我杀掉他！"当时是，楚军诸将皆慑服，无人敢出异言，都说："带头复立楚国的是将军一家。如今将军是诛杀乱贼。"他们因而相与立项羽为假上将军。项羽又派人到齐国追上宋义的儿子宋襄，将他杀死。又派桓楚向楚怀王报告此事。楚怀王无奈，因使项羽为上将军，当阳君、蒲将军等皆属项羽。项羽乃巡视部曲，抚慰士卒，准备渡河救赵。

这时，王离所率秦军急攻钜鹿。城中兵少食尽，张耳几次派人催促陈余，让他率军击秦。陈余自度力弱不敌，一直不敢进攻。经过了三个月。张耳大怒，派张黡和陈泽二人去责备陈余，陈余仍然坚持说不行。张黡和陈泽表示要战死秦军。陈余迫不得已，交给二人五千人马，让他们先攻击秦军，二人至则尽为秦军所歼灭。

秦二世三年（公元前208年）十二月，项羽杀掉卿子冠军宋义之后，威震楚国，名闻诸侯。楚军军心也大振。于是，项羽决心渡河攻击秦军，乃派当阳君英布和蒲将军先率楚军二万人渡过黄河，向秦军进击。英布和蒲将军二军渡河后，先破坏了秦军补给线的甬道，使王离军乏食。恰在

此时，陈余派来求救的使者又到达军中，项羽便率全军渡河，并令在渡过漳河之后，凿沉渡船，击破釜甑，烧掉庐舍，持三日粮，以示士卒必死，无一还心。渡过漳河后，项羽大军向北挺进，与秦军相遇，大战九次，彻底断绝秦军甬道，大败秦军，杀死秦将苏角，俘虏了王离。涉间不愿降楚，投火自杀。当时，诸侯之军救赵者十几批，皆畏秦军之强，不敢向秦军进击。等楚军向秦军进击时，诸侯军将士都站在壁垒上观望，见楚军战士无不以一当十，喊杀之声震天动地。诸侯军之将士无不人人惶恐，战栗不已。于是楚军勇冠诸侯。击败秦军之后，项羽召见诸侯军将领。诸侯军将领入辕门之后，无不膝行而前，莫敢仰视。项羽因此遂为诸侯上将军，各国诸侯都统属项羽指挥。钜鹿之围解除后，赵王歇和张耳出城谢诸侯，犒劳将士。

秦章邯军在钜鹿城南战败后，败退至棘原（今河北大名北）。此时秦军兵力尚有20多万，但士气低落，不堪再战。项羽和诸侯国之军驻扎在漳水北岸，休整士卒。秦二世以章邯军数次战败，遣人责让章邯。章邯恐惧，派其长史司马欣到咸阳请罪。司马欣到咸阳后，在司马门守候三日，不得见赵高，又听说赵高有不信任之心，心下惊慌，便从他道逃回章邯军中。赵高果然派人追，没有追上。司马欣回到军中之后，对章邯说："赵高用事于中，下无可为者。战而能胜，赵高必妒忌我们的功劳；战而不能胜，我等必不免于被杀。愿您仔细考虑。"陈余也派人给章邯送信，历举秦将白起、蒙恬之死，及投降之利害。章邯此时外受强敌压迫，内受赵高之迫害，狐疑而不能决，便暗中派人去见项羽，想投降，项羽不答应。至秦二世三年（公元前207年）六月，两军相持已经六个月。项羽知章邯内心已经动摇，但秦军尚众，想乘机彻底击败秦军，便遣蒲将军先率军向

南日夜急驰，渡过三户津（今河北临漳故城之西的漳水北岸），屯于漳水南岸，以切断秦军南退之路。恰好秦军一部退至此地，当即被蒲将军击败。章邯见局势不利，便率全军向南撤退，项羽遂引全军渡河，向南追击，追击洹水之上，又大败秦军。章邯在连败之下，又派人见项羽，重申愿意投降。项羽因为楚军粮食所剩不多，便同意接受章邯投降，并和章邯在洹水南岸的殷墟（即今河南安阳西北小屯村一带）相会，签订降约。章邯投降后，项羽立章邯为雍王，置之楚军之中。然后率全军向西进入关中。

秦军主力就这样被消灭了。

项羽坑降

汉王元年（公元前206年），项羽在取得钜鹿之战的巨大胜利后，率领包括秦降卒在内的六十余万大军，浩浩荡荡地向关中进发，渡过黄河之后，到了新安（今河南渑池县东）。

徐福登陆地

秦统一全国后，曾在全国各地征调百姓去关中（今陕西西安一带）服徭役，修筑宫殿和秦始皇的陵墓，还征发百姓修长

城和驰道，轮流屯戍边境。这些人在经过关中一带时，一些秦国的百姓以胜利者自居，曾对他们傲慢无礼，甚至进行侮辱。当时这些服徭役的人，处在被欺压的地位，表面上对这些秦人的侮辱无可奈何，但内心里很不服气。现在章邯被迫率领二十万秦军投降了，他们大部分是关中一带的秦人，一直被迫参与镇压农民起义。本来这些秦的百姓，也是在被迫的情况下，或者是在被欺骗的情况下，才做过一些欺压服徭役人的事，参加了镇压农民起义。他们远离家乡，去做一些自己不愿干的事，他们自己本身也是受害者。可是一些起义军将士并不理解这种情况，他们对这些投降者仍怀有敌对的情绪，所以经常借机向他们出气，指使他们干这干那，甚至当众侮辱谩骂他们，对他们进行各种各样的报复。

这些秦朝投降的将士，因为是失败者，虽然在表面上不敢公开反抗胜利者加给自己的各种欺侮，但内心都十分不满。他们常常在背后偷偷地议论说："章邯欺骗了我们。投降后他被封为王，我们却让人欺负。以后如果起义军能入关推翻秦的统治，我们的日子可能还好过；如果推不翻秦的统治，我们就要被迫随着起义军东撤，秦朝为了报复，会将我们留在关中的父母妻子全杀了。"这些投降的秦军将士，纷纷私下议论自己的前途，发泄自己的不满，散布对起义的动摇情绪。

项羽的部下听到了秦降卒中的这种不满的议论，将它报告给项羽。项羽把英布和蒲将军叫来商量，以防不测。他们觉得这二十万秦降卒，如果发生意外，很难对付。这些人心里还不服气，思想情绪很动荡，如果进入关中地区后，万一又反叛回去，会给推翻秦的统治带来困难。他们最后秘密决定，只留下章邯和他的助手司马欣和董翳，以利用他们在秦统治中的影响，其他投降的秦将士，一个不留，找机会把他们全部干掉。

一个漆黑的夜里，秦投降士卒的兵营里静悄悄的，大家全睡了；而在项羽的兵营里，将士们都全副武装，英布和蒲将军在秘密地给他们布置任务。到了半夜，当人们都熟睡的时候，英布和蒲将军带领这批起义军将士，突然袭击秦降卒的兵营，趁他们毫无准备，将他们杀的杀，缚的缚，全部在新安的城南活埋了。这就是历史上有名的"新安坑降卒二十万"的事件。

秦的二十万降卒有不满和动荡的迹象，这是投降者常见的情形。项羽本来可以采取更好的办法处理这个问题，而不应该用活埋这种残酷的手段。这批降卒，大部分也是秦统治的受害者，只要教育起义将士正确对待他们，再给他们进行一些反秦斗争意义的宣传，组织上还可以采取一些分散治理的办法，本来可以将这批降卒的大部分，教育为反秦斗争的将士。如果措施得当，是不会发生大规模倒戈问题的，因为当时秦的统治已经摇摇欲坠，这是大部分人都看清楚的，秦的降卒中大部分人也会很快认清这个形势，走在反秦斗争的第一线。可是项羽没有这样做，他似乎还没有完全认识到反秦起义的威力，结果采取了这种处理问题的下策。这是钜鹿之战以后，他所犯下的第一个大错误。

杀降者，而且是杀二十万降者，这是一件很不得人心的事。在任何的战争中，杀降者只会孤立自己，促使未降之敌采取更加顽强的反抗态度。活埋了这二十万秦降卒，就等于把他们的父母妻儿以及亲戚朋友，都推向了反秦斗争的对立面，增加了关中百姓对起义军的对抗情绪。项羽的军队入关之后，之所以遭到了关中百姓的抵制，有人讽刺他是"沐猴而冠"，这与这次活埋降卒有很大的关系。

活埋秦降卒这件事，看来是英布和蒲将军出的主意。从钜鹿之战前后项羽在处理一系列军事和政治问题中，所表现出来的才能看，他为什么会采纳英布和蒲将军的这个错误意见，实在令人费解。当然，他的那些高明的决策，从后来的情况看，也可能是范增出的主意，这次杀降卒是背着范增干的。可范增是项羽的第一助手，决定这么大的事，为什么不征求范增的意见，这也是个谜。从后来项羽与范增的关系看，也可能这时他俩已发生了矛盾，他俩的矛盾甚至可能就是从这件事开始的，所以范增才无法制止项羽的这一野蛮行动。

楚汉争雄

继秦末农民大起义之后，项羽和刘邦之间为争夺封建统治权力而进行的战争。自汉元年（公元前206）初至高帝五年（公元前202年）十二月，历时四年余。

在秦末农民大起义过程中，陈胜牺牲后，刘邦集团和项羽集团成为反秦武装的两支主力。秦二世三年（公元前207年），刘邦、项羽相继率兵入关，推翻秦王朝。按照原来楚怀王的约言"先入定关中者王之"，刘邦先入咸阳，理应王关中，但项羽自恃功高，企图独霸天下。正月，项羽阳尊怀王为义帝，徙于郴。二月，分天下王诸将，自立为西楚霸王，王梁楚地九郡，都彭城，分封十八路诸侯，即以刘邦为汉王，王巴、蜀、汉中，都南郑；章邯为雍王，都废丘；司马欣为塞王，都栎阳；董翳为翟王，都高奴；魏豹为西魏王，都平阳；申阳为河南王，都洛阳；韩成为韩王，都阳翟；司马卬为殷王，都朝歌；赵歇为代王，都代；张耳为常山王，都襄国；英布为九江王，都六；吴芮为衡山王，都邾；共敖为临江王，都江陵；韩广为辽东王，都无终；臧荼为燕王，都蓟；田市为胶东王，都即墨；田都为齐王，都临淄；田安

为济北王，都博阳。另封陈余三县之地，梅鋗为十万户侯。

项羽进入咸阳后大肆烧杀抢掠，加上封章邯等秦降将为王，使他失去了关中秦民的支持；不都关中而都彭城，也使他失去了战略上的有利地势；特别是关东屡经战乱，经济残破，使他日后不可能建立一个巩固的后方；至于分封诸侯王，更是项羽在政治上所犯的一个严重错误；他贬义帝于江南，迁刘邦于巴蜀，徙故王于恶地，王亲信诸将于善地，挑动和加剧了各路诸侯之间的权力纷争，并且迅速激化了他与刘邦之间的矛盾。

刘邦被徙封汉王后，本想立即发兵攻楚，但萧何等人从楚汉双方的实力出发，主张以汉中为基地，养民招贤，安定巴蜀，然后收复三秦。刘邦采纳了这一建议，于汉元年夏四月经栈道往南郑，又听从张良的计策，烧绝所过栈道，表示没有东向争夺天下之意，以此迷惑项羽。但是，三个月后，刘邦乘田荣起兵反楚的有利时机，决策东向，终于爆发了楚汉战争。

项羽分封诸侯后即罢兵回归彭城。不久，田荣起兵反楚，于汉元年五月迎击田都，杀田市，自立为齐王，并且以彭越为将军。彭越于七月击杀济北王田安。田荣并王三齐之地，命彭越击楚，并以兵援助陈余袭击常山王张耳，迎故赵王于代复为赵王。齐、赵和彭越的起兵，对西楚构成直接威胁。为了制止事态的扩大，项羽先派萧公角将兵迎击彭越，结果大败，不得不调遣主力击齐，以稳定局势。当时僻处巴蜀的刘邦乘项羽无暇西顾之际，听从韩信等人的计议，于八月出故道，击降章邯、司马欣和董翳，迅速还定三秦，继续东进。

楚汉战争之始，项羽即在战略上陷于两线作战的不利处境。他认定齐地的田荣为心腹之患，而张良也致书项羽说："汉王失职，欲得关中，如约即止，不敢东。"又以齐、

陶俑

梁的反书移交项羽说："齐欲与赵并灭楚。"
以致项羽无意西向，专注东方，在战略上作
出了错误的判断。后来，项羽虽然击杀田
荣，复立田假为齐王，但由于他在齐地烧夷
城廓室屋，掳掠老弱妇女，激起齐民的反
抗，使田荣弟田横得以收散卒数万人，据城
阳；并于汉二年夏四月立荣子田广为齐王，
号令齐民抗击楚军。楚军主力困于齐地，无
法脱身。刘邦乘隙降魏王豹，虏殷王。是年
冬十月，项羽密使九江王英布等击杀义帝。
刘邦在进驻洛阳后，为义帝发丧，并遣使告
诸侯，指责项羽放杀义帝，号召诸侯王击
"楚之杀义帝者"。之后，率诸侯兵凡五十
六万人进据楚都彭城。

项羽得知彭城失陷的消息后，立即部
署诸将击齐，亲自率精兵三万人回师彭城。
由于刘邦为轻易取得的大捷所陶醉，进入
彭城后，收其宝货、美人，逐日置酒高会，
因此，在楚军突然袭击下，汉军五十余万
乌合之众一败涂地，士卒死伤过半，刘邦
仅得与数十骑突围。

彭城之战后，楚汉之间的形势发生了
重大变化。刘邦败退荥阳，诸侯皆背汉向
楚。由于萧何及时调发关中老弱未成年者
补充兵力和韩信的增援，汉军才得以重整
旗鼓。项羽虽将战略重点移至西线，但他
始终未能摆脱两线作战的困境，无法越过
荥阳、成皋一线西进。从此，楚汉便进入
了双方相持的阶段。但是，从刘邦方面说，
这种相持是积极的。相持阶段一开始，刘
邦就组建了骑兵部队，有效地阻挡了楚军
的进攻；与此同时，汉军重新调整了战略
部署，一方面坚守荥阳、成皋一线，一方
面积极在楚的后方和侧翼开辟新战场。这
一部署打击了项羽在战略上的致命弱点，
很快收到了成效。汉二年八月至次年十月，
韩信接连平定魏、代、赵、燕，矛头直指
齐地，逐渐形成包围西楚的态势。当时项
羽主力虽然在汉三年夏四月、六月再度攻
克荥阳、成皋，但由于刘邦采取了"高垒
深堑勿与战"的战术，不仅保存了汉军的
实力，而且牵制了楚军的主力。使项羽更
进一步陷入两线作战，首尾不能相顾的困
境。特别是项羽不能用人，不但韩信、陈
平等人弃楚投汉，连他的重要谋士范增也
得不到信用，这更使他在政治上、军事上
连连失策，使刘邦得以调兵遣将完成对项
羽的战略包围。汉三年五月，刘邦命彭越
率兵渡过睢水，袭杀楚将薛公，直接威胁
彭城。八月，刘贾、卢绾将卒两万渡河，
进入楚地。彭越在汉军的协助下攻徇梁地，
连克睢阳、外黄等十七城，完全截断了荥
阳、成皋一线楚军主力的后勤补给线。于
是，项羽不得不于九月命大司马曹咎固守
成皋，亲自回师救援，夺回陈留、睢阳、
外黄等十余城。但是，汉四年十月，刘邦

乘机诱使曹咎出击，大破楚军，收复成皋。与此同时，韩信也袭破齐历下军，进据临淄，并于十一月在潍水消灭了楚将龙且率领援齐、号称二十万的楚军，尽定齐地。项羽在正面和侧翼战场上接连遭到重大失败，有生力量丧失殆尽，腹背受敌，进退失据，陷于汉军的战略包围之中。

成皋之战后，楚汉战争进入了最后阶段，项羽日益孤立，粮秣得不到补充，韩信又继续进兵西楚，汉四年八月，项羽向刘邦提出议和，楚汉约定以鸿沟为界中分天下，鸿沟以西为汉，以东为楚。九月，项羽率兵东归，而刘邦则采纳张良、陈平的计策，乘机追击楚军于固陵；并且调令韩信、彭越等人率兵围歼项羽，命刘贾渡淮包围寿春，诱使楚大司马周殷畔楚。次年十二月，项羽被围困于垓下，汉军四面唱起楚歌，楚军士无斗志；项羽率少数骑兵突围至乌江，自刎而死。楚汉战争最后以刘邦夺取天下，建立汉王朝而告终。

楚汉战争前后进行了四年，虽然对经济生产和广大人民的生活带来了不利的影响，但它换来了国家的统一和社会的安定，因而是有积极意义的。

火烧咸阳

鸿门宴后，项羽认为刘邦已经归服，自己理所当然地已成为反秦力量的主宰。于是，刘邦进入咸阳后没有敢干的事，他毫无顾忌地去办了。他带领自己的大军，以胜利者的姿态进入咸阳，放纵士兵进行烧杀抢掠。他杀了秦降王子婴和秦的全部宗室家族，对秦统治者进行了报复。他把秦宫室里的珠宝和后宫的美女据为己有，然后放了一把大火，全部烧了秦的宫室。大火烧了三个月才熄灭。

除了珍宝和美女外，他对秦的一切都

很反感，都存在报复的心理，都想将它们毁掉。经过他的这一番烧杀，繁华壮丽的秦都咸阳，就变成了一片废墟。这时有人出来劝项羽说："关中土地肥沃，人口众多。东有函谷关，南面武关，西临散关，北隔萧关，四周都以山河为塞，退可以守，进可以攻，是建都称霸的好地方。"可是这个意见提得太晚了，经过项羽的一番报复性的烧杀抢掠，这时的咸阳已经残破不堪，富饶的关中也已非昔日。

项羽活埋了二十万秦降卒，又在咸阳一带大肆烧杀抢掠，关中的父老兄弟当然对他很反感。这时有人说："人们都说楚国人像猕猴，性情暴躁不定，不能久着冠带，项羽果然是这样，他长久不了。"这个话传到了项羽的耳朵中，他很愤怒，找到了说这个话的人，把他杀了。

项羽觉得关中的百姓对他持敌视的态度，关中虽然富饶，但他不愿久留关中，而却很思念故乡，所以决定离开关中，东归故乡。他对别人说："一个人富贵了，如果不回到家乡，就像夜里穿着绣花的衣服行走一样，谁也看不见，那还有什么意思呢！"

项羽愿意不愿意留居关中，这本来是他个人的一种趋向。但是由于他不愿意留在关中，又对秦统治者的一些遗物采取了报复性的毁灭态度，结果将秦统一全国后集中在咸阳一带的大量经济和文化的财富，毁于大火，这对中华民族经济和文化的积累和发展，无疑是一个不可挽救的重大损失。特别是经过秦始皇的"焚书坑儒"之后，一些古代的文化典籍在民间流传已经很少，但在秦宫室和政府机构中，仍有大量的保存。如果项羽对咸阳秦的遗留物品，采取稍为克制和宽容的态度，不去有意用大火加以焚毁，就会有一部分保留下来，到了汉初开国之时，也就不会因为寻找和恢复一些古籍，要凭老儒靠记忆而口授，费那么大的劲，又给后世研究和校阅古籍造成那么大的困难了。所以项羽对咸阳的烧杀抢掠，不管是从政治上争取秦人的支持，还是从经济和文化的延续发展上，都是做了一件绝大的蠢事，对他自己和后世都产生了恶劣的影响。

烧绝栈道

项羽分封完之后，就要各个诸侯王去自己的封地就国。刘邦虽然受到不公正的分封，不想去就国，但又迫于项羽的威力，暂时还无法与项羽对抗，别无其他出路，只得去巴、蜀、汉中一带就汉王的封位。他任命萧何为丞相，带着自己的部下和亲信，从灞上出发，向汉中一带进发。

刘邦这时有十万大军，项羽为了限制刘邦的力量，只允许他带三万人马。可是刘邦的亲信和部下很多，他们都愿意跟随刘邦去汉中，还有一些楚国和各路诸侯中敬慕刘邦的人，也主动表示愿意跟他去，所以跟随刘邦去汉中就国的远远超过了项羽限定的三万人。

秦始皇陵

由关中进入汉中、巴、蜀一带，道路很难走，刘邦选择了由杜县（今陕西户县东）南下入蚀中（今陕西洵河上游）越过秦岭进入汉中平原的路。张良因为要随韩王成去就国，所以不能跟随刘邦到汉中。

但张良对刘邦依依舍不得离开，一直把刘邦送到褒中（今陕西城固一带）。张良临别时，刘邦送给了他很多珠宝，张良后来都转送给了项伯。

到了褒中，刘邦一再请张良不要再远送，张良只得与刘邦告别。临别前他向刘邦建议说："你去汉中的路上，经过不少栈道，都是交通险要之处。你应把所过的栈道都烧绝，一方面可以防止项羽或其他人的军队再进入汉中；另一方面也可以示意项羽，你并无再返回来的打算，使项羽不再对你有所警惕。"刘邦接受了张良的意见，把所经过的栈道都烧毁了。消息传到项羽那里，他就开始放松了对刘邦的戒心，刘邦因而得以安心在汉中、巴、蜀一带蓄积力量。

栈道是秦岭山脉中一些险要的地方，人们难以通行，就旁凿山崖，铺以木头板梁，人工修筑的通道。刘邦把这种栈道的木制板梁烧毁，就可以断绝入汉中的通路。但是这些栈道也是人工修筑的，刘邦后来在进入关中的时候，又把这些栈道修复了。所以烧绝栈道，只是暂时迷惑项羽的缓兵之计。

项羽分封之后，一些不满分封的诸侯王，不去就国而反叛项羽，使项羽一开始就处在被动之中。而项羽的主要对手刘邦，却老老实实地去封地就国，还按照张良的意见，边走边烧绝栈道，以转移项羽的视线。这是刘邦的高明之处。

因为分封之后，项羽最注意的当然是刘邦的动向。刘邦如果不去就国，项羽马上就会集中力量对付刘邦。现在刘邦不但去就国，而且烧绝栈道以表示无归意，表面上服从项羽的分封，这就可以转移项羽对他的注意，使项羽误以为刘邦并无与自己争天下的意图，因而对刘邦失去警惕。后来的事实也证明，刘邦达到了麻痹项羽的目的。

其实，刘邦去汉中就国，本身就起到了消除项羽对他敌意的作用，张良的建议烧绝栈道，只是进一步强化了对项羽的影响。即使刘邦不烧栈道，只要他去汉中就国，项羽也不会对他采取什么行动。因为项羽一到彭城，他已无暇顾及远在汉中的刘邦了。

成皋之战

成皋战役发生于汉高祖二年（公元前205年）四月。双方以争夺战略主动权为目的，对荥阳、成皋展开反复争夺，双方形成对峙。

楚军在项羽统率下，连续追杀汉军至荥阳地区，项羽的大军，逐渐向荥阳地区集中。虽然被韩信之援军阻止，难以越过荥阳继续西进，但却控制着战场的主动权，总的形势对楚军有利。

刘邦自彭城惨败之后，各地诸侯又附楚叛汉，形势大有急转直下的趋势。刘邦到达下邑，即向他的臣下问道："我愿意划出函谷关以东的土地，封赐给能帮我打败楚国的人，谁可以与我共同完成这一事业？"张良回答说："九江王英布，是楚国最勇健的将领，他现在又与项羽有隔阂。彭越在齐国的帮助下，又返回梁地活动，可急速派人去联络这两个人。汉王的将领，只有韩信可以担任独当一面的重要任务。如果要让出关东的话，让给这三人，就可以攻破楚国。"刘邦又问："谁能为我充当去九江的使臣，说服英布发兵背楚？"谋士随何说："请派我去九江。"刘邦立即应允，并派二十余人，随同随何前往九江。随何临行前刘邦对他说："你能说服九江王英布，让他发兵向楚军进攻，项羽的军队必然要与英布作战，这样能牵制项羽军数月，我必定可以夺取天下。"刘邦在派人去

说降英布的同时，也派人去联络彭越。刘邦做了这样的部署，就使项羽的腹心地区出现了难以预测的危机。使形势朝着有利于己的方向转化。

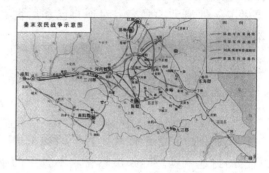

秦末农民战争示意图

刘邦败退荥阳，正在危急之时，韩信的援军到达，于荥阳东南京、索地区，指挥中大夫灌婴和原秦军骑兵将领李必、骆甲率领的步骑兵联合部队，击破了楚军的追击部队。汉军在阻止了楚军的追击部队后，即组织力量构筑甬道，北连黄河，搬运敖仓粮食，以供军队作战的需要。刘邦对后勤供应方面的部署，看来也对扭转大局形势提供了重要的物质条件。

楚军西进行动被阻于荥阳地区后，项羽仍积极策划西进之策，除大力巩固自己的后方外，着力争取一切力量，突破汉军荥阳成皋防线，杀进关中，彻底消灭刘邦势力。为此，楚军采取以下几项决策：拒绝汉方提出的割荥阳以西归楚的求和建议，从各方面加紧西进的准备；派遣使臣去说服九江王英布，出兵武关西击关中；与赵齐订立和约，稳定楚北、东北和西北方向的局势，进而争取联合对汉。当项羽率军撤出齐境，南下彭城迎击刘邦军时，虽然项羽曾将与齐国战争的指挥权交由部将指挥，但楚军支持的田假军被田横击败，田假逃至楚军营中，项羽为与齐约和，按照田横的要求，斩杀了田假，这样齐赵两国遂与楚又联合起来以对付刘邦。由项羽亲

率大军进攻荥阳，切断刘邦运粮通道，造成汉军的供应困难，再进而夺取成皋，西出函谷关，与从武关进入关中的英布军会合。

汉军败退荥阳后，刘邦决意以张良等人的建议为基本作战设想，将荥阳、成皋作为最终的退却线，全力巩固此一重要战略地区，掩护关中根据地，以便得到兵员和粮食的可靠供应，为此，刘邦军也采取了以下措施：以主力军在正面牵制楚军，坚决阻止楚军继续西进；派遣使者立即去联络彭越，让彭越率兵袭击楚国后方，破坏楚军的供应线，置项羽军腹背受敌的困境；派人争取九江王英布背楚降汉，使项羽军更加孤立；加强关中的守备，为防止项羽攻占荥阳、成皋后直趋关中，刘邦亲回关中部署防卫力量，对一些重要关口和通道派兵固守，诸如武关、峣关、函谷关、临晋关等等；为从北方对楚构成战略包围，牵制项羽的兵力，派遣郦食其游说魏王豹背楚附汉，进而再争取齐赵共同对楚作战。

成皋之战，从汉高祖二年四月末，持续到汉高祖四年（公元前203年）十月。双方在此时期之内，进行了许多次大小规模不等的交战，概括起来大致经历了以下几个阶段。

楚之战略进攻，汉之战略防御。楚军追杀汉军至荥阳地区后，本想乘胜继续西进，但却被韩信援军阻止，楚军为组织西进关中的力量，一方面稳定了楚之后方，一方面派使臣去九江联络九江王英布。先前在项羽率兵击齐时，曾命九江王英布发兵同往，但英布假称身体有病，拒绝征齐，仅调给项羽四千人。后来刘邦攻占彭城，英布又按兵不救，坐视彭城失守，项羽虽因此对英布有所怨恨，但认为英布向为楚之名将，骁勇善战，项羽所封诸王，只有英布未曾叛楚。这次要继续对刘邦军进攻，打进武关，不可没有英布的力量参加，因而，楚之使者一到九江，即对英布进行说服工作。

刘邦退至荥阳后，即按照预定的战略企图，力图分裂项羽的力量，破坏项羽后方的安定，一方面派出人员去联络彭越，一方面派随何出使九江，说服英布背楚附汉。随何正好与楚使同时到达九江。随何欲见英布，英布开始只派大臣出面，后经随何再三请求，英布才接见了他。随何见到英布后，极力向英布陈述汉强楚弱，汉必夺取天下的道理，同时挑拨项羽与英布之间的关系，说英布不救彭城，早已引起项羽的愤恨，项羽不会宽容这种行为。同时随何还以汉王取得天下之后，必定以更大的封地给予英布为诱饵，说服英布立即归汉。英布虽然觉得随何之言，甚有道理，但由于楚使也正在做他的说服工作，一时之间难以决断。后来，随何乘英布接见楚使者的机会，强行晋见英布，并当着楚使之面宣称"九江王已归汉，不会再发兵击汉"。随何并对英布说：事情已定，应杀掉楚之使者，立即率兵附汉。英布遂按照随何的建议，杀了楚使者，而举兵叛楚。项羽得知英布背楚附汉的消息后，即派大将龙且、项声进击英布，经七个多月的作战英布战败，逃走归汉。英布这股重要力量，由于刘邦军施展谋略的结果，不但从项羽营垒中分裂出来，还拖住了项羽相当一部分兵力长达七个多月之久。这对项羽战略进攻的力量，无疑是一个重大的削弱。面对刘邦稳定战略防御态势，减轻主战场的压力，争取成皋之战的胜利，却起了十分重要的作用。

刘邦军自彭城撤退荥阳途中，原已占据的地区，又纷纷背汉归楚，对刘邦稳定防御态势也甚为不利，于是刘邦先后命曹参率领樊哙、灌婴等部平定了燕、外黄、雍丘、昆阳、衍氏等地。这些地区的平定，对刘邦防守荥阳、成皋地区也有相当重要

赵高像

的作用。

汉高祖三年（公元前204年）十二月，项羽军进攻荥阳，数度攻破汉军运粮甬道，汉军的粮食供应受到很大威胁，军心有些恐慌。汉王刘邦清楚地知道自己的力量，目前尚难以与楚军决战，稳定现有防御态势也很吃力，如果项羽军再继续猛攻下去，汉军将难以守住荥阳、成皋。

刘邦抵抗项羽军的正面进攻已日感吃力，为了寻求对付楚军的办法，陈平向刘邦提出了离间项羽君臣的建议。陈平认为可以通过谋略使项王、亚父范增、钟离昧、龙且、周殷等人之间互相猜疑。如果能用数万斤金离间项羽君臣，项羽疑心很重，必然引起内部相诛，这时汉军再向楚军进攻，则一定可以击败楚军。刘邦认为陈平的建议可行，于是，拿出四万斤黄金，由陈平任意支出。

陈平以黄金收买了一些人，专门在楚军内进行间谍活动，散布谣言说，钟离昧等将领为项王立了很大的战功，但项王却不能分封他们为王，他们决心与汉王一起，

以消灭项氏，分占楚国土地。项羽听到这些谣传后，顿起怀疑之心，派使者至汉。汉军开始隆重接待楚之来使。刘邦会见楚使后，即假装吃惊地说：我以为是亚父派来的使者，原来是项王的使者。于是撤去对使者的高级招待。楚使返回后，向项羽报告了以上情况，项羽果然对亚父范增大加怀疑。范增想急急攻下荥阳，项羽不听范增的建议。后来范增知道了项羽对他的怀疑，十分气愤地说："天下事大定矣，君王自为之！愿请骸骨归！"范增怒辞项羽而归，还没有走至彭城，背发疽症而死。范增的离去，使项羽受到难以弥补的重大损失。

楚军从五月起，加紧围攻荥阳，汉军由于通道已被楚军切断，粮食断绝，形势日益危急。将军纪信向刘邦建议说："形势已十分危急，请让我装扮成陛下，去欺诈项羽，我佯装向他们投降，陛下可以乘机从小路逃走。"刘邦采纳了纪信的建议，派出很多妇女和两千多士兵，冲出东门，楚兵立即从四面把他们包围起来。这时，化装成刘邦的纪信，坐着刘邦乘坐的黄盖车，带着刘邦的全副仪仗，出来说："城中粮食完了，因此我来投降。"楚军信以为真，欢呼万岁，都拥到城东来观看。城外楚军的戒备松懈了，刘邦留下御史大夫周苛、魏王豹、枞公等防守荥阳，自己仅带数十骑从西门逃走。项羽发现来降者不是刘邦，而是纪信，即追问纪信刘邦在哪里。纪信说汉王已经出走。项羽知道自己受骗，恼恨至极，遂下令将纪信烧死，随即挥军追至成皋。荥阳守将周苛、枞公等认为魏王豹不太可靠，因而杀了魏王豹，继续坚守荥阳城。

汉在战略防御中，变被动挨打为主动调动和疲惫楚军，确保成皋、荥阳地区防御的稳定性。刘邦由荥阳逃到成皋，项羽追兵即至，因而，未敢停留，即急入函谷

关，退回关中长安，征集部队，企图再次东出函谷关，与项羽争夺荥阳地区。这时，关中有位袁生向刘邦建议说："汉与楚在荥阳相持已几年了，但汉常常处于被动挨打的困境，建议陛下可率领军队南出武关，项羽得知必定会南来武关寻求决战，陛下深沟高垒，不与项羽作战。这样就将项羽的兵力调到了武关，使荥阳、成皋之间的汉军获得休整的机会。陛下另派韩信等出兵黄河以北，招降赵国，联合燕国和齐国，从侧后攻击楚国，到那时陛下再引兵出荥阳，也不算晚。这样，楚国要防备的地方多，力量就分散了，而我们却可以得到休整，等再与楚军交战时，就必定可以破楚了。"刘邦很赞赏袁生的建议，立即改变了再率兵至荥阳作战的主张，而亲自率兵出武关，进至今河南南阳、叶县一带作战，同时，命令英布收集九江兵员，也来此地区活动，以吸引项羽的兵力，减轻荥阳正面战场的压力。

项羽听说刘邦在南阳、叶县一带，命其将领终公守成皋，亲自率兵南下，与刘邦军在南阳、叶县地区交战。刘邦见项羽军到，主力不与楚军交战，坚守营垒。此时，北方的彭越，又乘机东渡睢水，进入楚之后方游动作战，项羽派出将军项声、薛公与彭越战于下邳地区，楚军大败，薛公也战死，楚后方形势日加危急。项羽鉴于这种情况，停止在南阳、叶县一带的作战行动，仍以将军终公担任荥阳、成皋方向作战任务，自率主力回兵进击彭越。刘邦此时遂率大军北上，击败终公，收复成皋。

项羽率军击败彭越后，得知刘邦率兵攻占了成皋，于是，急引兵返回荥阳，一举攻克该城，杀了守将周苛、枞公，俘虏了韩王信，再乘胜攻克了成皋。

项羽军在这个阶段作战中，虽然多次战胜汉军，无人能与之匹敌，却由于受刘

李斯像

邦军之调动，忽东忽西，忽南忽北，军队往返跋涉，不但未取得理想的战果，而且还使军队处于疲惫不堪的状态。战略上日益显出被动应付的局面。

汉军的再次战略退却和在荥阳地区的反攻作战。汉高祖三年（公元前204年）六月，刘邦因难以抵挡项羽军的猛烈进攻，决定再做战略退却。于是刘邦与夏侯婴共乘一车由成皋之玉门（北门）慌忙出逃，北渡黄河，至小修武。项羽军乘机进占成皋，准备继续西进，但被巩地汉军所阻，未能突破巩洛一线，只得停止西进。项羽由于不听亚父范增急攻荥阳、成皋的建议，使自己在战略上失去了两三个月的宝贵时间，给了刘邦军以喘息休整的机会，是战略上的最大失策。

刘邦得到韩信的军队后，军力又开始恢复，欲将军队调至黄河南岸，再与项羽军决战。郎中邓忠劝止了刘邦，建议刘邦深沟高垒，坚守阵地以待战机，不要与楚决战。刘邦接受了邓忠的建议。因此，刘邦决计坚守阵地，同时派出卢绾、刘贾率领步兵两万、骑兵数百人，由白马津渡过黄河，深入楚国腹地，与彭越一起行动，扰乱楚国的后方，破坏楚国的粮食储备基

地，彭越率兵于八月首先攻下睢阳、外黄，连下梁地十几座城邑，对楚之后方造成了严重的威胁，使项羽十分忧虑。

这时，韩信已率兵东进，袭破了齐国。在此期间，彭越又将军队屯于梁地，往来游动作战，破坏了楚军的粮食供应。项羽面对这种腹背临敌的情况，决心再引兵回击彭城，把成皋前线的守备作战任务交由海春侯大司马曹咎和塞王欣指挥。项羽在离前线时，叮咛曹咎等说："你要谨慎坚守成皋，假如汉军来挑战，千万不要应战，只要不让汉军东进就行了。我十五天之内一定平定梁地，那时候再来和你们会师"。项羽引兵东进，攻击陈留、外黄。外黄攻击数日才得手，项羽对外黄人的顽抗十分恼怒，下令将十五岁以上的男子统统杀死。这时有个13岁的儿童，进入楚营进见项羽说：彭越的军队抢占外黄，外黄被迫降敌，以待大王，现在大王来了，又要将这么多人全部坑杀，这样，百姓谁还愿意归顺大王呢。如若梁地十多座城邑都恐惧大王，那么就更不肯降服于大王了。项羽觉得儿童言之有理，赦免了外黄人。这件事影响很大，很快传遍了梁地，于是梁地其余城邑皆归服了项羽军。

刘邦鉴于荥阳、成皋有楚重兵防守，想放弃成皋以东地区，坚守巩、洛一带，以与楚军对峙。这时，郦食其向刘邦进言说：楚汉相争的战略焦点，应为敖仓之粟，谁据有敖仓就可以长期支持战争。楚军不占敖仓，这是天赐汉军的巨大财富，汉军不应撤退，而应进占敖仓。刘邦采纳了郦食其的建议，决心占据敖仓，争夺荥阳、成皋这一战略要地。

楚大司马曹咎和塞王欣率兵于成皋驻守，楚将钟离眛军集结于荥阳地区，刘邦乘项羽尚未回兵之际，首先选定进攻成皋之曹咎军。汉军再三向楚军挑战，楚军一直拒不出战。刘邦无计可施，转而采取诱敌出战。于是派人天天去阵前辱骂楚军，骂了五六天，大司马曹咎被激怒了，竟决定渡汜水与汉军决战。楚军刚刚渡过一半，汉军则乘势攻击，大破楚军，缴获了楚军的全部金玉财宝和军需物资。大司马曹咎和原塞王长史司马欣见败局已定，自感无面目再见项羽而自刎死。刘邦遂引兵渡过黄河，夺回成皋，屯军于广武山西城，尽占有敖仓囤积的全部粮食，接着又以重兵包围钟离眛军。项羽军进至睢阳（今河南商丘），得知曹咎、司马欣被汉军击破的消息，不得不引兵急回成皋。这时，正在荥阳围攻钟离眛军的汉军，听到项羽回兵成皋的消息，便撤军进入险要地方，凭险据守，以待项羽军。项羽军至荥阳，也就暂屯军于广武东城，与汉军对峙。

汉军在这第三阶段的作战中，形势已经大为改观，此时，项羽大将龙且所率20万大军已被韩信歼灭，刘邦已完成了从西北和北方对项羽侧背的战略包围。项羽主力也被刘邦、彭越军来回调动，战略上已处于疲于奔命的被动处境。

楚汉战略相持和楚之战略退却。汉军退守广武西城，项羽率兵进至广武东城，两军之间相隔一深涧，约200余步相对峙。从汉高祖四年（公元前203年）十月，形成这种对峙局面以来，一连数月，汉军固守营垒，拒不出战。楚军后方由于受到彭越的继续袭击，粮食供应发生困难，即将出现兵疲食绝的困难局面。项羽为急于与汉军决战，便派出人员向汉军挑战，一连三次挑战，均被楼烦将射杀。项羽震怒，亲自出阵挑战，刘邦也相对而出，双方再次对话。刘邦在对话中历数项羽十大罪状：违背怀王之约，不尊君命，剥夺我关中王的位置；假造圣旨，妄杀卿子冠军而自称；奉命救赵之后，不回报怀王，而擅自率领诸侯之军西入函谷关；烧秦始皇宫室，掘秦始皇陵墓，私自掠取秦宫财物；杀死已经投降的秦王子婴；在新安坑杀秦军20万，反而将其将（指章邯等）封王；皆王诸将善地，而徙逐故主，令臣下争畔；将义帝赶出彭城，作为自己的都城，夺了韩王的封地，并王梁楚，多自予；派人暗杀义帝于江南；身为臣下而杀君王，杀害降者，为政不平，主约不信，天下所不容，大逆不道。刘邦数说完项羽罪状后，又说道：我与各诸侯来诛灭你这个贱贼，没有必要亲自与你挑战。项羽听罢大怒，令事先埋伏之弩手发射暗箭，射中了刘邦胸部。刘邦胸部受伤，立即伏身摸着自己的脚说：恶奴伤了我的脚趾！

秦·鹿纹瓦当

这时，汉军兵多粮足，楚军兵疲粮绝。项羽几次回军击彭越军都没有取得预期战果，加之韩信的军队又从后方进击楚军，项羽非常恐慌和忧虑。于是，决定与刘邦谈判，双方约定平分天下，楚愿割鸿沟（今河南中牟之贾鲁河）以西地区为汉所有，鸿沟以东地区为楚所有。项羽遂将留在军中为人质的刘邦父母、妻子送还给刘邦，楚军撤去成皋之围，回师东去。至此，楚汉双方对峙十一个月后，以著名的楚汉鸿沟媾和为终结，结束了楚汉成皋之战。

韩信拜将

刘邦为了与项羽争霸天下，准备拜大将统兵。一些有功的将领听到要拜大将，人人都以为自己有可能，所以大家都兴高采烈地去参加。到了拜大将的那一天，刘邦沐浴斋戒之后，到拜大将准备好的坛场，很隆重地把韩信请上坛台，宣布任命韩信为大将。别的将领一听，都大吃一惊，谁也没有想到会是韩信。因为他只是一个小小的治粟都尉，并没有立下多大的战功，平时也未露出有什么才华，刘邦为什么一下子看中了他，拜为大将呢！

举行完拜大将的仪式后，刘邦请韩信上座，向他请教，说："萧丞相一再向我推荐你，说你很有才干，不知将军有什么高明的计谋，可以供我采用?"韩信感谢了刘邦对自己的任命后，没有直接回答问题，而是反问刘邦："你东进争夺天下的对手，是不是项羽呀?"刘邦点了点头说："当然是项羽。"韩信接着又问："你自己敌得过项羽的勇敢强悍吗?"刘邦想了想回答说："不如项羽。"韩信听到刘邦敢于直说自己的弱点，十分高兴。他对刘邦说："我也认为你在这些方面不如项羽。但是我曾经当过项羽的部下，对他有所了解，请你听听我所知道的项羽为人，你就会增强战胜项羽的信心。"

韩信详细对刘邦分析了项羽的以下弱点：

第一，项羽勇敢善战，打起仗来，一声呼喊，能吓得敌人不战而栗，但是他却不能重用好的将帅，所以他只是一个勇敢的战士，而不是一个好的统帅。

第二，项羽对部下很慈爱，说话和气，待人有礼貌，很关心部下，遇到有人生病，总是问长问短，把自己吃的东西分送给病人，如果病死了，他会很悲痛。可是对有功劳的将领，应当封赐爵位时，常常是印信都准备好了，就是拿在手中舍不得授人。所以他只是在小节上能关心和爱护部下，在大的政治上并不能关怀他们，可见他是一个没有政治远见的人。

第三，项羽虽然分封诸侯，称霸天下，但他不居关中这样的要地，反而去建都并不十分重要的彭城；他又背弃了楚怀王先入关者王之的约定，而分封了一批自己的亲信，因为分封不公平，造成了诸侯间的矛盾；各个诸侯见项羽把义帝赶到江南，他们也仿效他的做法，驱逐其主人，自己占领好的地盘称王。所以项羽的称霸，不可能持久。

第四，项羽的军队虽然很多，但纪律不好，所到之处，烧杀抢掠，激起了百姓的不满。他见百姓不支持，就用武力强制，施行高压政策。他虽然名义上称霸全国，实际上已经失去了天下民心，得不到百姓的支持。所以他现在是表面上显得很强大，实质上很脆弱。

韩信上述对项羽的分析，实际上是指明项羽个人虽然勇悍善战，但得不到部下的支持，所封诸侯也跟他离心离德，更得不到百姓的拥护，所以是不难战胜他的。

韩信在刘邦承认自己弱点的基础上，又用对比的方法，分析了刘邦的长处。认为他只要充分发挥自己的长处，就可以用己之长对敌之短，最终战胜项羽。

韩信把刘邦的长处，归结为以下几点：

第一，刘邦应一反项羽之道，广招天下武士，发挥他们的才能，充分予以信任；虽然个人不如项羽勇悍，但依靠大家的力量，还有什么不可攻克和战胜的地方。

第二，以天下的城邑，分封给有功的将士，不要像项羽那样舍不得分封和赏赐，那样你的将士就都会佩服你，听从你的命令和指挥，都肯为你打天下卖命。

秦·双鹿纹半瓦当

第三，你的将士都是太行山以东的人，都很思念故乡，想打回老家去。如果能充分利用大家的这一思归故乡的情绪，把大家团结起来，就会战而无敌，败而不散。

第四，项羽在关中分封的三个王，都是秦的降将，他们率领秦兵镇压反秦斗争好几年，杀害了无数起义的将士和百姓，又欺骗秦的士兵投降了项羽，结果20万秦的士兵在新安被项羽活埋，唯独他们三个人不但无事，还被封为王，秦的父老兄弟认为他们出卖了秦的士兵，换取了自己的富贵，所以对他们恨之入骨。现在项羽虽然强封这三个人为王，但秦的百姓并不支持他们，他们的地位极不巩固，容易将他们击败。

第五，你入武关之后，军队的纪律一直很好，对秦百姓秋毫无所犯，又废除了秦苛法，与民约法三章，得到了秦百姓的拥护，都愿意你王关中。而且根据楚怀王之约，你本来应当王关中，这个关中的百姓都知道。项羽不封你王关中，反而失约分封你到汉中去，关中百姓无不对此失望，恨项羽的不公正。你只要率兵东进，关中一带用不着费很大的军事力量，就可以传檄而定。

韩信的上述分析很符合当时的实际，他既指出了刘邦的不足，又看到了刘邦的长处。只要刘邦充分发挥自己的长处，攻

中国通史

最新整理图文珍藏版

击项羽的短处，刘邦就有战胜项羽的可能。韩信的这一正确分析，对正在犹豫苦闷中的刘邦来说，无疑是给他吃了一剂兴奋剂，给他指明了下一步的出路，所以刘邦听了十分高兴，自认为了解韩信太晚了。他马上按照韩信的计策，部署部下做东进出击的准备。

其实韩信的分析，并没有出人意料的见解，他只不过进一步论证了刘邦东进取得胜利的可能性，强化了刘邦东进的决心。因为在汉中不能久留，必须尽快东进关中，否则刘邦的力量将会溃散，这是刘邦集团中上下一致的看法。但是什么时候东进，东进有没有取得胜利的把握，这在刘邦集团中却有不同的看法。一些将士的逃亡，就说明有些人再也等不得拖延了。刘邦和萧何等人，当然看出了这一点，但他们顾虑项羽力量的强大，拿不定出兵东进的机会。韩信的分析，只是使刘邦尽快地下定了马上出兵东进的决心。从时机上来说，当时的选择是恰当的。如果再拖延，刘邦的力量可能会进一步涣散，关中三个王的力量会得到加强，因而迅速占领关中地区就可能不那么容易。如果关中的三王得到项羽力量的支持，刘邦不能马上占领关中，再和项羽对峙也就相当困难了。

拜韩信为大将，这是刘邦东进的序幕。张良已经告别刘邦随韩王成去就国，而萧何、曹参等人又不善于军事，刘邦当时正缺乏有深谋远虑的将才，韩信的被发现和重用填补了这一空缺，对刘邦以后的军事行动有重大的意义。萧何那么重视和向刘邦推荐韩信，就有这方面的考虑，因为他深知自己不是将才，而刘邦身边又缺乏这方面的人才。尽管在韩信的将才尚未经过实践验证的情况下，这一决定显然具有很大的冒险性，但在当时不冒险就难以迈出第一步。

张良运筹帷幄

张良，字子房，其家原为韩国贵族。秦国灭掉韩国之时，张良年纪尚少，有家僮300人。为报灭韩之仇，弟弟去世，张良也不埋葬，而散掉全部家财以结交刺客，后果然结识了一个力士，做了一只120斤重的铁锥。秦始皇二十九年（公元前218年），秦始皇东巡，张良和刺客埋伏在博浪沙狙击秦始皇，但未成功，误中副车。秦始皇下令大索天下，张良不得不更名改姓，逃往下邳。

在中国历史上，张良是以其智谋多端著称。早在汉代，就流传着张良智慧来源的神奇传说，司马迁在《史记》中完整地记载了这个故事。据说张良逃下到邳以后，一次在下邳城外的一座桥上散步，遇见一个穿着褐色衣服的老人。老人走到张良近前，把自己的鞋子脱下来踢到桥下去，回头对张良说："小孩，下去把鞋给我取上来。"张良感到很惊愕，伸手想打，又看老人年纪挺大了，便强忍怒气，从桥下把鞋拣了上来。老人又说："给我穿上。"张良想着，既然已经拣了上来，再给他穿上也无妨，便跪在地上，给老人穿上了鞋。老人穿上鞋后，笑着走了。张良觉得其中有怪，心中有点吃惊，一直盯着老人的背影。老人走出一里多以后，又转了回来，对张良说："孺子可教。五天以后天亮时分在这里等我。"张良答应了，五天之后，张良前去赴约，见老人已经先到了那里。老人见张良来迟，发怒说："与长辈期会，怎么能晚呢？过五天再来。"过了五天后，鸡一叫张良就起身前往，一看，老人又已先到了。老人又发怒说："为何又来迟了？去，过五天再来。"到了第五天，张良半夜就到了期会的地方，过了一会，老人也来了，见张良已先在那里，高兴地说："应该如此。"说着，从怀中掏出一编书递给张良，说："读了这个，就可以为王者之师。十年之后，你当有所成就。十三年后，你会在济北谷城山（今山东东平北）下见到一块黄石，那就是我。"说完老人就走了。天亮之后，张良打开老人送的书一看，原来是《太公兵法》（太公指姜尚）。从此后，张良便经常研究、背诵这本书，终于成为一代著名的谋略家。

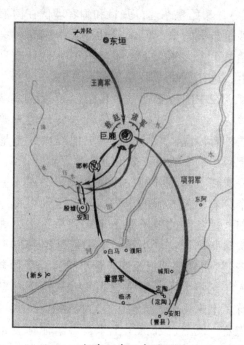

钜鹿之战示意图

这个故事虽有些神奇，但张良的足智多谋是当时人所公认和钦佩的。公元前208年，张良始跟随刘邦，为刘邦出过许多奇谋妙计，使刘邦多次摆脱困境，为汉王朝的建立立下不朽功勋。

汉高祖三年（公元前204年），刘邦率军在荥阳和楚军相持，楚军几次切断汉军输送粮饷的甬道，使汉军乏粮，陷入困境。刘邦窘急，和郦食其商量削弱项羽的力量，减轻战场压力。郦食其建议说："过去汤伐桀，封其后于杞；武王伐纣，封其后于宋。

如今秦朝失德弃义，侵伐诸侯之社稷，灭六国之后，使无立锥之地。陛下如果能重立六国的后代，援与他们印绶，其君臣百姓必然都感戴陛下之德，愿为臣妾。那样，陛下可以南面称霸，楚王也得敛衽而朝。"刘邦认为有理，说："好，你赶紧找人刻印，刻好后带上走。"

郦食其还未出发，恰好张良从外面回来谒见刘邦。刘邦正在吃饭，说："子房你过来。有人为我出主意削弱楚国。"把郦食其的计策都告诉了张良，并问："怎么样？"张良说："谁为陛下出这个主意？陛下的事情完了。"刘邦问："为什么？"张良说："请陛下听我说，过去汤伐桀而封其后于杞，是自己有把握制桀之死命。如今陛下能制项羽之死命吗？"刘邦说："不能。"张良说："这是一不可。武王伐纣而封其后于宋，是有把握得纣之人头，如今陛下能得到项羽的人头吗？"刘邦说："不能。"张良说："这是二不可。武王入殷，表商容之闾，释箕子之囚，封比干之墓。如今陛下能封圣人之墓，表贤者之闾，饰智者之门吗？"刘邦说："不能。"张良说："这是三不可。武王发巨桥之粟，散鹿台之钱以赐贫穷人。如今陛下能散府库之财以赐贫穷吗？"刘邦说："不能。"张良说："这是四不可。灭商之后，偃武修文，以示天下不复用兵。如今陛下能偃武修文，不再用兵吗？"刘邦说："不能。"张良说："这是五不可。休马于华山之阴，以示无所为，如今陛下能休息士马无所用之吗？"刘邦说："不能。"张良说："这是六不可。放牛于桃林之阳，以示不再运输积聚，劳民伤众，如今陛下能这样吗？"刘邦说："不能。"张良说："这是七不可。而且天下的游士离其亲戚，弃其祖宗之坟墓，去其故旧朋友而从陛下游，都只是日夜盼望将来能有咫尺之封地。如今要复六国，立韩、魏、燕、赵、齐、楚诸国的后代，则天下游士各归其主，从其亲戚，返其故旧、坟墓，那时陛下和谁一起打天下？这是八不可。而且，一个楚国如此强大就够我们对付的了，六国之后重又桡而从之，陛下从哪里得而臣之？如果用郦食其的计策，陛下的事情就完了。"刘邦一听，饭不吃了，把口中的饭也吐到地上，骂道："竖儒，几乎败了你老子的事。"赶紧下令销毁那些印绶。

汉高祖四年（公元前203年）十二月，韩信在平定齐地之后，派人来对刘邦说："齐人伪诈多变，是反复无常之国，南边又靠着楚国。不立假王，恐怕难以镇服。"当时，刘邦正为楚军所困，危急万分，接到韩信的报告，不觉大怒，骂道："我困在这里，日夜盼望你来帮助我，却居然想自立为王？"张良和陈平在旁边一听，急忙从下边踢了踢刘邦的脚，在他耳边小声说："汉军正处不利，哪有力量禁止韩信自立为王？不如因而立之，善待他，使他自为守备。不然，恐生变化。"刘邦是个鬼精灵，一听这话，顿时醒悟，急忙改口骂道："大丈夫平定诸侯，当真王就是了，当什么假王？"并在二月遣张良带印至齐，立韩信为齐王，从而稳住了韩信，并征齐兵击楚。

汉高祖四年（公元前203年）八月，项羽和刘邦定约，中分天下，割鸿沟以西为汉，以东为楚。九月，项羽释放刘邦之父和吕后，引兵解而东归。刘邦也想西归，张良和陈平劝他说："汉已有天下的大半，而诸侯皆归附，楚军兵疲食尽，此天亡楚之时。现在如果不乘机消灭项羽，便是养虎遗患。"刘邦听从了张良、陈平的意见。汉高帝五年（公元前202年）冬十月，刘邦追项羽至固陵（今河南太康南），与齐王韩信、魏相国彭越等约期集合，共击楚军，但韩信和彭越都未按时派兵到达。结果，项羽挥兵反击，汉军大败，不得不坚壁自守。刘邦很是忧虑，对张良说："诸侯

都不跟从，该怎么办呢？"张良说："楚军快要被击败，而韩信和彭越二人名虽为王，却未为他们划明疆界，所以他们不肯和陛下会师。陛下若能和他们共有天下，他们立刻便会率军到达。韩信之立为齐王不是陛下的意思，韩信自己也信心不足；梁地本来是彭越平定的，开始的时候，陛下因为魏豹的缘故而拜彭越为魏相国。如今魏豹已死，彭越也想为王，而陛下又不早点定下来。现在，应取睢阳（今河南商丘南）以北至谷城（今山东东阿南）之地以立彭越为王，将陈（今河南淮阳）以东一直到海边之地以王韩信，韩信家在楚地，还想得到故乡之地。若能将这些土地封给二人，让二人各自为自己而战，则楚军容易被攻破。"刘邦听从了张良之计，韩信和彭越果然引兵前来，汉军终于在垓下会战中大获全胜。

汉高祖五年（公元前202年）春，刘邦西都洛阳。一次，刘邦在洛阳南宫大宴群臣，席中问群臣道："列位大臣，不要隐瞒朕，要各言其情：我为什么能得天下？项羽为什么会失天下？"高起和王陵站起来回答说："陛下让人攻城略地，顺势就将所占之地封给他，和天下人同其利；项羽则不然，有功的人就妒忌，有才能的人则怀疑他，所以项羽会失去天下。"刘邦说："只知其一，未知其二。夫运筹帷幄之中，决胜千里之外，吾不如子房；镇国家，抚百姓，给馈饷，不绝粮道，吾不如萧何；连百万之众，战必胜，攻必取，吾不如韩信。这三个人都是人杰，我能用他们，这是我所以取天下的原因。项羽只有一个范增而不能用，此其所以为我所擒。"群臣都佩服刘邦的分析。

汉高祖六年（公元前201年），刘邦已经分封了大功臣20多人，其余的人日夜争功不决，刘邦也拿不定主意行封赏。一天，刘邦在洛阳南宫，望见不少将领三五一伙

地坐在沙地上谈论什么事情，便问张良："他们在说些什么？"张良说："陛下不知道吗？这些人在谋划造反。"刘邦说："天下刚刚安定，为什么要谋反？"张良说："陛下从平民起家，靠了这些人才夺取了天下。如今陛下做了天子，而所封赏的人都是像萧何、曹参这些故旧亲朋，而所杀的人都是平生所仇怨的人。如今军吏按功行赏，不可能每个人都得到封地。这些人害怕陛下不能对他们尽行封赏，又害怕陛下追究他们平日的过错或疑惑而被杀，所以才相聚而谋反。"刘邦担忧地说："这该怎么办呢？"张良问："陛下平生所憎恶，而大家又都知道的，以谁为最著？"刘邦说："雍齿原和我有故交，曾数次窘辱我，我想杀他，又为他功劳挺多，所以不忍心。"张良说："请陛下赶紧先封雍齿以示群臣，群臣见雍齿被封，心便会安定下来。"于是，刘邦采纳了张良的建议，摆酒宴饮群臣，在酒席宴上封雍齿为什方侯，并催促丞相、御史等赶紧给群臣定功行封。群臣喝完酒后，都高兴地说："雍齿尚且封了侯，我们还怕什么。"

张良为刘邦出的奇谋妙计还有许多。他又深谙功成身退的道理，在天下平定，被封为留侯之后，经常闭门不出，声称愿尽弃人间之事而从赤松子游，学习辟谷、导引轻身之术，以延长性命。汉高祖后八年（公元前180年），张良去世，谥为文成侯。

韩信北伐

击魏王豹

彭城之战刘邦失败后，魏王豹跟随刘邦退至荥阳。这时他看到刘邦失败后的狼狈相，认为刘邦再也无法振作起来，就产生了背叛刘邦投向项羽的心意。他要设法摆脱刘邦的监视，就借口回家探视亲属的疾病为名，回到封地。他一渡过黄河，就在河上设防，背叛刘邦，投降了项羽。

刘邦对魏王豹的叛变，十分重视。因为魏地正好在荥阳战线的侧后方，如果项羽与魏王豹联合，前后夹攻他，其处境将会更加困难。

刘邦这时抽不出兵力对付魏王豹，想用和平的方法加以解决。他把郦食其找来说："我派你去找魏王豹，设法慢慢劝说他不要背叛我，如果你的劝说成功了，就在魏地给你万户的封邑。"

郦食其到了魏王豹那里后，就按照刘邦的意思，劝说他不要投降项羽。魏王豹很感谢郦食其的忠告，但他对刘邦十分反感，不愿再与他结盟。他对郦食其说："人生一世，如日影过壁，很快就完了。刘邦对诸侯和群臣，没有一点儿上下的礼节，常把我们当成奴隶一样的随便谩骂，我实在受不了他的这种对待，一辈子也不愿再见到他。"

郦食其劝说魏王豹无效，就返回荥阳，如实向刘邦作了报告。刘邦听了当然很生气，不得不抽兵做进攻魏王豹的准备。他在派郦食其到魏王豹那里做使者时，就让他一方面劝说魏王豹投降，一方面做些调查研究的工作，以备对魏王豹用兵时参考。

这时他准备对魏王豹用兵了，就问郦食其说："魏的大将是谁？"郦食其答："柏直。"刘邦听了马上心中有数地说："他是一个乳臭未干的小儿，我派韩信为大将，他不是对手。"又问："谁是骑兵的将领？"郦食其回答："冯敬。"刘邦对冯敬很了解，对郦食其说："他是秦将冯无择的儿子，虽然人品不错，可无战斗经验，他敌不过灌婴。"接着又问："步兵将领是谁？"郦食其回答："项它。"刘邦说："他更不是曹参的对手。从魏王豹这几个将领的组成上看，我们有必胜的把握。"于是刘

骑兵俑

邦任命韩信为左丞相，与曹参、灌婴击魏。

从刘邦与郦食其的交谈中，可以看出刘邦对魏的将领非常了解，知道他们谁有什么长处，谁有什么缺陷，因而在配置伐魏的统帅时，能针锋相对，以自己将领的长处制敌将的弱点，所以对战争才有必胜的信心。这反映了刘邦用兵的特点，也是他由弱变强的重要原因之一。

韩信在出兵之前，也和刘邦一样，找来郦食其了解魏国将帅的情况。他听到魏王豹不用有战争经验的周叔为大将，而却用无经验的柏直，心里就有了对敌之招。

柏直估计，刘邦的军队会在最近的渡口临晋（今陕西大荔县东）渡黄河，所以将主力军布置在蒲坂（今山西永济县西）一带。韩信见柏直把主力部署在蒲坂，就故意在临晋放置船只，设置疑兵，做出准备从这里渡河的样子，以迷惑魏军。柏直侦察到韩信在临晋的动静，更坚信他会在临晋渡河，因而加强了在蒲坂的戒备，而却放松了对其他渡口的警惕。

韩信见柏直的主力仍在蒲坂，就将主力军埋伏在夏阳（今陕西韩城县），找来一批木桶做渡河工具，没有遇到什么抵抗就偷偷渡过黄河，突然袭击安邑。

魏王豹毫无准备，见敌军突然来袭安邑，惊慌失措，仓促应战，兵败被俘。韩信把魏王豹送到荥阳前线的刘邦处，因为魏王豹表示悔过，刘邦为了团结他，就把他留在荥阳，没有杀他。后来刘邦逃出荥阳后，守城的周苛、枞公认为："背叛过的魏王，难以与他一起守城"，就把魏王豹杀了。

韩信消灭了魏国后，就按照刘邦的意图，在其地设置了河东、太原、上党三郡。

这时韩信向刘邦建议，拨给他3万人马，北伐赵、代、燕，东击齐，南绝项羽的粮道，从侧面牵制项羽的力量，以减轻荥阳战场的压力。刘邦同意了他的计划，派张耳为其助手，带领3万人马开始了北伐的行动。

彭城之败后，原来追随刘邦的诸侯王，纷纷背叛刘邦投降了项羽。击败魏王豹，这是刘邦整顿内部采取的第一个大的军事行动。这时因为项羽在荥阳一带对刘邦的军事压力还很大，但因魏王的封地就在荥阳一带的旁边，刘邦又不能不理魏王豹的叛变。所以他在面对项羽的强大军事压力下，在和平劝说魏王豹无效后，不得不抽出一部分兵力，冒险采取进攻魏王豹的军事行动。

进击魏王豹的军事行动，只能胜利不能失败。如果失败了，魏王豹马上就会在项羽的支持下，从侧面进攻荥阳一线，这将会给本来已经很吃紧的荥阳，带来更大的困难，甚至会无法再据守。而且如果一举击不败魏王豹，将会激励其他人的叛变，使刘邦更加孤立，所以刘邦十分重视这一仗。

刘邦首先派郦食其以使者的身份，调查了解魏王豹内部的情况，然后与他进行了详细的研究和分析，又派韩信、曹参、灌婴这几个具有丰富战斗经验的将领为统帅，慎重地选择了渡河的作战方案，因而使战争很快地顺利地结束了。这场战争的胜利，鼓励了刘邦开辟第二战场的信心，因而同意了韩信率3万军队北伐的计划。在荥阳前线兵力本来吃紧的情况下，刘邦敢于抽调3万军队北伐，这是要有很大的气魄才敢于作出的决定。

大败赵军

张耳和陈余这对原来的好朋友，由于在钜鹿之战中双方发生了误会，后来变成了仇敌。项羽分封之后，陈余不服，他在齐国田荣的支持下，把张耳从常山王的位子上赶走后，陈余复立赵歇为赵王，赵王又封陈余为代王，张耳投奔了刘邦。

在进军彭城的时候，刘邦要陈余出兵共击项羽，陈余以刘邦杀张耳为条件。刘邦与张耳是老朋友，张耳失败后投靠自己，刘邦不忍心杀他；可又想争取陈余出兵，刘邦就找了一个长相类似张耳的人做替死鬼，杀后将其头送给陈余，陈余没有怀疑这个假张耳的头，就出兵帮助刘邦打项羽。刘邦彭城之战失败后，陈余也听说送给他的是一个假张耳的头，刘邦并没有杀张耳，他受了刘邦的骗，因而又背叛刘邦，改与项羽和好。

赵王封陈余为代王，陈余让自己的丞相夏说守代，自己仍跟随赵王。韩信击败魏王豹后，陈余令夏说率兵至阏与（今山西和顺县），设防抵抗韩信军的北上。韩信率3万北伐军，首先在阏与击败代兵，俘虏了夏说。

陈余听到夏说战败被俘，就将赵国的20万大军，屯聚在军事要地井陉口（今河北井陉市），准备迎战韩信的3万军队。

陈余的谋士、广武君李左车看到陈余的军事布阵是出击的战法，就向他建议说："韩信渡过黄河后，俘虏了魏王豹，又在阏与擒获你的丞相夏说，屡获胜利。现在又有张耳做他的助手，他对赵国的情况比较了解，不可轻敌。韩信想乘胜利之师，一举攻下赵国，此时他的士气很盛，不可挡其锋。"

李左车接着分析自己的有利形势说："我常听人说：'千里之外运粮，士兵必有饥色；现打柴草烧饭，士兵一定吃不饱。'现在韩信的军队远离后方，它的粮食供应一定很困难。井陉这个地方，车不能并行，骑兵不能成列，交通很不方便，它有利于我们据守。"

李左车提出不同于陈余的战斗部署："我请你拨给奇兵3万人，从小路上出其不意地绕到韩信军队的后方，切断他的供应；你挖深沟筑高壁，坚守不战。这时韩信前不能战，退不得还，就会处在进退两难的境地。我再率兵不断骚扰他的后方，使他在当地掠夺不到吃的东西，这样用不了十天，就可杀了韩信和张耳。"

李左车知道陈余很自负，难于听进别人的意见，所以一再向陈余强调说："请你好好研究考虑一下我的建议，否则我们就有可能成为韩信和张耳的俘房！"

陈余是一个儒生，自认为懂兵法，可并不会用兵。他常常吹嘘说，正义之师决不采用诈谋奇计取胜。他听不进李左车的正确意见，还对他讲兵法说："兵法上有言：'十倍于敌人，就可以包围他；比敌人多一倍，就可以打败他。'韩信号称有兵数万，实际上只有几千人的作战兵力；他又是行军千里来战，军队已很疲惫。在这样的有利形势下，我们都不敢正面迎击，以后如果遇到比他强大的军队，还怎么再迎战呢！那样人们都会说我是一个胆小鬼，都轻视我，敢来进攻我了。"

李左车的正确意见没有被陈余接受。陈余仍按照自己的部署迎战韩信。

韩信派出去的间谍，打听到了李左车的建议，韩信听了十分担心，深怕陈余按李左车的意见部署战斗，自己就陷入被动。后来间谍又报告说，陈余没有接受李左车的意见，韩信才放下心来，敢于带兵进入井陉口。

韩信在距井陉口陈余阵地 30 里的地方，安营扎寨，让军队休息。半夜时，选轻装骑兵 2000 人，让他们每人带一面赤色的旗帜，从小道偷偷进入靠近赵军的山间隐蔽起来，不让赵军发现。韩信向他们布置任务说："明天我军与敌交战时，要假装战败向后撤退，这时赵军必然倾巢而出追击，你们马上冲进赵的军营，拔去赵的旗帜，换上我们的赤旗。"

韩信接着又传令全军，要大家鼓足士气，迎接战斗，并说："大家先吃点小吃，等今天击败赵军后，再会餐。"各位将领听了，皆不以为然，随口答应说："好，等着会餐！"

韩信又向部下动员说："赵军已先占据了险要的地势，构筑了工事。他们没有看到我军大将的旗鼓之前，是不肯轻易攻击我军的先行部队的，因为怕我们遇险而退。为了使敌人相信我军决不后退，我们要派出一支万人组成的先行部队，进入敌人能看到的地方，做背水而战的布阵。"当韩信的这支军队进入阵地后，赵国的军队见他背水布阵，断了自己的退路，都认为他太不懂兵法，大笑不止。

天亮以后，韩信树起大将的旗帜，敲着战鼓，向井陉口赵军的阵地进发。陈余见到韩信的大将旗鼓，认为其主力已到，就打开营门，全军出击，与韩信的军队接战。战斗了一会儿后，韩信的军队假装不敌，抛弃了旗鼓，退入原来部署的背水阵地，与阵地上的军队联合，继续抵抗赵军。

陈余见韩信的军队不敌，退入背水阵地，认为他们已陷绝境，就倾营而出，争抢韩信军队抛弃的旗鼓，以便立战功。

韩信的军队退入背水阵地后，因为军无退路，所以都作殊死战，继续勇敢地抵抗赵军的进攻。这时韩信隐蔽在山中的2000 轻骑兵，等到赵军的营垒空虚，都出来争立战功之机，突然飞快驰入赵的军营，拔掉赵军的全部旗帜，树立起刘邦的赤色旗。

在与韩信军队的战斗中，一部分赵军见韩信的军队都殊死抵抗，一时还难于消灭韩信军，就准备撤回营垒，休息一会儿再战。可是当他们返回自己的军营时，却突然发现军营中四处都树立着刘邦的赤色旗帜，不觉大惊失色，以为韩信的军队已占领军营，俘虏了赵王及其将帅，因而全军大乱，纷纷夺路逃走，以求活命。赵国的将领一再试图把军队整顿好，虽然杀了一些要逃走的士兵，也无法制止混乱的军队。

在背水阵地作殊死战的韩信军队，见2000 骑兵已按计划占领了赵军营垒，赵军已陷入混乱，就趁机里外夹击赵军，赵军大败，陈余在泜水（在今河北柏乡县）被杀，赵王歇被俘。韩信取得了彻底的胜利。

韩信知道李左车是一个不可多得的人才，如果陈余听了他的意见，胜败还很难说。所以在清理战场时，韩信下令不可杀害他，如果有人把他活捉了，可得千金的奖赏。有人果然捉到了李左车，缚着他来到韩信的军帐中。韩信见李左车活着，很高兴，亲自为他解了缚，请他东边坐上座，自己在西边下坐陪着，像对待老师一样，很尊敬李左车，希望他能为自己服务。

战斗结束后，诸将领都来到韩信处，向他汇报战果，并庆贺战争的胜利。战争虽然胜利了，但有的将领对韩信的战法不解，就向韩信请教说："兵法上有'背靠山陵，前依水泽'的话，可是今天你让我们背水列阵，还说破赵军以后会餐，我们当时都认为这是违背兵法的，不明白其中的道理，可是竟然取得了胜利，这是什么战术呢？"

韩信知道部下还不理解他的战法，就向大家解释说："这种战法在兵法上也有记载，只是大家没有注意。兵法上不是说过："陷之死地而后生，置之亡地而后存"的话吗？我们的军队是临时组织起来的，没有经过很好的训练，战斗力并不强。对于这样临时组合的军队，如果不把他们置之死地，退无后路，人人就不会为了自己的生存而作殊死战；如果把他们部署在有退路的生地，大家一遇危险，就会四散逃走，我还能用他们打仗吗？"

众将领听了韩信的说明和解释后，才知道了韩信用兵的意图，大家都十分佩服，同声说："你想得很周到，这是我们没有想到的。"

项羽听到韩信占领了赵国，就屡派骑兵渡过黄河攻击赵地。韩信和张耳不得不率兵往来各地救援。项羽进入赵国的军队，因为得不到后援和当地人民的支持，都被韩信和张耳击败。他们逐步巩固了在赵国的统治后，就抽出一部分精兵，支援了刘邦在荥阳一带的前线。

为了巩固赵国的统治，韩信向刘邦建议，封张耳为赵王。

从井陉口一战中可以看出，韩信是一个杰出的军事家。

刘邦虽然拨给韩信 3 万军队，由于刘邦当时把最精锐的部队都集中在荥阳、成皋一线，这 3 万军队实际上都是战斗为极差的老弱病残。韩信很了解这支军队的素质，非在特定的情况下，他们无法打硬仗。韩信给他们设置了一个不战即死的特定环境，因而充分发挥了这 3 万军队的战斗力。

陈余的军队虽然号称 20 万，至少也有 10 多万，是韩信军队的三四倍。这支军队在家乡作战，又占据了有利的地形，远比韩信的军队战斗力要强。陈余和韩信都了解这一军事的对比形势，陈余想诱敌深入，借自己的优势，一举消灭韩信；韩信也了解自己的军队远离后方，供应困难，想让陈余全线出击，用速决战的方法，一举击

败比自己强大的敌人。

要尽快解决战争的胜败，这是陈余和韩信的共同想法。陈余是想用速决战，显示自己的战斗实力；而韩信却是想用速决战，弥补自己战线长、供应困难，无法进行持久战的弱点。

对陈余来说，因为自己占据了实力和地形的优势，他可以像李左车建议的那样，采用坚壁据守的持久战；也可以采取陈余自己主张的速决战。这两种战法，陈余可以选择。前者虽然比较保守，但较稳妥，在军事上不会冒太大的风险；而后者虽然易于显示自己的优势，却会有较大的风险。陈余选择了后者，从军事上来说，并没有什么错误。

对韩信来说，只能有一个选择，这就是速决战。战斗拖延时间愈久，愈对他不利，所以他把李左车的战法看成是自己的克星。听到陈余不采用李左车的意见，他才松了一口气。但是对韩信来说，争得了速决战的机会，只是取得了战斗可能胜利的条件，而要想取得战斗的胜利，他还需要计谋，充分发挥自己的长处，让敌人暴露弱点，以己之长击敌之短，才有可能变被动为主动。这正是韩信发挥自己军事才能的所在。

怎么样把自己的力量发挥出来呢？他设置了一个背水阵，让军队背水而战，无后退之路。这种特殊的地形，就把本来战斗力很差的 3 万军队，一下子变成了人人作殊死战斗力很强的军队。

这种战法只是提高了军队的战斗力。在敌我力量对比悬殊的情况下，时间拖久了，军队的损失会很大，又有全军覆没的危险。这是一步险棋，处理不好，就会落入死局。韩信把这步死棋变活的办法，是引诱敌人全线出击，趁敌军营空虚之机，让事先埋伏的 2000 骑兵抢占敌营，从而造成敌人的全局混乱，再击败敌人。

韩信设计的这一场战斗胜败的关键，是能否引诱敌人全线出击后，由2000骑兵占领敌人的军营。如果陈余警惕性很高，在激战中能留一部分军队坚守军营，使韩信的2000骑兵发挥不了作用，韩信在战斗中就会全军覆没。所以韩信的战斗设计，含有极大的冒险性。

韩信的信心在于，他很了解陈余，知道陈余是一个狂妄自大而又缺少实战经验的人。当陈余看到韩信的大将旗鼓都已进入背水阵的时候，他认为韩信已落入他的包围，再也无法逃出，有了必胜的把握。这时他不会再慎重布置，留一部分军队坚守军营，而是任其全部出动，争立战功，尽快地击败韩信。他没有想到韩信会设置这种危险的圈套，更不会想到韩信还设置了2000伏兵。所以陈余一败而不可收拾。

韩信的真实军事才干，在井陉口之战中才充分显示出来。他投奔刘邦后，一开始刘邦不识其才，但萧何认出来了。等到萧何月下追韩信，再次向刘邦推荐韩信后，虽然刘邦勉强拜韩信为大将，韩信对形势的分析也令刘邦佩服，但那毕竟只是一种认识，还没有经过实践的检验。像宋义那样，只有高明的认识，并无实战经验的人，仍会吃败仗。后来事实证明，韩信不是宋义，他在渡黄河击魏王豹时，就显示了军事的才干，可那只是一种声东击西的打法，为兵家所常用。只有井陉口之战，才显示出他创造性的军事才能。

韩信占领赵国，从战略上来说对刘邦是个极大的支援。赵国的占领从侧翼加强了刘邦在荥阳、成皋的防线，也使刘邦可以从侧面威胁项羽的后方，对项羽十分不利。所以韩信占领赵国后，项羽一再派兵去进行骚扰性的攻击，但一则因为项羽抽不出太多兵力，二则又因渡黄河的不便，所以一直未对韩信构成太大的威胁，使他很快稳定了赵国的统治。

刘邦一开始派韩信击魏攻赵，只是怕荥阳、成皋的防线在侧面受到威胁，并没有想开辟第二战场，能从侧面威胁和进攻项羽。可韩信攻下赵国后，对项羽的震动很大，对全国各地的诸侯也震动很大，这是刘邦开始料想不到的。刘邦随之抓住了这一有利形势，又给韩信以充分的支持，以扩大韩信的战果和影响，从而使韩信真正变成了进攻项羽的第二战场。

刘邦从彭城之战失利后，在军事上一直处于被动挨打的地位，处境十分困难。从韩信北伐开始，他才逐步扭转了这一形势。从荥阳、成皋的主战场来说，虽然被动的局面一直未改观，但从韩信的北伐战场来说，却一直进展很顺利，主动权握在自己手里。两条战线发展和彼此影响的结果，使项羽在军事上逐渐由优势变为劣势，最后被刘邦所击败。而这一转变的关键是韩信北伐的胜利。

燕国不战而降

韩信消灭了赵国后，下一步的军事行动如何进行，他向被俘的李左车请教。他对李左车说："我准备北攻燕国，东伐齐国，不知你有什么好的办法？"

李左车是败兵之将，深知自己所处的地位，哪敢在韩信面前发挥议论，所以辞谢说："亡国的大夫，不可以再进图存；战败的将军，不可以再谈勇敢。像我这样战败做了俘虏的人，哪有资格再商量大事呢！"

韩信并不认为李左车是败兵之将，他的被俘是由于陈余不听他的正确意见造成的，所以韩信向他解释说："百里奚是春秋战国时代的虞国人，虞国被灭亡后，他到了秦国，帮助秦穆公称霸诸侯。他并不是在虞国时愚笨，到了秦国就变得聪明了。关键是当权者用不用这个人才，听不听他的意见。假如陈余肯听你的建议，我打不胜这一仗，也可能已经当了俘虏。"

韩信并不以胜利者的姿态对待李左车，他诚恳地对李左车说："正因为陈余不听你的意见，我才有幸能见到你，恭听你的建议。我这是真心实意向你请教，请你不要再推辞了。"

李左车听了韩信的话，觉得他确实是一片诚心待己，因而向他推心置腹地建议说："智者千虑，必有一失；愚者千虑，亦有一得。所以人们常说：'狂妄之人的话，贤者也会从中得到教益。'我的看法不一定正确，但我愿意谈出来，供你参考。"

李左车接着开诚布公地对韩信说："陈余并不是草包，他很有才干，曾经指挥打过不少胜仗。可是一次战争的决策错误，仍免不了战败被杀。"李左车并没有因为陈余不听自己的意见而战败，就全盘否定陈余。他仍然肯定陈余的才干，但有才者只要有一次决策失误，也有可能身败名裂。

李左车接着分析韩信的处境说："你率军渡过黄河后，俘虏了魏王豹，活捉了代相夏说，不过十天的工夫，就在井陉口击败赵国的20万军队，杀了陈余。你的军威所至，已经名闻海内，威震诸侯，大家对你都很害怕，这是你现在的优势，但是你的军队经过连续的战斗，已经非常疲惫，难以再进行大的战斗。如果你率领这些疲惫之众，攻燕国坚守的城市，显然会力不从心。那时你想迅速攻下，可是力量又不足，必然会旷日持久地对峙下去，粮食供应必然会发生困难。"

李左车认为，只要一举不能攻下燕国，韩信就会陷入困境。因为："燕国的力量较弱，你一下子攻不下来，齐国就会受到鼓舞。他们两国必然会联合起来对付你，那样反而促进了敌人的合作，对刘邦战胜项羽的大局很不利。所以你攻燕伐齐的战略并不高明，它是以你的短处，击敌人的长处，后果未必如你想的那么好。"

韩信听到李左车否定了自己攻燕伐齐

秦俑头

的计划，讲的也不是没有道理。可是他也不能留兵在赵，不采取军事行动呀！于是他赶紧问李左车："那该怎么办才好呢？"李左车说："你现在最好的办法，是按兵不动，进行休整。在赵国境内，采取措施，扶植生产，安抚百姓，巩固统治。然后在去燕国的路上，部署军队，做出要发兵攻燕的样子。再派一使者，拿一封劝燕国投降的信，以武力相威胁，燕王必然会投降。燕国投降之后，你的军队也休整好了，再派人去警告齐国，齐国也会不战而降。就是齐国不降，那时再带兵伐齐，就是齐国再高明的人，他也没有办法救齐了。"

李左车最后归结说："兵法上有先虚张声势，随后再以实力相加的战法。你现在要趁胜利之师，四处虚张声势，迫使敌人屈服。如果他不投降，再以实力相加不晚。你只要这么办，我想取燕败齐不会有困难。"

韩信听了李左车的分析，觉得他讲得很对，比自己原来想的要高明，于是就按照他的设想，先派兵在燕国的边界上虚张声势，然后派使者劝燕国投降。燕王在韩信的威迫下，果然如李左车的预见，不战而降了。

在攻魏伐赵的战斗中，很有战术远见的韩信，为什么在设计攻燕伐齐的战斗中，反而不如李左车有远见呢？这说明一个人的智慧和才干毕竟有局限性。虽然像韩信这样有军事才干的人，在经过几次大的胜利之后，也会产生过于迷信武力的片面认识，以为用武力就可以解决一切问题，而对自己武力的缺陷，却没有足够的认识。韩信在井陉口之战中，以少胜多，主要依靠正确灵活的战术，才击败敌人，取得巨大的胜利。这对韩信来说，既是一个成就，又是一个包袱。它提高了韩信的威望，对其敌人构成了巨大的心理压力；可也使韩信沉迷于自己的胜利，过于相信了自己的力量。所以他在研究攻燕伐齐的计划时，没有更多地考虑用自己的威力给敌人形成的政治压力，争取不用武力解决问题，反而继续寄希望于武力。

可是李左车的处境却与韩信不同。他作为失败者，既认识到了韩信因为胜利所带来的威望，这是一个巨大的政治力量，会给敌人造成压力；又充分地认识到了韩信的弱点，这些弱点比井陉口战前显示的更加充分，那就是军队由于长期行军作战所造成的疲惫。井陉口之战中，韩信虽然利用敌人的决策错误和自己高明的战术，避开了自己的弱点，因而取得了胜利，可韩信如果继续忽视自己的弱点，或者寄希望于敌人决策上的失误，那将不可避免地会失败。所以李左车作为一个旁观者，一个失败者，他对当时形势的认识比韩信更为透彻，这也不足为奇。

当然，从总体上来说，李左车并不一定比韩信高明，但他对韩信军队弱点的认识，却比韩信要深刻。韩信的可贵之处在于，他在取得巨大的胜利之后，没有自以

为是，没有骄傲自满，而是勇于听取一个俘虏的意见，补充和改变了自己的决策。这正是韩信高明的地方，对一个高级将领来说，是难能可贵的优点。

韩信接受李左车的意见，对燕国采取政治攻势和军事压力相结合的办法，没有费一兵一卒之力，就迫使燕国投降，这是继击败赵国之后在军事上又取得的一大胜利。从政治影响来说，它的意义绝不亚于击败赵国的胜利。因为击败赵国，人们认为主要的因素是陈余决策的失当，还不能说明韩信力量的强大；而燕国的投降，却是韩信力量强大的结果。暂时的军事胜利，有时并不能证明胜利者的高明和强大；而在强大的力量面前不战而降，却可以证明胜利者的力量。所以韩信不战而迫使燕国投降，比之击败赵国，在政治上对项羽的影响更大，它增加了其他还依靠项羽的诸侯王的离心力，使项羽在政治上更加孤立。

韩信灭齐

汉高祖三年（公元前 204 年）冬十一月至翌年秋九月，韩信和张耳二人率军定赵下燕之后，楚汉双方在荥阳、成皋一线的争夺战达到高峰，汉军屡遭惨败，形势十分危急。韩信和张耳一面亲统赵军南下驻屯修武（今河南获嘉），与荥阳成皋成犄角之势，并确保河内（今河南焦作地区）之安全，一面则往来救赵，抵挡项羽所派出的渡河攻赵的奇兵。

当年七月，刘邦在成皋惨败后，渡河逃至小修武，在天明时分自称汉使者，驰入韩信军中，夺韩信之军归自己指挥。刘邦深感楚军正面攻势之猛烈，必须开辟新战场以牵制楚军。而此时，开辟新战场的最好方略，莫如攻下齐国以威胁楚之后方。而且，如果汉军攻齐，楚军势在必救，这

样，荥阳、成皋一线战场的压力就可减轻。因此，刘邦一面令张耳守备赵地，并继续征赵地兵增援荥阳、成皋防线，一面又拜韩信为相国。让他和曹参、灌婴等将领率赵军剩下的部队进攻齐国。齐王田广和相国田横得知韩信将率军来攻，立即调集齐国全部兵力20万人准备迎战，而派华无伤、田解二人为将，率军进驻历下（今山东济南）。

刘邦部署已定，回到荥阳前线，谋士郦食其向刘邦请求到齐国去劝说齐王降服刘邦，刘邦同意了，立即派郦食其前往齐国。郦食其到齐国见了齐王后问："大王知天下之所归吗？"齐王说："不知道。你说天下何所归？"郦食其说："归于汉。"齐王问："先生为什么这样说？"郦食其说："汉王在诸侯之前先入咸阳。项王背约而王汉王于汉中。项王迁杀义帝，汉王知道后，举蜀、汉之兵以击三秦，出关而责义帝之死；收天下之兵，立诸侯之后，降服城池，即以其城封降服该城的将领为侯，得到财物也用来分给将士，与天下同其利，因而英雄豪杰都乐为汉王效力。项王有背约的名声，又杀害义帝，背恩负义，对别人的功劳记不住，对别人的错误却忘不掉。打了胜仗将士们却得不到赏赐，攻下城邑而得不到封赏，不是项家的人就掌不了权。所以，天下有人背叛他，有才能的人怨恨他，而都不肯为他效力。所以，天下之大局以汉王胜利而告终，这是可以坐而等待的。汉王发蜀汉，定三秦，涉西河，破北魏，出井陉，诛成安君（陈余），这些都不是人力所及，而是靠上天的福佑。如今，汉王已据有敖仓的粮食，断绝成皋之险要，坚守白马之津（在今河南滑县东），杜太行（指太行山）之阪，距飞狐之口。此种形势，天下人谁最后降服，谁必然最先灭亡。大王赶紧先投靠汉王，齐国可以保全，否则，危亡可立而待之。"齐王田广认为有

理，便答应了郦食其，派使者到荥阳去和汉连和。使者走后，齐王认为汉军不会来攻，便减撤了驻扎在历下的齐军的警备和郦食其每天在宫中饮酒作乐。

这时，韩信已率军进至平原（今山东平原南），准备渡河。刘邦事先并未将郦食其说齐之事通知韩信。此时，韩信得到齐已经与汉连和的消息，便准备停止军事行动。范阳（今河北大名）人蒯通恰于此时在平原活动。蒯通是当时最卓越的谋士之一，他想促成韩信独立，从而形成与楚汉三国鼎立之势，然后进图天下。因此，他去找韩信，劝韩信说："将军受汉王之诏击齐，而汉王又单独派使者使齐国连和，是不是有诏令让将军停止进攻呢？将军为什么不行动呢？而且，郦食其只是一个策士，凭三寸不烂之舌而下齐70余城；将军率数万之众，作战一年有余才下赵50余城。当大将数年，难道还比不上一个竖儒的功劳吗？"蒯通的激将法果然有效，韩信认为有理，便率步骑数万，在平原津渡河。这时，齐军虽然仍旧屯驻在历下。但因与汉连和而撤除了警备。韩信遂乘机突然袭击，击溃了这支齐军主力，然后急速进攻齐都临淄（今山东临淄北）。齐王田广和相国田横见汉军突然攻来，认为郦食其欺骗了自己，便下令烹杀了郦食其。于是，齐国君臣上下都仓皇逃走，各不相属。齐王田广逃往高密（今山东高密西南），相国田横逃往博阳（今山东泰安东南），守相田光逃往城阳（今山东即墨西南），将军田既率败兵退据胶东（今山东平度东南）。齐国全国崩溃。

韩信袭破临淄后，马不停蹄，立即遣军向东追击。他一面派灌婴骑兵追击田横，至博阳而击败田横的骑兵，攻克博阳，田横败走嬴下（今山东莱芜境），一面派左丞相曹参攻取济北郡（治今山东长清南）各城。齐王田广见局势危急，不得不向楚

王项羽求救。此时，项羽正率军在魏地回击彭越和刘贾所率汉军，听说韩信袭破齐国，而且将南下攻楚，便遣将军龙且、亚将周兰和留公（陈留县令）率军救齐，军号20万。龙且率军向城阳（今山东莒县）和琅玡，与齐王田广会合，准备进击韩信。韩信闻龙且所率楚军到达，也立即调回曹参、灌婴等部，布置在潍水以西地区，准备迎击。在兵力上，龙且的齐楚联军占有明显优势。当龙且和齐王田广商议进击韩信时，有人向龙且建议说："汉军远斗穷战，其锋不可当。齐楚军据本土作战，军队容易败散。不如深沟高垒不战，而让齐王派出信使招那些被汉军攻破的城邑。这些城邑听说齐王尚在，楚军又来援救，必然反汉。汉兵在2000里之外作战，齐地城邑又都反抗他们，他们连粮食都得不到，故可以不战而降。"龙且却不以为然，反驳说："我十分熟悉韩信的为人，容易对付。而且率军救齐，不战而让敌人投降，我有什么功劳？如今战而击败他们，可以得到齐地的一半，为什么不打？"于是，龙且便率军进于潍水的东岸（今山东高密西），摆开阵势，韩信则率军在潍水西岸布阵。这时是汉高祖四年（公元前203年）十一月。

韩信因汉军兵力少，为将敌军一分为二，以争取决战兵力的优势，便在夜里令人做了1万多条布囊，里面装上沙子，做成沙袋，用它们堵塞了潍水的上流，然后率军涉水进攻龙且军。龙且出军迎击，韩信佯装不胜，率军败还。龙且高兴地说："我本来就知道韩信是个胆小鬼！"说着，立即率军涉水追击。韩信等龙且军一半渡过河时，便派人扒开了堵塞潍水的沙袋。于是，上流之水奔腾而至，将龙且军冲为两段。韩信见状，立即率全军猛烈反击，大败楚军。龙且被杀，周兰等被擒。潍水东岸的齐楚联军见龙且已死，便闻风

溃走。韩信又立即率军渡水追击，追至城阳，楚军全部投降，遂擒杀齐王田广，田光等人也都被擒。至止，齐楚联军全军覆没。韩信又派曹参进击胶东，擒杀田既。田横闻齐王田广已死，便自立为齐王。韩信又派灌婴率军击败田横，田横被迫逃至梁地，投靠彭越。于是，齐地全部平定。刘邦从而取得了对项羽在战略上的绝对优势。

鸿沟为界

当刘邦从关中率领一批新兵返回成皋前线时，北貉（居住在今东北一带的少数民族）和燕也派来了支援的骑兵。这时彭越在项羽的后方又往来袭击他的运输线，韩信也从齐国向项羽的后方发动进攻，项羽在前线的军队兵疲粮尽，处境非常困难。

刘邦抓住这个机会，向项羽展开了政治攻势。他先派陆贾到项羽处，以请他释放自己的父亲和妻子的名义，试探项羽的口气，项羽没有答应。但陆贾已经探明了项羽军情的虚实和他个人的心情。陆贾回来向刘邦报告后，刘邦又选派善于口才的一位姓侯的儒生，去劝说项羽和解。

从项羽的性格来说，他当然不甘心接受未击败刘邦的任何和解；但从他当时的处理来说，已经再无力量继续与刘邦在荥阳、成皋一带对峙下去了。要么等待刘邦击败自己，要么接受刘邦提出的暂时妥协，项羽只能从中进行选择。项羽虽然有宁死不屈的性格，但他当时还是认清了形势，接受了刘邦提出的暂时的和解和妥协。

刘邦提出以鸿沟（在荥阳东南30里，是秦始皇时开凿的一条引水渠）为界，东面归项羽，西面属刘邦，刘邦和项羽中分天下的条件，项羽接受了。

项羽释放了刘邦的父亲和妻子，他们在彭城之战刘邦失败后，就被项羽作为人质扣留，现在刘邦全家才得到了团聚。当刘邦的父亲和妻子回到刘邦军中时，大家兴高采烈，庆贺刘邦全家的团圆，士兵都高呼万岁。

项羽释放了刘邦的父亲和妻子后，就率军东归，这时刘邦也准备率军回关中休养。可是张良和陈平劝刘邦说："现在我们已占有大半个天下，各路诸侯又都归附和支持我们。而项羽兵疲粮尽，孤立无援，处境困难。这正是消灭项羽的最好机会。如果不借这个机会击败项羽，等到项羽的力量恢复过来后，就又难打败他了。现在不趁机击败项羽，就等于是养虎，给自己留下了后患。"

刘邦觉得他们说得有道理，就首先破坏了自己提出的以鸿沟为界中分天下的和平协议，越过鸿沟追击项羽。刘邦与项羽在新的战场上，重新开始了争夺战，暂时的妥协与和平未能实现。

以鸿沟为界的和平协议，是仓促达成的，本来就是不现实的。所以很快就受到了破坏，这也是必然的。

鸿沟以东是项羽的势力范围，可是在项羽势力范围内的彭越和韩信这两支刘邦的力量怎么处理呢？协议并没有说明。所以即使刘邦不越过鸿沟追击项羽，项羽东撤以后，也会用武力解决这两支力量，到时刘邦当然不能袖手旁观，因而新的战争是不可避免的。

项羽当时之所以答应了这一协议，是急于撤兵东回，以解决威胁后方的彭越和韩信问题，他也并没有真想履行这一协议。项羽已经在广武前线处境十分困难，军疲粮尽，难于再打下去；主动撤退，说明了自己的失败，又有损于情面和威望。他正在进退两难的时候，接受刘邦提出的一个暂时和平的协议，体面地撤军，正好给他一个台阶下，所以他才未做什么讨价还价的争论，就接受了刘邦的建议。

彭城之战后，当项羽追至荥阳时，刘邦就有以荥阳为界，和项羽东西中分天下的建议，范增坚决主张予以拒绝了。当时项羽强刘邦弱，主动权在项羽手里，项羽当然不愿中分天下。到了形势发生变化，刘邦显然已处于优势的情况下，他又提出了中分天下的建议。从协议达成后，刘邦准备西归的情况看，他准备暂时遵守这一协议。协议达成后虽然项羽释放了被俘的刘邦父亲和妻子，但它明显地对项羽有利，使他得到了巩固后方、重振力量的喘息机会。可刘邦为什么还准备暂时履行协议呢？这说明经过长期的战争，刘邦当时也有很多困难，他也想借机休整一下后，再与项羽展开决战。

在张良和陈平的建议下，刘邦还是首先破坏了自己提出而达成的协议，马上追击向东撤军的项羽。从道义上来说，刘邦撕毁了自己提出的协议，当然是错误的。项羽受骗上当，值得同情。但是从政治和军事斗争上来说，刘邦的马上追击项羽，又是正确的。因为中分天下是不会持久的，刘邦和项羽之间迟早会有一场决战，刘邦趁项羽东撤的机会追击，当然比等到项羽恢复力量后再进行决战，对自己有利得多。后来的事实也证明，刘邦的马上追击项羽，在军事上占了很大的便宜，否则不可能那么快就击败项羽。

刘邦智取宛城

阳城属秦南阳郡管辖。刘邦在阳城对军队进行了一些休整后，为了加强军队的机动力量，能尽快地进入关中，就把军中的骑兵集中起来，与秦南阳郡守吕齮，在犨县（今河南平顶山市南）东郊进行了激战，吕齮战败退守宛县（今河南南阳市）。刘邦认为吕齮已是战败之军，怕再进攻宛县会延误进关的时间，就放下宛县不攻，率军继续西进。

张良认为刘邦这种把敌人留在后方，自己冒险前进的战术很危险，万一前面遇到强敌，暂时失利，很可能陷入腹背受敌的局面。张良就对刘邦说："你虽然急于要西进入关，但要考虑到现在秦兵还很多，到处都在依险据守，抵抗起义军前进。现在我们没有攻下宛城就西进，前面有秦的强大队伍在抗击我们，如果守宛城的秦军再从后面袭击，我们的处境可就危险了！"

刘邦是一个很善于接受别人正确意见的人。他觉得张良的话很对，就马上改正，连夜率军从另一条路返回宛城，并更换了旗帜，在黎明的时候，在宛城守军未发现的情况下，把宛城又包围起来。宛城的守军误认为这是另一支起义军，吕齮感到宛城的再次被包围，起义军不拿下来决不会再撤走了，觉得守城无望，就想自杀。

吕齮的部下陈恢，见郡守对守城失望了，想自杀殉职，就劝他说："你不要忙于自杀。我再想一想解救的办法，如果无效，你再自杀也不晚。"

陈恢有什么高招呢？他只不过想借反秦起义军急于入关的机会，为吕齮的投降讨价还价。陈恢逾城到了城外，找到了刘邦，向刘邦建议说："我听说你在西征时，楚怀王有约在先，先入咸阳者封为王。宛县是南阳郡的都城，南阳是个大郡，下属有县城数十座，人口众多，积存的粮食也很多。现在郡守自认为投降起义军，必然会被处死，所以不投降，要坚决死守宛城。在这样的情况下，你如果强攻宛城，必然会受到很大的损失，一时也难以攻下；如果你不攻下宛城继续西征，宛城郡守必然会率军在后边进攻你。在此形势下，你如果强攻宛城，就延误了先进入关中占领咸阳的机会；如果放弃宛城不攻而西进，又有强敌在后，随时有前后被夹攻的危险。为了解脱你现在进退两难的处境，我向你建议，最好的办法是劝宛城的守军投降，封其郡守为起义军的官吏，让他为起义军驻守这里，还可以征调他的兵马，为起义军西征出力。你如果在宛城这么办了，秦在其他地方的守城将领，听到起义军来了，就都会争着开城门欢迎你，你不用费一兵一卒之力，在西征的路上就会畅通无阻，很快到达咸阳。"

陈恢看来既了解刘邦的处境，又很熟习当时秦朝地方官吏的思想和心理状况。秦的一些地方官吏，已经看到秦统治即将瓦解的形势，他们之所以还拼死反抗起义军，是因为过去为秦统治者卖命，作恶多端，怕得不到起义军的谅解，对他们进行报复。陈恢的话，再一次提醒刘邦，在西征中要加强政治攻势，不能光依靠武力解决问题。所以刘邦很高兴地接受了陈恢的意见，接受宛城的投降，封吕齮为殷侯，还封陈恢为千户。这样就不但没有因为攻宛城损失兵力和耗费时间，反而从宛城得到了军事和物资上的支援。

刘邦在宛城的这一封秦的投降官吏为侯的做法，很快就传到其他秦的地方官吏中，对秦的统治起了政治上的瓦解作用。本来秦的一些地方官吏在强大的反秦起义浪潮中，正感到走投无路时，刘邦的这一做法，给他们指明了政治前途和出路。从此以后，刘邦的西征就很顺利，西征军所到之处，秦的地方官吏纷纷不战而降。

刘邦的西征军接着又攻丹水（今河南淅川县西），秦守将高武侯戚鳃、襄侯王陵投降。丹水已经靠近武关，但刘邦没有从这里马上进攻武关。他为了解除后方可能的威胁，又向东南进攻胡阳（今河南唐河县南），在这里遇到参加反秦起义的秦番阳令吴芮派来的进行反秦活动的部将梅鋗。

射姿武士俑

梅鋗和刘邦的军队采取联合行动，迫使析县（今河南淅川县北）、郦县（今河南南召县南）的秦守军投降。这样，刘邦就基本上清除了在南阳郡的秦朝力量，为西入武关扫清了后方。

刘邦在进入武关前，一方面派魏人宁昌为使者，去劝说秦二世投降，但使者被秦二世扣留，未起作用；另一方面，为了争取进入关中后，得到秦百姓的支持，减少进军的阻力，刘邦在这时整顿了军队的纪律，约束部下不得烧杀抢掠。这些都为刘邦入关后的胜利进军，创造了条件。

刘邦从砀县出发西征之后，占领宛县是继占领陈留之后，取得的第二次大的胜利。这两次胜利都是依靠计谋和政治攻势取得的，因为刘邦当时的兵力有限，如果单纯依靠军事行动，肯定不会取得那么大的战果。这说明由于秦统治者的残暴和不

得人心，也由于全国反秦斗争的高涨，秦的统治实际上已临近瓦解。

宛县是南阳郡的郡治所在，它是刘邦西征中继颍川郡的阳翟外，占领的第二个郡的首府。但颍川郡是个小郡，地位远不如南阳郡重要。所以刘邦占领宛县，不但打开了进入武关的门户，在政治上也有十分重要的意义和价值。

项羽杀韩王成

韩王成曾协助刘邦的西征军，他的丞相张良又跟随刘邦进入关中。项羽分封时虽然仍封韩王成为韩王，但认为他是刘邦的人，就以他无战功为名，不放他归封地，而把他带到彭城，先废为侯，后来干脆把他杀了。

项羽杀了韩王成后，听到刘邦占领关中的消息，就封原来秦的吴县（今江苏苏州市）令郑昌为韩王，要他去占领韩地，以抗拒刘邦的东进。刘邦派韩的太尉韩信（与刘邦授大将的韩信不是一个人，后来被刘邦封为韩王），率兵击郑昌，郑昌战败投降。因为韩王成已被项羽所杀，刘邦就立韩信为韩王。

张良与刘邦在褒中告别分手后，就随韩王成到了彭城，他对项羽说："刘邦去汉中就王时，烧绝了栈道，决心不再东还了。"又把他得到的齐国和赵国联合反对项羽的书信送给项羽，对他说："齐国和赵国想联合起来消灭项羽。"刘邦占领关中后，他又对项羽说："刘邦只想如楚怀王约定的那样，得到关中，他不会再东进了。"张良千方百计地想转移项羽的注意力，让他产生主要的对手是齐国而不是刘邦的错觉，以减轻刘邦的压力。

项羽是一个易于感情激动的人，他不认为这是张良的挑拨离间计，是在故意庇

护刘邦，反而上了张良的当，果然认为齐国是自己的主要对手，集中力量先平息齐国的叛乱，因而为刘邦的发展争取了时间。

张良没有随刘邦到南郑，而随项羽到了彭城，是为了忠于韩王成。韩王成被项羽杀害后，他认为自己没有再留在彭城的必要，而且已受到项羽的猜疑，所以就逃出彭城，从小道偷偷跑回刘邦处，成为刘邦身边的重要谋士，这时刘邦已全部占领了关中。

张良是刘邦的忠实支持者，这一点项羽在鸿门宴上应当已经看得很清楚。可是项羽只认为韩王成是刘邦的人，不让他回到封地，还把他杀了。而却轻信张良的一些话，上了他转移目标的当。这说明到这个时候为止，他还没有接受范增等人认为刘邦是他的主要竞争敌手的估计，因而一再在对待刘邦的问题上，做出错误的决策。没有充分认识刘邦的野心和力量，这是项羽一再失败的一个重要原因。

杀韩王成对项羽来说完全没有这个必要。项羽如果认为他是刘邦的亲信，当时可以不分封他为王，就是分封以后才发现他是刘邦的亲信，不让他回封地，在彭城将他控制起来也可以，何必非要杀。张良是忠于韩王的，项羽只要不杀韩王成，他就不会回到刘邦那里，成为刘邦身边的谋士。而项羽杀了韩王成，不但把张良推向刘邦的身边，而且失去了一批韩王成的支持者。这对项羽来说，只能造成自己的孤立，并不能达到削弱刘邦势力的目的。

田荣灭田都和田安

齐国相田荣，在项梁解了东阿之围后，因为在人事处理上与项梁发生了矛盾，后来不肯派兵支持项梁与章邯军的战斗，所以项羽一直对他不满。在分封的时候，把被田荣拥立的齐王田市，改封为胶东王，这是对田荣的一个报复，所以引起了田荣的严重不满。

田荣不让田市去就胶东王。当新封的齐王田都来就王位时，田荣率军将其击败，田都逃到项羽处，请求项羽派兵支持他返回封地。田都和燕国的臧荼一样，是齐王派他率兵援赵，钜鹿之战胜利后，又随项羽入关，因为得到项羽的好感，而被封为齐王的。但他显然不如臧荼精明强悍，他率领的那支经过战火考验的精兵，不堪田荣一击就失败了。这说明田都在齐国很孤立，并未得到太大的支持。

田市很年轻，缺乏政治斗争经验。田荣不让他就胶东王，可当有人劝他说："项羽很强暴，他封你为胶东王，你拒绝去就国，恐怕项羽不会饶了你。"田市听后害怕项羽报复，就趁田荣率兵迎战田都之机，违背田荣的决定，偷偷地跑去就胶东王。

田荣击败田都后，发现田市不听他的劝告，偷偷去就胶东王，十分生气。他觉得自己出生入死地去战斗，都是为田市争地盘，他反而不和自己商量，就偷偷地跑去就胶东王，实在是给自己丢了脸。他在气愤之下，派兵去追击田市，把这个背叛自己的侄子在即墨杀了。

田荣杀了田市后，就自立为齐王。这时他又派兵西进，攻杀了项羽分封的济北王田安。这样，田荣就占据了齐与济北、胶东三王之地，成为东部的一大反项羽力量。

齐国与项羽的封地紧紧相连，田荣杀田市和田安，逼走田都，都直接地威胁到项羽在彭城一带的安定，也破坏了项羽在东方的政治格局，这当然是项羽所不能容忍的。从当时全国的政治形势看，田荣公开反对项羽比刘邦要早，离项羽的根据地又近，所以不管张良的离间计是否成功，项羽首先把注意力放在田荣的反叛上，这是必然的。但是项羽的主力是首先击田荣，还是去对付刘邦，这可能受到张良的某种影响，但也不能说张良的影响是决定性的。因为项羽首先出兵击田荣，也可能是为了先易后难，首先解决了就近容易征服的田荣后，在稳定后方的基础上，再出兵进击难度较大的刘邦。这种战略也不能说不对。

田荣是最早起来反对项羽分封的政治格局的。韩广的反对臧荼就燕王，虽然在时间上与田荣不相上下，可他反对的结果是自己的失败；而田荣反对的结果却是赶跑了田都，又兼并了田安，使项羽在东部分封的格局失去了平衡。

臧荼的兼并韩广封地，项羽可以默认，因为他是支持臧荼的；而田荣的兼并田都、田安，如果项羽也默认了，就等于承认分封的失败。无论从政治斗争还是维护个人威望的角度看，项羽都不能承认田荣造成的既成事实，他必须予以干预，才能保住自己霸主的地位。问题是采取什么样的干预方式，如果项羽处理慎重，应该尽量避免自己亲自率兵去征讨，那样万一失利，就可能一下子破坏了分封的格局。项羽应该派兵支持田都打回去，让他唱主角，还可以令臧荼、英布等派兵给予支援，自己坐镇彭城加以指挥和调度，才能万无一失。可是项羽没有这样做，结果造成了彭城的一度失守，这是一个很大的教训。

项羽击田荣

田荣是项羽分封后，首先起兵反对项羽的。齐国紧邻楚国，项羽又受到张良说刘邦不会再东进的欺骗，所以项羽在齐、汉、赵等国纷纷背叛的情况下，决定首先解决齐国的问题。

项羽出兵击齐前，要他最信得过的九江王英布，亲自率军来参加战斗。但是这时英布已经不那么听从项羽的指挥，他借口自己身体不好，只派几千人的军队，由别的将领率领，去敷衍项羽的命令，项羽因此对英布很不满意。

项羽亲自率大军讨伐田荣，田荣在城阳（今山东菏泽市东）列队迎战，田荣战败，退守平原（今山东平原县）。因为田荣一贯好战，不关心百姓的疾苦，所以百姓都很痛恨他。平原的百姓趁他战败之机，将他杀了。

田荣得不到齐国百姓的支持，项羽本可以利用齐国百姓对田荣的不满，在击败田荣之后，安抚齐国的百姓，以取得他们的支持，从而稳定在齐国的统治。但项羽没有认识到这一点，他反而以胜利和征服者自居，不分青红皂白，在齐国的地方到处烧杀抢掠，活埋田荣投降的士兵，掳掠他们的妻女，因而激起了齐国百姓的不满和反抗。

田荣的弟弟田横，利用齐国百姓对项羽的不满，把各地反抗项羽的百姓组织起来，收集溃散在各地的士兵，组织起几万人的军队，又占据城阳反抗项羽。这部分齐国将士，因为受到过项羽军队的残害，又得到齐国百姓的支持，所以个个都拼命守卫城阳，项羽的军队久攻不能下。

这时刘邦的军队乘虚攻入项羽的都城彭城，项羽被迫留下一部分军队继续进攻城阳，自己率主力军回撤。田横趁项羽主力军撤退，消灭了留在齐国的项羽军队，并全部收复了齐国失去的城邑。

田横立田荣的儿子田广为齐王，自己为相，齐国的一切事情，都是田横说了算。齐国在田横的专权下，国力日趋衰落。

项羽出兵击齐，从当时的整个形势看，并不是最坏的选择。他如果采取速决战，击败田荣后，马上安抚百姓，另立一个亲近自己的人为齐王，然后立即撤兵，再对付其他的背叛者，也是一个上策。它既可作出一个对待和处理反叛者的榜样，也警告其他的背叛者，又不会陷入齐国的战场，这一点项羽当时完全可以做到。但项羽的报复心太盛，他击败田荣后，还想报复一下齐国的百姓，结果反而使自己陷入了持久战的困境，造成了刘邦乘虚攻入彭城的后果。他击齐的目的没有达到，反而助长了刘邦的气焰。这是他与刘邦的斗争中，第一次大的失利。

从项羽分封后，诸侯王之间很快就发生混战，破坏了项羽设置的政治格局来看，他的这次分封是失败的。分封的破坏者，首先是项羽自己。项羽一方面尊楚怀王为义帝，很快又把他杀了，这就是对自己原来行为的否定；项羽分封了韩王成，可又不让他去封地，接着又降为侯，很快又把他杀了，这也同样是对自己的否定。义帝和韩王成都没有什么力量，在当时都构不成对项羽霸主地位的威胁，项羽即使对他们不喜欢，也可以延缓一段时间再作处理。可他迫不及待地首先向这些弱者开刀，否定了自己的分封，这说明他自己就不相信那种分封的格局。

项羽分封之后，汉、赵、齐、燕等几个最有实力的封国，都很快就发生了战乱，这说明分封制已不是稳定天下政局的最佳选择。这其中固然有分封的不合理造成的混乱，但这并不是唯一的原因。因为分封的基础是实力的平衡，在彼此实力没有限制，而且并没有一个权威的力量能加以调节的情况下，各个封国的实力在发展中会互有涨落，这是使这种制度得不到平衡的内在因素。所以分封制是一种不稳定的制度，就是摒弃了分封中的不合理因素，它也必然会发生动乱。这在战国时期已经充分反映出来，秦始皇建立集权的专制制度，就是为了纠正和解决这个问题，但他集权

过分，把它变成了一个暴政，因而又走向了其反面，引起了天下更大的动乱。项羽重新推行分封制，是想借历史的现成方案，解决秦始皇集权所导致的暴政问题。这当然是一种最省力简便的办法，但却是一种落后的政治制度。它不但没有解决集权过度所产生的问题，反而退回到集权前分封制所带来的混乱局面。

彭城之战

陈平投降刘邦

陈平是阳武（今河南原阳县东）人，从小家穷，但长得魁梧，又好读书，很有学问。陈胜起义后，他投入魏王咎的军中，被任命为太仆，几次给魏王提建议，魏王听不进，有人还向魏王说他的坏话，他觉得跟着魏王不会受到重用，就逃离魏王，投奔到项羽处。因为随项羽入关有功，赐爵为卿。

在刘邦暗渡陈仓的时候，殷王司马卬也反叛了项羽。项羽封陈平为信武君，让他率领在项羽军中的魏王旧部下，去进击殷王，迫使殷王又归顺了项羽。陈平因为平叛殷王有功，项羽就任命他为其部将项悍的都尉，并赐金20镒。

不久，刘邦占领了关中后，又进攻殷王，殷王投降了刘邦。殷王的投降刘邦，本来也是被迫的。但项羽却认为，殷王原来的归顺就是假的，是陈平欺骗了他，要杀陈平及其部下。陈平听到这一消息，就封存好项羽赠他的金钱和印信，派人送还项羽，自己带着一把剑和简单的行李逃亡了。

陈平在修武（今河南获嘉县）找到刘邦，托他的老朋友魏无知向刘邦推荐，去拜见刘邦。刘邦同时接见了陈平等七个人，并一起招待他们吃饭。饭吃完后，刘邦对

大家说："请大家回住处休息吧！"陈平很想与刘邦单独谈一谈，向他提些建议，他一听刘邦要送客人，就对刘邦：："我有重要事情要单独向你讲，过了今天就晚了。"刘邦听说陈平有不能过当日的重要事情讲，就请他留下来谈。

陈平很善于抓问题，他一谈就吸引住刘邦，对他产生了好感。谈完后刘邦问陈平："你在项羽那里做什么官？"陈平回答："都尉。"于是刘邦当天就任命陈平为都尉，监护各个将领，负责自己的卫队。这个消息传到各个将领中后，大家议论纷纷，都很不平。他们觉得陈平只不过是项羽逃亡的部下，还不知道他有多大的能力，刘邦就把他当成亲信使用，要他监护军中的一批老将领，太不公平。但刘邦认识到了陈平的才干，他听到大家的议论，并不以为然，反而更加信任陈平了。

刘邦的老将周勃和灌婴看不惯陈平的被重用，就在刘邦面前说陈平的坏话："陈平外表看起来虽然很魁伟，但未必有才华。听说他在家里的时候，和他的嫂子不干净；到了魏王那里，魏王不采纳他的建议，就跑到项羽处；项羽也看不上他，才又逃到我们这里。你现在这么重用他，让他率领你的卫队，可是他对于部下，送他钱多就待你好，送他钱少就刁难你。可见陈平是一个反复无常、贪得无厌的乱臣，希望你对他要提高警惕！"

刘邦听了他们的这些话，心里对陈平也产生了猜疑，就叫来陈平的引见人魏无知，问他有没有这种事。魏无知直爽地回答说："有。"刘邦质问："那你引见时为什么说他是个贤人呢？"魏无知解释说："我说的是他的能力，而你问的却是他的行为。有高尚道德行为的人，对你取得战争的胜利若无帮助，他现在对你又有什么用呢？现今你在和项羽争天下，我给你推荐的是有奇谋大计的人，他的计策有利于你

战胜项羽就行了，你管他和嫂子的关系及接受贿赂干嘛呢？"刘邦听了，觉得魏无知的话很有道理，他现在急需用的是能帮他战胜项羽的人，在其他方面不应对之苛求。

刘邦为了释去对陈平的猜疑，证实魏无知的话，就把陈平找来，直接对他说："你先在魏国，不中意又跑到楚国，现在又从楚国跑到我这里，一些人对你这样的反复产生了疑心。"

陈平知道刘邦的一些老部下因为刘邦重用自己，而对自己很嫉妒，所以在刘邦面前散布了一些流言蜚语，已经影响到刘邦对自己的信任，现在刘邦问起来，正好作些解释。因此，他向刘邦表白说："我离开魏王，是因为他不听取我的建议；我又离开项羽，是因为他只信任自己的亲属，他所重用的不是项氏子侄，就是妻子的亲属，并不重用有才干的人。我在项羽那里时，就听说你很重用人才，所以我又离开项羽，投奔到你这里。我只身而来，来的时候身上未带分文钱财，我如果不接受部下送的一些钱，怎么生活呢？你如果认为我的计策还有可用之处，我愿意为你效力；如果认为并无可用之处，大家送的钱财都还在，我愿意全部拿出来送给官府，请你放我离开这里。"

陈平的解释，并没有回避部下送钱财的事实。刘邦听了，觉得陈平讲的也有道理，因而解除了对他的猜疑，更加信任他了。刘邦觉得陈平这样的人才不可多得，但过去对他的生活照顾不够，因此厚送给他一笔钱财，请他谅解自己的不周。

刘邦经过这次对陈平的考察，觉得应对他更加重用。于是，任命陈平为护军中尉，负责监护全军的将领。大家见刘邦对陈平这么信任，谁也不敢再讲陈平的坏话。陈平也以自己的才能，逐步得到了大家的信任和支持，成为刘邦的一名得力助手。

陈平是一个有缺点的人，从他接受部

下送的钱财看，在战争时期他的缺点表现得还很突出，因为爱财的人很容易被敌人所利用和收买。但是陈平也是一个很有才干的人，从他后来的表现看，他的一些建议对刘邦取得胜利，起了积极的作用。在如何使用这样的人才上，魏无知对刘邦的分析是很有认识价值的。

魏无知把一个人的德和才分离开来评价。他认为陈平和嫂子的关系不正，接受部下的钱财，这都属于一个人道德品质范围内的事。可是一个人的道德水平再高，在战争时期也未必有多大的用处。要取得战争的胜利，不是用道德去感化敌人，而只能用计谋击败敌手，所以才能比道德更为重要。陈平有战胜项羽的才能，他虽然在道德行为上有缺点，为什么就不能重用他呢？

陈平对接受部下的钱财，又有自己的看法。他来到刘邦处时，把项羽送的钱财都退回了，自己分文未留。而当时的军队，除了利用战争可以抢掠外，并无正式的薪俸。一个人要生活，没有钱财是不行的。所以陈平认为自己接受部下送的钱财，是理所当然的事。

刘邦对这件事的处理，也有一个认识过程。他一开始听到别人对陈平的议论，自己也产生了猜疑。他先把对陈平了解的魏无知叫来，向他询问陈平的情况。魏无知没有为朋友掩盖缺点，但他全面分析和评价了陈平，谈了自己对陈平缺点的看法。魏无知对陈平的分析，合情合理，所以得到刘邦的认可和理解。刘邦接着又把陈平叫来，当面向他讲了大家对他的意见。陈平没有否认和隐瞒事实的真相，他承认自己接受过部下送的钱财，但讲明了自己接受的理由。

刘邦经过对魏无知和陈平的当面对质和调查，对陈平有了更深入全面的了解。他没有责怪陈平的所作所为，而是理解了他的困难和处境。刘邦厚送给陈平一笔钱财，一方面当然是表示过去对他了解和关心的不够，另一方面也是要他今后再也不要接受部下的钱财。

刘邦听到别人说陈平的坏话，然后经过自己的调查，又与陈平当面亮了底，最后终于进一步认识了陈平。他不但没有不重用陈平，反而对陈平更加信任，让他监护全部将领。这说明刘邦在认识和使用人才上，是有很高的气量和风度的，这是他战胜自己对手的一个重要原因。

刘邦占领彭城

刘邦在稳定了关中一带的统治后，就于汉王二年（公元前205年）四月，率领塞王、翟王、河南王、魏王、殷王等五诸侯的人马，合计56万的大军，浩浩荡荡地东进讨伐项羽。大军在经过外黄的时候，又有彭城的3万人参加，军队人数达到了近60万。

当时项羽率主力军正在东部与齐国的军队作战，后方彭城一带很空虚。当他听到刘邦率大军东进的消息，思想上轻敌麻痹，认为刘邦一时攻不到彭城，想用速决战击败齐国后，再回击刘邦。可是由于他在齐国的残暴政策，引起齐国人民的坚决反抗，在城阳久攻田横不下，结果刘邦乘虚一举攻占了彭城。

刘邦占领彭城后，为自己取得的巨大胜利所陶醉。他没有想到，攻占彭城并没有消灭项羽的主力，对项羽在齐国的力量失去了警惕。各路诸侯兵纷纷在彭城抢掠财宝和美女，将领们也整天饮酒宴会，庆祝自己的胜利。他们被已经取得的胜利冲昏了头脑，认为占领了彭城就等于击败项羽，根本没有再把身在齐国的项羽放在眼里。

可是项羽的头脑还是清醒的。当他在齐国的前线听到刘邦攻占彭城的消息后，并没有惊慌失措。他让部将继续围攻困守城阳的齐军，自己亲率三万精兵，经鲁县（今山东曲阜市）、胡陵至萧县（今安徽萧县），切断刘邦军的西退之路，然后趁刘邦军队的松懈无备，突然发动进攻，刘邦军大败。

刘邦攻占彭城之后，他的主要谋士除萧何留守关中外，张良、韩信、陈平等人都跟随他到了彭城。他们为什么没有像刘邦进入咸阳时那样，劝他约束士兵的纪律，提高对敌人的警惕，避免将士的抢掠和腐败呢？可能他们劝说了，未引起刘邦的重视；也可能是刘邦虽然重视并进行了努力，但却无效果。

因为这近 60 万大军，是临时拼凑起来的。五诸侯虽然都带兵参加了刘邦攻占彭城的战斗，但他们都是被迫参加的。他们投降刘邦，本来就是被迫的，参加彭城之战，当然更不是他们的心愿了。可是迫于刘邦的威力，他们毕竟参加了攻占彭城的战斗，而且想不到仗又打得这么顺利，很快就攻占了彭城。他们当然要趁机捞一把，刘邦想要约束他们，当然也就无能为力了。

可是话又说回来，刘邦虽然约束不了五诸侯的兵，但他起码还能管住自己的军队，在攻占彭城之后，将他们驻扎在彭城外围的一些军事要地，以阻击项羽的军队。刘邦连这一点也没有做到，说明他和其主要的部下，也被胜利冲昏了头脑，对项羽失去了起码的警惕，所以才引来一场惨败！

刘邦从彭城败逃

项羽的军队到了萧县，看来刘邦并不知道，因为他没有相应地采取防范措施。

项羽率军一早从萧县出发，虽然受到刘邦军队的一些零星阻击，但中午就到达了彭城。刘邦率诸侯军仓促应战，这支军队虽然比项羽的军队多近二十倍，但都是些乌合之众，身上又都带着不少劫掠的财宝，当然敌不过项羽的这支精兵。所以一

接战，刘邦军就大败，溃不成军。

刘邦的军队在一片混乱的情况下，匆忙从彭城撤退，因为号令不一，大家争相逃命，在抢渡彭城附近的谷水和泗水时，被项羽军拦击，死亡 10 多万人。刘邦的军队再向彭城南部的山区撤退，项羽的军队追到灵璧（今安徽宿县西北）东的睢水上，趁刘邦军仓促渡河时加以阻击，刘邦军队又大乱，互相在水中踩死挤死者不计其数，有十余万具尸体把睢水堵塞，河水为之不流。

项羽把刘邦围困在睢水旁。刘邦的残兵败将，士气十分低落，没有斗志，人人只顾逃命，处境十分危险。这时突然刮起一阵西北狂风，飞沙走石，天昏地暗，拔树倒屋，伸手不见五指，围困刘邦的项羽军一阵混乱，刘邦趁机带领数十骑突围而出，向北逃到自己的家乡沛县。

刘邦率军西征的时候，他的父亲、妻子和儿女一直留在沛县老家。刘邦暗渡陈仓，占领关中后，曾派部下薛殴和王吸出武关，想让他们去沛县迎接自己的亲属。项羽得知后，派兵在阳夏（今河南太康县）阻击，薛殴和王吸未能到达沛县。

刘邦在彭城战败逃出后，想顺便路过沛县，和家人一起西逃。可是他家里人听到刘邦在彭城战败的消息，早已逃离家乡，刘邦未能找到。事有凑巧，刘邦在家乡未能找到自己的亲属，却在逃亡的路上正好碰到逃出家乡的儿子刘盈和女儿鲁元，刘邦喜出望外，就让他们上车与自己一起逃亡。

这时项羽的骑兵发现了刘邦逃跑的踪迹，就在后边穷追不舍。刘邦座车的马跑得已经很疲乏，眼看后边的敌人就要追上，刘邦急了，就把儿子和女儿推下车，想减轻车的重量，好让自己一人逃脱追兵。

给刘邦驾车的是他的同乡夏侯婴，他不忍抛下这两个孩子不管，就下车又把他

们抱上来。刘邦更急了，怕追兵赶上，想再把这两小孩推下车。夏侯婴一面赶车，一面用手紧抱着这两个孩子，责怪刘邦说："现在虽然很危急，敌人未必能追上，为什么要推他们下车不管？"刘邦这时只顾自己逃命，根本不考虑这两个亲生骨肉的安危，见夏侯婴护着这两个孩子不让推，几次拔剑要杀夏侯婴，都被夏侯婴巧妙地躲过，才没有受伤。

后边追赶刘邦的项羽部将是丁固和赖缽，由于刘邦的车重马乏跑不快，很快就追上了刘邦。刘邦和夏侯婴下车与他们短兵相接，交手恶战。刘邦渐渐敌不过丁固，就对丁固说："你我都是好样的，为什么要互相厮杀，非要分出胜负来呢？"丁固听了，认为刘邦很看得起自己，不忍心再追杀刘邦，就引兵而去，刘邦因而得以脱险。这样，夏侯婴终于救出了刘邦的两个孩子，并与刘邦一起逃脱了项羽的追兵，总算捞到了活命。

刘邦为什么忍心抛弃自己的亲生子女，只身逃亡呢？这除了刘邦自己的贪生怕死，不顾亲生子女的死活，而只求自己活命外，与他对这两个子女无多大感情也有关系。刘邦一直在外面进行政治活动，两个子女在家里随母亲生活，刘邦偶尔才回家看一看，所以父亲和子女间的感情较淡薄。后来刘邦不喜欢刘盈，几次要废刘盈的太子地位，而立赵王如意，都和父子间的这种感情有关。刘邦还曾要杀害女婿赵王张敖，也和父女的感情相关。所以他在危难之时，想抛弃子女而自己活命，也就不足为怪了。

夏侯婴因为救刘邦的子女有功，后来很得到吕后的信任。她赐给夏侯婴一处豪华的住宅，是皇宫北面的第一家，说"这样才靠得近"。

刘邦离开沛县西征时，留自己的朋友审食其在家乡照顾父亲和妻子儿女。刘邦在彭城战败，审食其怕项羽的军队报复，带着刘邦的家属外出逃亡时，因为兵荒马乱，与刘盈和鲁元失散。刘盈和鲁元碰上刘邦，虽然几被抛弃，在夏侯婴的帮助下，总算逃出了虎口；而审食其带着刘邦的父亲和妻子，本想走小道去找刘邦的军队，结果不巧，反而遇上项羽的军队，成为项羽的俘虏。项羽把他们作为人质放在国中，准备以后作为和刘邦讨价还价的砝码。

刘邦在彭城战败后，原来临时组织起来的反项羽联盟很快瓦解了，一些投降和归附了刘邦的诸侯王，这时纷纷背叛刘邦，投降了项羽。塞王司马欣和翟王董翳，离开刘邦跑到项羽那里，殷王司马卬战死，齐、赵、燕等国也抛弃刘邦，与项羽结为盟友。刘邦这时处境困难，十分孤立。

在彭城之战中，从战术上来说，双方都十分轻敌麻痹，所以刘邦攻占彭城很容易，项羽击败刘邦收复彭城也没有费劲。彭城是项羽的都城，是他的根据地，项羽去击齐，怎么也得留重兵把守彭城，免得后方被敌所扰，这是兵家的常识，项羽不会不知道。但他却一反常规，倾全力去击齐，结果彭城空虚，让刘邦钻了空子，一下子就占领了彭城。这恐怕是刘邦和项羽都没有想到的。

刘邦占领彭城后，从刘邦的军事斗争经验看，他不应该忽视远在齐国的项羽主力，应有所防备，有所警惕。可是刘邦也一反常态，完全沉溺在胜利的欢乐中，而未对项羽采取起码的防范措施。结果项羽以少量的兵力，就连败刘邦的几十万大军，刘邦几乎成了项羽的俘虏。这恐怕也是刘邦和项羽未能预料到的事。

作为已经披坚执锐数年，取得了丰富战斗经验的项羽和刘邦来说，为什么都在战术上犯了这样常识性的错误呢？这可能都与他们过分轻视对方的力量有关。项羽根本不把刘邦看成是自己的对手，所以他敢集中全力击齐，而不认为刘邦会乘虚攻彭城。刘邦率领数十万大军，不费力就攻占了彭城，他也不再把身在齐国的项羽看在眼里，所以并未设防，因为他认为项羽决不敢回击彭城。由于他们对敌方的估计都错误了，所以都采取了错误的战术，结果都受到了惩罚。

彭城之战是刘邦和项羽之间第一次大规模的军事交锋，项羽先败后胜，刘邦先胜后败。双方经过这一次交锋，才直接认识到对方的力量，从此都把对方看成是自己的主要敌手，双方全面展开了争天下的斗争。失败的教训，使他们在战术上都变得谨慎，不敢再轻视对方，因而战斗也更加持久和残酷了。

彭城之战是在项羽的腹地进行的，对项羽的军队来说，可以说是一种保家卫国的战斗。因为项羽将士的家庭和妻女大多在彭城，刘邦进入彭城后的烧杀抢掠，都直接侵害到每个将士家庭的利益，所以他们在兵力众多的敌人面前，个个都勇敢善战，连续战斗，再次创造了以少胜多的战绩。而对刘邦的将士来说，这是一次深入敌人腹地的战斗，经过长途跋涉，一下子取得了意想不到的胜利，因而一定要以胜利者的姿态，尽情地掠夺和享受一番，所以一败而不可收拾，也是意料中的事。

项羽在彭城之战中只能胜利，不能失败，如果失败了，就无退路，可能从此在历史上消失；而刘邦却还有大后方，只要他能生还，还有可能依赖后方的力量，重整旗鼓，再次登上历史的舞台。所以刘邦一战失利，军队就四散逃亡，刘邦也不顾部下，甚至不顾自己的子女，只身去逃命。因为他只要逃出来，还有再恢复力量的希望。正因为有这种希望，还有退路可走，刘邦才失败了，而且失败得那样惨。惨痛的教训使刘邦认识到，他要战胜项羽并不那么容易，必须作持久战的打算。

秦二世被逼自杀

公元前 207 年，陈胜、吴广发动农民起义已经两年，赵高多次谎报军情，总说义军闹不出什么名堂。这时，陈胜、吴广虽然已经牺牲，他们直接领导的一支起义军失败。项羽、刘邦领导的起义军却已经壮大起来，俘秦名将王离，多次打败章邯，席卷关东，刘邦领义军数万正在攻武关。八月，赵高怕二世闻讯恼火，托病不去上朝。二世被起义形势吓得总做噩梦，就派人上门斥责赵高。

刘邦正准备进攻武关的时候，章邯的大军向项羽投降了。这两件事都促进和加剧了秦最高统治集团内部的矛盾和斗争。秦的丞相赵高为了控制秦二世，达到他专权的目的，一直不把秦军在前线失利的情况告诉秦二世。章邯的投降，对秦统治者震动很大，赵高怕再也瞒不住秦二世了，就制造了一次宫廷政变，先发制人，私下里又与他的女婿咸阳令阎乐、弟弟郎中令赵成谋划，要杀死二世。于是，由赵成做内应，阎乐以搜捕盗贼为名，率兵进入二世居住的望夷宫。杀死卫令、郎、宦官等数十人，并用箭射二世的帷幄。二世大怒，高呼左右，但无人应答。死前，他曾向阎乐央求，能否见赵高一面，说说为什么，被阎乐拒绝；二世又请求，情愿放弃帝位，做个郡王或万户侯，也被拒绝；最后，二世只要求和妻子做个黔首（平民），还是被拒绝了。阎乐说："我受丞相之命杀你，你的话虽多我却不敢回报"，随即驱兵攻向二世，二世无奈，只得自杀。

二世被杀之后，赵高拥立二世之兄的儿子子婴，贬号为王，以求保住原来的秦国，不被诸侯灭亡。赵高命令子婴斋戒五日之后受玺即位。子婴跟他的儿子商量后

中国通史

最新整理图文珍藏版

认为，赵高会在继承王位的仪式上杀死子婴，以便自己在关中称王。于是，子婴诈称有病，诱使赵高亲自来请，结果被子婴的伏兵刺杀。赵高三族也被子婴下令全部诛杀。

刘邦破武关和峣关

武关在河南和陕西的交界处，刘邦占领了南阳郡的郡治宛城之后，武关就完全暴露在刘邦大军的面前。在研究进攻武关的战术时，张良认为，武关地形险要，一夫当关，万夫难攻，不宜采取强攻的办法。他建议让郦食其和陆贾带着大量财宝，去贿赂守武关的秦将，松懈其斗志后，趁其不备，再突然进攻，可能比较省力。刘邦采用了张良的办法，果然一举攻下了武关，打开了进入关中平原的南部大门。

新立的秦王子婴，纠集最后的一点兵力，在峣关（今陕西蓝田县东南）设防，企图作阻止刘邦西进的最后挣扎，但是已经太晚了。

峣关前据峣岭，后枕蒉山，关城设在山口的险要处。刘邦破武关以后，一路没有遇到秦军的阻击，进展很顺利，见到峣关有秦军把守，就想派两万人马，立即强攻。

张良认为峣关很险要，秦又派重兵把守，他们必然会做殊死战，不同意立即派兵强攻。张良先派人做了一些侦察以后，就对刘邦说："秦的守军作战力很强，不可轻视敌人，强攻会使我们受到损失。我了解到峣关的守将是个屠夫的儿子，商人都很看重利。你最好留在大营中坚守，派出少量的先头部队，让他们带五万人的食具，以为疑兵；再在周围的山上，张旗鼓噪，做出要大举进攻的样子；然后再派郦食其带上重金，去见秦的守将，以利引诱他投降。"

张良的计谋果然很灵，秦将是个贪财之徒，他得了郦食其送来的大量财宝，又看到刘邦军队咄咄逼人的进攻之势，觉得坚守不如投降对自己有利，就表示愿意投降，与刘邦合军西击咸阳。

刘邦听到不费兵力，峣关的秦军就投降了，很高兴，准备举办投降的仪式。但是张良觉得其守将虽然被收买而叛秦，可他的部下不一定服从。如果部下继续抵抗，打起来就要拖延时间。于是他又向刘邦建议说："不如趁秦将欲投降，军事上松懈无戒备的时候，突然发动进攻，必然可以很快击败秦军，拿下峣关。"

刘邦认为张良说的有理，就一方面与秦将继续谈判有关投降的事宜，一方面偷偷派兵从小路绕过峣关，爬上峣关后的蒉山，然后突然前后夹攻峣关的秦军，很快占领了峣关。

峣关败退的秦军，又匆匆在蓝田（今陕西蓝田县）设防，准备再作垂死的挣扎。刘邦的军队追到蓝田北，再次击败秦军。刘邦消灭了秦朝的最后一支防卫军队后，进军咸阳的路就全部打开了。

刘邦在西征中，遇到的都是秦的地方守军，所以没有像项羽率领的北援军那样，与秦军的主力进行大规模的决战。刘邦的军队直到进入咸阳的时候也只有十万余人，他之所以能用这点兵力就长驱直入，一路上没有遇到大的抵抗就打到秦的首都咸阳，正是因为项羽在巨鹿击败和歼灭了秦军的主力，才给他创造了这样的有利条件。项羽不服气他首先进入咸阳也就是这个原因，这是两人后来"楚汉战争"的症结所在。

秦朝灭亡

汉王刘邦元年（公元前206年）十月，

公子婴只当了 46 天秦王，刘邦军至灞上（今陕西西安市东），形成兵临咸阳的局面。秦王子婴用白马素车，封好皇帝的印玺符节，在咸阳东南轵道（今西安东北）旁向刘邦投降。短命的秦王朝结束了自己的统治，宣告覆亡。

在秦军围攻巨鹿时，楚怀王与项羽、刘邦约定，谁先入关中灭秦，谁为"关中王"。在项羽救巨鹿时，刘邦奉命西击秦。刘邦的军队开始人数不多，但刘邦利用了当时秦军主力被牵制在河北的有利形势，在进军途中不断收集散于各地的义军，发展壮大自己的势力，又对秦军避实击虚。经过一年的迂回进军，于公元前 207 年八月，攻入武关。打开了进军关中的门户。刘邦攻下武关时，章邯已在巨鹿投降。关东地区的反秦斗争，烈焰如火如荼。它表示着秦王朝的统治末日即将来临。

而这时，秦统治集团的内部矛盾却进一步表面化了。子婴上台后，秦王朝面临顷刻瓦解的厄运。子婴积极调动兵马，在峣关（今陕西蓝田东南）设防，企图阻止刘邦军向咸阳逼近。刘邦用张良计，设疑兵，威胁秦军，又以重宝引诱守将投降，乘其不备，大破秦军，攻克扼守咸阳的要塞——峣关。接着乘胜在蓝田一战中又使秦军一败涂地。待到刘邦军至灞上，继承王位刚刚四十六天的子婴只好投降。秦帝国宣告灭亡。

三年来，赵高施展种种阴谋手段，玩秦二世于掌中，最后控制了秦王朝，独揽大政，登上了权力的顶峰。他自以为聪明得计，其实这样的倒行逆施恰好是自掘坟墓。正是他的胡作非为，瓦解了秦王朝的统治机构，促成了章邯等秦军统帅的投降，葬送了秦军主力。从刘邦入关的进展情况也可以看出，秦王朝的覆灭完全由于政治上解体。单从军事力量上较量，刘邦连夺取一座中等城市也很困难，根本谈不上远征关中。但是，他进军沿途的秦王朝地方长官却是人人自危，各怀鬼胎，只求如何保住性命，无心抵抗，所以当刘邦一采取招抚为主的方针，发动政治攻势，局面顿时改观，各地大都望风归顺，进展十分迅速。不妨说赵高的所作所为，客观上有利于农民起义军推翻秦王朝，加速了秦朝的灭亡。

等到秦二世三年八月，以刘邦、项羽为主力的农民起义军进逼关中时，赵高哄骗秦二世的"关东盗无能为"的说法，就不攻自破了。他只好请病假不去朝见秦二世，二世派人责问赵高，赵高害怕被杀，便把他的女婿咸阳令阎乐和弟弟郎中令（皇宫警卫队长）赵成找来策划政变。他们借口捕贼，让阎乐领兵千多人来到皇宫，通过赵成为内应驱散宫廷警卫，抓住了秦二世。死到临头的秦二世竟然提出什么"愿得一郡为王"、"愿为万户侯"直到"愿与妻子为黔首比诸公子"种种愚蠢可笑的要求，当然全都落空，被迫自杀。赵高于是召集朝臣宣布秦二世罪状，并说："秦本来是王国，始皇统一天下改称皇帝。现在六国都恢复了，秦只保有关中一隅，还是恢复称王为好。"于是打算拥立公子婴为秦王。但是赵高是靠秦二世而上台的，他这样把秦二世当作替罪羊抛了出来，岂能遮掩得过？几天工夫，公子婴便设法诱杀赵高并夷其三族，野心家阴谋家终归搬起石头砸了自己的脚，遭到应得的惩罚。不过，风雨飘摇的秦王朝经过这一番折腾更是完全丧失了抵抗能力，在起义军的进攻下迅速灭亡。

此后，刘邦与项羽经过四年的楚汉之争，刘邦最终战胜项羽而夺到天下，中华历史自秦以后，进入汉王朝的统治。

秦始皇泰山封禅

秦始皇二十八年（前219），秦始皇在泰山封禅，刻石纪功。

封禅是古代统治者祭告天地的一种仪式．所谓"封"，是指筑土建坛祭天。古人认为五岳中乐岳泰山最高，而且乐方是万物始发和阴阳交替之地，人间的帝王应到那里支祭告上帝，表示受命于天。所谓"禅"，是指祭地，即在泰山下小山的平地上祭地。"封"与"禅"是同时进行的，但"封"比"禅"要隆重得多。

相传，上古时代就有封禅的说法。夏、商、周三朝到泰山来举行封禅大典的有72位君主，但秦始皇之后才有文字记载。它的仪式复杂神秘，各朝代不尽相同。衬际上，封禅是一种具有政治目的而又带有宗教性的祭祀活动。

前219年，秦始皇率领文武大臣及儒生博士70人，到泰山支举行封禅大典。由于长期不举行这种活动，大臣们都不知道仪式该怎样进行。于是秦始皇把儒生召来询问。儒生们众说纷纭，有的说古代天子封禅时要坐用蒲草裹车轮的"薄车"，这样可以不损伤山上的土木草石；有的说祭地时要扫地，还得铺上席子。

泰山刻石

秦始皇听了觉得难以实施，便斥退儒生，按照自己的想法开辟车道，到泰山顶上立了碑，举行封礼。接着下来，到附近的梁你山行了禅礼。

博浪沙张良椎击始皇

秦始皇二十九年（前218），秦始皇作第三次东游，在阳武、博浪沙（河南中牟县北），遭张良及力士椎击，这就是历史上所谓张良博浪沙一击。

秦朝建立后，由于统治阶段的穷兵黩武，沉重的赋税劳役和残酷的经济肃削，社会矛盾十分尖锐。尤其是东部原六国地区，秦王朝的统治极不稳定，六国贵族利用人民群众的反秦情绪时刻想着报仇复国。

张良（？～前189）字子房，城父（今安徽亳州东南）人，是韩国的贵族。父、祖五代人是韩国相国。前230年，秦灭韩国时，张良年少，变卖全部家产，弟死了也不埋葬，准备为韩国报仇。不久，招募到力士，作了一个120斤重的铁锤，准备用来击杀秦始皇。

始皇二十九年（前218）年东巡，得至博浪沙，张良命令力士持铁锤突然袭击，没有命中始皇，而锤中副车。始皇大怒，急令逮捕刺客，没有抓到。又下令在全国大搜索10天，终究没捕获。张良因此变换姓名，逃亡到下邳（今江苏宿迁西北）。始皇离开博浪沙后，登上之罘山（今山东烟台北芒罘岛上），刻石颂功，然后返回咸阳。

张良博浪沙一击，成为秦代政府走向灭亡的警报。也预示着轰轰烈烈的秦末大风暴的到来。

陈胜吴广大泽乡起义

秦二世元年（前209）七朋，陈胜、吴广于大泽起义，反对秦朝统治。

陈胜（？～前208）字涉，阳城（今河南登封东南）人，家为雇农。吴广（？～前208）字叔，阳夏（今河南太康）人，苦农民出身。陈胜年青时，常受雇为人耕作，一次在田间劳作，他放下耒锸休息，心情怅憾，叹道："苟富贵，无相忘"（他

秦双翼神兽

日如得富贵，不会忘记今日在一起受苦的同伴）。同伴闻之以为然，陈胜叹道："嗟乎，燕雀安知鸿鹄之志哉！"秦二世元年（前209）七月，征发闾左，（秦时贫弱农户居闾里之左，富者居右）中草药900人戍守渔阳（今北京密云），陈胜、吴广皆被征调，并为屯长，行至大泽乡（今安徽宿县东南刘村集），天降大雨，道路不通，预计无法按期到达，依照严酷的秦法，失期当斩。陈胜与吴广谋议：现在逃是死，若举大事也是死，都是死，为国事死不是更好吗？陈胜又说：天下苦秦久矣！现在若以我们900人，借用公子扶苏、项燕的名义，为天下首倡起事，必有无数人响应，吴广以为然。

秦末陈胜、吴广大泽乡起义旧址

陈胜吴广两人又巧设"鱼腹丹书"、"篝火狐鸣"制造起义舆论，声言"大楚兴，陈胜王"并伺机杀死两名押送将尉，陈胜随即令戍卒："各位都失期当斩，设若不斩，戍守死边的必有六七成；再说壮士不死则已，死就要成大名，王侯将相难道是天生的贵种吗？"900人异口同声，一举赞成举大事，于是筑坛为盟，称大楚，陈胜自立为将军，吴广为都尉，首先攻下大泽乡，进而攻占蕲县及附近各县，中国历史上第一次大规模的农民起义就这样爆发了。

及攻占陈县（今河南淮阳）时，起义军拥有战车六七面辆、骑兵千余人，步兵数万人，魏国张耳、陈余逃匿在外，献计

陈胜"遣人立亡国后，自为树党，为秦益致"。陈胜不听，乃自立为王，国号"张楚"，诸郡县之民苦秦苛法，"斩木为兵，揭竿为旗"，争杀长吏以应陈胜，农民起义达到高峰。

万里长城与孟姜女

战国时期长城就开始了修建。当时秦、赵、燕三国经常受到匈奴、东胡林胡等游牧民族的侵扰。这些游牧民族精于骑射，来去飘忽，战斗的运动性很大，再加上三国忙于兼并战争，无力去对付这些来去无踪、飘忽不定的游牧民族，遂在自己的北部边境修筑长城，派军队戍守，以抵御游牧民族的掠夺。

蒙恬收复原被匈奴占领的领土之后，为了更进一步防御匈奴的侵袭，秦始皇派蒙恬在原来秦、赵、燕三国旧长城的基础上，修筑了一条西起甘肃临洮，东到辽东郡碣石，绵延五千余公里的万里长城。

姜女石

秦的长城大多为土筑或石砌而成。整个工程由关隘、城墙、城台、烽燧四部分组成。关隘，往往设于高山隘谷等险要处，扼守要冲；城墙为长城的主体，大都随地势而筑；城台凸出于墙外，或用来放哨，或用来藏兵；烽燧，大多建于山顶或长城转折处，主要是用来传递军情，白天燃烟，晚上烧火。

秦蒙恬修筑长城时，除30万军士之外，更多的是大量征调的民夫，一共修了十几年。随后，又调发各地丁壮，到长城沿线戍边。当时，秦统一六国不久，社会生产还未恢复，秦朝不顾民力艰难，同时兴建很多大工程，如阿房宫、骊山墓、驰道等，劳动人民已经不堪负担。所以，在封建制度下，修筑长城和守城戍边，自然给人民带来更多莫大的灾难。

孟姜女庙

据民间故事，孟姜女哭长城说的是秦始皇时代，有一对新婚夫妇范喜良和孟姜女。范喜良被强征去修长城，终于在沉重的劳役中折磨死去。孟姜女思夫心切，饱含深情地为范做了"寒衣"。她带着寒衣，历尽艰辛，跋涉千山万水，满怀希望与丈夫相会。可是，来到长城边，才知道丈夫已死。她放声恸哭，哭声震动天地，把长城也给震塌了一道四十里长的缺口！

孟姜女哭长城的故事，从一个侧面反映了劳动人民对秦朝繁重徭役的控诉，同时也是对历代封建统治者残酷压迫的抗议。

秦长城的修筑在当时和相当长的一段时间里对阻止北方游牧民族的侵扰，对保护中原地区的社会经济和人民生活的安定，是起着积极的作用的。并且，万里长城也奠定了此后相当长的一段时间内，中国北方的疆域，而强秦时代的疆域大抵东至海，南至五岭（大庾、骑田、都庞、萌渚、越城）。自西北临洮（今甘肃岷县）起，大体循秦、赵、燕旧长城至东北辽东止，筑长城万余里，防匈奴等游牧族内侵。这是当时确定了的中国疆域、疆域内的居民基本上是汉族。秦以后的中国就在这个基础上逐渐向外扩展。

约法三章

刘邦又叫刘季，沛县（今属江苏）人。他的父兄都是普通农民，他却不愿意从事生产劳动，而且嗜酒好色，疏财乐施，性格开朗，度量宽宏，平易近人。所以他父亲认为他不能发家致富，是个无赖。长大后他当了本县的泗水亭长，与县衙的官吏混得很熟，经常同他们开玩笑。有一次县令的好朋友吕公因避仇家迁来居住，县上的官吏们都去恭贺。由萧何收受贺礼，规定礼品不够千钱的，只能坐在堂下。刘邦走来递进礼单，上写"贺钱万"，实际上一文钱也没带。吕公看到礼单觉得奇怪，亲自出门迎接。他一见刘邦的相貌神态，十分敬重，便邀请入席。熟知刘邦为人的萧何嘲笑说：刘季只会吹牛，办不成什么事。刘邦却满不在乎地坐了首席，嘲弄座

望夫石

客，谈笑风生。饮酒当中吕公递眼色留他久坐，客散之后，吕公对他说：我生平喜欢观察人，见过不少的人，没有谁有你这样的仪表风度，希望你珍重。我有一个女儿，愿意许配给你。席散后吕婆抱怨说：平常总夸女儿好，要嫁给贵人，县令对你那么好，想求婚都没有答应，怎么许给刘季呢？吕公却说，这不是你们懂得的。始终坚持把女儿嫁给了刘邦，她就是后来大名鼎鼎的吕后。

秦阿房宫下水道

其后秦王朝征发各地刑徒到咸阳修筑骊山陵墓，沛县就派亭长刘邦押送本县刑徒到骊山去服役。一路上刑徒不断逃亡，刘邦防不胜防，合计一下恐怕走到咸阳时都会跑光。到达丰邑（今江苏丰县）西边一个地方，他停下来喝酒。到了晚上，便把所押送的刑徒全部释放，说：你们各奔前程吧，我自己也打算逃亡了。刑徒中有十多名壮士愿意跟随刘邦，他们就隐藏在芒、砀（今河南永城、夏邑附近）山林水泊之间活动，沛县青年听到这个消息也纷纷前来参加。

陈胜起义后，很多郡县民众都杀掉长官响应。沛县县令十分惊慌，也打算反秦自保。县吏萧何、曹参劝他说：您是秦王朝的官员，现在想率领沛县人民起来反秦，恐怕人们不会听从。希望您召回从前由于反秦而逃亡的人，他们大约有好几百，有了这批人支持，就不怕人们抗拒了。县令

于是叫樊哙去找刘邦，这时刘邦手下已聚集上百人了。当刘邦樊哙等率众来到时，县令又反悔了，他怕控制不住，便闭门守城并打算杀死萧何、曹参。萧何等翻城跑出来投靠刘邦，他们写了封信射进城中，号召城里父老子弟不要为县令卖命，只有杀掉县令、响应起义军才是出路。城中民众果然起来杀死县令，开城迎接刘邦，并推举他为沛公，宣布起义。这时是秦二世元年（公元前209年）九月。刘邦和萧何、曹参、樊哙等聚合沛县一带青年两三千人，活动在今苏、鲁、豫、皖交界地区，在转战中得遇韩国旧贵族张良。张良的祖父和父亲曾相继担任韩昭侯以下五世韩王的丞相，秦灭韩后，张良尽散家财图谋报仇。秦始皇二十九年巡游东方时，张良物色到一位勇士携带一把120斤重的大铁锤，在博浪沙（今河南郑州东北）行刺秦始皇，不料误中副车，只把秦始皇吓了一跳，便下令全国大搜捕。张良逃到下邳隐藏起来，有一天在桥上碰见一位老人，赠送张良一部《太公兵法》，从此他便经常用心研读。陈胜起义后，张良也结合百多名青年人起兵。他们原打算去投奔景驹，在路上碰到刘邦的队伍便参加到刘邦军中。张良常和刘邦谈论《太公兵法》，刘邦很欣赏，经常采用他的计策。张良和旁人谈起《太公兵法》，人们都不理解。因此张良非常钦佩刘邦，下决心辅佐刘邦。

刘邦在这一带转战半年多，胜败无常，发展不大。秦二世二年四月，项梁击破秦嘉、景驹，有众10余万，成为楚地反秦的主力。刘邦便去见项梁，项梁拨给他5000士兵和10名小军官，于是刘邦就参加到这支大军中隶属于项梁麾下。此后刘邦经常同项羽一道配合作战，屡立军功，逐步发展为楚军主力之一。九月，项梁在定陶战死后，项羽、刘邦等退保彭城。楚怀王封刘邦为武安侯，在派遣宋义、项羽等北上

救赵时，命令刘邦另带一支队伍往西进攻关中。同时他还宣布，诸将谁先进占关中就在关中当王。这时秦军还相当强大，经常主动进攻击破各地义军，所以，诸将都认为这个任务异常艰巨而不愿去。只有项羽因为秦军杀死了项梁，决心报仇，愿意同刘邦一道进攻关中。可是楚怀王部下一些老将却说：项羽为人果断勇悍，他的军队常常残暴地屠城，破坏经过的地方。现在秦地民众也深受秦皇帝的迫害，如果派一位忠厚长者前去抚慰，可能更容易成功。项羽去了反倒不好，还是刘邦去合适。于是楚怀王只派刘邦西进，叫他沿途收罗陈胜、项梁西征时流散的士兵，却让项羽北上去同秦军主力决战。

徐福宫

刘邦率领的西征军兵力异常薄弱，尽管并未遭遇秦军主力，开始四五个月也只能在今山东、河南交界处徘徊，进展不大。到秦二世三年（公元前207年）二月进至高阳（今河南杞县西南），有个叫郦食其的"狂生"替刘邦策划时指出：你带领乌合之众散乱之兵不满万人，却想直入关中，简直是自投虎口。郦食其建议进攻高阳附近拥有丰富储粮的交通要冲陈留（今河南开封南），并表示愿意先去说服他所熟悉的陈留县令归顺。刘邦采纳了这个意见，果然顺利占领陈留，这才得到整顿发展的机

会。郦食其的弟弟郦商也纠合数千人跟随刘邦西征。接着就在开封（今河南开封西南）附近打了第一个大胜仗，大破秦将杨熊，杨熊虽然逃脱却被秦二世问罪处死。先是张良向项梁建议立韩国公子成为韩王，由张良辅佐他带领千多人经营韩国旧地，在颍川郡（今河南中部新郑许昌一带）流动袭击秦军。这时便同刘邦会合，攻占十余城。刘邦派韩王成留守阳翟（颍川郡治，今河南禹县），自己率领张良等从辕辕进攻洛阳（三川郡治，今河南洛阳东）。由于进展不利，便改道南下进攻南阳（今属河南）。

秦南阳郡守出战失败，便退回城内坚守，刘邦就越过南阳西进。张良反对，说：您虽然急着想入关，但秦兵还很多，又凭借着险要的地势。如果不先占领南阳，被他们前后夹攻，那就危险了。刘邦便连夜绕道转回南阳，换了一套旗帜，黎明时又把南阳包围起来。南阳守派人翻城出来会见刘邦，对他说：南阳是一个大郡，人民众，蓄积多。官员们自以为投降了也难免一死，所以登城坚守。您如果留下来攻城，伤亡必大，影响您入关。要是放弃不攻，又觉得后路难保。您最好的办法是设法招降南阳郡守，封他一个官爵，让他替您留守，您却抽走他部下的精兵带着去西征。这样不仅地广兵多，前面的秦王朝地方官吏也一定会闻风归顺，您就会一路通行无阻了。刘邦听了点头称好，于是接受投降，封南阳守为殷侯。这时是秦二世三年七月。由此西至武关（今陕西商南县东南），沿途秦王朝地方官吏果然纷纷迎降。对武关以西的秦守军，刘邦也采用贿赂招降军官的办法，使其上下猜疑军心懈怠，然后伺机袭取。这样经过两三个月，便在汉元年（公元前206年）十月（汉初沿袭秦制，也以十月为岁首，汉元年十月紧接秦二世三年九月），顺利地进到咸阳。这时，秦王

中国通史

最新整理图文珍藏版

朝内部也已经发生了巨大变化。

三年来，赵高施展种种阴谋手段，玩秦二世于掌中，最后控制了秦王朝，独揽大政，登上了权力的顶峰。他自以为聪明得计，其实这样的倒行逆施恰好是自掘坟墓。正是他的胡作非为，瓦解了秦王朝的统治机构，促成了章邯等秦军统帅的投降，葬送了秦军主力。从刘邦入关的进展情况也可以看出，秦王朝的覆灭完全由于政治上解体。单从军事力量上较量，刘邦连夺取一座中等城市也很困难，根本谈不上远征关中。但是，他进军沿途的秦王朝地方长官却是人人自危，各怀鬼胎，只求如何保住性命，无心抵抗。所以当刘邦一采取招抚为主的方针，发动政治攻势，局面顿时改观，各地大都望风归顺，进展十分迅速。不妨说赵高的所作所为，客观上有利于农民起义军推翻秦王朝。

等到秦二世三年八月，以刘邦、项羽为主力的农民起义军进逼关中时，赵高哄骗秦二世的"关东盗无能为"的说法，就不攻自破了。他只好请病假不去朝见秦二世，二世派人责问赵高，赵高害怕被杀，便把他的女婿咸阳令阎乐和弟弟郎中令（皇宫警卫队长）赵成找来策划政变。他们借口捕贼，让阎乐领兵千多人来到皇宫，通过赵成为内应驱散宫廷警卫，抓住了秦二世。死到临头的秦二世竟然提出什么"愿得一郡为王"、"愿为万户侯"直到"愿与妻子为黔首比诸公子"种种愚蠢可笑的要求，当然全都落空，被迫自杀。赵高于是召集朝臣宣布秦二世罪状，并说：秦本来是王国，始皇统一天下改称皇帝。现在六国都恢复了，秦只保有关中一隅，还是恢复称王为好。于是打算拥立公子婴为秦王。但是赵高是靠秦二世而上台的，他这样把秦二世当作替罪羊抛了出来，岂能遮掩得过？几天工夫，公子婴便设法诱杀赵高并夷其三族，野心家阴谋家终归搬

起石头砸了自己的脚，遭到应得的惩罚。不过，风雨飘摇的秦王朝经过这一番折腾更是完全丧失了抵抗能力。

公子婴只当了 46 天秦王，刘邦的军队便首先到达灞上（今陕西西安东南），子婴请求投降。有人建议把他杀掉，刘邦说：楚怀王所以派我攻关中，就是认为我能宽大处理问题。现在敌人已服罪投降，杀掉不好。于是接受其投降，把子婴交官吏看守起来等候处理。刘邦进入咸阳，看到秦宫中华美的陈设，漂亮的妇女，以至金银珠宝猎狗骏马等等享乐的东西成千上万，就想住下来快活一番。樊哙批评他说：您是想夺取天下，还是想当个富翁？我看这些奢华的东西正是秦王朝灭亡的祸根。希望您赶快回军灞上，不要在秦宫停留。刘邦恋恋不舍，哪里肯听。张良也说：正因为秦朝皇帝这样胡搞，您才能来到这里。如果您一来又喜欢这一套，那就是帮着坏人干坏事了。"忠言逆耳利于行，良药苦口利于病"，您应当听从樊哙的意见。刘邦这才把宫室府库一一查封，回到灞上军营中。

彩绘兽首凤形漆勺

回营后，刘邦又召集父老集会，公开宣布：诸位受秦王朝严酷的法令迫害多年了！我国诸侯有协议，先进关中的就在关中称王，我应当为关中王。我同诸位只约定法律三条："杀人者死，伤人及盗抵罪。"其他苛酷的秦法全部废除。我这次来是为

父老们除害的，决不会"侵暴"，请大家不用害怕。我现在驻军灞上，是等待诸侯联军到达后共同商定善后处理办法。这就是著名的"约法三章"。于是他派遣使者配合秦王朝原有地方官吏把这些意思通告各地，秦地民众听了非常高兴，争先恐后地奉献牛羊酒食劳军。刘邦又推辞不接受，说是仓库储积很多，军队不缺供应，不要破费大家。民众更加喜欢，唯恐刘邦不能留在关中当王。这些正确的政策措施产生了巨大的政治影响。同时，有远见的萧何在进入咸阳后，又先把秦丞相府的律令图书收集起来，这些做法，对以后楚汉相争的胜败都有重要意义。但是，也有人向刘邦建议：关中是最富庶的地区。现在章邯投降后，听说项羽已封他为雍王（关中古代一称雍州），他们若来，恐怕您就站不住了。请赶快派兵把守函谷关，不让诸侯联军进来，同时征发关中人民入伍以扩大军队，准备抵抗。这个错误意见刘邦也听从了，遂使他与诸侯联军尤其是同项羽的关系出现裂痕，惹起了大麻烦，差一点搞得全军覆没不可收拾。又多亏张良和樊哙的忠诚机智勇敢，才得以渡过难关。

暗渡陈仓

刘邦是汉元年（公元前206年）四月去南郑就汉王位的，到八月他就做好了东进的准备，开始向关中进军，破坏项羽分封所形成的政治格局了。

刘邦让丞相萧何留守巴蜀和汉中，经营后方，支援前线。他自己率大军出故道（今陕西宝鸡市南），暗渡陈仓（今陕西宝鸡市东），突然进入关中。陈仓是雍王章邯的地盘，他急忙率兵迎敌，被刘邦在陈仓击败，章邯退守好畤（今陕西乾县），又被刘邦军所败，章邯再退守废丘（令陕西

兴平县）。

刘邦没有再以主力围攻退守废丘的章邯，而是只派了一部分兵力加以牵制，使其困守废丘，不让其出兵干扰刘邦的其他军事行动，同时集中军力消灭了章邯的其他力量，占领了咸阳，全部控制了章邯的封地。这样，章邯在废丘就成了孤立无援的一个据点，无法再对刘邦形成威胁。

刘邦基本消灭了章邯的力量，解决了雍王的问题后，接着又迫使塞王司马欣和翟王董翳投降，不到一个月就基本占领了关中，设置了陇西、北地、上郡、渭南（后改名京兆）、河上（后改名冯翊）、中地（后改名扶风）等六郡。从此刘邦就以关中这六郡为根据地，再加上原来的汉中、巴、蜀等地，与项羽展开了全面的楚汉战争。

秦·云纹瓦当

从刘邦暗渡陈仓，率兵东进后的军事发展形势看，与韩信的估计完全一样。项羽分封的关中三王，都得不到当地百姓的支持，互相又不能协调力量，联合起来对付刘邦。刘邦暗渡陈仓以后，首先集中力量对付三王中力量最强的章邯，连续将其击败，迫使他退守废丘；然后再解决其他两个比较弱的封王的问题。除了退守废丘的章邯，一时未加以解决外，其他进军关中的问题都解决得比较顺利。仅用了不足一个月的时间，就突破了项羽设置的阻止

刘邦进入关中的障碍。这不仅是项羽分封的时候没有想到的，连刘邦也没有预计到会这么顺利，但韩信事前却估计到了，这正是韩信比他们的高明之处。

刘邦进占关中，这是他与项羽斗争中具有决定意义的第一步。这一步选择的时机好，进展很顺利，没有费多大的力量，就占据了有利的地位。这也是他在与项羽的斗争中，由被动变主动的第一步，它对刘邦以后的胜利，具有关键性的意义。

项羽分封刘邦到巴、蜀一带，本来是为了借巴、蜀与关中的交通不便，将刘邦的力量封闭起来，让他无法再到中原地区与项羽争天下。项羽的这一策略如果执行得当，很可能从此就将刘邦的力量驱逐出中原，再也构不成对项羽的威胁。但可惜的是项羽在执行这一策略时，犯了几个重要的错误，使他未能达到原来设想的目的。

第一个错误是把汉中也封给刘邦。汉中是巴、蜀与关中来往必经的要地，如果项羽控制了汉中，就堵住了刘邦进出巴、蜀的咽喉，对刘邦十分不利；可如果刘邦控制了汉中，就让他掌握了进出关中的跳板，他随时可以通过汉中进入关中。项羽本来不打算把汉中封给刘邦，可经过项伯为刘邦说情后，作了让步，把汉中让给刘邦，这无疑给刘邦打通了进入关中的通道，破坏了自己封闭刘邦的策略。

第二个错误是分封三个秦降将王关中。关中是对刘邦逐鹿中原的第一道封锁线，如果在关中设置一个强大的诸侯王，用以扼制刘邦出汉中，那也可以把刘邦封闭在巴、蜀、汉中一带，使他无法进入中原争夺天下。当时只有项羽的力量可以起这个作用，所以如果项羽自己王关中，就会使刘邦进入关中遇到很大的困难。这是封闭刘邦力量的上策。即使项羽自己不愿王关中，他也应分封其他的得力将领如英布等王关中，更不应将关中分割为三块，削弱关中封王的力量。

特别是分封三个秦降将王关中，这是最不利的下策。因为这三个降将在关中百姓中既无威信，又无军事力量，只靠临时招募和组织起来的一点兵力，当然不是刘邦这支久经战斗军队的对手。所以项羽分封这三个降将王关中，无异等于把关中送给刘邦。而如果刘邦据有了关中，项羽再想收拾刘邦就不容易了。

项羽所犯的这两个错误，正好给处于劣势的刘邦以复苏的条件和机会。他到了汉中四个月，一举就成功地进入了关中。进入关中一个月，就基本消灭了三王的力量，占领了全部关中。从刘邦进入关中和占领了关中看，在军事上并没有遇到太大的阻力，总的说来比较顺利。这与半年前刘邦被迫就王汉中，项羽可以左右天下的形势，已经大不相同。为什么形势会发生这么快的变化，主要是由于项羽的一系列失误造成的。而其中项羽最大的一个失误，就是他自己不王关中，却把关中分封给三个秦降将。

垓下之围

刘邦等到韩信、彭越、项布等援军到达固陵后，就对项羽发动了攻势。项羽的军队退守垓下（今安徽灵璧县南），被刘邦的军队所围困。他兵少食尽，外无援兵，处境十分困难。

项羽这时只有不到10万的军队，而韩信就率军达30万。刘邦让韩信为前锋，韩信的部将孔熙和陈贺为左右军。刘邦居阵中，周勃殿后。韩信先率军向项羽进攻，战斗不利，暂时退却。这时孔熙和陈贺率左右翼的军队又向项羽军进攻，项羽军迎战不利，韩信趁机率前锋军又反攻，项羽军战败，只得坚壁据守垓下。刘邦的军队借助自己数量上的优势，将项羽的军队重重包围起来。

刘邦为了动摇项羽的军心，找了一批会唱楚国地方民歌的将士，让他们夜里在军营中大唱楚歌。项羽听到四面皆楚歌的声音，十分吃惊。他自问："难道刘邦已经全部占领了楚国吗？怎么会有这么多的楚人唱歌！"项羽被四面的楚歌声所感动，夜里起来在军帐中独自饮酒解闷。

项羽有一个喜爱的美人姓虞，常跟随在他身边；有一匹骏马名骓，是他常骑坐的。这时美人虞姬和名马骓，都在他身边，他听到四面的楚歌声，看着自己喜爱的美人和名马，心情十分悲痛，就自编自唱了一曲慷慨悲哀的楚歌。歌词是这样的：

力拔山兮气盖世，
（我有拔山的力量和盖世的勇气）
时不利兮骓不逝。
（可为什么名马还在而时运不利）
骓不逝兮可奈何，
（名马不愿离开我又有什么办法）
虞兮虞兮奈若何！
（虞姬呀，虞姬，我们该怎么办）

项羽反复唱了几遍这首自编的歌，虞姬也和唱了一首自编的歌。歌词是这样的：

汉兵已略地，
（刘邦的军队已侵占了我们的地方）
四方楚歌声。
（四面传来了唱楚歌的声音）
大王意气尽，
（项羽的气势已经完了）
贱妾何聊生。
（我活着还有什么意思呢）

虞姬唱完这首歌，就在项羽面前自杀而亡。项羽抚摸着虞姬的尸体，痛哭不已。

左右的随从，听到项羽的歌声，都起来了。他们目睹了这幕悲痛离别的场面，都暗暗哭泣，不敢看项羽痛不欲生的样子。

项羽对自己的处境虽然很绝望，但他绝不是一个束手待擒的英雄，他还要为自己的命运去拼搏，去战斗。他骑上自己的名马骓，带领能跟随他战斗的骑兵800多人，夜里偷偷地从南部突围出来。到了天明的时候，刘邦的军队才发现项羽突围了。刘邦让骑将灌婴率5000骑兵去追击项羽。

项羽突围渡过淮河后，还剩下100多名骑兵跟着他。到了阴陵（今安徽淮南市东），迷失了道路。他们向一个田夫问路，这个田夫不知是出于对项羽的反感，还是不知道他是项羽，欺骗项羽说向左走。照他指的路走下去，结果陷入大泽中，行动很困难，所以被灌婴的骑兵追上。

项羽退出大泽后，带领部下东去，到了东城（今安徽定远县）时，只有28个骑兵还跟着他，而灌婴的数千骑兵这时已经追上来。项羽估计自己难于逃脱追兵，就停下来对他的28个部下说："我起兵反秦到现在已经八年，身经70余战，阻挡我前进的没有一个不被攻破，我所要攻取的没有一个不被征服，从来没有吃过败仗，所以才得以称霸天下。可现在我竟被围困在这里，这是上天要亡我，不是我打不胜的罪过。现在固然只有死路一条，但我愿再次快速决一死战，斩一敌将，断一敌旗，突破敌人的包围。让你们好知道，并不是我不能打胜仗，而是上天要灭亡我。"

项羽说完，就让仅存的28个骑兵，分为四队，组成一个方阵，灌婴的骑兵将他们围了数重。项羽对部下说："我为你们斩一敌将。"他下令28骑向四面驰出，约定到山的东部合为三处。项羽大呼驰下，灌婴的骑兵都被吓得连连后退，项羽趁势杀了一名敌将。

这时杨喜为灌婴的骑将，他见项羽杀

740

了一名自己的战友，就愤而追杀项羽。项羽回头怒目斥之，杨喜人马俱惊，跑了数里才镇定下来。

项羽的骑兵在山的东部会合为三处，灌婴的军队不知项羽在哪一处，就把三处都包围起来。这时项羽又飞驰而出，斩了灌婴的一名都尉，杀了几十个骑兵。

项羽把分在三处的骑兵会合在一起，损失了两名骑兵，还剩下26骑。他对部下说："你们看，不是我不能打胜仗吧！"剩下的26名骑兵对项羽的勇敢善战十分佩服，他们齐声说："正像你说的那样。"

项羽在垓下决战时，仍有将近10万的军队，这些都是跟随他久经战场的精兵，当时虽然很疲惫，但仍有战斗力，固陵之战击败了刘邦，就说明了这个问题。项羽本应率领这支军队从固陵向彭城方向撤退，因为彭城是他的都城，一定还会有守军和物资储存，他应到彭城与留守的军队会合后，再决定下一步的战略。可他没有向彭城的方向撤退，而是到了垓下，其意图显然是想渡过淮河，撤退到江东另谋出路。这样的退却是不妥当的。

因为当时江东的经济发展还很落后，人口也稀少，如果退到江东，想依靠江东的力量与刘邦争天下，是很困难的。当然，刘邦要想渡江追击项羽，也不容易。结果可能是项羽割据江东一隅之地，老死在那里。这种结局与项羽的性格是不符合的。

项羽当然是想退到江东后，经过一番整顿和补充，像他开始和项梁率8000子弟兵渡江时一样，再返回来发展，与刘邦争天下。可此一时，彼一时，当时的情况已与项羽和项梁渡江北上时大不一样。这时刘邦已经基本上统一了中原地区，他哪能让项羽渡江后再发展，必然会集中力量一举加以消灭。

项羽未向彭城撤退，也可能彭城当时发生了变化。因为彭城一直在彭越活动的范围内，这时也可能彭越已包围彭城，或者已经占领了彭城。项羽是因为老窝被踹，无处可退，才不得不退向江东。这是他不得已的选择。从项羽失败后，只有鲁地还坚守不降，没有提到彭城的战守情况看，也不是没有这种可能。

项羽当时后方的重要城市，除了彭城外，仍有不少，其中的一些还在项羽力量的手中，如鲁地的一些城市就是这样。项羽还拥有10万精兵，不管退守哪一个城市，刘邦也不易一时攻下。项羽为什么要选择退到江东的下策呢？这可能与他留恋故乡的家乡观念有关。他在进入咸阳后，就因为富贵要归故乡的思想作怪，不愿王关中，宁要回到彭城。现在他在与刘邦争天下的斗争中失利了，可能也产生了失败也要回归故乡，宁愿葬身故土，也不愿流落他乡的想法。项羽这样留恋故乡，当然不是一个大政治家的风度。因为大丈夫应该以四海为家，这是我国优秀政治家的一贯传统，而项羽却做不到这一点。

乌江自刎

项羽虽然只剩下26名骑兵跟着自己，但凭着他的勇敢，又从东城突围，向东南方向退至长江边的乌江（在今安徽和县北）。他想从这里渡过长江，就可以摆脱追兵，再以江东为据点，图谋再起。

他正在找船的时候，乌江亭长听说项羽战败，很可能从这里渡江，已准备好一条船在这里等他。他见项羽果然来到这里，就驾船迎着项羽说："江东虽然不算大，但也有土地千里，人口数十万，足以称王。这里现在只有我这条船，请你赶快乘船渡江。刘邦的追兵到了，他们找不到船，渡不过江去。"

项羽这时突然又改变了渡江的打算。

他可能觉得在乌江亭长面前，自己乘船逃跑，有失自己的尊严，所以笑着对这位亭长说："上天要灭亡我，我何必还要渡江逃命呢！我率领八千江东子弟渡江而西，参加反秦斗争，现在没有一个人跟着我回来，即使江东父老兄弟可怜我，仍然拥戴我为王，可我还有什么脸面去见他们呢？就是他们看在我的面子上不说出来，我自己心里会不感到惭愧吗！"

项羽接着对这位亭长说："你是一位长者，我很感谢你的好意。这匹马我已经骑了五年，它是一匹好马，能日行千里，跟着我出生入死，没有打过败仗。我不忍心杀了它，把它送给你，请你好好养着它。"

项羽把他的名马骓送给乌江亭长，亭长带着马驾船渡江后，他就徒步持短兵器与追兵接战，一连杀了追兵数百人，他自己也受伤十余处。这时他看见刘邦的司马吕马童也在追兵中，吕马童曾是项羽的部下，后来背叛项羽投降了刘邦，项羽就指着他说："这不是我的老朋友吕马童吗？"吕马童因为过去项羽对他很好，可他背叛了朋友，现在见到项羽觉得很惭愧，就背过脸不敢正视项羽，对旁边的王翳说："他就是项羽！"

项羽已经无力再作最后的挣扎，他当然也不愿做敌人的俘虏，就对这些刘邦的追兵说："我听说刘邦悬赏千金，要购买我的头，还要封万户侯。现在我把头给你们，你们可以拿着去立功，成全了你们的心愿吧！"项羽说完，就拔剑自刎而死。

离项羽最近的王翳，见项羽自杀了，马上过去割取了他的头。别人也为了立功，争夺项羽的尸体，互相践踏、彼此残杀者有数十人。最后，杨喜、吕马童、吕胜和杨武，各争得一块项羽的尸体。他们四个人再加上取得首级的王翳，因为追杀项羽有功，后来都被刘邦封为列侯。

项羽二十四岁时，跟随叔父项梁起兵反秦，勇敢善战，屡立战功，成为推翻秦统治的一名主要将领。这位叱咤风云，曾经不可一世的英雄，却在与刘邦争天下中，由优势转为劣势，最后在众叛亲离的情况下，自刎而死，时年仅31岁。

刘邦在与项羽争天下中，为什么会取得胜利，而项羽成为失败者呢？从刘邦当皇帝之后，这个问题就一直成为政治家、军事家以及历史学家热衷的探讨课题，并且得出了各种各样的结论。

是项羽的思想意识比刘邦陈腐，因而导致了项羽的失败吗？项羽在推翻秦统治以后，确实没有想建立中央集权制，而是推行了分封制。但是刘邦在指责和反对项羽的言论中，也没有反对项羽的分封制，主张集权制；相反，他指责的是项羽分封得不公平，给自己和亲信分封了好地方，而不是分封制本身。

从后来的发展看，项羽在咸阳分封之后，除了因杀韩王成，改封郑昌为韩王外，没有再分封过部下为诸侯王。而刘邦在与项羽的斗争中，为了争取和拉拢一些人对自己的支持，又分封了一批诸侯王。这说明项羽后来并没有再坚持和发展分封制，而刘邦却又推行了分封制。所以从对分封制的态度上来说，不能说明项羽的思想意识就比刘邦陈腐。

当然，从社会历史的发展上看，集权制毕竟比分封制要好。刘邦战胜项羽后，之所以逐步改分封制为集权制，是实践教育了他，使他逐步认识到分封制的害处，客观条件也使他有可能逐步废除分封制，推行集权制。如果项羽是胜利者，形势也会逐步逼着他改变看法，走集权制的道路。

确实，刘邦暗渡陈仓，进入关中后，在他消灭了项羽分封的一些诸侯王时，没有再分王，而是改行郡县制。项羽其实也和刘邦一样，在自己直接控制的地方，推行的是郡县制。刘邦把关中和以后占领的

兵马俑全景图

河东、河南一带地方，都作为自己直接控制的地区，所以实行的是郡县制；而对比较远的地方，自己控制不便，如赵国被韩信攻占后，他就封张耳为赵王，并未实行郡县制。所以在这个问题上，刘邦并不见得就比项羽的思想先进。

有人认为项羽失败的一个重要原因，是他舍不得赏赐和分封部下，造成了一些有才干的人才离他而去，投靠了刘邦。当时的人都这样指责项羽，其实这并不完全公正。

项羽在咸阳分封的时候，虽然分封的多数是随他入关的有功将领，而刘邦的部下一个也没有被分封，从这一点上来说不够公正；但项羽分封的将领，除了一部分是六国后人外，其他人在反秦斗争中也都立有不同的战功，他并没有分封自己的一个亲属为诸侯王，从这一点上看，他的分封还是公正的。

与刘邦展开争夺天下的战争后，项羽确实没有再分封有功的将领为诸侯王。这一点从争取和团结将领上来说，当然是不利的；但从集权与分封的对比来看，它又不一定是错误的。所以我们不能因此而责怪项羽。

项羽确实有不善于发现和大胆使用人才的缺陷。像韩信和陈平，原来都是他的部下，但他没有发现他们的才干，结果他们投靠到刘邦那里后，成为刘邦战胜项羽的主要谋士。但在他们两个人的问题上，也不能够完全责怪项羽不识人才。因为韩信和陈平到了刘邦那里后，也不是刘邦发现和认识这两个人的才干的，而是经过萧何和魏无知的极力保荐后，刘邦才加以重用。刘邦比项羽高明之处，在于他善于听取部下的意见，而项羽却比较自负，这才是他丢失人才的原因。

至于后来陈平用离间计，挑拨项羽与范增和钟离昧等人的关系，使项羽对他们产生了猜疑，这正是由于项羽个人性格上的缺陷所造成的，它与项羽的舍不得赏赐和分封无关。

项羽失败的一个真正原因，是他性格上的过于残暴。这是造成他脱离百姓，失去大家的支持，愈来愈孤立的主要因素。战争本来对百姓和士兵都是残酷的，作为一个首领，虽然无法摆脱战争的残酷性，但却应当尽力减少战争所带来的损害。可是项羽却相反，他想加强战争的残酷性，用来威慑敌人，恐吓百姓。他的屠城，他的杀害降者，以及他的四处烧杀，都是为了达到这个目的。可是加强战争的残酷性，虽然可以暂时吓住弱者，但从长远来看，它却只能强化弱者的反抗，而把弱者推向自己的对立面。项羽从优势而逐渐走向劣势，其直接原因就是他的残暴。

项羽勇敢善战，在战场上确实是一个叱咤风云的英雄好汉。但是，战争毕竟是一种群体力量的较量。光靠将领的勇敢，虽然在特定的条件下，也可以取得一场战争的胜利，如钜鹿之战，其所以取得胜利，就直接和项羽个人的勇敢善战有关。可是大多数的战争，其胜利的取得，并不是光靠主帅的勇敢就能够达到。项羽和刘邦相比，从勇敢和善战上说，刘邦显然不如项羽，所以刘邦在广武不敢接受项羽关于个人决斗的建议。但是刘邦却靠自己的智慧，战胜了比自己勇敢善战的项羽。

项羽作为一个英雄的悲剧在于，他直到战败自刭而死，也不承认自己是个弱者。他在最后的垂死挣扎中，仍不忘向部下夸示自己的勇敢。可是一个主帅的勇敢，即使你能在最后杀死数百名敌兵，仍不能挽救其失败的命运。项羽至死也不理解一个英雄为什么会失败，所以他才将它归之于天的意愿。这只是一个英雄失败时的自我安慰，它当然不能说明问题的真相。

项羽失败了，但这不是历史的失败！如果项羽某些性格上的严重缺陷，能够在斗争中得到弥补和改正，他本来也是可以成为胜利者的。

第二节 文化中兴：艺海拾贝 科技撷英

秦始皇焚书坑儒

秦始皇帝三十四年（前213），秦始皇采纳李斯建议，下令禁止私学，并焚毁《秦记》以外史书和诸子百家著作及《诗》、《书》；秦始皇帝三十五年（前212），秦始皇以方士卢生、侯生诽谤皇帝、妖言惑众为理由，牵连坑杀儒生460多人。这两件事是中国文明史上的一大浩劫，史称"焚书坑儒"。

秦始皇帝三十四年（前213），始皇在咸阳大宴群臣，博士淳于越指责郡县制，提出分封制的主张。他企图说服秦始皇遵复古法，恢复西周以来的分封制，以使天下太平，并说：做事不遵从古法而又可以长久太平的，简直是闻所未闻！秦始皇将此事交给群臣讨论。丞相李斯以"五帝不相复，三代不相袭，各以治"的例证反驳淳于越，并指责儒生"入则心非，出则巷议"，"不师今而学古，以非当世，惑乱黔首"，说他们颂古非今，各尊私学，诽谤朝政，扰乱民心。李斯认为古代天下动乱，无法一统，招致诸侯并起，四海分裂，根源在于各种儒门学说和私学的存在，使人心不一。他建议秦始皇消灭私学，除《秦记》之外的史书一律烧毁；除秦博士官所藏《诗》、《书》、百家语等书外，都要将书交到所在郡，山郡守、尉监督烧毁；敢谈论《诗》、《书》的斩首弃市，以古非今的灭族；官吏看到、知道而不举报的，同罪；令下后30日内不烧毁该烧的书，处黥刑充为"城旦"，到边疆修筑长城4年；医药、卜筮、种树的书不在烧毁之列；若要学习法令的，以吏为师。秦始皇采纳了李斯建议，下令焚书。一时，大量文化典籍被付之一炬。次年，方士侯生、卢生因求仙药不得，两人议论讥讽秦始皇"刚愎自用"、"专任狱吏"，又指责他"乐以刑杀为威"、"意得欲从"、"贪于权势"，不值得为他求仙药，并相约逃跑。秦始皇得知后，非常愤怒，认为卢生等诽谤他，夸大他的过失，而且其他儒生也有妖言惑众之嫌。责令御史审问在咸阳的儒生。儒生们互相揭发，牵连出460多人。为昭示天下，以儆效尤，460多人全部被坑杀于咸阳。始皇长子扶苏对此做法有异议，也被令离开都城，去上郡（今陕西榆林东南）监蒙恬军。

陕西秦焚书灰坑遗址及"坑儒谷"遗址

秦始皇焚书坑儒，是秦代"师今"和"师古"两种政治思想斗争激化的表现。它的目的固然是为了加强政治思想统治，打击分裂势力，维护和巩固国家的统一。然而，采用这种残暴手段，不但造成了古代文化典籍的巨大损失，严重摧残了古代文明，而且也开了中国古代封建君主专制制度下专制主义最恶劣的先河。

秦皇陵兵马俑

前221年，秦始皇建立秦朝。为了向后人炫耀他的剪灭六国、天下归一的盖世武功，他在动工修建规模浩大的皇陵工程时，还修建了举世闻名的皇陵兵马俑坑。

兵马俑坑发现于1974年，有1、2、3、4号坑，均为规模巨大的土木结构建筑。其中4号坑内是有坑无俑，可能是个未建成即被废弃的兵马俑坑。最大的是1号坑，平面长方形，面宽9间，四周绕以回廊，前有5个门道，总面积约12600平方米，6000个兵马俑以及战车、步卒相间排列，

秦始皇陵兵马俑全景及局部

中国通史

最新整理图文珍藏版

呈长方形军阵；2 号坑总面积约 6000 平方米，内容为战车和骑、兵马混合编组的大型军阵；3 号坑面积最小，总面积约 520 平方米，有驷马漆绘的木质战车，和执殳的仪仗，象征军阵的指挥部。总之，有 1、2、3 号坑发掘的情况看，有武士俑 7000 个，驷马战车 100 余辆，战马 100 余匹。

兵马俑塑造了各种各样的秦军形象，有指挥官的将军，也有一般武士的步兵、骑兵、车兵、弓弩手等。形体高大魁梧，一般均在 1.75 米左右，指挥官身高在 1.95 米以上。很多将士手中握着真正的青铜兵器。造型生动、形象、逼真。其面相多数表情刚毅，昂扬奋发。五官位置准确，富于质感。陶俑细部的雕塑颇费匠心。以俑的发髻为例，发髻雕塑质感甚强，不仅蓬松，且走向清楚，形象逼真。陶俑身上的甲衣，也雕塑颇细，每片甲片上的甲钉和甲片之间连接的甲带等，类型分明。这些细节的精确表现，有利于烘托秦军装备精良、纪律严明、斗志高昂的精神状态。

据研究，兵马俑的制作，是先用泥做好内胎，再上一层细泥，然后在细泥上雕塑出俑的五官、衣纹等细微部分。俑的头、手、躯干都是分别制作然后组合，细部加工完以后，送入窑烧制，最后进行彩绘。彩绘的颜色有朱红、粉红、绿、粉绿、紫、蓝、中黄、枯黄、灰、褐、黑、白等。眉目、须发呈黑色，面目、手足涂朱红色。

陶马和真马一般大，用于骑兵的战马高约 1.72 米，体长 2.03 米，剪鬃，备鞍，一看便知处于临战状态。驷马体形略小，筋骨起伏变化似真马一般。马头抬起，耳前倾、双目大睁、鼻孔翕张，体现出战马静中有动的状态。陶马的制作和陶俑一样精工。

战车多为木质结构，因年长而朽毁，但从残存的遗迹中也可以看出其大概来。

秦皇陵兵马俑群，是昔日秦王朝强大国力和军威的象征。它集中体现了我国古代劳动人民高超的烧陶技巧和智慧。为后人研究秦史提供了丰富的原始资料。

李斯确定篆书·秦统一文字

战国时，方案的形体非常紊乱，各国方案不统一，不但安体不同，同一个字所采用的声符、形符也都有很大差异。秦统一六国后，"文字异形"给政令的推行和文化的交流造成严重障碍，于是秦始皇责令丞相李斯负责对文字进行整理，除去和秦国文字出入较大的，制定出新字体作为官方文字。李斯取史籀大篆，创造小篆，并使之成为秦代官方文字。

李斯不仅是秦代政治家，还是书法家。他对篆书有很深的造诣，北朝王愔《古今文字志目》、南朝羊欣《采古来能书人

秦代书体"始皇帝"

名》，都推李斯为秦代书法家之首。为统一文字，李斯作《仓颉篇》，取史籀大篆，创造小篆，他所书的篆书骨气风韵方圆妙绝，对后代篆书影响很大。同时代的书法家赵高作《爰历篇》，胡毋敬作《博学篇》，也都以大篆作基础创造出小篆，对小篆的形成作出一定的贡献。

由大篆经省改而形成的小篆，形体长方，用笔圆转，结构匀称，笔势瘦劲俊逸，体态典雅宽舒；字形图画性减少，线条符号性增强，异体字已经很少，偏旁部首的写法和位置基本固定，字形比较简化，是中国文字发展史上的一大进步。小篆之后的文字称今文，之前的则是古文。

李斯确定篆书，秦统一文字，结束了战国以来文字异构丛生，形体杂乱的局面。篆书成为官方文字，具有权威的意义，之后历代官方更采用篆书作印章文字。而文字的统一推动中国文化的统一，在中华文明史上有不可忽视的作用。

秦代篆书主要用于官方文书、刻石、刻符等，流传至今的作品《泰山刻石》、《琅琊台刻石》、《绎山刻石》、《会稽刻石》，相传都出自李斯之手。《泰山刻石》风格圆润，严谨工整；《琅琊台刻石》用笔既雄浑又秀丽，结体的圆转部分更为圆活，二者都是秦代小篆代表作。

琅琊台刻石立成

琅琊台刻石是最可信的秦代传世刻之一。秦始皇统一六国以后，曾多次巡视全国，立石刻，歌颂秦德。琅琊台刻石刻于秦始皇二十年（前219），记述秦始皇"器械一量，同书文字"与"功盖五帝，泽及牛马"的殊功。二世元年，秦二世东行郡县，于始看起来所立石旁刻大臣从者姓名，以彰始皇成功盛德，复刻诏书于其旁。到

琅琊台刻石

宋代苏轼为高密太守时，始皇刻石已泯灭不存，仅存秦二世元年所加刻辞，世称二世诏文，也就是现在保存下来的《琅琊台刻石》。刻石高129厘米，宽76.5厘米，厚37厘米。今存原石本13行，计86字，笔画接近石鼓文，用笔既雄浑又秀丽，结体的贺转部分比《泰山刻石》更圆活，确为小篆杰出的代表作。残石现藏于北京中国历史博物馆。

喜入葬云梦睡虎地

秦始皇三十年（前217），秦狱吏喜入葬云梦睡虎地（今湖北省云梦县睡虎地）。随葬品有竹简、毛笔、漆器、竹木器、陶器、铜器等。1975年，喜墓被发掘，其中出土的竹简所记载的内容具有重要的史学价值，是研究战国晚期到秦始皇时期历史的重要资料，随葬的大量法律文书竹简是我国现存时代最早的成文法典，统称为"云梦秦简"。

喜墓出土的的秦简牍共1155枚，简长23.1~27.8厘米，宽0.5~0.8厘米，简文墨书秦隶，多写于篾黄上，少数两面

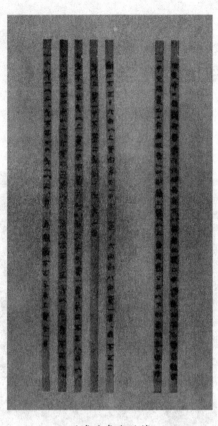

睡虎地秦代竹简

前217年，为我国现存最早的年谱，以编年体记载了从秦昭王元年（前306）到始皇三十年（前217）秦军政大事及墓主喜的经历，《语书》和《为吏之道》是训戒官吏的教令，《日书》为术数书，其他的均是记录秦代或战国晚期的法律文书，可通称为《秦法律文书》。其中《秦律十八种》内容广泛，包括农业生产、国家牛马饲养，粮食贮存、保管、发放、货币和财物、开市职务、官府手工业、官营手工业生产定额、徭役、军功爵、任用官吏、驿传、少数民族管理等；《效律》是对县和都官管理的物品实行检验的法律规定；《秦律杂抄》内容广泛，涉及官吏任免、限制游士、传籍、军纪、行戍等；《法律问答》是对法律条文及有关问题作的解释；《封诊式》是关于调查案件、验实案情、审讯定罪等文书程序和审理案件的具体守则。云梦秦简所记载的秦律内容远远超出李悝《法经》的范畴，已具备刑法、诉讼法、民法、军法、行政法、经济立法等方面的内容，其中刑法最为成熟。

云梦睡虎地喜墓出土的云梦秦简内容丰富，反映了中国从诸侯割据向中央专制集权转变时期政治、经济、文化、法律、军事等方面的内容，是研究这一时期的可信史料。而云梦秦简里所保存的秦律内容，对研究中国古代法律制度有着重要的价值。云梦秦简的发现，不仅是中国法制史上的一件大事，在世界文化史上也占有重要地位。

墨书，字迹大部分清晰可辩。竹简以细绳分上、中、下三道编连成册，从书体、内容和其中多处避始皇名讳可知，简书由多人书写，有的写于战国晚年，有的写于秦始皇时期。

秦简牍经整理编纂，分为9种，分别为：《编年记》、《语书》、《法律答问》、《封诊式》、《为吏之道》和《日书》等。《编年史》（亦作《大事记》）成书不晚于

第三节 社会生活：生活百科 民俗缩影

秦代长城

秦始皇三十三年（前214），大将蒙恬率30万大军大举征伐匈奴，收复河套南北的广大地区，并在这个地区设置44个县，重设九原郡。为了巩固这一地区，秦始皇又征发大量民工，将原秦、赵、燕旧时长城，随地形修筑连接，重新加固，修建成举世闻名的万里长城。

战国时期，北方邻近匈奴的秦、赵、燕三国分别修筑长城以防匈奴侵袭。秦长城西起临洮（今甘肃岷县）、东北经固原至黄河。赵长城西起高阙（今内蒙古临河），东至代（今河北蔚县）。燕长城西起造阳（今河北独石口）、东至辽东。3条长城互不连结。秦始皇二十五年（前222），秦灭赵后，匈奴乘机占领赵属河套地区的河南地。秦统一六国后，一方面派军征伐匈奴，一方面征集民工修建长城以防御匈

内蒙古固阳秦长城

奴的侵入。

修建长城的条件是十分艰苦的。10万以上的农民及囚犯，在北方风雪萧萧的边

陕西神木秦长城遗址

中国通史

最新整理图文珍藏版

塞上，肩挑手抬，积土垒石十余年，在留下无数的白骨后，终于修成了西起临洮，东至辽东的秦代万里长城。

宁夏固原战国时期秦国长城遗址

万里长城修好后，蒙恬率军30万，屯驻上郡（今陕西榆林东南）十余年，声名赫赫，威震匈奴。"却匈奴七百余里，胡人不敢南下而牧马，士不敢弯弓而报怨。"

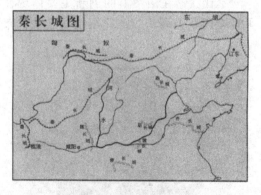

秦长城路线图

在秦代万里长城的基础上，经西汉、北魏、北齐、北周、隋唐、明朝历代增修，形成今天的西起嘉峪关，东至山海关，长

11000余里的万里长城。

万里长城，对于抵御匈奴的骚扰，保障内地人民生产和生活的安定，起了重要作用。从甘肃省泯县和山西大同县保留下来的长城遗址来看，长城的工程十分浩大。它是世界历史上最伟大的建筑之一，也是中国历史上七大奇迹之一。它充分体现了我国劳动人民的高超智慧和无限的创造力，成为中华民族悠久文明的象征。

秦筑驰道

秦始皇二十七年（前220），秦始皇完成消灭六国，统一中国的大业，为了控制广阔的国土，特别是六国旧境，并便于政令军情的传送和商旅车货的往来，遂下令在全国各地修筑驰道。筑道工程以秦的都城——咸阳为中心向各地辐射，东至燕齐（今京津地区及山东），南达吴、楚（今江苏与两湖地区），北抵九原（今内蒙古包头西北），西通陇区（今甘肃临洮），形成较为完整的交通网络。驰道宽50步，路基均用铁锤夯实，较为坚固；道中央宽3丈，为车马专用道路，每隔3丈植松树一株，

古代驰道遗迹

秦驰道示意图

秦彩绘兽首凤形漆勺

作为标志。驰道两旁辅以小径，为百姓行走之途。继这项工程之后，在秦始皇三十五年（前212），秦始皇又命令大将蒙恬主持拓筑从九原至云阳（今陕西淳化西北）的直道，其间凿山填谷1800余里，解决了许多工程技术难题。上述两项工程均极为浩大，历时数年，花去大量的人力财力。

秦始皇自己多次顺着驰道巡游郡县，在很多地方刻石纪功，以示威强。

驰道、直道修成之后，极大地方便了整个国家的陆路交通，有利于生产力的发展；而且，这些工程作为秦始皇"车同轨"的大一统政策的主要措施，更是迅速促进了全国政治、经济、文化诸方面的联系，有效地维护了秦朝的统治。

秦代漆器形式创新

战国秦汉是我国漆器第一次重大发展时期，产地广，数量多，品种全。

秦代在这一漆器大发展的时期中是一个承前启后的朝代。秦代漆器过去所知甚少，自1975年以来，几次重大考古发掘把这一时期的惊人成就展现于世。

在湖北云梦睡虎地秦墓和河南泌阳官庄

要秦末墓葬发掘了许多秦漆器。主要品种有凤形勺、双耳长盒、盂、圆盒、壶、扁壶、耳杯、长方形盒、盘、匕、樽、卮、圆奁、椭圆奁、杯等。这些漆器与荥经、青川等地出土的战国漆器相比，可明显看出它们属于同一工艺体系。只是随着时间的推移，在战国时期工艺水平的基础上又有了新的发展，很多物品在形式上有所创新。

云梦发现的凤形勺，利用凤背挖成勺，头颈做成把，彩绘羽毛及头的细部，是前所未有的新品种，尤其是睡虎地34号秦墓出土的一件彩绘兽首凤形勺，更为奇特。

秦代漆器在图案上的创新主要体现在大量使用变形鸟头纹，并用横线连接，布

秦彩绘铜扣漆盒

中国通史

最新整理图文珍藏版

秦彩绘云龙纹漆盒

满全器，图案性强。青川出土的战国双耳长盒或只髹黑漆，或只朱绘器口，而云梦的秦代漆盒则多有精美图案，在盒的两端绘有很象眼睛的花纹，并利用突出的器耳画成仿佛猪豚的嘴鼻，产生既计生而又诙谐的效果，由于花纹多为写实性的，所以比起前代来呈现出全新的面貌。一些彩绘漆器，虽然不是十分工细，却笔简神完，彩绘扁壶上雄壮有力的犀牛、并肩前进的奔马和飞鸟等图案，都是前代未有。有一件耳杯，内底只画有两尾小鱼，别无纹饰，更是从繁缛中解脱出来的大胆突破。

秦代漆器技法上也有创新，有一件漆卮粘贴着用银箔刻成的图案，然后沿着花纹边缘再用朱漆勾线，这种技法可能是初创，只在云梦发现一件这样的制品。

秦代漆器工艺分工较细，这正是西汉漆器数十字长铭的前奏。一些云梦漆器上有烙印、针刻或漆书文字和符号，用"咸亭"、"咸市"代替荥经、青川战国漆器上的"成草"、"成亭"字样。据研究，应是"咸阳市亭"的省称，这些漆器应是秦代咸阳市亭所管辖的漆器作坊产品。此外还有不少针刻铭文中有"里"字，如"安里皇"等，应为漆器作坊所在地的里名及制作工匠的名字。另外，漆工工序的名称如"素"、"包"、"上"、"告"等也开始在漆器上出现。

在江陵和岭南等地也发现了不少秦漆器，说明秦统一天下后很快就把中央的文化艺术推广到了全国。

秦代铜车马

1980年，在陕西省临潼县秦始皇陵封土西侧出土秦始皇随葬的青铜车马模型。共出两乘，均为单辕双轮，四马驾，一御官俑。以1/2比例模拟实物而作。其中2号铜车马通长328.4厘米，高104.2厘米；其中一条辔绳末端刻有"安车第一"字样，可知此车为安车；而位于2号车之前的1号车则为立车。丙车形制相似。车舆分前、后室，御官

秦彩绘变形鸟头纹漆卮

秦一号铜车马

俑踞坐于前室，乘主坐后室。前室前、左、右三面有彩绘栏板。后室前方及左右两侧车輢上开有镂成菱花纹的窗。室后面开门。车盖呈椭圆形。车内外遍饰云气纹、夔纹、几何形纹彩绘等。车舆前悬一弩；左车厢前角立箭，盛箭20余支；右车厢边有一盾箙盛一盾。

御官俑戴冠，着领缘绘有朱红菱形纹的右衽交襟长袍，腰间束带佩剑，面容圆润丰满，微含笑意。挺立执辔，笑中藏威，形象生动。

车、马、御官俑的彩绘均以白色作基调，施以朱红、粉红、紫、蓝、绿、黑等颜色。图案花纹多作二方连续或四方连续，以菱形纹为主，辅以卷云纹、圆形、三角形等纹样。马具多为金银质小型构件及装饰品相互配合，形成华丽、庄重、典雅的艺术效果。

铜车马制作技艺精湛，细部处理真实具体。如御官俑的手部指关节、指甲，马的口腔细部，都很逼真，富于质感。车的轮、舆、衡、轭等及众多的附件都制作精美，以细铜丝绞结而成的缨络，柔韧而富有弹性。

铜车马共有零件3462件，其中金制零件737件，银制零件983件，制作不仅包括铸造和镶嵌技术，也包括锉、磨、冲、凿等金属加工技术以及焊接、铆接、铰链联接、销钉固定等联接技术，局部装配和总装配采用了高水平的组装工艺。表现出2200年前中国劳动人民在金属制造和加工方面所具有的技术能力。

铜车马造型规整，装饰华丽，比较准确地再现了秦代车马出行的宏大气势。四铜马比例匀称，膘肥体壮；马头微向外转，昂着张口，表现出整装待发的动感。是秦代造型艺术的精品，对研究秦代冶金技艺、宫廷舆服、车制及车舆制度具有重大的参考价值。原件现藏陕西省秦始皇兵马俑博物馆。

灵渠建成·沟通南北水系

秦始皇三十三年（前214），军尉屠睢指挥50万大军，分五路南下，对居住在今两广地区的南越和西瓯进行大规模的战争。在征伐过程中，秦军遭到越族的强烈抵抗，并因运粮困难，不能获得胜利，相持达3年之久。

广西兴安秦灵渠遗址

为了支援征服南越和西瓯的战争，解决进攻南越秦军的供应问题，秦始皇派监禄在今广西兴安县北开凿一条连接湘水和漓水的运河，以"通粮道"，这就是著名的灵渠。灵渠选择湘水和漓水最近的地方开凿，全长30公里，沟通了江南的长江水系和珠江水系。开渠的军民表现出高度的智慧，他们巧妙地使渠道迂回行进，降低渠道坡度，以平缓水势，便于行船。渠道和堤坝的工程均充分利用了我国古代水利工程技术的最新成果，并有多方面的创造。有分湘江入漓水的铧嘴；有防洪设备——大、小天平以渲泄水量。因两水落差较大，渠中设斗门若干道，南北往来船只，便可逐斗上进或下降。因灵渠构思巧妙，故名灵渠。

灵渠修成后，粮食、给养通过水道源

中国通史

最新整理图文珍藏版

源不断的运来，保障了秦军作战的需用，为秦军取得统一南越的胜利创造了重要条件。到始皇三十三年末，秦军终于将包括西瓯及雒越在内的"百越"之地全部占领，建置南海、桂林、象郡三郡。

灵渠的建成，使长江水系同珠江水系连结起来，对中原地区同南方、西南的经济文化交流起了重要作用。直到明、清时代，灵渠还被称为"三楚两奥之咽喉"。内地的粮食和其它物质通过长江往南经洞庭湖，通过灵渠进入西江再由珠江运抵广州。由灵渠连结起来的两大水系，南北延伸约2000公里，在世界航运工程史上占有光辉的地位。

秦汉军服定型

秦汉时兵种有车兵、步兵、骑兵、弩兵4种，职务有将军、中级武官和下级武士，平民冠、帽、帻、袍、铠甲等。军服制式根据兵种和职务的不同有所差异，基本上依次定型。

冠、帽、帻类。秦汉时将军戴长冠，双卷尾饰。冠有组缨，系扎于颏下，垂于胸前。一般武官戴长冠，单卷尾。御手在白色圆形软帽上戴长冠，单卷层。车士有的戴白色软帽，有的则戴单卷层。一般士兵不戴冠，以布束发，称作帻。铠甲武士、战袍武士、弩手、骑兵都着帻，但形状装饰略有不同。

袍类。从将军到士兵，都穿紧身窄袍，将军着两层，其余一层。袍是葛麻制成。战袍武士的是红色，御手的是褐色。铠甲武士一类为绿色短褐，衣领袖口以赭色边装饰，下着深红色袴；一类为红色短袍，衣领袖口以浅蓝色边装饰，下着蓝或绿袴与秦代"上黑"明显不同。

铠甲类。秦时骑兵铠甲较短，无披膊；一般步卒和战车兵的铠甲，甲身较长，两肩有披膊；御手所著的铠甲甲身最长，领部加高呈"盆领"，两肩有长披膊，并有护手甲。秦铠甲沿用战国已出现的铁甲，也夹杂有皮甲，从它的形制和编缀方法看，已具备了中国古代铠甲的特点。到西汉，皮甲仍然存在，但铁甲占据主要地位，称作"玄甲"。以"玄甲"殉葬是西汉非常隆重的葬礼。玄甲甲片式样有三类：呈长方形的大型甲片、圆角长方形的中型甲片、舌状或柳叶状的的小型甲片。编组甲片通常以麻绳、皮条，编缀方法大致是先横编后纵连，也根据部位不同有所变化。铠甲的形制由较简朴的大型扎甲向精角锻细密的鱼鳞甲发展，类型也日益繁多，保卫的身躯部位日益加大。到东汉时，除身甲部分外，保护脖颈的"盆领"，保护两肩和上臂的"披膊"和保护两腿的"鹊尾"、"腿裙"都已完善，形制更为发展，加之"百炼钢"技术被用于制造铠甲，铠甲质量进一步得到提高。

秦始皇修建阿房宫骊山陵墓

秦始皇三十五年（前212），始皇以咸阳人多，先王留下的宫殿小为由，命令在渭河以南的上林苑（今陕西西安西北三桥镇南）营建朝宫（皇宫正殿）。首先建造的是前殿阿房宫。

秦阿房宫下水道

755

阿房宫殿堂，东西宽 500 步（秦制 6 尺为一步），南北长 50 丈，殿内可以容纳一万人。殿前建立 5 丈高的旗杆，宫前立有 12 尊铜人，各重 24 万斤。以磁石为门，有怀刃隐甲的人入宫，即被吸此。周围建阁道连通各宫室，其阁道又依地势上达南山（今陕西西安南）。在南山顶，建一宫阙，作为阿房宫的大门，又造复道，从阿房宫通达渭水北岸，连接咸阳，以此象征天极紫宫后十七星横越云汉，达于宫室（二十八宿之一）的天庭。

为修建这一庞大的宫殿，秦始皇下集以征调隐宫（施宫刑之所。宫刑畏风，须入隐室，故名）罪人与刑徒七十余万分工劳作（其中一部分被派往修骊山陵墓），北山（今陕西礼泉、泾阳、三原与淳化境内）石料，蜀楚木材，源源不断地运到关中作建筑用。

西安秦阿房宫遗址

阿房宫建制占地的范围，从咸阳以东到临潼，以西至于雍（今陕西凤翔南），以南抵于终南山，以北达于咸阳北坂，纵横 300 余里。此外，从咸阳到函谷关（今河南灵宝东南）以西，有朝宫 300 余所，函谷关以东 400 余所。众多的宫殿一律施以雕刻，涂以丹青，五光十色，五彩斑斓，极其富丽堂皇，气势也很雄伟。

阿房宫耗资极大，劳民伤财。到秦始皇死时，宫殿仍尚未落成，秦二世继续营建。不久后秦朝灭亡，到楚汉战争，项羽入关，烧秦宫室，火一连三月不熄灭，阿房宫随之化为灰烬。阿房宫这组秦朝最大的宫殿建筑群，从陆地上消失，留给后人的仅是遗址。

骊山始皇陵园自秦始皇三十五年（前 212）也开始投入 70 万人加紧营建，陵东葬坑中布列由步、车、骑诸兵种组成的宏大雄伟的兵马俑军阵。

秦代砖瓦辉煌

秦代砖瓦在历史上颇负盛名，其颜色青灰、质地坚硬、制作规整、浑厚朴实，形式多样的特点更是著称一世。

秦太阳云纹砖

秦代的砖有空心砖、条形砖、长方形砖、五角形砖、拐子砖、券砖等，一般为模制。空心砖大多是长方形，作二、三级踏步用，纹饰有几何纹、龙纹、凤纹、也有素面。其余砖也各具特点。

秦始皇陵大瓦当

秦代的瓦有板瓦、筒瓦、瓦脊、瓦当等。而尤以瓦当著名，瓦当是中国古代建筑檐头筒瓦前的遮挡。

秦砖刻神人骑凤图

秦瓦当

瓦当有半圆和圆形两种，有素面也有纹饰的。其有纹饰的又有图案、图形瓦当两种。图案瓦当有动、植物图案，云纹、葵纹以及动、植物变形图案等。图像瓦当有特大的夔纹瓦当，一般的已由早期单一的动物如奔鹿、子母鹿、双虎、双獾、朱雀等发展成为组合对称的扇面状综合图像，在四个扇面上分别布置鹿、鸟、昆虫或云、虎、夔、龙等物。

秦代砖瓦上常有文字，已发现的瓦当文字多作小篆，有纯文字也有文字与图案相结合两种型。其内容可分不同类开支如建筑地题名，如羽阳宫所用的"羽阳千秋"。制作地题名，如在人名前冠以官名的"左司空、左司"以及"咸邑如倾，咸原婴"等在人名前冠以地名的。秦代砖瓦中的图案或文字对当时的地名、宫殿、官署、仓廪、陵墓、祠庙、苑囿的考订是很重要的依据，也历来为学术界所重视。

第二章

两汉时期

汉朝以公元 25 年为界，可分为西汉、东汉，从汉朝建立的公元前 206 年开始到公元 25 年为西汉；从公元 25 年开始到公元 220 年为东汉。

西汉政治的繁荣和安定主要集中在前几代帝王的在位时期。汉高祖统治时，由于与异姓王的矛盾不断加剧，战争一直未能彻底停止。到文帝、景帝年间，随着异姓王与同姓王的相继被铲除，国家才逐渐走向安宁、繁荣，出现了"文景之治"。景帝之后的汉武帝，是西汉最有作为的君主，在他统治的半个世纪中，"外事四夷，内兴功利"，达到了全盛时期。但由于他一生与匈奴作战，也伏下了西汉政权由极盛转向衰败的根苗。即使有后来的"昭宣中兴"，但毕竟元气大伤，无法恢复盛世。而从昭帝、宣帝时出现的外戚专权风气，最终发展到王莽篡汉称帝。

西汉时期，休养生息政策促进了社会经济的发展，科学技术的进步发挥了重要的作用。农业生产工具、生产技术得到了创新，工、商业得到了长足发展，以纸的发明为代表的科技成果得以运用。张骞出使西域，丝绸之路的开辟，揭开了中外文化交往新时代的序幕，更促进了西汉经济的蓬勃发展。

政治、经济的统一，必然要求思想文化的统一。汉初崇尚黄老思想。汉武帝时，采纳了董仲舒的建议，"罢黜百家，独尊儒术"，把儒学确立为封建统治思想。

大一统的西汉史，是极其丰富、复杂的。它经历了兴衰更替，包含着治乱得失；它优劣长短并存，既有巨大成就，又有诸多弊端。这些都使西汉在中国历史上有着举足轻重的地位。

公元 25 年，刘秀称帝，重新建立起汉朝的统治。其后经过 10 年左右，逐步消灭了各地割据势力，基本完成了全国的统一。因他建都洛阳，历史上称他所建的汉朝为东汉。

东汉王朝所依恃的核心力量是以南阳豪强为基础的豪强地主。对于开国功臣，刘秀采取了在政治上限制、经济上优待的政策。为了巩固自己的统治，刘秀多次下诏释放官私奴婢，并下诏检查垦田与户口实数，使西汉后期极其紧张的土地问题和奴隶问题得到部分解决。刘秀还改革官僚制度，裁撤地方武装，注意招揽人才，严厉抑制诸侯王势力，从而有力地加强了中央集权制度。同时，刘秀还不断调整经济政策，发展生产，与民休息。明帝、章帝都继承了刘秀的做法，使东汉的社会经济得到了较大的发展。比起西汉时期，东汉的社会生产，无论是农业还是手工业，都有一定程度的提高。科学技术也有了发展，造纸术的改进，水车等农机的出现，数学、天文学、医学的进步，不仅促进了当时经济文化的发展，还给予后代以深刻的影响。

东汉政权从 25 年建立到 220 年曹丕废黜汉王朝最后一个挂名皇帝献帝共历 196 年，但实际上早在东汉中期，刘氏帝位便开始由外戚和宦官两大权力集团所控制。184 年爆发的黄巾大起义基本上摧毁了东汉王朝，使其陷入分崩离析、名存实亡的境地。继而爆发董卓之乱，新立的汉献帝成为名副其实的傀儡。196 年之后，献帝又落入曹操之手，"守位而已"。220 年，曹丕废献帝为山阳公，自己称帝。刘氏汉室终为曹氏所继。

中国通史

最新整理图文珍藏版

第一节 史海钩沉：重大事件 历史典故

汉初盛世

西汉建立之前，中原已历秦朝15年的残暴统治和秦末以来历时8年多的战乱，经济凋敝，民心思定。有非凡政治才能的刘邦，顺应民心，实行与民休息政策。当然，这种与民休息政策，是与汉初尊崇黄老之学，崇尚无为而治分不开的。

刘邦当了皇帝之后，对于秦的"二世而亡"是很警惕的。他要士人陆贾总结一下包括秦朝在内的历代兴亡的经验教训，为他提供借鉴。陆贾根据儒家和黄老学说，又结合当时国家残破、经济凋敝的情况，写论文12篇。主要观点有，"事逾烦，天下逾乱；法逾滋，而奸逾炽；兵马益设，而敌人愈多。秦非不欲为治，然失之者乃举措暴众，而用刑太极故也。"他主张不要"极武"，不要"用刑太极"，而要"文武并用"。说这是"长久之术"。这就是所谓的"无为而治"。刘邦很赞赏陆贾的意见。陆贾的12篇论文合为一书，刘邦命之为《新语》。《新语》的理论观点在一定程度上反映了秦朝后期的政治和社会实际，基本上符合当时刘邦的建国思想。这一思想在西汉初年，是最高统治集团的主导思想。从这样的思想出发，刘邦陆续采取了一些重要措施。

一是建立制度，招贤纳士。汉建立后，高帝刘邦命萧何定律令，韩信定军法及度量衡程式，叔孙通定礼仪，汉朝制度很快

西汉·薰炉

建立起来，秦制度基本上变成汉制，这就是所谓"汉承秦制"。萧何做相国，提倡俭朴，处理政事，完全按照律令。他制定的九章律，较秦法缓和简明，代替了原来临时颁行的"杀人者死，伤人及盗抵罪"的约法三章。民间歌颂他说，"萧何为法，较（明）若画一"。秦项大乱以后，人民饱受战祸，穷苦已极，得在一定的律令下生活，自然感到宁静，人人自安，难动摇了。

二是劝民归乡务农，减轻田赋。号召在战乱中流亡山泽的人归还故乡本土，"复故爵田宅"。下令解放因生活困难而自卖为奴婢的人，恢复庶民身份。农民可以按人力多少开垦荒地，对新开垦的田地给予头

洛惠渠龙首

几年完全免赋的优待。特别是实行了按粮食产量"十五而税一"的田赋征收制度，调动了农民从事生产的积极性。

三是实行压抑商贾的政策。刘邦亲眼看到秦时徭役繁兴，商贾乘机重利盘剥，夺人田产子女，加重了社会危机。所以他即位后，"令商人不得衣丝乘车，重税租以困辱之"。规定商贾及其子女不得为官吏，不得携带兵器，不得有私田，加倍征收商贾的算赋（每人两算，一算120钱）。这些措施迫使一些小商人弃商务农，限制了商人对农民的兼并，有利于人民休养生息。

四是复员军队，罢兵归田。汉初刘邦即令"兵皆罢归家"，"以有功劳行田宅"，给予复员官兵以较好的土地住宅。入关灭秦的关东人愿留在关中为民的，免徭役十二年，回关东的免徭役六年。这些从军归田者，很快就成为中小地主或自耕农。他们不仅成为恢复农业生产的一支重要力量，也是汉代进行统治的阶级基础。

汉高祖在位凡7年，他倡导和推行的与民休息政策，使社会经济大大恢复了，同时也使汉朝地主阶级的统治重新得到稳定。

刘邦建国之初，对中央机构，完全继承了秦朝的制度，在皇帝之下，设置三公和九卿等，组成中央政府。但对地方的统治方式，略有改变。虽然在名义上亦实行"郡县制"，但实际是"郡国并行制"。这表现在刘邦大肆铲除异姓诸王、分封同姓王上。

刘邦早在楚汉战争期间，为了争取项羽封立的18个诸侯中的某些举足轻重的人物，以分化项羽的阵营，壮大自己的力量；又为了鼓励本集团的某些拥有强大兵力的将帅，与他合力打败项羽或巩固他的统治，曾封立了若干人为王。如韩信为齐王，后为楚王，英布为淮南王，彭越为梁王，张耳为赵王，旧贵族信为韩王，臧荼与卢绾先后为燕王，吴芮为长沙王。这些人因与刘邦不同姓，史称"异姓王"。异姓诸王都非刘邦的嫡系，多拥有强大的兵力，"有震主之威"，这是刘邦的大忌。有些人的兵力虽不强大，但跨州连郡、雄踞一方，成了西汉政权的一大威胁。因此，在消灭项羽后的数年中，刘邦相继铲平了除长沙王吴芮以外的其他7位异姓王。

刘邦在诛除异姓诸王的同时，又大封他的子弟为王，称为"诸侯王"，高于列

西汉跪式甲俑

侯，不在二十级爵中，史称"同姓王"。当时封立的"同姓王"共有9国，自北而南，为燕、代、赵、齐、梁、楚、淮阳、淮南、吴。唯一幸存的长沙王吴芮原是秦朝的鄱阳令，因在反秦斗争中有功，被项羽立为衡山王。后降刘邦，改为长沙王。这些封国几乎占去了旧时燕、赵、齐、魏、楚等国的全部疆土；而且他们的地位、权力不同于列侯。在封国内是国君，权力很大。封国的政权机构和中央基本相同，除太傅和丞相由中央任命外，自御史大夫以下的各级官吏，都由诸侯王自己任命。诸侯王还有一定的军权，有财政权可在国内征收赋税。王国的疆土广大，人口众多，多数王国很富庶。如齐王刘肥有6郡，计73县。吴王刘濞有3郡，计53县。王国在政治上处于半独立状态。分封之时，又有约定，"非刘氏而王者"，"天下共诛之"。汉朝分封同姓王，与秦代相比，是一种倒退行为，后来酿成七国之乱，说明刘邦缺乏政治远见。

刘邦还继承了秦朝的20级爵的制度，封功臣和亲属、外戚140多人为列侯。汉朝政治制度和秦朝基本是一脉相承的。只是汉初刘邦命萧何废除秦的严苛峻法，制订汉律，更有利于汉王朝的长治久安。

公元前195年，刘邦病死在长乐宫，同年，其子刘盈即位，是为汉惠帝。惠帝即位时，年仅17岁，加之生性仁弱，朝中大权被操纵在太后吕雉手中。

吕后在政治上的发迹，应当说是始于诛杀异姓王。史载吕后"为人刚毅，佐高祖定天下，所诛大臣多吕氏力"。高祖出征异姓王时，吕后居京师，开始参与朝政。她策划阻止刘邦废太子，左右讨伐黥布的军事部署，干预刘邦身后将相人选的安排，并逐渐培植亲信党羽，形成一股势力。

吕后临朝，极图削除刘家势力，培植吕家势力，乃"杀高祖子赵幽王友，共王

七牛铜贮贝器

恢，及燕灵王建。遂立周吕侯子台为吕王，台弟产为梁王，建城侯释之子禄为赵王，台子通为燕王"。（《汉书·外戚传》）吕台、吕产、吕禄、吕通都封了王，吕家势力坐大，"非刘不王"的限制被打破，这算是刘家的大不幸。

公元前180年，吕氏集团被一网打尽后，陈平、周勃等商定，迎立刘邦的儿子代王刘恒为帝，此为汉文帝。汉朝政权自惠帝以来，几经易主，内依朝臣，外靠宗室，至此稳定下来了。汉朝也由此进入中国封建社会的第一个盛世——文景之治。

布衣皇帝：高祖刘邦

西汉高祖刘邦，生于周赧王五十九年（前256），死于高祖十二年（前195），沛郡丰邑人（现在江苏丰县），字季，有的说小名刘季。他在兄弟中排行第三。在秦末农民战争中因为被项羽立为汉王，所以

在战胜项羽建国时，国号定为"汉"。他是中国历史上第一位布衣皇帝。

刘邦性格豪爽，不太喜欢读书，但对人很宽容。他也不喜欢下地劳动，所以常被父亲训斥为"无赖"，说他不如他的哥哥会经营，但刘邦依然我行我素。刘邦长大后，做了泗水的亭长，时间长了，和县里的官吏们混得很熟，在当地也小有名气。

刘邦的志向很大，在一次送服役的人去咸阳的路上，碰到秦始皇大队人马出巡，远远看去，秦始皇坐在装饰精美华丽的车上威风八面，羡慕得他脱口而出："大丈夫就应该像这样啊！"

刘邦的妻子是吕公的女儿吕氏，即历史上有名的吕后。汉惠帝就是她和刘邦的儿子，他们还有一个女儿，就是鲁元公主。

后来，刘邦奉命押送刑徒去骊山服役，但在半路上已经有很多人逃跑了，刘邦也很无奈，走到丰邑县的大泽休息时，刘邦喝了些酒，然后松开了刑徒们身上的绳子，让他们自己逃命去。但有十几个人不愿意丢下他一个人走，都表示愿意跟着他。刘邦便带领大家逃亡。前面负责开路的人回来告诉他前边有条大蛇挡住了去路，没法通行，刘邦喝得有点醉了，训斥说："我们这些勇猛之士行路，有什么好害怕的！"他分开众人，来到了前边，果见一条蛇横在

刘邦像

刘邦在汉中时的王宫

路中间，便拔出宝剑将蛇拦腰斩断。又走了一段路后，大概是酒性发作，刘邦觉得头昏，便躺在路旁休息，也等等后边的人。一会儿，后边的人赶了上来，对他说在路旁看见一个老太太在哭，问她原因，她说有人把她的儿子杀了。又问为什么被杀，她说她的儿子是白帝的儿子，刚才变成蛇，却在路边被赤帝的儿子杀了，所以才如此难过。大家当时觉得是老太太说谎，但老太太忽然就不见了。刘邦听说后，心中暗喜，以后便借此来提高自己的威信和地位。关于刘邦微时斩蛇的故事，翦伯赞先生认为："这即使有之，也是一种极平常的事，但后来刘邦做了皇帝，于是那些陛下的赞颂人，便把斩蛇的故事神话化，说刘邦所斩的那条大蛇，就是象征秦代政权的白帝子之化身；而斩蛇的刘邦，则是象征汉代政权的赤帝之子。"

此后，刘邦带着人到处逃亡，但每次吕后都能找到他，刘邦很奇怪，问妻子原因，吕后说他藏身的地方常有彩云缭绕，所以很好找到。尽管这些都是谣传，但在当时有很大的感召力，很多人相信了，前来投奔他。实际上，这种谣传基本上都是在刘邦建立国家前后，有意编造的，以此证明自己与众不同，有王者之气。

由于这些传说，刘邦在当地的威信逐渐提高，跟随他的人也就多了起来，他被

中国通史

最新整理图文珍藏版

当地人称为沛中的豪杰。

公元前 209 年，秦末农民起义爆发，陈胜、吴广率领起义军攻占了陈（今河南淮阳）以后，陈胜建立了"张楚"政权，和秦朝公开对立。这时，沛县的县令也想响应以继续掌握沛县的政权，萧何和曹参当时都是县令手下的主要官吏，他们劝县令将本县流亡在外的人召集回来，一来可以增加力量，二来也可以杜绝后患。县令觉得有理，便让刘邦的妹夫樊哙去把刘邦找回来。刘邦便带人往回赶。这边的县令却又后悔了，害怕刘邦回来不好控制，弄不好还会被刘邦所杀，等于是引狼入室。所以，他命令将城门关闭，还准备捉拿萧何和曹参。萧何和曹参闻讯赶忙逃到了城外，刘邦将信射进城中，鼓动城中的百姓起来杀掉出尔反尔的县令，大家一起保卫家乡。百姓对平时就不太体恤他们的县令很不满，杀了县令后开城门迎进刘邦，又推举他为沛公，领导大家起事。刘邦便顺从民意，设祭坛，自称赤帝的儿子，领导民众举起了反秦大旗。这一年已经是秦二世元年的九月，刘邦也有 48 岁了。

秦末农民战争中还有一支强大的力量，这就是原来楚国贵族的后代项羽和叔叔项梁，他们在吴中（今江苏的吴县）起兵，兵力很快达到了近万人。同时，其他被秦国灭掉的六国贵族后裔们也纷纷起兵，加入了灭秦的行列。

在陈胜被车夫庄贾杀死后，项梁便拥立了楚怀王的孙子做了楚王，定都盱眙（今江苏盱眙），后来和章邯率领的秦军展开了激战，开始几次都取得了胜利，项梁更加骄横狂妄，别人的话也听不进去，结果被得到援兵的章邯偷袭，大败被杀。章邯在项梁死后，觉得楚国不会再构成大的威胁，于是将主要精力转向了赵国。赵国受到攻击又向楚国求救，楚王在和众将商议之后便决定兵分两路去增援赵国。一路由宋义和项羽率领北上，直接救援，一路则由刘邦率领西进关中，牵制秦军，策应北路援军。楚王和众将约定：谁先入定关中谁就做天下之王。但大家都对做王没抱什么大的希望，因为当时的秦军还很强大，将领们都不愿意冒险西进和秦军决战。项羽为了给叔叔报仇，要求和刘邦一起西进关中，但遭到一些老臣的一致反对，大家觉得项羽做事比刘邦要残忍得多，而且又年轻没有经验，刘邦则是个长者，宽厚仁慈，威望较高，所以，最后决定只让刘邦一人领兵西进关中。

戏剧中的项羽形象

开始时，刘邦也不太顺利，但经过几次战役，刘邦步步前进，最后终于兵临城下，到达了咸阳东边不远处的灞上（今西安东），秦王子婴见大势已去，只得献城投降，将玉玺亲手交给了刘邦，秦王朝至此灭亡。

刘邦很得意地进入了咸阳城，并以"关中王"自居。看着富丽堂皇的宫殿，刘邦有些留恋起来，准备就此住下，享受享受。妹夫樊哙劝他注意天下还没有平定，别忘了秦的前车之鉴。刘邦根本听不进去，直到张良亲自来劝，他才认识到了问题的严重性。于是，刘邦将军队撤退到了灞上。

刘邦到达灞上之后，便召集当地的名士，和他们约法三章：杀人者死，伤人及盗抵罪。其他秦朝的苛刻法制一律废除，这使他得到了民心支持。

项羽在打败章邯，迫使他投降之后，也领兵直奔关中而来，争夺做天下王的资格。等到了函谷关，见刘邦不但已经平定了关中，而且还派兵把守函谷关，不由得大怒，立即命令英布领兵攻下了函谷关，然后领兵40万直奔咸阳，驻扎在了戏下（今陕西临潼东北的戏水西岸）。刘邦的属下曹无伤对刘邦很不满，为了得到更大的官职，他暗地里派人向项羽挑拨说："沛公刘邦想在关中做王，然后让子婴做宰相，自己将秦的财物都纳入私囊。"项羽听了不禁火冒三丈，谋士范增也劝他趁机除掉刘邦这个对手。项羽就下令准备，要在第二天进攻。这时的刘邦在兵力上无法和强大的项羽相抗衡，他只有10万军队，不可能战胜项羽的40万精兵。最后是项羽的叔叔项伯"救"了刘邦：项伯和刘邦的谋士张良很要好，见项羽要进攻了，便连夜潜入营中找到张良，让他赶紧走，以免被杀。张良却说不能丢下刘邦，就将消息透露给了刘邦。惊慌之下，刘邦赶忙向张良要计策，张良让刘邦赶紧去见项伯，说明自己没有野心和项羽争夺王位。

于是，刘邦设盛宴招待项伯，还和他约定为亲家。他对项伯说："我自从入关之后，没有敢占有丝毫财物，将吏民进行登记造册，把府库封存起来，就是等着将军来的。我之所以派兵把守函谷关，并不是想阻止将军你们入关，而是为了更好地守好关中地区，也防止强盗入侵。我和将士们日夜都盼望将军你们能早点来，怎么会

贾谊像

有造反之心呢？请您回去务必向项羽将军说明此事，消除误会。"项伯满口答应，然后对刘邦说："将军你明天一定要到我们的营帐亲自向项羽说明情况，当面赔礼，才能得到项羽的原谅。"刘邦听了也答应了。

项伯当天夜里就返回了军营，他对项羽说："因为沛公先行进入关中，为我们扫除了入关的障碍，我们这才能顺利地通过函谷关，沛公是有功劳的人，我们不应该猜疑他，应该真诚相待。"项羽听了，便决定不再进攻刘邦。

第二天，刘邦如约来到了项羽的军营，只带了樊哙、张良和100名精锐亲兵。到了项羽的大帐鸿门，当面向迎接他的项羽赔礼道歉。项羽请刘邦入内赴宴，在酒宴上，双方你来我往，杀机不断。项庄在席间借舞剑为名，想趁机刺杀刘邦，没有成功。这就是成语"项庄舞剑，意在沛公"的由来。后来刘邦借故离开，回到了大营。

鸿门宴之后，项羽便领兵西进，在咸阳城大肆屠杀，秦王子婴也被杀死，秦的

宫殿阿房宫被项羽放火焚烧。火烧阿房宫后，项羽自封为西楚霸王，并封了18个诸侯王。刘邦被封为汉王，领地是巴、蜀和汉中共41县，国都为南郑（今陕西南郑）。西楚霸王项羽，掌握军队最高统帅权，楚王被尊为义帝。

分封完后，项羽让大家到各自的诸侯国去就职，刘邦也只好到南郑去。项羽只分给了刘邦3万军队，后来又有一些人追随他到了南郑，但总兵力也不足10万，刘邦暂时还无法和项羽抗衡，只能坐待时机。为了消除项羽对他的猜疑，也为了断绝其他王侯从汉中袭击，张良建议刘邦将通向汉中的栈道烧毁了。

最初，刘邦并没有东进和项羽争雄的打算，但他到了南郑之后，形势的变化促使他下决心东进，和项羽争夺天下。一个原因是将士们不服南郑地方的水土，日夜思念家乡，士气低落。二是项羽封在齐国的田荣嫌项羽分封不公，起兵反叛，这给刘邦创造了进兵的绝好机会。正巧此时刘邦得到了大将韩信，韩信提议立即出兵东进。朝信说："我们的将士都是山东之人（指函谷关以东地区），现在正好可以利用他们东归回家的强烈愿望，鼓舞士气，东进之后必将建功立业。事不宜迟，应当立即进兵。"

在公元前206年，即汉王元年的五月，刘邦任萧何为丞相，负责管理后方巴蜀地区，他亲自和韩信领兵从陈仓（今陕西宝鸡东）偷渡，迅速占领了关中全部，至此，著名的楚汉战争正式爆发。

楚汉战争分为两个阶段，前一阶段是刘邦处于下风，屡次被项羽杀得大败而归。后来，刘邦离间了项羽和范增，逐渐占据上风，最后将项羽彻底打败。

刘邦东进之后，曾经趁项羽和齐、赵交战之机拿下了河南，攻克洛阳，然后挥师东进，攻下了彭城。原先项羽打算在平定齐和赵后再和刘邦决战，现在见刘邦攻下了彭城，便领精兵3万急行军赶回，趁刘邦设酒宴庆功之机，在清晨发动袭击，一天之内便将汉军打败，在汉军撤退时，又被项羽追杀消灭了十几万人。到了灵璧（今安徽宿县西北）东边的睢水又被项羽追上，又丧失十几万军队，睢水竟被尸体堵塞了。只有刘邦和几十名骑兵奋力逃脱，但他的父亲和妻子吕后却被项羽抓获。原来跟随刘邦的其他路诸侯王见刘邦大败，先后舍他而去。

鸿门宴

刘邦退到荥阳之后，得到了萧何从关中派来的增援部队，韩信也收拢打散的军队来会合。汉军又重振旗鼓，在荥阳的南边打败了项羽的军队，两军在荥阳一带开始对峙。后来，刘邦策反了项羽的大将英布，分化了项羽，也使项羽因为要分兵镇压而削弱了兵力。但项羽毕竟不是一般人物，他派兵侵扰汉军的运粮通道，最终将荥阳的汉军围困起来。刘邦无奈，只好向项羽求和，提出以荥阳为分界线，荥阳以西为汉。项羽想答应刘邦，但范增却不同意，说现在正是消灭汉军的好时机，错过这个机会，放虎归山，就后患无穷了。项羽于是又开始攻打荥阳。刘邦见范增从中作梗，就采用了陈平的离间计：等项羽派使者来劝刘邦投降时，刘邦就让人先摆出盛情招待的样子，送去精美的食品，等见了使者，又故意惊奇地说："我们听说是亚父（指范增）的使者来了，原来是项王的使者啊。"接着就将精美的食品拿了下去，换来不好的饭食。结果使者非常生气，回去便告诉了项羽。项羽不知其中有诈，就轻易上当了，怀疑范增背叛自己，私下和刘邦交往，从此不再听他的意见。

范增得知了内情，勃然大怒，他对项羽说："现在天下局势已定，大王您自己多保重，我还是回家做一个平民百姓吧！"范增负气离开了项羽，但没有能到达彭城，就因为背上生疮病死在半途。

范增走后，项羽加紧进攻荥阳，刘邦也设法从荥阳突围。大将纪信自告奋勇，要替刘邦向项羽假投降，让刘邦趁机逃脱。纪信乘坐着刘邦的车出东门假降，刘邦则从西门出城突围。纪信果然将项羽的大部分军队吸引住，结果项羽没有抓住刘邦，一气之下将纪信烧死。

拿下荥阳之后，项羽又占领了成皋（今河南荥阳汜水镇），刘邦后来集中兵力将成皋收回，然后围困荥阳。项羽回师救援，和刘邦在荥阳东北部的广武山一带相持不下，对峙达几个月之久。项羽急于和刘邦决战，因为持久战对他不利：刘邦的粮草供应顺畅，而他的粮草供应却常遭到彭越的袭击。为了尽早结束战斗，同时迫使刘邦投降，项羽就把原先俘获的刘邦的父亲押到了两军阵前，他对刘邦说："你如

石寨山型铜鼓

果再不投降，我就把你的父亲煮了！"

刘邦知道项羽在要挟他，干脆耍起了无赖，说："我和你曾经'约为兄弟'，所以我的父亲就是你的父亲了。你要是一定要煮了我的父亲，那就请便吧。不过，别忘了给我也留一碗肉汤。"项羽听了气得七窍生烟，当场就下令将刘邦的父亲杀死。旁边的项伯赶紧劝道："将军，现在谁能得天下还很难说，何况争天下的人都是不顾家人生死安危的，杀了他的亲人也起不到什么作用，相反倒会增加双方的仇恨。"项羽听了，只好命人将刘邦的父亲带回去。

项羽见一计不成，又生一计，要和刘邦单挑，即二人单独决斗，一决胜负。刘邦没有上他的当，却说："我和你只斗智，不斗勇。"接着骂项羽有十大罪状："第一，你负前约，没有让我称王天下，而是称王蜀汉。第二，你杀死首领宋义，取而代之。第三，你救赵之后，本该息兵，却进军关中。第四，你火烧阿房宫，中饱私囊。第五，你杀死秦王子婴。第六，你坑杀秦的投降士卒20万。第七，你对诸侯王分封不公。第八，你将义帝赶出彭城，自己占为都城。第九，你暗害义帝。第十，你不但以臣杀主，政事也不公平。我现在率众将领来诛杀你这残忍的逆贼，何必非要和你单独决斗呢！"项羽听了，气得拉弓一箭射伤了刘邦的胸部。

楚汉双方又对阵了10个多月，因为有

关中和蜀地的支援，刘邦逐渐占了上风，而项羽则兵源缺乏，粮草不足，难以和汉军抗衡。在侯公的撮合下，项羽和刘邦定下了停战协定：楚汉以鸿沟（今河南荥阳、中牟和开封一线）为分界线，东西分治。协定达成之后，项羽将刘邦的父亲和妻子送还。

项羽领兵东返，刘邦也打算领兵回关中。张良和陈平则极力劝说刘邦趁机灭掉项羽，因为这时项羽兵不精、粮不足，万一他回到彭城，等于是纵虎归山。刘邦听了赶紧命令追击，同时派人命韩信和彭越火速集结，合击项羽。

项羽乌江自刎

在公元前202年的10月，刘邦追上了项羽，但到了固陵（今河南太康西）时，韩信和彭越的军队还没有到达。项羽向汉军猛烈反击，将汉军击溃。刘邦只得坚守不出，问谋士张良有什么良策。张良说如果能封给韩信齐地，封给彭越梁地，那他们两个肯定会火速进兵的。刘邦马上派人许诺韩信和彭越，在击败项羽后立即封他们为齐王和梁王，韩信和彭越也很快有了回音：立即进兵。同时，楚的大司马周殷

也被刘邦派人劝降，淮南王英布领兵也赶来会师。汉军会合各路援军共30万，和项羽决战垓下。夜里，围困项羽的汉军唱起了楚国苍凉的歌，使项羽以为汉军已占有全部楚地。走投无路的项羽在大帐中和心爱的虞姬饮酒，乘着酒力慷慨而歌："力拔山兮气盖世，时不利兮骓不逝。骓不逝兮可奈何，虞兮虞兮奈若何！"虞姬唱道："汉兵已略地，四面楚歌声。大王意气尽，贱妾何聊生。"

虞姬当着项羽的面含泪自刎，项羽擦去眼泪，跃马率领800骑兵趁夜突围。第二天早晨，汉军才发现项羽已经突围而去，刘邦命令灌婴率骑兵火速追击。项羽在渡过淮河后，身边只剩下了100人，到达阴陵（今安徽定远西北）时，因为迷路走入大泽之中。从大泽出来后，项羽向东撤退，在东城（今安徽定远东南）被灌婴的骑兵追上。项羽随从只有28人了，和汉军激战三次，杀伤几百汉军后，项羽最后横剑自刎。至此，楚汉战争以项羽的失败而结束。

项羽虽然失败了，但给后人留下了丰富的文学素材，戏剧《霸王别姬》传唱千古，使人们对这个失败的英雄充满了同情和崇敬。

在公元前202年的正月，刘邦兑现了先前的诺言，封韩信为楚王，彭越为越王。受封的韩信和彭越联合原来的燕王臧荼、赵王张敖以及长沙王吴芮共同上书刘邦，请他即位称帝。刘邦开始假意推辞。韩信他们说："大王虽然出身贫寒，但能率领众人扫灭暴秦，诛杀不义，安定天下，功劳超过诸王，您称帝是众望所归。"刘邦顺水推舟地说："既然你们大家都这样看，觉得有利于天下吏民，那就按你们说的办吧。"

这年的二月初三，刘邦在山东定陶汜水之阳举行登基大典，定国号为汉。同时，封妻子吕氏为皇后，儿子刘盈为太子。

开始时，刘邦将都城定在了洛阳。即

萧何像

家才能长治久安。

刘邦将他的意见说给众大臣讨论，但遭到许多人的反对，认为还是洛阳好。最后还是张良同意娄敬的建议。他说关中是"金城千里，天府之国"，退可守，攻可出。刘邦听了表示同意，于是很快将都城迁到了长安。

在政治制度和统治政策上，刘邦"汉承秦制"，即在规章制度上基本继承秦朝。当然，汉朝的统治政策也有一定的变化，主要是将原来秦朝的残酷刑法和严厉治国的思想改变了，用一种清静无为的黄老思想为治国的指导思想，体现在经济方面就是减轻百姓赋税的负担。

政治制度上，中央是三公九卿，地方是郡县制。除了郡县制外，还实行了封国制，即分封诸侯王到地方建立诸侯国和王国。最初，分封的是异姓王，如韩信等人，主要是为了团结众将，取得战争的胜利，到后来，只剩下了长沙王吴芮，其他的异姓王基本上被杀。消灭了异姓王，刘邦又封了九个同姓王，都是他的儿子、侄子和兄弟。他觉得他们会巩固自己的刘姓政权。

分封同姓王的同时，刘邦还立下规矩来约束他们：诸侯王国的政治地位和郡相同，辅佐诸侯王的相国和太傅都要由中央政府来任命，是中央的官吏，不准依附诸侯王对抗中央，否则就要以"阿党附益"的罪名处罚。同时，还有侯国，地位和县相同，主要是封给建国功臣们的。

在法律方面的继承，主要是维护君主专制和中央集权方面的内容，其他针对百姓日常生活的酷法基本上废除了。汉朝的法律主要是《九章律》。

刘邦在称帝后设盛宴招待英布等大臣时，曾经对在场的父亲夸耀说："原先您老经常说我是个不干活不读书的无赖，没有二哥能理家治业。如今我做了皇帝，您看现在是二哥的财富多，还是我的财富多

位的同年五月，刘邦在洛阳的南宫开庆功宴，宴席上，他和众人总结楚汉战争胜败的经验教训。王陵等人说，刘邦之所以能战胜项羽，就是因为刘邦能与大家同甘苦，共患难，而项羽却自私自利。刘邦说他们说得有道理，但没有说到点子上。他总结了自己取胜的原因："论运筹帷幄之中，决胜于千里之外，我不如张良；论抚慰百姓，供应粮草，我又不如萧何；论领兵百万，决战沙场，百战百胜，我不如韩信。可是，我能做到知人善用，发挥他们的才干，这才是我们取胜的真正原因。至于项羽，他只有范增一个人可用，但又对他猜疑，这是他最后失败的原因。"刘邦的总结确实说对了，战争的胜败，人的因素总是最重要的。

后来，刘邦迁都长安是因为一个叫娄敬的士卒的提醒。他从山东赶来见刘邦，说刘邦得天下和先前的周朝不一样，所以不应该像周朝那样以洛阳为都城，应该定都关中，这样便可以在秦地固守险地，国

呢?"其实他虽然做了皇帝,但从没敢对自己的皇位掉以轻心,在享受的同时他采取很多措施巩固自己的皇权。

刘邦称帝后对几件事不放心:第一个不放心的就是在各地的异姓王。他们都有兵将,有的还三心二意。第二个问题就是其他将领为功劳大小和赏赐的多少争斗不止,如果安抚不当,就会投奔那些异姓王作乱。第三是原先六国的后代也不能掉以轻心。第四是在中央,丞相的权力对他这个皇帝也构成了威胁。刘邦从做了皇帝,到最后病死,中间的 8 年时间,基本上都用在解决这些让他不放心的问题上。

在公元前 201 年,即高祖六年,有人告发韩信谋反。刘邦问怎么办,大家说发兵讨伐。但陈平却反对,他说楚国兵精粮足,韩信又善于用兵,发兵很难取胜。他建议刘邦以巡游云梦为借口,让各诸侯王都到陈县(今河南淮阳),到那时韩信一定会来,然后再抓他问罪。刘邦依计行事,果然将韩信抓住了。韩信听到对他的指控,大声喊冤:"古人说得果然不错:'狡兔死,走狗烹;高鸟尽,良弓藏;敌国破,谋臣亡。'现在天下已经平定,我这样的人也早就该烹杀了。"刘邦将韩信押到了洛阳,但又没有明确的证据,便释放了他,但降成了淮阴侯。这使韩信怀恨在心。

第二年,韩信谋划让陈豨在外地反叛,使刘邦亲自前去平叛,然后自己在都城袭击太子和吕后。但事情还是败露了。吕后采用了萧何的主意,将韩信诱骗入宫抓捕,最后在长乐宫斩首,留下一个"成也萧何,败也萧何"的成语。

除了韩信,其他诸侯王如彭越等人也被消灭,只剩下了长沙王吴芮。

对于其他将领,刘邦也颇费心机。刘邦先是分封了萧何等 20 余人官职,但众将领因为互不服气,争功不止。一次,在洛阳南宫,刘邦看见众将坐在地上不知在说

韩信像

什么,问身边的张良怎么回事,张良说他们在谋反。刘邦问为什么,张良说怕刘邦以后不会封他们高官。刘邦又问怎么办,张良就问刘邦最恨的人是谁,刘邦说是雍齿,因为他虽然功劳多,但太张狂,自己曾经想将他杀掉。张良听了就让刘邦封雍齿为侯,这样,大家就觉得被刘邦记恨的雍齿都能受封,他们就更不用着急了。于是,刘邦大摆庆功宴,封雍齿为什方侯,还当场命丞相和御史抓紧时间草拟论功行赏分封的名单。张良的计策果然奏效,众将的心都安定了。

对于六国的后裔,刘邦则将他们和地方的名门望族共十几万人全部迁到关中居住,置于中央控制之下,消除了后顾之忧。

关于丞相的过大权力,刘邦通过把萧何下狱来打击削弱相权。在刘邦平定了英布叛乱回到长安后,萧何提议把上林苑开放,让百姓去耕种,因为上林苑基本上已经荒芜。刘邦一听就恼了,硬说萧何拿了商人的贿赂,所以才替他们说话,借百姓之名为商人牟利。刘邦将萧何关进了监狱,几天后,有大臣问丞相犯了什么罪,刘邦却为自己狡辩说:"原先李斯做秦国的丞相,凡是功劳都归始皇,不好的事都由自

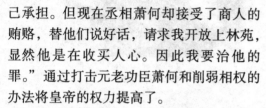

颐和园长廊中的"商山四皓"图画

己承担。但现在丞相萧何却接受了商人的贿赂，替他们说好话，请求我开放上林苑，显然他是在收买人心。因此我要治他的罪。"通过打击元老功臣萧何和削弱相权的办法将皇帝的权力提高了。

在巩固强化皇权方面，刘邦也是想尽了办法，一是尊父亲太公为太上皇，二是对季布和丁公的处理。这两件事最终达到了他的目的。

刘邦通过尊重父亲来教育大臣和百姓遵循礼法，尊重长辈，效忠君主。刘邦和父亲太公在一起住，为了向大家表示他孝顺，每五天就去拜见一次。太公觉得没什么，也习惯了。但太公的属官却觉得不合适，就劝太公说："俗话说，天无二日，地无二主，当今皇帝是您的儿子，但他也是人主。您虽是他的父亲，但却是他的大臣。让他这个主人拜见您这个大臣，不合礼仪。况且这样也显不出皇帝的威严。"

等刘邦再拜见父亲时，太公就提前拿着扫帚出门相迎，然后倒退着进屋，不给刘邦行礼的机会。刘邦很吃惊，跳下车去搀扶父亲。太公赶忙说："皇帝贵为人主，不能因为我一个人破坏了国家的礼法。"刘邦便下诏书，尊太公为太上皇，这样一举两得，不但明示了皇帝的尊严，他也可以顺理成章地拜见父亲了。

第二件事是对季布和丁公的处理。在刘邦和项羽争天下时，他们俩都是项羽手下的大将。季布领兵几次将刘邦打败，丁公也领兵追击过刘邦，但最后放过了他。刘邦做皇帝后，记恨季布打败过自己，就把他抓了起来。但想到自己也需要他这样的忠臣来辅佐，就不再记仇，不但放了他，还封为郎中。丁公听说了，就觉得连季布这样给过刘邦难堪的人都能释放做官，他这个曾偷偷放走刘邦的救命恩人就更不用说了。没想到，却被刘邦抓起来。刘邦对众人说："丁公做项羽的将领时不忠，就是他这种人使项王丧失了天下。"刘邦下令处死了丁公，还在军中示众，警示大家要做忠臣，不要学丁公。

做了皇帝，为了皇权的巩固，刘邦费尽心机。本来他年龄就大，在平定英布叛乱时又中了箭伤，到了长安病情加重，从此一病不起。吕后找来名医，诊断后，刘邦询问病情，医生神情黯然地说能治好，刘邦一听口气，就知道不会好了，气得大骂医生："我原来只是一个百姓，手提三尺剑得到天下，此乃天命。现在天要我死，就是神医扁鹊来了也没用！"说完赏赐给医生五十金打发他走了。吕后看着弥留中的刘邦，问他死后人事的安排："萧相国死后，由谁来接替呢？"刘邦说曹参。吕后问曹参之后是谁，刘邦说："王陵可以在曹参之后接任，但王陵智谋不足，可以由陈平辅佐。陈平虽然有智谋，但不能决断大事。周勃虽然不擅言谈，但为人忠厚，日后安

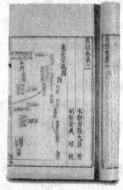

汉长安城图

定刘氏江山为国立功的肯定是他，用他做太尉吧。"吕后又追问以后怎么办，刘邦有气无力地说："以后的事你就不会知道了。"

刘邦死于公元前195年，即高祖十二年的4月25日。时年62岁（虚岁），葬于长陵，谥号为高皇帝，庙号是高祖。一般都称为汉高祖刘邦。

"宽仁之主"：惠帝刘盈

惠帝刘盈是西汉的第二个皇帝，他就是刘邦和吕后的儿子，生于公元前211年，当时还是秦始皇三十六年。汉惠帝是个年轻的皇帝，在16岁的时候就继承了皇位，但他也是个短命的皇帝，在位仅仅7年就去世了。

在刘盈小时候，父亲刘邦还是一个小小的亭长，不可能使他过那种贵族的生活，所以，他和母亲以及姐姐要经常到地里干活。后来，父亲反抗秦朝，他和母亲、姐姐也就处于一种颠沛流离的生活之中。后来母亲和爷爷被楚军抓去，他和姐姐在与父亲一起逃跑时还被心狠的父亲几次推下车去，以便能逃得快一点。刘邦的属下滕公夏侯婴数次下车冒死相救才使他姐弟俩逃离了死神的魔掌。直到后来他们姐弟被送到了关中，才在战略后方过上了安宁的生活。

刘邦登基后，就立刘盈为太子，这时的刘盈才刚刚9岁，童年的苦难终于没有白受。在他走向皇位的过程中也有过风险，但在母亲吕后的努力下，他还是很顺利地登上了皇帝的宝座。

刘盈文静，外表没有刘邦那样英武的所谓帝王之气。刘邦不太喜欢他，而是喜欢他宠爱的戚夫人所生的儿子如意，想把刘盈废掉，立如意做太子。虽然在众人的反对下，刘邦只好作罢，但是刘盈的太子

张良像

地位却时刻受到了威胁。

刘盈当时还是个孩子，对此不会有什么感觉。他的母亲吕后却不是一般的人物，为了以后的权势，她开始行动了。这时，有人建议她找足智多谋的张良讨个主意。张良建议她找刘邦极为尊敬的"商山四皓"，他们肯定会帮助她说服刘邦的。吕后依计行事，"四皓"果然起了重要作用。在平定淮南王英布反叛时，是"四皓"设法让刘邦收回成命，不再让刘盈领兵去镇压。等刘邦平定英布的叛乱回来后，因为伤痛病倒了，这使他又动了更换太子的念头。张良的劝谏没有起作用，其他的人也没有让刘邦改变主意，最后还是"四皓"以行动说服了刘邦：在一次宴会上，80高龄的"四皓"陪同着太子刘盈入席，这使刘邦很惊讶，觉得太子已经成熟了，再重立太子恐怕会导致政局混乱。此后，刘盈的太子地位基本稳定了。

不久，刘邦病死，刘盈顺利地继承了皇位，这时他刚16岁。

刘盈继承皇位后，基本上延续了父亲的政策，而且有父亲的一批有经验的大臣辅佐，他在位期间没有什么大的波折，可惜的是在皇位上仅仅坐了7年。

《汉书》卷2《惠帝纪·赞》称他为"宽仁之主"，《史记》卷9《吕太后本纪》云"惠帝仁慈"、"为人仁弱"。

《汉书》卷97《外戚传》记载：赵王如意和其母戚姬是吕太后最怨恨的人。戚姬因受刘邦"爱幸"，"日夜啼泣"鼓动刘邦废时为太子的惠帝，而立自己的儿子刘如意为太子，刘邦也多次萌生废易太子的念头，于是就变成了吕太后最怨恨的人。高祖崩逝，惠帝嗣后，为人"刚毅"的吕后必欲置赵王刘如意和其母戚姬于死地而后快，于是先囚戚姬于永巷，后诱召赵王如意来长安。当时，惠帝闻知赵王来朝，太后盛怒，于是为了保护这位庶弟，亲自出迎于霸上，抢在吕后之前，将其接进了皇宫，并且"自挟与起居饮食"，从而使吕后数月之间没有杀害的机会。

惠帝不仅聪慧，而且爱民，并能闻过即改。《史记》卷99《叔孙通列传》记载："孝惠帝为东朝长乐宫，及间往，数跸烦人，乃作复道，方筑武库南。叔孙生奏事，因请间曰：'陛下何自筑复道高寝，衣冠月出游高庙？高庙，汉太祖，奈何令后世子孙乘宗庙道上行哉？'孝惠帝大惧，曰：'急坏之。'叔孙生曰：'人主无过举。今已作，百姓皆知之，今坏此，则示有过举。愿陛下为原庙渭北，衣冠月出游之，益广多宗庙，大孝之本也。'上乃诏有司立原庙。原庙起，以复道故。"惠帝之所以筑复道，是因为不想屡屡扰民，这表现出他关心天下民众疾苦的品德。当得知筑复道于武库南一事并不合时宜，又能闻过而改。充分表现出他的贤德品格。诚如司马光所云："过者，人之所必不免也；唯贤圣为能知而改之。……为人君者，固不以无过为

美贤，而以改过为美也。"

惠帝本来应该和后来的文帝和景帝一样有更大的作为，但英年早逝。有学者认为，他的死也许与他的母亲吕后的残忍有点关系，这种看法是有道理的。

在刘邦活着的时候，因为宠幸很多的后宫姬妾，冷落了吕后。这使吕后非常嫉恨，等刘邦死了，自己当了太后，便对以前的姬妾们进行迫害，有时竟达到了丧心病狂的地步。对于原来曾威胁惠帝太子地位的戚夫人，吕后的恣意报复行为达到了无以复加的地步。吕后先是让人拔光戚夫人的头发，然后让她戴着枷做舂米的重体力劳动。这还不够，吕后又残忍地将戚夫人的四肢砍断，挖去眼睛，熏聋双耳，灌药使她变成了哑巴，最后扔到了茅厕，叫做"人彘"（即像猪的人）。为除掉后患，吕后还将戚夫人的儿子赵王如意骗到长安

文君听琴图

用毒酒杀死。吕后的歹毒听来都让人长时间难以消除那种恐怖的感觉。生性仁慈、心地善良的惠帝，在看到那个"人彘"并知道是戚夫人后，受到极大刺激，痛哭不止，此后便生病了，长达一年之久。

曹参像

后来，惠帝也不再上朝处理政务，每天就是饮酒作乐，迷恋后宫。这使得作为儿子的惠帝和他的刚毅残酷的母后相安无事，默契配合，从而赢得了"政不出房户，天下晏然。刑罚罕用，罪人是希。民务稼穑，衣食滋殖"的政治局面，从而为西汉社会步入强盛做了铺垫。

除此之外，惠帝在位期间，还制定和推行了一系列有利于西汉社会稳定、经济发展和文化繁荣的措施。

首先，在经济方面，惠帝继续推行刘邦时的与民休息政策，在他刚即位时，便下诏恢复了原来实行过的十五税一的政策。因为刘邦在位时，为了对内平定叛乱，对外迎击匈奴，所以增加了一些赋税。惠帝

时，内乱已经平定，匈奴也因为和亲政策不再骚扰边境，所以，惠帝便取消了增加的赋税，重新恢复了十五税一。后来，惠帝又鼓励农民努力耕作，对于有成绩的农民还免除其徭役。为了促使人口增加，惠帝还下令督促民间女子及早出嫁。如果女子到了15岁还不出嫁，就要征收五倍的算赋。算赋是一种成人的人头税，每人交120钱，即为一算。对于原来限制商人的政策，惠帝也大大放松，以促进商业的发展，增加国家收入。

惠帝的这些措施使西汉初年的经济健康地向前发展。

其次，在文化方面，惠帝也进行了有益的改革。他在前191年，将"挟书律"废除。"挟书律"是在秦始皇焚书时实行的一项法令，除了允许官府有关部门可以藏书外，民间一律禁止私自藏书。西汉王朝初期，制度基本上是继承秦朝，"挟书律"也不例外。惠帝很有魄力地废除了这一法令，这使得长期受到压抑的儒家思想和其他思想都开始活跃起来，为儒家被汉武帝确定为国家的统治思想提供了前提条件。

惠帝在很短的皇帝生涯中，还完成了长安城的全面整修。刘邦在位时仅修了长乐宫和未央宫，城墙没有修成。当时西汉和外界的交往日益增多，长安城的国都形象急需完善。于是惠帝决定整修长安城，在公元前194年正式开工，到前190年完工。整修后的长安城在当时的世界上也是很有名的，除了罗马城外，没有再和长安相媲美的城市了。

公元前188年，即汉惠帝七年，年仅23岁的惠帝去世，谥号"孝惠"。"孝"意即孝子善于继承父亲的事业。此后，汉朝皇帝的谥号中都有一个"孝"字，只有东汉的光武帝刘秀因为是中兴之主而例外。惠帝死后葬在安陵，在现今西安附近。

总之，汉惠帝刘盈是西汉历史上一位聪慧、仁慈且不可忽视的皇帝，称其为"宽仁之主"，是比较恰当的。

一代明君：文帝刘恒

汉文帝是西汉前期一位重要皇帝。他在汉初"无为之治"的基础上，注意安定朝政，选贤任能，省除酷刑，尽量减少战争，稳定社会秩序，减轻赋役，重视发展生产，努力积累财富。景帝继续推行这些政策，经过文景两代约40年的努力，西汉王朝从战争的创伤中恢复过来，并迅速走向其鼎盛时期。后世把文景时的清明政治，誉称为"文景之治"。

汉文帝名刘恒，是刘邦与妃子薄姬之子。公元前196年，刘邦平定陈豨叛乱，收复代国疆土，刘恒便被封为代王，当时他年仅8岁。

代国是汉初所封同姓九王国之一，地在今山西北部及河北部分地区，地处边鄙，经常遭匈奴侵扰。高祖诸子封国中，代国尤为苦寒，实因刘恒与其母不得刘邦宠幸之故。但吕后擅权时，当年得宠的诸王妃嫔被诛杀殆尽，刘恒母子却又幸而免祸。当然，刘恒行事也格外审慎，前181年吕后酖杀赵王刘恢后，提出要改封刘恒为赵王。刘恒深知诸吕势大，赶紧推辞不迭。吕后果然虚晃一下，便封吕禄为赵王。刘恒身为代王17年，以仁孝闻于天下，其母薄姬也以仁爱善良而为人称道。

前180年吕后病死，周勃、陈平等迅速平定了诸吕之乱。大臣们秘密相聚，议立天子，最后一致认为刘恒在尚存刘邦诸子中年纪最长，贤明宽仁，其母薄氏家族也无显赫势力，绝无诸吕那种外戚干政之患，于是议定立刘恒为天子。大臣们悄悄地派使者到代地去迎接代王，刘恒的部属大都认为此行凶多吉少，只有宋昌等少数人坚决主张代王去长安。代王母子也拿不定主意，便派薄姬之弟薄昭去长安探听虚实。薄昭见到周勃，弄清了事情的原委，刘恒这才带着赞同他去即位的宋昌等六人向长安进发。

周勃像

陈平、周勃率领大臣们到长安郊外的灞桥迎候。见到代王，大臣们全都像朝见天子一样跪叩行礼，周勃也赶紧呈上了天子的玺符，刘恒推辞不受，坚持要到了城中的代王府邸后再说。到了府邸后，刘恒仍三番五次推却，要大臣们另推刘氏中有德者即位。大家硬把他扶到面朝南的座位上，群臣叩伏不起，请他以宗庙社稷为重，刘恒才接过玺符，同意登基。

刘恒如此谨慎，自有一番深意。当初大臣们议立天子时，曾有人提出由齐王刘襄即位，刘襄拥有较强的实力，故刘恒不得不提防此时有人另生枝节。更重要的是，刘恒在朝中全无亲信、势力，他将要倚重的大臣陈平、周勃、灌婴等，都是当年的开国功臣，或长于运筹帷幄，或能叱咤风云，全都身手不凡，新近又有诛诸吕的大功，如果没他们的真心拥戴，要驾驭朝政

中国通史

最新整理图文珍藏版

谈何容易。

前180年冬，代王刘恒在群臣的拥戴下登上了皇帝的宝座，在位23年，史称汉文帝。

独轮车（模型）

文帝是个头脑清醒的君王，也是想有所作为的君王。他深知，稳定朝政，保持政治的清明，既是巩固其统治的需要，也是他发展生产、富国强兵的首要条件。文帝始终与元老旧臣们保持了良好的关系，注意抑制外戚、宠幸的权势，有力地消除了朝中动乱的隐患。

文帝即位之初，便大封诛诸吕的功臣。这批功臣主要是辅佐刘邦开国的元老旧臣，权重势大，虽大都"少文重质"，但长期从政，经验丰富。文帝尊重、信任他们，经常向他们征询治国之道。丞相是皇帝治国的主要助手，文帝时的五位丞相全都是曾随刘邦征战的老臣，即：陈平、周勃、灌婴、张苍、申屠嘉。文帝的尊重和信任，也赢得了他们真心的拥戴和倾力辅佐。

当然，文帝对元老旧臣也视其才而用。周勃诛诸吕功居首位，任百官之首的右丞相，竟不清楚丞相的职责，一问三不知。周勃自己也觉得很难堪，便托病辞职。陈平死后周勃重任丞相，不久，文帝便借凡封侯者必须去封邑的命令，让周勃离开了朝廷，不要他继续空踞高位而贻误国事。后来有人告发周勃欲反，事虽澄清，但周勃入狱受窘，使文帝非常不安。此后，文帝对犯罪的大臣都注意慎重处理，从不轻易下狱动刑，犯了死罪也总是让大臣自杀。

高祖时因欲废立太子在朝廷和社会上引起动荡，并埋下后来诸王妃被诛的隐患。文帝很重视这一教训，即位两个月后便立长子刘启（即后来的汉景帝）为太子，有力地确立了自己的统治，杜绝了日后在皇位继承权上可能产生的动乱。文帝确立太子后，不久又立太子之母窦氏为皇后。

文帝很注意不让外戚接近权力，仗势横行，以免重蹈诸吕作乱的覆辙。他的舅舅薄昭自代就辅佐他，在他即位和即位后又屡有功劳。后来薄昭得意忘形，擅杀朝廷使者，犯了大罪。文帝派人送去毒酒要他自杀，薄昭不肯；文帝又派群臣穿着丧服到薄昭家去哭，薄昭知不可免，终于自杀服罪。窦皇后出身贫微，她当皇后其弟窦长君、窦广国自然也显赫起来。文帝接受周勃、灌婴的建议，为窦氏兄弟选择了有德行的师友，窦长君、窦广国也从不敢骄横生事。前162年丞相张苍被免职后，文帝一度想让以贤能德行闻名于时的窦广国出任丞相，但思之再三，仍另选他人为相。

文帝宠幸邓通，赏赐邓通钱财巨万，又让他开矿铸钱发了大财，富埒王侯。文帝还经常到邓通家做客，对他的恩宠可以说到了无以复加的地步。有一次，丞相申屠嘉朝会时发现邓通竟不顾朝廷的礼节，公然坐在文帝身旁。申屠嘉对文帝进谏道，您宠幸谁不妨让他发财，但朝廷之礼却必须时刻谨肃。文帝虽已答应私下告诫邓通，申屠嘉回到相府仍愤恨不已，便传令叫邓通到相府来受训斥，声言不来便斩。邓通去央求文帝，文帝心知丞相在理，便让他去挨训。邓通脱了帽、赤着脚向申屠嘉请罪，申屠嘉越训越生气，仍令手下将他斩首以整肃朝礼，邓通吓得叩头出血。文帝估计邓通被训斥得差不多了，这才派人持诏令向申屠嘉致歉，赦免了邓通。

为治之要，务在得才。文帝深知这个

要诀，他即位后不久，便下诏要天下举荐"贤良方正能直言极谏之士"，同时注意从官吏中选拔能人，破格提拔，委以重任。文帝起用的贾谊、晁错、张释之、冯唐等人，从不同的方面对富国强兵、稳定社会秩序和防范边患等，起了重要的作用，这些也被誉为"文景之治"的名臣。

文帝即位的第一年里，得知河南郡郡守吴公治绩为天下第一，便提升他为廷尉。吴公推荐贾谊，文帝便任命贾谊为博士。张释之原任骑郎，默默无闻十来年。文帝发现他很有才干，便提升他为谒者仆射。张释之直言敢谏。太子违法他也敢挡驾，文帝更加器重他，提升为太中大夫，廷尉。廷尉管刑律，张释之任廷尉多年，他执法公允，有助于当时社会的稳定。晁错本任太子家令，他上书言事，提出移民实边、"入粟拜爵"、"入粟助边"，被采纳后成为当时防备匈奴的良策，文帝提升他为太中大夫。冯唐当众顶撞文帝不能用良将，气得文帝拂袖而去。但文帝迅速压下怒气，主动召见冯唐，认真听完他的话。见冯唐确有真知灼见，文帝不但派他持节出使，又将他从郎署长破格提升为车骑都尉。

彩绘漆案及杯盘

文帝也能虚心纳谏。他即位后迅速下诏废除"诽谤"、"祅言"之律，以肃清谏言的障碍，诏令说：古代朝中设有号召进言之旗，大道桥边有专供人写政治阙失的木板，现在律令中却有"诽谤"、"訞言"等罪，这就使臣子无法把心中的话讲完，皇帝就没有机会听到自己的过失，故废除之。

无论谏诤者官职高低，文帝总是认真对待，择善而从。即位之初，文帝常招聚群臣游猎、宴饮，颍阴侯灌婴家的骑士贾山上书，劝文帝把自己和大臣们的注意力集中到国事上来，文帝欣然接受。每次上朝，即便是郎、从官这样的普通官员呈上书疏或进言，文帝总是停下辇车，耐心听人把话讲完，所言可用便迅速采纳，不可用则暂置一旁。这种做法，群臣无不称道。

文帝纳谏时很注意克制感情，不让自己的喜怒影响对国事的处理。冯唐让他当众下不了台，但文帝终能妥善处置。文帝出行时有人惊吓了他的车马，又有人盗高庙（高祖刘邦之庙）的玉环，这两个案子交廷尉张释之处理，判决都比文帝预想的要轻得多。两次文帝都大发脾气，但张释之说有律必依的道理，文帝又承认他做得对。

文帝宠爱慎夫人，在内宫总是与她同席而坐。文帝带慎夫人去游上林苑，中郎将袁盎故意引慎夫人到文帝身后去坐。慎夫人大怒，不肯就座，文帝也非常生气，立刻起身回宫。袁盎随之回宫，见他们在生气，便上前谏道：尊卑有序才能上下和睦，皇上既已立皇后，慎夫人就只是妾，不能与您同坐；况且陛下宠她，尽可多赐给她钱财，不然您以为对她好却反而害了她，陛下难道没见过"人彘"吗？文帝听后顿时领悟了袁盎的深意，转怒为喜，连忙告诉了慎夫人。慎夫人也很感激袁盎。

减轻刑罚，废除肉刑，也是文帝的清明政治之一。刘邦入关时曾针对秦律酷繁而"约法三章"，很受拥戴，但汉初20多年里秦律又被恢复使用。如"收帑相坐"，即不但犯罪者判罪，其无罪的父母兄弟妻子儿女都要"相坐"而受罚。文帝即位的第一年，就下令废除了这项律令。

古代法律中最残酷的莫过于肉刑。肉刑包括脸上刻字、残断肢体及破坏人的生育能力等，总之是使人致残。前167年，齐王的太仓令淳于意因罪被逮赴长安受肉刑。他的小女儿淳于缇萦恳求文帝让她自身罚做官奴婢来赎父刑。文帝本来就反感肉刑的残酷，缇萦也感动了他，于是下令废除肉刑，另以其他处罚代替。

随着生产的发展和百姓生活的改善，文帝时期虽减轻刑罚，犯罪却越来越少。史书称当时"刑罚大省"而"几致刑错"，也就是说刑律因很少人触犯而近乎虚设。

社会经济迅速发展，国力日渐增强，是文帝时期突出的成就。

文帝之前，汉王朝虽已立国20多年，但秦朝的暴政和秦末长期动乱，对社会经济和人民的生活破坏极大，"民失作业而大饥馑"，"人相食，死者过半"，故汉初国力困乏，皇帝的车也无法配齐四匹一色的马，丞相以下竟坐牛车。经过20多年的"与民休息"，生产虽逐渐恢复，但国力仍极有限，百姓一遇荒年也仍有卖妻鬻子的。

文帝即位后，对汉初的政令措施进行了调整，减轻了赋税和徭役。汉初规定田租为十五税一，百姓年龄在15至56岁之间的每年交纳算钱（人头税）120钱。汉文帝时很多年成都将田租减为三十税一，有的年头还干脆免交田租；算钱减少了2/3，每人每年只交40钱；徭役也从汉初规定的每年一次减为三年一次。同时，文帝注意体恤百姓，他即位后迅速大赦天下，不久又废除了把犯人亲属罚为奴隶的法律，并释放官奴婢为庶人；文帝下诏，赈济"鳏、寡、孤、独和穷困之人"。这些措施都有益于改善老百姓的处境，调动他们的生产积极性。文帝还多次下诏，反复强调农业是立国之本；他又亲耕籍田，窦皇后种桑养蚕，以倡导发展生产。

农业生产日益发展，粮食日渐丰裕，

加彩骑兵俑

又出现了商人囤积居奇和谷贱伤农之弊。文帝采纳了晁错的建议，下令"入粟拜爵"、"使民以粟为赏罚"，即让人们用粮食买爵位，用粮食赎罪。这样一来，国家存粮大增，既加强了国家的储备，又益于减轻租赋；向农民买的粮多了，粮价自然也就提高了。为加强戒备，防范匈奴的侵袭，文帝还积极鼓励养马，规定百姓家中养马一匹便可免除三人的徭役。百姓乐于养马，马匹增长迅速。

农业生产发展后，工商业日益显得重要。文帝逐渐将汉初的"抑商"变为"惠商"，他下令"开关梁，弛山泽之禁"，即取消在关口津梁处检查往来行人的制度，废止了不准在山林川泽中樵采、捕捞的禁令。人们可以自由贩运，开山鼓铸，砍伐木材，于是"交易之物莫不通"，商业和手工业都有了迅速的发展。

文帝时期社会稳定，"民乐其业"，物质储备年年增多，人口增长很快。文帝之后的景帝，也把发展社会经济放在首位。史书记载：经过文景两代约40年的努力，

西汉·博山盖樽

汉王朝国力迅速强盛，百姓的生活也有了较大的改善。非遇水旱大灾，百姓家家富裕丰足。郡县的仓库都堆满粮食，官府财物充裕。首都国库中的钱成万上亿，堆久了连穿钱绳都朽坏了，数也数不清。太仓中的陈粮一年压一年，堆不下便溢出库外，以致腐坏不可食用。汉初极匮乏的马，这时在普通街巷中也随处都是，原野上更是良马成群。一般的人骑马也讲究起来，只骑公马而耻于骑母马，骑母马去赴会将被人家赶出来。汉初那种国力困窘贫弱的局面早已毫无踪影。武帝正是凭借文景时期丰裕的物质储备，经略边疆，齐政修文，干出了一番宏伟的事业，在中华民族的历史上留下了光辉的一页。

文帝统治时期，北边有强盛的匈奴为患，南面的南越王赵佗曾操戈相向，中央王朝与诸侯王之间的矛盾也日益突出，这些都是造成社会动荡的因素。文帝充分意识到社会安定才可能发展经济，战争则既耗国力又加重百姓的赋役，只会适得其反；同时汉王朝的国力有限，尚无解决匈奴为患的物质储备。因而，文帝在处理这些棘手的问题时总是尽量怀柔安抚，努力避免或减少战争。

对南越作乱，文帝就非常成功地化干戈为玉帛。控制着桂林、南海和象郡等三郡的赵佗，早在高祖时就已接受汉朝封予的"南越王"称号，称臣朝贡。吕后时歧视南越，不但禁止向南越出售铁农具等铁器，连卖给南越的家畜如马、牛、羊等，也故意只卖公的，影响了当地的生产和生活。赵佗三次派人出使汉朝，都有去无回。于是赵佗自称南越武王而反，胁迫闽越、骆越等归附，并举兵进攻长沙郡、南郡，南方动荡不安。吕后派出的讨伐大军无法攻过五岭，双方僵持不下。

文帝即位后便立即着手结束这种敌对的僵局。他下令修缮了赵佗在真定（今河北正定县）的父母墓，并派人守护，按时祭祀，还将赵佗在故乡的兄弟封官厚赐。接着，文帝派陆贾为使者，带去一封措辞诚恳的信和大批礼物。文帝在信中承认吕后时的做法不对，谈到自己即位后对赵佗父母墓、亲属的关心，以及愿意和好如初的诚意。赵佗对文帝以德服人的做法非常感动，立即取消帝号，恢复向汉朝称臣纳贡。

汉朝自建立起就一直为匈奴所困扰，乃至刘邦被匈奴围困于平城，吕后受辱于冒顿单于。汉朝无力重创匈奴，总是忍辱以和亲了事，即把宗室之女作为公主嫁给匈奴单于，每年赠送大量内地特产，以换取单于的欢心，减少侵扰。文帝时对冒顿单于及后来的老上、军臣单于，都主动和亲，希望能和睦相处，避免战争。

但匈奴历来就不受和亲的约束，只要发现边塞防守薄弱处便凭恃游牧民族的优势，快速长途奔袭，在边境郡县烧杀抢掠，甚至侵袭内地，造成破坏和动荡不安。为了抵御这种突袭，文帝采纳了晁错的建议大举徙民实边，应募者有罪则免罪，无罪则拜爵，并由官府资助他们安家立业，这种办法使屯戍简而易行，运输费用也大大减少。文帝采纳"入粟拜爵"的建议后，

中国通史　最新整理图文珍藏版

又下令要百姓将粮食运到边塞去缴纳，边塞很快聚存了大量的粮食，使屯戍更加便利。对匈奴大规模入侵，文帝总是派大军将其逐出塞外即罢，尽可能缩小战争的规模，以便始终把力量集中在增强国力上。

汉初至文帝时的几十年间，所封诸侯王虽屡有变动，但总的说来诸侯王势力日渐强大，野心也与日俱增，成为朝廷的潜在威胁。如吴王刘濞，其国又有铜矿又濒海，刘濞开矿铸钱，煮海为盐，同时又招降纳叛，聚集了一大批因罪亡命之徒，国力、人力均不可小视。故贾谊、晁错大声疾呼，要朝廷削弱诸侯王的势力。文帝部分采纳了贾谊"众建诸侯而少其力"之策，如梁怀王刘揖死后，文帝将淮阳王刘武改封为梁王，乘机将40多个大县收归朝廷；前164年又分齐为六，分城阳为三，均缩小了封国，诸侯王虽多但实力大大减弱。

文帝一向待人宽仁，而他对诸侯王的迁就，助长了他们的气焰。淮南王刘长在其封国内竟废斥朝廷的法令而另搞一套，又请求朝廷让他任命相国和二千石的大官，文帝竟同意了他。刘长愈加嚣张，擅杀无辜吏民，终至起兵造反，犯了死罪。文帝却只将他流放，刘长死在流放途中后文帝还自责不已。吴王刘濞假装有病不去朝见，阴谋造反，文帝听信他派来的使臣的解释，说刘濞老了可免朝见，不但原谅其罪，还赐以几杖以示体恤。刘濞更加紧发展实力，招兵买马。文帝死后仅三年，刘濞便联合诸侯王发动了"吴楚七国之乱"。文帝姑息纵容诸侯王，终至遗患于后世。

为了使国家快点富强起来，文帝既注意开源，也注意节流。在加速发展经济的同时，他倡导俭朴，并以自身为表率，"以示淳朴，为天下先"。他在位的23年里，国家虽日渐富裕，但无论是起居的宫室还是游乐的园囿，无论是护卫的车骑还是皇

西汉的铁矛

帝后妃的衣着用具，全都遵循过去的定制，绝不为自己的享乐乱耗钱财。他自己衣着非常普通，他最宠幸的妃子慎夫人也"衣不曳地"，宫中的帐幕绝不用织锦绣花的豪华品。

按汉代制度，皇帝总是在身前为自己修庙。文帝也在长安城南为自己修了一座庙，名叫顾成庙，庙宇规模不大并较简朴，就像是转眼回顾之间便可建成，因而取名"顾成"。文帝要兴办的事若与百姓的利益、经济的发展有冲突时，他总是放弃自己的想法。有一次他想修一座露台，匠师们一核计说需花费"百金"。文帝对周勃一次都赐金3000斤，这应是微不足道的小数目。但文帝一听赶紧停修了，他说：这已相当于十户中等人家的财产了，我住在先帝的宫室中都深怕对不起他们创业的艰辛，还修露台干什么呢？

文帝即位后不久，便有人来献千里马。文帝赶紧推辞，下诏说：皇帝出行前后总有大队的车马仪仗，一天不过走三五十里路，我哪里用得上千里马呢？于是下令把马退了回去。他深感这种捧场逢迎之风不可开，又立即下诏说自己不接受任何献礼，"其令四方毋求来献"，断然制止这种浪费钱财、贻害百姓的事。

文帝不仅生前俭朴，死后也令薄葬节礼，以移风易俗。文帝在前157年去世。他在遗诏中说，现在世上的人们都想长寿

鎏金银铜竹节柄薰炉

蜀汉丞相诸葛亮就援引文帝为例，在处理刘备丧事时革除了繁缛的丧礼，下令天下吏民三日后即除去丧服；魏文帝曹丕也以汉文帝为榜样，遗令国内只服丧三日。

布义行刚：景帝刘启

汉景帝刘启是高祖刘邦的孙子，汉文帝刘恒的儿子。母亲是窦氏，生他时父亲还在做代王。原来他不是长子，但父亲的四个儿子相继病死之后，他便成了长子。文帝即位之后将他立为太子。到公元前157年，文帝病死，当时32岁的刘启登基，这就是历史上有名的汉景帝。

汉景帝即位后，首先需要解决的是诸侯王势力尾大不掉的问题。他先提拔力主削藩的晁错做内史，然后又升到御史大夫，为三公之一，是当时的重臣。晁错经过分析，告诉景帝要特别提防最强大的吴王刘濞。刘濞是刘邦的侄子，刘邦封他做吴王之后不久就后悔了，但已经分封又不好立即撤掉。刘濞到达吴后便开始准备以后攫取皇位。他的儿子进京时和当时做太子的

而不愿死，一旦死了人又倾家荡产地厚葬，我很不赞成这样做。他遗令将自己葬在长安东南的霸陵，随葬器物一律使用陶器，不许用金银作装饰；坟墓也因山而成，不堆封土。汉代皇帝从死到下葬至少有一百多天，其间天下吏民为之服丧，礼节繁缛，下葬后又有重服之礼。文帝在遗诏中下令大加改革，令天下吏民三日后即除去丧服，停丧期间也不禁止百姓嫁娶等活动，以免影响百姓的正常生活，下葬后的重服制度也予取消。文帝还下令将宫中自"夫人以下至少使"的大量妃嫔们，全都遣归其家，不白白耽误了这些人的一生。

文帝薄葬节礼很受后人赞赏。三国时，

带罩铜灯

景帝抢道，结果被景帝的车误伤，最后因伤重而死，这使刘濞一直记恨在心，等景帝正式即位后，刘濞已经暗中准备了40来年。所以，晁错极力主张景帝削夺各王的封地，即历史上说的"削藩"。

景帝听从了晁错的建议，决定先削夺吴的会稽和豫章两郡。刘濞见朝廷开始动手，不愿束手就擒，联合各地诸侯王打着诛杀晁错、安定国家的旗号反叛作乱。这次叛乱共有七个诸侯王参加，史称为"七国之乱"。

和晁错有恩怨的另一个大臣袁盎趁机劝说景帝杀掉晁错，以保国家安全，平息叛乱。景帝最后忍痛牺牲了晁错，然后派兵平叛。但他招降吴王刘濞的诏书却没有起什么作用，刘濞笑道："我现在已经是东方的皇帝了，谁还有资格对我下诏书？"景帝对错杀晁错悔恨不已，赶忙调派周亚夫等将领领兵平叛。周亚夫采用截断叛军的粮道然后坚守不出的战略，最终击溃了叛军，仅用三个月便将叛乱彻底平定。

七国之乱平定之后，景帝趁机将王国的权力收回中央，又大量裁撤王国的官吏数量。以后，王国的诸侯王就成了只享受当地租税的贵族阶层，不再有行政权和司法特权。大乱而大治，经过七国之乱，诸侯王的割据问题基本得到了解决。

景帝继承了父亲文帝的休养生息政策，赋税很轻，刑法也不重，汉朝的国力继续得到增强。

为了使百姓都能有地可种，以提高农民生活，景帝及时地调配了人口和土地。他改变了当时不准百姓迁移的政策，允许百姓从土地少的地区迁移到土地多的地区，一能开发土地资源，二也能增加国家的赋税收入。为了提高农民的生产积极性，景帝还下令将田租减掉一半，也就是将十五税一降到了三十税一。为了从根本上减轻农民的负担，景帝也很节省，在位时他极

少兴建宫殿楼阁。

再一个惠民措施是减轻刑罚。文帝时将肉刑改成了笞刑，但打的次数很多，将劓刑改为笞三百，应当断左脚的改为笞五百。这本来是为了废除肉刑，但次数太多又出现了经常打死人的现象，不符合原来

彩绘四神陶壶

体恤百姓的初衷。所以，景帝又逐渐减少了笞打的次数，同时规定了刑具——竹板的长短、宽窄，竹节也要削平，中途也不准换人。这样使文帝开始的刑制改革终于完善了。对于官员的审案断罪，景帝也经常训导要宽容，不准随意错判人的罪名。

对于思想领域，景帝也不再严厉禁止其他学派的发展。当时朝廷流行的黄老学派，即以黄帝和老子命名的学派，主张无为而治，轻徭薄赋。景帝在提倡黄老的同时也让包括儒家学说在内的其他各派存在、发展，这为后来董仲舒学说的发展以及被汉武帝的重视采用提供了前提条件。

除了内政的成绩以外，外交方面景帝

主要是继续推行与匈奴和亲的政策，对匈奴进行安抚。对于匈奴的小股骚扰，景帝也没有大规模地反攻，而是以大局为重，注重的是积极的防御。同时在匈奴的边界地区设立关市，和匈奴贸易，这也在一定程度上消解了匈奴的骚扰。

景帝的善于用人也是比较出名的，为了治理京城的众多皇亲国戚和官僚贵族，景帝任命执法严厉的宁成做中尉。结果宁成到任不久就震慑住了胡作非为的权贵们。对于敢大胆进谏的程不识，景帝让他做太中大夫，负责评议朝政。

对于外戚的任用，景帝也能辨别是非，恰当使用。窦婴原是外戚，在七国之乱时，景帝经过比较，觉得其他外戚比不过窦婴，就封窦婴为大将军，镇守荥阳配合平叛，窦婴很出色地完成了任务。景帝的母亲窦太后好几次让景帝封窦婴做丞相，景帝不顾母亲的埋怨，觉得窦婴不太稳重，所以一直没有答应。最后还是让更合适的卫绾做了丞相。

景帝为人很宽厚仁慈，不记旧仇。张释之就是个很典型的例子：张释之在景帝做太子时曾经阻止他的车入殿门，因为他在进宫门时没有下车，违反了法令。最后这事还让文帝母亲薄太后知道了，文帝不得不摘下帽子认错，承认自己教子不严。这使当时的景帝很没面子，但景帝并没有像很多昏君那样，一即位便报私仇，还让张释之做廷尉。

景帝的仁慈还体现在对同胞兄弟姐妹和宫中嫔妃们的态度上。该爱护的爱护，该惩罚的惩罚，做得很公正。同母兄弟刘武和他很亲近，每次从自己的封地到京城都被景帝留下多住几日。有一次景帝喝酒后乘着兴致说在自己百年之后将皇位传给弟弟梁王刘武。弟弟和母亲当时也没有太在意，但后来刘武因为平定七国之乱有功，开始居功自傲起来，在自己的王国建造豪

华的宫殿，出行时也用皇帝才用的旗子，这时的刘武将景帝曾经说过让他即位的话当真了。但景帝在大臣们的劝说下，觉得还是应该将皇位传儿子稳妥。刘武见没希望了，就很伤感地回到了自己的封地，后来就病死了。景帝也很伤心，他将弟弟的五个儿子分别封了王，这同时也是为了安

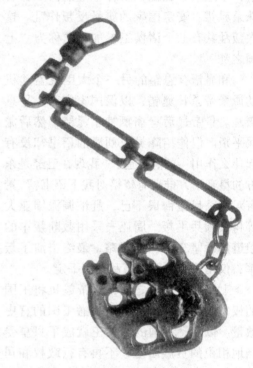

带链双鹿纹铜牌

慰伤心的母亲窦太后。在公元前 141 年，景帝病死在未央宫，他不算长寿，死时仅48 岁，共做了 16 年皇帝，将一个强盛的国家留给了儿子汉武帝刘彻。按照谥法规定：布义行刚曰景，于是景帝的谥号定为"孝景"，所以史称汉景帝。景帝埋葬在阳陵，地址在现在陕西高陵的西南。

《汉书》卷五《景帝纪·赞》这样评价文帝与景帝的统治：

汉兴，扫除烦苛，与民休息。至于孝文，加之以恭俭，孝景遵业，五六十载之

间，至于移风易俗，黎民醇厚。周云成康，汉言文景，美矣。

雄才大略：武帝刘彻

西汉景帝元年（前156）七月七日早晨，景帝夫人王美人于猗兰殿生下了一个男孩，他就是后来的汉武帝刘彻。尽管他是景帝的第十个儿子，但却受得景帝的格外关注。因为景帝认为这个孩子，与众不同。景帝给他取名刘彘。他4岁时，被封为胶东王。由于他聪明过人，7岁时便能透彻地明白事理，于是景帝便给他改名为彻。后来因原太子刘荣被废，他被立为储君。公元前141年，景帝死，16岁的刘彻即位称帝，在位共54年。

武帝即位时，汉王朝经过高惠文景几代帝王的经营之后，出现了太平盛世。在这样的历史条件下，武帝以雄才大略，从多方面着手治国理政，创建了不朽的业绩，成为中国历史上最著名的君主之一。

武帝即位后进行的第一件大事就是在思想领域抛弃"黄老之学"，选用儒生组阁。他下诏各地推举"贤良方正直言极谏之士"，并亲自策问以古今治道及天人关系问题。应对者有百余人。其中董仲舒三次上书应对，献"天人三策"，主张黜刑名，崇儒术，明教化，兴太学，令郡国尽心于求贤。董仲舒指出："《春秋》大一统者，天地之常经，古今之通谊也。"其所谓"大一统"，即损抑诸侯，一统于天子，并使四海"来臣"。他说："今师异道，人异论，百家殊方，指意不同，是以上亡以持一统。法制数变，下不知所守。臣愚以为诸不在六艺之科孔子之术者，皆绝其道，勿使并进。邪辟之说灭息，然后统纪可一而法度可明，民知所从矣。"他主张以儒家学说作为封建国家的统治思想。武帝本人

就崇尚儒学，这话正中下怀，便以董仲舒为江都相。

周亚夫像

丞相卫绾原是武帝的老师，也是儒生。他随即上奏说："所举贤良，或治申、商、韩非、苏秦、张仪之言，乱国政，请皆罢。"武帝准奏。他任用了一批好儒之士，如窦婴、田蚡、赵绾、王臧等。他们在一起商议，要按照儒学礼仪，实行立明堂、改正朔、易服色、行巡狩等制度。不料这些崇儒活动，遭到武帝祖母窦太后的激烈反对。

窦太后笃信"黄老之术"，当时她控制着朝政。为了反对崇儒，她撤了丞相卫绾的职，以自己的侄儿窦婴为相。可是没想到窦婴也是儒生，他站到武帝一边。当御史大夫赵绾提出今后奏事不必再呈窦太后时，窦太后大怒，斥责武帝，找借口将赵绾和郎中令王臧逮捕，并令其自杀，同时免去丞相窦婴、太尉田蚡的职务。年轻的武帝面对专横的祖母无可奈何，"罢黜百家，独尊儒术"的主张一时难以施行。

但是，时代的发展要求一种富于进取

精神的学说，具有雄武好胜气质的武帝没有就此甘休。

建元三年（前138），武帝招选天下文学贤良之士，把一批有才华的文人、学士集聚在身边，形成力量。如严助、朱买臣、吾丘寿王、司马相如、东方朔、枚皋、终军等。两年后，窦太后病重，武帝下诏"置五经博士"，即在朝中设通晓《诗》、《书》、《易》、《礼》、《春秋》五部儒家经典的博士官，表示了对儒学的重视。

窦太后死后，元光元年（前134），武帝听从董仲舒之言，开始令郡国推荐孝、廉各一人。其后，又召集各地贤良方正文学之士到京，武帝亲自策问，选用人才。元光五年（前130），又征召吏民明世务、习儒术者到京。当时对策者上百人，布衣出身的儒生公孙弘回答问题很有见地，受到武帝赏识，被破格拜为博士。后来，公孙弘擢居相位。元朔五年（前124），武帝又为博士官置弟子50人，弟子依成绩高下出补官吏。通过这一系列的征召、察举，武帝不仅培养和提拔了大批人才，而且向世人表明，只有通晓儒家经典才能做官食禄。史称，"自此公卿、大夫、士、吏，彬彬多文学之士矣。"武帝执政仅十多年，儒家就取代了道家的地位，成为汉王朝的统治思想，对后世产生了深远的影响。

反击匈奴的入侵，是武帝一生中的主要活动之一。即位之初，他就开始着手准备。居住在河西走廊的大月氏受匈奴单于的欺压，被迫西迁。武帝认为，可联合大月氏，夹击匈奴。他于建元三年（前138），招募张骞，令他率百人使团出发，去西域联络大月氏。

大臣王恢力主抗击匈奴。建元元年（前140），匈奴请求和亲，王恢即指出，匈奴反复背约，"不如勿许，兴兵击之"。但遭到多数大臣反对，武帝只得行和亲。两年之后，王恢又提出诱匈奴单于入塞，然后合兵歼灭，史称"马邑之谋"。武帝同意了。虽然此计因人泄密，未能成功，但却拉开了武装反击匈奴战争的序幕。武帝为了方便用兵，元光五年（前130），发卒万人修雁门通道。次年，匈奴入上谷（今河北怀来西南），武帝果断派卫青、公孙敖、公孙贺、李广等四将军各率万骑出击。卫青军直捣龙城（匈奴单于祭天大会诸部处）。从此，武帝多次组织大军，打击匈奴入侵，获得胜利。

李广像

元朔二年（前127）一仗，驱走匈奴白羊、楼烦王，收复黄河河套西北部地区。于此立朔方郡，并建城，修复秦代要塞，招募10万人迁居朔方。元狩二年（前121）一仗，给匈奴以沉重打击，霍去病两次深入匈奴境内，斩将俘王。匈奴内部分裂，昆邪王（也作浑邪王）杀休屠王，率众四万投降汉朝，武帝大喜，封昆邪王为漯阴侯，同时将归降的匈奴人安置在陇西（今甘肃临洮）、北地（今甘肃庆阳西北）、上郡（今陕西榆林东南）、朔方（今内蒙伊盟西北），云中（今内蒙托克托）等五郡，依其风俗，设五属国都尉管理。并在原休屠王和昆邪王所属之地设张掖、酒泉、敦煌、武威等郡。这一仗后，河西走廊至罗布泊一带无匈奴。元狩四年（前119），武帝又派卫青、霍去病等痛击匈奴，匈奴被迫远遁漠北，此后再无力进行大肆骚扰了。汉王朝西部边境得到一段时间的安定。

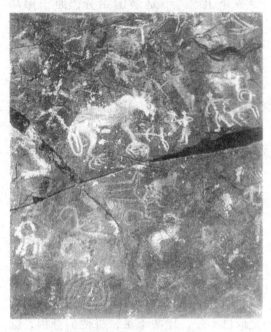

匈奴人狩猎岩画

张骞出使西域途中，被匈奴所囚，前后历时十三年才回到长安。他虽未完成联络使命，却获得大量有关西域的资料。在反击匈奴之战节节胜利时，武帝于元狩四年拜张骞为中郎将，令他再次出使西域，招乌孙回河西故地，以截断匈奴右臂。张骞到乌孙后，分遣副使去大宛（在今前苏联中亚东部）、康居（在今前苏联中亚北部）、月氏（在今阿母河上中游）、大夏（在今阿富汗北部）等国。四年后，张骞还朝。乌孙王不愿回故地，但派出数十人到汉朝答谢。汉与西域的交通自此揭开序幕。此后，武帝曾应允与乌孙王和亲，为求汗血马曾与大宛交战。不过，当时友好交往是主流，西域各国多奉使于汉，双方使臣往来不绝。

武帝反击匈奴，沟通中原与西域的联系，这不仅对中国，而且对东方的历史都产生了积极的影响。

好大喜功的武帝在反击匈奴入侵的同时，又积极处理汉王朝与东部、东北部、南部、西南部等地区的少数民族问题。

建元三年（前138），居住在今浙江的少数民族东瓯受到另一民族闽越（今福建）的攻击，东瓯派人至长安求救。武帝听从严助之议，为显扬国威，使更多的小国归附，决定调兵援助。闽越闻讯撤兵。东瓯人请求内迁，武帝将其安置在江、淮间。

三年后，南方的南越遭闽越王攻击，武帝立刻派兵支援南越。"闽越闻汉朝大军将至"，内部瓦解，投降。从此，南方各部越人统于西汉朝廷。

对西南地区的少数民族，武帝采取了安抚政策。元光五年（前130），武帝派唐蒙携大量粮食和财物去夜郎（在今贵州西部），赠送给夜郎侯和周围的小国，宣扬汉王朝的威德，使他们归附，他又派司马相如去邛（在今四川西昌）、筰（在今四川汉源）等部落，以同样的手段，使他们归附汉朝。这些民族归附后，武帝在那里设郡或都尉，进行管理；同时又派人修筑通道，加强了西南地区与中原的关系。以后，武帝还曾派使者深入西南夷地区，以图寻找身毒（今印度），沟通与西域的联系。

南越王免除闽越威胁后，想进一步向汉王朝靠拢，请求享有内地诸侯王的待遇，遵行汉朝法令。但国相吕嘉等人则反对完全内附。元鼎五年（前112），吕嘉杀汉使和南越王赵兴、王太后，另立新王。武帝派兵十万，于次年灭南越，然后于其地置南海（今广州），苍梧（今广西梧州），郁林（今广西贵县东），合浦（今广东合浦），交趾（今五岭以南），九真、日南

（均在今越南境内），珠崖（今广东琼山东西），儋耳（今广东儋耳）等九郡。

在汉军讨伐南越时，西南夷中的且兰君率众叛乱。武帝发兵杀且兰君，以其地置牁郡（在今贵州都匀北）。夜郎表示诚心归服，武帝封他为夜郎王。夜郎入朝，冉、駹等小国十分震恐，也请求臣服。于是，武帝在西南夷地区实行郡县制，以邛都为越巂郡（在今四川西昌），筰都为沈黎郡（在今四川汉源），冉、駹为汶山郡（在今四川茂汶东），广汉西白马为武都郡（在今甘肃成县）。其后，武帝又派兵征讨滇王，滇王投降，入朝受封，武帝以其地为益州郡（在今云南宜良）。夜郎侯与滇王的入朝，西南四郡的建立，使西南广大地区直接统一于汉王朝的管理之下，这对西南边疆的社会发展起了极大的推动作用。

武帝还陆续派兵征西羌，击东越，攻朝鲜。元封三年（前108年），朝鲜降汉，汉王朝以其地置乐浪（今朝鲜平壤）、临屯（今朝鲜咸境南道南），玄菟（今辽宁清原）；真番吟朝鲜开城）等四郡。通过反击匈奴到朝鲜降汉，汉王朝的疆域不断扩大，成为一个东起朝鲜半岛东海岸，西至遥远的西域，北至阴山、大漠以北，南至今越南中部的大国，屹立在世界的东方。

汉初所封诸侯王，经景帝的"削藩"后，势力削弱，但仍是中央皇权的威胁。为加强中央集权，必须进一步削弱诸侯王的势力。

元朔二年，武帝采纳主父偃的献策，颁布"推恩令"，规定：诸侯王除以嫡长子继承王位外，"或欲推私恩分子弟邑者，令各条上。""于是藩国始分，而子弟毕侯"，每一诸侯王国都被分割成很多小侯国。"推恩令"的实行，是西汉诸侯王由盛至衰的转折点。

淮南王刘安是武帝的叔叔，不甘心受制于年轻的武帝。他串通衡山王刘赐及朝中部分大臣，阴谋夺取帝位。元狩六年（前122），阴谋败露，刘安、刘赐自杀，受牵连被处死的列侯、官吏、豪强等达数万。武帝打击皇室内的反对势力取得了决定性的胜利。

此外，武帝还颁布《左官律》、《附益法》等，防范诸侯王结党营私，制裁依附他们的豪强。依汉制，诸侯贡献黄金以助祭宗庙称酎金。武帝借口诸侯王交纳的酎金成色不好，斤两不足，将他们夺爵，除国。元鼎五年（前112），武帝一次就因酎金夺去106人的王、侯爵位。

在打击诸侯王势力的同时，武帝不断采取措施加强中央集权。汉初，丞相位重权大，百官唯命是从。武帝即位之初，丞

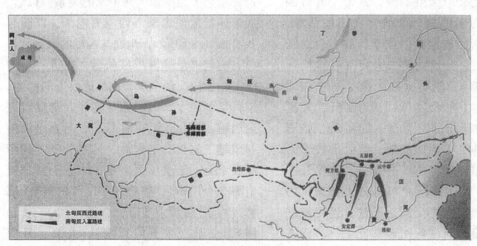

北匈奴西迁及南匈奴入塞路线图

相田蚡任命官吏从不奏禀。武帝实在忍无可忍，气愤地说："你封官封完了没有，我也想封几个了。"因此，武帝十分注意削弱相权。他亲自过问一切政务，令九卿直接向他奏事，不通过丞相；规定诏书等文件的下发，由丞相与御史大夫共同签署。同时，把宫中的尚书、侍中、中书等身边侍臣作为自己的助手，处理朝政。这样，在中央官员中形成了"内朝"官与"外朝"官之分。内朝成为决策机构，以丞相为首的外朝官成为执行者。内朝成员官卑位低，完全听命于皇帝，武帝能对之指挥自如。武帝还常拿丞相治罪。他前后曾将十三位丞相免职或斩杀，丞相一职往往成为施政失误的替罪羊。以至有人把当丞相看成是最危险的职业。如公孙贺被任命丞相时，竟"不受印绶，顿首涕泣"。

汉初法制简略宽大，武帝即位后，违法乱制的人愈来愈多。元光五年（前130），他任命张汤为御史大夫，与赵禹修订各种律令。这些法制中有一部分是针对地主阶级内部不法分子的，施行后对加强中央集权有积极意义。

选拔官吏，是武帝强化自己统治采取的又一措施。他多次下诏，把汉初的"察举"和"征召"两种授官形式作为制度固定下来，还规定各郡国必须每年举孝、廉各一人，否则，将对郡守以"不敬"论罪，以"不胜任"免职。他不仅下令征召，还派博士到各地去征召吏民中的人才。察举、征召制度的健全和实行，使一批来自社会各阶层的人才被吸收进统治机构中，成为武帝施政、治军、理财的依靠力量。

武帝即位后不久，豪强势力发展，危及社会安定。武帝一方面下令，将全国各地豪强300多万强行迁到长安以西的茂陵定居；一方面任用一批执法如山、不畏强暴的"酷吏"，严厉制裁豪强贵族的横行不法，以维护统治的长治久安。

元封五年（前106），武帝设刺史，建立严密的监察制度。他将全国划分为十三州部，即十三个监察区，每州置一刺史，代表皇上，每年秋天去巡视该州各郡国。关于监察的内容，武帝规定了六条：一、豪宗强古田宅超过定制，以强凌弱；二、郡国长官背公向私，侵渔百姓；三、郡国长官不恤百姓，肆意杀人；四、郡国长官任人不当，徇私弃贤；五、郡国长官的子弟仗势欺人，为非作歹；六、郡国长官与豪强勾结，背令枉法。刺史按这六条，查处郡国长官和豪强的犯罪行为。遇有特殊情况，武帝还派官员以"绣衣直指"的身份专程去地方处理案件。西汉王朝在武帝的治理下，达到了空前的巩固和统一。

连年大规模的用兵和武帝个人的挥霍无度，使西汉王朝出现了财政危机。元朔元年（前128）大司农报告说：国库即将空虚，军费开支不足。武帝批准实行"买爵赎罪"。以钱捐官，纳钱赎罪的办法对财政补益不大，至元狩四年（前119），国库彻底空虚，武帝不得不予以高度重视。于是，他起用一批具有真才实学的理财家，如桑弘羊、东郭咸阳、孔仅等，依靠他们，采取各种措施，解决经济危机。

第一是币制改革。币制改革分三次完成。元狩四年造新钱币，以白鹿皮为"皮币"，值四十万；以银锡铸为"白金"币三种，各值3000、500、300；销四铢钱，铸为三铢钱。严禁民间盗铸，违者处死。次年，改三铢钱为五铢钱。而民间盗铸钱币活动始终未能制止，元鼎元年（前116），处死私铸钱币者达数十万之多。于是武帝下令废除"白金币"，禁止郡国铸钱，将铸币大权收归中央，由上林苑的均属、钟官、辨铜令三属官铸造，称为"三官钱"，不是三官钱不得在市场上流通使用。币制改革，使朝廷收回了大量的货币，控制了货币的发行权。

第二是开展征税。武帝倚重桑弘羊，颁布"算缗"与"告缗"令。这两令规定，凡拥有一定资产的人必须按资产多少交税；若不如实呈报纳税，经告发查实，将没收家产，罚戍边一年；告发者将得其家产一半。这两令的实行，朝廷得钱财以亿计。

第三是盐铁官营。朝廷垄断了盐铁业后，财政收入明显。

第四是实行"平准均输"政策。由中央和各郡国出面平价，调剂运输，使富商大贾无法囤积居奇，操纵物价。武帝用了九年的时间（前119～前110），实行这一系列改革政策，增加了财政收入，国库得以充实。

汉武帝画像

武帝在解决财政危机的同时，对农田水利，也十分注意。他曾采纳郑当时的建议，令人开漕渠；又接受倪宽的提议，穿六辅渠。元封二年（前109），武帝派数万人治理黄河瓠子（在今河南濮阳）决口。为了治好这二十年未能根治的决口，他亲临现场，举行祭祀，祈祷治河成功，之后命令随行群臣"负薪"，参加治河。这次

决口填塞后，八十年里未发生大的水灾。

在追求享乐上，武帝是十分突出的。他年轻时，就常常微服出访，拈花惹草，追鹰逐兔。一次入终南山（在今陕西西安东南）射猎，车骑践踏农田，遭到农民的咒骂，地方官要加以拘捕。一次夜至柏谷（今河南灵宝西南），客舍主人怀疑他是强盗，险些将他杀害。武帝的好色也是比较出名的，他后宫嫔妃众多，在历代皇帝是少见的。《汉武故事》记载："又起明光宫，发燕赵美女两千人充之。率取年十五以上二十以下，满四十者出嫁，掖庭令总其籍，时有死出者补之。凡诸宫美人可有七八千。建章、未央、长乐三宫，皆辇道相属，悬栋飞阁，不由径路。常从行郡国，载之后车。与上同辇者十六人，员数恒使满；皆自然美丽，不假粉白黛黑。侍衣轩者亦如之。上能三日不食，不能一时无妇人；善行导养术，故体常壮悦。其有孕者，拜爵为容华，充侍衣之属。"

可以说，武帝在事业上大展雄才的同时，也尽情享乐，一生沉湎于声色犬马之中。

成仙登天，长生不死，是武帝一生中孜孜以求的大事。他尊礼方士，迷信鬼神，元光三年（前133）就亲祭灶神，遣方士入海求神仙，并炼丹药。武帝妄想成仙，先后重用方士李少君、谬忌、少翁、游水发根、栾大、公孙卿等人。其中对栾大最为器重，封他为五利将军，并将自己的大女儿卫长公主嫁给他。他甚至对公孙卿说："嗟乎。诚得如黄帝，吾视去妻子如脱屣耳。"求仙问神本是虚妄的谎言，而谎言终究是要揭穿的。武帝晚年，没能成为神仙，他如梦初醒，"后上杀诸道士妖妄者百余人"，彻底放弃了求神成仙的事。

武帝后期，国内外各种矛盾尖锐起来。首先是匈奴又开始侵扰汉境。天汉元年（前100），汉使苏武被匈奴扣留。次年，

武帝不得不再次大规模对匈奴用兵。不料，此后的几次出兵，每次都是汉军失利，将军李陵、李广利相继被迫投降匈奴。其次，人民起义不断发生。百姓因不堪频繁征调和官吏的酷暴，纷纷揭竿而起。天汉二年（前99），齐、楚、燕、赵、南阳等地都爆发农民起义。义军大者数千，小者数百，他们攻城邑，取库兵，释死囚，杀官吏，朝廷为之震动。武帝两次派兵镇压，但是义军散而复聚，继续战斗，朝廷无可奈何。于是，武帝制定"沉命祛"，规定：敢藏匿义军者斩，官吏察捕不力者处死。从此官吏惧怕受诛，索性隐匿不报。结果，人民的反抗斗争日益激烈。与此同时，朝廷发生内乱，先是丞相公孙贺之子骄奢不法，诅咒武帝，事发后全家被诛，而受牵连被杀的皇室成员和宫女就达数百人。其后是太子刘据为江充诬陷，被迫起兵，兵败自杀。

大司马印

与匈奴交战节节失利，起义风暴遍及关东，统治集团上层矛盾激化，这一切，都使进入晚年的武帝清醒起来，他开始反省自己的过去。

征和四年（前89），67岁的汉武帝召集群臣，承认自己以往的过失，说："朕即位以来，所为狂悖，使天下愁苦，不可追悔。自今事有伤百姓，靡费天下者，悉罢之。"大鸿胪田千秋立即上言，请罢求仙之事。武帝准奏，下令将那些靠迷信骗取爵禄、钱财的方士一律罢免，并封田千秋为丞相。事后，他深有感触地说："向时愚

惑，为方士所欺。天下岂有仙人，尽妖妄耳！节食服药，差可少病而已。"

武帝能承认自己狂悖，伤害了百姓，使天下愁苦，宣布废止方士的迷信活动，诚恳自费，作为一个封建皇帝，是难能可贵的。不仅如此，他还一改过去那种好大喜功，穷兵黩武，不惜民力的作风和政策，把治国的重点转移到发展生产，富国富民上。

当桑弘羊等大臣上奏，请派将士到轮台（今新疆轮台）屯田，筑亭障，"以威西国"时，武帝不允，下诏"深陈既往之悔"，深刻检讨以往频繁征伐的错误，说：以往远征西域，虽有小胜，然"辽远乏食，道死者尚数千人"，是"朕之不明"，"悲痛常在联心"。"今又要远去轮台屯田，还要筑路建亭，这是扰劳天下，非所以忧民也，朕不忍闻！"他说："当今务在禁苛暴，止擅赋，力本农，修马复令，以补缺，毋乏武备而已。"这篇诏书史称"轮台悔过"。武帝明确宣布，禁止苛敛暴政，不准随意征发徭役，鼓励养马，把发展农业作为当务之急。"由是不复出军"。他还"封田千秋为富民侯，以明休养，思富养民也。"

为进一步落实"息民重农"的国策，武帝以赵过为搜粟都尉。赵过上任，推行"代田法"，收到了"用力少而得谷多，民皆便之"的效果。赵过还大力提倡新农具。例如下种的耧，只用一人一牛，可日种一顷。科学种植法的推广和便巧农具的应用，使亩产提高了三成以上。重农国策很快收到成效。

武帝晚年为立太子一事也煞费苦心。太子刘据自杀后，他没有立昌邑王为太子，又不喜欢广陵王和燕王，所以关于皇位的继承人，迟迟未能确定下来。后元元年（前88），武帝已经69岁，确立太子一事不能再拖延了。他打算立受宠的少于刘弗

西汉军戎服饰复原图

陵为太子，但刘弗陵仅7岁，其母赵婕妤
又年少。为了不让吕后专权的历史重演，
他令人画周公负成王朝诸侯图赐给霍光。
同时，又令自己宠爱的夫人赵婕妤自杀。
次年，武帝病重，霍光问以后事，武帝说：
"立少子，君行周公之事。"然后封霍光为
大司马、大将军，金日䃅为车骑将军，上
官桀为左将军，桑弘羊为御史大夫，并与
丞相车千秋一道"受遗诏辅太子"。武帝
于公元前87年去世，死后，葬于茂陵（今
陕西兴平东北）。他享年70岁，谥号孝武，
庙号世宗。

武帝的一生，受到后人的高度评价。
班固在《汉书》卷6《武帝纪》中说：

"汉承百王之弊，高祖拨乱反正，文景
务在养民，至于稽古礼文之事，犹多阙焉。
孝武初立，卓然罢黜百家，表章六经，遂
畴咨海内，举其俊茂，与之立功；兴太学，
修郊祀，改正朔，定历数，协音律，做诗
乐，建封禅，礼百神，绍周后，号令文章，
焕然可述。后嗣得遵洪业，而有三代之风。
如汉武帝之雄才大略，不改文景之恭俭以
济斯民，虽《诗》《书》所称何有加焉！"

对武帝的才略、业绩给予了充分肯定，
对其不恭俭表示了惋惜。

司马光在《资治通鉴》中称颂武帝
"聪明能断，善用人，行法无所假货"；但
又抨击他"穷奢极欲，繁刑重敛，内侈宫
室，外事四夷，信惑神怪，巡游无度，使
百姓疲敝，起为盗贼"；指出其所作所为几
乎与秦始皇无异。为什么秦亡汉兴呢？司
马光认为："孝武能尊先王之道，知所统
守，受忠直之言，恶人欺蔽，好贤不倦，
诛赏严明，晚而改过，顾托得人，此其所
以有亡秦之失而免亡秦之祸乎！"他对武帝
能好贤纳言，知错改过大加赞赏。

的确，汉武帝是位了不起的封建政治
家。他在统治期间，延揽人才，刷新朝政，
在政治、军事、经济、思想等各方面都创

连击水碓（模型）

建了不朽的业绩。

秦皇汉武，唐宗宋祖，都堪称中华民族的英豪，但是关于汉武帝这位英豪的长相如何，史书却并没有记载，今天人们只能从后人的画像中去领略他的风采。蔺伯赞先生这样写道：

"说到汉武帝，也会令人想到他是生得怎样一副严肃的面孔。实际上，汉武帝是一位很活泼、很天真、重感情的人物。他除了喜欢穷兵黩武以外，还喜欢游历，喜欢音乐，喜欢文学，喜欢神仙。汉武帝，是军队最英明的统帅，又是海上最经常的游客，皇家乐队最初的创始人，文学家最亲切的朋友，方士们最忠实的信徒，特别是他的李夫人最好的丈夫。他绝不是除了好战以外，一无所知的一个莽汉。"

杨生民先生的古诗《赞汉武帝》，可用来概括武帝的一生：

武帝雄才意欲何？文武兼资振古国。
绍发华统彰九野，敢击匈奴正六合。
悔过曾使众人恪，富民又启谱新辙。
风雨茂陵依旧在，春秋千古瓢子歌。

篡位皇帝："新"朝皇帝王莽

王莽，字巨君，生于汉元帝初元四年（前45），死于王莽地皇四年（23）。王莽的显赫和他的家族有着直接的关系，他的姑姑是汉元帝的王皇后。史书记载：王莽"侈口搓颐，露眼赤精，大声而嘶，才七尺五寸"，"鸱目虎吻豺声"，也有人说"王莽秃，帻施屋"。依据这些记载，可以得出结论王莽是一个相貌极其丑陋的人。当然，这些记载的可信度有多大，值得认真考虑。

在前33年，汉元帝病死，儿子刘骜即位，这就是汉成帝。汉成帝尊生母王皇后为皇太后。此后，王氏家族开始显赫朝野，国舅王凤做了大司马大将军并领尚书事，为当朝第一权臣，他的其他兄弟，也就是王莽的伯伯叔叔都封了侯，但王莽的父亲王曼因为早亡，没能封侯，这使王莽和其他堂兄弟相比寒酸了许多。

但这并没有使王莽灰心丧气，相反倒激发了他出人头地的欲望。他从小就谦逊有礼，而且节俭勤奋，拜名士为师，虚心学习，苦读经书。回到家里，也是很恭敬地孝顺母亲和寡居的嫂子，负责教育已亡兄长的孩子。他还广交朋友，对待掌握朝政大权的叔叔伯伯们，更是恭敬有加。

在前22年，即汉成帝阳朔三年，王莽的伯父、独掌朝政的王凤生病休养在家，王莽侍奉左右，基本上没有离开，还自己亲口尝药，以免烫着伯父，前后几个月没有解开衣带好好休息，其孝道超过了伯父的儿子们，这使王凤极其感动，王莽的辛苦没有白白付出，王凤临死时请求皇太后和成帝委任王莽官职，太后和成帝都答应了。不久，王莽就做上了黄门郎，虽然官品很低，但这是皇帝身边的官职，升迁的机会很多也很快。果然，没多少时间成帝便升王莽做了射声校尉，品秩二千石，相当于地方的郡守，官职已经很高了。这时的王莽仅仅24岁，可谓前途无量。

这之前的王莽，我们还不能说他就是一个坏人、奸臣，因为他小时候对母亲的孝顺不可能是虚情假意的，小时的家境苦难使他对母亲加倍关照，是人之常情，我们不能因为他以后做的坏事就将原来的事一概否定。实际上，人的欲望是一步步膨胀起来的，一点点变化的。王莽后来篡汉建立"新"朝，就是他出人头地，以及对小时候寄人篱下、长期所受压抑心理的一种消解。所以后人王安石评价王莽时说："周公恐惧流言日，王莽谦恭下士时。假使当年身便死，一生真伪有谁知。"这种认识

王莽像

是很中肯的。

在前16年，王莽的叔父成都侯王商请求成帝将自己的户邑分封给王莽。同时，很多的名士也联名上书，赞誉王莽的人品和才德。汉成帝倒顺水推舟，封王莽为新都侯，食邑1500户，晋升为骑都尉光禄大夫侍中。其中的骑都尉表示武官，而加上光禄大夫便可以参与朝政大事了，至于侍中更加重了他的权势，因为侍中可以侍奉皇帝身边。

30来岁的王莽已是掌握大权的重臣了，但王莽并没有显露出一点骄横之气，相反，他更加谦恭了。不仅广交名士，和众大臣友好往来，还经常将家财分发救济贫寒的宾客。这时的王莽确实有些做事给别人看的意味了。

王莽当时之所以不敢太放肆，是因为他还有一个强大的对手，这就是淳于长。他也是王氏的外戚之一，并且其官位和声势在王莽之上。当初，为了能日后高升，他极力说服了太后，将成帝宠爱的妃子赵飞燕立为皇后，这使汉成帝对淳于长感激不尽，很快便封他做了关内侯，然后又封定陵侯。

这个淳于长虽然有计谋，但没有长久

的大谋略，在得志之后便忘乎所以，不知道螳螂捕蝉黄雀在后，那个王莽正在盯着找他的短处。大权在握的淳于长骄横过度，还和被废的许皇后的寡居姐姐许嬺私通，后来又纳为妾。淳于长为了讨被废许后的欢心，向成帝说情，使成帝又将许后升为婕妤，但淳于长胆大包天，对许后也敢调戏。这事被王莽举报，使淳于长丧失了所有的要职，回到了自己的封地，最后，成帝将他定为大逆之罪（这是封建社会"十恶不赦"的大罪之一），淳于长死于狱中。

不久，任大司马大将军的叔叔王根推荐王莽代替自己摄政。在公元前8年，成帝升王莽为大司马。这时的王莽不足40岁。

高升后的王莽依然是那么谦逊有礼，他找来贤德的人做官，皇帝赏赐给自己的钱都拿来分给大家，而他自己却极其节俭。有一次，他的母亲生病，大臣们纷纷让自己的夫人来府上探视，王莽的夫人也到门外迎接，但众夫人却将她当作王家的仆人了，因为王夫人的穿着太普通太节俭了。

前7年，成帝死去，但成帝没有儿子，结果，元帝的孙子刘欣即位，就是汉哀帝，这样就使其母亲傅姓一系亲属成了外戚，

楼车（模型）

骑兵俑

与王氏势力发生了权力之争。王太后为了稳定朝政，让王莽辞去官职。王莽在京城闲住两年后，被汉哀帝赶回了南阳自己的封地。不过，太皇太后的存在给王莽的复职提供了条件。

回乡后的王莽没有消沉，他对名士更加礼遇。儿子杀死了一个奴婢，这在当时本来不是大事，因为法律有规定，主人对奴隶有生杀之权，即使是冤杀，受点处罚便可以了事，但王莽借题发挥，他让儿子自杀偿命。

王莽的行为起了作用，众多大臣纷纷为他求情，要求恢复他的官职。恰好这年又发生了日食，这在封建社会是一种上天惩罚的征兆，说明皇帝政事有错误的地方。这又成了为王莽说情的大臣们借题发挥的好借口。汉哀帝只好下诏将王莽召回京城。

王莽回京一年之后，汉哀帝死去，他也没有儿子，结果王莽在姑姑太皇太后的支持下做了新皇帝汉平帝的辅政大臣。接着，王莽将傅姓外戚赶出了京城，而他自己却当上了"安汉公"。

王莽又命手下人上书太皇太后，表面说她应该保重贵体，不该太劳累，不必亲自处理小事。实际上是为了给王莽专权争取机会。太皇太后果然答应了，将大权基本上给了王莽这个侄子。

这时的王莽开始显露他残暴的一面了。他的长子王宇看不惯父亲的跋扈专权，便密谋劝谏。王莽得知后把王宇投入监狱，王宇最后服毒自尽。但王莽并没有就此罢休，他通过制裁王宇的妻弟吕宽，将中央到地方的大小官员及其亲属牵连处死的达几万人之多。

为了巩固自己的权势，王莽又设法让女儿做了平帝的皇后。然后，王莽得到了"宰衡"的称号，位居上公。平帝逐渐对王莽不满，但未等平帝采取措施，便被王莽毒死了。王莽又将刚两岁的刘婴扶上帝位，而自己则当起了"摄皇帝"。这时的

陶射俑

795

王莽已经有了篡位之心。

公元8年，王莽终于宣布代汉，改国号为"新"。

王莽首先改革了官制，将传说的上古官制拿来和汉朝官制结合，就成了新朝的官制。中央设置了四辅、四将、三公、九卿和六监。地方上则将全国分为九州，一百二十五郡。州设州牧，郡的长官按照爵位的不同分为卒正、连率和大尹。县则设县宰。

关于土地改革，王莽参照了夏商周的井田制，颁布"王田令"，即将天下土地改称为"王田"，同时禁止土地的买卖。如果一家人中男丁不满8人，但土地超过了900亩，就要将多余的土地交给国家，再分给本族人耕种。以前没有土地的家庭则依照一夫一妻100亩的标准分配。违背法令的人将被流放。

王莽为了防止奴婢的增多，造成国家劳动力的减少，还颁布了"私属令"，将奴婢改称为"私属"，禁止买卖，违令者也是流放。

王莽此后还颁布了"五均"、"赊贷"以及"六管"。所谓的"五均"，就是由国家来管理工商业和物价。而"赊贷"就是由官府在百姓遇到诸如丧事、祭祀和经营工商业无本钱时，向百姓发放贷款，但利息相对要少一些，工商贷款利息每年10%，而丧葬和祭祀贷款则不收利息。但是，祭祀要在10天内还清，丧葬归还期限则是3个月。另外，国家还将盐、铁、酒收回专卖，国家垄断铸钱，国家管理山林水泽，并收山泽税。这一共是五项，加上国家负责的"五均"、"赊贷"，就称为"六管"。

经济方面还有币制改革，而且有四次之多，王莽时期的钱币现在已经成了收藏的珍品。

王莽的新政并没有使他的政权稳固，

他篡权有术，但守权时却束手无策。首先，他的所作所为导致了北方匈奴的不满，致使边陲重起战祸。他做了皇帝后，觉得少数民族的首领也称王，是不符合大一统的传统的，于是，他派人出使匈奴，收回汉朝原来给的印玺，换给新朝的印章，匈奴的单于也知道"玺"是皇帝专用物，而"章"则是臣子用的。于是，单于想要回印玺，但被使者弄碎，单于盛怒之下发兵南下。王莽也四处征兵应敌，结果匆忙中召集的各地士兵毫无战斗力，打仗不行，骚扰百姓却很在行。北面没有安定，内部就开始混乱起来。

一波未平，一波又起。这次是内部，而且是王莽的手下重臣，其中，甄丰虽然受王莽器重，但心里不满他取代汉朝，这也是封建社会忠君思想在起作用，觉得以后会给家族招来灭顶之灾。所以，甄丰内心惶恐。王莽觉察出来后，便降了他的职位，这又使甄丰父子更加恼怒。甄丰的儿子甄寻便伪造了符命，说新朝应当将陕地分成两部分，让甄丰和太傅平晏分别治理。王莽很生气，但还是依照符命做了。但甄丰的儿子甄寻又伪造了一个符命，说王莽女儿、即已故汉平帝的皇后要做他的妻子。这使王莽再也无法忍受了，下令抓捕甄丰父子，结果甄丰自杀，甄寻逃跑一年后也在华山被捕。甄寻手上刺着"天子"二字，王莽让人将他这个胳膊断下送给他查验，王莽看后说不是"天子"，而是"一六子"或者"一大子"，六就是戮，即杀死，最后王莽将甄寻也杀了。

王莽因为这次事件的刺激，对很多的亲信也不再相信了。每当外出的时候，他都要事先派兵在京城搜查，还取名叫做"横搜"。有一次外出，王莽惶恐得竟命令在京师搜查了五天之久。为了防范其他的人谋反，王莽对大臣入宫的随从人数做了限制，这又导致了新的矛盾。太傅平晏有

中国通史

最新整理图文珍藏版

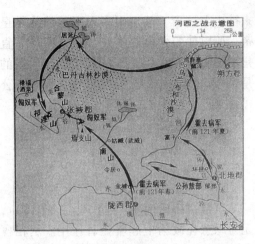

河西之战示意图

一次进宫时带的随从超过了规定的人数，结果被把守宫门的仆射拦住，双方发生了纠纷，平晏的随从盛怒之下将仆射捆了起来。王莽听说后，气得七窍生烟，马上命人围攻太傅府，把闹事的卫士处死，这才算完。

王莽不仅和大臣矛盾激化，自己的儿孙们也和他不和。他的孙子王宗想取代他，于是让人画了自己穿着皇帝衣服的像，还刻了准备做皇帝用的印章。最后，事情被王莽得知，孙子自杀。有了这件事，王莽对子孙们也不信任了。后来，王莽借口大风将殿堂吹坏，将太子王临废黜，赶出京城到外地做王。王莽原来和妻子的侍女原碧私通，王临侍奉母亲时也和原碧私通，后来王临给母亲写信，说自己不知道命丧何处，表示了对父亲的不满。信被王莽看到，王莽暂时没有采取行动。在妻子病死埋葬后，王莽便将原碧抓起来拷打讯问，原碧经不住拷打，将和王临私通的事都招认了，王莽为了遮家丑，残忍地将所有参与拷讯原碧的官员都暗地处死，将尸首埋在监狱中。然后，王莽派人给儿子王临送去了毒药，命他服毒自尽。王临不愿意喝毒药，最后引颈自杀。

王莽虽然将内部的祸患消除了，但外面的威胁即起义军却无法消灭。王莽的统治已经走上了末路。

乱世之中，王莽不知道该如何挽救自己的命运。最后，他的所谓救亡措施给后人留下了很多的笑柄。

有人见他很害怕，便对他说，远古的黄帝曾经建了一个华盖，后来黄帝就成了仙。王莽听了，赶忙命人建了一个九重的华盖，高达八丈一尺，将这当成了成仙的车。每次外出，都要在前边拉着。还让几个人在车上击鼓，同时，拉车的300名勇士边拉边喊："登仙！登仙！"

还有人献计说，按照古时礼制，国家有大难时，就以哭来向上天求救。于是，王莽就率领大臣们到了郊外，王莽抬头喊道："苍天！你已将天命授予我，但为什么不替我消灭反贼！如果是我有大错，就请用雷电击死我吧！"然后，王莽就痛哭不止，也许是王莽真的着急了，结果哭得昏了过去。为了向上天表示自己的真心，王莽还命令太学生和百姓们每天都到郊外去哭，早晚各哭一次。他为了让大家尽心地替他哭，还下令说，哭得悲痛的就给郎官

西汉·玉角形杯

长信宫灯

做。重赏之下必有"哭夫",结果短短几天工夫,就有五千人得到了郎官的职位。

在公元23年,即地皇四年,绿林起义军拥立刘玄称帝,年号定为"更始",刘玄就是更始帝。这使王莽受到了前所未有的打击。为了冲走这个不好消息带来的晦气,王莽举行了盛大的婚礼。为了显示自己没有老,他还特意将自己的胡子染成了黑色。但这丝毫不能挽救王莽的败亡命运。

公元23年的六月,王莽派出的军队和起义军在昆阳交战,结果王莽军几乎全军覆没。起义军乘胜直捣长安。十月一日,义军攻进了长安的宣平门,进入城内。最后,王莽被起来响应义军的一名商人杜吴杀死。

王莽因为篡夺了汉朝的正统皇位,历来被史书谴责,甚至很多人不承认他是皇帝。所以他的名声并不好,"王莽"一直是窃国大盗和乱臣贼子的代名词。幸运的是,今天的人们,已经能审慎、客观、公正地来评价王莽了。

文景之治

惠帝、吕后时期(前194~前180),无为思想在政治上起着显著作用。丞相曹参沿袭萧何辅佐汉高祖的成规,所谓"萧规曹随",举事无所变更。在这十五年中,很少兴动大役。惠帝时几次发农民修筑长安城,每次为期不过一月,而且都在冬闲的时候进行。惠帝四年(前191)又"省法令妨吏民者,除挟书律",吕后元年(前187)"除三族罪、妖言令"。边境戍卒一岁一更的制度,也在这时重新确定了。

文帝、景帝统治时期(前179~前141),继续"与民休息",社会经济逐渐发展,史称"文景之治"。

文帝十三年(前167),文帝下诏全免田租;景帝元年(前156)复收田租之半,即三十税一,并成为汉朝定制。文帝时,丁男徭役减为"三年而一事",算赋也由每年120钱减为40钱。长期减免田租徭赋,对地主有利,但也促进了广泛存在的自耕农民阶层的发展。西汉初年"大侯不过万家,小者五六百户";到了文景之世,"流民既归,户口亦息,列侯大者至三四万

金缕玉衣

户，小国自倍，富厚如之"。户口繁息的迅速，就是自耕农民阶层得到发展的具体说明。

农业的发展，使粮价大大降低。商业也日益活跃起来。文帝十二年（前168）又取消过关用传制度，有利于行旅来往和商品流通。文帝弛山泽之禁，促进了盐铁业的发展，对农民的副业生产，也有一些好处。

随着粮价的降落和商业的活跃，致使大商人势力膨胀，囤积居奇，侵蚀农民，使广大农民破产流亡。文帝、景帝都曾重申商人不得为吏的禁令，企图限制商人的发展。为了提高谷价，缓和谷贱伤农的现象，文帝接受晁错"入粟拜爵"的建议，准许富人（主要是商人）买粟输边，按所输多少授予爵位。输粟达600石者爵上造，达4000石者爵五大夫，达12000石者爵大庶长。晁错又建议，入粟拜爵办法实行后，边境积粟足以支五年，可令入粟者输于郡县，使郡县也有积粟；边境和郡县都已充实，就可以免除天下田租。入粟拜爵办法的实行，使农民的处境暂时有所改善。

文景二帝提倡节俭。在他统治的二十三年中，"宫室苑囿，车骑，服饰，无所增益"。皇帝尚节俭，对地主、商人中正在兴起的侈靡之风，多少会起一些制约作用。此外，文景时期，对待匈奴和周边少数民族尽量避免诉诸武力，以和为贵；对强敌匈奴仍采取"和亲"政策。

文景时期，在法律方面也有一些改革。文帝废除了汉律中沿袭秦律而来的收孥相坐律令，缩小了农民奴隶化的范围。文帝、景帝又相继废除了黥、劓等刑，减轻了笞刑。这个时期许多官吏断狱从轻，但责不指，不求细苛，所以有"刑罚大省，至于断狱四百，有刑错之风"之说。

文景时期的"与民休息"政策，对恢复和发展生产起了一定的作用。据史书记载，那时国家无事，非遇水旱灾害，则人们人给家足，都市乡间粮仓都满，新谷压旧谷，府库余钱多不胜数，由于长期存放，穿钱的绳子都烂了。一般的乡间街巷都有好马，那时人们出门参加聚会，骑母马的人会受到耻笑。一个强盛而富庶的西汉帝国在亚洲大陆出现。

可以说，这是中国封建社会的第一个盛世，它和后来的"贞观之治"、"康乾盛世"一样，由于政治清明，社会安定，经济发展，而历来为史家所称道。

晁错建言

晁错是汉初颍川（在今河南禹县）人。幼学申、商、刑名之术，为人削直刻深。汉文帝曾命晁错从济南伏生受《尚书》后为太子家令。以其善辩而得太子（即后来的汉景帝）的宠信，号曰"智囊"。

晁错是汉代著名的政论家，文笔削直健拔，议论深刻，入木三分。其论多能中当时要害，故为文帝、景帝所重。其文章涉及兵事、徙民实边、重农等方面。

当时，匈奴数为边患，晁错向文帝上书言兵事，说："《兵法》说：'有必胜之将，无必胜之民。'由此看来，安边境，立功名，在于良将，不可不加以选择。臣又听说，用兵作战白刃相交，最要紧的有三条：一是得地形，二是士卒训练有素，三是器用便利。按照兵法，步兵、车骑、弓弩、长戟、矛铤、剑楯等各有所长。不能发挥其长处则十不当一。士不选练，卒不服习，起居不精，动静不集，趋利弗及，避难不毕，前击后懈，与金鼓之指挥相失，这是不训练士卒之过，一百个当不了十个。兵器不完利，与空手同；甲不坚密，与袒露同；弩不能射得远，与短兵同；射不能中，与无箭同；中而不能入，与无箭头同，这是将领不检视兵器之过，五不当一。所以《兵法》说：'器械不利，等于把士卒送给敌人；卒不可用，是把将领送给敌人；将领不懂行军打仗，是将其君主送给敌人；君不择将，是将其国家送给敌人。'这四者是用兵之要。臣又听说：小大异形，强弱异势，险易异备。卑身以事强是小国之形；合小以攻大是敌国之形；以蛮夷攻蛮夷是中国之形。如今匈奴人地形、技艺与中国不同；上下山阪，出入溪涧，中国的马比不上匈奴马；险道倾仄，边驰边射，中国的骑兵不如匈奴之骑兵；风雨疲劳，饥渴不困，中国人比不上匈奴人；这些都是匈奴人的长处。至于平原、易地、轻车、实骑，则匈奴之众容易被打乱；劲弩、长戟、射疏、及远，匈奴的弓比不上中国的弓；坚甲利刃，长短相杂，游弩往来，什伍俱前，则匈奴之兵挡不住中国之兵；步兵箭发，万箭同的，匈奴人的皮铠木楯不能抵挡；下马步战，剑戟相接，则匈奴兵跟不上中国兵。这些是中国的长处。由此看来，匈奴的长有三，中国的长处有五，陛下又兴数十万之众以击仅数万之众的匈奴，则必胜无疑。"

汉文帝读后，赐晁错书策以示嘉奖。晁错又上书建议徙民实边，说："胡人衣食之业不著于地，其势容易扰乱边境，往来

"汉并天下"瓦当

龙凤纹重环玉佩

迁徙，时来时去；这是胡人的生业，而中国人所以离开田亩而严加防范的原因。如今，胡人经常在塞下放牧、射猎，见边防士卒少便侵入，陛下不救，则边民绝望而有降敌之心；救之，少发则不足，多发则千里而至，胡人早已跑个干净。若聚而不罢，又耗费钱财；撤走，则胡人又来。如此连年，中国贫苦而百姓不安。远方之卒守边塞，一年更换一次，不知胡人之能。不如让人民常居边地，一边耕田种作，一边防备胡人。可以在要害之处，通川之道，建立城邑，每邑不少于一千家。先盖房子，备田器，然后招募百姓，或免去罪人之罪，拜以爵位，减免赋税，分给他们冬夏之衣，能自给而后止。使邑里相救，以御胡兵。"

汉文帝听从了晁错的建议，下诏募民徙实边塞，加强边疆防卫。晁错又上书劝文帝重视农业，说："圣王在上而百姓不受冻挨饿，不是能耕田养活他们，织布让他们穿衣，而是为民开生财之道。所以，尧时有九年之水，汤时有七年之旱，而百姓无死者，因为他们蓄积多而准备足。如今海内为一，土地人民之众不比汤、禹的时候少，加上没有水旱天灾，但蓄积都比不上，为什么？地有遗利，民有余力；能生长谷物的土地未全部开垦，山泽之利没有尽出，而游食之民未尽归于农业。寒之于

中国通史

最新整理图文珍藏版

衣，不待轻暖；饥之于食，不待甘旨，饥寒至身，人便不顾廉耻。人情一天不吃两顿饭便要饥饿，一年不添衣便要寒冷。饥饿不得食，寒冷不得衣，虽慈父不能保其子，君王哪里还能保有其人民呢？明主懂得这个道理，所以务民于农桑，薄赋敛，广蓄积，以充实仓廪，备御水旱，所以人民可以保有。百姓全在为上者如何指挥，百姓之趋利，便像水往低处流，不择方向。珠玉金银，饥不可食，寒不可衣，然而众人珍贵它们，这是因为在上者用它们；这些东西轻微易藏，拿在手里，可以走遍四海而无饥寒之患。粟、米、布、帛，生于地，长于时，聚于力，非一日可成，不为奸邪所利，一日不得而饥寒至身。所以明君贵五谷而贱金玉。

"如今，农夫五口之家，其中服公事之役的不下二人；他们所能耕种的田地不过百亩，过百亩的收成不过百石。春耕、夏耘、秋获、冬藏、伐薪樵、修治官府、服徭役，春不得避风尘，夏不得避暑热，秋不得避阴雨，冬不得避寒冻，四时之间无日休息，还有送往迎来，吊死问疾，养孤长幼在其中。勤劳辛苦如此，还要遭遇水旱之灾，急政暴赋，赋敛不时，朝令而暮改，有的半价而卖，没有的付翻倍的利息，以此来偿还债务。而那些商贾们，大的囤积居奇，牟取暴利，小的列坐贩卖，日游于都市，乘国家之所急，所卖必定翻倍。所以，他们男不耕耘，女不纺织，却衣必风采，食必粱肉，不受农夫的苦痛，却有成千上万的收入。又依仗其富有，交通王侯，势压官吏，千里游遨，冠盖相望。这便是为何商人所以兼并农人，农人所以流亡的缘故。

"当今之务，莫急于使民务农。想让百姓务农，在于提高粮食的价值；提高粮食价值的办法，在于使百姓以粮食为赏罚。现在，可以下令天下，有向政府交纳粮食的，可以拜爵，可以除罪。这样，富民有爵，农民有钱，粮食有所流通，损有余以补不足，令出而百姓得利。爵者是上之所专擅，出于口而无穷；粮食是民之所种，生于地而不乏。得高爵和免罪都是人们所希望的。让天下的人向边郡交纳粮食而得以受爵、免罪，不出三年，边防上的粮食储备必然丰富。"

汉文帝采纳了晁错的建议，下令全国百姓可以入粟拜爵，各有等差。

七国之乱

概况

汉初70年的历史，是社会经济从凋敝走向恢复和发展的历史，也是中央集权逐步战胜地方割据的历史。高祖刘邦统治时期，为巩固刘氏天下，大肆铲除异姓王，又大封同姓王。当时，同姓王国辖地共达39郡，而中央直辖的土地只有15郡，其中还夹杂了不少列侯的封国和公主的"汤沐邑"。这依旧是干弱枝强的局面。王国"大者跨州兼郡，连城数十"，例如齐国辖地6郡73县，代、吴各辖地3郡53县，楚国辖地3郡36县。又经过几十年的休养生息，王国经济力量有很大发展。

吕后统治时期，大封诸吕为王、侯。吕后死，刘氏诸王与西汉大臣合力消灭了诸吕的势力，迎立代王刘恒为帝，是为文帝，同姓王的势力更加发展。他们拥兵自重，专制一方，成为统一的隐患。贾谊在《治安策》中陈诉当时中央和王国形势说："天下之势，方病大瘇，一胫之大几如腰，一指之大几如股"；而且"病非徒瘇也，又苦蹠戾"，这就是说"亲者或亡分地以安天下，疏者或制大权以偪天子"。贾谊认为"欲天下之治安，莫若众建诸侯而少其力。力少则易使以义，国小则亡邪心。"贾

彩绘陶指挥俑

谊的建议，在当时没有引起文帝的重视。但是贾谊死后四年，即文帝十六年（前164），文帝分齐国之地为六国，分淮南国之地为三国，实际上就是贾谊"众建诸侯"之议的实现。

继贾谊之后，晁错屡次向文帝建议削夺诸王的封土。景帝时，吴国跋扈，晁错又上"削藩策"。他说诸王"削之亦反，不削亦反。削之，其反亟，祸小；不削之，其反迟，祸大"。景帝三年（前154），用晁错之策，削楚王东海郡，削赵王常山郡，削胶西王六县，以次削夺，将及吴国。这时吴王濞就联合其他六国，向中央政权发难，这就是七国之乱。

刘濞是刘邦哥哥刘喜之子，于高帝十一年（前196）被封为吴王。吴国占有3郡53城之地，为王国中的第二大国。刘濞就封后，利用本国丰富的自然资源，冶铜、铸钱、煮盐，积聚了大量的财富。为扩大

自己的势力，他招天下亡命之徒，窝藏天下逃犯。同时还用减免赋税等方法笼络人心，使经济实力和政治实力日益壮大。文帝时，刘濞就已显出对皇帝的不敬。并在王国内准备谋反，到景帝接受晁错建议、开始削藩之时，刘濞眼见其所属的会稽镇和豫章镇也保不住了，便带头以"诛晁错、清君侧"为名发动叛乱，参与叛乱的有胶西王刘卬、楚王刘戊、赵王刘遂、济南王刘辟光、菑川王刘贤、胶东王刘雄渠等。

七国叛乱的消息传到朝廷后，景帝一面斩杀晁错，一面任命周亚夫为太尉，率大军迎击叛军。七国叛军虽来势汹汹，但不堪一击。仅三个月，叛乱就被平定，吴王刘濞兵败逃跑途中被人所杀，其余诸王或自杀，或被诛。

七国之乱，是汉中央集权和地方割据势力之间矛盾的一次总爆发。七国之乱的平定也是地方割据势力所遭到的一次毁灭性的打击。七国之乱平定后，景帝把这些诸侯王国，分割成几个小国。同时规定诸侯王不得亲自治国，剥夺了诸侯王的一切军政权力，削减王国的官属。从此诸侯王强大难制的局面大为缓和，中央集权走向巩固，国家统一显著加强了。

七国作乱

刘邦分封子弟造成郡国并立的政策是时代的错误，就从巩固刘家天下来看，它

西汉·彩绘三鱼耳杯

虽然能收到暂时的效益，却种下了长远的祸根。文帝时贾谊就指出，当时齐楚等国已各传子孙二三代，与皇家亲属关系日益疏远，感情淡薄。半独立的王国同集权的皇朝在各方面存在许多矛盾，相互猜忌，各怀疑惧，叛乱仅只是时间问题而已。他认为王国太强大就好比人患了肿病，一条小腿粗如腰，一根指头粗如腿，怎么能够指挥屈伸呢？所以他提出"众建诸侯而少其力"，主张尽封诸王子弟，使大国分为尽可能多的小国，"令海内之势如身之使臂，臂之使指，莫不制从"，中央才容易控制。另一方面他又建议文帝把自己的亲儿子安排到要害地区建立大国以便拱卫皇室，说明他还是没有从根本体制上认清问题实质。但是文帝却采纳了贾谊的意见，把太子的同母弟刘武封为梁王，都于战略要地睢阳（今河南商丘），拥有40多县富庶地区。又尽封齐悼惠王子六人为王，分齐国为济北、菑川、胶东、胶西、济南、齐等六国。

当年刘邦在击灭英布后，封其侄刘濞为吴王，都吴（今江苏苏州），拥有江东53县，盛产铜、盐，国富民强。文帝时，吴太子入朝与皇太子发生冲突被误伤致死，刘濞从此怨恨不朝，图谋叛乱。由于文帝优容礼遇，暂时没有发作。景帝即位，晁错用事。晁错认为，诸王国太强大威胁皇室，应当绳之以法，抓住他们的过失以削夺国土作为惩罚，逐步减弱其势力，才能提高皇权，安定国家。尤其是吴国蓄谋叛乱多年，更应当严惩。他也估计到这样做可能激起变故，但是他说："今削之亦反，不削亦反。削之其反亟，祸小；不削之其反迟，祸大。"既然是祸，迟发作不如早发作。景帝采纳他的意见，先后削夺赵国的常山郡，楚国的东海郡以及胶西国的六个县。最后在下令削夺吴国的会稽郡和豫章郡时，景帝三年（前154）正月，吴王刘濞带头发兵叛乱。他纠合楚、赵、胶西、

大型玉饰

胶东、菑川、济南等六国，以诛晁错"清君侧"为借口，亲率吴楚联军20多万人西征。胶西、胶东、济南、菑川等国合兵围攻仍然忠于汉王朝的齐国，赵国也暗中勾结匈奴，起兵反叛。一时黑云压城，长安城中的高利贷者认为东方战事胜败难知，竟不肯贷款给从军东征的列侯封君，好像汉中央政权已经命在旦夕了。

在吴楚七国气势汹汹的进攻面前，景帝也动摇了。他听信晁错政敌袁盎的谗言，以为牺牲晁错、退还削地可以换来和平，便授意丞相庄青翟等诬告晁错不忠，把他骗到长安东市腰斩，还残暴地杀害其全家老小。当然这种手法不可能解决诸王国同皇室的矛盾，只不过暴露了景帝的张皇失措，"内杜忠臣之口，外为诸侯报仇"，真正是亲痛仇快的一件蠢事。所以当袁盎等以接受条件杀了晁错而去吴国谈判求和时，

刘濞却自称"我已为东帝"，拒不接见而把袁盎扣押起来。正如当时人指出的，刘濞处心积虑几十年筹备叛乱，哪里只是为了一个晁错？晁错主张削地不过给他提供一个借口而已。景帝不得已，只好决心讨伐。他派太尉周亚夫率主力反击吴楚联军，并派郦寄领兵攻赵，栾布领兵攻齐，大将军窦婴驻守荥阳接应。

吴楚联军西进，首先碰到坚决拥护汉王朝的梁国。梁王刘武是景帝亲弟，所以他虽然也是由于分封制而产生的诸侯王，却并不支持代表割据势力的吴楚七国，而是站到代表中央集权的汉王朝一边。吴楚联军猛攻梁都睢阳，周亚夫统领大军坚守昌邑（今山东金乡西），让吴楚军在睢阳坚城下消耗实力，却派出小部队袭扰其后勤供应线。梁王刘武在吴楚军主力围攻下很感吃力，多次向周亚夫求援，周亚夫都按兵不动。梁王转向景帝告状，景帝也命周亚夫援梁，周亚夫仍以根据实际情况可以灵活处置的理由拒绝接受诏命。梁王只好充分发挥自己的力量拼死坚守，吴楚军始终无法取胜。于是回过头来又攻击周亚夫率领的汉军，周亚夫仍然据险固守，不急于应战。吴楚军连战无功，士气低落，供应短缺，不得不退走。周亚夫这才挥兵猛追，吴王濞一败涂地，士兵饥死叛散，溃不成军，他只带上残兵千余人逃奔东越。在汉王朝重赏引诱下，东越人将他杀死向汉王朝请赏。楚王刘戊也兵败自杀。胶西等四国攻齐不克，汉兵到达，诸国各自溃退，国王们都自杀或被杀。赵王在汉军围攻下，最后城破自杀。声势浩大的吴楚七国之乱，前后仅三个月时间就全都失败了。这充分证明人民是拥护统一反对分裂的，所以野心家苦心准备了几十年，到头来几个月就统统垮台了。

平定吴楚七国之乱以后，汉王朝的威望大为提高，景帝趁势加强集权，严格控

铜雁鱼灯

制王国。他规定诸王不得治理国事，仅能衣食租税。又减少王国官员，降低其品级，并统统由皇帝任命。此后皇朝的力量得以逐渐渗入王国内部，使它的独立地位日益动摇。到武帝时继续加强控制，诸王国名存实亡，由于分封而引起的割据叛乱问题这才终于解决。

昌邑之战

这次战争发生于汉景帝三年（前154）正月，止于同年三月。汉景帝以周亚夫为帅，进行了昌邑战役的全面准备工作，一举平定了七国之乱。

汉文帝于后元七年（前157）病故，由太子刘启继承帝位，称汉景帝。景帝即位后，任用其"智囊"晁错为御史大夫。晁错由于才华出众，识广见博，忠于汉景帝，遂深得景帝宠信，言听而计从，是景帝首屈一指的决策人物。晁错力促景帝继

中国通史

最新整理图文珍藏版

续削弱王国的势力，加强中央集权。当时有人发现吴王刘濞谋反准备已久，晁错便向景帝建议说，吴王以前就想谋反，依照古来的法律，就当斩首，当时文帝仁慈，只让打了他几杖，但他现在仍不思改过自新。他"即山铸钱，煮海水为盐，诱天下亡人，谋作乱。今削之亦反，不削之亦反。削之，其反亟，祸小；不削，反迟，祸大"。景帝采纳了晁错的削弱王国的建议，开始剥夺他们的一些封地。汉景帝三年削去吴之豫章郡、会稽郡。楚王来朝，以其以往犯罪，削去其东海郡。在此之前，已削去赵王的河间郡，胶西王刘印的六个县。吴王刘濞听说要削去吴国两郡的消息，十分气愤，因之想立即起兵。他听说胶西王勇猛、好斗，便派使者中大夫应高前去约胶西王起兵反汉。应高对胶西王许愿说，将来夺取天下之后，"两主分割"。胶西王答应后，吴王刘濞尚不太放心，又亲去胶西，当面与之结盟。随后吴王又派使者联络胶东、菑川、济南、济北、楚、赵等国，各国均答应共同起兵反汉。

晁错削弱诸侯王国的主张，引起了众多割据势力的怨恨，晁错父亲闻知此事，便当面责备晁错不该建议削弱诸侯势力，并质问他为什么要这样做。晁错对他父亲说："不如此，天子不尊，宗庙不安"。错父说："刘氏安矣，而晁氏危矣，吾去公归矣"！"吾不忍见祸及吾身"，遂饮毒药而死。

吴王为了夺取攻汉的胜利，动员了自己国内从14岁至62岁的人统统入伍参战。吴王下令全国说："寡人年六十二，身自将。少子年十四，亦为士卒先。诸年上与寡人比，下与少子等者，皆发。"除国内出动20万大军外，并使闽越、东越也发兵相助。吴王召集诸将领商讨进兵计划，大将军田禄伯建议说："兵屯聚而西，无它奇道，难以就功。臣愿得5万人，别循江淮

汉木雕独角兽

而上，收淮南、长沙，入武关，与大王会，此亦一奇也。"但吴王太子却不同意田禄伯单独行动，怕别有变故，因而便对吴王说："王以反为名，此兵难以藉人，藉人亦且反王，奈何？且擅兵而别，多它厉害，未知可也，徒自损耳。"吴王遂不用其计。吴另一少年桓将军也建议说："吴军多步兵，步兵利于在险要的地势条件下作战，汉军多车骑，车骑利于在平坦的地形下行动，吴军不应在所过城邑停留，急速占据洛阳的武库和敖仓之粟，夺占山河险要关隘以令诸侯，即使不入函谷关，天下也会基本稳固。如果行动迟缓，汉军车骑至，驰入梁楚之地，我们就会失败。"但吴王等又以他年少无知，而拒绝他的建议。遂决定以一路大军向西北先攻梁地，然后再节节向前发展。

周亚夫奉命率30万大军东征，深知楚军历来剽悍矫捷，战斗力强，很难轻易将其打败。因而向汉景帝建议说：楚国之兵剽悍勇捷，难以很快战胜它，我们应该舍弃梁国，尽量以梁地拖住敌人，并切断敌人运送粮草的道路。这样就可以使敌兵疲粮尽，战而胜之。汉景帝同意周亚夫的策划，以大将军窦婴驻军于荥阳，控制荥阳一带战略要地，阻止吴楚联军西进。周亚夫自率主力向吴楚联军进击，并以另一部兵力向齐、赵等地进攻。

吴王刘濞在作战准备完毕后，即于汉景帝三年（前154）正月，打着"请诛晁

错，以清君侧"的旗号，起兵叛乱。先将汉朝所任命的 2000 石以下的官吏统统杀掉，然后他即亲率大军从广陵北上，西渡淮水，与楚军合兵，继续前进。吴王刘濞为壮大其起兵的声势，制造叛乱的舆论根据，在起兵后即派遣使者，致书胶西王、胶东王、菑川王、济南王、赵王、楚王、淮南王、衡山王、庐江王、故长沙王子，历数汉朝廷任用"奸臣"，削夺诸王侯封地，危及汉宗室安全的"罪状"，然后宣称："吴国虽然不大，但地方 3000 里；人虽然不算多，但可出精兵 50 万。而且我一向与南越友好相处三十多年，越君王愿意出兵以帮助吴国，又可得精兵 30 万。吴国虽然不富，但节衣缩食，积金钱，备兵革，屯聚粮食，夜以继日，三十余年。"刘濞为了鼓舞将士的作战积极性，还宣布：凡抓住汉军大将者，赐赏金 5000 斤，封万户；抓住列将者，赐金 3000 斤，封 5000 户；抓住裨将者，赐金 2000 斤，封 2000 户。以下也皆有赏赐。对降城略地者，也给予重赏。

西汉·彩绘陶庄园

汉景帝听说吴王刘濞等已起兵叛乱，想派人劝说吴王罢兵。这时原吴相袁盎，曾因晁错欲治他的贪污受贿罪，对晁错恨之入骨，即向景帝建议说，诸王起兵，完全是因为晁错，只要杀了晁错，吴楚即可退兵。汉景帝遂杀了晁错，并立即以袁盎为太常，派往吴国，向吴王说明晁错已斩，请吴王退兵。吴王回答说，他已称东帝，拒绝退兵。这时正好谒者仆射邓公为校尉，曾随军征讨吴楚军，返回京师，谒见景帝，景帝问他说："晁错已死，吴楚能不能退兵？"邓公回答说："吴王准备叛乱已经数十年，他是发怒于削地，以让朝廷诛杀晁错为名，其用意远不是杀晁错而已。"邓公接着说："晁错深怕诸侯强大难制，所以建议削地，以加强朝廷的力量，这本来是有利于万世江山的良策，但刚刚实行，晁错便被诛杀，这样，忠臣就无人敢再说话了。"景帝这时才省悟。

吴楚联军首先向西北进攻梁地，攻破梁之棘壁，斩杀梁军数万人，乘胜继续向梁地推进。梁孝王十分惊恐，派遣 6 位将军率军再与吴军战，梁军溃败。梁孝王数次派人去向周亚夫求救，周亚夫均不救援。吴楚联军又进而包围梁都城，由于梁都坚固，无法攻下梁都，吴楚联军被阻。这时，吴将周丘通过威胁诈谋，劝降下邳，一夜之间得 3 万兵马，遂向北继续略地，到了城阳，已拥有近 10 万之众。

太尉周亚夫率军东走，当进至灞上时，赵涉对周亚夫说："吴王刘濞一向豪富，长期以来搜罗亡命之徒，现在他知道将军即将东出函谷关的动向，必定会在崤山、渑池之间的险要处设置间谍伏兵。用兵贵在神速秘密，将军何不从这里向右进军，经蓝田、出武关，迂回而至洛阳，这样只不过多用一两天的时间，便可直入洛阳的武库，到后敲击战鼓，诸侯发现汉军到达，一定会以为将军是从天而降。"周亚夫遂按照赵涉的建议，率领部将安全到达了洛阳。周亚夫这时高兴地说："七国叛乱战起，我坐驿车到达这里，没想到会这样安全。现在我控制了荥阳，荥阳以东就没有什么危险了。"周亚夫进至洛阳后，便立即派兵搜索崤山、渑池之间地区，果然抓到了吴王派出的伏兵。于是，便请赵涉当护军。

　　周亚夫军至淮阳，周亚夫的父亲周勃的故客邓都尉向周亚夫建议说："吴兵锐甚，难与争锋。楚兵轻，不能久。方今为将军计，莫若引兵东北壁昌邑，以梁委吴，吴必尽锐攻之。将军深沟高垒，使轻兵绝淮泗口，塞吴饷道。彼吴梁相敝而粮食竭，乃以全强制其罢极，破吴必矣。"周亚夫很高兴地采纳了邓都尉的建议。周亚夫遂率主力军向东北进军，进占了昌邑，并在昌邑筑垒坚守。这时吴楚军加强围攻梁国，由于周亚夫拒绝派兵支援梁王，梁王便派人上诉于汉景帝。汉景帝诏命周亚夫救援梁王，亚夫仍坚壁不出，只派弓高侯韩颓当等率轻装部队按照预定计划，出淮泗口，切断吴楚联军的后路，绝其粮道。梁王命中大夫韩安国和张羽为将军，以韩安国坚守城池，张羽出战，使吴军受到一些挫折和损失。吴军欲向西进军，但无法突破梁军的防守，吴楚联军胶着于坚城之下，往日的锐气大失，为求速战速决，便转而进攻周亚夫军，两军相遇于下邑，吴楚联军企图寻找汉军主力决战，但是周亚夫仍坚持坚壁不战。吴楚联军由于粮食供应断绝，士卒饥疲不堪，吴王刘濞多次组织部队向周亚夫军挑战，周军拒不应战，吴楚军采取佯攻汉军阵地东南角，实际主攻西北角的战术。周亚夫识破了吴楚军的企图，便加强了西北角的防御，当吴楚军猛攻西北角时，周亚夫军已严阵以待，吴楚军最后的攻击失败，加上士卒疲劳饥饿，于是开始溃乱，吴王刘濞决定率部队撤走。二日，

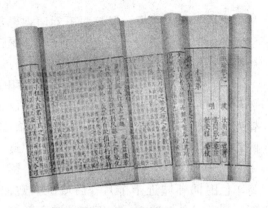

《盐铁论》书影

周亚夫率军追击，大破吴楚联军。吴王刘濞丢弃部队，仅率数千人乘夜逃窜。楚王刘戊见大势已去，被迫自杀。周丘自感吴楚联军无力向西北发展攻势，遂退往下邳，途中病死。吴王率军渡江，退守丹徒，再退走东越，以东越兵万余人，并收聚其残兵，企图重振军威。汉军派人买通了东越，使东越以劳军的名义诱骗吴王刘濞出营，将吴王斩杀。至此，声势浩大的七王之乱的主力军吴楚联军，即告全部失败。

　　济南、胶东、胶西、菑川等诸王和赵王，按照与吴王刘濞的协议，也同时起兵于齐地和赵地。济南、胶东、胶西、菑川等四王起兵后，首先进攻齐王刘将闾军于临淄。齐王本来也预定要参加七王之乱，可能后来觉得事情不妙，退出七王反叛的行列，畏罪而自杀。临淄被围困三个月未被攻破。这时进击齐地的汉军在将军栾布的统率下，与弓高侯韩颓当的援军合兵一处，向围攻临淄四国之军进攻，将四国之军击破，各败退回本国。

　　在胶西王阴谋叛乱之前，诸大臣即劝阻胶西王不要起兵叛乱，他们认为在胶西为王已经很不错了，吴王虽然与胶西约定，事成之后，平分天下，但那也是后患无穷。胶西王不听。待兵败退回胶西后，始知后悔已晚。胶西王太子刘德还想再战，打算

"皇后之玺"玉玺

战败之后，逃入东海。但胶西王刘卬觉得已无任何取胜的希望，遂自请向汉军韩颓当军投降，韩颓当向刘卬展示景帝的诏书："王其自图"。刘卬看后，自叹说："如卬等死有余罪。"即自杀身死，太后、太子也皆死。胶东王渠、济南等王兵败后也自杀。郦寄率军进攻赵地，进展也比较顺利，赵王之军节节败退，最后退守都城邯郸，郦寄军包围邯郸城近十个月，后城破兵败，赵王刘遂自杀。这样，七王之乱遂全部被平定，汉军胜利地结束了昌邑战役。

独尊儒术

概况

汉武帝时期，儒家的正统地位开始确立。

武帝建元元年（前140）十月，刚刚即位不久的武帝便下诏征求"贤良方正"和"直言极谏"的人才，并亲自主持考试，题目为"古今治国之道"。在百余人的对策中，广川（今河北枣强）人董仲舒的对策深得汉武帝的赞赏。

西汉初年，汉高祖刘邦仍然奉行秦代的"挟书律"，禁止私人收藏《诗》、《书》、《百家语》等，违者处以族刑，并蔑视儒学和儒生。在此情况下，儒家的学术活动几乎断绝。惠帝四年（前191），宣布废除"挟书律"，诸子百家学说开始复苏，民间比较活跃的有阴阳、儒、墨、名、法、道六家，其中儒、道两家影响比较大。博士制度在汉初依然存在，高祖曾以叔孙通为博士，文帝曾以申公、韩婴、公孙臣等人为博士，但是，人数不多，不过具官备员、待问而已，不受封建统治集团的重视，在传授文化方面起到的作用并不大。

由于社会经济遭到长期战乱的严重破坏，汉初的统治阶级所面临的紧迫任务是恢复、发展生产，稳定封建统治秩序，所以在政治上主张"无为而治"，提倡统治者少有作为的办法，来缓和与农民的阶级矛盾、与匈奴、南越的民族矛盾以及统治集团内部的矛盾斗争，这样，在思想上，主张清虚自守、卑弱自持的道家黄老学说受到重视，在意识形态领域占据了支配地位。

武帝即位时，社会生产经过几十年的休养生息，得到了很大程度的发展；地主阶级和封建国家积累了巨大的财富，其力量已很强大；对农民的压迫、剥削也逐渐加重，促使阶级矛盾日益激化；地方上诸侯王等割据势力恃怙权势，企图与中央分庭抗礼；豪族，商人日甚一日地兼并农民；匈奴对汉朝的侵扰欺侮肆无止境。因此，从政治和经济上进一步强化专制主义中央集权制度已经成为封建统治者的迫切需要。在这种情况下，主张清静无为的黄老道家思想已不能满足地主国家的现实要求了，而儒家的春秋大一统思想、神化皇权的君臣伦理观念以及仁义学说都和当时封建统

董仲舒像

治集团所面临的形势与任务比较适应，儒家思想开始取代了道家黄老之言在思想领域中的支配地位。

汉武帝建元六年，董仲舒在举贤良对策中提出，现在官学和民间流行的诸子百家学说遵循的理论不同，以致影响到国家不能保持一贯的政策，法令制度常常改变，下边的民众不知所守，这种情况不利于封建专制政治，建议官府只任用讲儒学的人，"诸不在六艺之科、孔子之术者，皆绝其道，勿使并进"。得到汉武帝的赞许，并同意丞相卫绾的奏言，罢黜各地荐举的治申（不害）、商（鞅）、韩非、苏秦、张仪之言的贤良之士。武帝后又起用好儒的窦婴、田蚡为丞相、太尉，任儒生赵绾为御史大夫、王臧为郎中令，以此褒扬儒学，贬斥道家。赵绾等鼓动武帝改革政治，但此时掌握实权的窦太后崇黄老之学，不满赵绾等人的行为，于是借故将赵绾、王臧逮捕入狱，二人自杀；又逼迫武帝将窦婴、田蚡免职，儒家势力再次受到打击。

建元六年，窦太后去世，武帝拜田蚡为丞相，将官府里不治儒学五经的太常博士一律罢免，黄老、刑名等诸子百家之言都被排斥在官学之外，并且优礼延揽儒生数百人，在官办的太学和郡县学校里任职，只教授儒家的《诗》、《书》、《礼》、《易》、《春秋》五种经典，这就是著名的"罢黜百家，独尊儒术"。自此以后，官吏主要出于儒生，儒学逐步发展，成为两千年来地主阶级统治人民的封建正统思想。

儒学独尊

秦始皇统一六国，接着又统一文字，为文化学术的发展传播提供了有利的条件。但是不到十年，秦始皇颁令焚书，禁绝私学，只允许以法为教，以吏为师，又使文化学术受到严重摧残。以后，项羽入咸阳，焚秦宫室，连国家典藏的图书也荡然无存，文化学术再次受到破坏。

游珠算盘

秦朝置博士官，多至70员，诸子百家，包括儒家在内，都可以立为博士。博士的职掌是通古今，备顾问，议礼议政，并教授弟子。坑儒事件使博士、儒生受到打击。有些博士、儒生后来投奔陈胜，参加了反秦活动。

西汉初年，汉高祖刘邦不废秦代挟书之律，蔑视儒学和儒生。在这种情况下，儒家学术源流几乎完全断绝，除了叔孙通略定礼仪的事例以外，不见儒家有什么活动。博士制度在汉初依然存在，高祖曾以叔孙通为博士，文帝曾以申公、韩婴、公孙臣等人为博士，但是博士人数不多，不过具官待问而已，不受当世的重视，在传授文化方面也没有起多大的作用。

在学术思想发展的低潮中，道家的黄老无为思想为汉初统治者所提倡，居于支配地位。道家重视成败存亡的历史经验，主张清虚自守，卑弱自持，所以它适应农民战争后的政治形势，适合恢复生产、稳定封建秩序的需要。胶西盖公好黄老之言，惠帝初年应齐丞相曹参之请仕于齐国。盖公认为治道贵清静而民自定，这个见解比齐国儒生的议论切合实际，在帮助曹参安集百姓方面起了重要作用。道家奉老子的

《道德经》，有可考的传授源流，但是世无师说，学术内容可以在很大的程度上随时损益、使之切合当时统治者的具体要求。所以汉初统治者把黄老之言当作"君人南面之术"加以利用，而各种不同流派的思想家也都乐于称说黄老之言。

西汉初年陆贾的《新语》，包含了黄老的政治思想。陆贾针对汉初的政治经济形势，探讨了"以寡服众，以弱制强"的统治方法，认为"道莫大于无为，行莫大于谨敬"。马王堆出土汉文帝时墓葬中的《经法》等多种帛书，是当时流行的黄老著作。系统地阐明道家哲学思想的著作《淮南鸿烈》，也叫《淮南子》，是武帝时淮南王刘安集宾客写成的。《淮南子》问世时，黄老思想在政治上已不占支配地位了。

在汉初特定的社会条件下，统治者无为而治，使农民生活比较安定。社会生产较易恢复，也使汉朝的统治秩序渐形巩固。但是到了文、景时期，无为而治又产生了新的问题：王国势力凌驾朝廷，商人豪强日甚一日地兼并农民，匈奴对汉无止境地谩侮侵掠。因此，无为而治已不再适应经济、政治的需要了。贾谊大声疾呼，提出

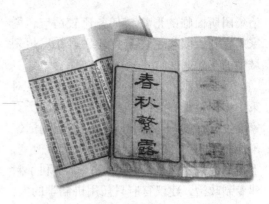

《春秋繁露》书影

变无为为有为的要求，他在《治安策》里说："夫俗至大不敬也，至亡（无）等也，也冒上也，进计者犹曰毋（无）为，可为长太息者此也。"

文、景时期，出现了由无为到有为、由道家到儒家的嬗变的趋势。那时候，挟书令已被禁止，留存于民间的一些古籍陆续为世人所知。旧秦博士伏生出其壁藏《尚书》20余篇，文帝曾使晁错从他受业。博士之数达到70余人，百家杂陈而儒家独多。儒家的《书》、《诗经》、《春秋》以及《论语》、《孝经》、《孟子》、《尔雅》，都有博士，其中《诗》博士有齐、鲁、韩三家，《春秋》博士有胡毋生、董仲舒两家。

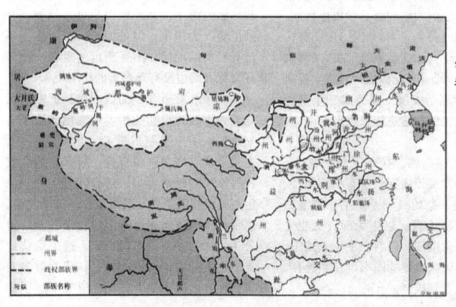

西汉十三州刺史部和西域都护府示意图

中国通史

最新整理图文珍藏版

这种情形，为汉武帝刘彻独尊儒术提供了有利的条件。

武帝建元元年（前140），武帝采纳丞相卫绾之议，罢黜治申、商、韩非、苏秦、张仪之言的贤良。好黄老的窦太后（武帝祖母）力加反对，借故把鼓吹儒学的御史大夫赵绾和郎中令王臧系狱。儒家势力虽然暂时受到打击，可是建元五年，武帝设置五经博士，儒家经学在官府中反而更加齐备。建元六年窦太后死，武帝起用好儒术的田蚡为相。田蚡把不治儒家五经的太常博士一律罢黜，排斥黄老刑名百家之言于官学之外，并且优礼廷揽儒生数百人。这就是有名的罢黜百家，独尊儒术。独尊儒术以后，官吏主要出自儒生，儒家逐步发展，成为此后两千年间的正统思想。这种情况对于学术文化的发展是不利的，但是在当时却有利于专制制度的加强和国家的统一。

取得独尊地位的儒家，在先秦儒家仁义学说之外，吸取了阴阳家神化君权的学说，极力鼓吹封禅和改制。元封元年（前110），武帝举行封禅大典。太初元年（前104），武帝颁令改制，以汉为土德，色上黄，数用五，定官名，协音律，并采用以正月为岁首的《太初历》，代替沿用了百余年的以十月为岁首的《颛顼历》。新的儒家也吸取了法家尊君抑臣的思想，并力图用刑法加强统治。所以汉武帝一方面"外施仁义"，一方面又条定刑法，重用酷吏。董仲舒把儒学引入法律，以《春秋》经义定疑狱，为判例二百余则，称为《春秋决狱》，亦称《春秋决事比》。以后，汉宣帝刘询宣称汉家制度是霸道（法）王道（儒）杂而用之，不主张纯用儒家的德教。

儒家的独尊，有董仲舒倡议其间，而且新儒学的思想内容，也由他奠定基石。董仲舒，广川（今河北枣强境）人，习《公羊春秋》，景帝时为博士。武帝时，他

上《天人三策》，系统地阐明了他的哲学思想和政治思想。他著有《春秋繁露》一书。

董仲舒认为人君受命于天，进行统治，所以应当"屈民而伸君，屈君而伸天"。如果人君无道，天即降灾异来谴告和威慑。如果人君面对灾异而不思改悔，就会出现"伤败"。因此人君必须"强勉行道"。这就是他的具有神秘色彩的"天人感应"学说。他认为《春秋》一书著录了长时期的天象资料，集中了天人相与之际的许多解释，所以后世言灾异要以《春秋》为根据。

董仲舒主张"道之大原出于天，天不变道亦不变"。这是他的形而上学的宇宙观和历史观。同时他又认为朝代改换，有举偏补弊的问题。他认为秦朝是乱世，像"朽木粪墙"一样，无可修治，继起的汉朝必须改弦更张，才能"善治"，这叫做"更化"。更化不但应表现为改正朔，易服色，制礼乐，而且还应表现为去秦弊政。这就是他提出限民名田、禁止专杀奴婢等要求的理论根据。不过在他看来，"王者有改制之名，无易道之实"，所以改制并不影响天道不变的理论，不影响封建统治的基础。

董仲舒据《公羊春秋》立说，主张一统，认为《春秋》大一统是天地之常经，古今之通谊。他的所谓一统，就是损抑诸侯，一统于人天子，并使四海"来臣"，但是如果师异道，人异论，百家殊方，旨意不同，人君就无以持一统。因此他要求罢黜百家，独尊儒术。

对于人君应当如何实行统治的问题，他主张效法天道。在他看来，天道之大者在阴阳，阳为德，阴为刑，所以人君的统治必须阴阳相兼，德刑并用。天道以阳为主，以阴佐阳，因此人君的统治也应当以德为主，以刑辅德。他的所谓德，主要是

指仁义礼乐，人伦纲常。他以君臣、夫妻、父子为王道之三纲，并认为三纲可求于天，与天地、阴阳、冬夏相当，不能改变。他主张设学校以广教化，因为这是巩固封建统治的最可靠的堤防。

董仲舒的新的儒家学说，主旨是维护封建秩序。它适应文、景以来政治、经济发展的要求，对于巩固国家统一，防止暴政，缓和对农民的剥削压迫，有其积极作用。

《公羊传》拓片

武帝以来，儒学传授出现了一个昌盛的局面。博士官学中不但经学完备，而且由于经学师承的不同，一经兼有数家，各家屡有分合兴废。甘露三年（前51），宣帝召集萧望之、刘向、韦玄成等儒生，在石渠阁会议讲论五经异同，由他自己称制临决。宣帝末年，《易》有施、孟、梁丘，《书》有欧阳、夏侯胜、夏侯建（大、小夏侯），《诗》有齐、鲁、韩，《礼》有后氏，《春秋》有公羊、谷梁，共12博士。其中梁丘《易》、夏侯《尚书》、谷梁《春秋》等博士是新增加的。博士就是经师，他们的任务是记诵和解释儒家经典。他们解经繁密驳杂，有时一经的解释达百余万言。博士有弟子，武帝时博士弟子50人，以后递增，成帝时多至3000人，东汉顺帝时甚至达到3万人。经学昌盛和博士弟子众多，主要是由于经学从理论上辩护汉朝的统治，因此统治者对儒生广开"禄利之路"的缘故。

在儒学发展的同时，也出现了搜集与整理图书的热潮。汉武帝敕丞相公孙弘广开献书之路，还设写书官抄写书籍。当时集中的图书数量颇多，外延有太常、太史、博士之藏，宫内有延阁、广内、密室之府。以后成帝命陈农访求天下遗书，又命刘向总校诸书。刘向校经传、诸子、诗赋，任宏校兵书，尹咸校数术（占卜之书），李柱国校方技（医药之书）。每一书校毕，都由刘向条成篇目，写出提要。刘向子刘歆继承父业，完成了这一工作，并且写出了《七略》一书。《七略》包括《辑略》（诸书总要）、《六艺略》、《诸子略》、《诗赋略》、《兵书略》、《数术略》、《方技略》，总共著录图书13269卷。它是中国第一部目录书，它著录的书目，大致都保存在《汉书·艺文志》中。

刘歆在校书的过程中，发现了一些经书的不同底本。原来西汉博士所用经书，

《山海经》书影

是根据老儒口授，用当时通行的隶书写成的，而民间却仍有用秦以前由古文字写成的经书。刘歆宣称他发现了古文《春秋左氏传》，他还说发现了《礼》39篇（《逸礼》），《尚书》16篇（《古文尚书》），这两种书是鲁共王坏孔子旧宅而得到，由孔子十二世孙孔安国献入秘府的。刘歆要求把这些书立于学官，并与反对此议的博士进行激烈辩论，之后，经学中出现了今文和古文两个流派，各持不同的底本，各有不同的经解。王莽当政时，为了托古改制的需要，曾为《古文尚书》、《毛诗》、《逸礼》等古文经立博士。王莽还命甄丰是正经典文字。东汉初年，取消古文经博士，复立今文经博士，共14博士。东汉时期民间立馆传经之风很盛，某些名学者世代传授某经，形成了经书的"家法"，著录生徒成千上万人。在民间传播的经学，有很多是古文经。

反对谶纬

秦汉以来，出现了一种谶纬之学。谶是以诡语托为天命的预言，常附有图，故称图谶。据说秦始皇时卢生入海得图书，写有"亡秦者胡也"，这是关于图谶的最早记载。纬是与经相对而得名的，是托名孔子以诡语解经的书。当时的儒生以纬为内学，以经为外学。成、哀之际，谶纬流行。东汉初年，谶纬主要有81篇。儒生为了利禄，都兼习谶纬。谶纬的内容有的解经，有的述史，有的论天文、历数、地理，更多的则是宣扬神灵怪异，其中充斥阴阳

五行思想。这些内容，除包含一部分有用的自然科学知识和古史传说以外，绝大部分都荒诞不经，极便于人们穿凿附会，作任意的解释。王莽、刘秀称帝，都曾利用过谶纬。汉光武帝刘秀把谶纬作为一种重要的统治工具，甚至发诏颁令，施政用人，也要引用谶纬，谶纬实际上超过了经书的地位。中元元年（56），光武帝颁布图谶于天下，更使图谶成为法定的经典。汉章帝会群儒于白虎观，讨论经义，由班固写成《白虎通德论》（又称《白虎通义》、《白虎通》）一书，这部书系统地吸收了阴阳五行和谶纬之学，使之与今文经学糅为一体。《白虎通》的出现，是董仲舒以来儒家神秘主义哲学的进一步发展。

谶纬的流行，今文经的谶纬化，使经学的内容更为空疏荒诞，一些较有见识的人如桓谭、尹敏、郑兴、张衡等，都表示反对谶纬。桓谭力言谶不合经，表示自己不读谶书。桓谭提出精神居于形体，就像火在烛上燃烧这样一个唯物主义见解。这个见解虽有重大缺陷，但在哲学史上还是很可贵的。

在反谶纬思潮的影响下，许多儒生专攻或兼攻古文经。古文经学治学重在训诂，

举孝廉图

第二编　秦汉至隋统一时期　最新整理图文珍藏版

解经举其大义，不像今文经学那样重章句推衍。东汉古文经大师贾逵、服虔、马融等人，在经学上都有过一定贡献。古文经学家许慎为了反对今文经派根据隶定的古书穿凿附会而曲解经文，于是编成一部《说文解字》，共收小篆文字9353个，其他古文字重文1163个，按部首编排，逐字注释其形体音义。郑玄兼通今古文经而以古文经为主，他网罗众家之说，为《毛诗》、《三礼》等书作出注解。许慎、郑玄的著作，除起了抑制今文经和谶纬发展的作用外，对于古史和古文字、古文献的研究，也有贡献。熹平四年（175），蔡邕参校诸体文字的经书，用隶书书写五经（或云六经）经文，镌刻石碑，立于太学，这是中国最早的官定经本，后世称为"熹平石经"。这对于纠正今文经学家臆造别字，对于维护文字的统一，起了积极作用。

在反谶纬的思潮中，思想家王充在哲学问题上跳出了经学的圈子，以唯物主义思想有力地攻击了谶纬的虚妄，批判了经学的唯心主义体系。

王充，会稽上虞人，生于建武三年（27），死于和帝永元年间。王充出身于"细族孤门"，早年曾在太学受业，在洛阳书肆中博览百家之言。后来，他作过短时期的州郡吏，其余的岁月，都是"贫无一亩庇身"，"贱无斗石之秩"，居家教授，专力著述，写成了《论衡》85篇（今存84篇）20余万言。

王充自称其思想违背儒家之说，符合黄老之义。他以道家自然之说立论，而对自然作了唯物主义的解释。他反对儒者的"天地故生人"之说，主张"天地合气，人偶自生"。他认为儒家天人感应说是虚妄的，因为天道自然无为，如谴告人，是有为，非自然。在他看来，天之所以无为，可以从天无口目，不会有嗜欲得到证明。他认为六经中常说到天，不过是为了教化

三人缚牛铜扣饰

无道，警诫愚者。

王充认为精神依存于形体，形须气而成，气须形而知。根据这种道理，他反对人死为鬼之说。他说，人靠精气生存，精气靠血脉形成。人死后血脉枯竭，精气消灭，形体腐朽而成灰土，哪有什么鬼呢？他从无鬼论出发，反对厚葬，提倡薄葬。

王充对于传统的学术和思想甚至对孔、孟和儒家经典，敢于独立思考，提出怀疑。他在《论衡·问孔》中反对世俗儒者信师而是古，因而对孔子的言论反复提出问难。他在《论衡》的其他部分，还分别对孟尹、墨子、韩非、邹衍等人进行了批判，其中所涉及的问题，有许多与汉朝的政治、文化设施有直接关系。

王充受当时生产水平和知识水平的限制，对于他自己引为论据的某些自然现象，有时理解错误，他无法透彻阐明唯物主义思想并把它贯彻到社会历史分析中去。他无法了解社会的阶级构成，不能正确说明人的主观作用。所以他不得不用天命来解释社会事物变化的终极原因，用骨相来解释个人的贵贱夭寿，因而陷入了宿命论。这是王充思想的重大缺陷。

由于《论衡》对汉代占统治地位的思想进行了无情的打击，所以这部卓越的著作在很长时间内无法公诸于世，直到东汉末年才流传开来。

北击匈奴

汉武帝统汉时期，开疆拓土，尤为史家所称道。汉朝建立以后，一直受着北方强大的匈奴族的威胁。武帝以前各代皇帝均采取"和亲"政策。武帝时由于国力空前强盛，反击匈奴条件成熟了，遂于公元前133年至公元前119年对匈奴展开了大规模的反击。元光二年（前133），汉与匈奴关系破裂，匈奴频频大举进攻汉朝北方

匈奴古墓壁画

边郡，汉军也屡屡发动反击，其中影响较大、带有决定性的是汉朝将军卫青、霍去病领兵攻击匈奴的三次战役。

第一次是在元朔二年（前127）春，匈奴军队袭扰上谷、渔阳，杀掠吏民数千人。当时匈奴右贤王及白羊王、楼烦王占据河南地（即阴山、河套地区），并以此作为袭扰关中的出发基地，对汉京师长安构成很大的威胁。武帝不受匈奴军队袭扰上谷、渔阳的牵制，决定收复河南地，以彻底解除匈奴威胁长安的隐患。于是采取胡骑东进、汉军西击的作战方针，派车骑将军卫青、将军李息率兵出云中（今内蒙古自治区托克托旗），沿黄河北岸西进，用避实击虚的战略，迂回到陇西，对河套及

其以南的匈奴军队进行大包围，发动突然袭击，歼敌数千人，获牛羊百余万头，匈奴白羊王领残部逃走，西汉完全收复了秦末以来被匈奴占领的河套地区。武帝采纳了谋臣主父偃的建议，在当地设置了朔方郡（今内蒙古自治区杭锦旗北）和五原郡（今内蒙古自治区包头市西），又派苏建督率十余万人兴建了朔方城，重修秦代所筑的旧长城，从内地移民10万在朔方定居，充实边防力量，建立了反击匈奴的前沿基

霍去病墓前的马踏匈奴石刻

地，消除了首都长安所受的威胁。汉得河南地后，匈奴贵族不甘心失败，连年入侵上谷、代郡、雁门、定襄、云中、上郡、朔方，企图夺回失地。汉军在卫青指挥下数度出击，在漠南多次战败匈奴，确保了朔方地区的巩固，使匈奴主力退往漠北。

第二次是在公元前121年。河西郡在今甘肃的武威、张掖、酒泉等地，因位于黄河之西，自古称为河西，是内地至西域的通道。匈奴驱逐大月氏占领河西后，将酒泉地区封给浑邪王，武威地区封给休屠王，借以西控西域各国，南与羌族联合，致使内地与西域的通道被阻断。为了打开通往西域的道路，保卫西部边境的安全，汉朝在元狩二年（前121）三月，命将军霍去病率骑兵万人出征，发动了河西战役。

霍去病领兵出陇西，经金城（今甘肃兰州西北）、令居（今甘肃永登西），越乌鞘岭，穿过匈奴所属的五个王国，连战连捷，然后越过焉支山，涉千余里，和匈奴军队短兵相搏，大获全胜，杀其卢胡王、折兰王，俘虏浑邪王子及相国、都尉等，歼敌8960余人，缴获休屠王的祭天金人。匈奴浑邪王、休屠王等率败军逃走，汉兵在作战中亦伤亡7000余人。

同年夏天，霍去病再次西征，与合骑侯公孙敖领数万骑兵，从北地（今甘肃庆阳西北）出发，越贺兰山，绕居延泽，在

卫青像

祁连山与合黎山之间的黑河（今弱水上游）流域大破匈奴浑邪王、休屠王的军队，俘虏其五王及王母、单于阏氏、王子59人，相国、将军、当卢、都尉等63人，匈奴单桓王、酋涂王及相国、都尉等2500人投降，共斩敌3万余人。这次战役沉重地打击了匈奴右部，单于对接连失败的浑邪王、休屠王十分恼恨，要严加惩处，引起内讧。同年秋天，浑邪王杀休屠王，率众4万余人投降汉朝，武帝将他们安置在陇西、北地、上郡、朔方、云中五郡黄河以南的故塞之外，为五属国；又在河西陆续

《漠北之战》绘画

中国通史

最新整理图文珍藏版

设置酒泉、武威、张掖、敦煌四郡，组织移民到那里定居。这次战役的胜利，沟通了内地与西域的直接交往，加强了中国与西方各国的经济、文化交流。匈奴失去了水草丰美的河西地区，经济上亦受到很大损失。

第三次是公元前 119 年。匈奴贵族在屡次失败之后，改变了作战的策略，其首领伊稚斜单于接受了汉朝降将赵信的建议，认为"汉兵不能度幕（沙漠）轻留"，所以把军队主力和人畜转移到蒙古大沙漠以北，仅派遣少数部队袭扰汉朝边境。元狩三年，匈奴骑兵数万人攻入右北平、定襄、杀掠吏民数千人。为了彻底战胜匈奴，汉武帝召集诸将商议，决定利用赵信等人的错误判断，因势利导，乘其不备，集中骑兵 10 万人深入漠北，寻歼匈奴主力。

元狩四年，大将军卫青率前将军李广、左将军公孙贺、右将军赵食其、后将军曹襄等，领骑兵 5 万出定襄、骠骑将军霍去病率从票侯赵破奴、昌武侯安稽、北地都尉卫山、校尉李敢及匈奴降将复陆支、伊即靬等，领骑兵 5 万东出代郡。

卫青出塞后，捕获俘虏，得知单于驻地，便率主力北进千余里，越过大漠，发现单于军队后，便下令用兵车环绕为营，以防突袭；又派出 5000 骑兵与敌人交战。至黄昏时，大风忽起，沙砾扑面，卫青乘机派部队从两侧迂回，包围了单于的营阵，激战至深夜，单于见汉军势众，自料不能取胜，率精骑数百突围，余众溃散。汉军歼敌 19000 人，获胜后遣轻骑追赶单于至天明，到𠴫颜山（今蒙古杭爱山南端）赵信城，缴获匈奴大批屯粮，补充军需，尽焚其城与余粮而还。

霍去病率军出代郡，北进 2000 余里，渡过大漠，同匈奴左贤王军队交战，大获全胜，俘屯头王、韩王以下 70400 余人。左贤王及部将弃军逃走，汉军追至狼居胥

山（今蒙古乌兰巴托东），凯旋而归。

漠北之战是汉匈奴战争中规模最大的一役，汉军损失数万人、马十一万匹，而匈奴军队的损失更为惨重，两路被歼达九万余人，其力量大为削弱，一时无力南渡大漠侵扰，造成了"是后匈奴远遁，而幕（漠）南无王庭"的局面。此后直到武帝去世（前 87），汉匈之间虽然不断有零星的交战，互有胜负，但匈奴总的趋势是日渐衰落，再也不能对汉朝构成严重的威胁了。

汉武帝击败匈奴后，西汉与匈奴仍维持着"和亲"关系。不过，这时的"和亲"与汉初已大不相同。汉元帝于竟宁元年（前 33）将宫女王昭君嫁给呼韩邪单于，加强了汉与匈奴的友好关系，"昭君出塞"的故事，至今传为佳话。

张骞出使西域

概况

在同匈奴进行斗争的同时，西汉积极加强同西域的联系。为联系西域夹击匈奴，公元前 138 年，汉武帝募人出使西域，张骞应募，率众 100 余人首次出使西域。他们进入匈奴控制的河西地区时被俘获，押送到单于王庭（约在今内蒙古呼和浩特一带）。匈奴诱迫张骞投降，而他保持汉节，严词拒绝，被拘留了十年左右。后趁匈奴看守不严而逃脱，西行数十日，翻过葱岭，到达大宛。大宛国王旧闻汉朝富饶，想和汉朝通好，便派人向导，将张骞一行送往康居，转程到大月氏。当时大月氏已从伊犁河流域西迁，占据大夏故地。他们认为新居之地肥饶安宁，而汉朝距离太远，不愿与汉结盟，向匈奴报仇，归还故地。张骞在当地居留了一年，不得要领，无奈只得回国。途中他们又被匈奴截获，扣留了

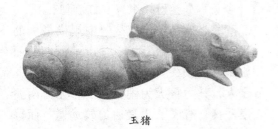

玉猪

岁余。元朔三年（前126），匈奴首领军臣单于病死，国内贵族争位，发生战乱，张骞与他的胡妻及随从堂邑父乘机逃走，返回长安，张骞首次出使西域，前后历时十三年，历尽艰险，百余人的使团仅有二人生还。根据张骞的报告，武帝了解了西域各国的情况，决心加强双方的联系。元狩二年（前121），汉军击败匈奴，夺取了河西走廊，从此，自盐泽以东，空无匈奴，汉朝与西域之间开辟了一条安全的通道。

元狩四年（前119），张骞以中郎将奉命再次出使西域，目的是联络大国乌孙，请其返回故地河西，共同打击匈奴；并招引西域各国臣属于汉。汉朝的使团有300余人，每人马各2匹，并携带牛羊万头，价值亿万的金帛，顺利到达乌孙。乌孙国王猎骄靡年老，不能做主；大臣们都惧怕匈奴，认为汉朝太远，不愿迁回故地；但答应使者数十人随张骞入朝，献良马数十匹答谢。张骞又派遣副使分赴大宛、康居、大月氏、安息、身毒、于阗及诸旁国，进

行外交活动。元鼎二年（前115）夏，张骞同乌孙使者回国，其副使也带了西域各国的使者陆续还朝。从此，汉朝与西域葱岭内外诸国首次建立了外交关系，相互间的交往日益频繁起来，而乌孙后来也和汉朝通婚和好，共同击破匈奴。

汉朝通西域以后，中国和中亚、西亚、北非、欧洲的通商关系也开始发展起来。那时候，中国的丝和丝织品自长安西运，经河西走廊，然后分南北两路。南路由玉门关西行，沿昆仑山北麓至莎车（今新疆莎车县）。越葱岭，出大月氏，到安息（今伊朗）；北路由玉门关西行，沿天山南麓，越葱岭，到大宛、康居，再往西南到安息。再从安息转运到西亚，北非和欧洲的大秦，这就是历史上有名的"丝绸之路"。欧洲人非常喜欢中国丝绸，他们称中国为"丝国"。

出使西域

一提到西域，读者就会想到位于我国西陲的新疆地区。那里，北面是蜿蜒延伸的阿尔泰山，南面是巍峨高峻的莽莽昆仑，在这两大山脉之间，又横亘着绵延的天山山脉。在天山南北各有一个盆地：北面是准噶尔盆地，南面是塔里木盆地。塔里木盆地西枕葱岭（今帕米尔高原），东接历尽沧桑的古代盐泽（又叫蒲昌海，今罗布泊）。在塔里木盆地的中央，是浩瀚如海、

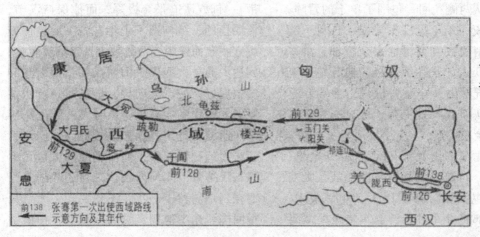

张骞第一次出使西域路线图

中国通史 最新整理图文珍藏版

一望无际的塔克拉玛干沙漠；著名的塔里木河贯穿沙漠、从西向东缓缓流过。在这河山壮丽，景色迷人的山山水水之间，又点缀着许许多多丰美的草地和绿洲。那里有流水环绕的田舍，绿树掩映的村庄，自由奔驰的马匹和牛羊。

但是，在西汉时期，西域的范围不仅包括现在的新疆地区，而且还包括跟这一地区山水相连的葱岭以西，一直到现在前苏联的巴尔喀什湖一带。甚至对更西、更远的地区，当时也泛称西域。

当时，西域各族建立了许多"行邦"和"城邦"。早在两千多年以前，西汉时期的杰出外交家张骞和他的随从，就肩负着汉武帝的政治使命，两次出使西域，开辟了至今誉满中外的古代"丝绸之路"。

张骞通西域，在中国史、亚洲史，尤其是在东西交通史上，都有着深远的意义和影响。中外学者有的把它跟哥伦布"发现"美洲相提并论，有的把张骞称为"中国的利文斯敦"。尽管这种类比未必恰当，但是它说明张骞在历史上的杰出贡献，是人们所公认的。

勇当重任

张骞，汉中成固（今陕西城固）人。关于他的出生年月，史书上没有记载；对他早期的生活经历，我们也知道得很少。

但是，从张骞出使和去世的时间来看，他大约生于汉文帝（前179～前157年在位）的中后期；到汉景帝（前156～前141年在位）时，他已经进入青年时代了。

汉文帝、汉景帝时，是汉朝社会经济恢复和发展卓有成效的时期，历史上称为"文景之治"。在这期间，西汉统治者为了巩固中央政权，一面打击和削弱地方割据势力，一面又不得不采取"轻徭薄赋"的政策，实行所谓"与民休息"，逐渐扭转了汉朝初年经济凋敝、农田荒芜、人口大量减少的局面。张骞正是在这样的社会环境里成长起来的。

到汉武帝（前140～前87年在位）即位时，距汉高祖刘邦建立汉朝（前206）已经六十多年了。

汉朝已开始跨入了它的全盛时期。据记载，当时封建国家的各种物资堆如山积。长安仓库里的钱币成千上万，有的连穿钱的绳子都烂断了，以至于无法计算。粮库里也是新粮压着陈粮，层层堆积，一直堆到露天地里，有些竟腐烂不可食。在街头巷尾，田野阡陌之间，膘肥体壮的马匹在嘶鸣奔驰，一些达官贵人连骑乘母马都觉得有失体面。商业、手工业也发展起来。长安的市场上，店铺林立，各种货物，花色繁多。一些富商大贾更是家财万贯，富

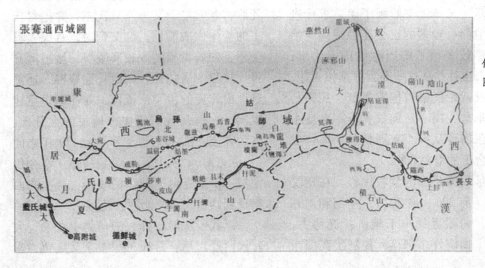

张骞通西域图

张骞出使西域示意图

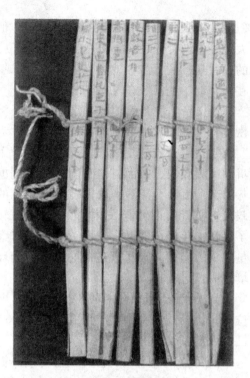

居延汉木简

似王侯；他们世代经商，周游天下，无所不至。

这时，张骞在汉武帝手下担任"郎"的职务。"郎"就是皇帝的侍从，平时负责守卫宫殿门户，皇帝外出时侍候皇帝的车骑。当时，"郎"没有固定的名额，待遇也比较微薄，俸禄（薪水）每年不过300石至600石，是一种地位较低的官。但是，"郎"又是地主阶级子弟追求仕进的捷径，他们有较多的机会接触最高统治集团，能够较多地了解当时的国家大事；最高统治者也往往从这些郎官里选拔人才。所以，当汉武帝凭借着国家富庶、兵强马壮的有利形势，决心对匈奴实行军事反击的时候，张骞便从一个普通侍从，很快成为历史舞台上的重要人物。

匈奴是我国北部的游牧民族。在楚汉战争期间（前206～前202），项羽和刘邦争夺中原，匈奴冒顿单于乘机扩充势力，陆续征服了周围许多部落，控制了我国东北部、北部和西部的广大地区。匈奴往往"南下牧马"，匈奴贵族也乘机到中原地区掠夺人畜和财物，对汉朝威胁很大。公元前200年（汉高祖7年）冬，匈奴冒顿单于率领骑兵围攻晋阳（今山西太原），汉高祖率领30万大军亲自迎战，结果在平城白登山（今山西大同东南）被匈奴精锐骑兵围困了七天七夜，援绝粮尽，险些丧命。面对强大的匈奴，汉朝初年还没有足够的力量进行大规模的军事反击，只能消极防御。匈奴贵族却不断向汉朝进攻。公元前166年（汉文帝前元十四年），匈奴老上单于率领14万骑兵攻入朝那、萧关（均在今宁夏固原东南），杀死汉朝都尉，掠夺大批人畜财物，并进至彭阳（今甘肃镇原东南），烧毁汉朝的回中宫（在今陕西陇县西北）；匈奴的侦察骑兵甚至逼近了甘泉宫（在今陕西淳化西北），战争的气氛一时笼罩着长安。

为了解除这一威胁，汉武帝一即位，就积极准备军事反击，并筹划对付匈奴贵族的策略。恰在这时，汉武帝从匈奴俘虏那里得到了有关大月氏人的一个重要情报。

月氏本来是我国甘肃西北的一个相当强大的游牧部落，素来轻视匈奴。匈奴冒顿单于小时候就曾经在月氏做"人质"。后来，冒顿单于击败了月氏。到冒顿单于死后，老上单于又杀死月氏王，并把月氏王的头颅做成酒器。汉文帝时，月氏人忍受不了匈奴贵族的奴役和凌辱，被迫离开世代放牧的居住地，向西长途跋涉，迁徙到天山北麓的伊犁河流域，并在那里重建家园，这就是我国历史上所说的大月氏。大约在公元前139年至公元前129年之间（汉武帝时），大月氏又受到乌孙（在今伊犁河、伊塞克湖一带）的攻击，再次向西南迁到妫水（今阿姆河）流域。

汉武帝从匈奴降人的口供中获悉，大月氏西迁以后，月氏王想报杀父之仇，常

敦煌壁画《张骞出使西域辞别汉武帝图》

常"怨恨匈奴",只愁没有人援助他,跟他联合起来,打击匈奴。这个消息使汉武帝非常高兴。他决定立即派人去联合大月氏。因为如果联合了大月氏,就等于切断了匈奴的"右臂",匈奴就处于两面受敌的被动局面。这样,汉朝对匈奴的战争就有了胜利的把握。

但是,要联合大月氏,出使西域,这在当时是很不容易的事。我们打开地图就可以看到,如果从长安出发,溯渭河西行,越过秦岭,然后再折向西北,渡过黄河,好不容易才到了甘肃境内的河西地区。那里河流纵横,山岭连绵,在西北部的祁连山以北,合黎山和龙首山以南,乌鞘岭以西,有一条狭长的绿色地带,这就是著名的河西走廊。这是当时通往西域的唯一交通要道。那里遍布着沙漠、谿谷和山地,在水草茂密的天然绿洲上,可以看到匈奴人的稀稀落落的帐幕和畜群。匈奴浑邪王和休屠王控制着这个咽喉地带。

穿过河西走廊,继续前进,便进入了西域。当时,匈奴势力已经伸张到那里,天山一带和塔里木盆地东北部处于匈奴贵族的统治之下。匈奴日逐王还设置了僮仆都尉(奴隶总管),经常率领几千骑兵,往来于焉耆(今新疆焉耆)、危须(今新疆焉耆东北)、尉犁(今新疆尉犁北)一带,监视西域各族,征收繁重的赋税并经常掠夺财物。由于西域地广人稀,兵力分散,形不成统一力量,西域各族多数被迫屈服于匈奴。在这种情况下,要横贯举目荒旷、长达三千里的塔里木盆地,要翻越冰雪覆盖、岩崖险绝的葱岭,就更加艰难了。

然而,汉武帝毕竟是我国历史上"雄才大略"的封建皇帝,汉武帝时代又是我国封建社会人才辈出的时代。当汉武帝下令选拔人才的时候,地位低微的张骞,便勇敢地站出来,主动要求承担通西域的历史重任。

出使月氏

建元二年(前139),张骞受汉武帝的派遣,肩负着联合大月氏,共同抗击匈奴的政治使命,带同随从一百多人,踏上了漫长的征途,向西进发。这是张骞第一次出使西域,也是我国历史上有确凿记载的

执伞铜俑

最早的一次探险和旅行。

张骞一行，由奴隶出身的匈奴人甘父做向导，从陇西（郡治在今甘肃临洮南）出发，很快进入河西走廊。

但是，正当他们风尘仆仆匆忙赶路的时候，遇到了匈奴骑兵。张骞一行全部被俘。匈奴骑兵把他们辗转押送至匈奴王庭（约在今内蒙古呼和浩特一带）。匈奴单于不准他们经过匈奴控制区前往西域，一直把他们拘留了十年光景。

在这十年里，张骞经受了严峻的考验。匈奴单于为了软化、拉拢张骞、给他娶了匈奴老婆。他虽然在匈奴有了妻和子，但是，这并没有动摇他完成使命的坚强意志。他在匈奴贵族的威逼利诱下，坚贞不屈；在困难和曲折面前，也没有灰心丧气。著名的史学家司马迁赞扬他"持汉节不失"，这说明张骞对自己的事业满怀信心，对汉朝始终忠诚不渝。

有志者事竟成。元光六年（前129），张骞一行趁匈奴的监视有所放松，便毅然逃出匈奴地区，继续向西进发。他们首先取道位于天山南麓的车师（在今新疆吐鲁番盆地），从那里穿过沟通天山南北的重要交通孔道，进入焉耆，再从焉耆溯塔里木河西行，经过龟兹（今新疆库车东）、疏勒（今新疆喀什）等地，翻越葱岭，到达大宛（今苏联费尔干盆地）。一路上，张骞一行跋山涉水，备尝艰辛，加之又是匆匆逃出，经常缺粮断水，有时一连几天见不到人烟，只好靠甘父沿途射猎禽兽充饥。所以，从匈奴西部到大宛这段路程，他们一连奔波了几十天。

张骞到大宛后，看到大宛农业发达，盛产稻、麦和葡萄酒。富人藏酒多至万余石，能保存几十年不坏。大宛的良马也非常著名。大宛王早就听说汉朝富饶，想跟汉朝交往，只是"欲通不得"。汉朝使者的到来，使大宛王喜出望外。他热诚地询

问张骞出使的目的，张骞说明要前往大月氏，不幸中途遇阻，好容易才逃出匈奴地区，希望大宛王送他们去大月氏。大宛王高兴地答应了，特意派遣译员和向导，把张骞一行专程送到康居（约在今咸海以东、费尔干纳西北，今苏联乌兹别克和塔吉克境内）。康居人又把张骞一行送到大月氏。

但是，大月氏的情况已经发生了变化。大月氏迁到妫水以后，征服了大夏（在今阿姆河和兴都库什山之间，今阿富汗北部）。这一带土地肥沃，物产丰富，又很少受到外敌的侵扰，人民安居乐业。大月氏人也由游牧生活开始转为定居，已不愿再跟匈奴打仗。所以，汉朝在大月氏联合抗击匈奴的事，没有谈出结果。不久，张骞渡过妫水，到达大夏的蓝氏城（今阿富汗瓦齐拉巴德），在那里了解到许多情况。经过一年多的考察，张骞决定回汉。

元朔元年（前128），张骞一行踏上了归途。为了避开匈奴的势力，张骞决定改变路线，由来时的"北道"，改走"南道"。他们从大月氏出发，翻过葱岭，沿昆仑山北麓向东行进，经过莎车（今新疆莎车）、于阗（今新疆和田）、鄯善（今新疆若羌）等地，在进入羌人居住地时，再次被匈奴骑兵俘获，又被扣留了一年多。

带座玉琮

到元朔三年（前126）初，匈奴军臣单于死后，军臣单于的弟弟伊稚斜自立为单于，并打败了军臣单于的太子单于，匈奴贵族发生了内讧。同年春，匈奴太子于单逃到汉朝避难，被汉武帝封为陟安侯。大约与此同时，张骞也乘匈奴内乱的机会，带着他的妻子和甘父，一起回到汉朝。这就是张骞第一次出使西域的经过。

张骞这次出使西域，从公元前139年出发，到公元前126年回到汉朝，历时十三年之久；出发时一百多人，回来时只剩下张骞和甘父两个。在这次出使过程中，汉朝付出了相当大的代价。

这次出使，张骞虽然没有完成联合大月氏的政治使命，但是，张骞此行的意义却远远超出他的直接使命之外。它在我国历史和东西交通史上，产生了深远的影响。

早在先秦时代，我国汉族人民和西域各族人民之间就在经济文化上有所往来；我国对西域就有所了解，我国古代典籍中也曾有过不少关于西域的记载和传说。但是，作为官方的正式使节，张骞和他的随从却是第一次"凿空"（开通）西域，实地勘察了东西交通的要道，开辟了那条闻

手形銎戈

名于世的"丝绸之路"。张骞亲自访问了大宛、康居、大月氏和大夏等许多地方，并从传闻中了解了乌孙、奄蔡（在今天海、咸海北）、安息（即波斯，今伊朗）、条支（也叫大食，在今伊拉克）、身〔yuán 元〕毒（今印度）等地的许多情况。

张骞回到汉朝，曾就这次出使的见闻，

向汉武帝提供了一个翔实而具体的报告，详细记载了上述地区的山川形势、地理位置、人口兵力、经济物产以及风俗习惯等。例如，我们从他的报告中知道，安息早在两千多年以前，就已经是"大小数百城，地方数千里"的大国；它不仅农业发达、盛产稻、麦和葡萄酒，而且商业也很兴隆。安息商人用车船把货物运销邻国，经商范围远至数千里，并广泛采用了铸有国王头像的银币。安息还出现了在皮革上横写的文字。这是我国对伊朗古代史的最早、最珍贵的记载。

由此可见，张骞第一次通西域以后，带来了有关我国新疆和广大西南亚地区的丰富知识和大量见闻，大大地开阔了我们古人的地理视野，改变了汉朝以前的地域观念，使人们知道了新的天地。这就为进一步发展我国汉族人民和西域各族人民之间的密切关系，为沟通国际间的友好往来，促进经济文化的进一步交流，谱写了新的有历史意义的一页。在今天，张骞报告的内容，不仅成为研究东西交通史的极为珍贵的史料，而且是我国和伊朗、阿富汗、印度等国，早在两千多年以前就已经存在的传统友谊和友好往来的历史见证。

汉武帝对这次通西域的成果十分满意。为了表彰张骞的功绩，汉武帝封他为太中大夫。匈奴人甘父，也因担任向导、佐助张骞有功，得到了奉使君的称号。

随军出征

早在张骞第一次通西域时，汉武帝便决定改变对匈奴的政策，由汉初的消极防御，转为积极自卫反击。

元光二年（前133），汉朝在马邑（今山西朔县）附近山谷埋伏下30万大军，准备引诱匈奴主力深入，一举歼灭；后被匈奴单于察觉，没有成功。从此，汉和匈奴进入长期的战争状态。

元光六年（前129），匈奴骑兵进攻上

谷（郡治在今河北怀来东南）杀掠汉朝官民。汉武帝派年轻将领卫青（？～前106）、李广（？～前119），各率骑兵一万，分四路出击匈奴。结果，汉军损失很大，一路毫无战绩，一路遭到惨败，名将李广也负伤被俘。后来，李广乘匈奴骑兵疏于防备，逃回汉营。只有卫青一路战功较著。这样，汉武帝不得不继续组织大规模的战役。

就在张骞回到汉朝的前一年，即元朔二年（127），匈奴再次进攻上谷和渔阳（郡治在今北京密云西南），杀掠上千人。卫青等率领汉军从云中（郡治在今内蒙古托克托东北）出发，然后向西迂回，直插陇西，在黄河南岸打败了匈奴白羊王和楼烦王。汉朝收复了河南地。这是汉朝对匈奴的第一次大战役。

这次战役胜利以后，汉朝在河南地设置了朔方郡（郡治在今内蒙古杭锦旗北），并招募10万人口迁居朔方，修建城池，屯田积谷。这就加强了河南地的防御力量，大大减轻了匈奴对长安的威胁。

公元前126年张骞回到汉朝时，汉朝对匈奴的战争已经取得了第一次战役的胜利，但整个战局仍然吃紧。匈奴数万骑兵连续进攻代郡（郡治在今河北蔚县东北）、

扬雄像

定襄（郡治在今内蒙古和林格尔西北）和上郡（郡治在今陕西榆林东南）等地，并杀死代郡太守，杀掠数千人。

元朔五年（前124），匈奴右贤王又多次攻扰朔方郡。汉武帝派卫青等人共率领十几万骑兵，分路出发，出击匈奴。卫青一路约3万人，从高阙（今内蒙古杭锦后旗东北）出发，挺进六、七百里。匈奴右贤王自以为离汉军尚远，竟喝得酩酊大醉；卫青在夜幕降临的时候，出其不意地把他包围。右贤王仅率领几百名精壮骑兵，突围逃走，匈奴损失1.5万余人，牲畜近百万头。第二年，张骞以校尉的军职，跟随卫青再次出击匈奴。

张骞在匈奴呆了很久，对匈奴的情况比较熟悉，再加上他有惊人的记忆力和丰富的地理知识，所以，在这次出征中，张骞担任了汉军的向导。他不仅为汉军指点行军路线，而且能够判断水草、河道的分布，使汉军及时找到水源和草地，不致过于疲劳和饥渴，顺利推进数百里。

这年春，汉武帝因张骞屡建军功，又曾出使西域，封他为"博望侯"。

试通身毒

由于汉朝和匈奴的战争紧张激烈，旷日持久，匈奴仍然控制着汉朝到西域的交通要道，张骞便试图由我国西南地区，经

氾胜之像

中国通史

最新整理图文珍藏版

过现在的印度，前往西域。

事情的经过是这样的：

张骞在大夏时，曾看到我国的蜀布和邛竹杖，并向大夏人询问这些东西的来历。大夏人告诉他，是大夏商人从身毒贩运来的；身毒国在大夏东南数千里，风俗跟大夏相同，只是气候低湿炎热。身毒人骑着大象打仗。他们的国土靠近大海。

这个发现，使张骞很感兴趣。他想：大夏在汉朝西南 1.2 万里，身毒又在大夏东南数千里，身毒又有蜀地的特产，可见蜀地离身毒不会太远。于是，张骞断定，要到大夏去，除了被匈奴控制着的那条道路以外，一定还有一条通往身毒，再从身毒转道大夏的道路。他认为，这后一条道路既近又安全，是从汉朝通往西方的一条捷径。但是，要探通这条道路，就必须经过我国西南地区，也就是当时所说的"西南夷"。

"西南夷"是汉朝统治者对散居在我国西南地区（今四川西部、南部和云南、贵州一带）各少数民族的总称。这些少数民族语言不同，风俗习惯不同，社会发展的水平也有很大差异。它们有的还处于原始社会，有的已进入阶级社会；有的已经定居，以农业为主，有的则随着牛羊迁徙，过着游牧生活。这些少数民族中比较大的有：夜郎（今贵州西南部）、滇（今云南昆明一带）、邛都（今四川西昌）以及徙（今四川天全）、莋（今四川汉源）、冉駹（今四川茂汶羌族自治县）、白马（今甘肃成县西）等。

西南各族跟巴蜀地区的汉族人民有着长期的经济往来和友好关系。早在战国时楚国设置的黔中郡就包括了现在的黔江流域和贵州东北一部分。楚国将领庄蹻还从黔中向西征服了滇池（今云南昆明）附近的千里沃野。由于秦国占领了黔中等地，断绝了庄蹻的归路，庄蹻乃改变习俗、服

鎏金嵌琉璃乳钉纹壶

装自称滇王，建立滇国。秦时曾开辟五尺道，进一步沟通了蜀滇，密切了同内地的联系。秦末汉初，封建统治者同西南各族的关系虽已中断，但是各族人民之间的经济交流从未停止。巴蜀商人经常贩运西南各族的马匹、牦牛等特产。

汉武帝即位后，也曾努力恢复同西南各族的关系，沟通西南地区。建元六年（前 135）张骞出使西域后不久，汉武帝曾派唐蒙招服了夜郎及其邻近部落，并在那里设置了犍为郡（郡治在今四川宜宾）。接着，汉武帝又派司马相如通使邛、莋一带，并架桥筑路，设置十余县，隶属蜀郡（郡治在今四川成都）。后因经营西南地区费用浩繁，汉朝又忙于对匈奴的战争，夜郎、邛、莋等地同汉朝的关系也一度中断。

张骞回到汉朝以后，汉武帝听到了许多关于西方的"海外奇谈"，对异方奇物十分向往。这就促使汉武帝下定决心，尽快沟通东西交通，加强同西域的联系。为此，汉武帝曾多次向张骞询问大夏的情况。

元狩元年（前122），张骞向汉武帝建议，通过"西南夷"，前往身毒，再转道大夏，以寻求通往西方的途径。汉武帝采纳了张骞的建议。于是，张骞在汉武帝的支持下，从蜀郡和犍为郡派出使者，分成几路，经冉駹、莋都、徙、邛等地，向西南进发。

各路汉使分别前进一两千里，便中途遇阻，南路使者只到昆明（在今云南大理）为止，没有能够通身毒。当汉使到达滇国时，滇王当羌问："汉跟滇相比，谁大！"汉使到夜郎时，夜郎侯也这样问。我们平常所说的"夜郎自大"这个成语，就是由此而来的。

西汉·铁戟

汉朝先后派出使者十余起，进一步考察并了解了西南地区，恢复了同西南地区的交通，密切了汉族同西南各族之间的关系。同时，汉使还得知，从当时的昆明继续西行1000余里，有一个"乘象国"，名叫滇越（约在今云南腾冲、龙陵一带），蜀地的商人经常带着货物去滇越进行贸易。这就是说，蜀地的商人跟滇越的交往由来已久，而张骞在大夏见到的蜀布和邛竹杖也是通过这里运往身毒，然后才转到大夏

去的。张骞所要寻找的那条通往身毒的捷径，也就是从我国四川、云南，经过今天的缅甸和印度，通往西亚的交通要道。早在著名的"丝绸之路"正式开辟以前，我国和东南亚的交通要道就已经畅通，这是中缅、中印人民友好关系史上的一段佳话。

由此可见，当时的汉朝使者尽管没有能够到达印度，但是，张骞的判断是大胆的，准确的。这充分表现了张骞作为古代探险家、旅行家的杰出才能。

过了十几年，元鼎六年（公元前111），当汉朝打败了匈奴，同西域的交通畅通之后，汉武帝又继续经营西南地区，并在邛都设置越嶲郡，在莋都设置了沈黎郡，在冉駹设置了汶山郡，在白马设置了牂牁郡。元封二年（前109），滇王归服汉朝，汉武帝赐给滇王印绶，并设置了益州郡。这样，不仅西南地区归入汉朝管辖，汉族和西南各族关系更为密切，而且对进一步发展我国同东南亚的经济文化交流有着重要意义。到东汉时，益州郡又改为永昌郡（郡治在今云南保山），继续成为对外通商的要地。

收复河西

早在张骞出使西域归来后，就向汉武帝汇报了河西地区的形势，指出匈奴右翼控制着陇西长城以西，直到盐泽以东，堵住了汉朝向西的通道。鉴于张骞西南探险没有成功，汉武帝决定调整对匈奴战争的具体部署，把主攻的方向移到河西（黄河以西的甘肃一带）。

元狩二年（前121），汉武帝组织了对匈奴的第二次大战役。目的就是打通通往西域的道路。在这次战役中，张骞以卫尉从征。

这年春，汉武帝派霍去病（前140～前117）率领骑兵一万人，从陇西出发，然后向西北迂回，横扫匈奴五属国，一直攻过河西走廊的焉支山（今甘肃山丹东

南），进击一千多里。杀掉了匈奴折兰王和卢侯王，活捉了匈奴浑邪王的儿子，缴获了匈奴休屠王的祭天金人（佛像）。匈奴损失近万人。

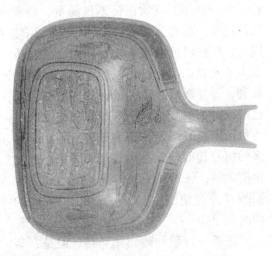

彩绘鹤纹匜

同年夏，汉武帝又派出两路大军：一路由霍去病等率领，从北地（郡治在今甘肃庆阳西北）出发；另一路由李广、张骞率领，从右北平（郡治在今辽宁凌源西南）出发。每路又分为两支，异道而行。

张骞和李广一路是负责策应霍去病攻势的。李广率4000骑先行，张骞率1万骑为后援，两军相距数百里。不料，李广一支被匈奴左贤王的4万骑兵包围。经过一天激战，汉军伤亡惨重，但李广像往常一样，谈笑风生，意气自如。次日，汉军重整旗鼓，再同匈奴作战，正在危急关头，张骞率领的后续部队终于赶到。匈奴左贤王乘机撤退，汉军也人困马乏，无力追击。这次，张骞由于贻误军机，被废为庶人。

张骞、李广一路虽然失利，主攻河西的霍去病却大获全胜。霍去病也和他的另一支友军失去联系，但是这位出色的将领仍然大胆深入，向西挺进2000里，渡过居延泽（在今内蒙古额济纳旗），直逼祁连山下，歼灭匈奴数万人。

这次战役的胜利，促使匈奴贵族内部发生了分化。长期控制河西走廊的匈奴浑邪王和休屠王，因为在战斗中遭到惨败，引起了匈奴单于的猜忌和不满。匈奴单于准备把他们招到王庭处死。在这种情况下，匈奴浑邪王和休屠王决定归服汉朝，并派人同汉朝联系。这年秋，浑邪王杀掉中途变卦的休屠王，率领4万人投奔汉朝。汉武帝动员了200辆车去迎接他们，并把他们安置在陇西、北地、上郡、朔方、云中五郡的塞外。浑邪王还被封为漯阴侯，他的部下也各有封赏。

此后，从金城（今甘肃兰州西北）、黄河以西，沿着祁连山，一直到盐泽，匈奴的势力几乎绝迹。汉朝陆续在河西走廊设置了武威、酒泉、张掖、敦煌，史称"河西四镇"，以保护西域交通。

元狩四年（前119），汉武帝又发动了对匈奴的第三次大战役。卫青、霍去病分别从定襄、代郡出发，长驱直入，挺进到今蒙古大沙漠以北，大败匈奴单于和左贤王，消灭了匈奴的主力。从此，匈奴远遁，匈奴王庭也被迫迁到大沙漠以北，匈奴的势力逐渐衰落。

汉朝和匈奴贵族之间，经过了长达十几年的大规模的战争，汉朝终于赢得了决定性的胜利。匈奴对汉朝的长期威胁基本解除，汉朝和西域之间的交通也基本畅通了。为了进一步发展汉朝同西域各族的密切关系，广泛联系中亚、西亚各国，孤立和打击匈奴在西域的势力，汉武帝又派张骞第二次出使西域，联合乌孙。

联合乌孙

乌孙也是一个逐水草迁徙的游牧部落。最初，乌孙和月氏都住在甘肃西部、敦煌和祁连山之间。后来，乌孙被月氏打败，乌孙王也被月氏人杀死。乌孙人不得已归服了匈奴。乌孙王的儿子腊骄靡被匈奴单于收养。腊骄靡长大以后，才智过人，屡有战功，匈奴单于便把乌孙旧部交给他，腊骄靡做了乌孙王。这时，月氏人已经向西迁到伊犁河流域。腊骄靡为了报杀父之仇。在匈奴的援助下，把月氏人赶出伊犁河流域，并在那里从事放牧和狩猎，重建家园。乌孙盛产马匹，富户养马多至四五千匹，成为西域地区的一个拥有骑兵十余万的强大民族。汉武帝时，乌孙跟匈奴的关系已经疏远，乌孙王不想再继续依附匈奴。为此，匈奴曾派兵攻打乌孙，结果反为乌孙所败。

骑士猎鹿扣饰

在汉朝对匈奴的第三次战役胜利结束以后，张骞就向汉武帝建议联合乌孙。他说："现在匈奴已被汉朝打败，乌孙过去居住的地方也因赶走了匈奴而空闲着，听说乌孙人对他们的旧居十分留恋，又很喜欢汉朝出产的物品，如果我们多送他们一些礼物，请他们重新迁到原来的地方，再把汉公主嫁给乌孙王做夫人，双方约为兄弟，乌孙王肯定会答应的。这样就切断了匈奴的'右臂'。"张骞认为，只有联合了乌孙，乌孙以西的大夏等国，都可以应招而至，向汉朝称臣。

雄心勃勃的汉武帝，采纳了张骞的建议，并拜他为中郎将，再次派他出使西域。

张骞率领随从 300 人，每人各备两匹马，并携带着价值数千上万的金币丝绸等贵重物品和 1 万多头牛羊，浩浩荡荡地出发了。

张骞这次出使跟第一次出使相比，已经不大一样了。这次出使不仅随员、物资成倍增加，而且还带着许多"持节"副使同行，以便沿途派往各地。同时，形势也发生了变化，汉朝已经赢得了对匈战争的胜利，通往西域的咽喉要地——河西走廊，已经在汉朝的统治之下。张骞和他的随从人员可以跃马扬鞭，奋力前进，不必再过多的担心匈奴骑兵的袭击了。所以，这次出使西域，张骞所率领的既是一个规格很高的"外交使团"，又是一支规模庞大的商队。

张骞一行顺利地到达乌孙。但是，乌孙正闹着内部纠纷。那位能征善战的乌孙王腊骄靡，这时已经年过花甲，老态龙钟。他以长子早死，便想把王位传给长孙军须靡。这件事引起了他的次子翁归靡的不满。翁归靡率领一万骑兵发动叛乱，要攻打军须靡；乌孙王和军须靡，也各率骑兵万余人以自保。由于这场叔侄之间争夺王位继承权的斗争，几乎使乌孙一分为三。

张骞见了乌孙王，转达了汉武帝的旨意，劝他东迁故地，跟汉朝结为兄弟，共同抗击匈奴。年迈的乌孙王认为，乌孙离汉朝太远，并且曾长期依附匈奴，大臣们也都不想东迁；又鉴于乌孙近于分裂状态，自己不便过于专断。所以，同汉朝联合共击匈奴的事，一直定不下来。

于是，张骞把副使分别派往大宛、康居、大月氏、大夏、安息和身毒等地，自己决定回汉。乌孙王特意派遣使者数十人，带着良马数十匹，还有译员、向导等，跟张骞一起到汉朝答谢，同时也为了进一步了解汉朝的情况。

元鼎二年（前115），张骞回到汉朝。汉武帝拜他为大行。第二年，张骞便去世了。

张骞死后一年多，他派往大月氏、大夏、安息等地的副使，分别在对方使者的陪同下，陆续回到汉朝。从此，汉朝同西域、西亚各国建立了友好关系。随同张骞一起来到汉朝的乌孙使者，亲眼看到汉朝地广人多，国家富强。他们回去以后，传达了这些情况。乌孙由此更加重视同汉朝的友谊。

元封六年（前105），乌孙王腊骄靡派使者来到长安，并以良马千匹作聘礼，主动要求同汉朝和亲。汉武帝把江都公主细君嫁给年逾古稀的腊骄靡，并送她大批物资，带去大批随员。汉武帝还指示细君："从其国俗，欲与乌孙共灭胡（指匈奴）。"腊骄靡死后，细君公主便按照乌孙的风俗，嫁给了腊骄靡的继承人军须靡。细君死后，汉朝又把解忧公主嫁给乌孙王军须靡。以

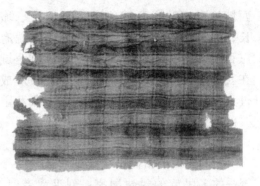

汉·方格纹毛织品

后，军须靡的叔叔翁归靡做了乌孙王，又娶了解忧公主做夫人。汉朝和乌孙长期保持着十分亲密的关系。

由于西域各族人民的共同努力，以及汉武帝对西域的经营，到汉宣帝（前73～前49年在位）时，西域的形势已经发生了根本变化。当时，匈奴准备进攻乌孙，乌孙王翁归靡和解忧公主向汉朝求援。汉宣帝派出十几万骑兵配合乌孙骑兵，共同夹击匈奴。在声势浩大的联合反击下，匈奴损失数万人，牲畜70万头。

宣帝神爵二年（前60），匈奴贵族又发生内讧。曾经直接控制西域的匈奴日逐王归服汉朝。匈奴对西域的控制趋于瓦解。同年，汉宣帝在地处西域中心的乌垒城（今新疆轮台东）设置西域都护府，并任命郑吉（？～前49）为西域都护，统辖乌孙、康居等三十六国。这是汉朝在巴尔喀什湖以东、以南的广大地区正式设置行政机构的开始。从此，"汉之号令班西域矣"。

这就是说，在张骞死后五十多年，不仅仅汉朝和乌孙结成同盟，汉族和西域各族亲密友好，张骞的未竟使命业已完成；而且，早在两千多年以前，我国汉朝就在上述地区行使了有效管辖。据记载，自汉宣帝至新莽时期，先后任西域都护的有十八人；其姓名见于史书的就有郑吉、韩宣、甘延寿、段会宗、李崇等十人。《汉书·

红绿釉桃都树

西域传》记载，西域地区下自译长、城长，上至侯、王，佩戴汉朝印绶的就有三百七十六人。由此可见，张骞通西域在我国统一的多民族的封建国家的形成过程中，在我们中华民族史上，有着重要的意义和深远的影响。

青史留名

我们伟大的祖国，从秦朝起就是一个统一的多民族的封建国家；到汉武帝时，更以一个富强辽阔的封建帝国屹立在世界的东方。

张骞是汉武帝时期的杰出人物，是古代伟大的探险家、旅行家和外交家。他顺应历史潮流，在历史上做出了卓越的贡献。

从祖国的北部沙漠到西南山区，从天山南北到葱岭内外，到处留下了张骞的足迹。张骞以顽强的意志和坚忍不拔的精神，翻过了千年冰封的崇山峻岭，渡过了无数的激流和险滩，跨过了荒凉的谿谷和低洼的盆地，走遍了祖国的许多绿洲和草原。张骞游踪之广，见闻之富，在两千多年以前是举世罕见的。

张骞两次出使西域，不仅在汉族和西域各族之间加深了友谊，增进了相互了解，为进一步密切关系创造了条件；而且，考察和开辟了著名的“丝绸之路”，沟通了经过我国新疆地区，到达西亚的交通要道。张骞亲自到达现在的阿富汗等地，此后，他的副使和其他使节又陆续到达印度、伊朗以及阿拉伯半岛和里海之滨，使汉朝和西亚、南亚许多国家和地区正式建立了友好关系。到西汉末年，除了“南道”和“北道”之外，又开辟了一条新道。也就是从敦煌出发后，向北走，避开坎坷难行的白龙堆沙漠，取道伊吾（今新疆哈密），越过博格达山，经车师后国（今新疆吉木萨尔），然后沿天山北麓西行，到达乌孙，称为新北道。此后，各条路线也继续向西延伸。到东汉时，甘英已经到达了西海

（今波斯湾）沿岸，并知道了通往罗马的路线。

张骞不仅以“凿空西域”的不朽功绩而享有盛名，而且还以刚毅坚强的性格和胸襟开阔、待人诚恳的宝贵品质，深受爱戴。张骞死后，汉朝派出的使者“皆称博望侯”；汉使所到之处，都因此受到信任和欢迎。张骞的封号，竟成了汉朝使者的美称。史称张骞“为了强力，宽大信人，蛮夷爱之”，这是很中肯的评价，绝不是过誉之词。

坐形白玉人

在张骞通西域，特别是在汉武帝收复河西，张骞出使乌孙之后，揭开了东西交通的序幕，东西人员的往来和经济文化的交流出现了新局面。在我国历史上，又翻开了新的有意义的一页。

当时，汉朝派出的使节，每批多者数百人，少者百余人；一年之中，多则十余起，少则五六起；路程远的往返要八、九年，路程近的也要三五年。西域的使者和商人，也跋山涉水，披星戴月，云集汉朝边塞。所谓“驰命走驿，不绝于时月；商胡贩客，日款于塞下”，就是

指这种情况而言。在使者相望于道，络绎不绝的频繁往来中，欧洲人也开始来到了中国。

这些客人，跟着汉武帝到处观光游览。汉武帝让西方的"眩人"当众表演杂技，吞刀吐火，自缚自解，以至于方圆300里的人都赶来围观，盛况空前。汉武帝还设盛宴招待四方宾客，并赏赐他们大量丝绸等物。汉宣帝亲自在平乐观接见、宴请匈奴贵族和使者，并把汉朝官属侍御上百人集中在上林苑，专门学习乌孙语言。汉朝派往中亚、西亚等地的使者也受到欢迎和款待。安息王曾派两万骑兵到远离京城的东部边界迎接汉朝客人。

在东西往来的人员中，除了负有各种使命但在客观上又起到了物资文化交流作用的正式使节之外，更多的是打着使者旗号的商人。此外还有为数众多的汉族士兵、田卒，以及西域各族派到汉朝学习参观的贵族子弟。至于不见史籍记载的民间往来，更是难以数计。随着人员往来的增加，经济文化交流也日趋频繁。

汉·玻璃谷纹璧

我国是发明丝绸和冶铁术最早的国家。早在公元前5世纪，丝绸就开始西传。西方曾把中国称为"丝国"，把中国古代的首都称为"丝城"。我国生产的铁器也素享盛名。据记载，大宛以西至安息国，"其地皆无丝、漆，不知铸铁器"，是汉朝的逃亡士卒教会了他们铸造兵器，并传去了"黄白金"（铜锡合金）。在张骞通西域之后，丝绸大量西传。波斯既是丝绸的消费地，又是向罗马贩运的中转站。其他如养蚕术、漆器、铁器和冶铁术以及其他工艺品和桃、杏、梨等农产品，也相继传到波斯、印度等地。汉朝的先进生产技术，如井渠法，也传到大宛，并在西域地区被广为采用。

同时，汉朝的先进文化，也对西域各族发生了相当大的影响。据记载，汉宣帝时，乌孙解忧公主曾派她的长女弟史到长安学习鼓琴。在归途中，莎车王绛宾把弟史留作夫人。以后他们夫妇俩又多次到汉朝朝聘，汉宣帝赏赐他们车骑旗鼓，歌吹数十人，以及各种丝织品、珍宝等多至数千万。由于他们"乐汉家衣服制度"，回到莎车后，在宫室建造、警卫配置、出入传呼、鸣钟击鼓等许多方面，进行学习和模仿，一切"如汉家仪"。这个故事可以说明汉族文化在西域各族的传播情况。

另一方面，汉朝使节从大宛引进了葡萄和苜蓿，汉武帝不仅在离宫别观附近大量种植，而且大力推广。其他如胡桃（核桃）、石榴、胡麻（芝麻）、胡豆（蚕虫）、胡瓜（黄瓜）、胡蒜（大蒜）、胡萝卜等，也移到我国中原地区安家落户，成为我国人民的生活必需品。西方的毛皮、毛织品，也成为长安市场的名贵商品。至于名马、骆驼、狮子、安息雀（鸵鸟）等异兽珍禽，也陆续东来。西方的音乐、舞蹈、绘画、雕塑、杂技等，也对我国古代的文化艺术产生了积极的影响。

总之，这种"殊方异物，四面而至"的盛况，反映了东西交通开辟后，东西经济文化交流出现的新局面。

王莽新政

元寿二年（前1）哀帝死，王莽在其姑母元帝皇后王政君的支持下，拥立年仅九岁的刘衎为平帝，自任大司马、安汉公，掌握政权。后来王莽毒杀平帝，又废孺子婴，自立为皇帝，改国号为"新"。

新莽嘉量

王莽出身于元、成两帝之际望族，在官僚、外戚之中地位显赫。王莽本人谦恭俭约，礼贤下士，有"当世名士"之誉。平帝以九岁继位，王莽以大司马领尚书事辅政。王莽大权在握，立即把专横一时的外戚董贤铲除，把董贤和外戚丁氏、傅氏的亲属都免官爵，徙远方。改善了当时的政治状况。王莽还重视荒政，为救济灾民曾一次捐献钱百万，田30顷。在他的带动下，有官僚、豪富230余人捐献田宅，用以救灾。他又废呼池苑（今甘肃华亭）为安民县，以安置灾民。灾民可分得田宅、器具、耕牛、谷种、粮食等。他还扩大太学，广招太学生：网罗学有专长的士人有数千之多，安置在长安，给予优待。对汉宗室和功臣的后裔以及年老致仕（退休）的高官，都给予照顾。于是在他掌权不久，就得到多数贵族、官僚、地主和儒生们的爱戴，希望他能有一番作为，以稳定社会秩序，保住封建地主阶级的统治。广大劳动人民希望社会安定，能够生活下去，对他也产生过一些幻想。

王莽对当时的社会问题比较重视，是贵族、官僚集团中的一个比较有见识的人物，也有改善社会、政治状况的要求。但他又有强烈的树立自己的权威的要求。这虽有为了改革需要的一面，但其不择手段的做法，也暴露了他个人的野心。他辅政之后，以周公辅成王的故事比附自己。平帝元始元年（公元元年），他称"安汉公"。四年，称"宰衡"。五年，毒杀平帝，另立一个两岁小儿刘婴为帝，号"孺子"，史称孺子婴；自为"假皇帝"，实际和真皇帝一样。过了三年，他又废掉孺子婴，正式当了皇帝，改国号"新"，改元"始建国"。

新朝始建国元年（公元9），王莽宣布改制。其主要内容是：第一，"更名天下田曰王田……皆不得买卖"。"其男口不盈八，而田过一井者，分余田予九族邻里乡党"。原先无地的，按一夫一妻授田百亩。改"奴婢曰私属"，不得买卖。王田奴婢令目的是解决土地和奴婢问题。但是贵族、官僚和大地主占有大量的土地和奴婢，他们反对这个法令，无地的农民实际上分不到土地，也都非常不满。土地、奴婢买卖照旧进行。三年后，王莽只得废除这个法令。第二，实行五均，赊贷和六筦，五均是在长安和全国五大城市洛阳、邯郸、临淄、宛、成都设立"五均司市师"，各郡县设司市，大都由地方官兼任。五均官的职责

虎豕咬斗纹金饰牌

是平均物价，抑制商贾囤积居奇，收取租税及办理赊贷等。六筦是官卖盐、铁、酒，收取山泽出产税，官铸铜钱，五均赊贷。这个政策基本上是武帝实行过的办法，只是多了一个赊贷。目的是抑制兼并，扶助贫弱，实际上成了地主和官僚商人掠夺人民财富的一种手段。第三，改变币制，禁止私铸钱币，国家垄断铸币权。王莽多次改变币制，货币繁杂，而比价又极端不合理，例如他发行的大钱，每个还不到五铢钱两个半重，却要当五十个五铢钱使用。这实际上也是掠夺财富的一种手段，很多人因此倾家破产。此外，王莽还无端挑起对匈奴和东北、西南境内少数民族的战争，造成人民大批死亡，更加深了人民的痛苦。

王莽改制是地主阶级在严重危机下的一次自救运动，企图通过改制，强迫大地主、大商人放弃一部分利益，限制土地兼并和农民奴隶化的继续发展，使封建经济得到适当调整，缓和当时已经激化的阶级矛盾，以巩固新莽政权。但由于大地主、大官僚、大商人的顽强反抗，而王莽又未能坚持到底，中途放弃改革。再加上王莽用人不当，吏治腐败，贪官污吏利用改革"侵渔百姓"，以致"农商失业，食货俱废"，造成社会经济更大混乱，人民生活更

加悲惨。随着王莽改制的破产，一场酝酿已久的农民大起义终于爆发了。

天凤四年（公元17），长江中游的荆州地区连年灾荒，饥民们在新市人（今湖北京山）王匡、王凤兄弟领导下发动起义。几个月就发展到七八千人。因为这支起义军最初驻扎在绿林山（今湖北大洪山）中，故称为"绿林军"。绿林军到处攻打地主武装，夺取地主的粮食财物，赈济贫民，深受群众欢迎，很快发展到5万人。地皇三年（公元22），绿林山地区瘟疫蔓延，绿林军死亡过半，乃离开绿林山，分散活动。一路由王常、成丹等率领，西入南郡，叫做"下江兵"；一路由王匡、王凤等率领北向南阳，叫做"新市兵"。这时平林（今湖北随县）人陈牧、廖湛也聚众千余人起义，号"平林兵"。七月，新市兵进攻随县，与平林兵汇合。绿林军的战斗沉重地打击了王莽在南方的统治。

天凤元年（公元14），琅玡郡海曲县（今山东日照）吕母率领一百多人首举义旗，自称将军，占领海曲县城，杀县令，起义军发展到数千人。天凤五年（公元18），琅琊（今山东诸城）人樊崇率领100多人，在莒县（今山东莒县）起义。这一年，山东大饥，贫苦和饥饿的农民纷纷前来参加，

赤眉军无盐大捷

起义军很快发展到几万人。吕母死后，她的军队加入了樊崇的队伍。他们活动于泰山、沂蒙山区。这是一支贫苦农民组成的起义军，作风淳朴，"无文书，旌旗、部曲、号令"，但组织纪律却很严明，他们相约"杀人者死，伤人者偿伤"，保护人民的生命安全。他们在作战时，为了同敌军相区别，每人都用赤色涂眉，故史称"赤眉军"。赤眉军在东方的发展，引起了王莽的惊恐。地皇三年（公元22），王莽派更始将军廉丹、太师王匡率军向赤眉军发动进攻。王莽军队所到之处，烧杀抢掠，无恶不作。当时流传着这样一首歌谣："宁逢赤眉，不逢太师；太师尚可，更始杀我。"起义军与莽军在成昌（今山东东平西）展开激战，莽军大败，廉丹被杀，王匡逃走。起义军乘胜追击，一直打到无盐（今山东东平东），杀敌万余。这次战役后，赤眉军势力大增，人数发展到十几万人。他们转战于山东、河北、河南、安徽等省交界的广大地区，瓦解了王莽在东方的统治。

在绿林、赤眉起义的同时，黄河以北广大地区的农民也纷纷起义，其中比较著名的有"铜马、大肜、高湖、重连、铁胫、大抢、尤来、上江、青犊、五校、檀乡、五幡、五楼、富平、获索等，各领部曲、众合数百万人。"他们到处捕杀官吏，镇压豪强，动摇了王莽在北方的统治。

正当各地起义风起云涌的时候，一些豪强地主和刘姓贵族，也乘机举兵反对王莽，以图"复高祖之业"。他们之中有加入平林兵的西汉宗室、破落贵族刘玄；有组织"春陵兵"的南阳著名地主兼商人刘缤、刘秀兄弟。这支春陵兵后来与平林、新市农民军联合了。到地皇四年（公元23），绿林军已发展到10万人。为了更好地联合各路起义军共同推翻王莽政权，绿林军的领袖决定建立自己的政权。这一年的二月，刘玄在王匡、王凤等人的支持下在消阳称帝。建号更始。不久，起义军内部分裂，刘玄杀死刘缤。刘秀则北上图谋发展。同年，刘玄派王匡等兵分两路进攻洛阳、长安。十月，长安城破，王莽被杀，新莽政权宣告垮台。

公元24年春，刘玄由洛阳迁都长安，随后大封宗室，日夜饮酒作乐。义军将领对此大为不满。于是绿林军部分将领与赤眉军联合，大败刘玄军，赤眉军拥立刘盆子为皇帝，建立了另一政权。公元25年秋，绿林军、赤眉军联合攻入长安杀死刘玄，更始政权灭亡。但由于关中豪强地主隐匿粮食，城中缺粮，加上刘秀进攻，义军被迫撤出长安。公元27年，赤眉军在宜阳被刘秀绞杀。

刘缤被杀后，刘秀极力克制自己，避免与刘玄冲突。公元23年，刘玄派刘秀到黄河以北招抚义军。刘秀到河北后，得到当地地主阶级的支持，并利用分化、利诱等手段，收编了河北义军，壮大了自己的势力，在河北站稳了脚跟。之后，刘秀便派军南下镇压义军，并着手建立政权。公元25年，刘秀在鄗称帝，建元建武，不久

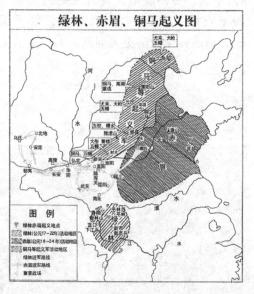

绿林、赤眉、铜马起义图

中国通史

最新整理图文珍藏版

移都洛阳。史称东汉，此后，又经过十余年的时间，消灭了各地的割据势力，完成了全国的统一。

西汉阶级矛盾的发展

汉武帝末年的农民暴动

西汉的社会经济发展过程，同时是愈来愈严重的土地兼并过程，也是农民重新走上流亡道路的过程。还在所谓文景之治的升平时期，就隐伏着深刻的阶级矛盾。贾谊为此警告文帝说："饥寒切于民之肌肤，欲其无为奸邪，不可得也。国已屈矣，盗贼直须时耳！"贾谊笔下的"盗贼"，指的就是行将出现的农民暴动。

汉武帝统治时期，一方面社会经济发展到颇高的水平，非遇水旱，则农民大致可以勉强自给；另一方面，豪强之徒兼并土地，武断乡曲的现象，比以前更为严重。官僚地主无不追逐田宅、产业和牛羊、奴婢，交相压榨农民。武帝外事四夷，内兴功利，在完成了辉煌事业的同时，也耗尽了文、景以来府库的积蓄，加重了农民的困苦。贫困破产的农民，多沦为豪强地主的佃客、佣工，受地主的残酷剥削。农民卖妻鬻子，屡见不鲜。针对这种情形，董仲舒曾建议"限民名田"，"去奴婢，除专杀之威"，和"薄赋敛，省徭役"。他认为，如果富者足以表现尊贵而不至于骄奢，贫者足以维持生活而不至于忧苦，那么，财富不匮，上下相安，维持统治就容易了。显然，董仲舒的思想和建议，着眼于地主阶级的长远利益而不符合其眼前利益，所以无法实行。从此以后，农民的困苦更是有加无减。

武帝前期，东郡（治今河南濮阳）一带有农民暴动发生。以后流民愈来愈多。元封四年（前107），关东流民达到200万口，无户籍者40万口，天汉二年（前99）以后，南阳、楚、齐、燕、赵之间，农民起义不时发生，南阳有梅免、百政，楚有段中、杜少，齐有徐勃，燕赵之间有坚卢、范主之属，大群至数千人。在关中，也有所谓"暴徒"阻险。起义农民建立名号，攻打城邑，夺取武库兵器，释放死罪囚徒，诛杀郡守、都尉。至于数百为群的农民，在乡里抢夺地主的粮食财物，更是不可胜数。汉武帝派"直指绣衣使者"分区镇压，大肆屠杀，但是农民军散而复聚，据险反抗，不屈不挠。汉武帝又作《沉命法》，并规定太守以下官吏如果不能及时发觉并镇压暴动，罪至于死。

西汉时期大铁铧和装有犁壁的铁铧

在农民反抗斗争逐渐兴起的时候，汉武帝刘彻认识到要稳定统治，光靠镇压是不行的，还要在施政上有所转变，使农民得以喘息。他寄希望于"仁恕温谨"的"守文之主"卫太子（即以后所称的戾太子）。他曾对卫太子之舅、大将军卫青说："汉家庶事草创，加四夷侵凌中国，朕不变更制度，后世无法，不出师征伐，天下不

卧羊形金带饰

安。为此者不得不劳民。若后世又如朕所为，是袭亡秦之迹也。太子敦重好静，必能安天下，不使朕忧。"但是此时汉武帝还没有实现这一转变的决心。在他迟疑不决的时候，征和二年（前91）直指绣衣使者江充以穷治宫中巫蛊的名义逼迫卫太子，激起卫太子在长安的兵变。结果，江充被杀，卫太子也兵败自缢而死。经过这一段曲折过程以后，武帝追悔往事，决心"与民休息"。他在征和四年断然罢逐为他求仙药而伤民靡费的方士，拒绝在轮台（今新疆轮台）屯田远戍，停止向西修筑亭障，并且下诏自责，申明此后务在禁苛暴，止擅赋，力本农，修马复令（养马者得免徭役）以补缺，只求不乏武备而已。同时，他还命赵过推行代田法，改进农具，以示鼓励农业生产。这样，农民暴动暂时平息了。

昭、宣时期社会经济的恢复和发展

武帝死后，霍光辅佐八岁的昭帝，继续实行武帝晚年的政策，"与民休息"。短短的几年内，流民稍还，田野益辟，政府颇有蓄积，西汉统治相对稳定。

昭帝始元六年（前81），御史大夫桑弘羊等与郡国所举贤良、文学六十余人辩论施政问题。贤良、文学力主罢盐铁、酒榷、均输官，以示节俭，并进而对于内外政策提出许多主张。这就是有名的盐铁之议，桓宽的《盐铁论》一书，即根据这次辩论写成。贤良、文学之议，对于"休养

生息"政策的继续实行，对于安定局面的继续维持，起了促进作用。但是他们关于盐铁等方面的具体要求，多未被西汉政府采纳。始元六年七月，诏罢郡国榷酤和关内铁官，其余盐铁等政策，仍遵武帝之旧。

汉宣帝刘询是戾太子之孙，起自民间。他继位后慎择刺史守相，平理刑狱，并继承昭帝遗法，把都城和各郡国的苑囿、公田假给贫民耕种，减免田赋，降低盐价。这些政治经济措施，使阶级矛盾继续得到缓和，农业生产开始上升。由于连年丰稔，谷价下降到每石5钱，边远的金城、湟中地区，每石也不过8钱，这是西汉以来最低的谷价记录。过去，每年需要从关东漕运粮食600万斛，以供京师所需，宣武五凤年间（前57～前54）大司农从三辅、弘农、河东、上党、太原各郡籴粟运京，关东漕卒因此罢省半数以上。这是三辅、河东等地农业有了发展的具体说明。沿边许多地方这时都设立了常平仓，谷贱则籴，谷贵则粜，以调剂边地的需要。更值得注意的是，沿边的西河郡（今内蒙古东胜附近）以西共11郡以及二农都尉，都因长期的屯田积蓄，到了元帝初年，有了可供大司农调拨的钱谷。

官府手工业继续得到发展。齐三服官，蜀、广汉以及其他各郡工官，东西织室，生产规模都很庞大。铜器及铁器制造等手工业呈现繁荣景象。所以班固称赞宣帝时技巧工匠器械，元、成间很难赶上。

汉宣帝被封建时期的历史学家称为"中兴之主"，刘向赞扬他政教明，法令行，边境安，四夷清，单于款塞，天下殷富，百姓康乐，其治过于太宗（文帝）之时。但从另一方面看来，当时西汉统治集团积弊已深，豪强的发展和农民的流亡，都已难于遏止，所以阶级斗争的形势外弛内张，实际上比文帝时要严重得多。胶东、渤海等地，农民进行暴动，早已发展到攻

打官府、抢夺囚徒、搜索朝市、劫掠列侯的程度，连宣帝自己也承认当时民多贫困，"盗贼"不止。

西汉末年阶级矛盾的尖锐化

元帝时，西汉社会险象丛生。农民由于受乡部胥吏无端勒索，尽管由政府赐给土地，也不得不贱卖从商，实在穷困已极，就只有起为"盗贼"。元帝为了怀柔关东豪强，消除他们对西汉王朝的"动摇之心"，甚至把汉初以来迁徙关东豪强充实关中陵寝地区的制度也放弃了。儒生京房曾问元帝当今是不是治世，元帝无可奈何地回答："亦极乱耳，尚何道！"

成帝时，西汉王朝走上了崩溃的道路。成帝大兴徭役，加重赋敛。假民公田的事不再见于记载。外戚王氏逐步控制了西汉政权，帝舅王凤、王商、王音、王根等兄弟四人和王凤弟王曼之子王莽相继为大司马大将军，王氏封侯者前后共达九人之多，朝廷中重要官吏和许多刺史郡守，都出于王氏门下。外戚贪贿掠夺最为惊人。红阳侯王立在南郡占垦草田至几百顷之多，连贫民开辟的熟田也在占夺之列。王立把这些土地高价卖给国家，得到的报偿超过时价1万万钱。外戚在元帝时势力还不很大，资产千万者不多；他们后来家财成亿，膏田满野，宅第拟于帝王，都是在成、哀的短期内暴敛的结果。其他的官僚也依恃权势，大占良田，丞相张禹买田至四百顷，都有泾渭渠道灌溉，地价极贵。土地以外，他们的其他财物也极多。哀帝庞臣董贤得赐田2000余顷，贤死后家财被斥卖，得钱竟达43万万之巨。

商人的势力，这时又大为抬头。长安、洛阳等地多有资财数千万的大商人。成都大商人罗衷垄断巴蜀盐井之利，还厚赂外戚王根、倖臣淳于长，依仗他们的势力，在各郡国大放高利贷，没有人敢于拖欠。

成帝即位不久，今山东、河南、四川等地相继爆发了农民和铁官徒的暴动。建始四年（前29），有东郡茌平（今山东茌平）侯毋辟领导的暴动。阳朔三年（前22），有颍川（今河南禹县）铁官徒申屠圣等的暴动。鸿嘉三年（前18），有自称"山君"的广汉（今四川金堂）郑躬所领导的暴动。永始三年（前14），有尉氏（今河南尉氏）儒生樊并等和山阳（今山东金乡）铁官徒苏令等的暴动，苏令暴动经历十九郡国，诛杀长吏，夺取库兵，声势最为浩大。

霍光像

哀帝时，西汉王朝的危机更加严重。师丹建议限田、限奴婢。孔光、何武等人拟定了一个办法，规定诸王、列侯以至吏民占田以30顷为限；占奴婢则诸王最多不超过200人，列侯、公主100人，以下至吏民30人；商人不得占田，不得为吏。这个办法受到当权的外戚官僚们的反对，被搁置起来了。

农民处境如当时的鲍宣所说，"有七亡

而无一得"，"有七死而无一生"。哀帝采纳阴阳灾异论者的主张，企图用"再受命"的办法来解脱西汉统治的危机。他自己改称"陈圣刘太平皇帝"，改元"太初元将"。这充分暴露了西汉统治者空虚绝望的心情。

绿林赤眉起义

绿林军和赤眉军，是西汉末年推翻王莽政权的农民起义军中，起决定性作用的两支部队。西汉末年，土地兼并，贫富两极分化的社会问题日益加剧。王莽篡权以后，不仅又增加了统治集团内部的矛盾，而且还搞了许多不合时宜的改制，使原有的社会危机更加严重了。终于导致了全国性的反抗斗争。

率先举起反抗大旗的是并州（今山西、内蒙古一带）人民。天凤二年（公元15），五原郡（今内蒙古包头西）、代郡（今河北蔚县）人民相继造反，聚民数千转战于当地；天凤四年，临淮（今江西泗洪）人瓜田仪举义，在会稽（今江苏苏州）一带活动；同年，海曲（今山东日照）妇女吕母，为给被县宰冤杀的儿子报仇在海上起事，自称"将军"，破海曲杀县宰，队伍从几百人一直发展到数千成万人。

绿林军起义发生在新天凤四年（公元17），起义者首领王匡、王凤本是新市（今湖北京山）的饥民，因为他们经常为大家排解争议，得到了处事公平的称誉，所以渐渐地成了饥民的领袖。他们集合了数百人，又收留了外地流亡来的马武、王常、成丹等人，便以绿林山（今湖北大洪山）为基地，数月而得七八千众，攻打乡镇，举起了绿林军的起义大旗。地皇二年（公元21）荆州牧调拨两万大军进攻绿林山，王匡率义军迎击，大破官军于云社

（今湖北沔阳西北）杀敌数千人，缴获全部辎重。荆州牧向北逃窜，又遇到马武的截击，骖乘被杀。义军乘势攻入竟陵，（今湖北天门县）转而进击云杜、安陆等地，获得了重大战果。新地皇三年（公元22），绿林军因疾疫损失近半，于是分兵两路下山活动。王常、成丹、张卬等西下南郡（今湖北江陵），称下江兵；王匡、王凤、马武、朱鲔等北上南阳，称新市兵。下江兵先是受到了由严尤和陈茂率领的莽军的挫伤，成丹等人收集残部转入蒌溪一带，不久又重新振兴起来。新市兵北攻随县，各方纷纷响应，平林人陈牧、廖湛聚众数千，称平林兵，南阳汉宗室刘玃、刘秀集七八千人，称春陵兵。新市、平林、春陵三军会合后，进击长聚，破唐子乡，杀湖阳尉节节胜利。十一月，联军欲攻宛，刘玃率春陵兵与莽军甄阜、梁丘赐部在安聚遭遇，大受挫折，退保棘阳。甄阜、梁丘赐留辎重于蓝，引精兵十万追踪而至，自断后桥，追求一战而灭义军。此时下江兵在上唐刚刚大败荆州牧，引兵到达宜秋，为击败甄阜的莽军，王常深明大义立刻加入联军，四军联合锐气大增，休军三日之后，猛攻莽军。除夕之夜联军潜入蓝，尽获莽军辎重。黎明春陵兵自西南攻甄阜军，下江兵猛扑梁丘赐军；莽军经不住下江兵的冲击大败，义军乘胜追击，莽军因断后桥纷纷落水，死两万多人，甄阜、梁丘赐被斩。义军进而"焚积聚，破釜甑，鼓行而前"，败严尤、陈茂于淯阳，一战杀敌3000余众，并将宛城团团包围。新地皇四年，绿林军发生内部分歧。新市、平林二军欲立刘玄（平林兵首领之一）为帝，春陵军欲立刘玃为帝，刘玃和刘玄本是同宗，但刘玃举兵起义较晚，是以春陵军为实力的"南阳豪杰"（地主分子）的代表，而刘玄参加起义较早，又没有军事实力，是起义农民军将领的理想人选。经过反复推

举，在农民军将领的坚持下，刘玄终于于该年二月称帝，改年号为更始，重新挑起了汉旗，至此绿林军改称为汉军。其后，此军又经历了决定乾坤的昆阳大战和攻打长安推翻王莽政权的战斗，最终却因为内部分裂和刘秀地主势力的破坏而被另一支农民起义军赤眉军所攻灭。

金日䃅像

反抗王莽统治的另一支主力大军赤眉军，起义于新天凤五年（公元18），起初是琅琊（今山东诸城）人樊崇率领百多人在莒县举兵，自称"三老"，转战于泰山一带。由于他勇猛善战，四方归附，一年就发展到了上万人。与此同时，东海（今山东郯城）人徐宣、杨音等也各自起兵，来与樊崇会合，诸部会合之后，形成了一支数万人的劲旅，即由樊崇指挥，先攻莒县不下转扑姑幕，然后在青州击败驻军田况部，歼敌1万多人。取得了第一个巨大胜利后，义军北入青州，折还泰山，屯入东海南城，终于发展成了有10多万人的强

大军事力量。樊崇所部是清一色贫苦农民组成，以"杀人者死，伤人偿创"为口号，以"最尊者号三老，次从事，次率史"为排位，以"巨人"为相互称谓，无文号旌旗，无官爵封位，是一支单纯、质朴、实在、刚正的农民武装。新地皇元年（公元20），王莽令各州牧、郡守、县宰皆带军职，署将军、校尉称号，以加强对义军的镇压。第二年，又派太师义仲景尚，更始将军护军王党率兵镇压义军，结果翌年二月大败，景尚被义军打死。两个月后，王莽又派其亲信太师王匡和更始将军廉丹，领精兵18万东行镇压。莽军所到之处烧抢掠，闹得民愤冲天，说是："宁逢赤眉，莫逢太师；太师尚可，更始杀我！"新地皇三年（公元22）冬，廉丹、王匡的莽军，首先攻下了无盐（今山东东平县东），屠杀了起义民众1万多人，继而又乘胜进逼，双方终于在成昌（今山东东平县西），拉开了决战的帷幕。樊崇考虑到交战军队众多，两军搅在一起时不易识别，就下令义军一律用朱红涂眉。从此，这支农民义军便有了"赤眉"的称号。这一战，赤眉军以逸待劳，大败王匡，杀莽军1万多人，以乘势进扑无盐，继续与廉丹交战，杀死廉丹及所部校尉20多人，以辉煌的成绩结束了王莽政权在东方的统治。此后，赤眉军复攻莒县，转战东海，游动于楚、沛、汝南、颍川一带，入陈留、进濮阳，回旋于鲁、苏、皖、豫之间。践平豪强营堡，镇压政府官吏，迅速发展成为拥有数10万大军的农民武装，并数战数胜于王匡、袁章所率领的莽军。

新地皇四年，更始政权迁都洛阳后，派史招抚赤眉军，樊崇当即屯兵濮阳，亲带首领20多人赴洛。刘玄封樊崇等人为列侯，而未安置其部下大军。樊崇因大军无着落，为了团聚部众而逃回军营，赤眉军与更始政权分裂。此后，赤眉军自濮阳转入颍川。分

力再战，10 余万大军被刘秀所收编。

至此为止，曾经声威大震，浴血奋战，推翻王莽政权的绿林、赤眉两支出色的农民武装，终于在内部分裂，失策，以及东汉政权的镇压和地主势力的反对面前，全部瓦解，只留下了他们的历史英名。

昆阳之战

汉更始元年（公元 23）春，刘䄂等所率起义军败严尤、陈茂等部之后，兵力增至 10 几万人，遂进围宛城（今河南南阳）。当时据守宛城的是王莽枣阳守长岑彭，及前队副将严说二人。正当围攻宛城之际，绿林军内部突然分成两派。以李通兄弟及新市、下江、平林诸军的多数派，想拥立刘玄为帝，以号召天下；以刘䄂为首的所谓南阳豪杰是少数派，则想先联合赤眉军攻王莽，然后再称尊号。实际上这一派想拥立刘䄂。但少数派终究势弱，争之不得，刘玄遂于是年二月初一被拥为更始皇帝，即位于淯水岸边的沙坝。随后，刘玄封其族父刘良为国三老，新市兵帅王匡为定国上公，王凤为成国上公，朱鲔为大司马，平林兵帅陈牧为大司空，刘䄂为大司徒，其余诸将皆封为九卿、将军。从此，两派开始暗中争斗。

刘玄被立为更始皇帝之后，遂以灭新复汉为号召，一面以主力约 10 万人围攻宛城，另派平林兵之一部攻新野；一面于是年遣约 2 万人，由王凤率领，以及廷尉大将军王常、五威将军李轶、太常偏将军刘秀等人，向颍川（今河南禹县）、洛阳等地进击。是月，王凤等人即连克昆阳（今河南叶县）、定陵（今河南郾城西北）、偃（今河南郾城）等地。此时，青州、徐州方面的赤眉军，听说刘玄称皇帝号，也纷纷自称将军，声势益壮。王莽听说后，大

汉中阳铜漏

兵两路，一路由樊崇、逢安率领；一部由徐宣、谢禄、杨音率领，向西挺进，这一行动立即引起了从更始政权中分裂出来的刘秀的注意。刘秀预感到赤眉军必能攻下关中，便令邓禹、冯等预夹攻。刘玄更始二年（公元 24），樊崇与徐宣分击武关和陆浑关。次年正月会师于弘农，击败苏茂，自立牧童刘盆子为帝，徐宣任丞相，樊崇任大司马。三月，再败更始丞相李松军与脤乡。东汉军邓禹趁机攻杀更始大将樊参，又打败了王匡、成丹所部，尽夺河东之地。七月间，王匡、张印等投入赤眉。九月，赤眉军攻入长安，刘玄投降，绿林军溃散。汉建武二年（公元 26），关中营保兵长看到赤眉军只代表农民利益，并不是他们的依靠对象，便采取坚壁清野之术与其相抗，致使长安粮尽。赤眉军再度西行，转战于安定，北地一带，又攻陇西不入而转回长安。邓禹率东汉军摄其后。年底，长安大饥，赤眉军 20 万人开始东撤，归途已被刘秀所切断。建武三年初，赤眉军于崤底被冯异所率汉军击破，东向宜阳又陷入刘秀所设下的重重包围，终因饥寒交迫无

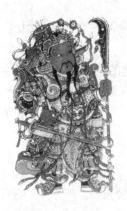

门神像

为恐惧，一面遣其太师王匡、国将哀章等率军进讨青、徐；一面派司空邑、司徒王寻等人赶赴洛阳，征发各州郡精兵，成立讨伐军，进讨绿林军。除了由各州郡牧守自己率军之外，还征用了自称懂得兵法之人 36 家，以备军吏。又以长人（巨人）巨无霸为垒尉，并带了许多猛兽，像猛虎、豹、犀牛和大象之类，以助军威，企图一举消灭绿林军。到夏初，各州郡到达洛阳集中的精兵已达 43 万人，号称百万，并立即开始南进。其余在道者，旌旗、辎重，千里不绝，声势浩大，自古出兵之所未有。五月，王邑、王寻军进抵颍川，与严尤、陈茂军会合。此时，汉军王凤所部刘秀所率数千人也已进抵阳关（今河南禹县西北），欲进窥洛阳。及闻王邑大军南下，便闻风而退。二日后，王莽军先头部队已进抵昆阳城郊。王凤等诸将见王莽军声势浩大，都向后撤退，急忙入据昆阳城，惶怖不安，怀念妻子，并想散归诸城。刘秀说："如今兵谷既少，而外寇强大，只有并力作战，方可希望成功。如果分散据守，势无俱全。而且宛城还未攻破，其势不能相救。昆阳若被攻破，一日之间，我军各部便会被消灭。如今不同心共胆，共举功名，反而想守保妻子财物吗？"诸将大怒，说："刘将军何敢如是？"刘秀笑着站到了一边去。这时，探马来报："王莽大军快要到达

城北，军阵数百里，不见其尾。"诸将平时很轻视刘秀，此时形势危急，手足无措，只好说："再请刘将军谈谈怎么办？"刘秀便又为他们图画成败，诸将听后，皆许诺听从。当时，城中汉军只有八九千人，刘秀让王凤和廷尉大将军王常坚守昆阳，自己乘夜和五威将军李轶等 13 骑从南门冲出，到外面去调集援兵。当时已有一部分王莽军进至城下，刘秀他们几乎出不去。

王寻和王邑率军进至昆阳城下，立即挥兵将昆阳城包围起来。严尤劝王邑说："昆阳城小而坚，如今假号称帝者在宛。若我军大军急进，他们抵敌不住，必然败走。宛败，昆阳城可不战自下。"王邑说："我过去围困翟义，因未能活捉他，让皇上责备我。如今率百万之众，遇城而不能下，非所以示威也。当先屠此城，喋血而进，前歌后舞，这样难道不快活吗？"便未听严尤的建议，挥兵将昆阳城包围了数十层，列营以百数，钲鼓之声闻数十里。挖地道，或用冲车撞城；积弩乱发，矢下如雨，城中人皆负门板而行走。王凤等人恐惧，请求投降，王寻和王邑则不允许，自以为功在漏刻之间，不并以军事为忧。严尤又建议说："兵法云：'围城要留一个缺口'。应让他们逃出一部分，以恐惧宛下之军。"王邑又不听。

这时，王莽棘阳守长岑彭和前队将军严说共守宛城数月，内无粮草，外无救兵，不得已而向汉军投降。但这个消息尚未传到昆阳前线。刘秀等人到偃、定陵等县将在那里的绿林军全部调出，得到 1 万余人。六月，刘秀与诸将连营而进，刘秀自率步骑千余为前锋，进至距王莽大军四五里的地方摆开阵势。王寻、王邑见状，也派出数千人迎战。刘秀单骑率先突入敌阵，斩杀数十人。诸将高兴地说："刘将军平时见到小股敌人十分胆怯，如今遇到大敌，反而勇敢起来，真是奇怪！"刘秀继续向前突

彩绘神人纹龟盾

进，诸将率军紧随其后，大败王莽军，杀敌 1000 余人。初战小胜，绿林军士气大振，无不以一当百。刘秀便率敢死士 3000人从城西水上高处居高临下，冲击王莽军的中坚。这时，王寻和王邑仍然十分轻敌，自率万余人出营列阵，而下令军中各部没有命令不得妄动。及两军交战，绿林军奋勇向前，王邑所率莽军被打得大败，而莽军其他各营眼见王邑军败，却不敢擅自发兵相救。汉军乘锐冲击，遂将王寻杀死。城中王凤、王常等将领见状，也率军打开城门，鼓噪而出，内外夹击，喊杀声震天动地。拥挤在昆阳城外狭小地区的王莽数十万大军因而陷于大乱，自相惊扰践踏，伏尸百余里，死伤不计其数。恰在此时，天色大变，狂风骤起，雷声震天，屋瓦皆飞，雨下如注。昆阳城外的钿川水（今之沙河）暴涨，虎豹皆股战不已。王莽军入溃水中被淹死者以万计。王邑、陈茂、严尤等见大势已去，率一部分骑兵踏着遍地的死尸渡河逃跑。余下的王莽军士卒各自奔还本郡。王邑只率数千人退还洛阳。绿

林军将王莽军的辎重全部缴获，运了几个月才运完。

昆阳之战，王莽军的主力被彻底击溃，关中震恐。于是，海内豪杰翕然响应，皆杀其牧守，自称将军，用汉之年号以待命诏命，旬月之间，遍于天下。

更始政权

当昆阳决战前夕，更始元年五月，刘玄等已攻克南阳并建为都城。刘䌹的部将刘稷对刘䌹未当上皇帝不满，公开攻击刘玄并拒不服从调动，刘玄等抓住刘稷准备惩办，又遭到刘䌹的极力反对，于是刘玄便将刘䌹、刘稷一并处死。刘秀听到这一消息，考虑到自己处境危险，立即从前线赶回南阳请罪。他既不同刘䌹的部属交往，也不谈昆阳的战功，对刘㮚的被杀也毫无悼念表示，饮食言笑一如平常。刘玄觉得不便再加株连，便给他一个破虏大将军武信侯的官职，实际上被剥夺了军权。

昆阳大捷的消息一传开，全国闻风振奋。各地豪杰纷纷起来响应更始政权，杀掉王莽的地方官吏，自称"将军"，用更始年号，等待着刘玄的诏命。不过十天半月之间，王莽政权便号令不出都门了。更始元年八月，刘玄命王匡领兵北攻洛阳，命申屠建、李松领兵西取武关（今河南西

"单于和亲"瓦当

"单于天降"瓦当

峡西）进攻长安。这时，析县（今河南西峡）人邓晔、于匡领导百多人在南乡起兵，而王莽政权的县宰正带兵数千在守备武关。邓晔派人去招降说：刘家的皇帝已经登基，你还看不清形势吗？县宰请降，邓晔便接管了这支军队，自称辅汉左将军，向武关进攻，王莽政权的都尉也投降了。邓晔挥军北上，攻杀王莽的右队大夫（即弘农太守），占领湖县（今河南灵宝西），关中震动。王莽无计可施，大司空崔发建议说：古书上讲国家遇到大灾，就痛哭流涕来加以抵制，现在也应当哭告上天以求救助。王莽果然率领群臣到南郊祭天的地方，大讲自己历来所得到的祥瑞符命，最后仰天大呼：皇天既然授命于我，就应当显灵消灭众贼；假如是我不对，愿天降雷霆劈死我。于是捶胸顿足大哭，直哭得上气不接下气，又连连叩头。他还把自己的功劳写成告天的文书，让京城的儒生百姓聚会，早晚痛哭祷告，政府准备食品招待。凡是悲痛异常和能背诵告天文书的，都给官当，竟然有 5000 多人入选。

另一方面，王莽当然也还要组织武力进行顽抗。他任命了九名将军，率领近卫军精兵数万人往东迎敌，却先把他们的家属集中到宫内作为人质，赏赐也很菲薄，军队更无斗志。开到华阴（今属陕西），便被邓晔击败，六军溃散，剩下三军退保京师仓。邓晔迎入刘玄派来的李松，联合进攻京师仓未得手，便在华阴休整。弘农小吏王宪经邓晔任命为都尉，率领数百人北渡渭河绕向长安进攻。这支小队伍却得到沿途民众热烈响应，长安周围属县各组织起数千人，自称汉将，包围了长安城。王莽此时已无兵可派，更赦免诸狱囚徒，分给武器，让他们饮猪血立誓效忠，叫史谌带领出城去抵挡。但这支军队刚走过渭桥便一哄而散，史谌只得空手回城。九月初，起义民众入城，王邑等虽然还在顽抗，各官府的人却都跑光了。城中少年朱弟等也起来参战，他们拿起武器冲向宫廷，放火焚烧殿门。王莽在部分侍卫簇拥下逃到渐台，追来的群众把他包围了数百重，最后王莽被商人杜吴杀死。王宪便自称大将军，统管进城的各路义军。三天之后，李松、邓晔等进入长安，申屠建也赶到了。他们认为王宪得到皇帝玺绶没有及时上交，又掳掠了很多宫廷妇女，使用皇帝仪仗，便把他抓来杀了。申屠建还宣称：长安周围的民众狡猾，共同杀害了自己的君主

大布黄千铜币

（指王莽）。这就使得附近属县人心惶惶，纷纷武装割据自保。申屠建等攻不下来，只好向刘玄报告，后来还是刘玄来到长安宣布大赦，才逐渐平定下来。

当王莽的脑袋传送到南阳时，王匡等已攻克了洛阳。更始元年十月，刘玄到洛阳，随即派遣使者到全国各地进行招降安抚。东方农民起义军主力赤眉得到消息，主帅樊崇率将领20余人随使者到了洛阳。刘玄虽然封他们为列侯，但没有确定具体封国，特别是不懂得抓兵权的重要，对广大的赤眉军缺乏妥善安置，发生了逃散现象。樊崇等便迅速回到军中掌握住部队，并恢复独立行动，这一失策对更始政权造成了眼前的直接威胁。当时黄河以北有成百万分散活动的农民起义队伍，还有不少地方割据势力，需要慎重对待。经过磋商，刘玄决定派刘秀以代理大司马的名义渡河去镇慰州郡。虽然刘秀实际上是赤手空拳凭一个"钦差大臣"的名义去闯开局面，但在政治上却给他宝贵资本，后来得以发展为取代更始政权的强大力量。不过这两点当时显然并未引起陶醉在胜利中的刘玄及其大臣们的注意，他正忙于派人去长安整修宫殿。更始二年二月，刘玄自洛阳迁都长安，随后大封宗室功臣刘祉、刘赐、刘嘉、王匡、王凤、王常、成丹、陈牧、廖湛、申屠建、李通、李轶等10余人为王，以李松为丞相，赵萌为大司马执政。刘玄威信不高，赵萌专权于内，李轶擅命于外，诸王又各自掌管赏罚大权，随意封官赐爵，使得地方上无所适从。这样就不能形成一个集中统一的领导核心以恢复正常的统治秩序，逐渐丧失了政治威望。

东汉概况

东汉的开国皇帝刘秀，字文叔，南阳蔡阳（今湖北省枣阳县境）人。他起兵反莽后，立即打出了光复汉业的旗帜，不到三年就当了皇帝，后来被称为汉世祖、光武皇帝。从公元25年他即位以后，到36年，先后平定了地方割据势力，完全占有了西汉时期统治的地区。

刘秀建立了一个比西汉还要专制的政权。他给功臣们以爵位和封地，但不给他们政治权力。他把原来在内廷处理文书的机构提高为皇帝直接指挥下的决策和发号施令的机构。他撤销了西汉设立的丞相，而代之以没有多大实权的三公（司徒、司空、太尉）。他又提高了刺史的地位，使刺史对郡国的参劾，可以随时派员入奏，不经由三公的案验而直接由皇帝作出决定。另外，他又利用当时流行的"图谶"，给自己的统治披上一件神秘的外衣。

刘秀在连年战争之后，不得不重视跟国家收入有密切关系的土地占有和劳动力的状况。公元39年，他下诏检核各地垦田和户口的情况。但地方官包庇豪强，侵夺农民，该多报的少报，该少报的多报。刘秀把陈报不实的高级地方官处死了十几个，问题还是不能解决。受侵夺的农民和隐瞒土地的大地主，从不同的立场出发，纷纷进行暴力反抗。刘秀对这个问题，也只好不了了之。刘秀又多次下诏解放部分奴婢和改善奴婢的法律地位，主要也是从增加劳动力的角度着眼的。

公元57年，刘秀死，明帝和章帝相继即位，都还能继承刘秀的帝业，并有所作为。同时，他们也都继续尊奉图谶并大力宣传早经神学化的儒家学说，把自己打扮成教主的形象以欺骗人民群众。59年，明帝在太学讲经，使群儒执经问难，据说现场听讲和观看的，达10万人。79年，章帝诏诸儒大会白虎观，议论五经异同，并亲自作出结论，还命史臣把结论著为《白虎通义》一书，使之成为神化皇权、巩固

汉光武帝刘秀

皇权的思想武器。

在对外关系方面，公元57年，倭国（今日本）派友好使者来，刘秀给了他一颗刻有称号的印。后来，不断有铁器、铜器、丝织品等由汉输入倭国。67年，天竺僧人迦叶摩腾和竺法兰应汉使者的邀请，来到洛阳。明帝为他们建筑白马寺，请他们翻译经典，开始了佛教在中国的传播。后来，安息僧人安世高来洛阳，在148年以后的二十余年间翻译了佛经95部、115卷，成为著名的翻译家。丝织品向西方的输出，在东汉时期显然是趋向繁盛的。安息为了垄断丝织品的贸易，总是设法阻止汉与大秦（罗马帝国东部）的往来。公元97年，甘英出使大秦，到了西亚的不少地方，带回来许多关于这些地方的知识，是张骞以后的第一个大旅行家。当他到达波斯湾的时候，也是被告知渡过海湾有不可克服的困难，所以没有能到大秦去。但中国丝绸一直在罗马社会受到欢迎。当公元2世纪时，甚至远在伦敦，中国丝绸也颇为风行。166年，"大秦王安敦"的使者终于到了中国，把带来的象牙、犀角、玳瑁等作为对汉帝的献礼。"安敦"被认为，就是罗马皇帝马可·奥勒留·安敦尼。

刘秀和明帝、章帝在位的60多年（公元25～88年），是东汉建立和相对稳定的时期，是东汉历史的前期。公元88年，和帝即位，东汉历史进入中期。这时，匈奴又一次分裂为南北两部。北匈奴在汉和南匈奴的连续打击下，伤亡很多，于91年灭亡，其余部除降汉者外，逐渐向西远徙。对北匈奴的胜利，是和帝初年的大事。但统帅汉军的窦宪，依靠了外戚的身份，又加上了军功，就得到了侵夺朝廷权力的机会。从此，皇权处于长期动荡之中。

刘秀定河北

汉更始二年（24年）五月初，刘秀和谢躬等在邯郸（今河北）击灭王郎后，更始帝刘玄虑刘秀在河北势大难制，而刘秀手下大将朱祐也开始劝刘秀脱离刘玄独立。于是，刘玄乃遣使立刘秀为萧王，并令罢兵，与诸将有功者悉还长安。又遣苗曾为幽州牧，韦顺为上谷太守，蔡充为渔阳太守，谢躬驻军邯郸。在这种形势下，刘秀进退两难，不得不想办法应付。青年将领耿弇私下对刘秀说："王郎虽破，天下兵革才刚刚开始。今使者从西方来，欲罢兵，不可听也。铜马赤眉之属数十辈，每一部都有数十百万人，所向无前，圣公（指刘玄）所不能制也，败必不久。……今更始为天子，而诸将擅命于山东，贵戚纵横于都内。掳掠自恣，百姓更思王莽之朝，是以知其必败。公功名已著，以义征战，天下可传檄而定。天下至重，公可自取，勿令他姓得之。"刘秀之计遂决，乃拒更始帝玄之命而独立。当时的河北形势十分复杂。苗曾已至无终（幽州治所，今北京密云），号令郡县；谢躬仍据邯郸，与刘秀分城而居，形成对立之势。韦顺蔡充在上谷，正准备赴任，接收上谷渔阳二郡政权。铜马军数十万据鄡（今河北束鹿南）。大彤、青犊、上江、尤来、铁胫、五幡等10余万众据山阳（今河南焦作）、射犬（今河南武陟东北）等地区。刘秀之兵，大约不过10余万。而渔阳太守彭宠和上谷太守耿况因苗曾之到任，则在观望中注视着刘秀的动向和局势的变化。所以，刘秀此时的处境，实际上非常困难。在这种情况下，刘秀初步确立了统一河北的方略：首先肃清更始帝刘玄在河北的势力，次则逐渐扫除境内各支农民军，南定河内（汉代的河内包括漳河以南的河南浚县、滑县、新乡、武陟以西及沁阳、济源等地区）。然后以邯郸河内地区为基础，相机进取两京——洛阳和长安，以成帝业。之后，刘秀便依次展开行动。

青釉扁壶

北定幽州

刘秀以讨铜马、青犊、五幡等农民军为名，派吴汉和耿弇北赴幽州，征发幽州十郡突骑。苗曾闻之，也暗中勒兵，并令诸郡不得应调。吴汉至无终，苗曾出迎于路，吴汉乘苗曾不备，杀苗曾而夺其军。耿弇至上谷，也杀韦顺和蔡充。于是，幽州遂处在刘秀控制之下。刘秀以偏将军朱浮为大将军幽州牧以镇抚之。

击降铜马

刘秀已定幽州，又获幽州突骑增援，即从邯郸钜鹿地区向驻扎在鄡的铜马军进攻。当时，铜马军数十万人驻屯在今河北束鹿县南之滏阳河以南、清河县以北，即当时的黄河以北、平乡以东地区。是时，吴汉所发幽州突骑5000也已到达清阳（今河北清河），和刘秀军会合堵击铜马军。刘秀以铜马军人多势众，自己兵力较少，乃用绝粮之策，想待铜马军粮尽退兵时，追而破之。所以，铜马军数次挑战，刘秀军只坚营自守，一面断绝铜马军之粮道，若铜马军出来掳掠，即遣军邀击。铜马军因此被困月余，粮食吃尽，乃夜遁南走。刘秀追击至馆陶（在今山东），遂大败铜马军。刘秀军受降者未尽，而高湖、重连等农民军从东南来支援铜马军，刘秀在蒲阳（今河北大名地区）与之大战，又大败之。于是，刘秀将投降的铜马、高湖、重连等部农民军渠帅全都封为列侯，将降卒全部收编，分属诸将。刘秀的兵力遂因此而突增至数十万，故关东称刘秀为"铜马帝"。

击青犊、尤来、五幡诸部农民军

刘秀击败铜马军后，立即挥师南下，进击驻屯在山阳、射犬地区的青犊、尤来等部农民军，并借此机会袭杀谢躬于邺，而定河内。在此之前，刘秀在攻破邯郸之后，已决心抗拒更始之命，所以和谢躬貌合神离。虽然都驻军在邯郸，却分城而居，俨如对垒形势。然而刘秀初则以幽州苗曾未除，继则惧惮谢躬兵强，故常虚与委蛇，以松懈谢躬戒备之心，以便伺机图之。不久，谢躬率其数万之众南驻于邺（今河北磁县南）。等刘秀破降铜马后进击青犊等农民军时，刘秀对谢躬说："我到射犬追贼，必然破之，在山阳的尤来必然惊走。若以君之威力击此散虏，必成擒也。"实际上，刘秀此举，意在当尤来北入邺境，让谢躬出兵堵截时，乘虚袭取邺城。谢躬不知其

中国通史 最新整理图文珍藏版

计，遂即应允。等刘秀在射犬击败青犊等众而南下河内时，尤来果然北走隆虑山（在今河南林县境）。谢躬乃留其大将军刘庆和魏郡太守陈康等守邺，而自率诸将西击尤来。刘秀闻知，暗中派吴汉和岑彭率军偷袭邺城。吴汉先使人劝陈康，陈康答应做内应。等吴汉后到，陈康乃收捕刘庆及谢躬妻子，开门纳吴汉等入城。等谢躬从隆虑山回来，还不知道陈康已经反叛，即与数百骑兵坦然入城。吴汉伏兵于城内，突起而击之，遂杀谢躬而并降其众。刘秀在射犬败青犊等部农民军10余万以后，农民军沿太行山麓北遁。刘秀乘机南略河内，河南太守韩歆降。是年冬天，刘秀作出两项重大措施：遣邓禹进兵河东（山西南部地区）以图长安；巩固河内战略基地，以为尔后各方面进击的策源地。因河内郡险要富实，刘秀选寇恂为河内太守，行大将军事，而授以方略说：“昔高祖留萧何镇关中，吾今委公以河内，当给足军粮，率厉士马；防遏他兵，勿令北度。”又以冯异为孟津将军，据守孟津渡口，以防更始洛阳诸军北渡，而加强河内地区的守备。

第二年（建武元年，25年）正月，刘秀率军北击诸部农民于元氏（今在河北），追至右北平（今河北满城北），连战破之。又战于顺水（今徐水）之北，刘秀因乘胜轻追，反为农民军所败，狼狈而逃，因马快得脱，失踪数日，士卒死者数千人，全军惶恐。刘秀乃退保范阳（今北京大兴南）。农民军因北道被断，被迫向东至安次（今在河北），刘秀率军追至，连战破之。农民军遂北退渔阳（今天津蓟县），沿途掳掠以为食。刘秀用陈俊坚壁清野和派遣突骑进行超距离追击之策，一面令百姓坚壁清野，一面派吴汉率耿弇、陈俊、马武等12将军率突骑追击，在潞东（今北京州区东）、平谷（今北京平谷区北）地区将农民军击溃围歼，杀1万余人，又穷追至

渔阳而还。农民军余部散入辽东辽西，为乌桓、貊人抄掠殆尽。

刘秀在平定青犊等农民军后，河北地区被平定。是年六月二十二日，刘秀回军至鄗（今河北高邑），遂称帝。自更始元年（23年）十月刘秀奉更始之命徇河北，至建武元年（25年）六月称帝于鄗，前后征战于河北二年有余。

刘秀取洛阳

建武元年（25年）春，冯异在孟津开始与洛阳发生初期相互攻击战。同年七月刘秀开始总攻洛阳。还在进攻洛阳之前，刘秀决定先让寇恂巩固河内，为总战略基地，相机窥取长安；另外以冯异守孟津，相机进取洛阳。寇恂奉刘秀之命守河内后，令属县积极讲武练习，充实军备，养马造箭，整租税以充军粮；冯异守孟津，在河

邓禹像

上统率二郡之兵，以拒洛阳来敌。正在这时，并州鲍永向更始称臣，但对刘秀他们也没有敌视的意思，所以当时上党地区

（今陕西晋城县西北）虽然属于鲍永管辖，而寇恂、冯异并没有感受到来自北方的威胁。洛阳方面，此时盘踞洛阳的是更始舞阴王李轶，大司马朱鲔，白虎公陈侨，及河南太守武勃等，兵众号称 30 万，其所统治的地区，则自今开封以西，郾城以北，函谷关以东区域。所以河内与洛阳，遂形成对峙的局面。实际上冯异兵力不过三五万，洛阳兵力亦不过六七万而已。建武元年春，冯异利用李轶在南阳曾与刘秀首谋举事，此时赤眉军入关，更始势力动摇之际，给李轶发信，想说服李轶归附刘秀，信的内容大致为："苟长安尚可扶助，延期岁月，疏不间亲，远不窬近，季文（李轶字）岂能居一隅哉？今长安坏乱，赤眉临郊，王侯构难，大臣乖离，纲纪已绝，四方分崩，异姓并起。是故萧王（光武）跋涉霜雪，经营河北；方今英俊云集，百姓风靡，虽向岐慕周，不足以喻。季文诚能觉悟成败，亟定大计，论功古人，转祸为福，在此时矣。如猛将长驱，严兵围城，虽有悔恨，亦无及已。"李轶也感到更始形势已非昔比，而刘秀在河北的声势却日益强大；收到冯异的书信后，意志随之有所动摇。于是李轶给冯异回信说："轶本与萧王首谋造汉。今轶守洛阳，将军镇孟津，俱据机轴。千载一会，思成断金；唯深达萧王，愿进愚策，以佐国安民。"从李轶的回信中，可以明显看出李轶想通过冯异来打通与刘秀的关节，并取得有利地位与条件后，再行降附，所以自从和冯异通信后，就不再与冯异交锋。

冯异收到李轶的回信后，一面转报刘秀请示机宜，一面把兵力向北转移，以扩大河内的安全圈。随之向北取天井关（今山西晋城县南），攻克上党两城（今高平长治地区）；然后转兵向南，攻略成皋（今河南省荥阳县）以东 13 县，并平定了各个屯聚，俘虏 10 余万人。于是，更始河南太守武勃，向东出兵讨伐投降冯异的各县，冯异因此又引兵渡河，与武勃战于士乡下（今洛阳县东），并大败武勃，武勃被斩，获首 5000 余级；李轶在洛阳，闭城不救。冯异因此更知道了李轶于通信后的心志，于是将这种情况转报刘秀；刘秀就利用这种有利因素，先对洛阳展开离间的谋略战。一面复信告诉冯异说："季文多诈，人不能得其要领"，应该多加戒备。一面将李轶的书信向各守尉宣知，故意让洛阳方面的人知道。等到朱鲔听说后，果然派人刺杀李轶，于是洛阳城中人心离散，降者不断。

朱鲔杀李轶后，即遣讨难将军苏茂、将军贾强，领兵 3 万余人，从巩渡河攻温以击河内；朱鲔又亲自领兵数万人攻平阴（今孟县西），以牵制冯异于孟津。冯异一面遣校尉护军率兵救温，一面抵御朱鲔的军队；寇恂亦急发属县兵到温；这样苏茂军被击溃，并斩了贾强。冯异乘胜渡河攻击朱鲔军败退；寇恂、冯异合兵追到洛阳方还，自是洛阳震恐。刘秀攻取洛阳的序幕正式拉开。这次序幕战，由于刘秀的离间计得以实现，再加上武勃、朱鲔先后在军事上遭到失败，洛阳形势，已濒危殆。刘秀则因冯异等在此战中的声威，诸将促其速登皇帝之宝座。建武元年六月，刘秀在鄗（今河北省高邑县）即皇帝位，是为光武帝，这时邓禹又在安邑大败王匡，河东完全收复。光武帝刘秀则于七月亲自河阳（今孟县西 35 里）指挥，展开进攻洛阳的战斗。其部署是：一使建成大将军耿弇，率强弩将军陈俊，军队于五社津（今巩县渡口）以配合荥阳以东的刘永，掩护左侧背的安全。二使大司马吴汉率建义大将军朱祐，廷尉岑彭，执金贾复，扬化将军坚镡等 11 将军，兵 10 余万，围攻洛阳。由于洛阳城坚池深，军实充足，以及朱鲔决心坚守，因此围攻到九月，仍不能克。于是，光武帝刘秀就利用岑彭曾做过朱鲔的校尉这种关系，派岑彭去说降朱鲔，岑彭到洛阳城下，向朱鲔陈说成败，朱鲔则以刘玒被杀，曾与刘秀共谋；也曾劝更始不要派遣刘秀徇河北等前事为虑之词来回答岑彭。光武帝刘秀得悉朱鲔的忧虑，立即指着河水发誓，保证朱鲔投降后的爵位与俸禄，朱鲔得到光武帝刘秀的确切保证后，遂投降，迎光武帝刘秀入城，十月十八日刘秀进入洛阳，随之定洛阳为都城。

辟邪插座

刘秀平赤眉

汉更始二年（24年）冬，赤眉军首领樊崇率兵入颍川（今河南禹县），所向披靡，但兵疲厌战，都想东归。樊崇担心众人东归心必散，于是决定攻打长安，挟刘盆子以为号召，此举是想挟刘氏为帝而自尊。于是将其众分为二部分，樊崇与逢安为一部，自武关入；徐宣等一部，自陆浑关（今河南嵩县境内）入，以会师关中攻长安。此时更始之兵，为巩卫关中，也分为二部分：一部由讨难将军苏茂统率，据弘农（函谷关），以抗拒赤眉军；一部由比阳王王匡、淮阳王张卬统率，守河东以抗拒刘秀的将领邓禹。赤眉军二路乘更始部署之机，而从陆浑关入关中。

当光武帝刘秀在河内时，已经得知赤眉军入关的消息。只因当时河北还未平定，就一面命寇恂守河内，而自回河北，扫荡群贼；又一面派邓禹率精兵2万西进，夺取河东安邑，相机窥取长安。邓禹军的编组如下：以韩歆（原河内太守，以河内投降刘秀）为军师，以李文、李春为祭酒（官名——僚属），冯愔为积弩将军，樊崇为骁骑将军，宗歆为车骑将军，邓寻为建威将军，耿诉为赤眉将军，左于为军师将军。更始三年（25年）（即建武元年）正

月，邓禹军进攻箕关（今河南济源县王屋山南），更始河东都尉守关抗拒邓禹。邓禹攻打了十天，才攻破该关，获辎重千余辆，遂进围安邑。但围攻安邑数月都没能攻下（这时冯异在孟津致洛阳李轶书，劝令归附光武帝），更始就派大将军樊参，带数万人渡大阳（今山西平陆县南茅津渡口）救安邑，邓禹派各将在解南（今解县南）迎击，大破敌人援兵，并斩樊参。于是王匡率成丹刘均等10余万（实际上是3万到5万人），再次驰救安邑，进击邓禹军，邓禹军大败，邓禹的将领樊崇战死。是日到日暮战斗才结束，邓禹的军师韩歆及各将领，看到兵势已挫，都劝邓禹乘夜撤走，邓禹不听。第二天癸亥（六月二十六日），王匡等以六甲穷日，休兵休战，邓禹因此得以整顿所部，准备再战。六月二十七日，王匡以全军出击，进攻邓禹，邓禹令军中不得妄动；到王匡军进到营下，邓禹则令诸将突然出其不意，进行全面反击，因此大破王匡军。王匡等皆弃军逃走，邓禹率轻骑急追，遂擒王匡将领刘均、河东太守杨宝以及中郎将弭强等，皆斩之，所获兵器，不可胜数，河东遂被平定。邓禹以李文为河东太守，全部更置属县令以资镇抚。王匡、张卬等奔还长安。

当邓禹与更始军战于安邑时，即同年二月，更始守弘农的苏茂军，被赤眉徐宣

军在枯枞山下（今河南灵宝县境）击败。三月，赤眉樊崇军也到阌乡（今河南灵宝县东南），会师于函谷关之西。于是，更始再遣丞相李松阻击赤眉军，又令洛阳的朱鲔攻击赤眉军的背后。但李松被赤眉军打败，弃军逃走，死者3万多人。至此，赤眉南北二路已全部会合，就分万人为一营，共30营，30万大军继续向西进攻。到华阴遂立刘盆子为帝，徐宣为丞相，樊崇为御史大夫，逢安为左大司马，谢禄为右大司马，其余赤眉将校，皆为列卿将军。是时更始三年六月。当赤眉军进抵华阴时，张卬等在长安见大势已去，就召集各将谋论，想从长安撤归南阳，收宛王刘赐，邓王王常军再图恢复，申屠建等赞同这一计划，但更始不同意。同时更始令王匡陈牧成丹赵萌等，悉长安之众，东出守新丰（今陕西临潼县东北），以拒赤眉（这时刘秀已在鄗称帝）。张卬、申屠建及御史大夫隗嚣又合攻，欲以立秋日劫更始，以成前计。但事情败露，申屠建被斩，张卬就率兵攻打宫中的更始，更始大败，偕妻子车骑百余人，投奔东边新丰的赵萌。隗嚣也被邓晔所围攻，乘乱逃归天水，又聚众兴修故业，自称西州将军。八月，更始又怀疑王匡、陈牧、成丹与张卬等同谋，而斩陈牧和成丹，王匡于侥幸之后率军入长安，与张卬等合兵。更始竟置当面大敌——赤眉、邓禹于不顾，反而率领李松、赵萌军还攻长安，与王匡、张卬在长安城中发生激战，连战月余，王匡、张卬败走，更始就又入居长信宫。此时赤眉军已进至高陵（今陕西省高陵县），南临长安，王匡等遂奔降赤眉军，并与赤眉合兵进攻长安。同年九月长安城被攻破，更始单骑逃走，同时刘秀又攻下更始占据的洛阳，十月更始投降赤眉。更始皇朝存在不到三年，终因内乱而自灭。

就在赤眉军进抵华阴，张卬等谋劫更

《堆米为山》国画

始之际，邓禹也于同年七月率军自汾阴（今山西荣河县北）渡河，入夏阳（今陕西稽阳县东），欲进窥长安。更始中郎将左辅都尉公乘歆率众10万（实际没这么多），与左冯翊兵共同在衙（今陕西白水县东北）抗拒邓禹军，但被邓禹击败。邓禹这时所到之处皆归降，一时名震关西，兵众号称百万。刚好这时赤眉军已到高陵，阻挡邓禹军南临长安的道路，邓禹的名将豪杰，都劝邓禹与赤眉军争夺长安，邓禹没有听从。十月，邓禹攻取北定三郡以待机之策。在定此策略时，邓禹说："现在我们兵虽多，但真正能战的并不多。前无高仰之积，后无转馈之资；而赤眉刚刚攻下长安，财富充实，锋锐不可当。但盗贼群居，并没长远之计划，财谷虽多，变故万端，怎么能坚守很久呢？上郡北地安定三郡（今陕西西北甘肃地区），土广人稀，物富谷多，我们暂且在北道休兵，就粮养土，以观其弊，不久就可图利"。于是邓禹引兵到枸邑，随即又略定三郡。到同年十二月窦融据河西（今甘肃河西走廊地区），卢芳据三水（今甘肃固原县北）时，刘秀饬令邓禹迅速进军长安，但邓禹依然坚持他前面的计策。就邓禹当时的兵力，实在是赤眉军所不能抵挡的。

东汉建武二年（26年）正月，赤眉果然不出邓禹之所料，在长安粮尽，于大肆

中国通史

最新整理图文珍藏版

焚掠之后，引兵西走，号称兵众百万。自扶风转掠城邑，向北入安定，北地二郡。邓禹在赤眉军离开长安西走时，即引兵南趋长安，盖乘长安空虚之机，进入并占据了长安。九月，延岑也从陈仓（今陕西宝鸡县东）向长安进发，与邓禹在蓝田发生激战，邓禹军被打败，退据云阳（今陕西三原县西），长安城竟然入延岑之手。是月，赤眉军欲引军西上陇地，被隗嚣的将领杨广所阻击，被打败，随即又被杨广追到乌氏泾阳（今甘肃省平凉县西及以北地区）赤眉又被打得大败。旋即赤眉军向南进军到番须（今陕西陇县西北），又遇上大雪，士兵被冻死的很多，于是赤眉军又向东进军；邓禹派兵在郁夷（今陕西陇县西）迎击，反而被赤眉军打败，这样赤眉军就又进入长安城。延岑在赤眉军东归时，也避开了赤眉军，退居到屯陵（长安南50里），赤眉当即派遣逢安袭击延岑，赤眉军战死的达10多万。正当这时，邓禹也进兵乘虚袭击长安，但恰好遇到赤眉军的后队谢禄的军队到达，又被赤眉军打败。至此，光武帝刘秀以邓禹与赤眉军之战，一再无战功，不能攻取长安，而三辅郡县大姓，各自拥众自重，邓禹又不能平定，于是就于同年十一月召回邓禹，另外派遣冯异来代替邓禹。这时，铜马青犊尤来诸余贼，又在上郡立孙登为天子；孙登虽然很快被他的将领所杀而投降光武帝刘秀，但是可以说明当时平陕以西的混战状态。所以说光武帝派邓禹乘赤眉西入关之机，以窥取长安的计划，至此全告失败。

同年十二月，三辅大饥，以致出现了人吃人的可怕局面，城郭皆空，白骨蔽野，遗民为了活命，随聚为营保，各自坚壁清野。这时的赤眉军，因为所到之处掳掠一无所得，就丢弃长安引兵东归，兵众尚有20多万人，而在路途中逃散了许多。光武帝刘秀在洛阳，得知赤眉军东归的消息，

为了保护洛阳以及打击赤眉军之计，就派破奸将军侯进等屯兵新安，以建威大将军耿弇等屯宜阳。并指示两路军的作战方略是："如果赤眉军东走，则宜阳兵进趋新安，与新安兵一起共同抗击赤眉军。如果赤眉军南走，则新安兵进趋宜阳，与宜阳一起共同抗击赤眉军。"同时令冯异于同月和赤眉军在华阴遭遇，相距60余里，经过数十次战斗，俘虏赤眉军将领士兵5000多人。建武三年正月，邓禹因愧于自己奉命却无功，就在归途中数次以饥卒邀击赤眉，但各战都很不利；于是率车骑将军邓弘等，从河北渡至湖（今河南灵宝县东），想利用崤函之道，再次阻击赤眉军。刚好路遇冯异也从华阴东撤，遂要与冯军一起攻打赤眉；冯异认为不能与赤眉军强攻硬拼，必须用计攻取，邓禹、邓弘都不听从。邓弘遂首先与赤眉军展开战斗，赤眉军假装战败，丢下辎重争相奔逃，实际上辎重车载的全是土，上面用豆子盖上，邓弘的士兵都正饥饿，争着夺取辎重车；赤眉军乘机反扑，邓弘军败溃乱，幸亏冯异与邓禹合兵相救，才免以大败。于是，冯异又用士兵饥饿、疲倦为理由，劝邓禹应该暂时休兵，邓禹仍然不听从冯异的规劝，再次与赤眉军交战，结果又被打得大败，士兵死伤者3000多人；邓禹只剩下24骑，逃脱回归宜阳，冯异也不得不弃马奔走，上回溪阪（今河南省洛宁县境）才得以幸免。冯异到了此地，就重新招集诸营堡数万人，坚壁自守。闰正月，冯异遂设计与赤眉军约期会战，先让壮士换了服装，和赤眉军的一样，埋伏在道路两旁；第二天一早赤眉军派万人攻打冯异军前部，冯异派出少数兵马援救。赤眉军见冯异军势力弱小，就发动全军进行攻击，冯异也纵兵进击；两军战斗持续到太阳偏西，赤眉军士气衰退，于是冯异的伏兵突起，衣服亦与赤眉军的衣服一样，因此赤眉军分别不

马援像

出哪是敌人，哪是自己人，赤眉军大多随之惊溃，冯异乘胜追击，在崤底（今河南洛宁县东北）又大败赤眉军，俘虏赤眉军男女达 8 万多人。

赤眉军在崤底惨败，余众 10 万多人，东走宜阳。光武帝就亲自率领六军，严阵以待，赤眉军遂不战而降。赤眉军从更始二年冬，由颍川向关中进军，到全部投降光武帝刘秀为止，共经历二年多的时间，终被刘秀灭掉。随后，冯异奉光武帝之命平定关中，攻取了长安。

刘秀平公孙述

公孙述盘踞蜀，占地为今四川全省，及陕西、贵州、甘肃各一部，所以东汉初期，公孙述的强盛为群雄之冠。自东汉建武元年（25 年）春公孙述在成都称帝后，蜀汉即形成敌对之国。当光武帝刘秀向隗

嚣进击的时候，汉蜀斗争的形势即已迸发，而频频接触，接触的地区即秦陇与荆州，双方的行动也都按各自的方略进行。建武九年（33 年）春，公孙述乘汉军击隗嚣功亏一篑，全军东退的机会，而岑彭尚未抵达津乡的时候，立即命令其翼江王田戎，大司马任满，及南郡太守程汛等，带领数万兵众，沿江乘枋箄东下，下江关，击败汉的守军冯骏、田鸿、李立等，遂占据夷陵、夷道、江关各险要地区，并在荆门、虎门两山间的江上，筑起浮桥关楼，立绵柱以绝水道，结营山上，以塞陆路，采取据险防守的阵势。同年八月，来歙率汉军从长安进击隗纯于天水，并准备在攻破隗纯之后，即向蜀进军。建武十年（34 年）十月来歙攻破落门，隗纯投降，纯将王元投奔蜀，于是攻蜀之战正式展开。当时公孙述的部署是：北路让王元环安守河池，东路由田戎等守御夷道各险要，以拒汉军。汉军的攻击部署，则让来歙率各军从陇西南下，让岑彭率荆州各军西进，两路向成都采取钳入之势。两路的攻击步骤，荆州方面先采取攻击行动，等攻克夷陵夷道再向西进展后，陇西之军才向河池发动攻击，使两路的进展能互相协调。

建武十一年（35 年）三月，岑彭已迫抵津乡，随即展开对夷陵夷道各要点的攻击，但虽经数次进攻，仍不能攻克。光武帝派吴汉率诛虏将军刘隆等三军，与岑彭及辅威将军臧宫，骁骑将军刘歆等，发南阳武陵南阳郡兵，又发桂阳零陵长河运输棹卒，共 6 万多人，骑 5000 匹，都集中到荆门（山名，今宜都县西北五十里大江南岸）。当时吴汉认为岑彭所备战船数十艘及诸郡棹卒，多费粮谷，想把他们遣散，岑彭则认为蜀兵势盛，不能遣散，因此意见不合。岑彭就上书报告刘秀，刘秀下令说："大司马擅长步骑，而懂水战，荆门之事，依然应该以征南公的意见为重。"于是荆门

战场仍由岑彭负责指挥。闰三月，岑彭为了隔断与孤立南北两岸荆门虎牙两山之间敌人的据点，就首先以攻夺蜀军的浮桥为目标。因此下令军中募选造桥的勇士"先登上桥的给重赏"。偏将军鲁奇应募，时值三月，东风狂急，鲁奇率勇士乘船逆流而上，直冲浮桥。当各船冲到浮桥时，都被江中防御物絧柱的反把钩住走不了，鲁奇及所率勇士都乘势殊死拼搏，并以飞炬攻之。蜀军浮桥楼着火，火乘风势，桥楼烧毁；岑彭率领船队乘风势并进，所向无前。因此蜀军大乱，溺死者数千人，蜀大司马任满被斩，南郡太守程汛被擒，翼江王田戎败走，退保江州。汉军遂尽克夷陵夷道各要隘。

岑彭已经攻克夷陵，就一面上报以诛虏将军刘隆为南郡太守，一面乘蜀军败退，蜀人心浮动之际，亲自率领辅威将军臧宫，骁骑将军刘歆等约3万多人，长驱入江关（奉节县东之江关），所到之处，军纪严明，深受当地百姓的欢迎，百姓纷纷犒劳汉军，郡县也相继降附。这时光武帝刘秀为了使岑彭军征进便利，且为了加强军事力量，任命岑彭为益州牧，并使属下郡太守的权力，可以任命文武官吏。于是岑彭在战区内，就握军政两方面的全权。光武帝的这一措施，对岑彭军事尔后的迅速进展是极为重要的。岑彭军长驱进抵江州时，看到该城坚固，粮食充足，难以在短时间内攻克，遂留冯骏之围困并监视该城，自己率主力及俘虏5万人直指絛江（今四川合川县），攻破平曲（今四川武胜县西），收缴米数十万石，以充军粮，并准备向成都发动攻击。此时吴汉在夷陵也率军乘船继进。六月，来歙率盖延、马成等，乘岑彭军长驱入蜀之际，遂向河池、下辨展开攻击，大破蜀王元、环安军，遂攻克河池、下辨两城，并乘胜南进；环安于是派刺客刺死了来歙，就只有让盖延代替来歙，不

幸的是不久盖延染病，刘秀就命令马成来代替。马成率刘尚等攻打武都并克之，此时岑彭军进展迅速，与刘尚军南下会师。岑彭军进抵江州，成都震动，公孙述急忙调王元军南下增援，与延岑、吕鲔、公孙恢等，把成都的所有兵力放在广汉、资中间，布置一道自北而南向东的防守阵线，以保卫成都，并相机转取攻势。公孙述又命他的大将侯丹率2万多人守黄石（今四川璧山泸县间），以确保主防线南侧翼的安全，准备好保卫成都的大决战，并让延岑主动出击。这时岑彭军队约有10万，而蜀军约10多万人，占据优势。

鎏金铜羽人

七月，岑彭开始发动对成都的攻击战，让臧宫与护军扬翕带领5万俘兵，从涪水上平曲抗拒延岑，并布置许多疑兵阵，以迷惑延岑而牵制他的兵力；岑彭自己率领汉军乘船还江州；然后溯都江而上，袭击黄石的侯丹军，并把侯丹军打得大败。于是岑彭迅速向蜀军主防线的背后成都进击；

日夜倍道兼行，疾驰 2000 多里，进抵武阳（今四川彭山县东），并很快攻占该城，随即又派精锐骑兵驰袭广都（今四川双流县东南），直逼成都。岑彭军这种从侧翼进行奇袭的行动，势如迅雷，所到之处，蜀之兵民四处逃散；蜀之全军无不震骇。所以公孙述大惊并用杖敲打着地说：“怎么会这么神速呢？”情势的严重性由此可见一斑。

平曲方面的战斗，臧宫率俘兵五万及本部兵在平曲抗拒并阻止了延岑的攻击，延岑遂在沅水停止前进。这时臧宫军因为后方粮食运输量不足，兵多食少，军中引起不少的恐慌，俘兵情绪更不稳定，想有逃跑或反叛，郡邑又保聚自守，观望成败；因而臧宫陷于进退维谷中，不退则军中缺粮，俘兵都要叛散，撤退则又恐怕延岑的军队会追袭。臧宫在这种窘迫危急的形势下，正好光武帝派遣的增援军队到达，且有马 700 多匹，臧宫遂乘这种增援的声威驱军而进，并多张旗帜，登山鼓噪，以给敌人造成百万之众的假象；同时让步兵在右，骑兵在左，挟船师在江前进，日夜疾驰，向延岑军进袭。延岑没料到臧宫军会这么快来到，登山一望，看到汉军兵众气盛，而大为震恐；臧宫遂发动进攻，很快打败延岑，斩敌及敌人溺死者达万余人。延岑败走成都，他的军队大多降汉。于是，光武帝给公孙述写信劝其投降，陈言祸福，并示以丹青之信，被公孙述拒绝，于是光武帝展开对成都的攻夺战。

十月，公孙述困守成都，使用间谍战术，派刺客装扮成亡奴投降岑彭，利用夜间混入岑彭近前刺杀了岑彭。岑彭被刺杀后，汉军失去主将，监军太中大夫郑兴就暂时代替岑彭统制全军，退出武阳以等待吴汉的增援。十二月，吴汉率 3 万军溯江而上，接领郑兴所统率的岑彭军，并立即向成都再次展开攻击。

建武十二年（36 年）正月，吴汉正准备向武阳攻击之际，公孙述已首先派魏党、公孙永二将突然袭击汉军的背后，汉军在鱼涪津（今眉山县境内的岷江渡口）大败之，遂进攻武阳。公孙述又派史兴带 5000 人救武阳，汉军斩杀史兴及其所有的残兵，进入犍为界，但各县都坚守城池以拒汉军。于是，光武帝诏令汉越攻广都，据其心腹；汉越直趋广都并很快破，随即派轻骑烧成都桥。因此，公孙述的将帅十分惊恐，叛离的很多，武阳以东的小城全部降汉。光武帝再次向公孙述招降，劝其“不要以来歙、岑彭被害而自疑”，但公孙述仍加以拒绝，丝毫没有投降的意思。同年七月，冯骏才攻克江州，俘虏田戎。这时，吴汉仍在继续围攻成都还没能攻克。光武帝下诏吴汉指出作战的方针为：“成都十余万众，不能轻而视之。但要坚守广都，等待敌人来进攻，不要和敌人争锋；如果敌人不敢来，只转营逼迫他，必须让敌人疲惫，才可以进攻。”但吴汉并没遵从这项作战方针，而是乘胜自己率领步骑兵 2 万多，进攻成都，距成都十余里，阻江北为营，架浮桥，让副将威武将军刘尚，率领一万多人屯居江南，二者相距 20 多里。光武帝得悉吴汉的这种部署，大为震惊，并派人谴责吴汉，大致说：比敕公千条万端，为什么你临事悖乱？既轻敌深入，又和刘尚分别扎营，事情一旦紧急，二者又如何相救；贼若出兵缀公，而以大军攻刘尚，那么刘尚被攻破你也会失败。幸好这些都还没有发生，应立即引兵还广都。诏书还没有到，九月公孙述果然派其大司徒谢丰，执金吾袁吉，带兵 10 多万，分为 20 营，并出攻汉，派其他将领率兵 1 万多攻刘尚，使他们不能相救。于是，吴汉与敌大战了一日，兵败入壁坚守，遂被蜀兵围困。同时在江南营的刘尚，也被蜀兵围攻，不能援救吴汉。吴汉在此危急之际，召各将领商讨对策并勉励他们说：“我们搴越险阻，转战千里，无往不胜，遂深入敌人腹地，到成都城下。但今与刘尚二处受围，不能相互救援，情势危急。我想潜师到江南和刘尚合兵守御，如能同心协力，人自为战，大功可立，否则必败无疑。成败之机，在此一举。"各将从自言。吴汉就飨士秣马，闭营不战，休兵三日，夜间在营中多树幡旗，烟火不绝，并留一部分兵守营，而自己带领主力潜行南渡，与刘尚会合。到第二天就全力攻击江南的蜀军，大战到午后六时，大败蜀军，并斩谢丰、袁吉，获甲首5000多级。至此吴汉令刘尚留原地以拒蜀军，自己引兵还广都。这次战役，吴汉转败为胜。吴汉还广都，都是遵照光武帝以上作战方针中的措施。吴汉又上报，光武帝就再予指示机宜："现在还归广都很好，公孙述必定不敢丢下刘尚而进攻你。如先攻刘尚，你从广都50里，让步骑赴之，正值敌人危困，必能破敌。"于是，吴汉与公孙述战于成都和广都之间，八战八克，遂进军于成都的城郭中。这时在成都北面的臧宫军，也正相继攻破绵竹涪城（今四川绵阳县），斩公孙恢，又南攻繁（今新繁县东北）、郫（今郫县）二城，并都攻克，遂与吴汉会师围攻成都。公孙述被困在城中日久且十分危急，向延岑问计，延岑主张不要太爱惜财物，于是公孙述把他的金帛

纺织画像石拓片

全拿出来，招募敢死的士兵5000人给延岑，让他们攻击汉军。延岑在市桥伪建旗帜，鸣鼓挑战以便敌人发生误解，暗中派奇兵袭击汉军的背后，汉军不意被敌人袭破，吴汉坠水，后拉着马尾得救。吴汉遭此挫败，加上军粮只够七日食用，遂暗备船只，准备悄悄撤走。蜀郡太守张堪得知，驰往说汉，认为公孙述必败，不能撤退，吴汉从之，就示弱以挑战。十一月臧宫军屯驻于咸门（成都北二门，西边的叫咸门）。十一月十八日，公孙述大举出击，让延岑向咸门攻臧宫，自己带兵数万攻吴汉。延岑大战臧宫，三战三胜，公孙述大战吴汉，从早上战到中午，军士没吃饭且很疲惫，吴汉因此派护军高午、唐邯带锐兵万余人击之，公孙述军大乱，高午冲入敌阵刺述，公孙述被刺坠马，述的左右将其救入城，于是公孙述将他的军队都交给延岑，当夜公孙述就死了，第二天延岑献城投降，遂灭蜀。到此为止，光武帝的统一大业，全部告成。

窦融归汉

窦融字周公，扶风平陵（今陕西咸阳市西北）人。七世祖广国是孝文皇后的弟弟，高祖父在宣帝时以吏2000石从常山迁来。窦融早年丧父，由母亲抚养成人。王莽居摄中，窦融为强弩将军司马，东击翟义，还攻槐里（今陕西兴平县东南），以军功被封建武男。王莽末年，青州、徐州都爆发了农民起义，太师王匡请窦融为助军，与他一起东征。后王莽失败，窦融军投降更始大司马赵萌，赵萌任窦融为校尉，很看重他，并推荐窦融为钜鹿太守。窦融看到更始政权刚刚建立，东方还没有平定，不想出关。窦融的高祖父曾做张掖太守，从祖父做护羌校尉，从弟也为武威太守，

累世在河西，知道当地的风土人情，所以私下对兄弟说："天下安危尚不可知，河西殷富，且以河作为屏障可以固守，张掖属国（汉边郡都设置有属国）精兵数万，一旦发生紧急情况，就断绝河道渡口，足以自守，这样可以保全自己不致灭绝。"窦融于当天到赵萌处，辞让钜鹿太守，谋出河西，赵萌禀明更始帝，更始帝任窦融为张掖属国都尉。窦融大喜，即带家属往河西。到河西后，联络英雄豪杰，抚慰当地百姓，甚得当地百姓的欢心，河西纷纷归附。这时酒泉太守梁统、金城太守厍钧、张掖都尉史苞、酒泉都尉竺曾、敦煌都尉率彤等，窦融与他们的交往很厚。更始失败后，窦融与梁统他们计议说："现在天下局势混乱，不知将来的归宿是什么，河西峻绝，如不同心协力就不能自守，目前应当推一人为大将军，统率五郡，观时变动。"大家认为窦融世代任河西的官吏，人所敬仰，于是就推举窦融为河西郡大将军。这时武威太守马期、张掖太守任仲孤立无党，就共同发布告示，并解下印绶辞去太守。于是梁统任武威太守，史苞为张掖太守，竺曾为酒泉太守，卒彤为敦煌太守，厍钧为多城太守。窦融居属国，依然行使都尉的职事，并设置从事监察五郡。河西民俗质朴，窦融施政宽和，上下相亲，物产富饶。养兵习武，抗击入侵者，邻近地区的流民络绎不绝地进入窦融他们辖区。

窦融在河西听说刘秀即皇帝位（即光武帝），心里想去投奔光武帝刘秀，但河西与中原相隔遥远，很难与刘秀沟通。这时隗嚣先称建武年号，并授给窦融将军印绶。隗嚣这人外表道貌岸然，而内心却怀有诡计，他派张玄向窦融游说说："更始事业已成，但很快又灭亡了，这说明刘姓不可能再兴。现在刘秀又建立汉政权，去投奔刘秀，一旦刘秀汉政权再失败，那么危险不可言，到时后悔也来不及了。此时豪杰并

冶铁水排（模型）

起，天下未定，明智者应该各据自己的地盘，先与陇（隗嚣据地）、蜀（公孙述据地）合纵，三足鼎立，即使不能统一天下，也可在自己地盘内称王。"窦融于是召集豪杰及各郡太守共同商议，其中比较明智的人都说："刘秀建立的汉政权是承尧运，历数久长。现在光武皇帝的姓号在《河图赤伏符》有明确记载，从前世博物道术士谷子云、夏贺良等都明确表示过汉有再受命之符，这话说出来已经有很久了，所以刘子骏改名刘秀，以冀图应此符命。到王莽末年，道士西门君惠说刘秀应当是天子，因而谋立刘子骏为皇帝，结果事败被杀。凡出来观望的百姓都说：'刘秀是我们的真皇帝呀'。这些事都是最近露见的，智者共见。刘秀即皇帝位除符合天命外，就以人事来说：现在称帝的人不少，但以刘秀的洛阳土地最广，兵力最强，号令最明。观天命而看人事，这是别的姓氏所不能代替的。"各郡太守或同或异。窦融小心斟酌，遂决定东向投奔刘秀的汉政权。东汉建武五年（29年）夏，窦融派长史刘钧带着给光武帝的书信及贡献的马到洛阳觐见。

光武帝刘秀很早就听说河西很富饶，而且地接陇、蜀，所以也想招降窦融以逼迫隗嚣和公孙述，为此也派使节给窦融送信，刚好在途中遇到刘钧，即和刘钧一道返回洛阳。光武帝见到刘钧非常高兴，以厚礼相待，随后让刘钧回去，并赐窦融诏

中国通史

最新整理图文珍藏版

书说："诏行河西五郡大将军事，属国都尉：镇守边区五郡，辛苦有加，河西兵马强壮，仓库有蓄，百姓殷富，外则挫败羌胡的骚扰，内则百姓蒙福。威德早有所闻，虚心相望，无奈路途遥远，直到今天才得以沟通。您派长史的信及献的马均已收到，深领您的厚意。现在益州有公孙述，天水有隗嚣，方蜀汉交战，将军何从，则举足轻重。我想与将军的深情厚谊是没法计量的。各种事长史都看见了，想必将军不会不知。王者迭兴，千载难逢，是建齐桓公、晋文公之功业，来辅助国家；还是三分鼎足，连横合纵，也应该看时间而定。天下未定，而我与您地域隔绝，咱们谁也吞并不了谁。依现在来说，似有任嚣（秦时南海尉）致尉佗（秦时龙川令）为七郡之计。王者有分土，但无分民，只不过做些适合自己的事而已。现以黄金200斤赐将军……"因而授任窦融为凉州牧。

诏书到河西，河西都很震惊，认为天子能明见万里之外。窦融随即又派刘钧上书说："臣融……有幸托先后未属，蒙恩为外戚，累世2000石。……诏书中所称蜀汉二主，三分鼎立之权，任嚣、尉佗之谋，实在让人感到痛心。臣融虽然见识不多，但还是知道利害关系，分得清逆与顺。怎么能会违背真旧之主，事奸伪之人；废忠贞之节，为倾覆之事；弃已成之基，求无冀之利。就这三者即使问匹夫，尚知该怎么走，臣还能有什么别的用心！现派我的弟弟窦友亲自觐见陛下。"窦友到高平（今甘肃固原县），正好遇到隗嚣反叛，道路不通，不得已又返回，窦融又派司马席封到洛阳。光武帝又让席封带赐给窦融、窦友的书信。窦融深知光武帝的用意，于是就给隗嚣写信，一方面责备隗嚣不该贪功造乱，同时极力劝隗嚣归附光武帝，结果隗嚣不听，于是窦融就与五郡太守砥砺兵马，上书请求光武帝钦定讨伐隗嚣的日

期。光武帝对窦融的这一举止非常赞许，就赐给窦融外戚世系图及《太史公五宗》、《外戚世家》、《魏其侯列传》。诏报说："每每追念外戚，孝景皇帝出自窦氏，定王是景帝的儿子，也就是我的先祖。……长君（窦太后的哥哥）、少君（太后的弟弟广国，窦融的七世祖）尊奉师傅，修成淑德，延及长孙，这都是皇太后的神灵显圣以及上天对汉的惩罚。……现关东盗贼已被平定，大军当全力向西进击，将军抗厉威武，以应会期。"窦融被诏，即与五郡太守带兵入金城（今甘肃皋兰县西北黄河北岸）。更始政权时，先零羌、封何等杀金城太守，盘踞金城，隗嚣派人贿赂封何，与隗嚣共同联军结盟，想让封何一部为自己指挥。窦融和五郡太守领兵出发后，即向封何发动进攻，并把封何打得大败，斩敌人首级千余颗，获牛马羊万头，谷数万斛。这时刘秀大军尚远，融就引兵归还。

光武帝获准窦融的诚心及通力合作，就下诏右扶风修理窦融父亲的坟墓，建立祠堂。梁统派人刺杀隗嚣的说客张立，并解去隗嚣授予窦融的将军印绶，以表示和隗嚣彻底决绝。建武七年（31年）夏，酒泉太守竺曾因弟弟报怨杀人，愧对于人而辞职。窦融当初奉光武帝之诏曾拜竺曾为武锋将军，现在也以辛彤代替竺曾。同年秋，隗嚣发兵进攻安定（今固原县），光武帝将亲自率军西进征讨，并先告诉窦融出兵日期。刚好这天下了大雨，道路被隔断，这时隗嚣也已撤兵，因而停止进军。窦融退到姑臧（今甘肃武威县）被诏罢归。窦融唯恐光武帝久不发兵，就上书光武帝说："隗嚣得知西征，臣融东下，敌人人心浮动，应战心怯；隗嚣的将领高骏之属却想与汉军决战，后来听说汉军停止进军，心里产生了疑问。隗嚣扬言东方发生变故，西州豪杰遂又相继归附。再加上公孙述军的援助，隗嚣之气又涨。臣现势单

力弱，介于敌人其间，虽承皇上威灵，但也希望速速发兵相救。如果我们前后夹击，隗嚣必然难以招架，进退不得，那么就必定能打败隗嚣。但不及早发兵，久生嫌疑，则外长敌寇，内示困弱，奸邪也会随之产生，所以臣深感忧虑……"光武帝听从了窦融的建议。

月神画像砖

建武八年（32年）夏，光武帝车驾西征隗嚣，窦融率领五郡太守及羌虏兵和小月氏等步骑数万，辎重5000余辆，与大军在高平第一城（今宁夏固原县）相会。窦融尊重礼仪，因此光武帝在初次会见窦融时也待以厚礼。并拜弟友奉车都尉，从弟士为太中大夫。遂共同进军，大败隗嚣，城邑皆降。窦融功高，光武帝下诏封其为安丰侯，弟友为显亲侯。依次封将帅：武锋将军竺曾为助义侯，武威太守梁统为成义侯，张掖太守史苞为褒义侯，金城太守库钧为辅义侯，酒泉太守辛彤为扶义侯。封爵已毕，乘舆东归，窦融等还归各属。

光武帝平定陇、蜀以后，随后下诏，让窦融与五郡太守到京师奏事，官属宾客相随，驾乘千余辆。窦融觐见光武帝，就诸侯位，光武帝对窦融赏赐恩宠，震动京师。数月又拜融为冀州牧，十多天，又迁大司空。窦融自己认为不是光武帝的旧臣，一旦入朝，又位居功臣之上，每次召见，谦恭倍甚，更得光武帝的欢心。而融小心谨慎，心里久不自安，数次辞让爵位，光

武不许。建武二十年（公元44年），大司徒戴涉因所保举的人盗金而被牵连下狱，为此三公都受株连，光武帝不得已免去窦融的官职。第二年则又特别加以晋升。建武二十三年（47年），代替阴兴行使卫尉的职权，特进（一种荣誉称号）如故，又兼领将作大臣。弟友为城门校尉，兄弟共典禁兵。窦友死后，光武帝怜融年老体衰，就派中常侍、中谒者在其卧室内强进酒食。窦融的长子穆代友为城门校尉。显宗即位，以窦融从兄的儿子林为护羌校尉。窦氏一公（大司空），两侯（安丰侯、显亲侯），三公主（穆娶为黄公主，穆的儿子勋娶裡阳公主，窦友的儿子固娶涅阳公主），四二千石（卫尉、城门校尉、护羌校尉、中郎将）。从祖到孙，官储邸第相望京邑，奴婢以千数，在贵戚、功臣中最为显赫。东汉永平二年（59年），窦林因罪被杀。明帝下诏切责窦融，窦融惶恐以及，被诏遣回府第养病。永平五年（62年），窦融死，享年78岁，封谥号戴侯。

刘秀平董宪

董宪原来是赤眉军的一部，驻扎郯城，并以此为基地，曾被刘永封为海西王。当东汉建武四年（28年）七月，马武、王霸在垂惠围攻刘纡、周建时，驻守兰陵（今山东省峄县东50里）的董宪的部将贲休降汉，董宪在郯城听说之后，立即发兵进攻兰陵。这时盖延与平狄将军庞萌在楚（彭城），向光武帝刘秀上表奏请，愿意领兵救援兰陵。光武帝则命令盖延带兵直捣董宪的基地郯城，这样兰陵之围自然也就解开了；但盖延等认为兰陵情况危急，所以先赴兰陵救援。当盖延的军队进抵兰陵时，董宪迎战但又伴装败退，盖延等以为兰陵之围已解，随之就已入城；到第二天，董

宪突然又回兵围城，盖延等惊恐万状，始料不及而慌忙撤走，又去围攻郯城。光武帝刘秀闻讯后而斥责盖延说："前面我之所以要你们先围攻郯城，主要是为了出其不意；现在你们已经去围攻兰陵，且已败走，贼人已经摸清你们的意图，那么现在即使去围郯城，兰陵之围解吗？"盖延领兵攻打郯城，果然没能打下，而董宪则攻破兰陵，并杀了贲林。这些都是盖延在战术上的失利。盖延正因如此又急急忙忙回军去守彭城，而董宪则又派兵追击，盖延等且战且退，才得以退守彭城。

到建武五年（29年）二月，刘纡、周建、苏茂等，已经被马武、王霸在垂惠击败，周建战死，苏茂则奔下邳，与董宪合兵；刘纡则奔依西防的佼强，不久西防又被光武帝的骠骑大将军杜茂攻破，刘纡、佼强二人随之又奔归董宪。这时，庞萌因与盖延之间起嫌隙，而举兵袭击盖延并大败之，庞萌随之在彭城叛变。盖延狼狈逃走，北渡泗水，沉了渡船，毁坏桥梁，这样才得以最后脱险。庞萌已与董宪联合，遂自称东平王，驻军在桃乡的北面（今山东省宁阳县）进攻桃乡，与董宪形成犄角攻守的局势。于是，光武帝刘秀在东方形势突然遭到败坏，不得已就自己亲自带兵征讨，命令各个将领在任城（今山东省济宁县）集结兵力，进攻桃乡的庞萌，以解桃乡之围。同年五月，董宪、刘纡、苏茂、佼强集兵在兰陵，并立即派遣苏茂、佼强协助庞萌攻打桃城。这时的光武帝因考虑到如庞萌等兵先到亢父（今山东省济宁县南50里），阻塞了这一要隘，那么他的各路兵马就没法到任城集结，于是就先使轻骑日夜疾驰，过亢父而抵任城，以等待各路将领带兵齐集，然后进行攻击。因而庞萌挑战，刘秀一方只坚守而不出战。这样庞萌挑战，而对方不应战，于是庞萌就继续攻打桃城，围攻二十多天，攻不下，兵众疲惫不堪。此时吴汉、王常、盖延、王梁、马武、王霸等各路兵马，都已经到达，光武帝刘秀随之大举进攻，庞萌军被打得大败。这一战的成败，早已决定于亢父的得失，刘秀先行占领亢父，故能取胜。

石辟邪

庞萌被打败后，就率领残兵败将夜行昼伏，准备退往兰陵，与董宪合兵，再共同抵抗汉军。这时董宪也已经从兰陵向北推进，到达昌虑（今山东滕州市东南60里），合兵数万人，在今枣庄北面的抱犊岗的丘陵高地，布置阵势，准备在此拒敌。同时又招诱五校之兵与之拒守建阳（今山东省滕州市西），把守会独山湖的东岸（即古泗水东岸）和滕县，形成横亘东西守御阵线。七月，光武帝刘秀率各军避开正面攻击，而从湖陵向五校的左侧背攻击。但五校仍利用泗水东岸防守，因此汉军不能渡河，直等到五校粮尽而撤退时，光武帝刘秀才开始进围董宪在昌虑，攻打了三天，才打败董宪。这次战斗，佼强率领部众投降汉军，苏茂奔依张步，董宪、庞萌、刘纡三人都退到郯城，作困兽之斗。八月吴汉攻打郯城，郯城被克，刘纡不知到哪里才好，于是被军士杀掉；董宪与庞萌仍撤退到保朐（今江苏省东海县），吴汉追击至保朐，进而包围了他们。到建武六年（30年）二月保朐也被攻破，董宪、庞萌都被斩，于是东海都被平定。

刘秀平隗嚣

刘秀平定关东以后，为了彻底消灭割据势力，建立统一政权，发动了对盘踞西北的隗嚣的讨伐战争。隗嚣据天水、陇西、安定、北地四郡，直接威胁着关中。他鉴于更始失败后，所谓的"人心思汉"的观念已经改变，而代之以"上可为六国，下不失尉佗"的思想，想要与公孙述、窦融三足鼎立，这当然违背了刘秀的一统政策，刘秀开始以重爵予以拉拢，不成，则举大兵进行征服。

东汉建武六年（30年）三月，光武帝刘秀向隗嚣下一诏书，内称要举大兵经过天水去伐蜀，主要是想以借道的名义，而深入隗嚣盘踞的腹地。刘秀一面派遣大将军耿弇、盖延等七将，兵约8万多人，从陇道西上；一面派来歙奉手书劝嚣降，真可谓兵威利诱，双管齐下。隗嚣见到来歙送来光武帝的手书，犹豫不决，当来歙督促他时，他就把来歙囚禁起来，而派大将王元率兵据陇坻（在今陕西陇县西南），伐木阻塞道路以坚守。同年五月二十一日，光武帝亲自到长安，督率各路军马；耿弇等七将军，开始对陇坻的王元守军进行仰攻，结果被王元的反击打得大败。各军下陇山东退，王元在后紧追不舍，幸亏马武率军在后面拼力厮杀，杀死追兵数千人，汉军才得以东还。这是光武帝平定关东群雄以来所遭受的第一次大的失败。

汉军败于陇坻，全军东退，光武帝意识到隗嚣不会在短时间内被平定，同时又担心隗嚣军会乘胜追击，为了保守关中，命耿弇军守漆（今陕西邠县），冯异军守栒邑，祭遵军守汧（今陕西陇县南），吴汉率各军集中长安。当光武帝已作以上部署时，隗嚣果然乘胜分别派王元、行巡二

员大将，率兵2万多人下陇，王元攻汧，行巡沿泾水东下攻栒邑，想从西北两个方向，进攻长安。行巡军快到栒邑时，冯异军潜往先行占据栒邑。祭遵也在汧击败王元。因此，关中的威胁被解除，而北地郡（今甘肃环县东南）的地方豪强，也纷纷叛嚣降汉，冯异遂乘胜进军义渠（今甘肃宁县西北），击破卢芳将军贾览，及匈奴奥鞬日逐王，北地上郡（今陕西绥德县东南50里）、安定（今甘肃固原县）三郡遂都降汉，隗嚣仍退守陇山各个要隘。窦融此时也上书光武帝表示效忠，并写信劝隗嚣降汉，隗嚣不听，窦融就率各郡太守带兵入金城（今甘肃皋兰县西北黄河北岸），攻击隗嚣的联军先零羌、封何等，并把他们打得大败。窦融为了表示归汉的决心，杀死隗嚣的使臣张立，并解下隗嚣授予他的将军印绶，以示与隗嚣绝交。光武帝获知窦融坚决归汉的诚心与协助，形势大为有利，派马援从洛阳到长安，和他商议。遂一面派马援突骑5000，往来游说隗嚣大将高峻、任禹的下属及羌豪，陈明祸福，离间他们之间的关系；一面命马援给隗嚣的大将杨广写信，让杨广劝隗嚣归汉，进行攻心战。但光武帝的攻心战术，并没有收到成效，杨广对马援的信置之不理。旋即隗嚣又给光武帝写了一封言词非常苛刻的信，光武帝不气馁，又让来歙（前面来歙被隗嚣囚禁，后设法逃归）到汧给隗嚣写信，保证能给隗嚣高官厚禄，并把嚣子入作人质，隗嚣仍不答应。至此，光武帝就暂时采取北连匈奴及卢芳的策略，伺机再对隗嚣发动攻击。隗嚣这时亦派使臣到蜀，向公孙述称臣，与蜀连兵，共同抗拒光武帝。

东汉建武七年（31年）三月，公孙述拜隗嚣为逆宁王，派兵往来声援隗嚣。同年秋，隗嚣自己率领主力步骑3万进攻安定，而别歼派将攻打汧。当隗嚣的主力军

沿泾水攻到阴槃（今陕西长武县西北）时，冯异率各军在此堵截，但北地、安定二郡已被隗嚣攻取。隗嚣派攻槃的军队也被祭遵阻截。于是光武帝刘秀也准备亲自率兵攻隗嚣，夺回北地安定二郡，解除对关中的威胁。刘秀先与窦融约好出兵的日期，准备对隗嚣实行东西夹击。但刚好遇雨道路隔断，隗嚣的军队也自动撤走，这个计划没有实施。光武帝就又将来歙给王遵（隗嚣退军时，留王遵守泾川地区），王遵投降，遂被拜为太中大夫。而这时隗嚣仍占据陇山各要隘。

东汉·朱雀羽人飞龙彩绘陶灯

东汉建武八年（32年）正月，来歙以深知隗嚣的虚实为理由，竟然带兵2000多人冒险袭击，从番须回中（均今陕西陇县西北）伐山开道，袭攻天水北方要城略阳（今甘肃秦安县东北90里）。来歙的这次直捣敌人心脏的举动，获得成功，遂斩隗嚣的守将金梁，攻下略阳。吴汉等闻讯后，都踊跃奔赴，而光武帝刘秀则认为"隗嚣失掉了他的要城，必然派精锐军队来进攻，如果围城日久而攻不下，那么士兵一定会疲惫不堪，到这时再发兵不迟。"遂将吴汉等追还。光武帝的这个举动是非常谨慎的。当来歙袭破略阳时，隗嚣大惊说："真是神兵天降！"并立即派大将王元守陇坻，行巡狩番须口，王孟阻塞鸡头道（鸡头山，今甘肃平凉县西），牛邯守瓦亭（今甘肃固原县南），以加强陇山各要隘的守备。而隗嚣则亲率大军数万人围攻略阳城，公孙述亦派大将李育、田弇等率兵援助隗嚣。隗嚣攻略阳不下，就劈山筑堤，堵水淹略阳，来歙与将士固死坚守，武器用尽就折断木当作武器，因此，隗嚣用精兵攻城，数月都没能攻下。到同年闰四月，光武帝料到隗嚣的士兵已经疲顿，就自己带兵进击，先让马援聚米为山谷，说明陇山山川形势、要隘及各军进出的道路。第二天，光武遂令各军进击，先进到高平第一城（今甘肃固原县）。窦融也率五郡太守及羌人小月氏等兵众，步骑数万，辎重数千辆来会师。诸军合势，分数道上陇山，又派王遵招牛邯投降。牛邯已降，隗嚣陇山之中央要隘洞开，汉军乘势疾驰略阳，于是隗嚣大将十三人，属县十六，兵十余万皆降汉。隗嚣只率领他的妻子奔西城（今甘肃天水县西南）的杨广，王元则入蜀求救，李育、田弇退守上邽（今天水县西南）。略阳之围已解，光武帝进到上邽，又向隗嚣写招降书，而隗嚣始终不降，刘秀就杀了隗嚣的儿子恂，并派吴汉、岑彭围西城，耿弇、盖延围上邽，以收拾隗嚣的残局。窦融则回河西。

光武帝对陇的战争节节胜利，却没料到颍川群贼突起，属县皆陷，河东守军亦叛，于是洛阳震动。光武帝因担心京城被动摇，遂于同年八月，急急忙忙从上邽日夜兼程，向东奔驰，途中给岑彭留信一封，指示他们：“如果攻下这两城，便可率兵向南进攻蜀。”九月光武帝回到洛阳，两地的叛乱很快被平定。十一月，隗嚣的大将杨广死，西城危困，但他守戍丘（在西城西北）的大将王捷，为了表示他的军队必决死坚守的决心，自杀以示汉军。他登城向汉军呼喊到：“为隗王守城的，都必死无二心，愿诸军亟罢，自杀以明之。”遂在城上自刎。因此，隗嚣的处境虽然危困至极，但汉军却攻数月都没能攻下。岑彭又堵谷水淹西城，城未被淹没的达丈余，城仍不能攻下。汉军此时围城数月，也已疲顿，而王元、行巡、周宗所请的蜀救兵 5000 多人又突然降临，居高临下突击汉军，并喊到：“百万之众到了。”汉军因此大惊，还没有列成阵势，就已被王元打败。再加上道路运输艰难，汉军食粮已尽，不能持久，他们烧掉辎重，撤兵下陇东退；耿弇、盖延也解了上邽之围，相随退去。汉军正撤退时，隗嚣等又出城追击，幸亏岑彭为后卫力战追兵，汉之各军才得以全师东归。汉军的这次战役，功亏一篑，实在大出光武帝的意料。

汉军退回到关中，吴汉屯驻长安，岑彭还据津乡。这样，就完全恢复了战前的形势，安定、北地、天水、陇西四郡，又为隗嚣占据。

东汉建武九年（33 年）春隗嚣生病，再加上连年战争之后，粮食极其缺乏，隗嚣饿食糗粮，怨恨而死。王元、周宗等拥立隗嚣的小儿子隗纯为王，仍盘踞冀（今甘肃甘谷县南），公孙述派遣他的将领赵匡、田弇援助隗纯。同年秋，来歙以隗嚣已死，隗嚣内部更加危困，就又上书献弱敌之计说：“公孙述以陇西、天水为屏障，这才得以苟延残喘。今二郡平荡，那么公孙述就会无可奈何。我们应该多选兵马，备足粮草。现在西州刚刚被平定，兵疲民

饥，如果能募集财谷，就可以集结兵众。我很清楚国家的支出还有很多方面，用度不足，但是这也是不得已呀。”就在觎积谷六万斛作为备用。同年八月，来歙开始兵分二路进攻隗纯，以耿弇率兵 2 万多人，攻打高平第一城；来歙自己率领冯异、盖延、马成、城五大约六七万人直接攻打隗纯。到建武十年（34 年）七月，在天水把公孙述的将领赵匡、田弇打得大败，并斩了他们二人的首级，遂向落门（今陇西县东南）发动进攻。

耿弇攻高平第一城，把守该城的是隗纯的大将高峻，率领兵众 1 万多人坚守。耿弇围攻该城达一年之久，总不能攻下。建武十年八月二十五日，光武帝刘秀再次来到长安，遂派寇恂携书前往招降，这样才攻克了高平第一城。当寇恂奉光武帝圣书到高平第一城，高峻派他的军师皇甫文出城相见。皇甫文辞意不屈，寇恂大怒，要斩杀皇甫文，其他将领认为这样做不妥，“高峻有精兵万人，大多都有强弩，西遮陇道，连年不下，现在把皇甫文斩首，那又怎么可能进行招降呢？”寇恂不听，仍把皇甫文斩首，并派回他的副使告诉高峻说：“军师无礼，已经把他杀掉了。要投降就赶快投降，不投降，就只有固守。”高峻听后非常惶恐，当天就开城投降。寇恂的其他将领因此迷惑不解而问寇恂说：“杀了他的使臣，却又献城投降，为什么呢？”寇恂说：“皇甫文是高峻的心腹，他的计谋全出自他的军师皇甫文。军师来见，辞意不屈，必定没有投降之心，如果不杀军师，正中军师之计，如今杀了军师，就等于吓破了高峻的胆，所以军师一死，高峻也立即投降。”寇恂的识略确实不凡。

来歙攻落门，又攻打了一年多，到建武十年十月，才攻破落门。于是，隗纯的大将王元认为翼城已经孤立，其势不能持久，就奔蜀投公孙述；而周宗、行巡、苟

汉匈奴栗借温禺鞮印

宇、赵恢各将，遂率隗纯开城投降，至此陇西全被平定。光武帝刘秀平隗嚣，从建武六年五月开始向隗嚣发动进攻，到建武十年十月隗纯投降，前后经历了四年多的时间，陇西才被平定，从此可以看出平隗嚣的战争是艰难异常的。

光武中兴

刘秀建立东汉王朝，以"中兴"汉家相标榜。在他即位之初，就废除了王莽制定的一切制度和政策，基本上恢复了西汉时期的制度和政策。

由于战乱，社会经济凋敝，社会动荡不安。在这样的情况之下，刘秀为了较快地稳定社会秩序，以巩固统治，于是和刘邦初建西汉时一样，也以"黄老无为"作为他的政治指导思想。

"虽置三公，事归台阁"

刘秀削弱三公的权力，加强尚书台的权力，东汉初年，中央最高的官职是三公，就是司徒、司空和太尉。司徒是由丞相改称的，管民政，权力比丞相小的多。司空是由御史大夫改称的，不再管监察，而是改管重大水土工程。太尉管军事。太尉一职应改称司马，因刘秀曾任刘玄的"行大司马事"，为避讳而未改。三公的职位虽高，徒有虚名，并无实权。权力集中于尚书台，尚书台则直接听命于皇帝。尚书台下分六曹，每曹有尚书一人，秩600石。

每曹置侍郎六人，称尚书侍郎或尚书郎，秩400石；置令史三人，称尚书令史，秩200石，各有职掌。这是一个组织完善的、具体而微的中央政府，尚书令的权力在日益加强。章帝以后，已有"尚书出纳王命，赋政四海，权尊执重，责之所归"之说。至此时，尚书台已是决策和发号施令的中枢机关。三公、九卿只受成事。

"退功臣，进文吏"

东汉初年，功臣众多，封侯者百余人，其中功绩较大，在明帝时得以图像于云台的共二十八人。列侯封地大者四县，超过汉高祖对功臣侯的封赏。但是在政治上，光武帝则一反汉高祖以功臣任丞相执政的办法，不给功臣实权实职，剥夺他们的兵权。功臣除了任边将的以外，多在京城以列侯奉朝请，只有邓禹、李通、贾复等少数人，得与公卿参议大政。鉴于王莽代汉，光武帝不让外戚干预政事，不给他们尊贵地位。马援功勋虽大，但以身为外戚，甚至不得列入云台二十八将数中。

所谓"进文吏"，是指选择任用懂得文法吏事的人为官吏。刘秀很重视隐居山林，不仕王莽的士人。他认为这些人既熟悉封建制度，懂得治国安民之术；又情操高尚，有较好的声誉。刘秀在东汉初年即因采取了这项措施而"总揽权纲"。

加强监察制度

为了强化官僚机构，以适应中央集权的需要，东汉王朝进一步加强了中央和地方的监察制度。中央的主要监察机构是御史台，自从御史大夫转官司空之后，其属官御史中丞便成了御史台的长官。御史台职司察举百官"非法违失之事"，权限极大。司隶校尉也主"察举百官"，并纠察京师附近各郡，权力也很大。在公卿朝见时，尚书令、御史中丞、司隶校尉专席同坐，号称"三独坐"。各州刺史则负责对地方官吏的监察。东汉分全国为十三州，各州设刺史一人。刺史有固定治所，有庞大的僚属，可以直接向皇帝奏事，其职权比西汉刺史大得多，事实上成了地方上的最高长官。

集军权于中央

为了削弱地方军权，加强中央对军队和地方的直接控制，东汉初裁省了内地各郡管理地方兵的都尉，由太守兼管。后来又废除了地方兵的更戍制度，原来的戍卒改由招募而来的中央职业军担任。中央职业军兼负保卫京师和征伐之责。各主要城市的关隘、河津也由中央派兵驻守。

解放奴婢

奴婢是破产农民转化来的。奴婢的大量存在，标志着大量的劳动人手被迫离开了社会生产，转向于贵族、官僚、地主、商人的家内杂役。这对封建国家来说，是很不利的。奴婢问题是西汉中后期的重要社会问题之一，汉哀帝和王莽时期都没有解决。

刘秀称帝的次年，就下令解放奴婢。从建武二年（公元26年）至十四年（公元38年），共下令六道。解放奴婢的范围，包括了因贫穷而"嫁妻卖子"者，王莽时没入官者，被略者等。有违抗命令而不解放奴婢者，以"略人法从事"。刘秀还在建武十一年的二、八、十月中，三次下令禁止残害奴婢。如二月的诏令曰："天地之性人为贵，其杀奴婢，不得减罪。"

刘秀前后六次发布解放奴婢、三次发布禁止残害奴婢的诏令，对稳定社会秩序，恢复发展社会经济，都起了巨大作用。

铜辇车

精兵简政

刘秀在进行统一战争时期，国家的财政十分困难，他采取了"开源节流"的政策。开源主要是向人民征收"十一之税"，又组织兵士屯田，以积储军粮。节流主要是精兵简政。他于建武六年六月下令曰："夫张官置吏，所以为人也。今百姓遭难，户口耗少，而县吏职所置尚繁，其令司隶、州牧（刺史）各实所部，省减吏员。县、国不足置长吏可并合者，上大司徒、大司空二府。"就在这年，裁并了四百多个县，约占刘秀当时实际控制县数的1/3。又"吏职减损，十置其一。"大约减少了官员数万人。至这年十二月，国家财政好转，又恢复田租三十税一之制。

第二年二月，刘秀又大量地复员军队，大批劳动力回到农业生产上来。还鼓励流民回归故乡，要官府关心他们的生活和生产。又把荒地、公田赐给贫民。这样，社会秩序逐渐恢复。在他统治十几年后，全国出现了较为安定的局面。历史上称作"光武中兴"。

度田令

东汉初年，在农民大起义之后，土地问题稍有缓和。当时刘秀亦未想对这一问题做进一步解决。他于建武十五年（公元

39 年）下令各州、郡，清查人们占有田地数量和户口、年纪。这样做有两个目的：一、限制豪强大家兼并土地和奴役人口的数量；二、便于封建国家征收赋税和征发徭役。当时，许多大地主拥有武装，号称"大姓"、"兵长"，他们隐瞒的田地和依附于他们人口很多，反对清查。地方官吏惧怕他们，有的贪于贿赂，就互相勾结，任凭地主谎报；而对农民，不仅丈量田地，还把房舍、里落都作为田地进行丈量，以上报充数。一些"郡国大姓"甚至公开反对度田。青、徐、幽、冀为尤甚。光武帝以度田不实的罪名，处死了曾任汝南太守的大司徒欧阳歙、河南尹张伋以及其他郡守十余人。接着，"郡国大姓及兵长群盗处处并起，攻劫在所，害杀长吏，郡县追讨，到则解散，去复屯结"。显然，这是大姓兵长对度田的抗拒。光武帝发兵威胁他们，把捕获的大姓兵长迁徙他郡，赋田授廪，割断他们与乡土的联系。经过这次斗争后，豪强武装转为隐蔽状态，割据形势相对缓和了。度田与按比户口的制度，在形式上也成为东汉的定制。

度田虽然取得了一些成就，但是豪强势力并没有被根本削弱，土地兼并仍在继续发展，广大农民生活仍然很痛苦。在这种情形下，光武帝忧心忡忡，甚至不敢贸然举行封禅，他说："即位三十年，百姓怨气满腹，吾谁欺，欺天乎！"

东汉初年社会经济的发展

刘秀统一中国后，在社会经济方面采取的一系列措施，促进了农业和手工业的发展。

东汉时的农业生产比西汉时有了提高。北方出土的东汉铁农具犁、锸、锄、镰、铧等，数量之多，大大超过西汉。犁的铁刃加宽，尖部角度缩小，较过去的犁铧坚固耐用，便于深耕。大型铧比较普遍，其他农具，一般也比过去宽大。东汉出土的

鎏金铜牛

曲柄锄和大镰，便于中耕、收获。回转不便的耦犁在某些地方已被比较轻便的一牛挽犁所代替。比较落后的淮河流域和边远地区，也在推广牛耕和铁铧犁。南方的一些地方还发展了蚕桑业。

黄河的修治，是促进东汉前期北方农业恢复和发展的一件大事。平帝时黄河决口，河水大量灌入汴渠，泛滥数十县。东汉初年，国家无力修治；河北的官僚地主为了使自己的田园免除河患，乐于以邻为壑，又力阻修治汴渠。因此黄河以南的兖、豫等地人民，受灾达六十年之久。明帝时，以治水见长的王景和王吴，用堰流法修作浚仪渠。永平十二年（公元 69 年），王景与王吴又率卒几十万修治黄河、汴渠。王景、王吴在从荥阳东到千乘（今山东利津）海口的地段内勘察地势，开凿山阜，直截沟涧，疏决壅积；还在汴河堤上每十里立一水门，控制水流。他们用这个办法终于使河汴分流，消除了水患，使黄泛地区广大土地重新得到耕种。河工告成后，明帝还把"滨渠下田赋与贫人，无令豪右得固其利"。

关东地区以至于长江以南，陂池灌溉工程也陆续兴建起来。汝南太守邓晨修复了鸿郄陂，以后鲍昱继续修整，用石闸蓄水，水量充足。南阳太守杜诗修治陂池，广拓土田。渔阳太守张堪在狐奴（今北京

865

顺义县境）引水溉田，开辟稻田八千多顷。章帝时，王景为庐江太守，修复芍陂（在今安徽寿县），境内得以丰稔。近年来，在芍陂旧址发现了一处东汉水利工程，可能就是王景修筑芍陂闸坝的遗存。这项工程采用夹草的泥土修筑闸坝，是我国水利技术史上的一项重要成就。江南的会稽郡在稍晚的时候修起了镜湖，周围筑塘300多里，溉田9000多顷。巴蜀地区的东汉墓葬中，有许多池塘、水田的陶制模型出土，池塘和水田之间，连以渠道，这是巴蜀地区水利灌溉发达的实证。此外，各地兴复或修建的陂湖渠道还有不少。

最晚到两汉之际，我国出现了水碓，它在谷物加工方面的功效，比用足践碓高十倍，比杵臼高百倍。东汉末年，出现了提水工具翻车、渴乌，翻车"设机车以引水"，渴乌"为曲筒以气引水"。

生产工具和生产技术的改进，使农产品的亩产量显著提高。据《东观汉记》记载，章帝时张禹在徐县开蒲阳旧陂，垦田4000余顷，得谷百万余斛，每亩产量在两三斛之间。这比《汉书·食货志》所记西汉的亩产量高出一倍以上。史籍记载东汉户口数和垦田数都比西汉的最高数字略少，这是由于东汉地主隐匿的土地和人口大大超过西汉，不能据以判断东汉农业水平。

东汉时期，手工业也在发展，冶铁业取得了飞跃的进步。铁制农具需要量愈来愈大，促进了冶铸技术的改进和提高。光武帝时，南阳太守杜诗在劳动人民实践的基础上创制水排（即水力鼓风炉），能够加大风量，提高风压，增加风力在炉子里的穿透能力。这样不仅增高炉温，提高冶炼效率，而且可以扩大冶炉的有效容积，大大增加了生产，为制造廉价的铁农具创造了条件。这项技术的开始应用，比欧洲早了一千一百年。"百炼钢"是我国一种古老的炼钢工艺，东汉时这项技术又有发展。1974年山东苍山出土一把公元112年制造的钢刀，上有错金铭文"卅涑大刀"等字。它是用炒钢反复叠折锻打而成的"百炼钢"制成的，跟时间稍早的西汉中期刘胜墓的刀剑相比，钢的质量有了明显提高。

由于冶炼业工艺的提高，在中原地区，剑刀等青铜兵器已为铁制兵器所取代。日用的铁制品，如铁灯、锅、剪、钉、顶针、家用刀等已广泛作用。

东汉时期有著名纺织品，据记载有蜀锦、越布以及齐的冰纨和方格縠等。从发掘的材料中也可以看到纺织业的进步。1969年在新疆民丰县东汉墓中出土的红色杯螺纹，织造匀细，花纹规整，表明了纺绸、结花术和机织术的熟练程度。1974年，在江苏泗洪县曹庄发现的一块东汉画像石，画面是纺织图，图上所织机挂有经线，踏木横置，前面有幅掌装置。从上述二例可看出，当时纺织技术已达到了相当高的水平。

东汉时不仅使用煤，而且已经使用石油作燃料。巴蜀地区更利用天然气"火井"煮盐，一斛水可得盐四五斗，比用木炭煮盐要增产一倍。四川成都羊子山东汉墓出土的盐井图画像砖，画面反映了制盐作坊的整个生产过程。

东汉时期，北方的通都大邑，商业仍然发达。豪强富室操纵了大商业，他们"船车贾贩，周于四方，废居积贮，满于都城"。他们还大放高利贷，"收税（利息）与封君比入"。这个时期，"天下百郡千县，市邑万数"，都卷了商品流通范围。官僚贵戚凭借权势，从事西域贸易和国外贸易。窦宪曾寄人钱80万，从西域市得杂罽10余张；又令人载杂玩700匹，以市月氏马、苏合香和毾㲪。

上述东汉经济情况中，值得注意的是南方经济水平的显著提高，这在农耕、蚕

鎏金铜象

桑、水利、铜铁冶炼、铜器制造等方面都有表现。与此同时，南方人口也大量增加，扬州人口从西汉时的321万增加到东汉时的434万，荆州从374万增加到627万，益州从455万增加到724万。南方人口增加，除了生产水平提高和北人南移的原因以外，还由于南方各族人民大量成为东汉的编户。史籍表明今云南地区人口增加5倍之多，主要即东汉时"徼外蛮夷内附"的直接结果。丹阳、豫章、长沙、零陵等郡人口增长率也非常大，这自然与越人、蛮人成为东汉编户有关。桓帝时抗徐"试守宣城长，悉移深林远薮椎髻鸟语之人置于县下"，就是一例。南方社会生产力的提高，人口的增长，也是南方各民族社会进步和封建经济领域在南方逐渐扩大的表现。

党锢之祸

外戚、宦官干政

东汉时期，外戚、宦官专权成为汉王朝政治一大恶毒。外戚、宦官交替乱政始于章帝。

光武帝刘秀统治时，鉴于王莽代汉的教训，不让外戚干预政事，明帝令外戚阴、邓等家互相纠察；梁松、窦穆虽尚公主，但是都由于请托郡县、干乱政事而受到屠戮。章帝后兄窦宪以贱价强买明帝女沁水公主园田，章帝甚至切责窦宪，还说："国家弃宪如孤坟腐鼠耳！"对于宗室诸王，光武帝申明旧制"阿附藩王之法"，不让他们蓄养羽翼。建武二十八年（52年），光武帝命郡县收捕诸王宾客，牵连而死的以千数。明帝兄弟楚王英被告结交方士，作符瑞图书，楚王被迫自杀。永平十四年（71年），明帝又穷治楚王之狱，被株连而致死徙的外戚、诸侯、豪强、官吏又以千计，系狱的还有数千人。

汉章帝以前，皇帝还能掌握自己的权力，外戚、宦官不能干预政治。章帝以后，皇帝多幼年继位，"主少国疑"，而由皇太后临朝称制。太后执政，往往依靠娘家人，于是外戚便粉墨登场，挟持幼帝，执掌朝政，形成外戚专权的局面。皇帝长大后，不甘心当傀儡，于是就与外戚发生种种矛盾。皇帝要夺回皇权，往往依靠自己身边的宦官。有的宦官帮助皇帝夺取权力后，又把权力掌握在手中不肯放，从而又形成宦官擅权的局面。皇帝死后，另一外戚集团又拥立幼帝，皇帝长大时又依靠宦官夺权。如此往复循环，导致了东汉外戚宦官交替专政的混乱局面，当时的社会危机遂日渐加深。

公元88年，汉章帝死，年仅十岁的和帝继位。养母窦太后临朝称制，母舅窦宪总揽朝政。"一人得道，鸡犬升天"，窦氏外戚集团得势，其子弟亲戚骄纵不法，胡作非为。特别是在窦宪击破北匈奴后，窦氏更是势焰熏天，刘家朝廷实际成了窦氏天下。公元92年，汉和帝在宦官郑众等的帮助下，消灭了窦氏势力。郑众因功封侯，参与政事，从此宦官势力开始增长起来。

公元105年，和帝死，邓皇后废和帝长子，立出生仅百日的婴儿为帝，即殇帝，临朝称制，把持政权。不久殇帝死，邓太后又立十三岁的安帝，由其兄邓骘辅政。邓太后吸取窦氏失败的教训，抑制其子弟的权力，更多地依靠宦官控制政权。安帝亲政后与宦官李闰、江京等合谋，消灭了邓氏势力。由国舅阎显和帝舅耿宝并为校卿，典掌禁兵，宦官李闰等掌机要，形成外戚、宦官共同把持朝政的局面。外戚、宦官狼狈为奸，政治败坏，百姓深受其害。公元125年，安帝死后，阎显恃其妹为皇太后，独揽朝政，排斥宦官。不久，宦官孙程等得势，设法消灭了阎氏势力，迎立被废的皇太子刘保为顺帝。顺帝即位年仅十一岁，其生母李氏，前已被阎氏所害。所以顺帝即位之初，没有外戚控制朝权，而宦官因拥立有功而被封侯，势力大长。顺帝长大后对居功自傲的宦官给予严厉打击，宦官在顺帝末酿成大害。

公元135年梁商为大将军，朝政逐渐为梁氏外戚集团所把持，梁商死后，其子梁冀继任大将军，外戚专权达到登峰造极的地步。公元144年，顺帝死，梁太后抱着他2岁的儿子置之宝座之上，是为冲帝。冲帝在位1年，夭死。为了利用幼弱，梁太后与梁冀会商的结果，又从皇族中选定一个8岁的孩子，作为政权的象征，是为质帝。但是质帝幼而聪明，他在8岁的时候，便认识到梁冀是一个"跋扈将军"，因而不合傀儡的条件，所以不到一年，遂被"跋扈将军"毒死。接着而来的，就是15岁的桓帝。

桓帝即位以后第一道诏令，便是大封外戚。他增加梁冀的封邑13000户；又增加梁冀所领大将军府的官属，倍于三公；又封梁冀的兄弟和儿子皆为万户侯。隔了三年，再增封梁冀1万户，合以前所封，共为3万户。并封梁冀妻孙寿为襄城君，兼食阳翟租，岁入5000万。加赐赤绂，和长公主同等待遇。第二年，又增梁冀之封

东汉·透雕龙凤玉佩

为四县，赏赐梁冀金钱、奴婢、彩帛、车马、衣服和甲第，并且特许梁冀"入朝不趋，剑履上殿，谒赞不名"。朝会时，不与三公站在同一席子上，十天到尚书台办公一次。从此以后，事无大小，都要经过梁冀决定，才能执行。不但文武百官的升迁要先到梁府去谢恩，就是皇帝的近侍，也都由梁冀派遣，皇帝的一举一动，都要报告梁冀。又隔了两年，梁冀的孙子和姪孙也封了侯。总计"冀一门，前后七封侯，三皇后，六贵人，二大将军，夫人、女食邑称君者七人，尚公主三人，其余卿、将、尹、校五十七人。在位二十余年，穷极满盛，威行内外，官僚侧目，莫敢违命，天子恭己而不得有所亲豫"。

外戚的权势高涨，宦官的威风就相形见绌。因而形成了外戚与宦官之间的矛盾。这种矛盾到延熹二年，跟着梁后死，裙带断，便决裂了。当时皇帝与宦官同盟，发动了政变，把梁氏一门无分长少，都斩尽杀绝了。但是从外戚手中接受政权的，不是皇帝，而是宦官。

当时主谋诛梁冀的宦官，中常侍单超、徐璜、具瑗、左悺、唐衡五人，同日封侯，世称之曰五侯。又小黄门刘普、赵忠等八人亦封为乡侯。此外，以冒诛梁冀之功而

封侯者，尚有侯览。宦官又登台以后，其威风亦不减于外戚。单超之丧，皇帝除追封为车骑将军，又赐东园秘器，棺中玉具，赠侯将军印绶，赐国葬。葬后，又派王营骑士、将军、侍御史护丧。由其死并可想见其生。从此以后，四侯骄横，天下为之语曰："左回天，具独坐，徐卧虎，唐两堕。"

梁氏被灭后，外戚势力衰落，宦官势力却大大加强，从而进入宦官专权乱政的阶段。

公元167年，桓帝死，12岁的灵帝即位。窦太后临朝，其父窦武以大将军辅政。窦武欲尽诛宦官，因事不密，结果反遭其害，太后被囚，窦武被杀。宦官从此独霸朝政，成为皇帝的衣食父母，为所欲为，一直到东汉末年为止。

清议和党锢

在宦官、外戚的反复争斗中，另有一种政治力量在崛起。这就是官僚、士大夫结成的政治集团。

东汉时期，士人通过察举、征辟出仕。郡国察举时，"率取年少能报恩者"，这在明帝时已是如此。征辟的情形也是一样。被举、被辟的人，成为举主、府主的门生、故吏，门生、故吏为了利禄，不惜以君臣、父子之礼对待举主、府主，甚至"怀丈夫之容而袭婢妾之态，或奉货而行赂，以自固结"。举主、府主死后，门生、故吏服三年之丧。大官僚与自己的门生、故吏结成集团，因而也增加了自己的政治力量。

东汉后期的士大夫中，出现了一些累世专攻一经的家族，他们的弟子动辄数百人甚至数千人。通过经学入仕，又形成了一些累世公卿的家族，例如世传欧阳《尚书》之学的弘农杨氏；自杨震以后，四世皆为三公；世传孟氏《易》学的汝南袁氏，自袁安以后，四世中居三公之位者多至五人。这些人都是最大的地主，他们由

于世居高位，门生、故吏遍于天下，因而又是士大夫的领袖。所谓门阀大族，就是在经济、政治、意识形态上具有这种种特征的家族。东汉时期选士唯"论族姓阀阅"，所以门阀大族的子弟，在察举、征辟中照例得到优先。

门阀大族是大地主中长期发展起来的一个特殊阶层。由于他们在政治、经济以及意识形态方面所具有的特殊地位，所以当政的外戚往往要同他们联结，甚至当政的宦官也不能不同他们周旋。门阀大族在本州、本郡的势力，更具有垄断性质，太守莅郡，往往要辟本地的门阀大族为掾属，委政于他们。宗资（南阳人）为汝南太守，委政于本郡的范滂，成瑨（弘农人）为南阳太守，委政于本郡的岑晊，因而当时出现了这样的歌谣："汝南'太守'范孟博（滂），南阳宗资主画诺；南阳'太守'岑公孝（晊），弘农成瑨但坐啸。"操纵了本州本郡政治的门阀大族，实际上统治了这些州郡。

东汉后期，官僚士大夫中出现了一种品评人物的风气，称为"清议"。善于清议的人，被视为天下名士，他们对人物的褒贬，在很大的程度上左右乡间舆论，因而影响到士大夫的仕途进退。郭泰就是这样一个"清谈闾阎"的名士，据谢承云"泰之所名，人品乃定，先言后验，众皆服之"。汝南名士许劭与从兄许靖，"好共核论乡党人物，每月辄更其品题，故汝南俗有月旦评焉"。大官僚和门阀大族为了操纵选举，进退人物，对于这种清议也大肆提倡。在当时政治极端腐败的情况下，这种清议在士大夫中间，多少起着一些激浊扬清的作用。

士大夫评议汉朝政，往往矛头直指宦官，因此宦官对之恨之入骨。党锢事件可以说是东汉时期反宦官斗争的一个高潮。

安帝、顺帝相继扩充太学，笼络儒生，

顺帝时太学生多至3万余人。太学生同官僚士大夫有着密切的联系，太学成为清议的中心。太学生为安帝以来风起云涌的农民起义所震动，深感东汉王朝有崩溃的危险。他们认为宦官外戚的黑暗统治是引起农民起义，导致东汉衰败的主要原因，所以力图通过清议，反对宦官外戚特别是当权的宦官，挽救东汉统治。

在宦官外戚统治下，州郡牧守在察举征辟中望风行事，不附权贵的士人受到排斥。顺帝初年，河南尹田歆察举六名孝廉，当权的贵人勋戚交相请托，占据名额，名士入选的只有一人。桓帝以后，察举制度更为腐败，时人语曰："举秀才，不知书。察孝廉，父别居。寒素清白浊如泥，高第良将怯如鸡。"在士大夫中，有一部分人趋炎附势，交游于富贵之门，助长了宦官外戚的声势。这种情形，使太学清议在攻击腐败朝政和罪恶权贵的同时，赞扬敢于干犯权贵的人。桓帝永兴元年（153年），冀州刺史朱穆奏劾贪污的守令，打击横行州郡的宦官党羽，被桓帝罚往左校服劳役。太学生刘陶等数千人诣阙上书，表示愿意代替朱穆服刑劳作，因此桓帝不得不赦免朱穆。延熹五年（162年），皇甫规得罪宦官，论输左校，太学生张凤等300余人，跟大官僚一起诣阙陈诉，使皇甫规获得赦免。官僚、太学生的这些活动，对当政的宦官是一种巨大的压力。郡国学的诸生，也同太学清议呼应。

太学诸生，特别尊崇李膺、陈蕃、王畅等人，太学中流行着对他们的评语："天下模楷李元礼（膺），不畏强御陈仲举（蕃），天下俊秀王叔茂（畅）。"李膺的名望最高，士人与他交游，被誉为"登龙门"，可以身价十倍。李膺为司隶校尉时惩办不法宦官，宦官们只好小心谨慎，连休假日也不敢走出宫门。延熹九年，李膺杀术士张成，张成生前与宦官关系密切，所

松塔形墨

以他的弟子牢修诬告李膺与太学生及诸郡生徒结为朋党，诽讪朝廷，疑乱风俗。在宦官怂恿下，桓帝收系李膺，并下令郡国大捕"党人"，词语相及，共达200多名。第二年，李膺及其他党人被赦归田里，禁锢终身，这就是有名的"党锢"事件。

党锢事件发生后，士大夫闻风而动。他们把那些不畏宦官势力，被认为正直的士大夫，分别加上三君、八俊、八顾、八及、八厨等美称，清议的浪潮更为高涨。度辽将军皇甫规没有被当作名士列入党锢，甚至自陈与党人关系，请求连坐。

灵帝建宁元年（168年），名士陈蕃为太傅，与大将军窦武（窦太后之父）共同执政。他们起用李膺和被禁锢的其他名士，并密谋诛杀宦官。宦官矫诏捕窦武等人，双方陈兵对阵，结果陈蕃、窦武皆死，他们的宗室宾客姻属都被收杀，门生、故吏免官禁锢。建宁二年，曾经打击过宦官势

力的张俭被诬告"共为部党，图危社稷"，受到追捕，党人横死狱中的共百余人，被牵连而死、徙、废、禁的又达六七百人。熹平五年（176年），州郡受命禁锢党人的门生、故吏和父子兄弟。直到黄巾起义发生后，党人才被赦免。

官僚士大夫和太学生的反宦官斗争，在当时具有一定的正义性，博得社会的同情，因此张俭在被追捕时，许多人破家相容，使他得以逃亡出塞。官僚士大夫和太学生的反宦官斗争，只是为了缓和阶级矛盾，维护东汉王朝的正常统治秩序。但是农民起义不但没有因此偃旗息鼓，而且还发展到从根本上危及东汉统治。这时候，被禁锢的党人获得赦免，他们也就立刻同当权的宦官联合，集中力量来镇压起义农民。官僚士大夫与门阀大族息息相通，根深蒂固，总的说来力量比宦官强大。所以在农民起义被镇压下去后，他们重整旗鼓，发动了对宦官的最后一击，终于彻底消灭了东汉盘根错节的宦官势力。

黄巾起义

东汉后期的阶级斗争

和帝、安帝以后，东汉统治集团腐朽，豪强势力扩张，轮流当政的宦官外戚竞相压榨农民，农民境况日益恶劣。长期战争加重了农民的苦难。水旱虫蝗风雹和疫病连年不断，地震有时成为一种严重灾害。沉重的赋役和疠疫、饥馑严重地破坏了农村经济，逼使农民到处流亡。东汉王朝屡颁诏令，用赐爵的办法鼓励流民向郡县著籍，但这不过是画饼充饥，对流民毫无作用。流民数量越来越多，桓帝永兴元年（153年）竟达数十万户。地方官吏为了考绩的需要，常常隐瞒灾情，虚报户口和垦田数字，这又大大增加了农民的赋税负担，促使更多的农民逃亡异乡。

灵帝时，宦官支配朝政，政治腐败达于极点。光和元年（178年），灵帝开西邸公开卖官，2000石官2000万，400石官400万，县令长按县土丰瘠各有定价，富者先入钱，贫者到官后加倍缴纳。灵帝又私卖公卿等官，公千万，卿500万。州郡地方也多是豺狼当道。

北庭故城遗址

流亡的农民到处暴动。早在安帝永初三年（109年），就有张伯路领导流民几千人，活动于沿海九郡。顺帝阳嘉元年（132年），章河领导流民在扬州六郡暴动，纵横49县。汉安元年（142年），广陵人张婴领导流民，在徐、扬一带举行暴动，时起时伏，前后达十余年之久。桓帝、灵帝时，从幽燕到岭南，从凉州到东海，到处都有流民暴动发生，关东和滨海地区最为突出。流民暴动的规模也越来越大，从几百人、几千人扩展到几万人、十几万人。一些流民队伍，还与羌人、蛮人反对东汉王朝的斗争相呼应。从安帝到灵帝的八十余年中，见于记载的农民暴动，大小合计将近百次，至于散在各处的所谓"春饥草窃之寇"、"穷厄寒冻之寇"，活动于大田庄的周围，更是不可胜数。那时，农民中流传着一首豪迈的歌谣："小民发如韭，剪复生；头如鸡，割复鸣。吏不必可畏，民不必可轻！"这首歌谣，生动地表现了农民前赴后继地进行斗争的英雄气概。

东汉时期，起义农民首领或称将军、皇帝，或称"黄帝"、"黑帝"、"真人"。前者表示他们无须假托当权集团人物来发号施令；后者表示他们懂得利用宗教组织农民。桓、灵之间流传的"汉行气尽，黄家当头"的谶语，是起义农民政治要求的一种表达形式。

分散的农民暴动，虽然在东汉军队和豪强武装的镇压下一次又一次地失败了，但是继起的暴动规模越来越大，终于形成了全国性的黄巾起义。

起义概况

顺帝以后，以至于桓、灵时期，道教的一支——太平道，在流民中广泛地传布开来。钜鹿人张角是太平道的首领。张角称大贤良师，为徒众画符治病，并派遣弟子分赴四方传道，得到农民的信任，归附的人络绎于途。张角还和洛阳的一部分宦官联系，利用他们作为内应。据说张角自己还曾潜伏京师，观察朝政。

张角的活动，引起了东汉统治集团的注目。东汉王朝企图以赦令瓦解流民群。但是流民群在张角影响下，仍然日益壮大。东汉王朝又准备用州郡武力大肆"捕讨"。司徒杨赐深恐单纯的镇压会加速农民起义的发动，因此主张责令郡国守相甄别流民，送归本郡，以削弱流民群的力量，然后诛杀流民领袖。稍后，侍御史刘陶等人建言，要求汉朝下诏重募张角等人，赏以国土。东汉统治者所有这些策划，都没有达到破坏农民起义的目的。

张角的道徒，迅速发展到几十万，遍布在青、徐、幽、冀、荆、扬、兖、豫八州。张角部署道徒为36方，大方万余人，小方六七千，各立首领，由他统一指挥；并传播"苍天已死，黄天当立，岁在甲子，天下大吉"的谶语，向人民宣告东汉崩溃在即，新的朝代将要代起。太平道徒广为散布"黄天太平"的口号，并在各处府署门上用白土涂写"甲子"字样。经过这些酝酿和部署以后，大规模农民起义的形势，在城乡各地完全成熟了。

鸡鹿塞遗址

中平元年（184年，甲子年）初，大方马元义调发荆、扬等地徒众数万人向邺城集中，又与洛阳的道徒相约，在三月初五同时发动起义。但是，起义计划由于叛徒告密而完全泄露，东汉王朝逮捕马元义，诛杀洛阳信道的宫廷禁卫和百姓千余人，并令冀州逐捕张角。张角得知计划泄露，立即通知36方提前起义。中平元年二月，以黄巾为标志的农民起义军，在7州28郡同时俱起，中国历史上第一次组织、准备比较严密的农民战争，就这样爆发了。

势力强大的黄巾军，有如下几个部分：波才领导的颍川黄巾；张曼成、赵弘、韩忠、孙夏等人相继领导的南阳黄巾；彭脱等人领导的汝南、陈国黄巾；卜已领导的东郡黄巾；张角、张宝、张梁兄弟领导的钜鹿黄巾；戴风等人领导的扬州黄巾；今北京地区的广阳黄巾，等等。黄巾人众极多，声势浩大，东汉统治者诬称为"蚁贼"。南阳黄巾杀太守褚贡，汝南黄巾败太守赵谦，广阳黄巾杀幽州刺史郭勋和太守刘卫。钜鹿附近的农民也俘虏安平王刘续和甘陵王刘忠，响应黄巾。黄巾军攻占城邑，焚烧官府，赶走官吏，震动京师。同年七月，汉中爆发了五斗米道首领巴郡人张修领导的起义，被统治者诬称为"米贼"。此外，湟中义从胡（小月氏）和羌人，也在陇西、金城诸郡起兵，反对东汉统治。

东汉外戚何进受命为大将军，将兵屯驻洛阳都亭，部署守备。洛阳附近增设了八关都尉。为了统一力量，东汉王朝宣布赦免党人，解除禁锢。东汉还诏敕州郡修理守备，简练器械，并调集大军，包括羌胡兵在内，对各部黄巾陆续发动进攻。

皇甫嵩、朱儁率军4万，进攻颍川波才的黄巾。波才打败了朱儁军，并在长社（今河南长葛境）把皇甫嵩军围住。波才缺乏战斗经验，依草结营，在汉军火攻下受挫，又被皇甫嵩、朱儁军与曹操的援军追击，陷于失败。汉军接着向东进攻。击败了汝南、陈国黄巾。皇甫嵩又北上东郡，东郡黄巾领袖卜己不幸被俘。

南阳黄巾领袖张曼成战死后，赵弘率10余万众继起，据守宛城。朱儁军转击南阳，围宛城三月，战斗非常激烈，赵弘战死。十一月宛城陷落，这支军也失败了。

钜鹿黄巾领袖张角称天公将军，弟张宝、张梁分别称地公将军、人公将军，号召力很大，是黄巾的主力。东汉先后以涿郡大姓卢植和率领羌胡军队的董卓进击张角。张角坚守广宗（今河北威县）。八月，东汉以皇甫嵩代董卓进攻钜鹿黄巾。那时张角病死，义军由张梁统率应战。十月，汉军偷袭张梁军营，张梁阵亡；又攻张宝于下曲阳（今河北晋县），张宝败死。东汉统治者对农民进行血腥的报复，对张角剖棺戮尸，又大量屠杀农民，在下曲阳积尸封土，筑为京观。

黄巾起义爆发以后，黄河以北的农民纷纷保据山谷，自立名号，反对东汉统治。他们是博陵张牛角（青牛角）、常山褚飞燕（张燕）以及黄龙、左校、郭大贤、于

氐根、张白骑、刘石、左髭、丈八、平汉、大洪、司隶、缘城、罗市、雷公、浮云、白雀、杨凤、于毒、五鹿、李大目、白绕、眭固、苦蝤等部，大者二三万，小者六七千。张燕联络太行山东西各郡农民军，众至百万，号黑山军，势力最为强大。中平五年，各地农民又相继以黄巾为号，起兵于西河、汝南、青州、徐州、益州和江南等地区。

黄巾起义发动的广泛，计划的周密，阶级对立的鲜明，在中国历史上是空前的；但是黄巾起义发生在封建割据倾向迅速发展，豪强地主拥有强大武装的年代，这种地主武装同官军联合，处处阻截和镇压农民军，迫使农民军不能集中力量发动大规模的进攻。起义高潮过去以后，黄巾余部和黑山军各部人数虽然很多，但是缺乏攻击力量，在四面八方的敌人夹攻中相继失败。

黄巾起义取得了瓦解东汉王朝的伟大成果。极端黑暗的宦官、外戚集团失去了东汉王朝的凭借，经过短暂反复以后也就从历史上消失了。

36方一时俱起

黄巾军的领袖张角是钜鹿人，他和他的弟弟张宝、张梁在群众中宣传黄老道（太平道），医治疾病，招收门徒，四方民众扶老携幼前往投奔，信从的人非常多。张角于是派遣他的八名大弟子四出传道，辗转发展信徒，十多年间，徒众达到数十万，遍布青、徐、幽、冀、荆、扬、兖、豫等八州（今长江中下游以北直到黄河中下游广大地区），声势浩大，官府也有所风闻。灵帝光和四年（公元181年），司徒杨赐曾经指出：张角等遭逢大赦也不悔改，势力越更发展。现在如果下令州郡逮捕，恐怕增添骚扰，反会加速祸患的爆发。最好是严令地方长官选择区分流民，分别遣送回原籍。这样分散削弱了他们的党羽，

然后再捕杀其首领就省力了。这说明太平道的基本群众乃是破产流亡的农民，狡狯的杨赐是打算釜底抽薪。然而造成农民背井离乡流亡四方寻求生路的根源，正在于腐朽残暴的东汉王朝那暗无天日的罪恶统治。这个政权只会制造出更多的流民，怎么能指望它来解决安置流民呢？所以杨赐这个主意在当时并没有实现的可能。两年后又有人惊呼：张角的党羽已经不计其数，风闻他们还曾潜入首都察看朝政，图谋不轨。地方官害怕追究责任，都不肯报告实际情况。应当公开下诏，以封侯重赏劝募捕拿张角等首领，地方官员敢于回避则与张角同罪。这就是妄图乞灵于重赏与严刑来武力对付，其实不过是统治阶级惯用的两手，未必有什么效用。加之昏庸糊涂的灵帝当时根本没有在意，这一建议也同样搁置起来了。

与此同时，张角却在积极部署准备组织起义。他把数十万信徒编组为36方，"方"等于是一支独立的部队，大方有上万多人，小方六七千人，各有其首领。他们提出"苍天已死，黄天当立，岁在甲子，天下大吉"的口号，宣传汉王朝天命已终，太平盛世即将建立，甲子年（中平元年，公元184年）天下就太平了。他们计划由大方马元义先调集荆州、扬州的信徒到邺县（今河北磁县南）集中，并联络首都洛阳的信徒，约定中平元年三月五日同时发动起义。正当起义按计划部署执行过程中，叛徒唐周向汉王朝上书告发，马元义被捕，在洛阳惨遭车裂。官府根据告密清查宫廷警卫以及洛阳民众，屠杀了太平道信徒千多人，并且通令冀州追捕张角等首领。在计划泄漏的紧急关头，张角当机立断，派人日夜兼程通知各方，在中平元年二月，7州28郡36万多人同时提前起义，这是中国农民战争史上空前绝后的壮举，其组织性纪律性是无与伦比的。起义军头戴黄巾

三合式陶屋

作为标志，所以被称为"黄巾军"。由于他们人多势众，铺天盖地而来，像蚂蚁一样数不清有多少，所以又被诬蔑为"蚁贼"。他们到处焚烧官府，攻占城邑，吓得地方官纷纷逃跑，十天半月之间全国响应，首都震动。

但是，淳朴的农民军在开始时毕竟缺乏政治军事斗争经验。起义发动之后，张角却未能控制全局，本来很有组织的太平道信徒，反而变成了分散活动的若干支队伍，各自孤军奋战，缺乏联系配合。当时，张角称"天公将军"，张宝称"地公将军"，张梁称"人公将军"，率众兴起于钜鹿。附近的安平国（治信都，今河北冀县）、甘陵国（治甘陵，今山东临清附近）人民捕捉国王刘续和刘忠响应起义，冀州震动。广阳郡（治蓟县，今北京）黄巾军一举攻杀地方长官幽州刺史郭勋和广阳太守刘卫，雄踞幽州。在南方，波才领导的黄巾军活动在颍川郡（治阳翟，今河南禹县）。彭脱领导的黄巾军活动在陈国（治陈县，今河南淮阳）和汝南郡（治平舆，今河南平舆北）。卜己领导的黄巾军活动于东郡（治濮阳，今河南濮阳南）。张曼成号称"神上使"，与赵弘等率领数万人起义于南阳郡（治宛县，今河南南阳）。扬

州的黄巾军曾攻打庐江郡治舒县（今安徽庐江南），与太守羊续激战；戴风领导的黄巾军也在安风（今安徽霍邱南）活动。在各地黄巾军奋起战斗时，还有"五斗米道"首领张修在巴郡（治江州，今四川重庆）发动起义。北宫伯玉等领导羌胡汉各族人民在金城郡（治允吾，今甘肃永靖西北）起义，攻杀护羌校尉和金城太守。郃阳（今陕西合阳东南）人郭家等也在当地发动起义，焚烧官府，威胁附近三郡。这些起义和黄巾军互相呼应，掀起了全国性的武装斗争高潮。

在农民起义威胁到东汉政权的生存时，整个地主阶级暂时统一起来了，宦官、外戚、官僚士大夫立即捐弃前嫌，共同对付革命农民。中平元年三月，何皇后的哥哥何进被任命为大将军，统率近卫军官兵镇守洛阳，在洛阳周围函谷、伊阙等八关设置都尉，加强防卫。灵帝听从宦官吕强的建议，大赦天下党人，解除禁锢。通令全国各地修治城防，选择制造兵器，准备战守。灵帝还拿出宫中一些私财和马匹分赐将士，并号召公卿大臣捐献马匹弓弩。同时选派卢植北攻钜鹿张角，皇甫嵩、朱遊南征颍川波才。四月，波才击败朱遊，进围皇甫嵩于长社（今河南长葛东），官军人少，在强大的黄巾军包围下惊恐万分。皇甫嵩看出波才缺乏作战经验，营房扎在草木丛中，于是乘夜晚风大纵火烧营，波才失利。接着，曹操率领官军援兵赶到。五月，皇甫嵩、朱遊、曹操联合进兵，大破波才军，屠杀数万人。六月，官军追击波才于阳翟（今河南禹县），又乘胜攻击汝南彭脱于西华（今河南商水西），都取得胜利。这就使黄巾军丧失了进捣汉王朝心脏首都洛阳的有利地位。接着皇甫嵩被派去进攻东郡卜己。八月，在仓亭（今山东阳谷北）大战，黄巾军牺牲7000多人，卜己被俘。然后皇甫嵩又奉调北上进攻钜鹿张角亲率的黄巾主力。

原来卢植在三月领兵北进，张角初战失利，于是退保广宗（今河北威县东），卢植围攻数月不克，被撤职查办。灵帝改派董卓率精锐边兵进攻，却又在下曲阳（今河北晋县西）被张宝打得大败。约在此时，不幸张角病故，张梁领导这一部分黄巾军继续战斗。十月，皇甫嵩同张梁在广宗大战，黄巾军兵精将勇，官军无法取胜，皇甫嵩宣布闭营休战，等待时机。他看出黄巾军有些懈怠，便连夜部署军队，鸡鸣时发动突袭，激战整天，到黄昏时打败黄巾军，张梁牺牲，义军士兵被屠杀3万多，投河自杀的也有5万多人，焚毁辎重车辆3万多辆，妇女儿童全被掳掠，缴获不计其数。皇甫嵩还挖开张角的坟墓，剖棺戮尸，传送其头到洛阳。十一月，官军又在下曲阳围攻张宝，屠杀俘虏黄巾军10多万人，张宝也牺牲了。

南阳黄巾军在张曼成领导下，三月就击杀太守褚贡，围攻郡治宛县百多天。六月，张曼成战死。赵弘继起领导，队伍发展到10多万人，攻占了宛县。灵帝急忙派朱遊前来镇压，朱遊同荆州刺史、南阳太守等合兵反攻宛县三个多月，赵弘战死。韩忠继任统帅，他思想动摇，战败投降被杀。黄巾军余部推孙夏为统帅继续抵抗，十一月，朱遊攻占宛县，杀死孙夏。统一起义的大股黄巾军就这样各自困守一隅，坐等官军逐个击破。东汉政权随即疯狂反扑，在各地大肆屠杀太平道徒党，一郡多至数千人。

但是，血腥的屠杀并不能吓倒革命人民。汉献帝初年（公元2世纪末），陶谦就指出：黄巾军人数众多，"殊不畏死，父兄歼殪，子弟群起，治屯连兵，至今为患"。可见在黄巾大起义的鼓舞下，各地人民前仆后继纷纷奋起反抗的英雄气概。主要的如中平二年（185年），张角率众起于

神人骑辟邪铜插座

博陵（今河北蠡县南），褚燕率众万余人起于真定（今河北正定南），他们曾联合进攻钜鹿郡治瘿陶，战斗在张角的故乡。同时还有黑山、白波、黄龙、雷公、张白骑、李大目等十多支队伍，大股二三万人，小股六七千人，在这一带转战，后来联合为成百万人的大队伍黑山军，"渐寇河内，逼近京师"，一度威胁到汉城权的巢穴，前后经历了二十多年才被朱遵、袁绍、曹操等陆续击败。中平五年二月，黄巾军余部郭大等在西河白波谷（今山西襄汾西）重举义旗，进攻太原、河东（今山西中南部）。四月，汝南葛陂（今河南平舆东）黄巾军攻占郡县。六月，马相在绵竹（今四川绵阳县）聚合数千人起义，杀死县令，自称黄巾军。他们迅速攻克广汉郡治雒县（今四川广汉），杀死益州刺史郗俭。旬月之间，进破蜀郡（治成都，今属四川）、犍为郡（治武阳，今四川彭山），发展到10多万人，马相自称"天子"。还派兵攻破巴郡，杀死太守赵部。十月，青州徐州（今山东东部）黄巾军又起，攻占郡县。献帝初平三年（公元192年），青州黄巾军也发展到上百万人，他们转攻兖州（今山东西南部），在东平（今山东东平东）击毙刺史刘岱，后来被曹操打败收编。直到建安十二年（公元207年），还有黄巾军杀死济南国（治东平陵，今山东章丘西）国王刘赟的记载，说明黄巾起义至少延续了二十多年，给了东汉王朝致命的打击。

光武帝刘秀

刘秀在历代皇帝中，文化程度算是最高的，在称帝之前，他已经是太学生了。因此，刘秀才能率众获得昆阳之战的大胜，才能在兄长刘缤被刘玄所杀后，还能隐忍不发，韬光养晦。直到去了河北，得到当地地主豪强势力的支持，才称帝而取天下。

刘秀将他的军事和统治政策的核心定为以柔取天下，以柔治国，结果迅速地统一了全国，又迅速地解决西汉末年土地流失，生产滞后的问题，使东汉王朝的经济在短期内得以恢复，社会生产力也大为发展。但刘秀的这套以柔治国的思想，却为东汉王朝后来出现被外戚宦官相继专政的局面埋下了伏笔。

起兵南阳　成名昆阳

刘秀是汉高祖刘邦的九世孙，祖上曾被封为舂陵侯。公元前45年，袭爵的刘仁嫌舂陵潮湿，经汉元帝同意，把族人迁到了南阳郡蔡阳县白水乡。为了表明自己的皇族血统，刘仁仍把新居称为舂陵。刘秀的祖父刘回无爵可袭，只当了个都尉，而刘秀的父亲刘钦则只能当个南顿县令，后来刘钦去世，9岁的刘秀便由当萧县县令的叔父刘良抚养长大。

年轻时的刘秀，处事谨慎，讲信用，喜欢务农，性情温和。后来到京都长安，进入太学学习。此时刘秀也没有什么大志，有一次他在新野见到后来的阴皇后阴丽华，

中国通史

最新整理图文珍藏版

石兽

觉得长得漂亮，心中顿生爱慕之情，后来到了长安后，见到执金吾（负责监督、检查京都及附近地区治安的长官）出行时有很多车马随从，声势显赫，就大为感慨地说："仕宦当作执金吾，娶妻当得阴丽华。"而他大哥刘𬙋却性情刚毅，不事家业，刘氏皇族的意识特强，对新莽政权极端不满，破产散财，交结雄俊人物，颇有取天下的野心。当年汉高祖刘邦喜好结交，不事家产，刘邦的二哥刘喜专心治理家业，刘𬙋就自比刘邦，以刘喜比刘秀。

新莽末年爆发了农民大起义，刘𬙋和刘秀兄弟趁机于公元22年起兵，以重建汉朝为口号，大肆招兵买马。这时，绿林起义军迅速发展到十余万人，但其中派系林立，无法统一号令，为了行动统一，将领们都主张拥立一个刘姓的皇帝，总算是统一了一回。但随后又为皇帝的人选争执不休，因为刘𬙋有威望，治军严明，南阳一带的豪杰人物，都认为刘𬙋最为合适，而新市、平林军的将领们大都喜欢散漫放纵，担心立了刘𬙋不得自由，于是就找到了既无兵权又胆小怕事的刘玄，拥立为"更始皇帝"，造成既成事实，刘𬙋和他的拥护者不得不默认。

更始帝刘玄即位后，派王凤、王常、刘秀进攻昆阳（今河南叶县）。他们很快打下昆阳，接着又打下了临近的郾城（今

河南郾城县）和定陵（今河南郾城县西北）。南阳一带的情况使王莽震惊，调兵遣将；很快集结了43万人马，号称百万，命司空王邑与司徒王寻率领前往镇压。王邑、王寻从洛阳出发，旌旗车辆千里不绝。刘秀这边，驻守在昆阳的只有八九千人。有的将领在昆阳城上望见王莽的军队人马众多，怕对付不了，主张放弃昆阳，回到原来的据点去。刘秀非常冷静地向将领们说道："现在粮草无多，来敌强大。并力抗敌，还有打胜的希望，要是分散，必然被消灭，而且宛城还没攻下，来不了救兵，昆阳一失，一天之内，各军也就全都完蛋。现在怎么不同心同德，共建功名，反而只想看守自己的妻子和财物呢？"将领们觉得刘秀说得有道理，但是又觉得王莽军兵力强大，死守在昆阳也不是个办法。刘秀就决定，由王凤、王常守城，自己和李轶等13人骑马乘夜闯出城南门，召集在外的军队。王莽军没有防备，就给他们冲出了重围。

刘秀到郾县、定陵一带，把那里的军队全部集合起来救援昆阳。将领们舍不得财物，要求留一部分兵力看守。刘秀劝他们说："现在咱们到昆阳去，把所有的人马集中起来。打败了敌人，可以成大事，立大功。要是死守在这里，敌人打来了，咱们打了败仗，连性命都保不住，还谈得上财物吗？"将领们被刘秀说服了，才带着所有人马跟着刘秀上昆阳来。刘秀亲自带着步兵、骑兵一千多人组织一支先锋部队，赶到昆阳。他们在离王莽军四五里的地方摆开了阵势。王寻、王邑一瞧汉军人少，只派了几千兵士对付。刘秀趁敌军还没有站稳阵脚，先发制人，亲自指挥先锋部队冲杀过去，一连杀了几十个敌人。将领们的士气随之提高，几路人马掩杀过去，杀敌近千人，士气大振，无不以一当百，王寻、王邑被迫后退。刘秀又率领3000敢死

队，从城西直冲敌军的中军地带。王邑、王寻十分轻敌，下令军队各守营地，不得移动，只率领一万余人迎战，结果大败。大军不敢擅救，王邑被杀。

昆阳城里的王凤、王常见外打了胜仗，就打开城门冲了出去，两下夹攻，王莽军队四处奔逃，相互践踏，伏尸百里，水为不流，王寻带着剩下来的几千人逃回洛阳，刘秀缴获的军实辎重不计其数，用了一月的时间没有收拾完毕。

昆阳一战，敲响了王莽政权的丧钟，刘縯、刘秀也因此声名鹊起。王莽为之坐立不安，忧懑不食。海内豪杰蜂拥而起，杀掉州郡官吏自称将军，接受更始皇帝的年号，等待诏命。

正当此时，新市、平林军的将领们看到刘縯、刘秀兄弟的威名日益大起来，心中不安，劝刘玄除掉他们，甚至连本来与刘縯兄弟关系密切的李轶也转脸谓事新贵。刘玄自然感觉到刘縯兄弟是榻旁之虎，于是，刘玄准备杀刘縯和刘秀。刘玄弄了个鸿门宴，准备杀掉刘縯，但这个刘玄也许想做当年的项羽吧，放了刘縯。不过刘玄并非项羽，他不过是因胆怯没有下手。刘縯总算逃过一劫，但不久后，他手下就把他带进了阴曹地府。这个手下是刘稷，倒有些匹夫之勇，听说刘玄想杀刘縯，便破口大骂。他的话很快传到刘玄那里。刘玄就把这个有勇无谋的笨蛋将军给抓了起来，刘縯前去说情，也被刘玄抓起来，与刘稷一同杀了。

按常理，刘秀肯定不会饶过刘玄，一定要找他算账，以报杀兄之仇。但是，刘秀自己有自己的考虑。他非但没有找刘玄算账，还赶紧跑到宛城请罪，面见刘玄，仍然是和颜悦色，压根儿就不主动提长兄被杀一事。他孝服不穿，丧事不举，言谈饮食犹如平时。而刘秀每当独居，总是不喝酒、不吃肉，以此寄托哀伤。身边的人发现他枕席上有哭泣的泪痕，叩头劝他自宽，他却否认说："没有的事，你不要胡说。"

双羊纹金饰牌

刘秀如果他不能克制，质问刘玄，很可能就被杀害，与其兄一样下场，那还有什么宏图大志可言。况且自己也是有功之臣。在昆阳大战中，他率十三骑突围求援，建立奇功。刘秀如果述说一下光荣历史，或许会讨好刘玄，增强他对自己的相信度。但刘秀却只字不提，自有他的高招。刘玄见刘秀没有反对他的意思，有些惭愧，拜他为破虏大将军，封武信侯。

公元23年，刘玄的军队相继拿下了长安和洛阳。刘玄打算以洛阳为皇都，命刘秀前往修整宫府。刘秀到任，安排僚属，下达文书，从工作秩序到官吏的装束服饰，全都恢复汉朝旧制。当时关中一带的官员赶来洛阳迎接皇帝刘玄去长安，见大红大绿，胡穿一气的刘玄将领们感到滑稽可笑，而见到刘秀的僚属却肃然起敬。一些老官员流着泪说："没想到今天又看到了汉朝官员的威仪！"

经营河北　一统乾坤

刘玄到了洛阳，需要派一员亲近大将代表朝廷去河北一带，宣示朝廷旨意，要那里的郡国遵守朝廷的诏命。经过一番争议，选定了刘秀。

刘秀就以更始政权大司马的身份前往

中国通史　最新整理图文珍藏版

河北。刘秀在河北，每到一处，考察官吏，按其能力升降去取；平反冤狱，释放囚徒；废除王莽苛政，恢复汉朝的官吏名称。所做之事，均都顺应民心，因而官民喜悦。

当时的河北最大的势力是王朗，他自称是刘邦的后代，号召力很大，结果很快被刘秀消灭。消灭王朗以后，在清理缴获的文书档案时，发现官吏与王朗勾结一起毁谤刘秀的材料有几千份。如果追究起来，会引起一大批人逃跑或造反。刘秀根本连看也不看，把官吏们召集起来，当面一把火烧掉，真正起到了"令反侧者自安"的效果，使那些惴惴不安的人下定决心跟刘秀到底。

刘秀初到河北之时，兵少将寡，地方上各自为政，无人听他指挥，虽能"延揽英雄，务悦民心，立高祖之业"，但毕竟没有大量军队。他为王朗所追捕，曾多次陷入窘境。后来，他逐渐延揽了邓禹、冯异、寇恂、姚期、耿纯等人才，又假借当地起义军的名义招集人马，壮大声势，并联合信都、上谷、渔阳等地的官僚集团，才算站住了脚。由于他实行宽厚的政策，服人以德不以威，众人一旦归心，就较为稳定。

更始皇帝派使节赶到河北，封刘秀为萧王，并命令刘秀停止一切军事行动，与有功的将领赶到长安去。这表明刘玄已经对刘秀不放心，刘秀便以"河北未平"为理由，拒绝应征去长安。刘秀与刘玄的裂痕从此开始明朗。

刘秀认为"柔能制刚，弱能制强"，他多以宽柔的"德政"去收揽军心，很少以刑杀立威。公元24年秋天，刘秀调集各郡兵力，先后在馆陶（今山东馆陶县）、蒲阳（山名，在今河北省满城县）等地击破并收编了铜马、高潮、重连等农民起义军。刘秀知道被收编的将领对他半信半疑，心怀不安，就"封其渠帅为列侯"，下令投降的将领各归军营整顿自己的军队，自

己一个人骑马来到铜马军营，帮他们一起操练军士。铜马将士议论说："萧王如此推心置腹地相信我们，我们怎能不为他效命呢？"刘秀直到把军士操练好，才把他们分到各营。铜马义军受到刘秀的如此信任，都亲切地称他为"铜马帝"。由于收编铜马军，大大加强了刘秀的军事实力。

这时，以樊崇、逢安、徐宣等人为首的赤眉军，正迅猛地向长安进兵。刘秀认为争夺天下的时机已经到来，于是拉开争夺天下的架势，并将河北事务一一安排妥当，便带领军队回到冀中、冀北一带。一路上将领们纷纷请求刘秀称帝，刘秀开始还假惺惺地加以拒绝，将领们连劝了几次，刘秀这才有些动心，但还是有些犹豫不决。正当此时，有个名叫强华的儒生，捧着赤符从关中来见刘秀，说："刘秀发兵捕不道，四夷云集龙斗野，四七之际火为主。"这句话的意思是说："四七"是28，从公元前206年刘邦称帝至公元22年刘秀起兵是228年；火是指汉朝，按阴阳五行说汉朝舒火德。这表明，刘秀乃"受命天子"，要再不做天子，那就不仅违背属望，也要违背天意了。刘秀得了天时又得人心，终于答应称帝，于是在公元25年称帝，重建大汉。

刘秀即位后，首先派兵攻占了五社津（在今河南巩县北）等要塞，然后下令包围洛阳，这时守洛阳的是李轶、朱鲔两人。这两个人都曾劝刘玄杀掉刘縯，是刘秀的仇人。李轶在刘秀大军的包围下，便来信说自己情愿归降。刘秀却把李轶的信交给太守、郡尉一级官吏传阅，消息很快被朱鲔知道了，他非常生气，于是派人刺杀了李轶，从而引起洛阳守军的混乱，士气也随之大落。刘秀一箭双雕，既分化瓦解了敌军，又借刀除掉了仇人。这时，刘秀又派原是朱鲔部下的岑彭劝朱鲔投降，并说："干大事的人不计较小的怨恨。朱鲔要是现

在投降，可以保住官爵，怎么会杀他的头呢？我对着面前的黄河发誓，绝不食言！"岑彭去见朱鲔，把刘秀的话说了一遍，朱鲔相信了，于是投降。刘秀大喜，任命朱鲔为平狄将军，并封他为扶沟侯。进入洛阳后，刘秀下令严禁军队暴横抢掠，结果将军萧广违犯军纪，纵兵横暴，被处死刑，使得洛阳百姓很快从内心归顺了刘秀。

说书俑

这时，刘秀最大的对手，就只剩下赤眉一支起义军了。这赤眉军毕竟是一帮流寇，没有战略眼光，因而抢了一城，吃了一地，放弃一地。在流动过程中一路受到刘秀大军的追击阻截，损失惨重。公元27年，疲惫不堪的赤眉军在宜阳被刘秀亲率大军包围，拥有10余万人的赤眉军竟然一时不知所措，只得投降。刘秀下令给饥饿的投降士兵发放食物；又把他们集合起来，排列在洛水岸边，骄横地对樊崇等人说："是不是对投降后悔啊？现在放你们各回军营，指挥你们的军队，和我决个胜负。我不想强迫你们服气。"吓得徐宣等人急忙叩头说："我们出了长安，君臣就商量归降听命，只是手下愚昧无知，不能事先告诉他们。现在能够投降，就像走出虎口，回到慈母的怀抱，诚心诚意地欢喜，一点也不后悔。"刘秀哈哈大笑，说："你可算是钝刀中的快刀，庸人中的能人了。"

平定赤眉后，刘秀又经过十几年的时间，才最终结束了群雄割据、山头林立，刘邦的后代割据一方称王称霸的局面，取得天下的统一。

以柔治国　律己责人

统一天下后，刘秀总结前朝教训，确立了一套新的治国方略，其核心是好儒任文、以柔治国。

刘秀"未及下车，先访儒雅"，想方设法把一些著名儒学人物拉到自己的身边，封官授爵，以礼相待，使得他身边很快就集中了如范升、陈元、郑兴、杜林、卫宏、刘昆、桓荣等一大批当时的著名学者。

刘秀自己就是一个爱好儒学的人。当朝廷议事结束以后，经常与文武大臣一起讲论儒学经典里的道理，直到半夜才睡觉。刘秀有时亲自主持和裁决当时今文经学和古文经学的争论。自从平息隗嚣、公孙述以后，除非紧急时刻，刘秀从不讲军旅问题。

刘秀为了适应由取天下向守天下转变的这一根本需要，他逐渐改变了官吏队伍的素质和结构，命令多数在战争中凭军功提拔起来的功臣交出手中的权力，各自回到家中养尊处优，用文吏职代功臣。刘秀还大力缩减自汉武帝以来大为膨胀的官府及吏员设置，合并官府，减少吏员，使费用大为节省，减轻了人民的负担。

刘秀常常显示出一种恢廓大度、平易谦和的气貌。公元29年，割据陇右的隗嚣分别接到公孙述和刘秀的招降信，犹豫未决，就派他的将军马援先后去公孙述的成都和刘秀的洛阳考察。马援到成都，公孙述接见他时戒备森严，而等到了洛阳，刘秀接见马援时，却没有升堂坐垫，只是便衣便服，独自一人接见马援。刚见马援，

中国通史

最新整理图文珍藏版

他就微笑着说："您遨游在两个皇帝之间，见多识广。今天见到您，我深感惭愧了。"马援见刘秀如此平易谦和，立即叩头说："当今的局势下，不只是君主在选择臣下，臣下也在选择君主。我现在从远方来，陛下接见我连警卫都没有，就不提防我是间谍刺客吗？"刘秀笑着说："你不会是刺客，只是个说客罢了。"马援心悦诚服，回去后劝隗嚣归附刘秀。隗嚣不听，他就脱身自己归服。

太原郡（治晋阳，在今太原市以南）有很多春秋时晋国公族的后裔，他们对新的统治者常常保持一种对立情绪，不肯称臣。以至于到刘秀时期，太原仍被称为"难化"之地。刘秀以恢廓大度、平易谦和的姿态来对待他们，很快就令其心悦诚服。

刘秀在以柔道治理国家后，颁布了一些有利于奴婢的政令。他先后九次发布释放奴婢和禁止残害奴婢的命令。之后，并多次下令免罪徒为庶民，减轻租税徭役，发放赈济，兴修水利，并减四百余县，精简官吏，节省开支，抑制豪强，巩固中央集权。

为了加强皇权，刘秀还颁行图谶，神化皇权。他本来是不相信这些的，但后来发现它确实是支持和维护自己统治的"法宝"，便大肆推行，到了晚年还宣布图谶于天下，作为法定的思想统治工具。

刘秀在位期间，从不放纵奢侈。他不喜饮酒，不喜听音乐，手不持珠玉。刘秀即位后，只有皇后、贵人有爵秩，贵人的待遇只有谷数十斗。此外有美人、官人、才女三等，均无爵秩和规定的待遇。刘秀在世时要建陵墓，特意叮嘱地面不要太大，不要起高坟，低洼处只要做到不积水就可以了，将来要像汉文帝一样。不随葬金宝珠玉。

刘秀对于臣下的歌功颂德阿谀奉承，

四神空心砖（朱雀纹）

常能持一种清醒的、有时是厌恶的态度，而表扬一些刚正不阿的官吏。有一次，刘秀外出打猎，直到深夜才回来，他想从洛阳城的东北门进城，结果守门的郅恽拒不开门。刘秀没法，只好转到东城门进了城。第二天郅恽上书批评了刘秀一顿，但刘秀却赏了郅恽100匹布，把掌管东门的人贬为登封县尉。但刘秀毕竟是皇帝，不能容忍有伤尊严的事。大司徒韩歆为人直率，说起话来无所隐讳，刘秀经常对他不满，一次朝会上，韩歆列举大量事实证明要发生饥荒和动乱言辞激烈，说起话来指天画地。自尊心受到伤害的刘秀气得当即罢了韩歆的官。韩歆回家后，刘秀仍怒气未消，又派人带着他的诏书去谴责他。罢官之后皇帝特诏谴责，这意味着要治死罪。结果是韩歆及其子韩婴被迫自杀。

刘秀对贵戚的过分行为有所约束，一般能够理智对待。刘秀大姐湖阳公主的奴仆大白天行凶杀人，躲在公主家中，官吏不能捕捉。洛阳县令董宣不能进公主府去搜查，就天天派人在公主府门口守着，只等那个凶手出来。听说公主要出厦门，跟随着她的正是那个杀人凶手。董宣得到了消息，就亲自带着衙役赶来，拦住湖阳公主的车。湖阳公主认为董宣触犯了她的尊严，沉下脸来说："好大胆的洛阳令，竟敢拦阻我的车马？"董宣没有被吓倒，不管公主阻挠，吩咐衙役把凶手逮起来，当场处决。公主立即回宫告到刘秀那里，刘秀大怒，立刻召董宣进宫，吩咐内侍当着湖阳公主的面，责打董宣，想替公主消气。

董宣说："先别打我，请允许我说一句话。我说完了话，情愿死。"刘秀说："你想说什么？"董宣说："陛下是一个中兴的皇帝，应该注重法令。现在陛下让公主放纵奴仆杀人，还能治理天下吗？用不着打，我自杀就是了。"

说罢，他挺起头就向柱子撞去。刘秀连忙吩咐内侍把他拉住，董宣已经撞得血流满面了。刘秀赶紧要小太监抱住。要他给公主叩个头消消气。董宣坚决不叩，刘秀就要人按着脖强叩，董宣就两手撑地，最终也不低头。内侍知道汉光武帝并不想把董宣治罪，可又得给刘秀下个台阶，就大声地说："回陛下的话，董宣的脖子太硬，摁不下去。"刘秀也只好笑了笑，下命令说："把这个硬脖子撵出去！"湖阳公主不满地说："陛下从前做平民的时候，还收留过逃亡和犯死罪的人，官吏不敢上咱家来搜查。现在做了天子，怎么反而对付不了小小的洛阳令？"刘秀笑着说："这就是天子与平民百姓不同啊。"刘秀奖励了董宣，给他加了一个"强项令"（意为刚强不肯低头的县令）的美名。

公元57年，文治武功的刘秀病逝。

献帝刘协

东汉献帝刘协就因为多说了几句话，人生由此而改变，被拥立为帝，然后被军阀抢来抢去，"挟天子以令诸侯"。最后还禅位给了曹丕，成为东汉的亡国之君。

噩梦是从公元189年开始的。这一年，汉灵帝病死，国家大权被外戚何进掌握。从此，宦官和外戚展开了争权夺利之战。先是何进捕杀宦官蹇硕，接着是宦官张让等杀死何进，袁绍、袁术和何进的部将带兵反攻，攻入后宫，杀掉宦官二千人。张让、段珪等无力还击，劫持少帝和陈留王

刘协逃去，结果路上被追上的卢植杀死张让、段珪，又把少帝和刘协迎回宫内。路上正好遇到董卓引兵救驾，少帝见到董卓的军队骄横跋扈，吓得泪流满面，说不出话来。而刘协却在回答董卓的问题时讲得头头是道，于是董卓便有了废少帝，另立刘协为帝之心。

回到京城，等董卓的军队完全控制局势后，董卓就宣布废除少帝刘辨，立陈留王刘协为帝，从此，刘协便开始了他作为傀儡皇帝的漫长生涯。刘协称帝后，董卓完全控制了朝政大权，他的军队在洛阳劫掠财物，奸淫妇女，无恶不作。

公元190年，各地以讨伐董卓的名义纷纷起兵，并组成了联军，进攻董卓，正式拉开了东汉末年军阀混战的序幕。联军从北、东、西三面来包围洛阳，董卓无力对抗，于是挟持刘协由洛阳迁都长安。

公元192年，王允与董卓义子吕布密谋刺杀董卓成功，但不久王允被杀，刘协又落入李催、郭汜等的手中。

公元195年，李催、郭汜发生内讧，在长安城中对攻。李催派兵将刘协、皇后、宫人及大臣们劫去。不久，刘协在杨奉、董承等的护卫下逃往弘农，随后东逃，来到洛阳。

这时中原地区袁绍和曹操两大势力正进行着频繁的政治和军事斗争，孙策占据江东，刘表占据荆州，刘璋割据益州，凉州为韩遂、马腾占有，公孙度盘踞辽东。曹操抢先率军进驻洛阳，取得了"挟天子以令诸侯"的地位，接着便刘协迁都许昌。刘协不甘心做傀儡，于是写好密诏，命董承、刘备、种辑、吴子兰、王服等密谋除去曹操，结果事情泄漏，董承等人被曹操所杀。

公元207年，曹操基本完成对北方的统一，随后便置三官署，置丞相，御史大夫，曹操自为丞相。

公元214年，刘协的伏皇后秘密请求其父亲杀掉曹操，结果密信被发现。曹操知道后，大发雷霆，命令刘协废除伏皇后，将伏皇后关到监狱里，幽闭而死。伏皇后生的两个儿子也被毒死，伏氏宗族被处死100多人。

盘龙纽石砚

公元220年，曹操病死，其子曹丕袭爵为魏王。就在这一年，曹丕逼刘协禅位于他，建立魏，东汉灭亡。

刘协被废后，被封为山阳公，直到公元234年病死。

富春钓者严光

严光是光武时代的山林逸士，范仲淹是北宋时的名相。一个是率情顺天，不愿受功名拘束的人；一个是悲天悯人，先天下之忧而忧，后天下之乐而乐的人。但是当范仲淹做严州（浙江桐庐）太守时，仰望严光的清高，虽然相隔几近千年，仍为严光建造祠堂，寻访其后代，使无废奉祀。范仲淹这样做，目的端在表彰中国固有的尊崇人人各遂其志的传统美德。人各有志，以帝皇的权威，亦不能相强。范仲淹在所撰《严先生祠堂记》中写道：

盖先生之心，出乎日月之上；光武之量，包乎天地之外。微先生不能成光武之大，微光武岂能遂先生之高哉？而使贪夫廉，懦夫立，是大有功于名教也。

范仲淹所说的"名教"一词，以现代语来说，就是"社会价值标准"。中国自古以来，社会上就珍视个人人格的尊严，把人当人看，而不当工具看，虽崇高到帝王亦不能加以漠视。

光武称帝　隐身不见

严光字子陵，会稽余姚人，本是光武帝少年时在长安求学时代的同窗好友。光武廿八岁起事，卅一岁称帝，而与严光却突然失去联络。后来光武思念他的贤德，到处画了图像访求他的踪迹，山东方面传报有一个反披着羊袄垂钓山泽的人，光武料想是严光，马上备了车马，很隆重的遣使者迎聘。先后三次，严光才勉强地来到洛阳，住在迎宾馆里。朝廷给他供设舒适的床褥，御厨朝夕供膳，优礼有加。那时的大司徒（行政院长）侯霸与严光素有交情，知道严光到了洛阳，本拟立即访晤，因公务正忙，只好先向严光传书道歉，使者还说司徒办完公务，傍晚一定亲来拜候。严光默然不语，把空白书札一件投入使者手中，口中授言：

君房足下：位至鼎足，甚善，怀仁辅义天下悦，阿谀顺旨要领绝。

君房是侯霸的字，这里的"要领绝"，应作身首断绝解。意思是做臣下的如果只知向君王讲好听的话，希意顺旨不作规谏，那就该斩首。侯霸得书，马上封奏光武，光武看了笑说："狂徒故态未改。"

光武车驾即日去宾馆，严光高卧未起，光武见他坦腹而卧，睡意甚浓，不禁动了少年情趣，手抚严光之腹说："咄咄子陵！你竟不来相助，是何道理邪？"严光竟然照睡不理，光武只得坐守，好些时他才张目熟视光武说："唐尧的时候，有巢父洗耳的故事，士各有志，何至相逼乎？"光武说："子陵，我不会逼你屈身事我，但实心有未甘耶！"说着就升车叹息而去。第二天迎严光入宫，大家不拘形迹，谈论故旧，累日不倦。光武很得意地问严光："你觉得我和旧时有改变吗？"严光答道："陛下比往时胖了些。"两人越谈越起劲，而且忘了君臣形迹，回复到长安同起卧时的光景。谈得倦了，两人竟同榻而卧。睡梦中严光毫无拘束，竟以足加光武之腹，光武亦不觉其忤。料想当初在长安两人同起卧是惯了的。第二天管天文的史官奏称，昨夜天象客星犯御座星甚急。光武笑说："朕与故人严子陵共卧耳。"

光武聘严光做谏议大夫（监察委员），他坚不奉诏。不久即请辞归耕于富春山，常钓于富春江，后人名其钓处为"严陵濑"。今日浙江桐庐县西，沿富春江江侧有石，尚名为"严子陵钓台"。范晔《后汉书·严光传》中说，建武十七年时光武曾再度征召他，他还是没有应召。后来以八十高龄卒于家，传上说："皇帝伤惜，诏下郡县赐钱百万，谷千斛。"这段记载，对严光究死于光武之前，还是之后，没有清楚指出。如果死在光武前一年，光武死时才63岁，严光以80岁早一年死，则严光和光武年龄就会有18岁差距；如果光武上长安读书时是18岁，则严光就已是36岁的人，几乎是父执辈的人，两人居然接近得同起卧，似乎有点不寻常。当光武做了皇帝，两人重逢时，光武已经是四十以上，严光应是快60的人了，两人还会共偃卧，更有些不近人情。所以我怀疑《严光传》上所记下诏郡县给严光家属赏赐的皇帝既未写明光武，可能是以后承位的明帝。我

想严光和光武应是年相若的人，大不了多几岁，因为只有年相若的人，生活在一起时，才会养成不拘形迹的习惯。

击鼓说唱陶俑

古来隐者　各遂其志

中国历史上不慕荣利的高人隐士不乏其人，动机虽然不一定相同，但是追求"各遂其志"的理想是一样的。据晋皇甫谧《高士传》所记，尧时有一位很有学问和修养的人名叫许由，字仲武。尧知其贤，想把天下让给他，他急忙逃到颖水之阳，箕山之下隐居。尧又想征召他做九州长（宰相），他听了这消息，忙到颖水边去洗耳朵。有一位被称为巢父的人，牵牛到颖水边饮水，见许由洗耳，问明缘故后，对许由说："你如果居住高山深谷，不被人知，谁会来污染你的耳朵？你自己故意在俗世浮游，追逐名誉，今洗耳朵污河水，

中国通史　最新整理图文珍藏版

使我牲口不能饮，还怪人呢！"说罢牵牛去上游而饮之。《吕氏春秋》上亦记夏有一位卞随，汤武伐夏桀而得天下，请卞随来君临之。卞随说："你们伐桀时，曾派人来问我，必定以为我也有'夺'天下之心；你们打胜了桀，又来让给我，必定以为我也有'贪'天下之心。我生在这乱世之中，无道之人，一再地来干问我，我实在不忍听，我只好一了百了。"竟投桐水而死。另有一位名务光的，据《庄子·让王篇》的记载，也因辞谢商汤的让天下而抱了石头自沉于庐水。《史记》上记述，商朝时孤竹君二子伯夷、叔齐因弟让其兄，兄让其弟，大家都不愿即位而逃。欲往依西伯昌（后来称周文王），正好逢西怕死，周武王载木主，号文王，东伐商纣王，两人叩马而谏，不赞成动干戈。后来武王灭商而有天下，伯夷、叔齐隐于首阳山（在洛阳北）不食周粟，采野生的薇菜而食之，终以营养不良而死。《论语·微子篇》上记载孔子和弟子们周游列国时遇到的长沮、桀溺、荷蓧丈人，乃至楚狂接舆，或为耕者，或为佯狂之士，都是属于看破名利，不慕权位的隐者。严光亦是隐者，但是既无意于仕宦名位，又何必当初去长安求学，而且让刘秀辈知其贤德？严光与光武重逢，会提到巢父，而巢父曾讥讽许由浮游俗世以扬虚名，严光似乎也难逃这个嫌疑。不过他坚持自己的选择，而光武容许他自遂其志，还是值得称道的。至于什么动机，让严光突然隐迹，绝意仕途，却是一个不解的谜。

老当益壮马伏波

《古文观止》上所收东汉的文章中，最让人熟读的文句莫若马援诫兄子严、敦书中"刻鹄不成尚类鹜，画虎不成反类狗"这两句警句，流传了将近两千年，至今尚被弄笔墨的文人采为典故。马援是汉光武帝时代被封为伏波将军的一员大将。他的事迹和功业虽已成为历史陈迹，但他所垂示的教范，却共岁月而长存。

少有大志　北地畜牧

马援字文渊，东汉扶风郡茂陵人（今陕西兴平县）。在光武帝恢复汉室的功业中，他只担任一个配角的地位。他既非光武同郡的南阳集团人物，也非领兵一方的归附首长。但是他在光武朝的御边工作上，却建立了西平羌乱，南定交趾，北镇匈奴、乌桓的大功业。他和汉时在边塞立功的一些大将军们有显著的不同，他不但平乱，而且还做好了教育边塞落后民族的工作。他平定一地，必立制度置官守，建城郭堡垒，通沟渠，开水利，劝农教习，做一番化民的工作。和前汉的卫青、霍去病、赵破奴、李广利辈，只是膺惩讨伐，为大汉扬威震武，其功效就大大两样。原来马援年少就有大志，12岁而孤，曾习《诗经》，觉得光读书没有多大用。其兄知他非池中物，正打算让他远去边郡从事田牧，长兄死了，他为兄服丧，敬事寡嫂，一年后做郡治的督邮小官以养家。那时正当王莽乱政，人民动辄触犯法律，他在一次解送犯人去服刑途中，把囚犯放了，自己也亡命北地郡（甘肃东北）。后来遇赦，就留在边地从事畜牧。他对属下宾客们说："做一个男子汉大丈夫，必须穷当益坚，老当益壮。"不几年，他有牛羊马匹千头，积谷数万斛，称富一方。他就把货财一齐赠给昆弟故旧。他说："财富有了就该散去，否则会让你变成守财奴。"他喜欢穿老羊袄，套旧皮裤，驰骋西北原野，怡然自得。

遨游二帝　臣择其君

王莽败亡后，马援被西州大将军隗嚣罗致，以绥德将军名衔为其幕客。当时有

第二编　秦汉至隋统一时期　最新整理图文珍藏版

熹平石经（局部）

一位在蜀郡做太守的公孙述，在四川成都称帝，光武在河北部城也称帝，天下扰攘，谁都想称王称帝，隗嚣又何独不然？他知道马援和公孙述是同乡，而且少时相善，就派马援去成都探虚实。马援到了成都，满以为公孙述巴不得和他晤对言欢。哪知这位公孙述自以为已做了皇帝，在老朋友面前也端起架子来了。第一天把马援冷落在宾馆里，到第二天又摆起鸾驾，大会百官于宗庙，替马援特制了大礼服，令他穿了朝见。小朝廷礼仪繁琐，公孙述车行警跸，百官折腰迎驾，使马援看了非常不耐，决定婉谢了公孙述所封的大将军名位，赶紧辞归。见了隗嚣说："子阳（公孙之字）井底之蛙，妄自尊大，不如专心致意东边（指洛阳光武帝）吧！"

不久，隗嚣果然派马援去洛阳见光武帝。光武在宣德殿引见，穿戴的是便服罗巾，亲切地降阶迎接，握手言谈。谈到马援曾去过成都，光武笑着说："兄遨游二帝之间，先公孙而后朕，使朕感觉惭愧。"马援叩头谢道："当今之世，不但君择臣，臣亦择其君。臣和公孙是同乡，少时相好，所以去蜀相见。但公孙摆出了王者的威仪接见。臣今远来，陛下安知臣非刺客，竟如此简易地接见。"光武大笑说："卿哪是刺客，实是说客罢了！"马援由是对光武的器宇恢弘，大为感动，心中觉得这样的帝王才是真的帝王。马援盘桓了两个月，光武聘他为待诏（谘议官），派太中大夫来歙，以出使西州名义送马援归陇右。马援见了隗嚣，两人卧对密谈，马援把光武的豁达比之为汉高祖。又说他博洽经书，通晓政事，修持有节度，不好饮酒（汉高祖好饮酒），前世无人可比。隗嚣心中虽不服气，但又不能不信马援所说的，所以在接见来歙后，决定遣子隗恂去洛阳为人质，以表示归向光武。马援乘机就带了眷属一齐去了洛阳。

平羌征越　造福边夷

隗嚣终于叛光武。在灭嚣平川的诸战役中，马援未被重用。只有在建武八年光武亲征隗嚣时，在长安右扶风行辕召见马援。马援在光武前聚米作沙盘兵势简报，把当地的山谷形势，攻守要点，以及行军粮道，说得清清楚楚。光武听了不禁叹道："敌人的情势都在吾心目中了。"虽然如此，由于马援是从隗嚣那边来的，光武灭隗伐川所重用的将领多半还是自己嫡系南阳集团人物，如来歙、冯异、吴汉、盖延、祭遵等。直等到来歙举荐马援担任陇西太守，马援才有机会带领三千步骑，击破先零羌于临洮（甘肃岷县以北），降羌人八千，获马牛羊万余头。后来又和马成共击浩亹羌，羌众据谷顽抗，马援率轻骑，乘夜放火，绕袭其后，马援虽中箭贯足胫，仍奋勇当前，以寡敌众，击溃羌人，于是陇右归于平静。马援在甘宁青边区六年，教导边民，政通人和，羌人皆来和亲。

建武十七年（公元 41 年），南部交趾郡（越南北部）女子征侧、征贰姊妹，不服汉太守欺压而起兵作乱，连陷九真、日南等四郡六十余城。光武拜马援为伏波将军，带战船两千余艘，战士两万余人南征交趾，缘海而进，在越北登陆后，逢山开道，遇水架桥，行军千里。十八年春在浪泊与越军主力作战而大胜之。十九年并斩征侧、征贰二越女，传首洛阳。其后又平定余党，光武封之为新息侯。马援在交趾、九真，每到一地必治城廓，开渠治河，教民稼穑，且斟酌越南民情，与越人约法而共守之，未尝强施约束。马援可算是最懂得以平等态度对待弱小民族的先驱者。二十年班师，路过广西镇南关边界，立铜柱，柱上书："铜柱折，交趾灭。大汉伏波将军马援建此。"到了洛阳，将征越得来的铜鼓，按名家相良马骨法，铸成名马式（良马模型），置宣德殿，高三尺五寸，长四尺五寸，马援已重视科学标本，由此可见。

老当益壮　病死五溪

马援回洛阳时曾对故人孟冀说："男儿要当死于边野，以马革裹尸还葬耳，何能卧床上死在儿女手中邪？"果然他还师才月余，就又自请出屯襄国（山西境），匈奴乌桓不敢犯边。

建武二十四年马援已 62 岁，湖南贵州边区的五溪蛮人作乱，马援又自请出征。光武悯他年老不许。他又固请，并在帝前跨马驰骋以示不老。光武笑说："矍铄哉是翁也！"乃许其与一批较年轻的将领率大军进军临乡（湖南辰溪一带）。年轻将领主张循路进攻，马援主张据险困敌。后来士卒染疫多死亡，马援亦竟以瘟病死军中，遂了他马革裹尸之愿。但亦因此于死后受谗削侯，直到女儿当了明帝之后，家门方得复振。

班氏一门俊杰

汉时的班氏一门，从前汉一直延伸到后汉，都产杰出人才。尤其光武时班彪，有子班固、班超，有女班昭，都是在史册上留有灿烂纪录的。至其前代，尚有班况、班伯、班稚，也是有操守和名声的。还有一位班婕妤，是成帝曾宠幸的妃子，后来因为赵飞燕当了皇后而失宠，留有《纨扇诗》，让后人低徊吟咏。

班固像

班彪识时　策划匡汉

班氏源出春秋时的楚令尹子文，令尹子文因系私生子，被弃云梦山泽，竟有虎予以哺乳，传为神异。楚人称虎为"班"。子文之族念虎之德，乃以班为姓。秦灭楚，班氏迁往楼烦（山西境），从事畜牧致富。汉兴，班氏有到长安做官的，乃以扶风安陵为家（陕西咸阳）。上面提到成帝时的班婕妤，她父亲班况官做到越骑校尉。班况有子班伯是一位博学而通大义的人，三

《汉书》书影

十来岁就做定襄太守，治盗有成绩，边民翕服。后来朝廷征他回长安任侍中光禄大夫，曾屡次讽谏成帝戒酒游宴，太后王政君很器重他，可惜年三十八而死。有弟名稚，在王莽朝，因慎于言，虽不显贵，亦不罹罪。稚有子名彪，字叔皮，因家中藏书多，又富资财，好古敏求，醉心圣人之学。王莽覆灭，长安三辅（包括安陵）一带大乱，正好隗嚣据陇右，在天水拥众招集英俊，班彪避乱往依。那时更始帝在长安，由于懦弱难使天下归心，于是光武称帝于河北，公孙述称帝于四川，天下扰攘，一时难定于一尊。隗嚣对班彪说："战国分裂局面重现，合纵连横主事必将复起，而且收拾天下复归安定，必待一新人起为领导。"班彪大不以为然，他认为汉德尚未衰，民间仍怀念汉室，王莽窃位，只是上层的变革，天下民心并未弃绝汉室，欲使天下安定，唯有匡复汉祚。隗嚣是有野心的人，自然不能听信班彪。班彪作《王命

《汉书·艺文志》书影

论》以伸己说，隗嚣终无所感寤。班彪那时不过20来岁，看到河西大将军窦融尚有识见，就去河西张掖依之。窦融立刻委以职位，并以师友之礼待之，班彪就一心为窦融策划归附光武。

班固继志　纂写《汉书》

光武帝平定陇蜀后，征召窦融到京师洛阳，光武问窦融所上奏章何人执笔，融答："皆是属员班彪所为。"光武立即召见，并令有司保举为茂才（一种出身资格，等于现时的学士、硕士之类），拜为徐县（属临淮郡）县令，后因病去职，就专心于史籍的钻研。他觉得司马迁的《史记》只写到武帝太初以前，太初以后的事，虽有人编缀时事，有所撰述，但大多鄙俗，不足踵继前书。所以班彪就搜集资料，自己动手，作《史记后传》数十篇。他认为司马迁沾染到一些黄老思想，而稍稍脱离经学家重义守节的正轨，故加以一一辨正。可见班氏治史，是以把握孔子春秋大义自许的。可惜班彪只活到52岁而死，他的述史未竟之功，就由当时年才弱冠的儿子班固继承。

班固字孟坚，幼而颖悟，九岁就会做文章吟辞赋，长大后更博览群书，九流百家之言，无不穷究，性情宽和有容量，而且谦抑不以才能夸耀。年13岁，当时的大学问家王充看到他，拍着他的肩背对班彪说："将来能记述汉家事的必是此儿。"果然父死后归乡里，就继续做起父亲编撰史事的工作来了。古时国家的历史，归朝廷史官撰述，倘有修改，权亦在朝廷，民间如有未奉诏示私自改写，是犯禁的。大概班固继承父志，不但写史，而且还对前代史书，包括司马迁的《史记》在内也有所纠正。《史记》虽然是私家所撰，但经过王莽朝，司马迁的后代已经被封史通子，《史记》也已被公认为正史之一。班固批评前史，不免引起士林议评，有人向汉明

中国通史

最新整理图文珍藏版

帝告举他私改国史，班固立被收系京兆监狱，其著作也被没收官府。班固有弟名班超，立即赶到洛阳向明帝上书说明乃兄著书本意，明帝读班固所著书，大为激赏，不但立即把班固释放，而且还任他为兰台令史（史官），后升为郎，典校秘阁藏书，并准他继续史书的撰述。于是他就埋头20余年，完成前汉自高祖以迄王莽12世、230年的伟大历史记述，称为《汉书》，成为中国第一部纪传体的断代史。司马迁的《史记》是中国第一部纪传体的通史。写史以纪传为体，创自司马迁。写史以纪传而又以断代为史，始自班固，以后历代正史都沿袭《汉书》体裁。

古人治史　实事求是

班固的《汉书》和司马迁的《史记》，除开一为断代史，一为通史外，其以记传体裁述史，却是精神一致的。不过《史记》作纪传，对帝王称"本纪"，对诸侯则称"世家"，对其他人物一律称"列传"，可说分为三个等级。《汉书》则只有两个等级，帝王称《本纪》，此外一律称"传"。史记记载典章、制度、天文、地理的称"书"，《汉书》则称"志"。《史记》与《汉书》都有"表"，如《史记》有六国年表，诸侯王年表等等；《汉书》有百官公卿表，古今人表等等八表。从这些表上，使后世可以检查古代制度人物的沿革脉络和比较，须有年代者都注有年代。这一种便利后世读者追寻历史轨迹的构想和用心，完全是今日实事求是科学家的精神。今日的统计以及资讯科学，其原始的构想就发源于这列表工作上，而我国两千年以前的史家，就已经在撰史时运用上了。今日利用统计和数学，在电脑上做一个归纳表，可能花不上几许时间，有时可能在分秒之间，就可以把皇皇数表制就，而且求得结果。但我国古代的治史者，如司马迁、班固等，他们只凭一个人的精力，在皇家

的秘阁，在诸侯家的内藏，或私家的收集中，必定要亲自在堆积如山的简册，浩如烟海的书帛中，为一个官职，为一个人名或地名，为一个天文变异的纪录，不知要耗尽几许心力，才能有所根据地排列出一个表来，或撰成一篇志，一篇传记，而且还不许有错误。尤其在立论上更不许和当世的权威有抵触，用字上还必须有许多避讳，一有差池，往往会有杀身之祸。尽管这样，我国流传下《二十四史》，可说代代有人甘冒艰难撰史，我们对前代贤哲们不知应该如何加以尊敬。

班昭受命　完成表志

班固曾因好撰史书而吃过一次官司，后来总算获得明、章二帝的支持，使他专心二十余年完成《汉书》的大部分。到和帝时，窦宪以外戚为大将军，一门贵盛，班固曾做窦氏幕客，不免沾染到一些窦家的威势，他的家人曾仗势得罪过洛阳令种兢。后来窦宪的权柄被和帝所收，窦氏自杀，班固因洛阳令乘机报怨，而竟被株连，再度被系狱中。其弟班超，虽已是西域都护，但这次来不及救他，班固竟受不了狱吏的苛虐而死在狱中，死时61岁。那时八表和天文志尚未全部完稿，和帝就命班固之妹，在宫中教妃嫔们读书的班昭，她因嫁给曹世叔，人称她曹大家（曹大姑之意），要她会同同郡人马续参考宫中东观藏书，加以完成。所以《汉书》可说是班氏两代，班彪、班昭父子兄妹，历二朝，穷三十余年心力，方告完成。

班定远西域扬威

今日国人谈到从军报国，必定举东汉时班超投笔从戎的典故，班超这名字，在一般人心目中是熟悉的。班超在西域30年，立下丰功，被封定远侯，所以大家又

称他班定远。前面叙班氏一门多俊杰，原来班超是《汉书》撰著人班彪之子，班固之弟，班昭之兄。

投笔从戎 出征域外

当班固在东汉明帝永平七年因私改国史嫌疑，被下在洛阳监狱问罪时，是班超从家乡扶风安陵赶到洛阳上书汉明帝鸣冤昭雪，而使乃兄不但释放，而且被任为兰台令史，并准其撰史。那时班家已不富有，班固做的是二百石的小官，一家人在洛阳，不够生活，班超也只好找一份在官署做抄录员的小事来帮助赡养老母。班超字仲升，一样是熟读经史的人，岂能满足于这份刻板而单调的抄录工作。一天他在工作时投笔而叹说："大丈夫当效傅介子、张骞立功异域，封万里侯，岂能耗大好岁月于笔砚之间！"同事们都笑他狂。一次他看相，相者说他燕颔（方颚骨）虎颈（颈短而壮），口大角飞（口角上翘），将来必定封侯。他心中暗喜，后来又熬了许多年，到明帝永平十六年，奉军都尉窦固（东汉开国勋臣窦融之侄）奉命出击匈奴，班超应募从军，展开了他立功异域的前程。

汉代前后两朝，主要外患是北方的匈奴，自汉武帝以后，匈奴势力陵替，为患不若汉初之甚。但自王莽以后，因为中原动乱，匈奴与流窜乱民相结，亦时时酿成边患。汉自武帝时代，接受大外交家张骞通西域的建议，和西方国家缔结盟约，以牵制匈奴，所谓断匈奴右臂的策略，行之有效。所以在西域常设监督机构称西域都护，表面上是以大国超强的声威，在西域适中地点设立都护衙门，以示对西域诸内附国家的保护，而事实上是借外交的手段结好诸国，牵制匈奴，不使匈奴南侵。后来因为中原多故，这都护衙门已不生作用，后来竟加以撤除。窦固出击匈奴，颇有斩获，军事推动到伊吾（新疆哈密），与匈奴呼延王战于蒲类海（新疆巴里坤湖），

班超以假司马（代理司马）的名义带兵作战，非常英勇，为窦固赏识。于是就命他去西域各国联络，做外交工作，行张骞故事，班超欣然领命。

班超像

先服鄯善 牛刀小试

汉遣使者去西域，打的旗号是亲善结盟，所以从来不带重兵。张骞第一次出使，带的只是100人。第二次出使，阵容稍盛，也才不过300人。班超带的人数更少，才36人，他的第一站是鄯善（原名楼兰），距玉门关1600里。到时，国王接待尚称恭谨，哪知不久，匈奴使者亦到，国王态度忽变。班超侦知原因后，利用风起之夜，率卅六敢死之人，夜袭匈奴使节营帐，斩其使节及随从130余人。第二日持斩下的使节头颅往见鄯善王，鄯善王大惊而服，立即表示愿意遣子去洛阳为质，归诚大汉。奏报朝廷后，明令实授班超为行军司马，并令往于阗诸国安抚。窦固恐班超带的人太少，欲增多之，班超回说："卅六人一心，虽寡气盛，不须增人，人多不一心，

反误事。"

怒杀神巫　威服于阗

于阗屑南疆，离玉门关 3500 里。国王广德新胜莎车国，称雄西方。他和匈奴结好，匈奴驻有专使监护其国。广德王与于阗人皆信神巫，班超到于阗后，国王请神巫指示机宜，神巫与匈奴有通，竟责备国王不该接待汉使，国王惶恐，神巫乃建议向汉使索驹马（一种毛色淡黑的骏马）以祭神，用意无非在故意轻蔑汉使，以搅乱于阗和大汉的关系，而维持匈奴在当地的霸权。班超将计就计，答应献马，但唯一条件是必须神巫亲自到营帐来取。神巫不疑有他，昂然来取马，班超立即命左右将神巫斩首，把头颅送到广德王座前，大大地指责其不该听信神巫妖言。广德王以为神巫是法力无边的，竟在汉使面前不能保其首领，于是大恐惧，自动杀掉匈奴使者，归附大汉。于阗以西诸国，闻风遣使奉表归顺者甚多。

擒贼擒王　疏勒复国

西域大汉以北诸国中，以龟兹最强，常欺凌邻国。有疏勒者，其国王被龟兹人所杀，龟兹人兜提为疏勒王。疏勒人无力反抗，但都心怀不平。班超洞知其情后，率勇士驰赴疏勒。将达其国都时，遣其部属田虑，先往见兜提王，相机行事。田虑与兜提接谈之下，知道他无意向汉，田虑出其不意竟命随从将兜提擒拿，兜提左右无人上前阻挡，可见其甚失人心。正好班超的大队人马抵达，立刻召集疏勒旧臣民，宣布大汉使节来到，以锄强扶弱为宗旨，决定帮助疏勒人复国，疏勒人大欢欣，乃立其前王之侄为王，一心归附大汉。班超还特示以大汉之宽仁，和不尚杀戮之气度，把兜提释放，令其自归龟兹。

威镇西域　封定远侯

班超在西域为大汉重建威信后，一直没有离开西域。自明帝永平十六年（公元73 年）一直到和帝永元十四年（公元 102 年）整整三十年。其间曾再定疏勒叛离，安抚乌孙，使其奉表入朝。又勇破莎车联军，降服莎车、龟兹、温宿、姑墨、尉头、焉耆诸国。又用智谋威服西方的月氏（阿富汗）。他于和帝永元六年被封为定远侯，实现了早时的愿望。他使大汉恢复了西域都护的设置，他自己并被任为都护。他没有劳师动众，消耗国力，像汉武帝那样动员十万众征调到塞外用兵，而能使西域五十余国皆对大汉归向，并且把匈奴牵制，不敢为患边塞。他所凭借的是大汉威名这股"声势"，和他敏捷决断的"行动"。更重要的是他对国家的耿耿忠心，和他处处施仁义于各国。他所执行的不是帝国主义掠夺的政策，而是济弱扶倾的政策。近世有一位被称为阿拉伯劳伦斯的英国人，他在阿拉伯诸部落的作风，与班超有一丝相像，但比起规模、时间和效果来，却不可以道里计了。

生归玉门　功成身死

和帝永元十二年时班超曾上书表示思归，其辞有："臣不敢望到酒泉郡，但愿生入玉门关。"后来其妹班昭也曾代兄向帝请命，有句："乞超余年，一得生还，复见阙庭。"和帝览章感动，乃征超返国。永元十四年八月班超果然衣锦返洛阳，可惜才 1 个月就以积劳患胸胁之症而死，死时 71 岁。其子班勇，后在安帝时再度为朝廷扬威西域，颇有乃父作风。

受太监包围的汉灵帝

东汉的帝脉不旺，十三代皇帝，未成年接位的占大半，太后临朝达九朝之多，由是外戚擅权。后来皇帝长大，不耐大权之旁落，乃与生活上最接近的人——宦官们联手，发动宫廷政变，排除外戚而夺权。

宦官因立功而贵重，受皇帝信赖，由是抓权弄权，把一个毫无政治经验的皇帝层层包围，使他接触不到政事的真相。宦官们呼朋引类，爪牙布满天下，鱼肉百姓，政治就此腐败。虽然一批读书人，朝野呼应，或自命清高，或对朝政痛加针砭，有的甚至采激烈手段对宦官爪牙加以制裁，但是做皇帝的太窝囊，一次次的兴党锢之狱，国家精英凌迟，汉室也就不能保了。

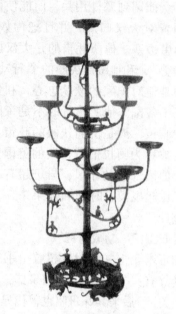

十五连盏灯

窦陈失权　帝受包围

东汉末二代皇帝灵帝，12岁接位，他是桓帝的族侄，因为桓帝无子，近支也无人，他又年幼，就应了选。他原是解渎亭侯刘苌的儿子，名叫刘宏，生母董氏，乳母赵娆，都是贪财好货的人。董氏在灵帝接位后，常对儿子说："你父为侯时，家中常困窘，你今为帝，勿忘多积钱财。"灵帝后来变成非常贪财的皇帝，乃自少受母亲的影响。灵帝初接位时，窦太后临朝听政，朝廷大权操在后父大将军窦武的手中。这位窦武有鉴于前朝的桓帝太宠信宦官，因为桓帝当时从外戚梁冀手中夺权，完全靠

宦官单超、左悺等出了死力，所以终桓帝朝（共21年），宦官猖獗，爪牙布天下。桓帝屡兴党锢之狱，把许多有正义的读书人，列为管制人员，永不录用，都是受宦官影口向。窦武是同情读书人的，他与太尉陈蕃密谋铲除蟠居宫廷的宦官。哪知事机不密，再加窦太后优柔寡断，反被宦官曹节、王甫先发制人。窦武、陈蕃俱死，太后被幽，于是汉灵帝就完全落在宦官和宵小的包围圈中了。

清除党人　正气消沉

自桓帝以来，宦官们就恨透朝野的那批读书人，因为他们常常揭发宦官和爪牙们的不法行为。所以宦官曹节等自夺权两年后，就发动一次大规模杀害读书人的行动。他们根据一件密告，说前朝一个和宦官作对而在逃的山阳郡督邮名叫张俭的（当然是一位饱学之士，曾被列入八表之一），勾结同党24人，阴谋危害社稷。乃令人上奏，请皇帝下诏捕杀勾党李膺、杜密、范滂、张俭等一干人等。那时灵帝已十四岁，他不懂什么叫"勾党"，问身旁的太监，曹节说："勾结成党，就是勾党"。灵帝又问："犯了何罪该杀？"曹节回说："图谋不轨。"灵帝问："这又何解？"曹节说："他们要造反，要推翻皇帝，把皇帝杀了。"灵帝说："这太可怕了。"马上下诏全面搜捕党人，李杜范等皆被杀害，张俭逃出塞外，党人被杀害者百余人，受牵连入罪者六、七百人。从此清议匿声，正气消沉，宦官和朝中一批无耻之辈，就可以为所欲为，肆无忌惮了。

宦官亲故　残虐百姓

东汉宦官封侯的很多，侯是爵位，可以袭传下去，但是宦官无后，爵位传不下去，及身而没，于是网开一面，准许宦官有养子，养子可以袭爵。像三国时的曹操，就是太监曹腾的养子曹嵩之子，太监因此也有后了。太监一有后代，他的家人更多，

不但父母辈兄弟辈，而且有子媳辈，还加侄辈等等，这一连串，在古代是谋差求职最靠得住的关系。宦官既受宠信，他的一大串亲戚故旧，都在朝廷或外郡做起官来了。前面提到的那太监王甫，他自己是宫中的中常侍（太监的头儿之一），他的弟弟王智做五原太守，养子王吉为沛相（等于太守），另一养子王萌为永乐宫少府，都是仗势欺人，无法无天的小人。王甫在京兆占卖官家财物达七千多万钱。王吉做沛相，滥杀无辜，还把被杀的人，剁成肉块，挂在车上巡行示众，夏天尸腐生蛆，臭气熏天，行人掩鼻。诸如此类的事，数见不鲜，但却瞒着那受包围受蒙蔽的皇帝。

卖官鬻爵　分期付款

欺主的手法，除开蒙蔽外，就是投其所好。前面说过灵帝自少受生母的影响而贪财货，宦官们就建议灵帝设一个卖官的衙署，设定价格，二千石的官二千万钱，四百石的官四百万钱。要当地方官，则看地方的丰啬，而分别定价格。这衙署设在御苑西园里，所以卖出的官，称西园官。买官的人都是地方的豪强，他们欺压百姓弄到钱财，但是没有权势，要想做官，又没读过书，没法从孝廉茂才进身，现在有了这条途径，大家趋之若鹜，居然让灵帝的财源滚滚而来。那时灵帝的母亲董氏已经迁入永乐宫，因为被幽居的窦太后死了，董氏就被称为永乐太后。她看到做皇帝的儿子，有办法聚敛大笔财货，高兴得笑口常开。宦官们也有穷亲戚，想做官而钱不够，于是又建议皇帝，凡卖官献钱，可以分期付款，只要加付利息即可。这样更便利了一批宵小，他们付一笔定钱，弄到一官半职，然后在百姓头上尽情搜刮，不但把定钱刮回来，还把分期付款的定期缴款和利息一齐刮回来，孝敬了皇帝，多下来的就往自己腰包塞。宦官们经手这件事，做担保人可以分成头，放印子钱还可以赚

厚息，这完全是现代资本主义社会信用状付款的办法，不图在西元第二世纪的中国早就行之有素。可惜没有用在正当的商业发展上，而用在卖官鬻爵上，徒然使社会增加紊乱和加速倒退。

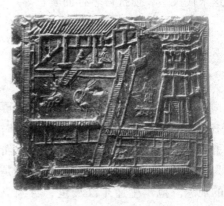

房屋画像砖

淫乐宫馆　黄巾乱起

灵帝25岁时，做皇帝也做了13年，正当血气方刚之年，既然有了钱财，就要大大地享乐一番。他先在洛阳城外造毕圭苑，又修南宫云台，大征天下木材。州郡送到木材后，宦官们故意刁难不予验收，逼得经办人削价抛售，宦官们乘之贱价买进，转手之间大赚其钱。这套现代商场的恶劣手法，原来古时中国都早有开端。有一宦官名毕岚，他发明翻车（汲水机）和渴乌（虹吸洒水器），可以把城外的水引入宫苑。又发明天禄虾蟆（喷水器）装在裸游馆浴池，皇帝与妙龄宫女们在喷水池中追逐嬉戏，并作长夜之饮。灵帝又好养狗，封狗官爵。还喜欢驾四驴之车，在西园中驰骋。又在御苑内设商肆，令宫女做买卖人，灵帝徜徉其间取乐。这等于开商品博览会，可惜只供一人娱乐。这些都是宦官们包围皇帝的淫巧办法，使皇帝不理朝政，当初秦赵高对秦二世，用的也是这办法。

但终久激起黄巾之乱，举国骚然，曹操、刘备、孙坚由此露头角。后来靠州郡

兵马戮力，把乱事平定，但是诸侯拥兵专断一方的形势造成，这是分裂的局面。灵帝荒淫，33岁而死，第二年就发生外戚何进和宦官张让等再一次的大火并，这一次两败俱伤，引进了恣睢暴虐的大军阀董卓，把这末代汉室，搅扰得名存而实亡。

范滂为名节而死

东汉自光武以来一向提倡儒学，尊重读书人，因此一批饱学清操之士，也时时慎重其出处，保持其独立的人格，总希望成为社会的表率，群伦的领导，这就是名节的观念。范滂生逢东汉衰世，身当党锢之祸，死于名节，最让后世人景仰。

少怀大志　澄清天下

范滂字孟博，汝南征羌（今河南郾城境）人，年少就以具备敦、朴、俭、让的德行和饱读经书而为州里所重。后被保举孝廉，而奉派到冀州（河北境）调查饥荒与吏治，那时才20余岁。启程之日，登车执辔，在送行的朋友前意气风发，慨然有澄清天下之志。后来在冀州纠举地方弊端，使不法的地方官吏纷纷畏惧解印绶以避。后一度做光禄勋陈蕃的主事。陈蕃字仲举，也是名士出身，嫉恶如仇，刚正不巴结权贵。不久，范滂又被太尉黄琼延揽为掾属。那时桓帝刚靠宦官之助，自外戚梁冀手中夺回行政大权。宦官单超、徐璜、具瑗、左悺、唐衡都封侯，世称五侯。这批宦官们恣张无知，贪欲无尽；手下亲故，满布天下，为害百姓，弄得乌烟瘴气，使社会上的正人君子们痛心疾首。

名士呼应　互相标榜

洛阳的太学，自顺帝扩建学舍以来，学生盛时多达三万人。这些全国的精英，都期待政治清明，正人君子当权，他们才有仕进的机会。那时受士林崇仰的，除陈蕃、黄琼外，还有一位李膺字元礼，颍州襄城人（河南许昌）。他性格刚烈，为人威明，因平羌虏有功，做河南尹，惩治贪顽，树立政声。后来做司隶校尉（首都警察总监），杀宦官张让之弟，严肃纲纪，声名更著，天下名士都想和他交结，凡被他密接的，名为"登龙门"。太学生中有一位太原人名郭太字宗林，他曾作句说：

天下楷模李元礼，不畏强权陈仲举。

可见李膺、陈蕃受士林之敬重。这位郭宗林，也是一位名士，他好交天下名贤才俊，相机推举，而自己却不出仕。他曾责让陈蕃不曾留住范滂，范滂也在人前说："郭宗林这个人，天子不得而臣，诸侯不得而友。"名士们互相标榜，逢到问题，落到政治斗争上，就免不了被人怀疑有勾结成党，图谋不轨的嫌疑了。

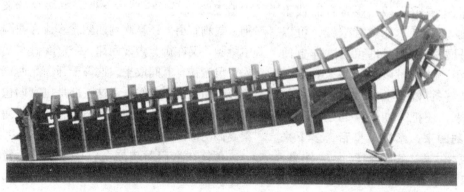

龙骨水车（模型）

大义凛然　不违功曹

范滂做太尉黄琼属掾时，曾检举州郡刺史二千石官属不法者二十余人，尚书们认为范滂弹劾的人过多，不免挟私诬陷。范滂向桓帝说："臣之所举，都是劣迹昭彰，为害百姓最厉害的，还有些尚在调查求证中。臣闻农夫去杂草，嘉谷乃茂；忠臣去奸邪，王道乃清。倘臣所言有不实甘愿受大戮。"桓帝宠信宦官，顾虑太多，对范滂的弹劾不了了之。滂因此愤而辞官回到汝南。汝南太守宗资马上请他担任功曹（人事处长），把郡内的事全交给他处理，他果然大大地整顿吏治，一时奸猾被锄，宵小见斥。他就进用了一些有才干和操守的人，同心为地方戮力。他有一外甥，名叫李颂，行为不端，为乡里所耻，却走通了宦官中常侍唐衡的门路，想在汝南太守府当一名属吏。太守宗资交了下来，范滂竟不予理会，恼了太守，迁怒一个办事员名朱零的，要罚他怠忽，那朱零颇有骨气，他说："宁受太守鞭笞，不敢违功曹的意志。"郡中宵小之辈就此归怨范滂，反诬被他引进的人为范党。

三木囊头　慷慨陈词

朝廷上陈蕃、李膺、杜密一批正人君子，后来和宦官不法集团，展开正面冲突，邪正双方都有被诛杀的。后来河南地方出了一个自称能知未来的妖人名张成，他纵子杀人，而预知可遇赦，后来果遇赦，父子二人因此到处招摇，并阴与宦官勾结。李膺任司隶校尉怒而捕杀张成之子，于是张成就与宦官合谋，令弟子牢修，伏阙上书诬告李膺结党，专事诽谤朝廷，图扰社稷。那昏庸的桓帝竟信以为真，大兴党狱，把李膺、杜密、范滂一批人二百余名，尽行罗致成罪，一律加以逮捕。陈蕃谏阻，反被免职。党人们有闻讯逃逸的，范滂却自动去洛阳就狱。过了一阵，国丈窦武向桓帝求情，桓帝乃命中常侍王甫去黄门北寺狱中对党人一一加以复讯，见到范滂等三木囊头（身上架了三木——颈枷、脚桎、手梏，头上蒙了粗麻）遍体鳞伤，逶迤伏于阶下。王甫说："君等身为人臣，不思忠心报国，而结党议评朝廷，所欲何为？"范滂争先回答："孔子说见善唯恐赶不上，见恶唯恐避不及。我等只知善善相清，恶恶合污，关心的是王政，不知何谓结党。"又说："古人修善，自求多福；今人修善，身遭杀戮。但愿身死之日，埋骸骨首阳山侧，庶几上不负皇天，下不负伯夷叔齐。"说罢慷慨仰天长叹。王甫面对这股正气，也为之改容流泪，当即下令解除范滂等的桎梏。后来党人尽释，惟禁锢终身，永不叙用。范滂自洛阳返汝南，南阳士大夫迎之于途者数千辆车。范滂到了家乡，就深隐不出。

党锢之狱，更加提高了名士们在社会上的地位。那时陈蕃、窦武、刘淑三人被称三君；李膺、杜密等八人被称八俊；郭宗林、范滂等被称八顾；张俭、刘表等八人被称八表；张邈、胡母班等八人被称八厨。天下一般附和风气的人，都拜走名士之门，评论当道，蔚成风气。但是范滂却早看出祸机，自知隐晦。原来在他自洛阳归乡时，有两位一同坐牢的乡人名殷陶、黄穆的，在途中自告奋勇，做范滂的随从，并担任招待，应对宾客，大有义士归来，得意之色。范滂警告他们说："你们二位相随而来，虽然是壮我行色，但如此排场，恐怕反而增加我将来的灾祸，大家千万要小心呀！"

重名于命　范母励子

果然桓帝一死，灵帝接位，陈蕃、李膺重起。窦武与陈蕃密谋诛除宦官，一来因时机不密，二来因窦太后没有决心，反被宦官们掌握到主动，而把窦武、陈蕃诛除。于是党狱再起，李膺、杜密等均死。汝南督邮吴导奉诏捕范滂，走到征县驿舍，伏床大哭，昼夜不停，范滂知道了，马上去县署投案。县令郭揖打算解了印绶，和范滂一起亡命，范滂说："我一死，祸就了，何必连累你，又使老母颠沛！"说罢自动戴上罪具上路。老母来诀别，范滂垂泪说："二弟仲博知道孝敬，足以奉养母亲，儿从先父归黄泉，存亡各得其所，惟大人割不忍之恩情，万望节哀。"范母慨然说："你今与李杜齐名，死亦何恨？既有令名，何能求寿考，二者不可得兼。"范滂跪地受教后辞母去州郡受戮，死时才33岁。范母重"名"甚于"命"，以此坚范滂必死之心，古人重名节如此，愧煞了现代人。

大军阀董卓

光武帝所匡复的汉家天下，后世称为东汉的，一共维持了196年，传了13个皇帝，其中称得上盛世的，只有光武的33年，和明章二帝的31年，总共不过64年。从第四代的和帝开始，历代因为皇帝幼冲，太后临朝，先造成外戚擅权，后又因皇帝长大，得宦官之助，从外戚手中夺权，而造成宦官乱政。一般知识分子，或称士大夫阶级的，不满意那些不学无术的太监，呼朋引类把一个国家弄得乌烟瘴气，乃引起党锢之祸，把社会上一股正气摧荡得奄奄一息。再加上那末二代的灵帝，从12岁开始，做了21年的荒唐皇帝，贪财好色，把大好江山弄得内腐虫蚀。等他一死，由于外戚和宦官最后一次的大火并，引来了虎视河东的大军阀董卓，让董卓以豺狼之心、虎豹之暴、雷霆之势，把这朽败的汉家天下，重重地一击，就再无回生之力了。

豪于分财　善结私党

董卓字仲颖，陇西临洮（甘肃岷县）人，自少即和甘青一带的羌人混在一起，

黑釉堆塑人兽纹蒜头瓶

颇感染上那些游牧边民的豪犷之气。他后来做凉州的兵马管带，防守边塞。因他气力过人，能够左右驰射，而且粗中有谋，所以羌胡都畏服。桓帝末年曾到洛阳为羽林郎（宫中侍卫官），派在中郎将张奂麾下担任行军司马，在讨叛羌之役中立功，封为郎中。朝廷赏他的九千匹缣帛，他全部散赠给部属军士，自己一匹也不留。他说："功既自居，赏就应分给军士。"可能这是他的带兵哲学，以"利"来打动一批脑筋简单的部属。后来在长安，他的部属李催、郭汜、樊稠等，居然打了为他复仇的旗号，把汉家朝廷，弄得颠沛流离，未尝不是着了他这个带兵哲学的魔。自来的大军阀，都掌握一批死党，豪于分财，是结死党最有效的法宝。

挟敌自重　拒释兵权

灵帝中平元年，黄巾之乱起，北中郎

将卢植在河北攻张角于广宗城，久不能下。朝廷起用董卓为东中郎将，代卢植攻击张角，谁知在一场与敌遭遇战中败阵，被免职。幸亏第二年因边章、韩遂与北零羌等叛乱，他又被起用做车骑将军皇甫嵩的副司令官，众军皆败，独董卓得全师而还，乃屯扶风郡，封侯。中平六年朝廷征他到洛阳当少府，那是文官，他怕失军权，借托羌胡多变，不能离开。朝廷乃拜他为并州牧，要他把兵权交给皇甫嵩，那时灵帝病重，他竟推说与士兵相处感情太好，请求率领军队一同去并州，以效力边郵。于是就驻军山西境内，以观时变。凡是军阀都拥兵自重，不愿朝廷夺他兵权。

戚宦互杀　进军洛阳

灵帝以33岁的盛年死了，太子接位，大权落在寡母何太后和舅父何进之手。这位担任大将军的何进，是一个非常无能的人。他听信了一批年轻躁进的贵胄像袁绍之流的怂恿，想把那批把持宫廷20年，诱使灵帝腐化，造成全国贪污公行，法纪荡然的太监头儿，所谓十常侍的，加以清除。但何太后动私情，迟迟不决，袁绍等索性建议召外镇带兵入京共清君侧。虽然有曹操的反对，但何进还是私召了在河东窥伺机会的董卓。董卓接召大喜，立即率军就道，而且还堂堂上书声言要清君侧。当董卓军队快马加鞭向洛阳进发时，洛阳宫廷中已展开太监头儿们先杀何进，接着袁绍、袁术兄弟入宫屠杀太监的混乱局面。那时少帝和其弟陈留王都落在太监头段珪的手里，已经逃出洛阳城外，在北芒山下藏匿。董卓带兵迎驾，只见那十四岁的少帝惊怖战栗，哭哭啼啼，已不能回答问话，倒是那九岁的陈留王，却能代兄把宫中变乱，侃侃地说出一个大概，董卓听了啧啧称奇。

拥立献帝　自任丞相

董卓护驾回朝，恢复洛阳秩序，先收何进兄弟的部队，一面又把自己带来的三千部队，使其夜间潜出城，日间大锣大鼓进城，如是者数天，使洛阳居民以为他不知带有多少部队。于是先自任司空，就提出废少帝，立陈留王之议，他认为陈留王贤于少帝。原来他们兄弟并非同母，少帝名辩乃何后所生。陈留王名协，是王美人所生，后来何后鸩杀王美人，陈留王就被灵帝生母永乐太后董氏养育。董卓既有北芒山的经验，对陈留王印象良好，又自以为与永乐太后同族，同时他需要掌握一个拥立之功，成为他的政治资本。那时朝中文武，除袁绍表示反对而匆匆挂冠出走外，其余的都迫于他的淫威，不敢反对。于是少帝被废，陈留王被立为献帝。董卓以拥立有功，改任太尉，封郿侯，不久又晋升为丞相。他起先还知道装点门面，曾进用一些文臣，其中有闲居陈留博学多才的蔡邕。只有曹操不受他的封委，而急急地改姓化名逃出洛阳。

贪暴性露　迁都长安

董卓看到洛阳贵戚，甲第相望，金帛满户，贪心大启，除开他自己乘何太后下葬，掠取帝陵藏珍外，又从其士兵剽劫民间财物，自己也好乱宫廷，滥施刑罚。最可笑的是，他为表示部队有杀贼之功，竟把一次民间大社集的乡民都斩首，然后悬头车辕，表示杀敌凯旋而归。他也知道敛财，废当时通行的五铢钱，改铸劣币。把洛阳、长安的铜人钟鼎器物，都熔毁来铸钱，于是天下骚然，百物腾贵。那时袁绍就号召山东诸侯一齐讨董，诸侯中能战的只有孙坚，曹操虽能战而战无功。董卓遂决定迁都长安。这一大迁移，强迫洛阳近百万人西行，他不但尽烧宫庙官府人家，而且又令吕布发掘东汉诸帝陵及公卿大臣坟墓，尽劫其珍宝。

残暴不仁　三年而灭

董卓到了长安，自拜为太师，筑郿坞号万岁坞，在坞内蓄美女、陈珍宝，储粮

铜辂车

足三十年食用，恣意纵乐。一次在百官前，将北地降虏数百人，先割舌，后斩手足，再挖眼睛，然后加以烹煮，有未及死的，肢体还在案席间颤动，百官有吓得杯筷跌落地上的，董卓却饮食自若。这样的暴虐，人神所不容。果然，不过三年，朝中司徒王允买通了有勇无谋的吕布，将董卓刺死在长安未央宫北掖门。死后陈尸长安街市，百姓燃烛其脐中，一日一夜油脂方尽。其亲属皆被杀，而且烧成灰。他本人虽灭，但其部属仍打着他的旗号施虐，把汉室天下搅扰得回生乏术。军阀之为祸中国，以董卓为最暴。

第二节　文化中兴：艺海拾贝　科技撷英

天文历算

秦汉时期天文学得到了长足的发展，初步形成了我国的天文学体系。其中尤为突出的是独具特色的历法体系的形成。天文历法的进步促进了数学的发展，中国古典数学体系形成，出现了一批著名的数学家和数学著作。而数学的发展也为天文历法提供了有力的工具。

《太初历》

汉初沿用秦以来的"颛顼历"，至武帝时才有历法变革，其标志性成果是我国第一部记载完整的历法——《太初历》。《颛顼历》以每年十月为岁首，更多的是出于政治考虑，使得农事的开始与历法的岁首相差一季，很不适合农业生产的需要；且使用年代长久，误差累积渐大，以至于朔日、晦日出现新月，而满月不出现在望日，历法与天象不合。针对此种问题，改革历法势在必行。元封年间（前118～前104），司马迁等上书建议改历。武帝予以同意，并诏公孙卿、司马迁等人议改历法。但是随后改历建议遭人质疑，于是武帝又下令重新招募邓平等20多人，再议新历，颁行天下，定名为《太初历》，并将元封七年（前104）改元为太初元年。《太初历》以天文实测为基础，开创古代历法"观天制历"、以天验历的良好传统。其采用夏正，即以正月为岁首，与一年农事起始时间相符，也与人们以春夏秋冬四季为

彗星图

一年的习惯相符合。它规定以无中气之月（即月中无节气）为闰月，比年终置闰更合理，使月份与节气相对固定。《太初历》开创记录日食、月食周期的先河，也极大推进了对日月食规律的研究。可以说，一部《太初历》，就是当时天文学年鉴和天文年历，中、西方历法的不同特色，也从此形成。

三家论天

古人探索宇宙的结构，起源很早，至汉代形成了"三家论天"的局面。成书最迟不晚于武帝时的《周髀算经》一书，是我国古代著名的天文历算之书。全书以对话形式展开，问答相间，总结先秦时代及秦汉时期我国在天文学和数学方面取得的成就。是书在天文方面系统阐述了宇宙结构理论的"盖天说"，即天空像个斗笠，大地如同翻扣的盆；在数学方面，该书记载了用标杆测日影以求日高的方法，勾股

《周髀算经》书影

定理由此得以发现。"浑天说"是在使用仪器测量天体位置的基础上产生出来的一种宇宙结构学说。张衡的《浑仪注》对此表达最为清晰：天在外，地在内，"天之包地，犹壳之裹黄"；天地因"气"而立，载水而浮，天表内则充满水。作为探索宇宙的理论，"浑天说"有其巨大成功之处。但"浑天说"与"盖天说"都是有限宇宙的模型，而另一种理论"宣夜说"，则是将宇宙无限思想发展成一种宇宙结构学说的代表。"宣夜说"使用推理的方法，认为各种天体其实都浮生于虚空之中，"气"是日月五星运动的动力，并没有什么东西系着它们。从宇宙结构来说，"宣夜说"是比较科学的学说，但由于它对诸多问题没有解释，故影响不大。"盖天说"与"浑天说"，实际上成为中国古典天文学关于宇宙结构的基本看法。

张衡与地动仪

张衡（78～139），字子平，南阳西鄂（今河南南阳石桥镇）人。张衡极富文学才华，写出了著名的《西京赋》和《东京赋》；他又是我国历史上杰出的科学家之

一，发明了指南车、地动仪、浑天仪等仪器，其中又以候风地动仪最为有名。顺帝阳嘉元年（132），张衡发明地动仪，这是世界上第一台可测地震方位的仪器。它利用物体惯性原理来收集震波，探测地震波的主冲方向，从而测出地震的发生方位。其基本构造符合物理学原理，是现代地震仪的先驱，遥遥领先于世界各国。这台用精铜铸造的地动仪，外形如同酒樽。器体内部中央竖有一根铜柱，称为"都柱"。围绕都柱设有 8 组与仪体相连接的杠杆机械，即"八道"；"八道"又与仪体外面设置的 8 条显示方位的垂龙龙头上颌接合。遇有地震，震波传来，"都柱"会向发生地震的方向倾斜，使该方位的龙嘴张开，铜球落入同方向下面的蟾蜍口中，发出声响，用以警报，即"一龙发机，而七首不动，寻其方向，乃知震之所在"。仪器造好后安置在洛阳，但人们始终将信将疑。永和三年（138），西方铜球落下，但当时洛阳并无震感。过了几天，等到陇西发生地震的消息传递到京师后，人们才开始相信地动仪的准确性。

《九章算术》

《九章算术》博大精深，美誉四方，是我国古代最重要的数学经典。它是先秦数学成就的集大成之作。《张家山汉墓竹

纸地图

简》（247 号墓）中的《算术书》，与《九章算术》前 7 章的主要内容十分接近，两者联系密切，似可看作《九章算术》的母本。《九章算术》不是一时一人之作，而是经历了漫长的时间，由多人删改、修补，最终成书于东汉和帝时期。《九章算术》内容异常丰富，题材广泛。它以问题集的形式出现，分为 9 章，共 246 题。每题分为问、答、术 3 个部分。"问"是问题，"答"是答案，"术"是解题算法。在我国先秦典籍中，虽也记录了不少数学知识，却没有《九章算术》那样的系统论述。该书编排体例由易到难、由浅入深，从而形成了中国传统数学的理论体系。书中关于分数概念及其计算，负数概念及其运算，联立一次方程的解法等，都是极为先进的。后世数学家，大都以此书为入门书，故有"算经之首"的美称。唐宋时期《九章算术》为国家明令规定的教科书，此书还传入周边国家和地区，影响深远。

汉代医学

先秦是中医学的理论奠基时期，对医学理论进行了系统总结。秦汉时期的医学，则是在此基础上的临床实践经验总结和再发展。

《神农本草经》

从神农氏尝百草的传说时代到东汉时期，先民们积累起丰富的医药学知识。对之进行系统总结的著作，便是我国现存最早的药物学典籍——《神农本草经》。这部书不是一时一人的作品，而是从战国到秦汉时期药物学的总汇，最终成书约是在东汉时期。现存《神农本草经》共记载药物 365 种，其中植物药 252 种，动物药 67 种，矿物药 46 种。因为中医是以植物药为主的，所以就以"本草"为本书的代称，

《足臂十一脉灸经》

中医药物学因此也被称之为"本草学"。书中叙述各种药物的名称、性味、功效、生长环境、采集时间以及部分药物的质量标准、真伪鉴定等，主治病症包括内、外、妇、儿、五官等各种疾病。全书纵论药物学的药理，横录各种药物，二者交互相成，构成了一个完整而谨严的药物学体系，也奠定了古代中国药物学体系。用现代医学成就来检验《本草》的记载，其内容大多是正确可信的。

张仲景与《伤寒杂病论》

张仲景，名机，南郡涅阳（今河南南阳）人，东汉后期著名的医学家。张仲景"勤求古训，博采众方"，刻苦钻研古医药典籍，深入研究医学理论，广泛吸收民间经验；并结合自己"精究方术"的特点，加以实践体会，成就了这部划时代的临床医学巨著——《伤寒杂病论》。后人将全书改编为《伤寒论》与《金匮要略论》（简称《金匮要略》）两部分，各自独立成书。《伤寒论》主要论述伤寒等急性传染病的诊治，《金匮要略》主要论述内、外、妇科等杂病诊治。《伤寒杂病论》在古代

医学史上具有极高的价值与地位。它最终确定了中医辨证施治的原则，奠定了中医诊治学体系的基础。从宋代起，该书就被列为官办医学的教科书，它对日本、朝鲜及东南亚国家医学的发展也做出了贡献。

华佗

华佗（约 141～108），又名事，字元化，沛国谯县（今安徽亳州）人，东汉末年著名的医学家。他精通内、外、妇、儿等各科，擅长针灸，尤精于外科。对一些诸如腹内肿瘤等针药无法治疗的病症，他就施以外科手术。手术前，他令病人用酒调服自己发明的"麻沸散"，对病人进行麻醉，切开患病部分将其取出，然后缝合敷上药膏，使之愈合。除此之外，他对养生之术也很有研究。他认为人必须经常活动、锻炼，才能血脉流通，强身健体。因此，他总结前人"导引"之术，创制"五禽之戏"，模仿动物姿态以锻炼身体。他的弟子吴普坚持行之，"年九十余，耳目聪明，齿牙完坚"。华佗由于不肯做曹操的专用侍医而被杀害。他的著作未能传世，题名"华佗撰"的《中藏经》是后人托名所作。

造纸术的发明

造纸术是中国古代科学技术的四大发明之一，是中国对于世界文明的伟大贡献。纸张作为文化的载体，在中华文明传承和中外文化交流的过程中发挥了重大作用。

纸的发明

"纸"，原本是书写载体的泛称，后来才专指用植物纤维制造的书写材料。在纸张发明之前，商周时代主要以甲骨、铜器记事，春秋战国之际，竹简、缣帛逐渐取而代之。汉代，经济繁荣，文化昌盛，国力雄厚，笨重的简牍和昂贵的缣帛已不能满足人们的文化需求，寻求新的书写材料已成为时势所趋。考古发掘陆续发现西汉时期的纸张，都证明纸张的发明是在西汉。1986 年，甘肃天水汉墓出土的纸质地图残块，是目前所知最早的纸张实物，可以证明西汉早期已经发明了用于绘写的纸。至西汉末年，造纸术已经相当成熟。新疆民丰东汉墓曾出土揉成卷的纸，说明当时造纸术已经传到西域地区。纸的发明虽然在西汉，但在整个西汉时期，书写纸的用量还是很少；东汉宦官蔡伦改进造纸术，则极大的推动了纸张质量的提高和应用范围的大规模的拓展。

蔡伦改进造纸术

和帝元兴元年（105），蔡伦在前人造纸术的基础上，改进造纸术。蔡伦改进造纸术的意义并不亚于纸张的发明。蔡伦（？～121），字敬仲，桂阳（今湖南耒阳）人，和帝时曾担任主管宫廷御用器物的上方令。他总结西汉以来用麻类纤维造纸的经验。利用宫廷作坊的财力物力进行试验，改进造纸术。蔡伦以树皮、麻头、破布、

造纸流程图

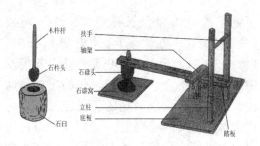
碓的结构示意图

旧渔网等为造纸原料，经过挫、捣、抄、烘等一系列的工艺加工，制造出植物纤维纸张。蔡伦向和帝进献纸张，受到和帝赞赏，"自是莫不从用焉"，天下流行"蔡侯纸"。东汉末年，有个叫"左伯"的造纸名匠，又进一步推动造纸术的发展，"左伯之纸，妍妙辉光"，正可见古人对"左伯纸"的推崇。造纸术的发明是古代中国最伟大的发明之一，为全人类文明做出的卓越贡献，也极大推动了文化的保存与传承。这种书写纸张的改进、推广之后，其他书写载体逐渐被取代而销声匿迹。

伟大的发明——造纸术

在公元前 2 世纪的西汉，中国已发明了造纸术，且多为麻纸。西汉时期选择以麻为原料造纸，是因为人们早已掌握了麻的脱胶、柔化、漂白等工艺技术，使生硬

西汉麻纸

的麻皮变为纤维，可用于纺织；麻纺织前期的重要工艺"沤麻"可作为造纸技术的借鉴；斧和碓可作为切断长纤维的刀具和打烂纸浆的工具。这些相关的工艺和工具都为汉代造纸的发明提供了物质条件。

通过对西汉纸的研究和对现存的传统造纸工艺考察，汉代造纸工艺的流程主要为：

（一）浸沤。使麻皮变软，易于除去外皮和杂质，同时使麻皮得以初步脱胶。

（二）切碎。使麻纤维变短，便于春捣和形成纸浆。

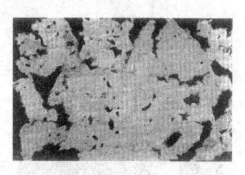
肩水金关纸

（三）灰水浸泡，也称浆灰。麻料在碱的作用下易于脱胶和分散纤维，还有漂白的作用。

（四）春捣。碓打的麻料纤维形成帚化现象，增强纸的牢度。

（五）洗涤。洗漂掉灰浆和杂质，增加纸的洁白度。

（六）打槽。纸浆放入加水的纸槽，以打槽木棒将纸浆打匀，使纸浆纤维均匀地漂浮在纸槽中。

（七）抄纸。用抄纸模框在纸槽中将纸浆抄起，使纸浆均匀地滞留在抄纸模框上。

（八）晒纸。将留有湿纸模的模框放在通风的地方晾晒。

（九）揭纸。将晒干的纸从抄纸模框上撕下。至此，一张麻纸就制成了。

正史创建

二十四史的头两部是《史记》和《汉书》。《史记》开创了纪传体正史的基本体例,《汉书》则对这种体例进一步规范化。二者在中国史学发展史上具有极其重要的地位。

司马迁像

司马迁与《史记》

司马迁（公元前 145 或 135 ~ 约前 90），字子长，左冯翊夏阳（今陕西韩城）人。他出身于史官世家，具有良好的家学渊源。他年轻时曾游历各地，体察各地风土人情，为以后的撰述打下坚实基础。武帝封禅泰山，其父不能从行，抑郁而终。临终前，父亲以国史相嘱。司马迁决心完成先人未竟之业，这成为了他的终生志向。后来，他有机会遍览皇家藏书，为撰述作了文献准备。当司马迁一心一意撰写《史记》时，因为名将李陵辩护而遭受腐刑。受此奇耻大辱，司马迁痛不欲生；但他从历史中汲取力量，忍辱负重，终于完成《史记》这一史学名著。《史记》，原名《太史公书》，全书共 130 卷，是上起传说中的黄帝，下至西汉武帝时代的纪传体通史，且犹详于秦汉时期的历史记述。作为史学著作，其内容完整，结构周密，在历史上几乎是空前的。《史记》以记载人物的《本纪》、《世家》、《列传》为主，以《表》、《书》为辅，综合编年、纪事诸史书文体之长，对先秦史学作创造性继承。剪裁多精挑细选，叙事严谨活泼。文笔灵动，文字如行云流水，晓畅淋漓，一气呵成；秉笔直书，记事不隐不讳，彰善瘅恶，以成信史。故而鲁迅先生誉之为"史家之绝唱，无韵之《离骚》"。

班固受诏撰《汉书》

班固（32 ~ 92），字孟坚，扶风安陵（今陕西咸阳东）人。他从小接受良好家学熏陶，勤奋向学，博览群书，学无常师。他的父亲班彪对前人所写的《史记》续篇很不满意，于是博采遗事异文，写成后传65 篇，尚未完成便去世。班固有志完成父业，就在这个基础上继续写作。后来有人上书明帝，告发他"私改作国史"而被捕下狱。他的弟弟西域都护班超怕他遭遇危险，赶往洛阳去替他上书辩白，同时当地官吏也把他的书稿送到京师。明帝欣赏他的才华，任命他为兰台令史，后又任命他为校书郎，典校皇家藏书。永平七年

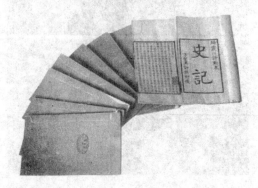

清版《史记》书影

中国通史 最新整理图文珍藏版

（64），明帝命他完成西汉一代国史。班固撰写《汉书》的事业由此正式被皇帝认可。他积20余年的时间，至章帝时大致完成全书。《汉书》叙事，详于武帝太初以后的史事，绍承《史记》；对《史记》所记武帝太初以前的历史，也有所补充、调整。是书记载西汉一朝12世230年的历史，分纪、表、志、传四部分。纪、表，叙述历史大事和历史进程；志，记述典章制度；传，写各种历史人物，兼有少数民族历史。《汉书》纪事翔实，结构严谨，上下洽通，详而有体，是我国历史上第一部纪传体断代史。由于班固自觉的皇朝意识和鲜明的正统思想，使《汉书》成为历代纪传体皇朝史的楷模，古代"正史"格局也由此而确定。

《汉纪》——最早的编年体断代史

《史记》、《汉书》，是秦汉史学的最高成就，曾被誉之为"史学双璧"。除此之外，尚有其他史学著作，最著名的莫过于荀悦的《汉纪》。荀悦（148～209），字仲豫，东汉末年颍川颍阳（今河南许昌）人。史载，献帝喜好典籍，以为《汉书》文字太繁多，难以阅读，所以，命荀悦依照《春秋左氏传》的体例，将80余万字的纪传体《汉书》改编成18万余言的编年体史书《汉纪》。此书文字虽省略不少，但"辞约事详，论辩多美"；虽系抄书而成，但对《汉书》还是有所订正增补。通过是书的编撰，荀悦提出自己的史学思想，即史学编撰应该达到五个目标：一是"达道义"，二是"彰法式"，三是"通古今"，四是"著功勋"，五是"表贤能"。荀悦也通过"史论"评点往事，议论时政，陈述见解，以为治国龟鉴。《汉纪》一书，体例虽效仿《左传》，但比《左传》更加严整；在按年月排比史事时，《汉纪》成功的将典章制度和重要人物的历史传记容纳其中。北宋司马光撰写《资治通鉴》，明言"仿效荀悦简要之文"，可见《汉纪》在我国编年体史书中所起的继往开来的作用。

一代文章

铺陈夸张为特色的大赋，成熟并兴盛于汉代，为统治者钟爱。主要来自民间的乐府诗，则往往能较为真切地反映社会生活，也是在两汉兴起的一种重要的诗歌体裁。

汉赋

赋是介于散文和韵文之间的文体，出现于战国后期，成熟并兴盛于汉代。西汉初年，模仿楚辞的骚体赋流行于文坛，代表作有贾谊《吊屈原赋》等。枚乘的《七发》，虽不以"赋"名篇，却开创汉代大赋创作的先河。武帝对赋的喜爱及提倡，推动创作者的不断涌现；国家的兴盛及统一，也为赋的创作提供了丰富的素材，赋自此空前兴盛。当时最著名的赋家是司马相如，代表作是《子虚赋》、《上林赋》。赋篇"润色鸿业"，极力歌颂朝廷强盛和天子尊严，盛赞大一统国家的气势与声威，

古诗十九首

《黄石公三略》书影

末尾归于"讽谏"。在形式上，结构宏伟，韵文、散文相间，辞采靡丽堂皇，场景雄伟壮观，震撼人心。继司马相如之后，著名的赋家、赋作，有扬雄的《蜀都赋》，班固的《两都赋》及张衡的《西京赋》、《东京赋》。入赋过于追求形式，过于铺张扬厉，以至于"虚而无征"；表达方式上，多是采用主客答问和层层排比，以至于呆板少变，几近僵化；文辞堆砌，又多用奇词僻句，给人味同嚼蜡之感。至于"讽谏"，更多的被后人讥为"劝百讽一"，形同虚设。当大赋盛行时，抒情小赋也依然行世。东汉中期以后，抒情小赋逐渐成为创作的主流，代表作有班彪的《北征赋》，张衡的《归田赋》、赵壹的《刺世疾邪赋》及蔡邕的《述行赋》等。这些小赋，突破大赋的颂扬传统和呆滞体式，多采用骚体，或抒情言志，或借物寓言，风格清新明快，往往有较多的批判现实的内容。

乐府民歌

乐府诗，是两汉兴起的一种重要的诗歌体裁，也是中国古代文学园地里的一枝奇葩乐府。乐府最初可能设立于秦朝，本是政府的音乐机构。汉武帝时，出于制作礼乐的需要，改革并扩大乐府机构，令其谱制新声、教习歌舞，以备祭祀之需；又派人大规模地采集各地"观采风谣"，并为之配乐。这些制作和搜集配乐歌唱的曲辞，当时称为"歌诗"，后被称为乐府诗或乐府民歌。乐府诗主要来自民间，往往能较为真切地反映社会生活，表达民众感情。乐府诗内容丰富，或表现百姓生活困难、无法生存，或反映战争和徭役给人民带来的灾难，或揭露讽刺统治者的荒淫与腐败，或表现爱情、婚姻与家庭。它的形式自由灵活，突破《诗经》以四言为主的格局，创造乐以五言为基干，包括四言、七言、杂言的新的诗歌体裁，以包涵更多的内容，更为自由地抒情叙事。它的语言质朴自然，生动活泼，不饰雕琢，富于生活气息；叙事真切，情景逼真，闻其声，可想见其状。汉代乐府诗歌中的长篇叙事诗《孔雀东南飞》与北朝民歌《木兰辞》声誉最为显赫，被世人称之为"乐府双璧"。

《古诗十九首》

五言诗在汉代以后成为中国诗歌的最主要的体裁之一。文人五言诗在西汉已经

刘向像

中国通史 最新整理图文珍藏版

开始出现，到东汉初年以后，文人五言诗已经趋于成熟，并且出现创作腾涌的局面。代表汉代文人五言诗最高艺术成就的是《古诗十九首》。它并非一时一人之作，大部分诗篇是东汉中前期的作品。主要内容，或是哀叹人生短促，应当及时行乐，如"人生非金石，岂能长寿考"，"荡涤放情志，何为自结束"；或是抒发相思情，伤别之苦，若"盈盈一水间，脉脉不得语"；或是感慨个人遭际，向往功名利禄，像"何不策高足，先据要路津？无为守贫贱，辗轲长苦辛"。它既不同于一般民俗歌谣，也不同于"诗骚传统"影响下的文篇，而是以抒写文人士子的世俗情怀、表现生命意识为主的创作。感情真挚而质朴，语言自然而文雅，故而刘勰誉为"五言之冠冕"，后人更评价为"情真、景真、事真、意真，澄至清，发至情"。

建安文学

建安是东汉献帝的一个年号。献帝时代战乱频繁，民生凋敝，然在文学上却颇有成就。这一时的诗歌，扬弃了自汉以来的铺采摛文、义归讽谏的注重功利的诗骚传统，异化了东汉前中期文人追逐个人价值、沉湎于自我意识的非功利诗潮，输注了乐府诗用现实主义手法反映现实社会的诗歌创造精神，熔铸了忧患人生、忧患社会的双重忧患意识，塑造了汉末诗歌神采飞扬，慷慨悲凉的时代风格。建安文学的代表人物，是"建安七子"和曹氏父子。建安七子，仅仅是建安文士中声名最高者，他们是孔融、王粲、陈琳、徐幹、阮瑀、应玚、刘桢。他们于当时的文体，无论是散文、辞赋，还是诗歌，各有所长，各有特色。

曹氏父子是建安时期的文学领袖。曹操的诗篇，质朴而豪迈，苍凉慷慨，气势雄阔，有乐府诗的粗犷风格，反映乱世的悲愤情怀，但又不失积极的奋斗精神。《步

《尔雅》

出夏门行》："老骥伏枥，志在千里；烈士暮年，壮心不已。"用来抒发人生短暂，建功立业的雄心壮志。曹丕之诗，多取材思妇游子的离怨别愁，婉约缠绵，柔情妩媚。曹植（字子建）的诗篇，尤其是后期诗作，成就更高。他缘情赋诗，以情纬文，抒情动人。前期诗作风格豪迈明快，后期沉郁悲怨。其诗阴阳协和，刚柔相济。刚则近于曹操的雄浑老劲，却具有青春气息；柔则类于曹丕的清丽婉约，但更重抒写性情。神采斐然，音韵铿锵，文质相称，流传广泛。据说，南朝谢灵运曾言："天下才共一石，子建独得八斗"。

长歌善舞

歌舞这两种古老的艺术形式，在汉代出现精彩纷呈的局面。宫廷中的歌舞相对庄重优雅，民间流行的则平易亲切。又有雅俗共赏的舞蹈和音乐，在上下层都受到喜爱。

相和歌与鼓吹乐

汉代乐府歌辞中的俗乐，以相和歌与

鼓吹乐最为主要，它们的兴盛，正是先秦时代金石之乐衰落的结果。相和歌源于北方民间，本为"徒歌"，即清唱的歌曲，没有人伴奏或他人应和。"徒歌"配上管弦伴奏，由歌者拿着一种叫"节"的乐器打节拍，就成为加工完美更加动听的相和歌。其命名，乃是取"丝竹更相和"之意。用来伴奏的乐器，除歌者所执"节"外，常用的还有笙、笛、筑、筝、琴、瑟、琵琶等。相和歌使用这些丝竹乐器伴奏，声音清越悦耳，动听异常。当时又有相和大曲，多是将采风而来的相和歌进行谱曲、配乐，形成包括歌、舞和器乐的大型歌舞曲。因为相和歌源自民间，故也包含边远地区少数民族的传作，如流传于世的朝鲜族作品《箜篌引》等。相和歌之外，民间歌曲的另一种发展途径是鼓吹乐，即以打击乐器与鼓吹乐器为主，有时也配有歌唱的乐种。实际上，早在先秦时期，鼓吹乐在少数民族中大概就已经颇具规模，至汉代又有很大发展。鼓吹乐的打击乐器以鼓最为主要，另外还有鞉（小鼓）；吹奏乐器包括箫（今排箫）、笛、笳、角等。2000多年来，鼓吹乐不仅为宫廷仪式音乐所采用，而且在全国各地民间音乐中也逐渐占据重要地位。现存各种鼓吹，吹打、管乐、锣鼓等，可以说是由它繁衍发展而来的。

西汉·拂袖女舞俑

琴艺发达

琴的历史悠久。今人为了区别其他以琴指称的乐器，称"琴"为七弦琴或古琴；但在古代，只有单音词"琴"。两汉时代琴艺的发达，与当时博学儒雅之士的推崇密切相关。他们视"琴"为灵圣之物，鼓琴可以陶冶情操、净化心灵，也可以移风易俗。东汉前期的学者桓谭曾说："八音广博，琴德最优，古者圣贤玩琴以养心。"汉代琴曲常有故事情节，以标题展现内容和情感，并伴有歌唱。琴艺的深入发展，使得两汉时产生了一批著名的琴家，如司马相如、桓谭、蔡邕父女等。司马相如善写赋，也长于鼓琴。其琴声悠扬，精

西汉·
彩绘陶乐舞
杂技俑

妙传神，打动卓文君，才有"当垆卖酒"的佳话。蔡邕博学多才，经史、辞赋、书法、琴艺，无所不精。他著名的琴曲创作有《游春》，《渌水》、《幽居》、《坐愁》和《秋思》，即闻名于世的"蔡氏五弄"，直至唐朝还盛行不衰，李白、李贺等诗人还为此写诗作文，可见其影响之大。他的女儿文姬也精通音律。《后汉书·列女传》称她"博学有才辩，有妙于音律"。相传蔡邕曾在夜里弹琴，弦断，文姬说：是第二弦断了。蔡邕以为她是偶然猜中，故意又弄断一弦。她说：是第四弦断了。准确无误，由此可见她琴艺造诣之深。

俗乐舞与雅乐舞

两汉的舞蹈艺术，既有纤巧精致的楚舞风格神韵，又吸收先秦舞蹈遗产中的古朴意味，也将周边相邻民族、国家和内地的角抵百戏、幻术、杂技和舞蹈汇集而融为一体。笼统而言，汉代的舞蹈可分为俗乐舞和雅乐舞。俗乐舞主要流行于民间，它通过乐府采风又有登上大雅之堂的可能。俗舞流传至宫廷，被称为杂舞，或散乐，它经常作为百戏的组成部分而出现。汉代的百戏，实际是在综合舞蹈、杂技、幻术、滑稽表演、音乐演奏、演唱等多种民间技艺形式基础上而日渐兴盛的。两汉时期，俗乐舞虽然兴盛，但文献记载极为有限；与俗乐舞相关的汉画像砖、画像石的陆续出上，既可与文献记载相印证，也可弥补文献资料的不足。画像砖石所表现的俗舞有：以衣袖为特征的"长袖舞"，以执舞具或乐器为特征的"盘鼓舞"，头戴面具、身穿假形的"鱼龙漫延舞"等。百官显贵宴饮时除了自娱舞蹈外，还有偏重逗乐表演的舞蹈。雅乐舞通常是祭祀宗庙、祖先和举行大典时所表演的舞蹈，多为刻板僵化的祭礼仪式，缺乏生机活力；唯高祖所撰的《大风歌》，曾被专门用来祭祀高祖，

与众不同。俗乐舞的掺入，也曾使部分雅乐舞一时呈现新面貌。

舞人扣饰

舞人赵飞燕

汉代女乐兴盛，宫廷、豪富之家及民间，具有一定水平的舞人乐伎数量不少。史书所见的以舞名家的，几乎全是受最高统治者赏识的人，如武帝时的李夫人、成帝皇后赵飞燕等。李夫人出身"故倡"之家，其兄延年擅长歌舞，精通音律。一次，延年以歌舞侍奉武帝，唱道："北方有佳人，绝世而独立。一顾倾人城，再顾倾人国。宁不知倾城与倾国，佳人难再得！"武帝若有所悟，慨叹世间难觅此人。旁边有人示意，"佳人"就是延年的妹妹。武帝召见李夫人，果然"妙丽善舞"。自是，武帝对之宠爱异常。汉代最著名的舞人，莫过于赵飞燕。她出身寒微，曾流落长安街头，以打草鞋为生，后又学习歌舞技艺，成为一位公主的家伎。赵飞燕腰肢纤细灵巧，舞姿有异乎寻常的轻盈飘逸之美，如鸿似燕，因而得名。相传：一次飞燕在太掖池中高榭上表演《归风》之舞，成帝击节观赏，冯无方吹笙伴奏。舞兴正浓时，大风骤起，飞燕迎风扬袖飘舞而起，似乘风飞去。成帝急忙让冯无方拉住飞燕，风

八人乐舞扣饰

停舞罢，裙子拉出皱折，更显得华彩美丽，有皱折的"留仙裙"由此而兴起。

美术世界

汉人追求厚葬的风俗，给后代留下了无数珍贵的艺术遗产。汉墓中出土的壁画、俑人、铜镜中，不乏艺术性很强的作品。汉代砖石艺术更是辉煌，题材广泛，画面精美。

绘画艺术

汉代绘画，除去所见帛画作品外，更多的是墓葬所见的壁画。西汉时期的墓室壁画，典型的主题是升仙驱邪。常见的绘画形象，主要是羽化成仙、仙人神异、奇禽怪兽等。东汉时，由于庄园经济的发展和奢靡厚葬风气的盛行，中上层社会都热衷于建造豪华墓室，用壁画为逝者祈求冥福，夸耀其生前的社会地位和拥有的财富。于是，作为西汉壁画基调的驱邪升仙图像日渐减少，而表现死者生前官位和威仪的画面，占据了墓室壁画的主要位置。端坐帐中或车中的墓主，为成群的属史和盛大的车马出行仪式所簇拥；而家居宴饮、舞乐、杂技等豪华场面，都成为东汉墓室壁画最流行的题材。尘世的威仪和享乐压倒了企望死后升仙的幻想，那些与升仙联系

紧密的神兽羽人，常常被另一类表现"祥瑞"的禽兽或植物图像所取代。当人们把目光从升仙的幻景移向描绘现实社会中的车马骑从或宴饮舞乐，乃至宅院庄园的时候，自然导致创作墓室壁画的画师们更加重视写实手法，从而将汉代绘画艺术推上新高峰。

陶俑形象

汉代的人像雕塑作品，存世绝少，更多的是随葬陶俑。西汉早期的陶俑作品，以陕西咸阳杨家湾和江苏徐州狮子山出土的陶俑为代表。它们的性质近于秦始皇兵马俑，是军阵送葬的模拟物，其形体大小则无法与秦俑相比。霸陵附近出土的彩绘女侍俑，或袖手直立，或静默端坐，仪态端庄，线条流畅优美。随着历史的发展，反映家居享乐的侍从乐舞俑及反映农牧耕作的庄园情趣俑像，逐渐取代威严壮观的送葬军阵俑和端庄娴静的宫廷侍女俑，成为主流。相应的，俑的艺术造型，形象活泼，生活气息更为浓厚。四川地区出土的从东汉到三国时期的陶俑，常见的题材是骏马拖驾的马车及成群的男女侍仆，而反映庖厨执炊及短衣赤足劳动者的形象，也不在少数。俑群中最生动写实的作品，是舞乐百戏的表演者，如昂首鼓琴的乐师，长袖善舞的舞伎，幽默滑稽的说唱者等。其形象鲜明生动，使人能够轻易感受明快

商旅图

中国通史

最新整理图文珍藏版

欢欣的气氛。

画像砖石

盛行于两汉、至东汉达到艺术上的黄金时代的画像石、画像砖，是汉代遗留下来的重要的美术作品。由于存世数量浩大、雕刻技法多变和表现内容丰富，因而被誉为"图谱式的汉代百科全书"。画像石和画像砖，多作为墓葬和祭祀性场所的装饰，与汉代世家显贵崇尚奢华厚葬的风气密切相关。画像石以石为地，用刀代笔，先绘图案，然后刻出。画像砖的制作，多是先制模后捺印组合在一起，东汉则盛行一砖一模构图。画像石、画像砖的内容，或围绕墓主人生平、财富、社会地位及为其服务的生产活动而展开，如表现死者生前显赫地位场面的车马出行、燕居宴饮等场面，如表现经济活动的纺织、冶铁、酿酒等活动；或因显现汉代一般民众的精神信仰世界而展开，如表现神仙和鬼神敬仰的东王公、西王母、伏羲、女娲等虚幻人物。而且汉代画像砖有浓厚的地方特色。画像砖风格，山东的多质朴厚重，河南的雄健壮实，四川的精巧活泼，陕西的简练朴素，可谓风格迥异，各领风骚。

铜镜之光

汉代工艺美术作品中，铜镜首屈一指。虽为日常生活用具，但因其形制和文饰的

西汉·彩绘凤鸟纹漆盘

精美多变而有较高的审美情趣。西汉时期，当许多青铜器具被漆器和陶器取代之际，铜镜艺术却获得了长足的发展。西汉前期，具有战国铜镜遗风的"蟠螭纹镜"仍然流行于世。自武帝起，"草叶纹镜"和"星云纹镜"逐渐流行普遍。西汉后期，以"日光镜"和"昭明镜"为典型，纹饰简洁而规整。王莽时期，纹饰题材有所创新和突破，各类禽鸟、瑞兽等形象各异的图案相继出现。东汉时期，铜镜制作达到了更高水平，而长江流域出现了浮雕式的"神兽镜"和"画像镜"。这种镜的纹饰繁缛细腻，题材多为灵兽、仙人、车马出行等，而历史人物也出现其间。历史人物题材的纹饰中，伍子胥画像镜最为常见。这类铜镜的制作，采用了近似浮雕的技法，改变过去以单线勾勒画像轮廓的手法，使主要纹饰突出隆起，形成高低起伏，呼之欲出的高浮雕效果，可谓开后代镜饰图案高圆浮雕的先河。汉代铜镜艺术达到了一个最为鼎盛繁荣的时期，形制、纹饰更为丰富多彩，铸造方法更新，更为精巧。

长安城建成

汉惠帝五年（前190）九月，长安城建成。

汉都城长安的营建开始于汉高祖五年（前202），当时以秦兴乐宫为基础，兴建了长乐宫作为皇宫，高祖七年（前200）十月，长乐宫建成，刘邦自栎阳迁都长安，并在长乐宫中改行汉朝礼仪。此后又以秦章宫为基础兴建了未央宫，并在长乐宫和未央宫之间修筑了武库，另在长安东南修建了太仓。汉惠帝时开始修筑长安城。惠帝三年（前192）春，征发长安附近600里内男女14.6万人修筑长安城，30日中止。六月，再次征发诸侯王、列侯有罪之

刑徒、奴隶2万人筑建长安。五年春正月，又征发长安附近600里内男女14.5万人修建长安，30日后停工，同年9月，长安城建成。

长安城城墙又高又厚，雄伟壮观，规模空前。城墙高达8米，墓底厚16米，土质纯净，逐层夯实。城墙四周共开城门十二座。城内有九条主要街道干线互为经纬，正中纵横交叉的两条街道称为"驰道"，属皇帝专用。长乐宫、未央宫处于城内南部。汉武帝时期，在城内又陆续兴建了桂宫、明光宫和城西的建章宫，在城郊开凿了昆明池，充实了上林苑中的宫观建筑，大规模扩建了避暑胜地玉泉宫。此时长安城建设规模达到了顶峰。其范围包括浐、灞、沣、潏、涝、皂六条河流。汉元帝以

后，外戚贵族竞相在城内兴建住宅和池苑，使城内建筑拥挤，官办的冶炼、铸造作坊被压缩在城内西北一角和城西南部。王莽当政时期，大搞复古主义，拆毁建章宫和上林苑中一批宫观建筑，并于城南大建明宫、辟雍和宗庙等礼制建筑，大规模扩建太学。但汉长安城基本面貌没有很大改变。

汉长安城平面近似正方形，长宽几乎相等，方向墓本上成正南北向。根据文献记载，汉长安城有十六座桥梁，此外城中还有旱桥——飞阁复道。城内道路相当整齐，街道笔直，或东西向、或南北向，在城内交叉、汇合成八个丁字路口和二个十字路口。城内给水、排水系统规划严密，一方面利用了周秦时代的给水系统，以沣、滈两条河流为水源，以滈池为水库，而更

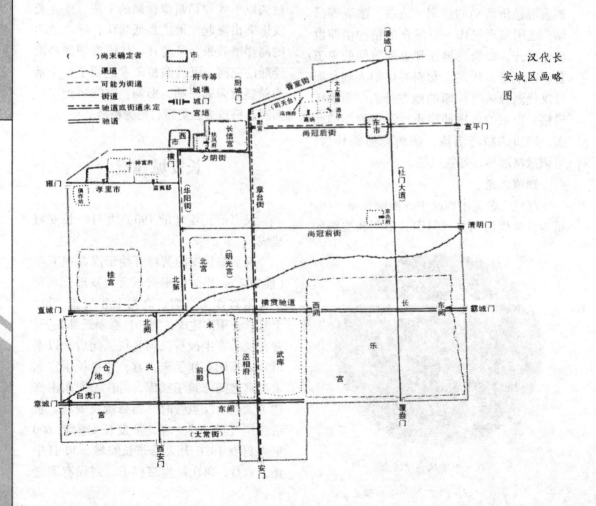

汉代长安城区画略图

主要的还是依靠沈水为水源。排水系统结构完整，城内大街两旁都有明沟，为排水干道。它们由城墙底部的涵道或水道连接，将污水排泻到城外壕沟中去。汉长安城的市区规划大致可分为宫殿、市场、作坊和居民区等。市场在城西北的横门附近；手工作坊有的设在皇宫之中，有的分布在城内西北角；居民区多分布在城的北部和东北部。此外，在未央宫北阙附近还有"蛮夷邸"，居住着外国、少数民族的首领、使者和商人。

煤进入实用

我国是世界上最早发现和使用煤的国家。早在6000年前的新石器时代，人们就发现某些煤可以用来雕刻，使用煤玉（特殊煤种）雕刻成各种装饰品，诸如圆环和造型生动的动物等。这种特别工艺一直延续到周乃至汉代。这在辽宁沈阳的新石器时代末期遗址中，在陕西西安，宝鸡等地的西周墓葬以及河南陕县的汉代墓墓葬里，都有过出土。

《史记·外戚世家》中记载，汉文帝元年（前180），窦太后的胞弟窦广国"为其主人入山作炭"，是汉代有关采煤活动的文献记载。这比英国从13世纪始才开始采煤要早1400多年。

在汉代，煤已作为燃料在许多地方使用。人们用煤末掺合粘土等制成煤饼或直接用开采的煤块，作为能源用于冶铁和烧制砖瓦等。在河南巩县铁生沟西汉中后期的冶铁遗址以及郑州古荥镇（汉代为荥阳城）汉代冶铁遗址中烧制砖瓦、风管或烘烤陶范的窑里，都发现有煤饼。说明西汉已经用煤作燃料了。当时人们还使用它进行日常的炊烧、取暖，在辽宁抚顺汉代居住遗址的火坑内，发现烧过的煤炭。

东汉献帝十五年（210），曹操在邺县（今河南临漳县西）建筑冰井台，储藏了燃之不尽的石炭（煤在古代的别称），作为逐鹿天下的一份资本。说明当时煤已被大量地挖掘和使用。以后煤的开采和利用更加普遍。

元代时意大利旅行家马可·波罗来到中国看到用一种"黑石头"作燃料，燃烧起来火力比木柴更强，而且燃烧时间很长，他感到陌生又惊奇。而这时中国人用煤作燃料已经1000多年了。

巩县铁生沟出土煤

导引术定型

秦汉时期，统一的多民族的国家被建立起来，政治、经济、文化都有很大的发展，人民生活较长时期内相对安定，国力渐强，加上医学的进步，作为养生健体活动的导引术也得以发展，到汉代终于定型下来。

导引术源于道家的神仙方术，战国时已有流行。秦汉时神仙方术盛行，方士们为追求长生不死，肉身成仙，极力倡导吐纳导引。东汉末年，道教更把追求长生不老作为最高目标，把"养生"视为通往长生不老目的的最好途径。他们认为人的肉体及精神均由"气"构成，而行气、导引、辟谷是养气健体的最佳方法。秦汉时导引养生风气盛行，尤其是两汉。《史记》记载张良曾"愿弃人间事"，"学辟谷、道（导）引、轻身"；《论衡》也说李少君、东方朔等人以"导气养性"；《后汉书》则

西汉彩绘陶奁——气功入静图。此陶奁上的两个人物像过去曾认为是舞蹈图形，但从其姿势和神情看更像是气功坐功入静的情景。

记载许多方士都是精于"导养"的养生家。东汉的"导养"风气更盛于西汉。

秦汉时导引已用于治病。在先秦著名医书《内经》中，曾归纳导引可以治疗"痿、厥、寒、热"，并配合"按乔"（按摩）进行；同时导引还可以与熨药一起治疗筋病。东汉张仲景的《金匮要略》也强调以"导引、叶纳、针灸、膏摩"治疗四肢"重滞"。华佗的《中藏经》也说"导引可逐容邪于关节"。可见导引疗法在秦汉时已被许多医生广泛应用于临床治疗中。

西汉时已有导引的专著出现。《汉书·艺文志》列有《黄帝杂子步引》12卷（步引即步式导引）及《黄帝岐伯按摩》10卷。可惜现已全部失佚。如今了解汉代导引形式和特点的最完整的资料，当数1973年湖南长沙马王堆3号汉墓出土的帛画《导引图》。西汉帛画《导引图》长约100厘米，宽约50厘米，彩绘44个男女老少的各种导引术式。44人分列4排，每排11人，人高9厘米~12厘米，每个人像均为一个独立的导引术式，图旁大都有题字标出名目。帛画没有总名，据考古推断为导

引图，是我国迄今发现最古老的一幅健身图谱，它反映了西汉时导引发展的状况和形式、特点，在研究我国独有的"导引术"上有重要的价值。

导引图所绘的各种导引术式反映了西汉时导引术式已呈多样化。从运动形式分，它既有立式，也有步式和坐式的导引；既有徒手的，也有使用器物的导引；既有配合呼吸的，也有单纯肢体的导引。从功能分，它既有治病的，也有用于健身的导引。此外，还有大量模仿动物姿态的导引。导引术式十分多样，描述人体运动姿态的有伸屈、屈膝、体侧、腹背、转体、跳跃以及舞蹈，也有吐纳动作。特别使用器物的记载，弥补了先秦典籍中没有使用辅助器物做导引的缺陷，呈现了这个时期导引术式的特点。导引术式中有部分是模仿动物形态的。如鹞背、狼、龙登、倍、沐猴灌，等等，简朴地模仿动物的动作，与后来的"五禽戏"大有区别。导引图中有相当数量的术式指明是针对病症的。如引膜（或颓）、引聋、引肤责、引颈、引灵中、坐引八维，就是使用导引术治疗病症的佐证。导引图主张通过导引这种运动形式来治疗疾病，比传统医学主张静养的方式更为积极。

从导引图及种种情况可以看出，中国

西汉帛画导引图（复原图）

中国通史

最新整理图文珍藏版

西汉帛画导引图（长沙马王堆汉墓出土）。这是最早的医疗保健体操图谱。图中绘有各式运动姿态的男女44人，图旁有文字说明。是后世健身运动气功和拳术的早期形式。

导体从战国发展到秦汉时期，内容越来越丰富，形式也越来越多样，已呈现出更为清晰的特点和发展态势，而且已被广泛地运用于健身、养生和治病中，导引术已基本定型。

风筝出现

关于风筝的起源，人们有不同的说法。有人认为古人发明风筝是受了飞鸟的启发。中国春秋战国时期鲁班或墨子模仿飞鸟而制造的木鸢和木鹊就是风筝的雏形；有人认为风筝是人们看到树叶飘飞或旗幡、帆在空中飘扬受到启发而发明的。还有人认为风筝是起源于封建迷信需要，古人相信断了线的风筝能带走个人的不幸和晦气。

风筝的发明已有2000多年的历史了，它出现在秦汉之间。古代传说，风筝的发明者是楚汉相争时的韩信。唐朝赵昕的《息灯鹞文》说垓下之战时，韩信制成风筝，叫张良坐风筝上天，高唱楚歌，楚歌传到楚营，动摇了项羽军心。宋朝的《事物纪原》记载有韩信曾利用风筝测量距离之事。在2000多年以前，中国早已使用丝绸、麻布、竹子等，而这些是制造风筝的原料，所以风筝在此时出现是可信的，并且韩信出于军事需要考虑而发明风筝也是可能的。

从汉以后，一直到唐，风筝一直用于军事方面。《事物纪原》记载了南北朝时羊侃利用风筝送出诏书，搬兵救驾之事。欧阳修的《新唐书·田悦传》记载，唐德宗时，临洺守将张伾利用风筝传信，飞达百余丈高，宋朝司马光的《资治通鉴·陈纪一》记载，北齐天保十年（559）有人乘风筝飞翔。由此可见，风筝已有了很大的发展。

唐朝以后，风筝才从军用逐渐转到游戏、娱乐。起初是帝王、富豪大户人家才能玩风筝，到北宋之后，风筝才在民间流行，逐渐演变为玩具。造纸术的发展为风筝的普及创造了条件。一般认为，纸糊风筝是五代时的李业创造的。在以后的岁月中，风筝的样式不断翻新、增多。技艺更加成熟了。

中国风筝给了人们很多飞行的启迪，对后来飞机的发明有重要的启发作用，中国古代火箭和风筝被世界公认为最古老的飞行器。

中国饮食方式确立

秦汉时期是我国的多元化饮食方式确立的时期。饮食状况反映了当时的生产状况、文化素养和创造才能，反映了人们利用自然、开发自然的特种成就和民族特质。

红陶灶

秦汉时期，农业是最主要的社会生产部门，并且提供了更多更广的饮食资源。随着国家的统一和版图的扩大，水利的兴修、牛耕的推广、耕作技术的提高，使谷物种植业的品种增加、粮食产量提高。畜牧业和园圃业的发展也很迅速。谷物、肉

庖厨俑

类、蔬菜和水果生产的发展，标志着饮食资源的进一步开发，为丰富人们的饮食生活提供了雄厚的物质基础。

这一时期，人们已确立了以五谷为主食的饮食结构。五谷即粟、黍、麦、菽、稻。

由于各地自然条件和谷物种植状况相异，不同地区的主食各有特色。秦代北方人以粟为主食，汉代北方人以麦为主食，南方人则以稻米为主食，边郡人以杂粮为主食。主食制法可分饼、饭、粥三种，其中饼又有蒸饼、烤饼、汤饼等。这些食品的做法一直沿袭至今。

副食可分蔬菜水果、豆腐和肉食品三大类。这时的蔬菜水果种类颇多，长沙马王堆汉墓和广西贵县罗泊湾墓就出土了几

庖厨俑

十种蔬菜水果品。豆腐被称为时尚之食。制造豆腐技术，不仅打开了利用大豆蛋白质的途径，开发植物蛋白也是对世界的一大贡献。肉食可分家养和野生两大类，种类很多，猪和鸡是人们最爱吃的家养肉类，有数十种野生动物被人们经常食用。

在饮食搭配上，秦汉人以五谷为主，

执厨俑

各种水果、蔬菜、肉类为辅，互相补充，使食物多样化。这种饮食结构有合理的一面，因为不同食物所含的营养素不同，为了取得人们赖以生存并保证健康的全部营养素，并保持人体内酸碱平衡，就要摄取多种食物。但从现代营养学的观点来看又

有不合理的一面，这是一种低级、简单、幼稚的饮食结构，因为主食五谷是低蛋白，而含有质量较好的蛋白质的肉类又只是辅食之一，不利于人体素质和寿命的提高。这种以植物为主，以动物为辅，只讲色香味，不讲营养的低级饮食结构，延续了2000多年，至今没有大的改变。

秦汉人的饮食习俗随身份地位不同而各异，一般官吏和贫民一日二餐，上层统治者到汉代已是一日三餐，而天子们的饮食则为一日四餐。秦汉统治者宴饮成风，目前可以找到四个代表汉代饮食品种和烹调水平的菜单，第一个是长沙马王堆轪侯家族墓葬的出土食品；第二个是山东诸城凉台村出土的东汉晚期画像石墓的"庖厨图"；第三个菜单是《盐铁论·散不足》中列举的当时二十款时尚之食；第四个菜单是枚乘的《七发》列出的九款"天下之至美"饭菜。这四张菜单，反映了当时唯求稀珍、重荤轻素、菜肴量过大的宴饮特点，是中国传统宴席的通病。

汉代饮酒成风，进食遵循礼节。宴饮

庖厨石刻像。早期的食物与药物往往难分彼此，人们在寻找食物时常常发现药物。同样，早期的庖厨器具乃至烹饪技术也往往直接用作医用，药物的炮制和制剂、复方的调配等当与烹饪有密切的关系。

场面豪华而壮丽，菜肴丰盛，宾客如云，仆从穿梭，还有伎乐百戏娱乐宾客，充分反映了贵族奢侈靡费的生活状况。

秦汉人的饮食文化心态是整个秦汉时代社会心理的重要组成部分，具有民族性、等级性、地域性三个特点。

在饮食文化的价值取向方面不仅体现了多重价值的集合，而且增长了夸饰性与炫耀性。

秦汉时期确立的多元化饮食体系对我国社会生活各方面产生了重要影响，并且在2000年的历史中保持着原有的基本形态，一直沿用至今。

西汉江陵凤凰山木牍

地方官学

西汉景帝时的蜀郡太守文翁，是我国历史上最早兴办地方官学的人。

文翁为改变蜀地文化落后于中原的状况，亲自挑选了10余名聪敏有材者，派往京城，有的随博士学习，有的学习法律。

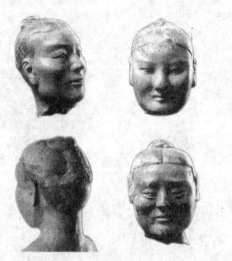

继秦朝而兴的汉朝，使华夏族相对稳定的地域及共同经济文化生活得到进一步加强，"汉人"的称谓应运而生。图为汉景帝阳陵出土陶俑头，具有"汉人"形象的主要特征。

他节省府库开支，购买蜀中特产赠给博士以表酬谢。几年后，这些人学成后返回蜀郡，文翁均予以重用。他又在成都建起学舍，招收下属各县的子弟入学，免除他们的徭役，学成后，从中择优选拔录用。文翁平时巡视各县时，让高材弟子随行，代为传达教令，以此给弟子增添荣耀。于是各地吏民争先恐后地送子求学，甚至不惜重金谋取弟子资格，蜀地劝学重教的风俗从此形成。

汉武帝继位后，推广文翁兴学的做法，"乃令天下郡国皆立学校官"。西汉末年，王莽执政时，于公元3年按地方行政系统设置学校，郡国一级设"学"，县，道，邑，侯国一级设"校"，各配备经师1人。乡一级设"庠"，乡以下的基层单位"聚"一级设"序"，各配备《孝经》师1人。

东汉前期，地方教育相当发达，班固《两都赋》中赞颂"四海之内，学校如林，庠序盈门"，正是当时地方学校昌盛的写照。

汉代地方官学的教师是郡国文学掾史。文学官多由学者名流担任，除作为郡国长官的学术顾问外，在有地方官学的地方，还从事教授诸生的活动。汉代碑刻文字中有许多关于地方官学的记载。如《蜀学师恩》等题名碑中，将从事地方官学的人列举得十分详细，教学分工很明确，已与太学相似，这表明了当时文教事业发达地区的状况。

地方官学的主要任务是作为本地从事礼教的中心场所，以地方官学的礼教典范来推动社会风尚的转变，培养学术人才只是次要目的。这种教育一般由地方行政长官主持，地方教育的开展在很大程度上取决于地方长官对教育事业的积极性，不过它是一项良好政绩，可以作为培植自己的政治势力和升迁的资本，所以事业心强的地方长官，也乐于在自己的辖区兴办教育。但这时地方官学的师资的学术水平一般偏低，且盛衰无常，与中央官学没有衔接措施，朝廷对地方官学也没有考试升迁的专门措施，因而各地有志于求学的人，都力争进入京城的太学深造，或拜在有学术造诣的私家大师门下。

西汉阜阳汉简。西汉初期隶书。

中国开始使用年号

汉景帝后三年（前141）正月，景帝刘启去世，皇太子刘彻继位，是为孝武帝。第二年（前140）十月，武帝定年号为"建元元年"，此为中国历史上使用年号的开端。

自古以来中国的帝王没有年号，其纪元有的以一、二、三、……数计，有的以前一、二、三……，中一、二、三……，后一、二、三……数计。武帝继位时有司上奏认为：元应当采用天瑞，不应以一、二数。一元叫"建"，二元以长星称"光"，现在城外得一角兽叫"狩"。于是武帝以"建元"为年号，并以前140年为建元元年（也有人认为中国年号发端于元鼎四年（前113），武帝即位后的建元、元光、元朔、元狩等年号都是后来追记的）。自此，中国历史上开始使用年号。皇帝年号这种纪年名称一直沿用到辛亥革命。

长信宫灯

富有想象力和装饰性的青铜器，是夏、商、周和春秋时期美术成就的标志；到了汉代，青铜器皿的制作，尤其精美，在注重它的装饰性的同时，也开始注意实用价值。以青铜为原料制作的长信宫灯，就是汉工艺美术在技巧上达到高峰的代表。

长信宫灯，1968年出土于河北省满城县西汉中山靖王刘胜之妻窦绾墓，因为曾经置放在窦太后（刘胜祖母）居住的长信宫，故名。宫灯高48厘米，通体鎏金；灯体是一位跽坐掌灯的优雅恬静的宫女，设计极其精巧，灯座、灯罩、屏板及宫女头部和右臂都可拆卸，罩下屏板又能转动开合，用以调整烛光照度；灯盘有一柄，便于转动和调整照射方向。宫女左手握灯盘的柄，右手握灯，十分巧妙地将右手袖设计成烟道，烟灰可以通过右臂纳入体内，减少了油烟污染。铜铸宫女，情绪深沉，是一个面庞丰满、眉目清秀而带几分稚气的少女形象，脸部表情掩不住她的郁闷情绪；身着右衽宽袖长服，席地踞坐，其恭谨掌灯的姿态，透露出灯奴的屈辱身份。造型及装饰风格轻巧华丽，经得住从四面八方各个角度观赏，每个角度都很自然优美。一改以往青铜器皿的神秘厚重，显得舒展自如，更接近人世生活。这是一件既实用，又美观的汉代青铜灯的珍品。

长信宫灯的出现，表明了秦汉以后的青铜工艺，因铁器、漆器的出现和使用，而更加转向轻便、精巧、实用的生活器用及观赏艺术品方向发展。

蹴鞠复盛

蹴鞠又叫蹋鞠，是我国古代类似踢球的一项古老体育运动。鞠是一种皮子裹着毛的实心球。它起源于战国时期齐楚两国城镇，秦统一中国后曾一度衰落，汉代以后，由于统治阶级的喜好和提倡，这一运动又重新兴盛。

蹴鞠活动产生于民间，汉代得以进一步发展，据《盐铁论·国疾》记载，当时这种活动遍及全国城乡，甚至蔓延至穷乡僻巷。汉初，蹴鞠活动由民间传入了宫廷，而且一直是宫廷中传统体育活动之一。汉武帝、汉成帝等帝王对此特别钟爱。在达官贵人家中，蹴鞠也十分普遍，有些显贵家中还专门收养蹴鞠的能手和剑客，以供

张骞出使西域。初唐画的《张骞出使西域辞别汉武帝图》敦煌壁画（莫高窟第323窟），表现的是汉武帝带领群臣到长安郊外为出使西域的张骞送行。持笏跪地辞行的是张骞。

取乐和消遣，还有些自己修建蹴鞠场，经常举办蹴鞠会。

西汉以后，由于军制演变，步兵大量增加，为了锻炼士兵的体质、体能和意志，蹴鞠作为一种体育锻炼手段被引入军队并受到重视。它能寓军事训练于竞技娱乐之中，在和平时期，军队中蹴鞠活动十分活跃。羽林军还经常举行蹴鞠比赛而且定期校阅，因而不仅宫苑中有"鞠城"，"三辅离宫"中的蹴鞠场也主要是供军队蹴鞠用，甚至战争时期，在塞外行军宿营，统帅亲自带队蹴鞠，以鼓舞士气，作为一种体育活动流行着。《汉书·霍去病传》说当他率军北击匈奴时，由于缺乏军粮，军气不振，霍去病亲自上场"蹴鞠"。

关于汉代蹴鞠场地设备及竞赛规则的记载很少，东汉文学家李尤所作《鞠城铭》是留存下来的考察这方面情况的珍贵资料。从文献中可以看出，蹴鞠场分两个半场，各有六个球门，设有守门员，每队有队长，比赛有严格的规则，双方都必须遵守，场上设有刚正不阿的评判人员，在执行竞赛规则时必须公正准确，不徇私情，同时要求运动员端正球风，心平气和，输球时也不得抱怨和指责队友和评判员。铭文最后，将球场上严格的规则比作政府工作的运作。

在流行蹴鞠的同时，汉代还流行蹴鞠舞，中岳嵩山少室阙和启母阙上都刻有蹴鞠图，这是一种体育和舞蹈的结合，反映了当时蹴鞠活动的广泛性和形式的多样化。

汉代蹴鞠活动的兴盛，并逐渐规范化和竞技化，形成了比较完备的竞赛体制，而且重视良好体育风尚的建设，这在中国乃至世界体育运动史上都是深有影响的。

蹴鞠石雕

官制改革

以雄才大略著称于世的汉武帝即位以后，由于不满于丞相专权，致力于官制的改革，逐步建立起以皇帝制度为核心，以中央丞相制度、地方郡县制度为基础的中央集权制度。

汉武帝首先推广察举制度，以贤良、文学等名义广泛招揽人才，原统属于郎中令的诸大夫和许多文学名士先后被征召，成为皇帝的高级幕僚，赋以重权，史称"天子宾客"。这些文学之士的作用主要就是与闻朝政，诘难大臣，以侵夺相权为己任。"天子宾客"的出现是汉武帝建立中朝的开始，朝廷自此始分为内外，丞相由全体百官之长降至只为外朝长官而不得过问宫中事务。

随后，汉武帝又利用和发展了秦代和汉初以来的加官制度，使原统属于郎中令等卿的诸大夫和诸郎等官基本上摆脱正常的公卿行政系统，直接由皇帝控制并使之参与政治决策，从而使中朝制度化。侍中、

921

中常侍、给事中、诸曹、诸吏等都属加官，得以出入宫禁，披阅章奏，顾问应对，参与国家机密。还可以举法弹劾，对外朝百官行使监察职权。其中侍中、中常侍、给事中等官开始时基本上由士人担任，后来逐渐为宦官占据，成为宦官专权的重要工具。

中朝官吏还包括大将军、骠骑将军、前后左右将军等武官，以及太中大夫、光禄大夫、尚书文官。其中尤以大将军和尚书最为重要。

将军的称谓在先秦时期已经很普遍。汉武帝时正式设置了大将军、骠骑将军等官职，颁有印绶和秩俸。以后又在大将军、骠骑将军官名前加官名。大将军、骠骑将军的地位与丞相相当，其他将军如车骑将军、卫将军、前后左右将军的地位则与上卿相当。

尚书在先秦时期原为主管文书的小官。汉武帝时期出于加强皇权、抑制相权的需要，更多地利用尚书机构办理政务，尚书机构日益重要。汉武帝还开始任用宦官担任尚书，称为中书。在此以前，皇帝下章通常要经过丞相、御史。从此时开始，吏民一切章奏都可以不经过政府，而通过尚书直达皇帝，丞相九卿也必须通过尚书入奏，皇帝的旨意也由尚书下达丞相。按照当时的规定，所有上书都写成正副两本，尚书有权先开启副本，所言不善的可以摒去不再上奏。以前归丞相、御史二府掌管的选举、任用、考课官吏之权也转归尚书。尚书还掌握刑狱诛赏的人权，可以质问大臣，并可因大臣所言不善加以弹劾。

汉武帝还继承了秦以来的九卿制度，设立官员掌管宫室、刑狱、盐铁、外交等事务，逐步建立起一套行之有效、相当严整的统治秩序。

中国官学形成

出于统一思想，巩固封建专制制度的需要，西汉初期，统治集团中的高层儒士认真反思了秦亡的教训，一反秦王朝焚书禁学的简单粗暴手段，主张治国以"教化"为本，制定了"文武并用"以期长治久安的政策，把敬士和选吏二者结合起来，开始兴办由封建朝廷直接举办和管辖，旨在培养各种统治人才的官学系统，拉开了中国统一官学形成的序幕。

中国古代官学主要由中央官学和地方官学两大系统组成。

中央官学依据各自所规定的文化程度，教育对象和教学内容的不同而细分为最高学府，专科学校和贵族学校三大类。这些毫不例外地肇端于汉代。

太学是中央官学的最高学府，其实是古代的大学。建元五年（前136），汉武帝采纳董仲舒提出的文化教育政策建议，下令设置儒家五经博士，罢免其他诸子、传记博士，开始"独尊儒术"。元朔五年（前124）丞相公孙弘奏请为博士置弟子员，太学从此开始形成，武帝时置博士弟子50人，后来逐渐增加，西汉成帝时已有3000人，东汉顺帝时增至3万余人。博士弟子的入学资格一部分由太常选拔18岁以上，仪态端正的人，一部分是郡国所选的喜好文学，孝敬长辈和上司，有良好教养，行为端正的人，顺帝时元士的子弟也可入学，东汉质帝本初元年（146），又规定大将军至600石官吏都可送子弟入学，还有一些少数民族子弟也在太学学习，本着敬士、养士与选吏的目的，太学中形成了一系列严格的考评制度，这种注重课试，以试录士的做法，打破了世卿世禄、任人唯亲的体制，对于选拔封建贤德之上具有积极的意义，它是世界教育史上和文官选拔制度的一项创举。

由于老师少，学生多，汉代太学已开始强调自修，引导学生课余自由研究学术，这是一种培养大学问家所必需的学术氛围，为后世所继承和发扬。

中国古代的专科学校，最早的当是创立于东汉末年的鸿都门学，这是由宦官建立的以辞赋、小说、尺牍、字画为主要教育内容的文艺专科学校，是与士族相抗衡的产物。与太学以儒学为唯一教学内容也是完全不同的，它打破了"儒学独尊"的沉闷气息。东汉的四姓小侯学是东汉外戚樊、郭、阴、马四大家族，于明帝永平九年（66）为其子弟创办的中国最早的贵族学校，后来，其他贵族子弟也可入学。此外还有专为培养皇太子开设的宫廷贵族学校也属此类。

在上述中央官学系统之外，还有地方官学系统。它们是指地方官府创办并管理的学校。西周时期关于"乡学"的传说可能是最早的地方官学，而真正意义上的地方官学是由汉景帝末年（前2世纪中期），蜀郡郡守文翁创办的，他十分重视教化，在成都建立学宫，招属县的子弟入学，受到汉武帝赞许，令各郡国效仿，一时这类地方官学大盛。直到平帝元始三年（3），地方学校的制度才最后被规范。教学的内容也限于儒家五经。

汉代的中央官学和地方官学，共同构成了其官学教育体系，其体制为后世所长期沿袭。这种将敬士、养士、选士结合起来的教育体制，服从了封建统治阶级的思想统一和巩固封建专制的主观需要，客观上也培养了大批优秀人才，在继承中国古代文化遗产，繁荣科学、学术事业等上都起到了十分重要的作用。

汉乐府建立

元狩三年（前120），汉武帝设置乐府，令司马相如等作诗赋，以宦者李延年为协律都尉，佩二千石印，掌制乐谱、训练乐工、采集民歌。

舞乐画像砖。图中右座二人，一人挥弦鼓瑟，另一人戴冠席地而坐，席前置一几，旁有一盉，似为观赏者。图中左二人正拂袖起舞。

乐府始创于秦，与掌管庙堂音乐的"太乐"并立。汉初沿袭下来，有"乐府令"掌管音乐，汉武帝时（前140～前87），为"定郊祀之礼"，大规模扩建乐府机构，对郊庙礼乐进行了重大改革，乐府的性质发生了变化。

汉武帝建立乐府，目的是改革传统的郊庙音乐。汉时的郊祀天帝，基本是沿用秦流传下来的礼乐，曲为雅乐，辞为古辞。许多古辞深奥无比，一般人难明其意；而

盘舞画像砖

乐曲也需整理。乐府的建立，就是要用新声改编雅乐，以创作的歌诗取代传统的古辞。所以，乐府的任务就是采集各地的民歌来创设新声曲调；选用新创颂诗作歌辞；训练乐工、女乐进行新作的排练。

乐府设在帝王游幸的上林苑，乐工组织庞大，有上千人，并且分工明确，有表演祭祀仪式的"郊祭乐员"，演奏南北乐的"邯郸鼓员"和"江南鼓员"，专门演唱的"蔡讴员"、"齐讴员"，表演少数民族音乐的"诸族乐人"等。乐府还拥有李延年、张仲春和司马相如等一批优秀的音乐家和文学家。

乐府大规模地采集、整理和改编了大量民歌。为记录民歌，创造了"声曲折"的记谱法；同时制定"采诗夜诵"审查制度，经诵读取舍，把采集的民歌整理记录下来。据《汉书·艺文志》记载，仅西汉乐府民歌就有138首之多，这些民歌来自当时的吴、楚、汝南、燕、代、雁门、云中、陇西、邯郸、河间、齐、郑、淮南、河东、洛阳、河南、南郡等地，几乎遍及全国。东汉时，采集民歌的"观采风谣"活动仍有进行，现今留存的乐府民歌，多是东汉作品，共有三四十首。

乐府经武帝扩建发展，兴盛一时，之

西汉竞渡纹鼓。南方少数民族乐器。

后便日渐式微。前70年，出于财政和意识形态方面的原因，乐府编制被削减；前48年，乐府编制再被削减；前33年，乐府被下令停止比较铺张的作法；前7年，汉哀帝终于下令撤消乐府。

乐府作为掌管音乐的官署被撤消了，但由于它专事搜集、整理民歌俗曲，因此后人就用"乐府"代称入乐的民歌俗曲和歌辞；六朝时人们已将乐府唱的"歌诗"也称为"乐府"，与"古诗"相对并举，把入乐的歌辞和讽诵吟咏的徒诗两种诗歌体裁区别开来；宋、元以后，"乐府"又被借作词、曲的一种雅称；所以，作为文

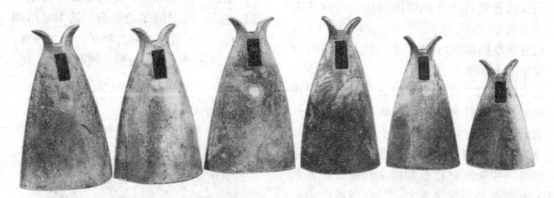

西汉羊角状钮编钟。云南少数民族贵族墓随葬礼乐器。共六枚算，为一编。前五枚钟发音均按自然音阶顺序排列，唯第五、六枚间似有缺漏。从所测音阶看，已有准确的半音关系，可视为变徵与徵，或变宫与宫的关系，即含有六声或七声音阶的因素。对研究少数民族的音乐史有重要价值。

学体裁的"乐府"却流传了下来。

汉乐府民歌今存不足百篇，大部分保存在宋代郭茂倩的《乐府诗集》中，分《鼓吹曲辞》、《相和曲辞》和《杂曲歌辞》三类。由于这些民歌都是出自下层人民，而且都具有"有感于哀乐，缘事而发"的特点，所以乐府民歌思想内容丰富深刻，相当广泛地反映了汉代社会的现实生活。有揭露当时严重对立的阶级状况，揭露战争和劳役给人民带来的深重苦难的，如《妇病行》、《东门行》、《平陵东》、《悲歌行》和《十五从军征》、《战城南》、《古歌》、《饮马长城窟行》，等等。《东门行》甚至写出贫苦百姓因生活所迫不得不铤而走险的苦况。有描写爱情、婚姻的，如《上邪》、《陌上桑》和《孔雀东南飞》都是描写和吟咏爱情的千古名篇，特别是《孔雀东南飞》成为古代汉民族最长、最优秀的叙事诗。乐府中还有其他内容的诗歌，反映了广阔的社会生活，但乐府中数量最多、最具特色的是反映家庭和社会问题的作品，如《妇病行》和《孤儿行》。

乐府民歌继承了《诗经》"饥者歌其食，劳者歌其事"的优良传统，它大胆反映现实的精神在诗歌发展史上影响深远。后代凡是反映民生疾苦、暴露现实黑暗的诗作往往采用乐府的形式，以至批判现实成了乐府诗的基本特点。

汉乐府或为杂言诗，或为五言，标志着诗歌形式得到了更充分的发展，为后代杂言歌行及五言诗的繁荣奠定了基础。乐府中的叙事诗，如《孔雀东南飞》，刻画了许多性格鲜明、情节完整的形象和事件，标志着汉族的叙事诗进入了成熟阶段。

汉乐府的建立，对中国文学、音乐发展都有决定性作用。乐府汇聚了全国最优秀的音乐家和文学家，采集了全国各地的民歌加以筛选整理，保留下来，用新声改编雅乐，用歌诗取代古辞，使汉代文学和

音乐都得到了很大的发展，更使民乐得以进入宫廷。虽然乐府最终被撤销，但它所形成的批判现实、反映现实，具有叙事性特色的诗歌形式，却成为中国诗歌的一支主流，被后代文人争相模仿。从三国的曹操到唐代的李、杜，都有模仿乐府之作。

"二十四节气"定型

我国古代历法，一直使用阴历月。由于季节寒暑的交替主要取决于太阳位置的变化，而这种变化在阴历中又得不到确切的反映，所以用阴历月指导农业生产很不方便。为了弥补这个缺陷，把握农时脉搏，我们的祖先很早就在历法中引进了节气的概念。

节气标志着太阳在一周年运动中的某一个固定位置，各种物候现象以节气为准，它们的发生、活动时间也就得相对固定。早在西周、春秋时期，人们就学会了用圭表测日影的办法确定春分、秋分、夏至、冬至四个节气，而夏至冬至、春分秋分以外的节气名，在先秦文献中也屡见不鲜。至迟到战国末期，已经完整地确立了太阳移动的黄道上二十四个具有季节意义位置的日期，这就是二十四节气，汉初的《淮南子·天文训》中有详细记载。作为二十四节气的补充，又有七十二候，这在《逸周书·时训篇》中可以见到。

丝绸之路形成

前 138 年和前 119 年，汉武帝两次派遣张骞出使西域，正式开辟了中国与欧亚各国的陆地交通路线。当时，从长安经甘肃凉州武威抵达对外通商的西陲城市敦煌，从敦煌出发通往欧亚各国的商路有两条：一条沿昆仑山北麓经今新疆境内翻越葱岭

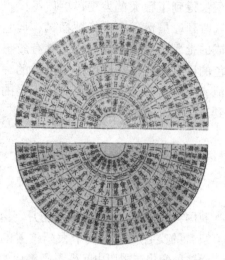

二十四节气。二十四节气是华夏先民根据农业生产需要创造的一种农事历，堪称古代农业科学上的一大创举。它根据地球环绕太阳运行所处位置的不同而划定。在我国应用至今。

西方人穿中国的丝织服装。丝织品始终为中西贸易的重要商品。西方人甚至将丝绸的价值比作黄金，在古罗马上层社会的人才能穿丝绸服装。图为雅典博物馆展出中国古代丝织服装。

玉门关遗址。汉代建立。

（今帕米尔高原）南部经大月氏（今阿富汗境内）、安息（今伊朗）诸国再抵达地中海，或南行至身毒（今印度），此为南道；一条沿天山南麓西行经今新疆境内翻越葱岭北部经大宛（今费尔干纳盆地）、康居（今撒马尔罕附近）、奄蔡（临今里海）诸国，再西行抵达大秦（罗马），此为北道。北道和南道都在高山、沙漠和高原之间蜿蜒伸展，使节、求法高僧和驼商队伍往来其间，主要货物是丝织品，也有宝石、香料、药材和玻璃器具等。自张骞出使西域以后，中国大量的丝织品沿着张骞通西域的道路运往欧亚各国，历经东汉、魏晋南北朝和隋唐时期，直到元代由于蒙古西征破坏了中西亚的经济和文化后才开始衰落。这条横贯亚洲的中西陆路交通主要是运销中国的丝织品而闻名于世界，因此被中外历史学家誉为丝路或丝绸之路。

丝绸之路把欧亚大陆的几个国家和地区：中国、安息、希腊、罗马、大食和马其顿等联系起来，在古代中西内陆贸易活动中具有很重要的地位。几千年来，中国和欧亚各国人民沿着这条长达几千公里的丝绸之路进行了极为丰富的政治、经济和文化交流。除经常互派使节进行友好访问外，还彼此输送自己的物产和技术。新疆和中亚各地的特产如石榴、芝麻、蚕豆、

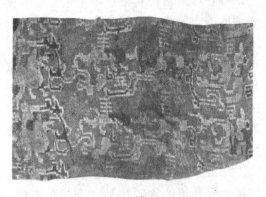

织锦

大蒜、胡萝卜以及骆驼、驴等传入中原地区，增加了中原农牧产品的品种，促进了黄河地区经济的发展；新疆和中亚琵琶等乐器以及舞蹈传入中原，丰富了中原人民的文化生活。同时，印度的佛教通过大月氏传到了中国各地。另一方面，中原地区冶铁、造纸、穿井等先进技术传入亚洲和欧亚各国，也有利于当地经济的发展。公元5世纪，中国的养蚕技术经由伊朗传入东罗马，罗马人民把中国称为丝国，和精

并在京城开设了专门销售中国丝绸的市场。西汉开辟的丝绸之路推动了东西方物质文明阳关遗址。阳关是汉王朝在河西走廊上建立的两座著名的关隘之一，丝绸之路开关初年，商队主要经南道横贯亚洲大陆，阳关扼其咽喉。

神文明的交流，对于发展中国各族人民和中国与欧亚各国人民之间的经济和文化交流起着很大的促进作用。丝绸之路无论从内涵还是从外延上都远远超过了其本意，成为一个东西方文明互相交往的同义语。

提英木古城遗址。又名安得悦古城遗址，在安迪尔河下游东岸的沙漠深处，距民丰县城约180公里，也是丝绸之路上的一个重镇。图为残存的城墙和佛塔遗迹。

海上丝绸之路开创

汉代，中国与域外各民族的交往日益频繁，陆上丝绸之路开通，几乎同时，在南部沿海，联系海外民族的海上丝绸之路也拓展出来，丝绸及其他货品通过航船，源源运往海外，再从海外运回珠宝、棉布等等。

中国东南沿海的百越民族素来擅长航海，和东南亚各地早有联系。汉以后，番禺（今广州）成为南方沿海的一个大都会，海内外物品都在此集散，附近的徐闻、合浦，连同汉代所属日南郡的边塞，更成为远航印度洋的启航港。

汉武帝时，曾派使者到达南印度东部科罗曼德的黄支国（今康契普腊姆）。此后，两国使者互往贸易，中国以黄金及各种丝织物，换取黄支的明珠、璧流离（蓝宝石）和各色宝石、珍奇货色，前230年，黄支是德干高原上一个强国，当地出产的周径二寸的大珠和以蓝宝石著称的各色宝石吸引中国人冒险远航。

西汉时到南印度洋的航线，都是沿大陆边缘延伸的。从徐闻、合浦出发，经10个月的航行，绕过马六甲海峡，到达泰国南部塔库巴的谌离国，在那里经过10多天的陆路，越过克拉地峡，在地峡西端帕克强河口的夫甘都卢国（今泰国克拉附近）继续乘搭印度船，沿孟加拉湾航行两个多月，才可到达人口众多、宝货荟萃的黄支国。西汉时与黄支交往相当频密。王莽摄政后，公元2年春，黄支国曾有3万里外献犀牛的壮举。

西汉武帝时已有使者经黄支国到达已程不国（今斯里兰卡），这是当时中国使者经海上所到的最远的国家。东汉后，由于罗马对印度贸易繁荣，来自地中海和红海的各种珍奇物产和精巧手工艺品都汇聚于南印度东西海岸，刺激中国航海家和商人开辟了从马来半岛西岸塔库巴到黄支以南科佛里河口科佛里帕特那（希腊航海家称卡马拉，今特朗奎巴）的直达科罗曼德的航线，在东北季风期只需时间一个月航期，从此，到斯里兰卡交易的中国人数量更多。

东汉时，中国航船在塔库巴、克拉和印度科罗曼德的索帕特马（今马尔卡纳）与科佛里帕特那（今特朗奎巴）之间，开辟了定期航线。在从索帕特马通过马纳尔湾向西直达罗马帝国的印度洋航线上，"航张七帆"的中国帆船已穿梭其中。据文献记载，东汉时，中国的帆船已经印度马拉巴海岸的莫席里港（今克拉格诺尔）到达埃塞俄比亚的港口阿杜利，并与阿杜利有使节往来。阿杜利在罗马东方贸易盛期，是中国帆船所到达的唯一被确认作罗马世界一部分的海港城市。

中国海上丝绸之路的开创，把中国的丝绸和其他货物从广州、交州，沿着马来半岛和印度次大陆，运送到亚丁湾和红海南端的埃塞俄比亚，并与罗马世界建立贸易往来，使中国人早在2世纪就与高棉人、马来人、泰米尔人、卡纳克人、希米雅尔人、埃塞俄比亚人及希腊人有了贸易和文化的交往，这是中国与罗马世界最早的直

兽首玛瑙环。出土于陕西西安何家村。中国大量丝绸外销，西方亦有不少珍品传入中国。兽首玛瑙环造型具中亚古物风格，可能是通过丝绸之路传到中国来的。

接交往。沿着海上丝绸之路的开创，黄河流域的中华文明得以传播，黑海和波斯湾的文明也流入中国，世界文化得到交流和融合。所以海上丝绸之路的开创在中国航海史和中国文明发展史，甚至世界文明发展史上都有着相当重要的意义。

百戏流行

西汉中叶以后，在秦代已经十分繁荣的百戏表演更为广泛地流行起来。百戏又名"角抵戏"、"大毂戏"、"角抵奇戏"，有时也简称"角抵"，是中国古代文化、艺术、体育的综合表现形式，内容非常庞

杂技俑

杂技俑

杂，包括乐舞、杂技、幻术、角抵戏、俳优等诸多类别。

早在秦二世时期，就在甘泉宫举行过大规模的散乐表演。西汉中叶，尤其是汉武帝时期，经济繁荣，国力鼎盛，民间的娱乐活动与来自西域的各种技艺广泛交融，技艺逐渐丰富。汉武帝元封三年（前108）春，元封六年（前105）夏，分别举行了两次盛大的百戏表演集会，这种风习被长期延习，并开始以此招待外宾，以显示强盛的国力，同时也大大促进了各民族的文化、艺术、体育交流。

据《汉书·武帝纪》记载，元封三年春举行角抵戏，300里内的居民都前来观看，而元封六年夏在上林平乐馆举行的角抵戏表演也使大批百姓蜂拥而至，可见其盛况。张衡《西京赋》就曾详细描绘西京"总会仙倡"的盛大歌舞场面。其中倡优扮演一些神话人物和兽类，结合云、雪、雷、电等场景表现天威，十分宏阔，已初步具备了歌舞故事的戏剧表演因素。

百戏表演的内容十分丰富，关于这些，西汉司马相如《上林赋》，东汉张衡《西京赋》，李尤《平乐观斌》都有一些节目名称、演出场面的记录。大量的汉墓出土

汉墓出土百戏图

的百戏画像石等文物也很能帮助我们了解这些内容。这些节目大体可分为乐舞、杂技、角抵戏，俳优等门类，这时乐舞在很大程度上已具有了戏剧表演的因素，是一种装扮人物和含有故事内容的歌舞。杂技，幻术节目，丰富而庞杂，见于记载的名目有扛鼎、寻橦、冲狭、燕跃、吞刀、吐火、履索（走索）、飞丸、跳剑、侲童，以及"胸突铦锋"，"戏车商橦"，"驰骋百马"，"鱼龙曼延"等，这些技艺不仅有汉代画像石、画像砖作为其表演形象的验证，而且很多仍保留于今天的杂技舞台上和民间艺术活动中。

角抵狭义的概念是一种两者较力的技艺表演，它源于人与人、人与兽的搏斗，反映战争、狩猎生活场面，把实用性和观赏性结合起来，发展到后来，就有了两条线索，一是向相扑、摔跤等纯体育运动延续，另一条是融入一定的生活内容，和表现故事结合起来，成为戏剧表演的最初形式。如角抵戏《蚩尤戏》和《东海黄公》都有一定的故事情节。

《蚩尤戏》始于秦汉，直到宋代都还在舞台上表演，它实际上是民间为表现黄帝与蚩尤大战而创编的乐舞。两人戴牛角相抵，无具体人物的装扮，再现故事，供人观赏，具有一定的象征艺术手法。但形式简单，风格粗朴。《东海黄公》更进一步歌舞化、戏剧化，它表演的是黄公与白虎较斗时，为虎所伤的故事。这个戏的角色

有了相应的装扮，黄公身佩赤金刀，头裹红绸，白虎是人扮的虎形。表演动作、内容都是既定的，史学家认为已有了中国戏剧的雏形。

百戏中的杂技表演，含有相当浓厚的体育活动色彩，角力（摔跤）是久盛不衰的传统项目。其他如"扛鼎"，是举重物的表演，是一种显示力量的活动，"都卢寻橦"是攀缘竹竿的活动，形式多样、动作惊险，十分引人入胜，汉代称走绳索表演为"高絙"，山东沂南画像石墓中有一幅高絙石刻画，在相距很远的两个木架上系着一条粗大的绳索，两头各有一演伎身穿丽服正在绳索上迈步前进，他们手中拿着"橦"（竹竿）以保持平衡。绳索中间有一演伎正在绳上作侧立表演，绳子下面有四把刀尖向上的尖刀，演员一旦滑落，必将丧生，表演的惊险性和难度从而大大增加了。除此之外，剑舞，武术，马术，"跳丸剑"，倒立，叠案等更是典型的体育活动项目。

百戏表演在西汉时达到极盛，并长盛不衰，这些千姿百态的艺术形式，对后世的音乐、舞蹈、杂技、戏剧及体育的发展产生了巨大影响。

杂技马戏画像砖。画面中心为两辆马车，前车一人驭马，一人牵绳，车上立长竿，一人倒挂竿顶，两臂平举，两手各托一人，另外一组一人蹲立竿顶，两车之间斜拉四十五度绳索一条，一人踩绳向上走。从画面不难看出，我国的马戏技艺到汉代已相当高超。

纺车和织机出现

西汉是我国古代纺织技术发展的一个高峰期,纺车和织机的出现,使丝、麻、毛、棉纺织都达到了较高水平。

原始的手摇纺车在商周已经出现,但当时的主要纺纱工具仍是纺坠。秦汉时,手摇纺车普及开来,并发明了脚踏纺车。纺车在汉代又称作轩。《说文解字》中说:"轩,纺车也。"今天可从出土的汉代画像砖上看到当时纺车的具体形态。山东临沂金省山出土的西汉帛画上也有一幅真切的

云南晋宁出土的汉代青铜腰机模型

西汉黄地印花敷彩纱

纺车图,图上纺车是用来合并、加捻丝缕的。纺车的生产能力比纺坠高出 15 ~ 20 倍,还可根据织物性质决定丝麻缕捻度的高低,这是纺坠无法做到的。纺车的发明和推广使丝麻产品的产量和质量大大提高。

汉代在先秦纺织技术基础上迅速发展,出现了各种不同功能的织机,主要有斜织机、多综多蹑花织机、束综提花机、罗织机、立织机等。

斜织机出现于战国时期,秦汉便推广开来。与踞织机比较具有织物不易受尘土

污染,织工易于随时观察织物状况,劳动强度低等优点,是纺织工艺的一大发展。欧洲 6 世纪才出现此类工艺,13 世纪才广泛使用。

斜织机只能织出平纹织物,为满足社会需要,人们又发明了多踪多蹑提花机,汉代,这种机械已十分复杂,可织出对称、循环的复杂图案。而对一些大型的花卉、动物图案,多踪多蹑提花机就难以胜任了,大约在战国秦汉之际,发明了束综提花机。由片综提花到束综提花,是提花工艺一次

西汉绛地印花敷彩纱

大的飞跃，它提高了花机的工作能力，为花纹大型化、复杂化开辟了广阔道路。

罗是我国古代非常古老的织物之一。秦汉时罗织机出现，生产出美观的四经绞素罗和菱纹罗。立织机也是织机的一种，它的经纱面与地面垂直，主要用于织造地毯、绒毯等毛织物。

由于多种织机的使用和整个纺织技术的提高，汉代生产出了许多纱、縠、罗、绮、绫、锦等色泽鲜艳、图纹华茂的织物，不但满足国内社会的大量需要，而且流向世界各地，推动了国外纺织技术的发展。

汉阙雄伟

建筑艺术发展到汉代，已具有相当的水平，和当时的盛世景象相衬，汉代建筑一般都具雄伟气势，结构亦很精致。其中汉阙就是一佐证。

汉阙，通常是成对地建在城门或建筑群大门外表示威仪等第，因左右分列，中间形成缺口，故称阙（古代"阙"、"缺"通用）。它的雏形是古代墙门豁口两侧的岗楼，在人们能够建造大型门屋后，便演变成门外侧的威仪性建筑，防御功能逐渐减弱。据文献记载，在西周时已有阙，但没有保存下来，现存最早的阙是汉代修建的。

汉代是建阙的盛期，都城、宫殿、陵墓、祠庙、衙署、贵邸以及有一定地位的官民的墓地，都可以按一定的等级建阙。墓前建阙已经成为一种制度，即使在崖墓，也在入口的石壁左右雕刻阙形。

汉阙建造得非常雄伟，外形高大，颇有威仪，西汉长安城未央宫的东阙、北阙，建章宫的凤阙、圆阙，是历史上著名的大阙。传说凤阙高20余丈。据有关资料记载，这些巨阙造型很有气势，设计精巧，充分体现了汉代盛世的气魄，可惜经岁月

流转，现在除凤阙尚有夯土残址外，其余的都已埋灭，保存下来的只是一些东汉的小型石造祠阙和墓阙，最高者不过6米。

其中，石阙是用块石雕琢后砌成，在形制上有大小繁简之分，大的称子母阙，有大小两个阙身相并，上有一高一低两个屋顶，高屋顶在内，称母阙，低屋顶在外，称子阙，以四川雅安高颐阙最为有名。高颐阙是仿木构型阙，分台基、阙身、阙楼、屋顶四部分。台墓、阙身上雕出柱、枋和栌斗，阙楼上雕楼面平坐木枋，花窗和挑檐斗拱，屋顶雕椽及瓦饰，都很真实。这种阙虽是石造，但可视为可以供登上防守用的大型木构阙的模型。另外，还有一种土石型阙，以河南登封县太室阙为代表，只分台基、阙身、屋顶三部分，无阙楼或只示意性的使阙身上部稍微向外膨出。这是一种实心的不能登上的纯威仪性阙。

从汉阙的造型结构的大略了解，它们对于比例、尺度、装饰部位等，已有细致推敲，可以想见当时的建筑艺术水平和审美要求。大型仿木构型阙的存在，在如今缺少汉代木构建筑实物的情况下，具有相当重要的价值。

门神画出现

门神是指中国古代神话传说中的司门之神，最初的门神只是抽象概念，到汉代，门神有了具体的形象和姓氏。汉人以神荼、郁垒为门神，按神话故事描绘的形象开始画门神。从此贴门神避恶鬼成为一种风俗在汉代流行。

王充在《论衡·订鬼》中引述了《山海经》里的门神故事。传说沧海之中有度朔山，山上有棵大桃树，万鬼出入其枝杈间，神荼、郁垒两位神人统管万鬼，对于穷凶极恶的鬼，他们就用苇索绑着喂给老

虎吃。黄帝于是作礼敬神荼、郁垒二位为门神。具体仪式是在门口立一大桃人，门户上画神荼、郁垒和老虎并且悬挂苇索在门上以驱赶恶鬼。门神遂有了姓氏和特定职责，门神的形相也固定下来，神荼白脸喜相，郁垒红脸怒相，历代相沿。每到岁末，家家户户都在门上贴门神，挂苇索，插桃枝，形成一种民间风俗。

四川渠县汉代冯焕墓阙

汉代画门神的风俗开创出一种新的绘画形式——门画。门画所描绘的内容往往随着门户的性质和人们的愿望发生变化，门神的形相也因之改变。《汉书》中记载广川惠王越的殿门贴着古代武士的画像，后世门神不再指神荼、郁垒而变为武士尉迟恭、秦叔宝，延续至今。除大门外，库房、厨房、内室等各种各样的门上都贴门画，门画变得丰富多彩，汉代还发展出石刻的墓室门画。门画的题材拓宽，除驱鬼避邪外，还出现吉祥题材的年画。

胡风舞流入中原

西汉时期，西域乐舞开始内传，大大丰富了中原舞蹈艺术形式，在中原刮起一阵不小的"胡风"。

《西京杂记》中就有关于《于阗乐》的记载，《于阗乐》即西域乐舞，这一记载不尽可信，但至少在张骞出使西域后，西域乐舞就开始传入内地。

汉代在吸收外国和国内各族乐舞的同时，外国及各族使节和乐舞艺人也在做着舞蹈艺术的交流工作。《后汉书·南蛮西南夷列传》中记载，永初元年（107），掸国（今缅甸北部）国王雍由调派使者向汉安帝献上吐火、跳丸之技，不仅赢得阵阵赞叹，还在群臣中引起一场争论，最后，跳丸、吐火等幻术杂技成了汉代宫廷与民间不可缺的节目。汉朝与西域各地的和亲联姻活动，也成为舞蹈交流的一个途径。汉武帝把细君公主嫁给乌孙王、汉宣帝把解忧公主嫁给乌孙王，在多次觐见、探亲、朝贺活动中，舞蹈艺术得到了交流。

由于西域乐舞的大量传入，到东汉灵帝时，"胡风舞"成了宫廷内外深受人们欢迎的舞蹈。这些"胡舞"的舞容舞情，史籍未见详细记载，但从其他文献和某些文物图像中可以作出一些推测。贾谊《新书·匈奴》记载了汉初匈奴的胡戏表演，艺人戴着假面并由箫鼓伴奏，边翻滚跌扑，边舞蹈跳跃，实际上也就是和杂技一起串演的胡舞。1981年河南西华发现的西汉晚期墓葬出土的一批空心浮雕式画像砖中，有几块是胡人舞俑画像，这些形象都是深目、高鼻，面部表情丰富，有的还有八字胡或络腮胡，舞蹈姿态多为两臂架起，一手上抬，一手抚腰，双腿有蹲有跪，似乎正以或滑稽、或潇洒的舞蹈表演取悦观众。

西汉舞蹈壁画。此为生活饮宴画面中的舞蹈部分。此画先用颜色绘出形象，再用墨点睛并勾画出胡须、衣裙。色彩鲜丽，墨线生动飘逸。是研究西汉舞蹈和绘画的重要资料。

的绕舞长袖，有的双双并立而舞，有的欲轻盈举步，舞姿形态十分生动，有一种古越族与汉族舞蹈相互交融渗透所产生的别致风韵。

汉代对东北和北方地区的开拓和交往，使这一地区许多民族、地区的风俗性舞蹈活动载入了汉朝史书。《后汉书·东夷列传》就记载了东北地区少数民族的生活习惯和歌舞习俗。

汉代，外国和我国各少数民族舞蹈艺术从各种渠道传入中原，在中原舞蹈和其他民族舞蹈融合的过程中，舞蹈艺术得到了各方面的充实和升华，为后代舞蹈艺术的发展奠定了坚实的基础。

隶书定型

在汉字发展史上，隶书的形成是一个十分关键的转折，它的定型，标志着汉字脱离了古文字时代而进入今文字时代，汉字从此进入了新的发展阶段。

隶书起源于战国时期，秦时已普遍流行于民间，在民间经过不断的加工和完善，到西汉晚期已达到成熟阶段，基本定型，

幽州书佐秦君石阙。体现了由古隶书演为今隶书过渡阶段时的笔法特征。

胡风舞传入中原后，很快同汉朝舞蹈结合。山东济宁古亢父城出土的汉画像石上有一幅"乐舞杂技图"，画中10位杂技艺人都是高鼻、裸体、椎髻，表演舞轮、跳丸、跳剑和《鼓舞》等舞蹈和杂技，而10位乐人、歌者都全是汉人面容和装束。从他们使用的乐器埙、排箫、笙等看，很像《清商乐》的体制。画中显然是中原乐队与"胡舞"、杂技结合表演的情景。

在汉朝与缅甸、印度、朝鲜、日本等国贸易往来中，也有文化艺术以及舞蹈的交流。《后汉书·东夷列传》就记载了汉朝的舞乐伎人将中原舞蹈传到朝鲜，同时也学习了朝鲜民族舞蹈。

中原与南方边陲地区在汉代也有广泛的舞蹈文化交流。广州一带就出土了许多具有浓郁中原舞蹈风味的汉代玉雕舞人。广州象岗南越王赵眜墓6个玉雕舞人，有

中国通史

最新整理图文珍藏版

是汉代的主要字体。

在不同的发展时期，隶书呈现出不同的特点，因而又被分为秦隶、汉隶和八分三种形式。早在战国时期，秦代的竹简文书，甚至在兵器、漆器、陶器、量器等铭文中已出现了笔画省减，直多弯少，书写草率的简体字，可谓隶书的雏形。秦始皇烧毁经书，扫荡了旧有典籍，选拔了大批官吏，官职繁多，文书也大量增加，为了适应这种需要，迫切需要一种简便的文字来代替复杂难识的籀体和篆体，隶书也就应运而生了。据晋代卫恒《四体分势》记载，秦时的下等文人程邈担任衙狱官吏，因罪被囚禁了十年，在狱中，开展了改造文字的工作，对当时流行的许多字进行笔画的增减，将方的改圆，圆的变方，秦始皇得知后大加赞赏，让他出狱担任御史，命令他从事规范文字，他所改造后的字就是隶书。1975年湖北云梦睡虎地秦墓出土竹简1100余枚，简文是墨书的隶体，总字数约4万左右。既使在正规典型的小篆材料，秦权量诏书和秦代兵符中也不乏简草急就的例子，说明在秦始皇统一文字前隶书已作为一种新的字体出现。这反映出当时简体字已应用很广。

推行统一文字的政策，正如《说文·叙》所说：“秦始皇统一天下以后，推行了一些统一文字的政策，最初确定以小篆来取代史籀大篆。”但秦代的统治时间短，小篆未能彻底推行。程邈改造后的隶书书写起来比小篆方便得多，更符合人民的需要，实际上，秦王朝是以隶文统一了全国文字。

汉代日常应用仍是隶书，但在形体和笔势方面都不断发展，逐步形成一种扁方、规整，捺笔上挑等讲究挑法、波势、波磔的书体，如西汉武帝到东汉光武帝时期的居延汉简和敦煌、新疆各地出土的汉简，就是典型的汉隶。

居延汉简。居延汉简的字体包括有隶书、章草与极少量的汉篆和装饰书体。多是下级卒吏的日常手迹，展现了汉代民间书法的多样丰采和韵致。既有粗犷、泼辣的野趣，又饱含了宽绰、恢宏和质朴的汉代书法艺术的气质。

关于八分的具体内涵说法很多，有人认为由于这种书体以“字方八分”为大小的标准，有人认为由于这种书体字形较扁，笔画向两旁伸展，势“若‘八’字分散”，还有托蔡文姬之名，说这种书体“割程（邈）隶书八分取二分，割李（斯）小篆二分取八分”，所以称为八分。我们把东汉中期熹平年间刊立的《熹平石经》为标准的笔画匀称，波势工整的隶体定为八分，魏以后便成为一个普遍的名称。

后人把魏晋南北朝以后的真书（楷

935

书）也称为隶书，与行书、草书等相对，取其正式标准的意义。

刑徒墓砖铭。刑徒墓砖书写者的不同，也形成各种不同的风格和面貌。

武威仪礼汉简

从篆书到隶书的演进是汉字发展史上的一次大变革，从此汉字走向更简化、笔画化、定型化。

《山海经》基本完成

《山海经》是中国古代的地理著作，今传本是经西汉末年刘向、刘歆父子校刊整理的，共18卷，包括《山经》5卷，《海经》8卷，《大荒经》4卷，《海内经》1卷，31000多字。原有图，早已亡佚，今本的图是后人补入的。

关于该书的作者已不可考，旧传是禹、益所作，还有说是出自"禹鼎图"，都不可信。《山海经》中的《山经》和《海经》各成体系，成书年代也不相同。《山经》是巫祝之流根据远古以来的传说记录的巫觋之类，记述了海内的各名山大川，动植物，祯祥怪异，祭祀。一般认为成书于战国初期或中期。《海经》记载海内外各方异域的传闻，包括大量神话传说，大约是秦汉之际的作品，为方士所作。刘氏父子在校订《山海经》时，曾删除了部分内容，这部分独立以《大荒经》和《海内经》流传，晋郭璞注《山海经》时重新录入，并使其独立成篇。

《山海经》的形成，经历了从公元前5世纪春秋，战国之交开始，延续此后约300年的漫长历程，是这一时期世界地理知识的汇集。它所记的内容相当丰富，涉及范围很广，包含了古代山川，道里，历史，民族，物产，医药，祭祀，巫术，动物，植物，矿产等诸多方面。书中所记人名达140多个，山名300多个，水名250多个，动物120多种，植物50多种，还有许多矿产等。

书中记载和保存了大量的神话和古代传说，具有很高的文化史价值，对于研究中国原始社会和上古的姓氏、部族，以及考察上古人的宇宙观、自然观和对社会历史的认识，意义十分重大。许多神话传说依图撰文，如夸父逐日，后羿射日，精卫填海，舜葬苍梧，羲和洛日，西王母使青鸟，王亥仆牛等，形象都异常生动。表现了先民改造自然的伟力和不屈精神。

《山海经》书影

《山海经》比较详细地记载了上古的帝系。居住在天上的天帝共12人，以及他们的妻子和儿女和儿女们建立的下界社会，还有帝俊，不属三皇五帝之列，其12条材料与其他天帝无一重复，并把农、工、车、舟、琴瑟、歌舞的发明归功于他，可能还与天文历法有很大关系。他也许是东方智慧神的象征。此外还记载了一些人王和他们的事迹，如大禹治水，禹所积石，禹攻共工，启上嫔于天等。对于研究中国民族史和早期社会的历史有重要的价值。《山海经》中包含了我国早期的域外知识，反映了许多中国人对域外地理的认识，例如当时对日本、朝鲜已经相当了解，尤其是有关日本的地理、风俗、饮食、服饰的记载十分详尽。《海外北经》中还记载了当时蒙古、阿尔泰山以西、哈萨克等地的情况，那些很古怪的国名，如跂踵国、拘缨国、夸父国等等称呼的就是这些地区的一些国家和民族。沃民国大约是《山海经》中中国人所知道的最西方的国家。《海外南经》记述的是广西、广东和北部湾附近的一些地方的情况。总之，《山海经》包含了我国早期人民丰富的地理知识和对周邻民族的认识，展现了一幅关于中华文明最古老的立体地形图。

佛教传入中国

元寿元年（前2），博士弟子景卢从大月氏王使臣伊存授浮屠经。这是佛教思想传入中国的最早文献记录。

佛教发源于古印度，两汉之际，佛教主要经由西域传入中国内地。关于佛教传入中国有两种说法。一者认为，西汉武帝时（前140～前86），张骞通使西域，从此开辟丝绸之路，印度佛教就经过中亚诸国，顺着这条经济文化渠道而进入了中原。《三国志》卷三十注引《魏略·西戎传》称："天竺又有神人，名沙律。昔汉哀帝元寿元年，博士弟子景卢受大月氏王使伊存口受《浮屠经》，曰复立者，其人也。"认为西汉末佛教已传入中国。另一者认为，佛教在东汉初传入中国。东汉明帝曾派蔡愔、秦景出使天竺，蔡愔和沙门摄摩腾，竺法兰回到洛阳，在洛阳建立白马寺。

蓝白染花棉布。中央主题佛像已缺，佛像左侧为小方块纹边饰，下面为龙与鸟兽纹边饰。推测原件为较巨幅的蜡染装饰性宗教画。

东汉初年（公元25年后），上层权贵已有信佛的人，但只是把佛陀依附于对黄老的崇拜。在一般人心目中，佛教教义与黄老之学宣传的道教理论相类似，佛陀类似于神通广大的神仙。东汉时期一直把黄老浮屠混而为一，信奉的人也多是西域僧人。由于佛教依附于黄老道术,不能够充分显示自身的特色和力量,所以不能够引起社会强烈关注。直到汉末,情况才开始有所改变,在地方和民间佛教信徒才一天天增多起来。

东汉时期是佛教传入中国之后的第一个阶段,它的特点是不举行太多的外在活动,而把主要精力用在传经、译经、积蓄力量上面。最早的汉译佛经是《四十二章经》。安息国僧安世高于桓帝间来洛阳开始译经,在20多年中共译经34部40卷,主要有《安般守意经》、《阴持入经》、《人本欲生经》、《大十二门经》、《小十二门经》、《道地经》等,介绍小乘禅法。月氏僧人支娄迦谶于桓帝末年至洛阳,灵帝间译出佛经14部27卷,如《般若道行品经》、《首楞严经》、《般舟三昧经》等,都是大乘佛教经典,向中国人首次介绍了印度大乘般若学的理论。

蔡伦像

少为太监　手巧心细

蔡伦字敬仲,桂阳郡人,桂阳是故楚国地方,约当今日湖南郴州一带。他的出身是明帝(光武的儿子)时在宫廷内当差的小太监。他何以沦身为太监,史传上没有记载,可能是家贫,可能是亲属犯罪,子孙坐罪为奴,或自身犯罪被刑身,原因不一。但是他非常聪明,而且好学多才,历事明、章、和、安四朝,都得帝后或太后的宠信。和帝时他已做到中常侍(太监总管之一),由于他兴趣广泛,手巧心细,对器械制作,常喜欢加以研究。每逢休假之日,他不作无谓酬酢,而喜欢到郊外四野观察自然,或去冶铁煅铸工场,研究其技术。宫中器用,倘有缺失,经他修整,无不完好。所以后来他兼宫中的尚方令,这是管理宫中器物供应的主管太监。他不但得窦太后的信任,也受和帝和邓皇后的看重,他也敢在帝后前犯颜直谏,匡弼得失,可说得上是一个正直敦厚的人。

汉代铜四人博戏俑

发明家蔡伦

汉光武帝得了天下,定洛阳为京都,单单从长安搬运宫中的简(竹简)素(缣书)赴洛阳,就用了两千辆大车。如果以后没有纸的发明,可以想象到不知要建造多少城堡,才能堆得下中国历代的文字纪录。简易的造纸法是东汉和帝时的蔡伦发明的,以后又传到了西方。

烂网败浆　启发造纸

蔡伦主管宫内器物供应,凡有珍贵宝剑铸造,器械用具的制作,蔡伦都悉

中国通史

最新整理图文珍藏版

心改进或自任监工，制造出来的产品，都成为后世仿造的楷模。他在宫中藏书阁，看到浩瀚简册，堆积如山，又见校书郎们用缣帛抄书，为了节省用帛，密行细字，写来吃力。他觉得竹简太重，早应淘汰，缣帛虽称方便，但成本太贵，因此时时构思，想制造一种便宜的纸，来替代缣帛。有一次休假出宫，他去海边渔村，看见渔民把破旧的渔网弃置河边，一任风吹雨打和海水的浸蚀，腐烂成一堆败浆。他用手指沾一些败浆，在两指间一拈，竟出现一层薄薄的粘膜，他忽然灵机一动，悟出一个道理，就花了一些银子，把腐烂的渔网统统加以收买了运回他的工作室。他把那些败浆用水化开，再加捣匀，然后用细竹编的篾箩片，在浆水中淘滤出一层薄膜，让这薄膜干燥，完成一张原始的人造纸。当然这纸太脆，一碰会破。于是他又试着掺合树皮、麻头和破布，有时用稻草稚竹，在石灰中浸渍，加蒸，用臼舂捣，和合成纸浆；再用木炭明矾水加以漂白，用胶水和木槿汁加以混和；然后再织细竹为帘，使二人举帘在浆水中对漉，覆之石面，榨去其水，炙之石壁，共经七十二道手续，纸张乃成。他把这发明奉献给和帝，和帝称善，乃公布其制作方法，使郡国州县都仿造，天下都称"蔡侯纸"。

宫廷恩仇　服毒自尽

蔡伦发明纤维造纸那年，和帝死，邓太后执政。殇帝立，一年即死，更立章帝宋贵人所生清河王刘庆的儿子刘祜为帝，是为安帝，还是由邓太后执政。蔡伦被封龙亭侯，为长乐宫太仆，后来又监典东观校筹各家经史的工作。等到邓太后死，安帝亲政，因为生父清河王刘庆原为章帝太子，宋贵人所生，后来章帝宠幸窦后，乃改立窦后喜欢而且加以抚养的刘肇为太子（肇乃梁贵人所出）。那时蔡伦曾奉窦后之命，审问宋贵人以厌胜之术诅咒人君，使宋贵人羞愤自杀，刘庆因此被废。现在刘庆之子，继统掌权，要替祖母及父亲雪仇，乃旧事重提，令廷尉征蔡伦问案，那时蔡伦年纪已不小，觉得当初做的事，心中亦有愧，就沐浴整衣冠后服毒自尽。一代大发明家，竟牵涉在宫廷恩仇中白白牺牲，实在可惜。

《养鱼经》出现

东汉初年（1世纪中叶），我国最早的养鱼著作《养鱼经》出现。《世说新语·任诞篇》注文所引《襄刚记》中有汉光武

造纸生产过程示意图

帝时"侍中习郁在岘山南，按照《范蠡养鱼记》建造鱼池"的记载。所以，此书相传为春秋时越国范蠡所著。范蠡晚年居陶，称朱公，后人常称他为陶朱公，故此书又名《陶朱公养鱼经》、《陶朱公养鱼法》、《陶朱公养鱼方》等。

《养鱼经》在梁代尚存，后佚。现存4000余字的传世本主要引自《齐民要术·卷六》，以问对形式记载了鱼池构造、雌雄鱼交配比例、适宜放养的时间以及密养、轮捕、留种增殖等养鲤方法。陕西汉中东汉墓出土的陂池模型（池底塑有六尾鲤鱼及其他水生生物）显示的养鱼方法，与本书所述方法一致，表明本书在东汉时已用于指导养鱼生产。

《养鱼经》里记载的养鱼法，与后世方法多有类似，是中国养鱼史上值得重视的珍贵文献。

西域十八国请置都护

建武十七年（41），莎车王贤请求东汉政府设置西域都护。光武帝刘秀赐莎车王西域都护印绶，后为敦煌太守裴遵所阻收回，贤怀恨在心，依然自称西域大都护，强迫诸国服属。

东汉铜马

日渐骄横的莎车王以武力威胁西域各国，征敛重赋，企图兼并诸国，诸国忧惧。建武二十一年（45），车师、鄯善、焉耆

东汉铜马

等十八国都派子弟入侍汉朝，贡献珍宝，请求汉朝派驻西域都护，保护诸国。光武帝刘秀认为天下初定，国力虚弱，北方尚未臣服，无力顾及西域。于是退回各国作为人质的子弟并赏赐大量珍宝。西域诸国闻讯十分忧虑，就写信给敦煌太守裴遵，愿意留下侍子为人质，以此向莎车国表示，西域都护即将出塞，借此威慑莎车国，使其不敢挑起事端。裴遵将此事上奏光武帝，刘秀表示同意。

西域十八国请置都护，表达了西域人民愿意接受东汉王朝的统治、加强西域与中原地区联系的强烈愿望。

《九章算术》总结先秦数学

《九章算术》是我国古代数学的经典著作，它上承先秦数学发展的源流，又经过汉代许多学者的删改增补，是先秦数学成就集大成的总结，它的出现，标志着中国古代数学体系的形成。

在长期生产实践活动中，我国古代劳动人民发现并总结了许多数学经验，并记录下来，这些成就散见于各种文献中，内容十分丰富，出土的汉简中，包含数学知识的简牍很多，从中已可看出先秦及汉代的数学发展水平，尤其是 1983 年 12 月至 1984 年 1 月出土于湖北江陵张家山西汉古墓的《算数术》，墓主人下葬时间初步断定为吕后二年（前 186）或稍晚，因而该成书绝不晚于西汉初年，它反映了先秦数学的某些成就是确定无疑的。它的内容包括两类，一是计算方法，一为应用问题。《汉书·艺文志》记载的《许商算术》、《杜忠算术》都已失传，而《算数术》却不见记载。与《九章算术》比较，可以比较清楚地看出，它的成就被《九章算术》所继承和发展，其内容虽多有相同或相似，但《九章算术》论述得更为清晰、系统，其发展脉络十分清楚。因而认为《九章算术》是先秦秦汉时期数学成就的总结应该是不成问题的。

《九章算术》不是成于一时一人之手，而是经历了漫长的过程，由多人逐步删改、修补而在东汉初年（50）最后形成定本的。

《九章算术》内容异常丰富，题材很广泛。它共九章，分为 246 题 202 术，主要内容依次为"方田"，用于田亩面积的计算，"粟米"是谷物粮食的按比例折算，"衰分"是比例分配问题，"少广"用于已知面积、体积而反求一边长和经长等，"商功"用于土石工程体积计算，"均输"是赋税合理摊派问题，"盈不足"乃双设法问题，"方程"是一次方程组问题，"勾股"为利用勾股定理求解的各种问题，其中的大部分内容与当时的社会生活密切相关。

《九章算术》在很多方面有突出的成

《九章算术》是中国古代著名的数学专著，大约成书于公元 1 世纪下半叶。它的问世标志着中国古代数学体系的形成。该书是世界上最早系统叙述分数运算的著作。

就，反映了这一时期我国数学的发展水平。其成就最突出地表现在分数运算，比例问题和"盈不足"算法方面。作为世界上最早系统叙述分数运算的著作，它在"方田"章中论述了约分、通分、比较不同分母分数的大小以及分数的四则运算。通分时它运用的是辗转相减法。在"粟米"、"衰分"、"均输"各章中涉及了许多比例问题，这在世界上也是最早的。比如今有术，也就是四项比例算法，可用公式表述为：所求数 =（所有数 × 所求率）÷ 所有率，即所求数：所求率 = 所有数：所有率，它的应用非常广泛，其他如衰分术、反衰术等都是由此推演、发展而来的各种算法。可见其重要性。"盈不足"术是我国古代解算难题方法，也是一项创造，如"人出八盈三，人出七则不足四，问人数物价各几何"，它需要两次假设才能得出答案，有人认为欧洲中世纪所称"双设法"就是这一方法经由阿拉伯传去的。

其次，在几何学方面也有杰出的成就，这时的几何学主要用于面积、体积计算。

其三，在代数方面的主要成就主要是一次方程组解法，负数概念的引入及其加减法法则，开平方，开立方，一般二次方程解法等。《九章算术》方程共18问，有的相当于二元一次方程组，有的相当于三元一次方程组，甚至有多达五个未知数的，而其中第13题涉及6个未知数，却只能列5个一次方程组，可以说是世界上最早的一次不定方程组。再有，开平方术，开立方术不但可解二项二次方程，二项三次方程，而且也可以解一般的二次数值方程和三次数值方程。它是我国古代解高次数值方程的基础，与线性方程组的解法一起，构成我国古代代数学的主要内容，《九章算术》对此阐述得十分详尽，足以标示这时期的代数学发展水平和所取得的成就，在我国数学史上占有重要的地位。

数学是研究现实世界中数量和空间关系的科学，《九章算术》中将数量关系和空间形式结合起来，成为其一大特色。

《九章算术》在我国和世界数学史上具有十分重要的地位。欧洲在16世纪才有人研究三元一次方程组，而线性方程组的理论及解法乃是18世纪末叶才出现的，这种比较足以见其先进性。

在我国先秦的典籍中，记录了不少数学知识，却没有《九章算术》那样的系统论叙，尤其是其由易到难，由浅入深，从简单到复杂的编排体例，从而形成了中国传统数学的理论体系。因而后世的数学家，大都从此开始学习和研究，唐宋时是国家明令规定的教科书，北宋时由政府刊刻，又是世界上最早的印刷本数学书。隋唐时就已传入朝鲜、日本，现已被译成日、俄、德、法等多种文字。作为中国古代数学的系统总结，《九章算术》对中国传统数学的发展产生了极其深远的影响，在世界数学史上具有十分重要的地位。

王充著《论衡》

东汉永平二年（59），王充开始作《论衡》，30年后完成。《论衡》存目85篇，实存84篇，佚失《招致》1篇，是对汉代及汉代以前一切学说、思潮加以衡量，评论是非，铨定轻重，批判虚妄之说的唯物主义无神论的重要著作。

王充像

王充（27～约97），字仲任，会稽上虞（今浙江上虞）人。少年时游洛阳太学，师从著名学者班彪，博闻强记，通百家之言。官至县功曹、郡王官功曹、州从事转治中等。因为政治主张与上司不合而受贬黜。罢官还家，专心著述。晚年，汉章帝下诏公车征召，王充不就。和帝永元中，病逝于家中。

王充在《论衡》中，吸取了道家黄老后学的天道"自然无为"思想，在继承前人"元气"说的基础上，提出了元气自然论。他认为天与地都是客观存在的物质实体，而"元气"是构成天地实体和自然界万物的最初物质元素。"元气"之产生天地万物，都是"自然"、"自生"的，并没神的主宰。他驳斥了"天人感应"说，认为"人不能以行感天，天亦不随行而应人"。

王充在论及神形问题时，汲取了当时医学科学的成就，坚持唯物主义的观点，认为人的"精气"（精神）是人的形体中产生血脉的部分，形体死亡，血脉即枯竭，精气也随之消灭。"人之所以生，精气也……能为精气者，血脉也"，而"精神本以血气为主，血气常附形体"，所以"人之所以聪明智慧者，以含五常之气也"，这"五常之气"则存在于人的五脏形体中。王充提出"精神依附形体"的命题，否定了经学神学鼓吹的"灵魂不灭"的观点，确立了形神一元论。在此基础上，王充批驳了神不灭和有鬼论，提出了无神论。他认为人死形体便腐朽，根本不可能成鬼，所谓鬼神迷信，只是"人思念存想之所致也"，是人们在疾病时十分畏惧而造成的主观幻觉。因此王充反对鬼神，巫术、占卜等迷信活动，反对祭祀，提倡薄葬。

王充在《论衡》中，还总结了注重"效验"的唯物主义认识论。他批驳了所谓圣人"神而先知"、"生而知之"的先验观点，认为人的知识是通过人的感官与外界接触后才获得的，提出不学不知、学而后知的观点。王充把感觉经验作为认识的首要途径，同时又强调人的认识不能停留在耳闻目见阶段，还需"开心意"进行理性思维，他说单凭感觉经验，易受"虚相"迷惑，只有"开心意"思考，才能辨明是非、虚实。进而王充提出了"效验"的范畴，作为检验认识可靠性的标准。他认为认识事物的目的在于致用，认识正确与否，要看他与事实是否相符，而不是凭"空言虚语"。以"效验"为武器，王充还指出了孔孟著作中不少自相矛盾之处，反对把儒家经典当作教条而盲目信奉。

王充在历史观上却是矛盾的。他一方面承继了荀子和韩非等人的历史进化观，认为历史是前进的，"周不如汉"、"汉固在百代之上"，社会是进步的；另一方面他又说"古今不异"、"百代同道"，认为万物都是"气"的不同形态，因"气"是"古今不异"、"万世若一"的，所以社会又是不变的。观点显然自相矛盾。同时，王充还把国家的安危和个人的贵贱寿夭归结为自然命运的支配，混淆了社会规律与自然规律的区别，进而陷入了自然宿命论的谬误。

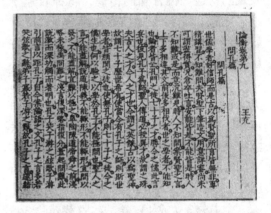

《论衡》。王充，字仲任，会稽上虞（今属浙江）人，不乐仕进，潜心研习，穷三十年精力完成巨著《论衡》八十五篇，深入地批判了当时流行的谶纬神学。图为《论衡》书影。

王充的《论衡》，在反对"天人感应"的神学目的论中，继承了我国古代唯物主义的传统，把我国古代唯物主义的发展推到了一个新的高度。他的元气自然论，对当时占主导地位的经学神学以沉重打击，在当时的意识形态斗争中有极大的现实意义。

因为王充反谶纬神学的思想一直受封建儒家正统思想排斥，被视为"异端"，《论衡》也长期被视作"异书"而被埋没，直到东汉末年才逐渐流传开来。

《神农本草经》最早总结中药

　　《神农本草经》是现存最早的药物学专著，为我国早期临床用药经验的第一次系统总结，历代被誉为中药学经典著作。

　　在我国古代，大部分药物是植物药，所以"本草"成了它们的代名词，这部书也以"本草经"命名。汉代托古之风盛行，人们尊古薄今，为了提高该书的地位，增强人们的信任感，它借用神农遍尝百草，发现药物这妇孺皆知的传说，将神农冠于书名之首，定名为《神农本草经》。俨然《内经》冠以黄帝一样，都是出于托名古代圣贤的意图。

　　《神农本草经》的作者及成书时代尚无实证加以确定，但它成书于东汉，并非出自一时一人之手，而是秦汉时期众多医学家总结、搜集、整理当时药物学经验成果的专著，这已经是医学史界比较公认的结论。

　　全书分 3（或 4）卷，共收载药物 365 种，其中植物药 252 种，动物药 67 种，矿物药 46 种。书中叙述了各种药物的名称、性味、有毒无毒、功效主治、别名、生长环境、采集时节以及部分药物的质量标准、炮炙、真伪鉴别等，所载主治症包括了内、外、妇、儿、五官等各科疾病 170 多种，并根据养命、养性、治病三类功效将药物分为上、中、下三品。上品 120 种为君，无毒，主养命，多服久服不伤人，如人参、阿胶；中品 12 种为臣，无毒或有毒，主养性，具补养及治疗疾病之功效，如鹿茸、红花；下品 125 种为佐使，多有毒，不可久服，多为除寒热、破积聚的药物，主治病，如附子、大黄。书中有 200 多种药物至今仍常用，其中有 158 种被收入 1977 年版的《中华人民共和国药典》。

神农氏尝药辨性。出自清代嘉庆年间林钟绘《古代医家画像》稿本。

　　《神农本草经》有序例（或序录）自成 1 卷，是全书的总论，归纳了 13 条药学理论，首次提出了"君臣佐使"的方剂理论，一直被后世方剂学所沿用，但在使用过程中，含义已渐渐演变，关于药物的配伍情况，书中概括为"单行"、"相须"、"相使"、"相畏"、"相恶"、"相反"、"相杀"七种，称为七情，指出了药物的配伍前提条件，认为有的药物合用，可以相互加强作用或抑制药物的毒性，因而宜配合使用，有的药物合用会使原有的药理作用减弱，或产生猛烈的副作用，这样的药应尽量避免同时使用。书中还指出了剂型对药物疗效的影响，丸、散、汤、膏适用于不同的药物或病症，违背了这些，就会影响药物的疗效。

　　由于历史和时代的局限，《神农本草经》也存在一些缺陷，为了附会一年 365 日，书中收载的药物仅 365 种，而当时人们认识和使用的药物已远远不止这些。这

365 种药物被分为上、中、下三品，以应天、地、人三界，既不能反应药性，又不便于临床使用，这些明显地受到了天人合一思想的影响，而且在神仙不死观念的主导下，收入了服石、炼丹、修仙等内容，并把一些剧毒的矿物药如雄黄、水银等列为上品之首，认为长期服用有延年益寿的功效。这显然是荒谬的。此外，《神农本草经》很少涉及药物的具体产地，采收时间，炮制方法，品种鉴定等内容，这一缺陷直到《本草经集注》才得以克服。

尽管如此，《神农本草经》的历史地位却是不可低估的，它将东汉以前零散的药学知识进行了系统总结，其中包含了许多具有科学价值的内容，被历代医家所珍视。而且其作为药物学著作的编撰体例也被长期沿用，作为我国第一部药物学专著，影响是极为深远的。

许慎编著《说文解字》

在汉武帝以后，经过古、今文经学家的百年之久的长期纷争，思想和学术取得了长足的进步，对语言文字的学术思想进行总结的条件基本成熟，具有划时代意义的字典《说文解字》应运而生了。这是中国第一部由个人独立编纂完成的字书，是一部集大成的杰作。

《说文解字》成书于东汉和帝永元十二年（100），全书正文 14 卷，后序 1 卷共 15 卷，收字 9353 个，另有重文 1163 个，此书完全改变了周秦时代训诂词典的方法，开创了系统全面解释字的形、音、义的新体例，构成了严整的字典编纂格局，所释字以小篆为主体分析字形结构，根据不同偏旁，分列为 514 部，始一终亥，部与部的排列顺序以部首的笔画和形体结构近似为准则。

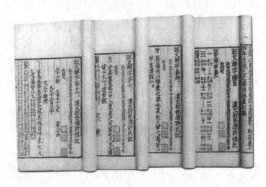

《说文解字》书影

《说文解字》在总结了前人文字研究的所有成果以后，在语言文字观念上有了重大突破。首先，它认为文字是随着时代的进步而不断发展的，文字先是由象形的"文"发展到合体的"字"，字体也不断增多，而且他认识到我国汉字发展史上的三次关键性转折，一是战国时期诸侯割据使文字形体产生很大差异，二是秦统一以后，

许慎像

小篆作为统一文字的推行，而隶文的产生是中国文字的一次根本性转变，在这些转变中，国家政权的强制力起到了决定性作用。其次，认为文字是文字使用者用于观察、认识社会的工具，是超越时空的、记录和传播信息的媒体。对文字功用的本质

认识得相当深刻，许慎是中国历史上第一位从理论上阐释文字的社会功用的人。最后，在文字构成理论上，继承并改造了"六书"理论，对其确切界定并给出具有代表性的例证。还用于分析具体的字，这样用"六书"理论大规模分析古文字，许慎乃是首创。在这些先进的文字学观念指导下，许慎编纂了我国第一部系统分析字形、解说字义、辨证声读的字典——《说文解字》，开创了我国文字学和字典学的独立研究阶段。

许慎科学而有条理地分析、阐述了汉字的产生和发展，文字的功用，汉字的构造等，在实践和理论上都达到了前所未有的高度。书中所收的字覆盖面相当广泛，包括了经书（特别是古文经）中的常见字，包括篆文，古文，籀文，或体，俗体，既有先秦的字，也有汉代新产生的字，为后代考查汉字发展的历史提供了极宝贵的材料，近代识别甲骨文、金文，多依赖于这部工具书。

《说文解字》释义，采用因形说义和选取书传中的古训等多种方式，虽为字书，实际上也是一部极其重要的训诂书，后代字书都援引它的训释，编排体例也被许多字典所继承，因而，它在中国字典学史上的开创之功是不可磨灭的。

科学家张衡

发明制造漏水转浑天仪

东汉时期，中国出现了一位多才多艺的科学家张衡，他在天文学和地学方面的理论和实践活动，使他享有盛誉，他发明闻名于世的候风地动仪，是世界地震测报史上的重要里程碑，而根据他的浑天说理论发明和制造的漏水转浑天仪，又使他成为我国水运仪象传统的始祖。

张衡（78~139），字平子，南阳西鄂（今河南南阳石桥镇）人，是我国东汉时期著名天文学家，政治家，文学家和画家，浑天说的代表人物。汉和帝永元十二年（100），他任南阳太守鲍德的主簿，创作的《东京赋》和《西京赋》，广为流传。后又用了3年时间钻研哲学、数学、天文，永初五年，出任郎中和尚书侍郎，元初二年（115）起，曾两度担任太史令，前后历14年。其在天文学史上的成就尤为引人注目。

浑天说是张衡宇宙结构理论，《张衡浑仪注》是这方面的理论著作。他认为天好像一个鸡蛋壳，地好像是蛋黄，天大地小，天地各乘气而立，载水而浮。为了演示这一理论学说，张衡以西汉耿寿昌的发明为基础，于117年，发明并制造了漏水转浑天仪。这台仪器用精铜铸造而成，是一个直径4尺多（约1.5米）的球，代表天球，可绕天轴转动，上刻二十八宿，中外星官以及黄道、赤道、南极、北极、二十四节气、恒显圈、恒隐圈等。为了使浑象自行运转，他利用齿轮系统将浑象与漏壶联系起来，用漏壶滴出的水作为动力启动齿轮，带动浑象绕轴转动。通过选择适当的齿轮个数和齿数，使浑象一昼夜和地球自转速度完全相等，以演示星空的周日视运动，如恒星的出没和中天等。通过对它的监测，人们可以知道日月星辰和节气的变化。它还有一个附属机构叫做"瑞莫荚荚"，是一种机械日历。它有传动装置和浑象相连，从每月初一开始，每天生一叶片，月半后，每天落一叶片，用于显示阴历的日期和月亮的圆缺变化。

漏水转浑天仪用的是两级漏壶，是现今所知最早的关于两级漏壶的记载。它的受水壶也是两个，壶盖上各有一个金仙人，左手抱壶，右手指刻，一个指示白天的时间，一个指示夜间的时间。

中国通史

最新整理图文珍藏版

张衡之水运浑天仪系将计时之漏壶与浑仪相结合，即以漏水为原动力，并引用漏壶之等时性，通过齿轮系统的传动，演示天体运行情形。

　　张衡的天文学成就的取得，与他精确细致的天象观测有直接的关系，他所统计的在中原地区能观测到的星数约2500颗，且基本掌握了月食的原理，对太阳和月亮的角直径的测算相当准确。

　　这些成就的取得，无论在天文学史上还是在思想发展史上都有相当重要的意义，他极力反对谶纬神学与历法的附会并被列为太学考试的内容，在迷信之说面前表现了大无畏精神。

　　天象观测是中国古代天文学取得辉煌成就的重要领域，张衡发明的漏水转浑天仪成就是观测仪器发明制造的杰出代表，其功能、设计制作的复杂和精确程度均是世界上罕见的，是世界上见诸记载的第一架水力发动的天文仪器，对后代影响极为深远。

发明候风地动仪测地震方位

　　顺帝阳嘉元年（132），东汉著名科学家张衡发明制造了候风地动仪。这是世界上第一架可测地震方位的仪器，它是利用倒立惯性震摆的原理制成的，其基本构造符合物理学原理，能探测到地震波的首先主冲方向，是现代地震仪的先驱，也是当时世界上遥遥领先的发明。在国外，过了1000多年，直到公元13世纪，在波斯马拉哈天文台才有类似仪器出现。到18世纪，欧洲才出现利用水银溢流来记录地震的仪器。

张衡像

　　据《后汉书·张衡传》所记载，该仪器系青铜铸造，整体造型宛若汉代的酒樽。仪体圆形鼓腹，直径八尺（汉建初尺，1尺＝0.2368米），下附圈足，上面有可以启闭的圆盖，通高约一丈一尺五寸。在仪器体外按八方附设八条垂龙，龙口各衔一铜丸，地上并设八只向上张口铜蟾蜍，与龙头一一对应。龙头下部仪器表面雕刻四灵图案，八龙方位下书刻卦文。圈足的上部刻有山阜之形。

　　地动仪内部结构精巧。仪器内底部中

央，立有一根"都柱"，即倒立惯性震摆（相当于现代地震仪的重锤），围绕都柱设有八组与仪体相连接的杠杆机械即"八道"，"八道"与仪器外面设置的八条垂龙龙头上颌接合，代表着东、西、南、北、东南、东北、西北、西南八个方位。遇有地震，震波传来，"都柱"偏侧触动龙头的杠杆，使该方位的龙嘴张开，铜球落入蟾蜍口中，发出声响，用以报警。即谓"一龙发机，而匕首不动。寻其方向，乃知震之所在。"

科学家张衡阳嘉元年发明的候风地动仪

张衡设计的地动仪，是他唯物主义自然学说的体现。仪体似酒樽（卵形），直径和浑象一样大，象征浑天说的天；立有都柱的平底，表示大地，笼罩在天内；仪体表面雕刻的四灵图案象征二十八宿，所刻卦文为乾、坎、艮、震、巽、离、坤、兑，表示八方之气；八龙在上象征阳，蟾蜍居下象征阴，构成阴阳上下的动静的辩证关系；都柱象征天柱，居于顶天立地的地位。

候风地动仪的灵敏度很高，最低可测地震烈度为 3 度左右（据 12 度地震烈度表）的地震。据记载，候风地动仪制成以后安置在洛阳。公地 138 年，距洛阳约 700 公里的陇西发生了一次 6 级以上的地震，当时洛阳没有震感，而候风地动仪做出了反应。此次陇西地震的实测成功，开创了人类使用科学仪器观测地震的历史。

约在 4 世纪初，候风地动仪在动乱中失落。近百年来，由于地震学的发展，张衡的这项发明引起了地震学界的重视和研究，日本和英国的科学家都曾先后进行过研究。中国的王振铎经过对历史资料的整理和研究，并总结了一些地震学家的研究成果，于 1959 年将张衡的候风地动仪重新复原，陈列在中国历史博物馆内。

造型精美的汉代灯具

两汉时期，我国的灯具制造工艺有了新发展，对战国和秦的灯具既有继承，又有创新。

灯具是由烛台脱胎而来，但并未完全取代烛。我国至迟在战国时期就已经开始使用灯具照明，各地战国墓中出土了不少形状各异的灯具。秦代灯具可见一些文献记载，已出现宫灯、多枝灯等精致独特的

汉代豆卮组合灯

灯具。

汉代灯具在前代基础上有了很大发展。从形式上看，除原有的座灯外，又出现了吊灯；从质地看，在陶灯、青铜灯之外新出现铁灯、玉灯和石灯，其中以青铜灯具最为多姿多彩，出土实物表明，灯的数量显著增多，这说明它的使用已经相当普及了。这一时期灯具造型丰富多彩，有塑造人物形象的"宫女"灯、"当垆"灯、"羽人"灯、"男奴"灯等；有创造动物形象的牛形灯、羊尊灯、朱雀灯、凤鸟灯、雁足灯、鹤龟灯、麒麟灯、鱼灯、龟灯、蟾蜍灯等；有模拟器物形态的豆形灯、盒形灯、卮灯、耳杯形灯、辘轳灯、三足灯等；此外，还有多枝灯、行灯等。汉代的灯具造型取材广泛，制作精良，无论是人物、动物还是器物形态都栩栩如生，达到绝妙的境界。

两汉的灯具制造取得了前所未有的成就，在制造上体现了科学性和艺术性的高度统一。如满城西汉中山靖王刘胜夫妇墓出土的鎏金长信宫灯，形态为宫女跽坐持灯，通体鎏金，通高48厘米，由灯盖、烟道、炉具、灯座、灯盘和灯罩6部分分铸而成，各部分都可拆卸，整体设计合理，在采光、省油、避风、除垢等方面都是科学的，造型生动美观，达到极高的艺术水平。汉代流行多枝华灯灯具，一般为一个灯座上支撑着高低错落的几个或十几个灯盏，有的青铜多枝灯可以置上卸下，使用十分方便。多枝灯大大增加照明亮度，不仅更加适用，而且是精美的工艺品。《西京杂记》中就记载了皇后赵飞燕接受女弟合德昭仪馈赠贺礼"七枝灯"。较之前代，汉代还出现了吊灯灯具，可用于悬挂，使用起来相当方便。

总之，两汉时期的制灯工艺在前代基础上取得很大进步，已日臻纯熟，达到很高水平。

汉代雁鱼灯。灯罩为弧形屏板，上部插入鱼腹下的开口，下部插入灯盘内，可左右转动开合，任意调节光度。烟雾通过鱼和雁颈导入雁体内，以防烟雾污染。设计达到功能与形式的统一。

朱雀灯。灯盘、朱雀和盘龙三部分系分铸，朱雀的嘴部和足部均留有接铸痕迹。此灯造型优美，结构合理。

中国与罗马建立交往

166 年，罗马安东尼朝皇帝马可·奥理略（161－180）派遣使者自埃及出发经由印度洋，到达汉朝统辖下的日南郡登陆，然后北赴洛阳，开创了中国、罗马两大国直接通使的纪录。《后汉书》对此事有记载，称这次使节是安敦王所派，这是罗马和中国第一次正式建立外交关系。

罗马在汉代被称为大秦，意即泰西（极西）之国，又称海西国。西汉时代，罗马帝国崛起后使地中海世界的政治形势迅速改观，新兴罗马帝国占领了叙利亚和埃及，根据 2 世纪罗马史家佛罗勒斯写的《史记》，可知奥古斯都时远到赛里斯人和地处太阳直照下的印度人，都派使者到罗马订结盟约，可见罗马在当时所处的地位很高。

自奥古斯都时代起，罗马为了开展对印贸易，取得中国的生丝和丝布，积极发展红海航运。

公元 1 世纪到 2 世纪，沿着丝绸之路，自东而西出现了汉帝国、大月氏、贵霜、安息和罗马五个大国。88 年，西域长史班超在和莎车的匈奴势力角逐时，曾和已是罗马和中国贸易重要桥梁的大月氏联盟，大概从那时起中国才从官方渠道正式获知罗马这个国家。

出于经济和外交上的需要，东汉王朝决意谋求和罗马的直接建交。公元 97 年，班超派甘英出使大秦。至安息西界于罗时，由于安息海商的婉言阻拦，没有达到寻求通往埃及亚历山大里亚海路的目的。但中国使者的到来，引起了红海彼岸的莫恰（今也门木哈）和阿杜利（今埃塞俄比亚马萨瓦港附近）与中国缔结盟约的愿望。公元 100 年，他们派使者到东汉首都洛阳，

向汉和帝进献礼物。汉和帝厚待两国使者，赐给两国国王代表最高荣誉的紫绶金印，表示了邦交上的极大诚意。此举激励了罗马，半个世纪之后，罗马正式派使者出访中国，两大国正式建交。

罗马使者东来的航路，遵循着以南印度为枢纽的海上丝绸之路，从此，罗马货物通过海路直运南中国的越来越多。据公元 240 年左右写成的《魏略》，罗马世界的物产，即亚历山大（今埃及）东方贸易的货单，可归成金属制品、珍禽异兽、珠宝、织物、玻璃、香药六大类，共 83 项，这些货物正是罗马世界向中国的输出物。

罗马出土的汉代绢

罗马不仅成批输送货物进中国，也大量进口中国货，主要为：衣料、皮货和铁器。

中国的衣料曾使罗马人叹为观止，后来随着丝帛从中国的源源西运，丝织品日益盛行，丝织业也大有起色，丝织衣料渐由妇女推广到男子。那不勒斯和罗马城郊的但伯河上都有丝绸商人，在罗马城内托斯加区也曾开设丝绸商场。在丝绸西运进入罗马世界第一大站的叙利亚东部沙漠的

巴尔米拉，曾出土东汉时期的汉字纹绵。中国的丝绸和各色锦缎风靡罗马世界之际，高超的丝织技艺也在汉魏时代传入伊朗、叙利亚和埃及，在西汉时代已使用的提花机，一世纪初便在西顿丝织业中出现，至少在3世纪已被埃及采用。

中国的铸铁和丝绸同享盛名。罗马人首先是在和帕提亚的战争中，认识到中国钢铁的厉害。中国弓弩，像战车一样，特别吸引罗马军人，曾使罗马为之神往。

罗马奥古斯都时代的诗人和学者，常用赛里斯国来表明自己知识的广博。博物学家普林尼的著作中，中国衣料与人类潜入红海海底去取珠宝、深入地心寻找碧玉、劈山挖出大理石一样，是令人惊讶的奇事。诗人维吉尔的困惑——中国人竟从树叶上采下纤细的"羊毛"，也是几个世纪中不知养蚕缫丝的罗马人难解之谜。14世纪中叶的罗马史家阿米安·马塞林纳在《功绩》中，则用欣羡的语气叙述中国人在优良的环境中生产丝绸。由此可以看出古罗马人对中国文化的向往态度。

而后随着阿拉伯、突厥帝国的兴起以及欧洲中世纪的到来，中西交往中断了。所以汉帝国与罗马的交往是古代世界中西交往的黄金时代，意义重大。

中国最早的文艺专科大学创立

东汉灵帝光和元年（178）二月，最早的文艺专科大学——鸿都门学创立。校址设在洛阳鸿都门。

鸿都门学是宦官派为了培养拥护自己的知识分子而与士族势力占据地盘的太学相抗衡的产物。宦官派借汉灵帝酷爱辞、赋、书、画的缘由，办了这所新型的学校。鸿都门学所招收的学生和教学内容都与太学相反。学生多由州、郡三公择优选送，多数是士族看不起的社会地位不高的平民子弟。学校开设辞赋、小说、尺牍、字画等课程，打破了专习儒家经典的惯例，宦官派对鸿都门学的学生十分优待，学生毕业后，多给予高官厚禄。鸿都门学一时非常兴盛，学生多达千人。这些学生后来有些出为刺史、太守，人为尚书、侍中，还有的封侯赐爵，使平民子弟得到施展才能的机会。

西狭颂

鸿都门学在"独尊儒术"的汉代，改变以儒家经学为唯一教育内容的旧观念，提倡对文学艺术的研究，是教育界的一大贡献。它招收平民子弟入学，突破贵族、地主阶级对学校的垄断，使平民得到施展才能的机会，也是有进步意义的。鸿都门学的出现，为后来特别是唐代的科举和设立各种专科学校开辟了道路。从东汉到明、清，我国曾设立过律学、医学、武学、阴阳学、算学、书学、画学、玄学、音乐学校、工艺学校等专科学校，对封建文化的继承和发展，起到不可估量的作用。

张仲景著《伤寒论》

张仲景（2～3世纪），即张机，汉代医学家，南阳郡涅阳（今河南南阳）人，年少时跟随同郡张伯祖学医，曾任长沙太守。东汉末年，瘟疾流行，张氏宗族的200多人在不到10年时间就死去2/3，其中大部分死于伤寒发热。张仲景悲愤之余，发愤读书，刻苦钻研《内经》、《阴阳大论》等古典医药书籍，总结东汉以前众多医家和自身的临床经验，于东汉末年撰成了《伤寒杂病论》这部划时代的临床医学巨著。《伤寒论》即是《伤寒杂病论》的组成部分之一。

张仲景像

《伤寒论》共10卷，是一部以论述伤寒热病为主的奠基性中医临床经典著作。张仲景在《伤寒论》中，对其发病的因素、临床症状、治疗过程及愈后等问题，进行了综合分析，创造性地提出了六经辨证的学说，即按热性病发病初、中、末期不同的临床表现和不同治疗的反应与结果，分为辨太阳病、辨阳明病、辨少阳病、辨太阴病、辨少阴病、辨厥阴病脉证并治，以及"平脉法"、"辨脉法"、"伤寒例"、辨痓湿暍、辨霍乱病、辨阴阳易差后劳复脉证并治。

在诊断上，张仲景"勤求古训，博采众云"，采用"望、闻、问、切'四诊'"和"阴、阳、表、里、虚、实、寒、热'八纲'"对伤寒各种证型、各阶段的辨脉、审证大法和用药规律用条文的形式作了比较全面的说明和分析。这种辨证思路、方法和治疗法则，就是人们常说的"辨证论治"，成为后世治疗过程中必须遵循的诊治原则，体现了中医学所具有的独特而完整的医疗体系。

全书以六经辨证为纲，方剂辨证为法。按汗、吐、下、和、温，清、补、消"八法"，结合《内经》有关正治、反治、异病同治、同病异治的各种治疗法则，包括了397法、113方。其中方剂有柴胡汤、桂枝汤、理中丸、麻黄汤等，并说明了各方剂药物的组成、用法及主治病证。这些方剂经过验证，效果显著，为中医方剂治疗提供了变化、发展的基础。

《伤寒论》虽主要论述伤寒证治，但贯穿书中的"辨证论治"思想及六经大法，对于各科临床诊治均有指导意义。

原书《伤寒杂病论》撰成后，因战乱

《金匮要略》书影。明万历年间虞山赵开美校刻本。

中国通史

最新整理图文珍藏版

952

《伤寒论》书影。张仲景著《伤寒杂病论》，被后人整理成《伤寒论》和《金匮要略》两书行世。

散佚，后经晋代王叔和整理，北宋治平二年（1065）再经校正书局校订，编纂成当时《伤寒论》的通行本。

自宋以来，注释和研究《伤寒论》的著作不胜枚举（600种左右）。而外国对张仲景的研究也很深入，论著颇多。张仲景的方剂被推为"经方"，称之为"众方之祖"。张仲景也被尊为"医圣"。

华佗创五禽戏

五禽戏，也叫五禽气功、五禽操、百步汗戏，是东汉华佗在运动实践中创编的成套导行健身术。因模仿虎、鹿、熊、猿、鸟五种禽兽的神态和动作而得名。

华佗（约141～208）又名敷，字元化，沛国谯（今安徽亳县）人，是汉末著名医学家、养生家，外科技术尤为精湛，首次把全麻醉剂（酒服麻沸散）应用于外科手术，大大推进了外科手术的发展。他还根据人体的生理和某些医理，在继承前

五禽戏——虎

五禽戏——猿

人导引理论和实践的基础上，阐明了运动对于健康的重要性和导引在养生方面的作

用，创编五禽戏。

中国人很早就有人知道仿效鸟兽动作能舒筋活络，健身治病。长沙马王堆出土的西汉墓葬帛画中的"导引图"上就有一些模仿动物形态和姿势的动作。我国最早的医书《内经》和先秦《庄子》中，也有关于"熊经鸟伸"的记载。可见模仿动物动作操练以强身治病由来久远。而东汉华佗将前人的理论和实践加以总结，创编了这套保健医疗体操，并提出了预防疾病为主的理论。在中国运动史、气功史上有极重要的意义。

五禽戏——鸟

在汉代，尤其是汉武帝时期，作为帝王的汉武帝竭力追求长生不老，一时方术大盛，华佗走的却是与一般方士不同的道路，他认识到运动对人体健康具有重要的作用，体育锻炼才是延年益寿的科学方法。史籍所载，华佗的弟子吴普坚持操练五禽戏，九十多岁时仍耳目聪明，牙齿完好无损，而且身体有病时，可以依赖操练五禽戏而治愈。

华佗所创五禽戏的具体动作早已失传，六朝陶弘景《养生延命录》中所辑《五禽戏诀》可能与原来的动作差距不大。

五禽戏五种类型动作的作用各不相同，一般说，虎势能使身体强健，加强肌腱、骨骼、腰髋关节功能；鹿势能引伸筋脉，益腰肾，增进行走能力；猿势能使脑筋灵活，记忆增强，发展灵敏性，开阔心胸；熊势能增强脾胃功能，增强力量；鹤势能加强肺呼吸功能，提高平衡能力。练五禽戏不仅要求形似，而且要求神似，要做到心静体松，动静相兼，刚柔并济，以意引气，气贯全身，以气养神，精足气通，气足生精。五禽戏以中医理论为基础，以人的生理特征为依据，运用五行、脏象、气血、经络等学说来解释它的作用。练五禽戏时要求守住意，运好气，集中精力，尽快入静，呼吸缓慢柔和、深长均匀、轻松自然，运动时劲蓄不露，做到"气行则血行"，每次练习应力求出汗，以促进新陈代谢，活血化瘀，去邪扶正；全过程要贯穿单腿负重、步分虚实、躬身前进，还要注意神态模仿逼真，如模仿虎的威猛、鹿的回首、猿的灵敏、熊的浑厚、鹤的翘立等。

五禽戏的出现，很大程度上推动了后世导引养生术的发展，同时对后来一些象形拳的创编提供了一些有益的启示，因而对我国的运动史、气功史产生了极深远的影响。

诸葛亮出《隆中对》

建安十二年（207），刘备亲至襄阳隆中访问隐居在那里的琅琊名士诸葛亮。诸葛亮（181～234），字孔明，三国时期大政治家兼军事家，时称"卧龙"先生。刘备在荆州时，访贤若渴，司马徽和徐庶向他推荐诸葛亮。刘备三访隆中，才见到诸葛亮。刘备与诸葛亮在隆中畅谈天下大势和个人志向，并向诸葛亮求计。诸葛亮向刘备提出"东联孙吴，西据荆益，南和夷越，北抗曹操"的统一全国的方略。诸葛亮为刘备分析天下形势，建议他乘机夺取荆州、益州，以此二地为基业，据险要地势，坚守不放，然后与江东孙权结好，与西南少数民族融洽相处，在国内修明法度，广积粮草，整顿军队，发展生产，充实地方实力，静静观望时局变化，一伺时机成熟，马上向北抗击曹操，统一全国，完成霸业。这就是著名的《隆中对》。刘备听后大喜，如鱼得水，于是请诸葛亮出山辅佐自己。从此诸葛亮成为刘备的主要谋士，也成为刘备集团中举足轻重的人物，为蜀政权立下了汗马功劳。而《隆中对》也就成为指导刘备集团斗争的路线。

曹操作铜雀台

　　建安十五年（210）冬，曹操在邺城（今天河北临漳西南）修筑铜雀台，以供自己享乐之用。铜雀台台址位于邺城西北，高 10 丈，台上建有房屋一百一二十间，非常奢侈富丽，是著名的古建筑群，是"曹魏三台"之一（其余二台为金凤台与冰井台）。铜雀台建成后，曹操率诸子登台，每人写作一篇赋来庆贺。铜雀台到明末被漳

古隆中三顾堂

河冲毁。这座曾作为炫耀功勋与权利的建筑群虽然随时光流逝而成为陈迹，但是它仍通过文学作品保留下神秘而富丽光彩。

炼丹术兴起

　　早在公元前 3 世纪，中国就出现了炼丹活动，西汉时期炼丹术正式兴起并迅速繁盛，东汉末年炼丹术已趋于成熟。

　　炼丹术是道教修炼方术，它用炉鼎烧铅、汞等矿石（或掺和草术药）以制"长生不死"的丹药，它以丹砂为主要原料，因而称为炼丹术，因方士们声称服食后可以成仙，炼成的丹药可以变成黄金，所以又被称为仙丹术，炼金术等。在炼丹家看来，丹砂和黄金水银等是可以通过锻炼而相瓦转化的，这种经过锻炼而得到的黄金可以达到使人长生不老的神奇效果。方士们的游说，使汉初一些帝王和官僚深信不疑，炼丹的炉火从此燃烧起来。

　　西汉元光二年（前 133），方士李少君请武帝"祀灶""致物"，化丹砂为黄金以便服食，得到汉武帝的支持和响应。淮南王刘安养宾客方士数千人，写了 20 多万字的讨论神仙方术的著作，其《三十六水法》，据说可以化黄金为水浆，服食后便可长生。西汉末或东汉初成书的《黄帝九鼎神丹经诀》记载了九种神丹大药的药方和炼法。东汉魏伯阳的《周易参同契》是世界上现存最早的炼丹术理论著作，其中说到当时炼丹家《火记》六百篇，可见当时火法炼丹相当普遍，而且积累了大量经验，这时，方士们的神仙思想已发展为道教，随着它的发展，炼丹的风气已深入民间，而且成为方士们"修仙"的一种重要手段。炼丹所用的原料很多，仅矿石类药物就有六七十种，除丹砂外，还有雄黄、雌黄、石留黄、曾青、矾石、磁、戎盐，合

东汉彩虹鼎。彩虹鼎是东汉时期炼丹术使用的一种设备。

汉铜羽人

称八石，烧炼方法有煅、炼、炙、溶、抽、飞、伏等。炼丹被视为一种神授之术，丹房一般设在人迹罕至的深山密林中，并有一套神秘的仪式和众多的禁忌。

炼丹术兴起以后，通过长期实践，客观上却发现了许多化学现象，并制备了一些化合物，为中国药物学和古化学的发展作出了积极的贡献。

冶金技术蓬勃发展

两汉时期，冶金技术得到了全面的发展。钢铁技术突飞猛进，集中体现在具有一定规模的冶铁竖炉成批建立，炒钢、灌钢和百炼钢的发明，以及两步冶炼的基本体系初步形成。有色金属（铜、黄金、白银等）冶炼和加工技术有了较大提高，突出的成就是胆水炼铜法的出现，黄金、白银的大量使用。层叠铸造、金型铸造等铸造技术有了进一步发展。热处理技术上，铸铁可锻化退火技术更为纯熟，钢和青铜的淬火技术已相当普及。金属表面的镀锡、镶嵌、镀金银、抛光以及表面渗碳等表面加工处理技术也有较大发展。

冶炼技术方面，西汉中晚期至东汉初期的冶铸铁作坊已具备成套的冶铸铁设备，多座炼铁竖炉、烘范窑、长方形排窑、废铁坑，以及配套的炒钢炉、锻炉、退火炉、配料坑等。另外还有铁料、熔炉耐火材料、铁范、泥范、鼓风管、矿石、木炭等生产资料。炼铁竖炉一般呈直筒形或椭圆形，炉缸平面有圆形、椭圆形、长方形等种类，人的容积可达 50 米^3 左右。冶铁原料矿石主要是赤铁矿、褐铁矿等，需经严格筛选才能入炉。燃料主要是硬质木炭，其次还有煤炭，它们在陶质风管及至东汉初年杜诗发明的水排等鼓风装置的协配下，燃烧充分，所达温度足够需要。生铁品种以白口铁为主，麻口铁次之，而且主要用于直铸器的基础上，灰口铁明显增加，并增加了作炒钢用原料和直接脱碳退火原料的用途，进步很大。这些都反映出汉代炼铁技术的先进水平。而欧洲生铁冶炼技术大约是 14 世纪才发明出来，椭圆形高炉的使用更是 19 世纪中叶的事，晚于我国 1800 多年。

炼钢技术也长足发展。汉代以前，制

钢是在固态下进行，不仅渗碳过程进行缓慢，而且产品含碳量往往较低，夹杂较多，极大地限制了钢的使用数量和范围。西汉中晚期，出现了在液态半液态下进行的炒钢技术，氧化脱碳较快，生产率较高，产品质量也较好，它的发明在较大程度上满足了社会对可锻铁的需求，引起了兵器农具使用的重大改观；稍后百炼钢发明，对炒钢进一步加工锻打，很大程度上弥补了炒钢渣铁分离和成分控制较难的不足，产生了大量削发如泥、锋利无比的宝刀、宝剑。东汉晚期，发明的灌钢技术也在半液态下进行，比炒钢的氧化反应更剧烈，去渣能力较强，成分较易控制，得到的钢制产品夹杂少，含碳量较高，主要用来制作刀剑器的刃部，被誉为"后世平炉炼钢法的先声"。东汉时期的坩埚钢，基体为珠光体，晶粒间界上分布有许多网状渗碳体、磷共晶和部分氧化物，碳分布均匀，含碳量达 1.21%。可见，坩埚钢的技术水平已经很高，它们的出现无疑是炼钢技术史上的巨大进步。

汉代铜业仍很发达，冶铜技术上又有崭新的突破。铜器以实用为主，有容器、钱币、铜镜以及部分兵器、车马器等，考古发现颇多，可知当时铜业仍较兴盛。在冶铜技术上，火法冶炼中使用了硫化矿，品位大增；对铁和胆水中的铜的置换作用有了初步认识，为日后大规模的胆水炼铜奠定了基础；还发明一种叫"伪黄金"的新型铜合金。

铸造技术方面，西汉时期，石型、泥型、叠铸、熔模、金型等铸造工艺更为纯熟，而且铸造内容从铸铜为主转到了铸铁为主。其中化铁炉技术进步很快，炉体使用弧形耐火砖砌造，外敷草拌泥，内搪炉衬；炉底空心，建筑在一个透空支座上，支座下设 15 个左右支柱，这些对于炉缸防潮、保温都具有重要意义。而且可能已使

铜鼎。汉代量器。鼎最初作为炊具，商周成为礼器，秦汉又常作明器随葬。

用了换热式送风装置。这一时期还出现的"十湅"、"三十湅"、"百湅"等铜精炼技术，将铜在液态下反复精炼，达到进一步去除夹杂的目的。此外，汉代黄金工艺也有百炼之说。

虎牛祭盘。西汉时期滇人祭器。主体为一立牛，设计巧妙，造型奇异，形象生动，显示了匠师的丰富想象力和高超的艺术创造水平。

热处理技术方面，铸铁可锻化退火的热处理技术在两汉时期逐渐成熟起来，体现在：退火石墨多较规整，呈典型的团絮状，分布亦较均匀，其中石墨球化得更为规整，具有明显的核心和放射结构，与现代球墨铸铁国家标准一类 A 级相当，真是冶金史上极为罕见的奇迹。西汉时，由于制钢术以及刀剑工艺的迅速发展，发明于春秋晚期的钢的淬火技术迅速推广开来。西汉初年中山靖王刘胜的佩剑和错金书刀，

汉鎏金铜熊镇

只在刃部进行局部淬火，脊部组织仍只有珠光体和铁素体，使得刀剑既具有锋利的刃部又有柔韧的脊部，性能优越，充分展现了淬火技术的精良。秦汉之时，由于青铜刃器的减少，青铜淬火工艺主要使用于铜镜、铜锣铜钹的加工上，以提高铜的强度和塑性，降低硬脆性。

表面加工处理技术方面，冶金的表面加工处理技术可把整个金属器物打扮得五光十色，光彩四溢。其中的镀锡工艺虽因铜器使用范围的缩小受到不少影响，但仍不断发展，并在铜镜工艺中得到升华。铜镜表面涂一层锡汞齐，再经驱汞、研光，

"鬓眉微毫可得而察"。成熟于汉代的镀金银技术应用范围很广，容器、车马器、建筑构件、兵器、生活日用器等都可外镀金银。汉代继续沿用出现于商，发展于东周的镶嵌和错磨工艺。镶嵌多用于玉石类，错磨工艺则是在铸出或镂刻好的嵌槽中，或镶入金属丝片状物，或浇入金属液体，或涂布汞齐，最后错磨以平。其中著名的如满城汉墓出土的鸟篆文错金银铜壶、错金博山炉等，具有极高的艺术价值。

汉透雕铜牌饰。这件长方形透雕牌饰，左为茂盛的树一株，树下伫立一马，正在低头吃草，生动自然。虽然没有着意刻画马的细部特征，但马的神态逼真。这种牌饰属匈奴的艺术品。

第三节　社会生活：生活百科　民俗缩影

社会经济

汉朝各地的经济发展不是齐头并进的。西汉时期关中是最为发达的地区，到了东汉，关东稳步发展，有超越关中之势。而江南地区得到进一步开发，成为物产丰饶之地。

生态环境的改变

生态环境是人类社会存在的载体之一。气候变化与人为因素，对生态环境的变化影响最为巨大。秦汉时代，气候是比较温和的，两汉之际，发生了由暖向寒的转变。气候变化，对以农业为立国之本的中国而言影响重大。关中地区，西汉时曾种植适宜"暑湿"气候条件的稻米，后来种植不择地力、易于生长，足以防备灾荒的大豆；黄河流域的主要食粮，起先是大豆和粟并重，后来大豆则有逐步成为主要粮食的趋势；移民方向发生由西北向东南的转变，出现中原人向江南地区移民热潮——这些转变，恰恰是以气候由温湿向干冷的转化为背景的。王景治理黄河后，黄河长期安流，其中一个不容忽视的原因是气候转为干燥寒冷，河水流量相对减少，水患减轻。人为因素对北方环境的变化也产生了重要影响。黄河最初并不以"黄"相称，至西汉初年才有"黄河"名称，这是与森林砍伐、过量开荒等密切相关的。泥沙流量增多，不仅造成严重水患，而且使北方诸多的湖泊淤积堙涸、消失。移民实边，屯田耕种，使得原先植被遭到破坏，与蒙古地区沙漠地区的形成是有直接关联的。

关中与关东

东汉时期，农耕生产的水平与西汉相比有所提高。铁器的普遍使用，牛耕和铁铧犁在原先经济比较落后的淮河地区的推广，蚕桑在南方的普及和农耕水利设施的修建，无疑是东汉经济进步的标志之一。东汉一代经济形势最为突出的历史特征是，在各个经济区普遍发展的背景下，全国经济重心开始东移。秦及西汉时期，关中地区是最为发达的经济区，"故关中之地，于天下三分之一，而人众不过什三，然量其富，什居其六。"当时曾屡屡迁徙关东贵族、富豪和高级官僚于关中，以强化关中的经济优势。大规模的用兵西北，开拓边上，实行就地屯田，也使得整个西部地区的经济实力得以充实。两汉之际的战乱，使得关中地区遭受沉重打击，人口衰减，城市破落，损失极为惨重。西汉政府的"强本弱末"，使关东地区承担主要财政耗用的政策，并不能阻止关东地区的稳步发展。东汉王朝定都洛阳，则或多或少地体现了这一点。

江南开发

江南地区的开发，是出现经济重心东移的重要前提。西汉时期，江南经济还停留于较为原始的粗耕阶段，即"火耕水耨，饭稻羹鱼"时期，是"卑湿贫国"。而东汉一代，江南地区发展很快。江南气候条件的变迁，使得中原士民不再视之为"暑湿"、"瘴热"之地；而中原战乱不断，又

第二编　秦汉至隋统一时期

最新整理图文珍藏版

三合院式陶屋

大大加剧中原百姓南下迁移的热潮。移民的南下开发，不仅为江南地区带来众多的劳动力，也使得中原地区较为先进的农耕技术迅速在江南地区传播推广。江南地区水利事业的陆续开展，对江南农业的开发也至关重要。例如史籍记载，顺帝时会稽太守马臻凿治"镜湖"，在会稽、山阴两县交界筑塘蓄水，根据水旱情况调节水量，使周边地区少有水旱灾害。实际上，自东汉中期起，江南就凭借富足的粮食生产，救济赈援江北饥民。到东汉中后期，江南已经扭转落后面貌，成为开垦荒地众多，物产丰盈的地方，被称为"沃野千里，民富兵强"的乐土。另外，两汉时期南地区的经济，也有所进步。

庄园经济

东汉之时，豪强地主、官宦贵族凭借其政治特权和经济势力，大肆侵夺百姓土地。特别是在东汉中后期，土地兼并之风愈演愈盛。南阳豪族樊宏开垦田地300多顷，新野阴氏家族有田700余顷。至于秉权的官宦，其所占土地更多。宦官张让专权时，其家族党羽竟然占有"京畿诸郡数百万膏腴美田"。大地主对土地的经营，则多采用田庄形式。生产者主要是豪强地主所荫庇的宗族、宾客等，他们直接服务于豪强地主，逃避朝廷的赋税和徭役负担。

典型的田庄，内部"闭门成市"，甚至可以"有求必给"，即农、林、牧、副、渔诸业齐全，又有"巧不可言"的手工业，其基本生活消费品可以不必依赖田庄以外的市场。田庄内往往拥有私人武装。在一定条件下，这种以田庄为依托，内聚力相当强的社会群体，常常会演变成为军事集团。东汉末年军事割据势力，很多就是由拥有强悍的宾客、部曲武装的地方豪强发展而来的。

农业和商业

家业是中国古代社会的根本。汉代农业达到了一个新的高度，先进的生产工具得到应用，修建了一批水利工程，粮食的产量有较大增加。商业贸易在汉代浮沉起伏，总体趋向繁荣。商业和农业的关系错综复杂，汉代确立了"重农抑商"的政策，影响及千年。

重农抑商

自战国时代起，关于农商关系的争论就已经开始。基于社会现实，诸子百家似乎取得一定的共识，就是重视农业，提倡"以农为本"；但对于工商业的认识，众说纷纭，莫衷一是。建立在主观认知的基础之上，很多学者以为工商业的发展，不仅会与农业争夺劳动力，也会造成社会风气的奢靡与堕落而诸多工商业者四处流动，也大大威胁社会秩序的安定，不利于统一管理。法家一派便是此说的持有者。汉初沿袭秦朝已有的以重农抑商为主旨的经济理论。几位皇帝接连提倡"重农"，贬斥从事"末技"、"末业"的商人，如高祖禁止商人子穿丝织衣物，禁止其为官等。著名政论家贾谊、晁错也屡屡进言，认为农业为政务之本，应迫使"末技游食之民"从事农业生产。武帝时期，桑弘羊主持经济改革，体现的则是农商并重的思想。"盐铁论会议"上，桑弘羊主张以农为本，但又重视工商业的发展，坚持盐铁官营。"贤良文学"派则与之针锋相对，主张农本商末，视盐铁官营为"崇末抑本"，倡利背义。此后历代对农、商关系的论争，基本上不出盐铁论会议所辩论的范围；中国传统经济思想，如"重农抑商"、"重义轻利"等，由此确立其正统地位。

农业成就

　　农业是支撑汉朝社会经济的基础，而"以农为本"国策的确立，更稳固了以农业为基础的国家经济体系。在汉政府的大力扶持下，农业取得长足进步。汉朝农民掌握丰富的耕作知识，他们在施肥方法、选种标准和田间管理等方面都积累了丰富的经验。铁器的进一步推广，二牛一人式耕作方法及播种工具——耧车等先进技术的发明，对于提高生产效率也有重要意义。铁犁铧有了重大改进，领先欧洲千余年；二牛一人耕作技术，则一直沿用到近代。汉代兴修了诸多用于灌溉田亩、肥沃土地的水利工程，如武帝时期开凿了白渠、六辅渠等水渠，其他地区也纷纷兴修引黄河水或川谷山河之水用以灌溉的工程，对改良土壤、提高粮食产量有重要意义；对黄河的治理，更是政府安定百姓，为百姓生产、生活提供保障的重要举措。武帝晚年让主管全国农业的搜粟都尉赵过，在关中地区推广试验先进的耕作技术"代田法"。"代田法"是将耕地分成圳（小沟）和垄，种子种在田中内生长，可以防风保墒；第二年将圳和垄颠倒过来，轮换利用，以利恢复地力。这种方法后来推广至西北边郡等风旱严重的黄土高原地带，取得了"用力少而得谷多"的良好成效。

商业发展

　　汉初"无为而治"政策的推行，对于推动经济的恢复发展和商业和手工业的复

绿釉陶六博俑

苏，都有重要意义。道路和运河的建设，车辆、舟船的普及和运输动力的开发，在推动交通事业的发展的同时，也为商业都会的繁荣和贸易的往来奠定基础。秦汉时期，商业都会大多位于交通便利之处，是商品的集散地，也是商品的重要消费场所。当时北方的商业都会远比南方的发达，比较重要的如长安、洛阳、邯郸、宛等都在黄河以北。围绕这些城市，形成了几个商业兴旺发达的区域，而各区域间也存在直接或间接的商业贸易关系。商贾是物品得以周流交通的中介，他们有的赀财千万，有的仅是小商小贩，差别很大。一般日常生活用品，如粮食、肉类、水产、果菜等，市场上应有尽有。奢侈品贸易，如玳瑁、珠玑之类，是最为兴盛的商业活动，因为它们体小价高，便于携带，又受权贵富豪的喜爱，在贸易总额中占有较大比重。武帝时期的"算缗"、"告缗"政策，对工商业打击较大，商业发展一度受阻。此后虽有所恢复，但已经大不如前。东汉时期，江南地区的城市及商品贸易也有飞速发展。

《氾胜之书》与《四民月令》

　　古代中国以农业立国，生产技术的进步和农业的发展，使得农业技术的科学化、理论化和系统化等问题提上日程，从而推动具有总结性质的农学著作产生，著名的

有《汜胜之书》和《四民月令》。

《汜胜之书》，又名《汜胜之》，是我国历史上第一部由个人（汜胜之，一作汜胜）独立撰写的农学著作，也是世界上最早的农学专著。该书总结了北方旱作农业技术，提出"凡耕之本，在于趣时、和土、务粪泽、早锄、早获"的耕作栽培原则，研究总结了作物栽培的综合因素；针对不同作物的特性与要求，提出了不同栽培方法和措施，为我国传统农学在农作物栽理论奠定了基础。《汜胜之书》开创了中国农书写作的先河，其写作体例也成为中国传统农书的重要范本。

《四民月令》的作者是东汉的崔寔。这部书按一年十二个月和节气先后，安排应该进行的农事活动以及手工业和商业经营等事项。《四民月令》中每月的农业生产安排，如耕地、催芽、播种、锄耘、收获、贮藏以及果树、林木的经营等农业生产技术，反映了东汉前期的农业生产概况。书中最早记载了"别稻"（水稻移栽）和树木压条繁殖法。《四民月令》一书对各月的安排次序比较合理细致，不失为农家月令书的开创者和代表作。

手工业兴盛

中国封建社会，强调扶植和发展"男耕女织"的个体小农经济，视手工业为农业的副业，显示出自给自足的特征。但是，手工业也是维持社会经济的正常运转和满足人们生活需要不可缺少的。

纺织业的勃兴

汉朝纺织业发展有长足进步，丝、麻、毛的纺织品都已经达到较高水平，棉纺织品在边远地区也有所发展。缫车、纺车、络丝工具等纺织技术的广泛应用，脚踏纺织机的发明及迅速普及，是推动纺织业发展的重要原因。纺织业规模的扩大，社会消费需求的增加，也大大刺激纺织品种类、花样、数量的激增。汉中央政府设立织室，直辖各地的官府纺织工场；各地大工商业者经营的纺织私营工场，也具有一定规模；而民间以家庭为单位的个体纺织业很是普遍，富有活力。作为中国对外输出的主要商品，丝绸长久占据主导地位。"丝绸之路"的得名，正可见汉代纺织业的勃兴。汉代丝织品，精美绝伦，不仅技术高超，而且绚丽多姿：有的轻巧，如素纱单衣仅重48克；有的显贵，如风行一时的彩锦；有的织法特殊，如出土所见的"菱纹绮"；有的织法细密，如出土的精致的刺绣制品等。印染技术的发展，已经脱离纺织业，而成为专门的行业。印染工匠已掌握多种植物、矿物染料的印染方法，新增黄色和红色的植物染料及墨黑、金银粉等矿物染料。这些颜色是汉代流行的主体色彩，被广泛应用于纺织品。

杜康祠

冶金技术的飞跃

秦汉时期，钢铁技术发展突飞猛进，在古代中国和世界历史上都占有重要地位。具有一定规模的冶铁竖炉技术，炒钢、灌钢和百炼钢技术的发明等，遥遥领先世界

中国通史

最新整理图文珍藏版

达千余年之久。当时，官营手工业和大规模的私营手工业，主要从事于冶铁、铸造等行业。这些行业不仅分工细密、专业化程度高，而且产品丰富、工艺精湛。武帝实行盐铁官营，虽然不利于私营手工业的发展，但对冶铁技术的发展意义重大。可以断言，实行官营，才能够扩大生产规模，聚集诸多的工匠，推动冶金技术的跨时代变革。伴随着冶金技术的进步，铁器在社会生活和生产的各个领域都得到广泛的推广，农业和手工业生产工具的种类日渐多样。汉代其他冶金行业，如炼铜技术，与以前相比，也有所进步。

漆器的发达

两汉时代，又是我国古代漆器技术的繁荣期。漆器的主要原料，是漆树中产生的生漆。漆树又多见于南方，故一般的漆器工场多设立于南方出产漆树的地区。当时漆器的生产分工日益细密，稍好的漆器至少要经过8道工序，即"素工"（制胎）、"髹工"（涂漆）、"上工"（镶嵌饰件）、"铜耳黄涂工"（镀金）、"画工"（描绘纹饰）、"雕工"（雕刻工）、"清工"（清理打磨），最后由"造工"（工师）检查通过。漆器具有轻巧、美观等优点，既具有实用性，又具有较高的艺术价值。汉代漆器，多以黑、红两色为主；漆器纹饰多样，各具风格，尽显典雅华贵之气。出土漆器，多为生活用品，特别是王侯贵族上层社会的生活用品，器形有鼎、盒、勺、奁、耳杯、案、盘等。因多为贵族使用，故其装饰技术多样，或镶嵌金银、珠宝，或堆漆（即使用堆叠料，在漆面上堆叠种种花纹）。漆器的普及，冲击并渐取代青铜礼器的地位，又走入寻常百姓家。东汉以后，漆器的实用功能渐被瓷器取代，向工艺观赏品转化。

瓷器的发明

先秦时期，在日常生活中普遍使用的是陶器；到秦汉时代，陶器技术有所发展，最为重要的成就是瓷器的出现。早在春秋、战国时期，原始瓷已经在长江下游的吴越地区出现，但随着越国的灭亡，原始瓷突然消失。西汉以后，原始瓷窑场不断出现，尤以今浙江上虞地区尤为显著。当地不仅窑场数量多，而且烧制技术有一定的延续性，到东汉中晚期终于出现具有转折意义的越窑青釉瓷。那里的瓷器，不仅产品质地精良，釉层丰厚，而富有晶莹光泽，从胎质到釉质都摆脱了原始青瓷的性质。瓷器的发明，是古代人民勤劳智慧的结晶，也是中国对世界文明做出的一项重要贡献。

佛教东传

概况

佛教发源于古印度，由迦毗罗卫国的王子悉达多·乔达摩（释迦牟尼）创立后，开始向印度各地和一些亚洲地区传播。汉武帝时，西域的交通得以开辟，西域诸国与汉内地的政治、经济、文化往来日渐频繁，这为佛教的传入提供了条件。

西汉元寿元年（公元前2年），博士弟子景庐接受大月氏国使者伊存口授《浮屠经》，这是佛教传入的最早记载。东汉初年，在统治者上层人士中已出现佛教信奉者。楚王刘英年青时好游侠，结交宾客，晚年则倾心于黄老与佛教，为王斋戒祭祀。东汉永平八年（65年），刘英派郎中令奉黄缣白纨30匹送到国相处，说："我托在蕃辅，过错与罪恶积得很多，感激皇上的大恩，奉送这些缣帛，以便可赎曾有之罪。"明帝知后，下诏令说："楚王诵黄老之微言，尚浮屠之仁词，洁身斋戒三月，与神为誓。有什么可以嫌疑，而有悔过的？还予赎罪之物，以助那些伊蒲塞（即居士）、桑门（沙门）吧！"当时人们是将佛教看作是各种神仙方术的一种，将佛陀依附于黄老进行祭祠的，以求福祥，楚王所聚会的大批方士中，有的便是信奉佛教的沙门和居士。与此同时，汉明帝也派使者去过西域寻求佛经，并抄回了佛经《四十二章经》，存放在皇室图书档案馆兰台石屋中。此后，外来的僧者也日益增多，佛教传播更广。并在洛阳城西雍门外建起了佛寺，绘千乘万骑壁画绕塔三匝，并于南宫清凉台及开阳城门上绘制佛像。

建和元年（147年），大月氏僧支谶来到洛阳，建和二年（148年），原安息国太子安世高，游历传教也至洛阳，两人在那里开始了大规模的译经生涯。先是由安世高译出《安般守意经》、《阴持入经》、《阿毗昙五法经》等佛经34部40卷，接着由支谶译出《道行品经》、《首楞严经》、《般舟三昧经》等佛经15部30卷。安息居士安玄也差不多同时在洛阳经商，他通汉语，常给沙门讲论佛法，并与汉族沙门严佛调一起翻译了《法镜经》。严佛调是汉地第一个出家者，他除与安玄合译佛经外，还著《沙弥十慧章句》，是第一部汉僧佛教著作。这些活动，大大推动了佛教在内地的深入。受此影响，桓帝本人也尚于佛教，延熹九年（166年），桓帝在洛阳濯龙宫"设华盖以浮图（浮屠）老子"，将佛老置于一块加以祭祠，以求得延年益寿与长治久安。

中平五年（188年），青、徐二州爆发黄巾起义，被镇压下去后，朝廷任命陶谦为徐州刺史。此后一短时期内，境内较为安定，北方洛阳、关中一带的流民纷纷逃到此地。丹阳人笮融与谦同乡，也聚众百人投奔陶谦。陶谦任命他督管广陵（今扬州）、下邳（今江苏宿迁西北）、彭城（今徐州）三郡的粮运。笮融信佛，于是利用职权把三郡的钱粮用来大建佛寺。佛寺十分宏伟豪华，以铜为像，黄金涂身，披上

白马寺中的佛像

锦采裳，垂铜盘九重，下为重楼阁道，可容纳3000多人，让人在此课读佛经。这是中国正史上首次明确记载兴建佛寺佛像的事。笮融而且下令凡愿信奉佛教的人，都可以免除徭役，以此来吸收百姓。这样招致的民户达到5000多。他还举行盛大的浴佛法会，在80里的范围内铺席设酒饭招待前来参加法会的人，据说，"民人来观及就食者万人，费以巨亿计"。

东汉末年，译经活动也很盛行，佛经中的一些内容开始成为人们著述、说理、言谈中的材料。另外，在桓帝、灵帝时来汉地的译经僧，也在译经的同时配合讲解。如安世高在洛阳"宣敷三宝，光于京师"；"于是俊兹归宗，释华崇实者，若禽兽之从麟凤，麟介之赴蔡矣。"为了传教方便，还从大量佛经中摘出要点，做成"经抄"本。还有的外国沙门按佛经大意撰成"义指"，以此而广视听。这种不同形式的传教方法，最终则使西来的佛教在中国扎下了根，并经由魏晋时期的进一步推波助澜，遂成为影响中国文化的三教之一。

东传历程

佛教是世界三大宗教之一。它是公元前6～前5世纪时由古印度迦毗罗卫国（在今尼泊尔境内）的王子悉达多·乔达摩所创立。佛教徒后来尊称悉达多·乔达摩为释迦牟尼，意为释迦族的圣人。到公

中国通史

最新整理图文珍藏版

元前 3 世纪，在阿育王的扶植下，佛教开始广为传播。其后不久，西域诸国就有不少皈依佛教的。佛教正式传入我国，正是经过西域这条路线，而时间则要晚一些。

汉武帝派张骞通使西域，应能听到或见到过关于佛教的活动。西汉末年哀帝时，西域佛教国大月氏派使臣伊存到汉朝来通音问，他曾向博士弟子景卢"口授浮屠经"。（浮屠，或译浮图、佛陀，都是"佛"的音译）这是佛教思想开始传入我国的正式记录。但当时还没有宗教性活动。到东汉明帝永平八年（公元 65 年），楚王刘英（刘秀的儿子）曾为"浮屠"斋戒祭祀，供养"伊蒲塞"（佛教信徒）和"桑门"（一译"沙门"即和尚），受到汉明帝的褒奖。这是封建政权和统治集团正式承认佛教地位的明确记载。永平十年，汉朝派使臣蔡愔到大月氏，邀请天竺"沙门"摄摩腾和竺法兰二人，以白马驮载佛经及释迦像，到达东汉都城洛阳。东汉政府为此专门修建了一座白马寺。现在洛阳东郊的白马寺，已经被列为国务院重点保护文物单位之一，这些都说明东汉初年佛教已正式传入中国。

东汉时期，人们对佛教还没有多少认识，当时只是当作神仙方术家宣传的一种道术来信奉，而且信奉的人不多，影响甚少。到了魏晋，尤其是南北朝时期，佛教得到很大发展。天竺的各种佛教流派，大都已传入中土。佛教典籍，也被大量翻译过来。仅魏晋时期即先后译经 702 部，1493 卷。南北各地，广修佛寺，佛教信徒人数大增。南朝梁武帝时，仅建康一地就有寺院五百多所，僧尼 10 多万人。北朝的北魏末年，全境所建寺庙，竟达 3 万多所；从人数说"略而计之，僧尼大众，200 万矣。"南北朝佛教的空前兴旺景象，于此可见一斑。

那么，为什么南北朝时期，佛教会得到这么大的发展呢？这是有着深刻的社会原因的。

整个魏晋南北朝时期，民族关系十分尖锐，封建割据战争连绵不断，形成长期的混乱局面。同时，南北的豪族地主势力不断膨胀，他们封山占泽，兼并土地，尽力地扩大占有和加重奴役佃客和奴婢。因此当时的社会矛盾非常尖锐，以致"人人厌苦，家家思乱"，不时地爆发农民起义。东晋末年的孙恩、卢循起义，更是声势浩大，沉重打击了封建统治，留下深刻影响。在这种形势下，封建统治阶级除去加紧血腥镇压之外，也迫切需要利用精神武器，来瓦解和涣散人民的反抗意志。佛教正是适应这一要求，应运而生的。

釉陶五层楼院

佛教有很大的欺骗性。这是佛教在魏晋南北朝得以迅速发展的重要原因。儒家"生死有命，富贵在天"那一套陈腐的谰言，已经受到普遍的怀疑。道教宣传"羽化成仙"，谁也没有亲眼见过；又求取

"长生不老"，也根本做不到，骗术不太灵了。佛教则从"神不灭论"出发，宣扬"生死轮回"、"因果报应"的思想，把人们的眼光从痛苦的现实，转移到无法验证的来生的幸福。列宁说过："被剥削阶级由于没有力量同剥削者进行斗争，必然会产生对死后的幸福生活的'憧憬'。"有的佛教流派，还虚伪地提出"人皆可成佛"、"顿悟成佛"的说法，对隔世的幸福作出廉价的许诺，似乎人人都能如愿。这就更容易欺骗和麻痹广大劳动人民。封建统治者正需要这样的宗教来帮忙。南朝宋文帝曾经说：佛教广大无边，是最高的真理，可以开通人们的心灵，如果普天下百姓都皈依佛法，"则吾坐致太平，夫复何事！"一语道破了封建统治者所以看中佛教，以致佛教急剧发展的原因。

魏晋南北朝佛教的兴盛，确实与封建统治者的大力提倡分不开。如北朝前秦的苻坚，后秦的姚兴，北魏的文成帝，南朝的宋明帝、梁武帝、陈后主等，莫不崇敬佛法，尊礼高僧，对于佛教，从政治上保护，从经济上支持。南齐宰相竟陵王萧子良，为僧众设斋，亲自给他们端水送饭。梁武帝时定佛教为国教。他本人几次到同泰寺舍身去作"寺奴"。然后每次又由群臣筹集1万万钱或2万万钱的巨款把他赎回来。他们这些虚假丑恶的表演，无非是要扩大佛教的影响，抬高佛教的地位。

在封建统治者的扶植下，佛教的影响空前扩大，其政治势力和经济力量也就随着恶性膨胀起来。较大的寺庙，往往"侵夺佃民，广占田宅"，北齐统治的地区，甚至达到凡是良田沃土，都为寺院所有的地步。寺院有享受免役、免税的特权。于是很多农民被诱投靠佛寺充当佃户。有人说萧梁时期的寺院，使"天下户口，几去其半"，可见寺院占夺劳动人口的严重程度。这就构成了独立的寺院经济，出现了实力

强大的寺院地主阶层。这种现象，还是历史上前所未见的。寺院地主力量的壮大，既是佛教空前发展的产物，也反过来为佛教的进一步的发展，提供了雄厚的物质基础。

佛教寺院，占田夺人，经济力量越来越大，会与封建国家以及世俗地主发生一定的矛盾，有时激化起来还会引起激烈的斗争。南朝、北朝都曾有过大举"灭佛"行动，如北魏太武帝、北周武帝，就曾亲自出马，下令拆庙毁像，田产设官，勒令僧尼还俗。但是不久以后，也都会有另外的统治者出面"兴佛"，恢复佛教的声势。"灭佛"而后又"兴佛"，反映了封建统治者与佛教之间，既有矛盾，也有勾结，而互相利用则是其基本的方面。这就决定了，佛教在魏晋南北朝时期，尽管遭到过一些冷遇，它的迅速扩张是无可避免的了。

"南朝四百八十寺，多少楼台烟雨中。"唐人杜牧的名句，勾画出佛寺兴旺。不少封建统治者以大量的人力物力建筑佛寺。北魏在天宫寺铸造佛像，耗铜10万斤，黄金用去600斤。又开凿洛阳龙门石窟，历时二十三年，费工80多万。南方的寺院建筑，往往"费竭财产，务存高广"，有的还是"层宇奢侈，博敞宏丽"，连诸王的宫殿比起来都相形逊色。这些宏大建筑，归根到底，"皆是卖儿贴妇钱"，无一不是吮吸劳动人民血汗而来。

封建统治者"兴佛"，原要借助于劝善说教，遮掩日益尖锐的阶级矛盾。不料佛教的发展，却刺激了社会矛盾更加紧张。既有压迫，必有反抗。在新的形势下，受寺院地主和世俗地主压榨的人民，处在底层受压的低级僧侣，干脆直接利用佛教的形式，组织起来，进行反抗斗争。北魏末年，和尚法庆领导大乘起义军揭竿而起，得到农民的广泛支持。他们宣传"新佛出世，除去旧魔"，不但攻占官府，惩杀贪官

污吏，而且把斗争矛头指向罪恶累累的寺院地主。大乘起义军所到之处"所在屠灭寺舍，斩戮僧尼，焚烧经像"，沉重打击了寺院地主和封建统治。人民群众起来"以佛攻佛"，历史辩证法的这一精彩演出，恐怕是当时封建统治者始料难及的吧。

军事制度

南北军

南北军是汉代国家的禁卫军，主要任务是捍卫皇帝和中央政权所属成员的安全。

南军负责守卫皇宫，因为驻扎在首都长安城南而得名。这支军队由两部分组成，一部分是由卫尉统领的卫兵，主要任务是守卫宫殿的外围；另一部分是由郎中令（后改名为光禄勋）统领的卫郎，主要负责守卫宫殿门户和宫殿内部的侍卫工作。总之，这支军队的主要任务是皇宫内外的警卫任务。

卫尉所统领的南军是不断扩大的。西汉初年似乎只有未央宫卫尉，后来逐渐增加了长乐宫卫尉、建章宫卫尉、甘泉宫卫尉。光禄勋所统领的南军全都是郎官出身，也称郎卫或卫郎，规模也是不断在扩展。武帝建元三年（前138年），增设期门军，太初元年（前104年），又增设羽林军及羽林孤儿。"期门"，武帝出宫时，约定让这支军队在宫门外如期接应，所以称期门。羽林，意思是说，这支队伍"驰骑"如羽之疾、如林之多，即行军速度极快，人数极多。"羽林孤儿"是指为国家而战死疆场的烈士的孤儿，由国家抚养，并教他们练习"五兵"，长大后编入羽林军。期门和羽林军主要是从陇西、天水、安定、北地、上郡、西河这六郡良家子当中选拔。由于这六郡和戎狄接壤，有练武修兵、骑马射箭、崇气尚力的传统，所以选拔的期门和

羽林军的素质非常高，战斗力非同一般。

北军因驻扎在长安城北而得名，由中尉统领，主要任务是守卫京师。武帝太初元年（前104年）改名为执金吾。北军对拱卫汉朝政权具有头等重要的作用。武帝即位后，在长期的对匈奴、南粤、西南夷、西羌等周边少数民族用兵的过程中，中尉所统领的北军曾多次参与南征北伐。为了加强京师的防卫，武帝扩充北军的编制，将中尉改为执金吾，主要在京师长安负责皇帝的安全，并将北军改由中垒校尉统领，此外，再新增设七校尉，即屯骑校尉、越骑校尉、射声校尉、虎贲校尉、步兵校尉、长水校尉、胡骑校尉。东汉时，裁去三校尉，仅保留屯骑、越骑、步兵、长水、胡骑五校尉，并编成北军五校或北军五营，由北军中侯统领。

汉代实行义务兵役制。政府规定：成年男子要正式服兵役两年，一年在本郡服役，接受军事训练；一年到京师当卫士或到边境去戍守。当然，服役期限在实际执行中与法律规定有一定的出入。

汉代的兵种有步兵、骑兵、车兵、水兵四种。步兵称材官，骑兵与车兵合称车骑，水兵称楼船。

西园八校尉

东汉灵帝中平元年（184年），黄巾农民起义爆发。为了加强防御，同年三月，"置八关都尉官。"这八关为函谷、广城、伊阙、大谷、轘辕、旋门、小平津、孟津。为了强化京师洛阳的社会治安，镇压农民起义，必须加强中央禁军的力量。灵帝于中平五年（188年）八月，"初置西园八校尉。"《后汉书》卷8《孝灵帝纪》注引乐资《山阳公载记》说："小黄门蹇硕为上军校尉，虎贲中郎将袁绍为中军校尉，屯骑校尉鲍鸿为下军校尉，议郎曹操为典军校尉，赵融为助军左校尉，冯芳为助军右校尉，谏议大夫夏牟为左校尉，淳于琼为

右校尉：凡八校尉，皆统于蹇硕。"后来蹇硕被何进杀死，统领了西园八校尉。

东汉·七层陶楼

征战部队

汉朝的皇帝是征战部队的最高统帅，拥有对征战部队的最高指挥权、将帅的任免权、军队的调动权。皇帝通过玺、符、节等象征自己权力的凭证来控制指挥部队。凡是皇帝下达的军事命令的文书必须盖有皇帝的玺印。调动部队必须以皇帝所发的符、节为凭证。汉代有名目繁多的将军，其中大将军地位最高，权力最大。其他将领只有接受命令指挥各自的部队参战的权力，不得单独决定征战或私自任免所属官员。一旦征战结束，所有将领的兵权及其职务自动解除。

郡国兵与边兵

汉代的郡国设置地方常备军，即郡国兵，由当地的武官掌管。郡置都尉，主管郡兵；王国设中尉，掌管王国兵，侯国有尉，负责侯国兵。郡国兵的武官虽然主管地方兵，但并无发兵权，发兵权归中央的皇帝所有。凡郡国武官发兵时，必须持有皇帝下发的调兵虎符。否则，无法调动郡国兵。郡国兵的编制依照各地特点和兵源的不同素质而有变化。平原地区为车兵或骑兵，山川为步兵，靠近江河的多水地区为楼船。无论是哪种兵，都要接受地方官的严格训练，并定期参加每年的"都试"（考核和检阅）。

汉代的边兵也值得注意。由于地理位置的特殊性，边郡太守既是地方的最高行政长官，也是最高的军事长官。在太守之下，设置若干都尉。都尉下又层层分设若干机构，形成了分工明确又紧密配合的边郡军事防御体系。在边郡，有严密、迅速、反应极快的烽警体系，有屯田屯兵组织，有源源不断的后勤供应组织，也有相应的军事医疗制度。形成了一个捍卫边疆安定和内地安全的屏障。

政治制度

三公九卿制

汉承秦制，在中央实行三公九卿制。三公即丞相、太尉、御史大夫。丞相是皇帝的辅佐大臣，也是中央最高的行政长官；太尉主管军事；御史主管监察。西汉中叶后不再设太尉，而以大司马大将军来代替，后来，又取消大司马的将军衔。西汉末成帝时，听取御史大夫何武的建议，改御史大夫为大司空，沿用大司马，加上丞相，共称三公，三公之制由此而正式产生。到了哀帝时，有人说三公"职事难分明，无益于治乱"，从而又改回丞相制。四年之后，则复用三公制，并确定三公各自下辖三卿。到了东汉时期，三公成为定制，再无多大变动。

1. 丞相

丞相，"金印紫绶"。汉高祖设丞相一人，惠帝时又分设左右丞相，文帝时免左丞相周勃，只保留右丞相陈平一人。比较有名的丞相，还可称为相国，以示尊贵，例如萧何就是如此。相国高于丞相，但不常设。

西汉时，担任丞相必须先封侯。武帝时公孙弘以白衣为相，"汉常以列侯为丞相，唯弘无爵"。于是，武帝在拜公孙弘为丞相之前，先封其为平津侯，"其后以为故事"。但丞相封侯，向来以千户为限。哀帝时，朱博为相，封二千户。朱博上书曰："故事，封丞相不满千户，而独臣过制，诚惭惧，愿还千户"，"上许焉"。到了东汉丞相改为司徒后，始不一定封侯。丞相封侯的目的，一为尊崇，以示有别于平民；二为亲近，以示皇帝对其并不疏远。

丞相的职权极广，按《汉书》卷19《百官公卿表》所载：丞相"掌丞天子，助理万机"。根据曾担任过丞相的陈平所言：丞相"上佐天子，理阴阳，顺四时，下遂万物之宜，外镇抚四夷诸侯，内亲附百姓，使卿大夫各得任其职焉"。宣帝时的丞相丙吉声称："宰相不亲细事"，"三公典调和阴阳"，以言其专理军国要务。宣帝也曾对担任丞相的黄霸说道："夫宣明教化，通达幽隐，使狱无冤刑，邑无盗贼，君（丞相）之职也。"在这些抽象的原则下，西汉时期的丞相职权大体包括：封驳诏令，谏劝皇帝；用人荐贤，任免官吏；案事不请，先斩后奏；领国家计簿，掌户口土地图书；考课官吏；审理京畿上诉案件。

丞相的职权先后有所变化。一方面是由于事务过杂，另一方面是由于皇帝有意要削夺丞相职权，丞相所管之事有逐渐减少之势。例如，西汉中期，薛宣定相府讼例，丞相府不受理不满万钱的上诉案件。后来丙吉还认为太繁，重新规定相府不察吏，而只受理针对高级官员的案件。特别是相权过大，无形中就会危及皇权，稍有

作为的皇帝，都对此极不放心。汉初，刘邦就曾以"谋反"的莫须有罪名将相国萧何下狱。到汉武帝时，则通过设置大司马大将军一职和重用中朝尚书来剥夺丞相之权。到了东汉，丞相改为司徒，其职权已被尚书台剥夺殆尽，丞相权力大为削弱。

汉的丞相都开府治事，下设有诸曹，分掌事务，而由丞相总揽其成。丞相的重要下属官员有：司直，秩比二千石，主要负责督察地方官；长史，二人，秩千石，为诸史之长，故名，主管相府的各类事务，相当于今人所称之秘书长；主簿，负责相府的一般事务、综合事务处理，相当于今人所称之办公室主任；相府诸曹，相府设西曹、东曹、集曹、奏曹，西曹主管相府员吏的任用刑罚，东曹主管郡国官吏的任用刑罚，集曹主管地域疆界，奏曹主管文书传达。

东汉·陶楼

丞相地位极为重要，皇帝对丞相也极为重视，"丞相进见圣主，御立为起，在舆为下"。丞相有疾，按惯例皇帝须亲往探

视。但是，在政治主张见解上，丞相必须与皇帝保持高度一致，而且还必须取得皇帝的高度信任，否则就无法行使职权。汉代有所谓"将相不辱"的通例。即"将相不理对陈冤"。凡有人弹劾丞相，要么皇帝不过问，要么皇帝批至主管刑狱的廷尉处理。一旦皇帝诏丞相"诣廷尉"，即接受司法宫廷尉的立案审问，按惯例丞相必须自杀。这种"将相不辱"的制度，一方面可以保全丞相的气节，另一方面，也是更重要的一方面，则是能够充分保证皇帝对丞相的有效控制。哀帝时，丞相王嘉不遵此例，接诏后没有自杀，而是诣廷尉听候处理，结果是自取其辱。"上闻嘉自诣吏，大怒，使将军以下与五二千石杂治"，逼得王嘉呕血而亡。有时候，皇帝在"诏丞相诣廷尉"时还赐予牛酒，给这种处罪方式加上一层温情脉脉的面纱。

2. 太尉

太尉，是国家的最高军事长官，"金印紫绶"。汉代太尉时置时废。不设太尉时，太尉的职权由丞相兼任。武帝开始，设置大司马大将军一官，实际上取代了太尉的职权，而且还部分兼并了丞相的职权。太尉与丞相一样，也开府治事，不同之处是太尉的事务比丞相简单，下属也简于丞相，只设长史。宣帝曾声称："太尉官罢久矣，丞相兼之，所以偃武兴文也。"实际上，不设太尉，是为了使皇帝能够把军事大权牢牢抓在手里。

3. 御史大夫

御史大夫，"银印青绶，掌副丞相"。御史大夫和丞相、太尉同为三公，但其秩级却比丞相、太尉低一级，为中二千石，与九卿同级。到成帝时，改御史大夫为大司空，其职权也随之发生了重大变化。御史大夫直接对皇帝负责而不对丞相负责，其上佐皇帝，下绥百姓，主要职责为监察和司法。

西汉末东汉初，改丞相、太尉、御史大夫为司徒、司马、司空，并非仅仅是一个名称上的变化，而是一次具有实质意义的政治制度变动。从此以后，三公的行政权被尚书台剥夺，监察权被御史台剥夺，使三公成为闲职。

4. 九卿

九卿，实际上不止九卿。有学者认为称为诸卿，更为合理。西汉时期，九卿皆属丞相。到了东汉时期，三公名义上分管九卿，各管三卿，实际上九卿直接承命于皇帝，或者通过尚书台间接承命于皇帝。九卿的秩级均为中二千石。分别为：

太常，秦名奉常，景帝时"欲令国家盛大，社稷常存"，更名为太常，"掌宗庙礼仪"，即主管文化教育礼仪宗教，兼管人才的培养选拔。

光禄勋，原名郎中令，武帝时更名为光禄勋。光禄勋"掌宫殿掖门户"。由于其主要掌管郎官，而郎官在汉代带有候补预备官员性质，所以光禄勋每年以"光禄四行"，从郎官中推荐人才出任实职，所以，光禄勋的实际执掌重点在于人才培养和选拔。

卫尉，负责皇宫守卫。卫尉所辖部队，即汉人所称之南军，同执金吾所辖之北军相对称。"殿外门署属卫尉，殿内郎署属光禄勋"。归纳起来，以同皇帝的远近来分，少府离皇帝最近，主管省内事务以及皇帝的生活事务，主要是侍从性质；光禄勋同少府相仿，以皇帝为中心而不是以宫殿为中心活动，参与皇帝处理的政务，兼有侍从与警卫两种性质；卫尉次之，主管宫内省外的安全警卫，基本上不参与政务；执金吾离皇帝最远，主管宫外的京城安全警卫。因之，在汉代，掌握了北军就可控制京城，掌握了南军就可控制皇宫。

太仆，主管皇帝车马。在汉代，太仆职责由掌车马引申为主管畜牧。汉代十分重视畜牧业，特别是武帝同匈奴作战的需要，以及武帝以后边疆防卫的需要，使骑兵成为汉代的主要军事力量，养马业也随之获得了空前发展，西北诸地，由国家开设了大量的养马场，这些养马场均归太仆管辖。"太仆牧师诸苑三十六所，分布北边、西边，以郎为苑监，官奴婢3万人，养马30万匹。"

廷尉，主管司法，景帝时曾改名为大理，武帝时又改回为廷尉。应劭曰："听讼必质诸朝廷，与众共之，兵狱同制，故称廷尉。"也有人将廷尉之"廷"，解释为持平之意。在两汉，廷尉的职责实际有二：一是审理皇帝、三公交给的一审案件，二是受理地方郡国一级的上诉案件。凡廷尉处理不了的或由于各种原因不能处理的案件，则由廷尉提出意见上交皇帝处理。按照汉代惯例，廷尉所决，即使皇帝也不得更改。但不交廷尉者，皇帝、三公均有权直接处理。除了审理案件外，廷尉还主管监狱事务。

大鸿胪，秦名典客，汉景帝改名为大行，武帝更名为大鸿胪。大鸿胪主要执掌外交事务和少数民族事务，以及诸侯王国事务、郡国来京公干吏员的接待事务。西汉初期，还曾设典属国一职，专管蛮夷降者。汉代苏武即担任过典属国。成帝以后，废典属国之职，其执掌并入大鸿胪。

宗正，主管皇族事务。"掌序录王国嫡庶之次，及诸宗室亲属远近，郡国岁因计上宗室名籍。若有犯法当髡以上，先上诸宗正，宗正以闻，乃报决。"由于宗正所管为皇族事务，所以宗正以及他的属宗正丞皆以皇族担任，不得假以他人。

大司农，秦代称为治粟内史，汉景帝改为大农令，汉武帝改为大司农。主管国家的财政钱粮。

少府，主管皇帝的生活事务以及皇帝的个人财政。少府和大司农都主管财政，

彩釉陶狗

但有区别。少府掌皇帝财政，大司农掌国家财政。"大司农供军国之用，少府以养天子也"。少府直接管理皇帝的私人事务，其下属官员较多。

除九卿之外，汉王朝还有其他一些卿，这些官员统称列卿，主要有：执金吾，秦代名中尉，汉武帝时更名为执金吾，主管京师警卫，巡徼京师。原来还主管宫外捕捉京师盗贼，后来京师盗贼之事归于京兆尹，执金吾则专管京师巡逻，兼管非常水火之事（近似于现代的消防队），京师武库也归其管辖。将作大匠，主管各种营造修建工程和植树绿化。太子太傅、太子少傅，专管教导太子。大长秋，主管皇后及太后事务。

地方政府

西汉时地方行政建制实行郡县两级制，郡国为地方最高行政机构。东汉实行州郡县三级制，州一级的长官州牧就是由西汉时的刺史一职演变而来的，郡成为地方中层行政机构。

从西汉晚期成帝开始，改刺史为州牧，并提高其秩别为二千石官。此后，或刺史或州牧，名称多有更改，但在东汉时期，刺史或州牧作为地方最高行政长官一直未发生变化。

到了东汉晚期，由于各地的农民起义，州牧典兵成为制度。州牧的实权大增，领州牧者实力雄厚，握有军、政、民、财、司法一方大权，地位尊崇，久而久之，蜕变成了尾大不掉、威胁中央的地方分裂势力。在这种情况下，董卓作乱于前，袁绍、袁术、陶谦、曹操、刘表、刘璋、孙策割据于后。

汉代郡国并行，西汉时，有郡 83 个，国 20 个，共计 103 个郡国。凡分封诸侯王的区域则设国，不分封诸侯王而直属于朝廷的区域则设郡。不论是郡还是国，均由中央直接委派官员管理，诸侯王均食封而不治国。

汉初，所封王国区域偏大，王国所领，有三郡、四郡、五郡，甚至还有六郡者。所以，汉初诸侯王国名义上与郡同级，实则比郡辖区要大得多，其实力也强得多。到了武帝以后，王国过大的局面已经完全改变。"皇子始立者，大国不过十余城。"到东汉时，所封之诸侯王，有的明言以郡为国，有的仅言食封数县。王国地位终于降到与郡相仿的程度，甚者有些王国还不如郡。王国的辖区也普遍小于郡。

西汉所置之郡，大小差异较大。从总体来说，中原地区各郡密度大而幅员小，南方以及西南各郡密度小而幅员大。例如，今天的河南省，包括了汉代的河南、河内、陈留、颍川、汝南、南阳郡与弘农郡的一半，共计六个半郡；今天的山西省，包括了汉代的河东、太原、上党、雁门郡与西河、代郡的一半，共计五个半郡；今天的河北省，包括了汉代的魏郡、清河、巨鹿、常山、渤海、涿郡、上谷、渔阳、右北平、广平、真定、中山、信都、河间、广阳郡，共计 15 郡国。但南方各郡则较为辽阔，如会稽郡，辖区相当于今天的苏南和浙江、福建全省，豫章郡辖区相当于今天的江西全省。各郡辖县数目也高低悬殊。领县最多者为琅琊郡，51 县；其次为汝南郡和沛郡，各领 37 县。领县最少者为玄菟郡，仅 3 县；其次为日南郡，5 县；再次为南海郡和敦煌郡，各领 6 县。各郡的户口差异也不小。东郡、颍川、汝南、沛郡，均在 40 万户以上，多超过 200 万口。而边远诸郡如日南、南海、玄菟、武威、敦煌等郡，均为 1 万余户，不满 10 万口。东汉之郡，其总数基本上与西汉相当，但在区划大小、辖县多少上作了一些调整。

最高长官为郡太守。汉人通谓郡太守为二千石，是指大多数情况而言。实际上，汉代的郡有美恶之差，因此郡太守也有高低之别。即使是同一类别的郡，其任太守者也不尽为同等。

西汉之郡，以三辅（京兆尹、左冯翊、右扶风）为尊，高于其他郡国。

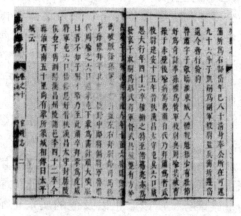

《蒲圻县志》有关赤壁之战的记载

郡太守作为一郡最高长官，其职权颇为重大。具体职权有：（1）行政权。太守负责执行中央律令，监督所辖属县，治郡安民，劝课农桑，发展经济，办学施教，

972

等等。（2）司法权。断罪决狱是郡太守的一大职权。汉代太守不但负责审理本郡案件，秋冬派遣下属巡行各县决狱录囚，而且有权处死罪犯。对于案件的审理，有较大的自由裁量权。（3）军事权。汉代郡国虽设有都尉、长史，但其并非各郡均置。而且都尉、长史的职权，仅为辅佐太守掌兵马。因此，一郡军事，也由太守掌之。由于太守典兵，所以，汉人谓太守或称之为"郡将"。

郡太守治郡有较大的自主权，但也有一定的约束。其最主要的约束是，太守必须接受丞相、御史大夫的领导、监督和考核。在西汉时，太守还要接受刺史的监督；到东汉时，则更要接受州牧的领导。另外，按照汉代的制度，太守行不得出界，兵不得擅发，不得无诏而朝。当然，这些约束，如果有皇帝诏令特许，则可解除。

郡太守之下所设置的官职主要有都尉。汉代都尉，基本上每郡均设，但在少数内地之郡，偶尔也有不设都尉的。在边地或较大之郡，偶尔也有设两三个都尉的。东汉建武六年（30 年），罢置郡国都尉，但后来由于军事所需，在边郡往往不定期地设都尉，奉行有事则置、无事则罢的原则。内地诸郡除三辅外，在东汉时一般很少再置都尉。西汉时，还有一个十分特殊的现象，就是如果一郡之中军事任务压倒一切时，则设都尉而不置郡守，以都尉代行太守职权。都尉隶属于郡太守，在一郡中的地位仅次于太守，除了属下六百石的丞之外，其余属员均由都尉自行辟除任用。

此外，一郡之中比较重要的职官还有郡丞、长史、督邮、功曹、主簿和五官掾等。总之，汉代郡级机构庞大，置官齐全。

王国置官则与郡有所不同。西汉之初，王国地大人众，置官皆仿中央。大体上，从西汉中期开始，王国之官虽与各郡之官名称不同，但其职责在逐渐接近。到了西汉晚期，王国之官则在实质上与各郡之官再无多大差别，一律听命于中央。所以，汉人常以王国相与郡太守相提并论。到东汉时期，随着王国地盘的变小以及对其权力的限制，王国相的实际地位，甚至还不及郡太守。

汉代王国之制在西汉中晚期定型以后，国与郡在设官上的不同，仅仅是王国多了一批为诸侯王从事生活服务性质的官员而已。其国相下辖的政务和行政机构，已与郡无异。

县，是基层政权组织。县的名称有别，列侯所食县曰国，皇后、公主所食县曰邑，蛮夷所属县曰道，但其建制均属于县制。西汉平帝时，有县、国、道、邑 1587，东汉顺帝时，有县、国、道、邑 1180。

《汉书》卷 19《百官公卿表》记载："（县）万户以上为令，秩千石至六百石。减万户为长，秩五百石至三百石。皆有丞、尉，秩四百石至二百石，是为长吏。百石以下有斗食、佐史之秩是为少吏。……县大率方百里，其民稠则减，稀则旷。"县令长对本县境内事务无所不管。县丞和县尉均秩四百石至二百石，由中央直接任命。因此，县丞尉在一定程度上具有牵制县令长的性质。

令长治县，主要依赖的不是丞尉，而是由其自行辟署的掾史。县廷分曹办公，所置之曹与郡大致相仿。

汉代列侯所封之县即侯国。汉初，列侯有了地方行政权。到武帝时，改侯国令长为相，由中央直接任命，主治民，如令长，对列侯不称臣。至此，侯国与县已无重大差别，仅仅是所收租赋由列侯享用而已。到东汉时，列侯不仅没有封邑的行政权，而且租赋亦不能全部享用。侯国相下所设之官，与一般县并无差别。列侯所管的只有家臣，包括家丞、庶子、行人、洗马、门大夫等职，不得过问县政。东汉以后，又裁减了列侯的行人、洗马和门大夫。

县下分设若干乡，西汉平帝时有乡6622，东汉顺帝时有乡3681，平均每县辖乡三至四个。

乡设有三老、有秩、啬夫、游徼。"三老掌教化；啬夫职听讼，收赋税；游徼徼循，禁贼盗。""皆主知民善恶，为役先后，知民贫富，为赋多少，平其差品。"

三老一职具有特殊意义。三老不是正式官职，亦无俸禄，但可与县令丞尉抗礼，以事相教，而且能直接上书皇帝，具有较高的社会地位。"三老掌教化，凡有孝子顺孙，贞女义妇，让财救患，及学士为民法式者，皆匾表其门，以兴善行"。设三老的目的在于为民表率，以教化民，而且还要择乡三老为县三老，参与县上政务，后汉更有郡三老、国三老之设。

亭设有亭长，直属于县而不属于乡，其主要职责是收捕盗贼。乡亭之下还有里，里为最基层的社会组织。"里有里魁，民有什伍，善恶以告。"本注曰："里魁掌一里百家，什主十家，伍主五家，以相检察。民有善事恶事，以告监官。"

法律制度

两汉的立法活动和《九章律》

刘邦初入关中，兵下咸阳还军灞上，"与（秦）父老约法三章耳：杀人者死，伤人及盗抵罪，余悉除去秦法"。约法三章可以看作是汉最早的立法活动，当然这不是系统的立法，三章之法也不是法典，就是"伤人及盗抵罪"，如何"抵罪"，也没有具体规定。但是这样简洁明了的约法宣布，使天下，也使秦人从繁多的苛法中解脱了出来，所以尽收天下民心，连秦人亦大喜，从而奠定了胜利的基础。

约法三章本来就是临时措施，建政以后如此简陋的法律当然就不足用了，法条疏漏，难免不"网漏吞舟之鱼"。"于是相国萧何捃摭秦法，取其宜于时者，作律九章"。所谓《九章律》是在李悝《法经》盗、贼、囚、捕、杂、具六章之上再加户、兴、厩三章。

《九章律》是汉朝的基本法典，今虽不能见其全貌，但后人多有考证，能知其是秦律的继续。

汉初《九章律》制定后，奠定了汉代法律的基本框架，经孝惠文景的一些法制改良，汉代法制较为平和。但是，及至武帝即位，穷兵黩武，征发频繁，百姓贫耗，"穷民犯法，酷吏击断，奸究不胜。于是招进张汤、赵禹之属，条定法令，作见知故纵、监临部主之法，缓深故之罪，急纵出之诛。"张、赵所条定的法令是指张汤的《越宫律》、赵禹的《朝会律》。《越宫律》是关系到宫廷保卫的法律，《朝会律》也简称《朝律》，是朝请皇帝的法律。

《傍章》律的制定者叔孙通，高帝、孝惠时人，官居奉常。《傍章》是对《九章》之补充，内容是叔孙通所撰礼仪，以礼仪入律令是汉代立法的特点。

《傍章》、《越宫》、《朝律》共51篇，合《九章律》为60篇，故有"汉律60篇"之说。

武帝以后，法条愈演愈多，其中几种法律规范的区别和数目已难以考证清楚。

西汉末年外戚王莽篡权，进行所谓"托古改制"，实则倒行逆施，激起社会变乱，终于招致绿林、赤眉起义。在此基础上建立的东汉王朝，为缓和社会矛盾，采取一系列措施休养生息，使凋敝民生得以恢复。特别是光武帝刘秀虽称汉宗室之后，但长于民间，深知百姓疾苦，他释奴弛刑，号称中兴。

由于刘秀一切均以恢复大汉制度为标

榜，所以东汉法律全面继承西汉。西汉后期法条繁杂，难以明析，东汉亦承其弊，至章帝时采纳廷尉陈宠建议，对当时繁杂酷烈的法条进行了一些删削。不久陈宠又谋划以古代《吕刑》为样本"钩样律令条法"，汉律凡是多于《吕刑》三千条者皆除去，但是陈宠此议未及实行即被免职。

东汉末年应劭又对汉律作了一次较大修订，撰有《律本章句》、《尚书旧事》、《廷尉板令》、《决事比例》、《司徒都目》、《五曹诏书》及《春秋断狱》凡 250 篇。应劭修律只是将旧律进行整理，因当时遭董卓之乱，洛阳沦丧，典籍荡然无存，汉室拟迁许昌，不得不修律以应所需，但没有多少新意。

法律形式

汉代法律形式继承前代又有所发展，有以下几种：

律，是基本的法律形式，《九章律》即汉代基本法典。律的编纂比较规范，如《九章律》，是预设的法律，其制定程序一般是由臣下草拟议奏，皇帝批准颁布，篇章结构整齐。律一经颁发将长期保持法律效力，因而比较稳定，如《九章律》汉初所定，施行于两汉 400 多年间。律的法律效力普遍适用，并非只为特定的案件。除《九章律》外，汉代还有《越宫》、《朝会》、《酎金》、《上计》、《左官》、《金布》、《效律》、《徭律》等律。

令，指皇帝的诏令。汉代沿袭秦始皇的制度，天子称皇帝，其"命为制，令为诏"。皇帝作为专制独裁的君主，当然可以发布任何具有法律效力的诏令，所谓"言出法随"，皇帝的诏令就是最权威的法律。然而令作为一种法律形式又有其局限性，因为令总是因人因事而发，涉及具体的案件和事件，皇帝凭一时的喜怒可能就会颁发不同寻常的诏令，并且很可能是与既定的律条相左的。在这种情况下，诏令与律

的关系如何呢？武帝时的廷尉杜周曰："三尺安在哉！前主所是著为律，后主所是疏为令。"看来令这种法律形式往往会具有更高的法律效力，以至出现以令坏法的局面。

正是由于令这种形式很灵活，皇帝随时可以发布，无须既定的程序，汉代的诏令就很多，编为令甲、令乙、令丙等篇。所涉及内容见诸文物资料者有廷尉挈令、狱令、篓令、宫卫令、祀令、田令、任子令、秩禄令、金布令等。

科，也称作课，"课其不如法者罪责之"，秦律中有牛羊课，汉律因之。汉科多用于规定刑罚及官吏处分，如称"大臣有守命之科"、"宁告之科"，以至"宪令稍增，科条无限"。科作为单行法规，又称为科条、事条。

鎏金铜麒麟

比，又称决事比，比者，例也，就是判例比附断案，以过去的旧案类推现在审理的、以及律无明文的案件。两汉比的应

用十分广泛，多次汇集整理，如武帝时的"死罪决事比万三千四百七十二事"，东汉鲍昱的"婚娶词讼决事比"、应劭的"决事比例"等等。

以判例类推比附，可以使法官在断案时能够"自由"地离开律条，随意地处置，正如《汉书》卷23《刑法志》所言："罪同而论异，奸吏因缘为市，所欲活则傅生议，所欲陷则予死比。"比的泛滥使汉代法制走向黑暗。

法律思想和汉律儒家化

秦二世而亡标志着法家思想的破产，刘邦取得天下最得民心之处就是宣布除秦苛法。的确，一味"专任法制"，而且把法只视为严刑峻法的商、韩之学可以取胜于一时，却不可以长久。在法如秋荼凝脂的状态下生活的秦民动辄犯法，所以一听到刘邦宣布"约法三章"，无不由衷地拥护。

但是，汉立国后的法制建设却遇到了理论和实际的矛盾。在实际上，汉承秦制，沿用秦律，《九章律》就是秦律的发展，"约法三章"不过成为战时动员民心的一种手段，高帝亲口宣布"悉除"之秦法，在其尚在位时就已被公然恢复。为了寻找适用的理论武器，汉初统治者经历了一番探索，从崇尚黄老到独尊儒术，继而霸王道杂之，形成了影响后世的所谓正统的法律思想。

汉初的一段时间盛行的是黄老思想。所谓"黄老"，是当时学者托指的黄帝与老子，道家思想的代表人物。当时不只是法制上要求省刑约法，整个社会都要求休息。秦末以来社会凋敝，生产破坏，人民生活困苦。在这种情况下，汉家"君臣俱欲休息无为"，"从民欲而不扰民"，黄老之术就成为其必然的选择。

黄老最主要的观点就是"无为而治"，但是"无为"并不是无所作为，而是"无为而无不为"。黄老又是与刑名相通的，"无为"与"法治"是汉初统治者关注的两个方面。在黄老无为的思想下，汉初70多年来，生产得以恢复，轻徭薄赋，人民负担有所减轻，百姓安定了下来；苛刑峻法得以控制，从秦律继承而来的法律条文没有大的修订，但执行起来宽松多了。

黄老之术为汉初带来了几十年的稳定与发展，但"无为"的思想终不免过于消极，到汉武帝时再不能适应形势发展了。武帝开拓疆域，四海一统，汉朝空前强大，执法力度亦要加强，为适应大一统的局面就要求有统一的思想。在此形势下，董仲舒提出了"罢黜百家，独尊儒术"的主张。

董仲舒以一种神秘主义的观点来解释天子的皇权，他认为"天人合一"、"天人感应"，自然界所谓的"祥瑞"或灾异，都是上天对人世的表彰或警诫。他提倡等级制度，鼓吹"三纲五常"。经他这一番努力，儒家学说被装扮成神秘的、近于宗教的教义，每个人都要遵循自己的地位和等级，层层服从，最后大家都敬畏"天"，而"天"在人间的代表就是天子。所以归结到底，董仲舒的理论就是为法家学说破产后失去了理论基础的中央集权统治重建新的理论体系。

在法律思想上，董仲舒从他的"天道"理论引出"刑者德之辅，阴者阳之助也"，即德为阳，刑为阴，上天近阳而远阴，任德而不任刑，所以他的结论是"大德而小刑"。董仲舒又主张教化为本，刑狱为末，厚德简刑，德主刑辅。

董仲舒的理论基本上为武帝所采纳，从此奠定了儒家学说在历史上的统治地位。但实际上经董仲舒改造过的儒学已不完全同于先秦的孔儒，儒、法两家也不是势不两立。在德主刑辅的原则下，吸收了法家的许多观点，逐渐形成了所谓"正统"的法律思想，即维护专制集权的皇帝制度，维护纲常名教，融合礼法，先教后刑等。可见，所谓的"独尊儒术"并不是绝对地排他，号称被"罢黜"的百家悄悄地与儒学在沟通，只是将秦始皇赤裸的酷刑苛法掩遮了起来。汉宣帝曾一语道破："汉家自有制度，本以霸、王道杂之，奈何纯任德教，用周政乎！"所谓"霸道"、"王道"大体上也就是指法、儒两家。

汉朝的法律思想经过几番转变，大体上定型。

法制的特点

汉朝法制的突出特点是法律中的纲常名教色彩浓重和《春秋》可以决狱。汉朝实行中央集权的君主专制独裁制度，从本质上与秦朝并无不同。但是汉朝的君主专制的皇权更多了一重理论的色彩，即用董仲舒的天人感应、纲常名教思想武装。汉皇帝为"天子"，是"受命之君，天意之所予也，故号为天子者，宜视天如父，事天以孝道也。"按照这样的理论，汉家天子与秦始皇帝就不一样了，后者要功盖上天，代表三皇五帝，前者仅谦恭地宣称自己是上天的儿子。其实"天子"说更为神化了皇帝，对臣民更有威慑力量。纲常名教体现在法律上首要的就是维护皇权的尊严。

楼舱式陶船

高祖初年，群臣争功，上朝大呼小叫，高祖命叔孙通制礼仪，于是朝堂肃穆，在体制上保障了皇权的不可冒犯。武帝时赵

禹的《朝会律》、张汤的《越宫律》都是为强化皇权而定，不惜以深文刻法来巩固朝纲。其所定罪名有阑人、失阑、犯跸、不道、大不敬、僭越、妖言、诽谤等。更有甚者是所谓"腹非罪"，大司农颜异对发行白鹿皮币一事以为不妥，当有人论及时，颜异欲答但又未敢言，仅"唇微启"，结果被御史大夫张汤以"腹非"弹劾论死。此后又有左官、酎金、附益、阿党等法律，都是为控制臣下、加强集权而定。

在民事法律关系上，纲常名教表现得尤为突出。汉家治天下以"孝"为标榜，惠帝以下均以孝谥，所以"不孝"就被列为严重的罪名，不但弑父弑君处以极刑，子告父也是不孝的死罪。在婚姻家庭关系上，男子居于主导地位，妇女没有权利，夫为妻纲的教条被当作法律条文来遵奉。先秦儒家教义中的"七出"也成为现实生活中休妻的法规，妻子凡不事舅姑、无子、淫逸、妒忌、恶疾、多言、窃盗都可以成为被丈夫休弃的理由。"三不去"作为一种补救措施虽然对丈夫任意抛弃妻子有所约束，但没有规定罚则，也就沦为具文。"三不去"是指有所娶无所归，与更三年丧，前贫贱后富贵者可以"不去"。

《春秋》是孔子编定的鲁国编年史，扬善隐恶，挞伐叛逆，使乱臣贼子惧，特别是其《公羊传》更是宣传大一统思想，董仲舒的学说即是以它为理论基础的。董仲舒不仅以儒家学说改造汉律，在司法实践中更是直接援引儒家经典和教义，作为审判的法律依据，这就是所谓引经决狱。引经决狱之风在汉代颇盛，判案不引用法律条文只引证经义，或是虽引律条但是用经义去解注律条，这样就把法律变成了可塑性很强之物，比制定新法律或修改法律更为容易贯彻司法者的意图。董仲舒专门编纂了《春秋决狱》一书。

董仲舒编《春秋决狱》232事（案

例），全书现已失传，仅残留下六例，亦足以看其一斑。试举三例为证。

"螟蛉有子"案，某甲拾道旁弃儿乙养之以为子，养子乙长大有罪杀人，某甲藏之，某甲当何论呢？董仲舒引用《诗经》上"螟蛉有子，蜾蠃负之"的诗句认为养子"虽非所生，谁与易之"？也应该按"《春秋》之义，父为子隐，甲宜匿乙，诏不当坐。"

"乞养子杖生父"案，甲有子乙以乞丙（甲将子乙送养于丙），丙将乙抚育成人。一日甲醉后对乙说："你是我儿子。"乙怒杖甲，甲不胜其愤告官。董仲舒审断道：甲虽生乙但不能养才送丙，甲对乙"义已绝矣"，乙虽杖甲，不应坐。

"误殴伤父"案，乙与丙相争，丙以刀刺乙，乙之子甲即以杖还击丙，不慎误伤己父乙，甲当何论呢？有人说，甲殴父，罪当枭首。董仲舒却认为甲为救父而伤父，非律所云之殴父，引《春秋》之义，君子原心，赦而不诛，甲不当坐。

以上三例《春秋》决狱可以看到，儒家经义是司法的最高原则，原心论罪强调的是犯罪的主观方面，以及法官对犯罪动机的判断。主观上的善与恶是衡量非罪与罪的主要标准，当然不可避免地会有随意性，结果执法官员本身的情操修养就是决定性的因素了。时人即有评议："《春秋》之治狱，论心定罪：志善而违于法者，免；志恶而合于法者，诛。故其汉狱，时有出于律之外者。"

虽然以志善、志恶作为判定是否有罪的标准不免有主观的成分，但从上述《春秋》决狱的例案看，引经断狱确有轻刑的倾向。因为儒家原本就提倡礼乐教化，伦理道德，仁人爱人，以经解律就必然赋予律以儒家的精神。面对有待改造的律条（从秦律继承下来的汉律），以经解律，引经断狱也不失为一种好的办法。

司法制度

廷尉是朝廷最高司法机关，廷尉"掌刑辟"，属下有正、左右监、左右平。景帝、哀帝年间曾两度改廷尉为大理，王莽复古曾改称作士，但终又恢复廷尉原名。廷尉受理天下刑名，复审重大刑案；同时又直接审理京城大案。廷尉审理后报皇帝核准。廷尉是专职的司法官，但由于汉代仍是实行集权体制，各种政治权力都集中在统一的国家机关上，没有行政、司法、立法的分权，所以其他的一些机关也具有一定的司法权。如丞相是百官之首，也直接参预司法，参加一些重大案件的廷议。汉代地方仍由行政长官兼理司法。

规矩鸟兽纹镜

郡设郡守，景帝中更名太守，秩二千石，为一郡之长。郡守下设丞，边郡又有长史。郡守率属吏治一郡司法。

县设令、长，下设丞、尉、斗食、佐史等属吏。县以下实行乡亭制度，乡有三老、有秩、啬夫、游徼。乡亭协助县官管理地方事务，三老掌教化，啬夫职听讼叫赋税，游徼禁贼盗。

汉武帝时为控制地方，划全国为十三州部，遣刺史周行巡察，断治冤狱。成帝、哀帝时改刺史为州牧。东汉末期州牧已演变为实际上的地方一级政府，有权势的州牧就是割据一方的军阀。州部制度兴起后，地方上实际成为三级审判。

当然汉朝司法的最高权力还是掌握在皇帝手里，重大疑难案件要上报皇帝最后裁决。高祖即曾下诏对"有罪者久而不论，无罪者久系不决"的疑案要由县及郡，由郡移廷尉，廷尉奏请皇帝。汉朝皇帝还经常亲自办案，凡其过问的案件称诏狱，诏狱都是关系国家的一些重大刑案，如高祖、高后时的韩信、黥布案，武帝戾太子案、巫蛊案等都是奉皇帝之命的诏狱。武帝时酷吏杜周任廷尉，其诏狱曾关押十多万人。

汉代诉讼的提起有两种形式，一种是当事人自诉，曰告；另一种是官吏或他人的纠举，曰劾。汉时秉秦遗风，纠劾盛行，因法律规定"其见知而故不举劾各与同罪"。

告劾（起诉）当然也有条件的限制，亲亲得相首匿就是一种限制原则，首匿更强调下不得告上，卑幼不能诉尊长。当然诬告和越诉也是被禁止的。

在审判程序上汉代有录囚制度，"录囚"是对在押人犯的审录，其意义在于能够发现和纠正冤狱，各州的刺史出巡的一项主要工作即是录囚。录囚成为一项制度对后世影响很大。

与录囚制度相联系的是秋冬行刑的制度。早在先秦典籍中就已提出秋冬行刑的主张，充分体现了儒家及阴阳五行学说的特点，但是在先秦并未形成制度。入汉以来经董仲舒大力提倡，天人感应的一套儒家理论成为正统，秋冬行刑也就成了制度，其理论渊源是：春夏万物生长，不宜刑杀；而秋冬万物凋零，亦当诛杀刑罪，天人相通，天人一理。从汉以后，秋冬行刑成为定制。

御史大夫是最高监察官员，位上卿，"掌副丞相"，是仅次于丞相的高级官员，受命参与大要案件审判，纠举百官违法，是皇帝的耳目。地方上派监御史，后改为部州刺史。监御史之设主要是为监察地方官。监察制度的实行，使各级官员有所约束，使其有所顾忌，保证了官员的廉洁公正，有积极的作用。但是在专制体制下的这种监察制度，也难以克服自身腐败的弊病。

学校教育

早在汉初，民间继春秋战国私人办学的传统，办有私人学校。汉武帝确定重教化、兴学校的文教政策之后，汉代的学校有了更大发展，标志就是官方中央先后创办了太学、鸿都门学、贵胄学校，在地方办有郡国学校。自西周末年官学衰微以后，春秋战国至秦几百年间，除齐有稷下学宫外，官方几乎没有办过其他学校。因而汉代官学的复兴，是教育史上的一件大事。

中央太学

元朔五年（前124年），汉武帝下诏让丞相太常博士等官讨论教化、给博士官置弟子、厉贤才等问题。当时的丞相公孙弘等人禀承汉武帝的旨意，认为"教化之行也，建首善自京师始，由内及外"，故建议"为博士官置弟子五十人"。这一建议得到了汉武帝的采纳，汉代太学开创设立。从汉武帝的诏令和公孙弘的建议中可以看出，汉代设立中央太学的目的有二：一是推行教化，即以首都太学为基地和榜样，推动全国的思想道德教育，以统一人们的思想；二是厉贤才，即培养具有儒家思想的德才兼备的人才，以满足国家对人才的需要。

汉代太学的规模开始很小，只有学生50人。在汉昭帝时增至100人，汉宣帝时增至200人。汉元帝好儒，太学生增至

1000 人。成帝末，有人认为孔子作为一个平民百姓，都养有弟子 3000 人。而当今天子的太学却不及此数，于是又将太学生增至 3000 人。同时还开始建造辟雍，增修校舍，工程尚未完成而成帝崩。到平帝时，王莽主持朝政。他为了博取声誉，于是修起明堂、辟雍，为太学筑校舍万区。校舍旁筑有粮仓、集市，每月朔望，学生各持地方特产、经书传记、各种乐器来此市买卖。另外，他还增立博士，命元士官的子弟都入太学。学生人数大增，太学的规模大为扩展。

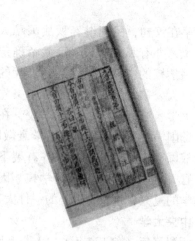

《九章算术》书影

东汉的开创者光武皇帝也爱好儒家经术。他刚一建立东汉政权，就"先访儒雅、采求阙文"，于是在两汉之际的战乱中避居山林的四方学士，"莫不抱负坟策、云会京师"。建武五年（29 年），又于都城洛阳修起太学，当时"诸生横巷，为内外所集"。汉明帝也尊师重道，提倡教育。他多次大会诸儒，亲自讲学，听者甚众。当时匈奴也派遣子弟前来求学。学校教育又趋兴盛，史称"济济乎，洋洋乎，盛于永平矣"。

章帝之时，外戚、宦官开始掌权，没有采取什么措施来发展太学教育。章帝一死，东汉的政治开始进入黑暗时期，教育也逐渐荒废。安帝之时，"博士倚席不讲，朋徒相视怠散"。校园破败不堪，成了种菜的园圃、牧童割草的荒地。

至顺帝之时，才重修太学，造构 240 房，1850 室，同时增加学生。到质帝本初元年（146 年），掌权的梁太后下诏要求大将军以下至六百石都要遣子弟入学，"自是游学增甚，至三万余生"。这种情况一直持续到汉末，"然章句渐疏，而多以浮华相尚"，教学质量下降，学风日下。

从汉代大学的兴衰情况可以看出，学校教育的发展与当时社会政治经济状况和统治者是否重视颇有关系。

汉代朝廷掌管文教的官员是太常，居九卿之首。具体职责就是掌管宗庙礼仪、太学教育等事。皇帝也经常亲自到学校视察，称为视学。

太学的教官称为博士。博士之名源于战国，起初仅是博学之士的美称，战国末期以后成为官名。在汉武帝立太学之前，博士的主要职责是掌通古今、史事，待问咨询，议礼议政；私下可以教授弟子，但不是法定的职责。担任博士之官的人既有儒家学者，也有其他学派的学者，甚至是某一方面有所专长的人。而自汉武帝独尊儒术、兴办太学以后，博士官由儒家学者充当，其主要职责是在太学中向太学生讲授儒经，成为太学中的教师，同时参加朝廷政治、学术的讨论。众博士之上设有首席长官，西汉时称卜射，东汉时改称祭酒。

选用博士的办法，西汉多以名流充当，由官员荐举、皇帝征拜产生，一般不进行考试。东汉则由人保举、太常选试，然后由皇帝批准而产生，以保证博士具有封建道德和博深的学问。博士的待遇比较优厚，开始时的俸禄相当于四百石，汉宣帝时增加到六百石，偶尔还有其他的物质奖励。

汉代太学的学生称作"博士弟子"，或简称"弟子"，有时概称"诸生"或"太学生"。汉武帝创立太学时，就规定了选拔博士弟子的具体办法：一是由中央太常直接选年龄 18 岁以上、仪表端正的人作为正式生，二是由地方官员推举各地"好文学，敬长上，肃政教，顺乡里，出入不悖所闻者"，选送京师太学，然后作为特别生，"得授业如弟子"。一作博士弟子，就可以免除徭役、赋税。正式生还有官俸，特别生则费用自给，后来也有通过其他途径进入太学的自费生。

太学生学成之后，可被官府选为各级官吏。武帝初规定：博士弟子学一年后就举行考核，能通一门儒家经典就补文学掌故，考试成绩优秀者可以为郎中，太常将选中者造成名册，报告给天子，其中特别优秀的，直接报告给天子，以便量才录用。同时太学生也可以自谋出路，如出去办学等。没有被官府选中的学生，也可以留在太学中长期学习，以至于有的人青年入学，到成为白发苍苍的老者时，仍是太学中的学生。

汉代太学教育的主要内容是儒家经典，即关于《诗》、《书》、《礼》、《易》、《春秋》等儒家经典的学问。儒家经典自孔子删定之后，一直在民间传授。到汉代时，已发生了较大的分歧，出现了所谓的今文经和古文经。今文经是用当时流行的文字（隶书）著于竹帛而成；古文经学所据经典用秦以前的"古籀文字"写成。据古文经学家的说法，秦始皇焚书，项羽毁典，使孔子所编"六经"多有残缺。尚存者或藏于宅壁，或散佚民间，至汉代才陆续发现，主要有《古文尚书》、《逸礼》、《春秋·左传》等，他们所据的就是这些所谓的原本。但从实质上看，二者的区别主要在于对经典的解释以及对古代的制度、人物的评价有所不同。今文经学家认为孔子以删定"六经"作托古改制的手段，立万世不易之法，故为经学的始祖。其实际开创者为西汉董仲舒，集大成者是东汉何休，何休所撰《春秋公羊解诂》，为今文经学家议政的主要依据。出于当时政治上的需要，今文经学着重阐发经文的"微言"、"大义"，为封建的"大一统"作论证，故特别重视公羊家的春秋学。古文经学家崇奉周公，视孔子为"述而不作、信而好古"的先师，以"六经"为孔子整理史料之书，故偏重于名物训诂，其特色为考证，重经籍所记的事实，倡文字学和考古学；后世又称汉学。

由于今文经更适合当时统治者的需要，因而受到了汉代统治者的欢迎，被立为太学的教学科目。汉武帝立的五经博士，全部是今文经学博士。至西汉末年，太学中先后立了十五家经学作为教学科目，其中十四家是今文经学。

汉平帝时王莽执政，在太学中立了四家古文经学作为教学科目。随着王莽政权的灭亡，被立的四家古文经学被排除在太学之外。东汉光武帝在太学中立的十四家经学，就是西汉太学中的十四家今文经学。以后古文经学有较大发展，汉代统治者允许其公开传授，但始终未作为太学中的正式科目。

为了统一经学的解释，汉代曾召开两

王充像

次重要的经学会议。第一次是西汉宣帝甘露三年（前51年），在藏书的石渠阁评论《公羊春秋》、《谷梁春秋》的同异问题。汉宣帝亲自参加会议，萧望之主持评议，参加者有施仇、戴圣等22名博士名儒。这次会议可以看做是教材审定会。

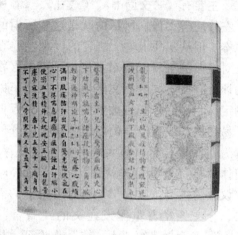

《本草品汇精要》书影

　　第二次会议是在东汉建初四年（79年），汉章帝大会诸儒于白虎观，讲议五经异同。班固奉命整理讲议记录，编辑成书，名为《白虎通义》。这是董仲舒以来今文经学派经义的总汇，也标志着东汉经学与谶纬神学的进一步结合，使谶纬正式变成钦定法典。会上明确地提出并解释了三纲六纪，对后世有深远影响。

　　东汉熹平四年（175年），汉灵帝根据蔡邕等人的建议，命人镌刻石经于太学大门之外。这部石经共有46块石碑，内含今文的五经及《公羊传》、《论语》几部儒家经典。字体采用古文、篆、隶三体，所以有人将它称作为"三体石经"。镌刻石经的理由是经籍在长期传授过程中，文字多有错谬，俗儒于是穿凿附会，任意讲说。熹平石经实际上是我国古代由政府颁布的第一套标准教材。

　　汉代太学的教学方式主要有老师讲授、高足弟子代授、学生自学、考试几种。太学内设有讲堂，一般长十丈、宽三丈，还有内外之分，称内外讲堂，教师常于讲堂之中，向弟子们传授经文，讲说经义。由于太学教师很少，学生多，一位教师要教数百人，乃至上千人，于是往往由高年级的优秀生代替老师来教低年级的学生。学生除听经师讲学外，大部分时间是自学，相互间还可以自由讨论。自学就不限于儒家经学，可以博览"众流百家之言"。此外，太学还偶尔举行学术讨论会，相互辩难，如建武十九年，光武帝亲临太学，"会诸博士论难于前"。

　　确定学生学习成绩的优劣主要是考试。大致西汉一年一试，东汉两年一试。太学的考试多与朝廷选拔官吏相结合，其方法有射策、对策两种。所谓射策是由皇帝或学官提出重大理论问题，被试人书面回答。合格者可获一定官位。射策类似抽签考试，范围限于经义。博士或其他主考官先将儒经中的有关问题书之于策，加以密封，学生投射抽取，进行解答。射策最初根据问题的难易程度分甲乙两种，每科有规定的取官名额。自质帝起，不分甲乙科，只取高第。到桓帝时，又废止取官名额，以通经多少作为升迁的标准。具体办法是：学满两年可以参加考试，通二经授文学掌故，但可以不赴任而继续学习，待两年后参加高一级的考试；如通三经，则可以为太子舍人。如此类推，直至博通五经为止。考试不合格者，可以留校继续学习。

　　太学教学，很讲究师法、家法。师法是从师承的角度上讲的，是指老师所传之法或先师代代相传而不变的教义。家法则是从学说本身而言的，是指大家所公认的关于某部经典的一家之说。师法和家法既有区别，也有联系。严守师法、家法对于保存儒家经典的原貌，防止经学的进一步分裂有重要作用，但这样一来，又禁锢了人们的思想。

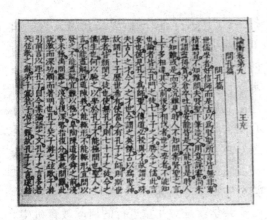

《论衡》书影

汉代太学生不仅闭门读书，也常干预当时的政治。我国的学生运动，始于汉代。西汉哀帝时鲍宣耿直，常上书谏争。后因阻止丞相孔光不得行驰道中，获罪下狱。为营救鲍宣，太学生王咸领千余学生拦住丞相的车陈理，并守在皇宫大门外向皇帝上书求情。结果哀帝在太学生的要求之下，为鲍宣减罪一等。这是太学生运动的最早记录。东汉光武帝时，曾教授过数百生徒的汝南太守欧阳歙因涉嫌贪污罪下狱，太学生千余人守在皇宫门前为其求情。汉桓帝时宦官专权、政治黑暗，太学生的政治活动更为扩展。永兴元年（153年），冀州刺史朱穆因得罪宦官而入狱，太学生刘陶等数千人到皇宫门前上书，为其申冤，迫于众人的压力，朱穆获赦。延熹四年（161年），皇甫规因拒绝向宦官行贿而入狱，太学生张凤等300多人又到皇宫门前为其辩护，后被赦免。也就在桓帝时期，太学生3万多人以郭泰、贾彪为领袖，同社会上正直人士李膺等人相互推崇，批评时政，揭露豪强，"自公卿以下，莫不畏其贬议"。后有人诬告他们，"共为部党，诽讪朝廷"。因而遭到镇压，发生了两次党锢之祸，太学生先后被捕的有1000多人，贾彪等被禁锢终身，不得为官。

贵胄学校与鸿都门学

汉代中央官学除太学外，还曾办过贵胄学校和鸿都门学这两种特殊的学校。

贵胄学校就是朝廷专门为皇室及外戚子弟开办的学校。东汉明帝永平九年（66年），为外戚樊氏、郭氏、阴氏、马氏四家子弟开立学校，聘请名儒为师，传授儒家《五经》。四家非列侯，称小侯，故称其学为"四姓小侯学"。后来招生对象扩大，凡贵族子弟，不论姓氏，都可入学。匈奴也派遣子弟前来留学。安帝元初六年（119年），博学多识的邓太后为了改变贵族子弟不学无术的状况，特为和帝之弟济北王、河间王的5岁以上的子女40余人和邓氏近亲子孙30余人开办一所学校，教学经书，并亲自监试。

鸿都门学是东汉灵帝于光和元年（178年）创办的一所文学、艺术专门学校，因校址在鸿都门而得名。教学内容为辞赋、小说、尺牍、字画等文学艺术。招生对象

神农氏尝药辨性

为对这些有兴趣并有一定基础的人，不论出身，学成后可以封官拜爵。

郡国学校

郡国学校即汉代地方的官办学校，因汉代地方行政区划以郡国为单位而得名。郡国学校的创始人为文翁。汉景帝末年，文翁为蜀郡太守，为改变蜀地文化落后的状况，他选派十几个聪明有才的郡县小吏到京城博士处受业，或学律令，学成归蜀，根据学习情况给予不同的官职。文翁任他们为郡中的高级官吏，参加察举。这些人中后有的官至郡守刺史。与此同时，文翁又在成都修起学校，招收郡下各县的青年前来学习，毕业后授以一定的职务。后来汉武帝注意到了文翁的经验，"乃令天下郡国皆立学校官。"自此以后，汉代的地方官学逐渐发展起来。到汉平帝元始三年（3年），由于王莽的提倡，开始明确地规定了地方的学校系统的建制："郡国曰学，县、道、邑、侯国曰校。校、学置经师一人。乡曰庠，聚曰序。庠、序置《孝经》师一人。"这种学制体系初步奠定了我国封建时代学校制度的基础。

东汉时，地方官学普遍设立。如西北的武威、东北的辽东、西南的桂阳（今广西境内），乃至南面的九真（今越南境内）都曾设过学校。但地方官学的兴废与地方长官是否重视教育有关。随着地方官人事的变动，有的地方的学校也时兴时废。

汉代管理地方文教的官员是郡文学，东汉又称文学祭酒。

设置地方官学的目的在于培育地方人才，推进地方教化。而为了推行教化，学校还常举行礼仪活动。如汉明帝规定："郡、县、道行乡饮酒于学校，明祀周公、孔子。"这是古代学校祀周公、孔子之始。

私学教育

我国古代的私学教育始于春秋，盛于战国。秦焚书坑儒之后，私学受到了严重打击。但风头一过，私学又开始复兴。如刘邦与项羽争战时，"引兵围鲁，鲁中诸儒尚讲诵习礼，弦歌之音不绝"。这说明，秦末汉初的战乱之际，仍有私学教育。汉朝建立之后，私学教育逐渐兴盛起来。当时有些大师收徒教授，学生多达数千人乃至上万之众。汉代的私学教育大致有蒙学、初习儒经的私学、专研经书的私学、其他类型的私学等几类。

蒙学就是对儿童进行的启蒙教育机构。主要任务是识字、写字，故一般称为"书馆"；教师称为书师。王充自叙"八岁出于书馆，书馆小童百人以上，皆以过失祖谪，或以书丑得鞭"。这说明当时蒙学教育比较兴盛，管理也较严格。

抚琴画像石

儿童于书馆学习了字书以后，就开始学习《孝经》、《论语》、《尚书》等经书。《论语》、《孝经》等是儿童比较易懂和最基本的经典。对《孝经》、《论语》等书有初步了解后，还想继续深造的人一般都要投入博学有名的经学大师门下，深入研习儒家经典。当时不少名儒大师，自立"精庐"、"精舍"等学校，广收门徒，如韦贤、疏广等人都曾是开私学的"教书匠"。当时私学大师门下的学生有两类：著录弟子与及门弟子，著录弟子就是在名义上拜名儒学者为师，但不必亲来受业，仅是著其名而已。及门弟子就是直接从师受教的学生。由于名师下的及门弟子很多，所以往往由高足弟子代老师向新来弟子授课。如董仲舒"下帷讲诵，弟子传以久次相授业，或莫见其面"。马融"门徒四百余人，升堂进者五十余生，乃使高业弟子，以次相传，鲜有入其室者"。郑玄在马融门下三年，都未见师面，出师时才得一见。

《神农本草经》辑佚本书影

当时私人开门授徒的不仅有儒家经师，也有其他学者。其中有教授道家之学与黄老之学的，还有不少学者兼授天文、历算、图纬。

除学校教育外，当时家学也是私学教育的一种特殊的形式，像司马迁、班固等人的史学，无不有其家学渊源。其他如天文、历算、医学，父子相传的家学更是其流传的主要途径。

察举取士制度

汉代逐渐创立了由丞相、列侯、郡守等官员考察、荐举人才、中央复核或认可后就任以官职的察举取士制度。此外，还盛行征辟、任子、纳赀等制度。其中征辟即征召、辟除。征召就是中央高级官员不从现任官员中选调，而由皇帝直接从有名望的人中征聘。辟除就是中央最高行政长官如三公、地方官如州牧、郡守等，都可自行征聘僚属。这与后世大小官吏皆由吏部铨选有所区别。

察举取士的创立

汉代建国之初就开始选士。汉十一年（前196年），刘邦下诏求才，认为天下贤能之人与他共同平定了天下，也应与他共同来安利天下。他声称："贤士大夫有肯从我游者，吾能尊显之。"命令各诸侯王、郡守亲自荐举贤才，以车驾送至京师相国府，登记其行状、仪容、年纪，以便任用。如有不推荐贤人的官员，将被免职。这可以说是汉代选士之始。

文帝在位期间，曾两次下诏令诸侯王、公卿、郡守荐举"贤良方正能直言极谏"之士。在文帝十五年（前165年）选贤良之时，文帝亲自出题策试，要求应举者就"吏之不平、政之不宣、民之不宁"等时政问题提出书面意见。作出答卷后，由人密封，文帝亲自阅卷，以定高下。这是汉代对策之始，亦可以说是后世科举的端绪。当时参加对策者百余人，晁错名列第一，被封为中大夫。

高祖、文帝的选士活动都属于偶尔为之，尚未形成制度。察举取士制度的创立，是在汉武帝时期。汉武帝即位之初，就召丞相，御史、列侯、中二千石、二千石、诸侯相荐举贤良文学之士。前后举出百余人，中有董仲舒、公孙弘。同时各地上书自荐的人也有千数。

武帝元光元年（前134年），首次命令"郡国举孝廉各一人"。武帝元封五年（前106年），首次"令州郡察吏民有茂才异等及可为将相及使绝国者"。并规定每州每年"各举秀才一人"。这里的茂才异等即秀才。规定州郡察举人才的任务，是察举取士已经制度化的重要标志。

自武帝开始，汉代在完善察举取士制度方面还做了一些工作。

1. 初步制订了人才标准

汉武帝时确定了四种取士的原则：一曰德行高妙，志节清白。二曰学通行修，经中博士。三曰明达法令，足以决疑，能案章覆问，文中御史。四曰刚毅多略，遭事不惑，明足以决，才任三辅令。各科都必须"有孝悌廉公之行"。以后光武帝又重申了这一取士原则。这使取士的标准比较具体了。

2. 按人口的多少、地域的不同来决定举才的人数

汉武帝时规定每郡每20万人口岁察孝廉一人。不满20万人，二岁一人。不满10万，三岁一人。和帝时还对少数民族杂居的地区给予优待，规定幽、并、凉州等沿边州郡"人口十万以上岁举孝廉一人；不满十万，二岁举一人；五万以下，三岁举一人"。

3. 察举与考试相结合

汉代的察举总的来说是以推荐为主，但有些科目也要进行考试，以区分高下，作为授官大小的参考，有时还以此作为取舍的依据。如东汉顺帝时左雄任尚书令，针对察举中出现的好坏不分的弊病，决定加强考试。规定"诸生试家法，文吏课笺奏"，并复试于端门，以观其虚实、察其才能。这已接近后世的科举。考试的方式主要有对策、射策两种。

4. 对举荐者有一定要求

地方一般由郡守、相国负责察举，中央一般由丞相、太常负责，后汉由尚书令负责。对于选举失实的官员，一般要给予处罚。

这些说明，汉代察举有一定的规章制度，但尚不完善，也缺乏连续性。

察举科目

汉代察举的科目较多，有孝廉、茂才、贤良方正或贤良文学、明经、明法、治剧、兵法、童子、阴阳灾异等。

1. 孝廉

就是居家孝悌、居官清廉的人。早在汉文帝时，就曾下令奖励孝悌力田和廉吏，并"以户口率置三老、孝悌力田常员，令各率其意以道民焉"。这实际是在地方置孝悌力田之官，以促进地方教化。

真正以孝廉为科目来选士始于武帝元光元年（前134年），这时孝与廉各为一种。武帝之后多孝廉并举，作为一科。被举者原来没有官职给以小官，小官则提升为较大的官。孝廉一科在宣帝、平帝时有所调整。宣帝令官吏六百石以上不能再举为孝廉。平帝则令宗室凡任吏者都可以举为孝廉，以示优待。东汉也将孝廉作为重要科目，但有一些改进，一是任职渐高。西汉孝廉一般作小官，东汉可以作尚书郎、县长、侯相、守令等职。二是规定按人口进行推举。三是西汉孝廉不参加考试，东汉有时要考试，考察其经学或笺奏的水平。这说明此时的孝廉不仅要有德行，也要有一定的知识才能。

2. 贤良

即贤良方正。一般是品行高洁、有一定学识的人。举贤良始于汉文帝二年（前178年）。

自武帝起，贤良备受重视，察举的次数多，应举的人也比较多。其程序一般是由公卿、诸侯王、郡守等高级官吏荐举，然后皇帝亲自策试，以分高下。高第者可获大官，其地位重于孝廉。但有时不策试而直接授官。

3. 茂才

原名秀才，后汉因避光武帝讳而改为茂才。有时又称茂才特立、茂材异等。一般是指有奇才异能的人。创始于汉武帝元封五年（前106年）。

汉武帝、光武帝、汉章帝皆规定每年

常举，其他帝王也比较重视。一般不参加考试，只有元帝时有试茂才的记载。被选者多为现任低级官吏，选中后，多授以县令一级的官职，其地位高于孝廉，不及贤良。

4. 明经

是指通晓儒家经典的人才。汉初统治者就已开始征用通经的人才。自武帝独尊儒术以后，此种人才更是备受重视，不少经学大师被举为博士官或其他高官，一般通经者也多被录用。明经一科的设置，对当时经学教育的发展有重要意义。

5. 童子

指年少而又有才学的人。此种人才在汉初就已受重视。汉初律文规定："太史试学童能讽九千字以上乃得为史，又以六体试之，课最者为尚书、御史、史书令史。"

在东汉时，此科较盛行。当时太学中有不少风云一时的少年天才。"任延年十二为诸生，显名太学中，号为任圣童"，"杜安年十三入太学，号奇童。黄香年十二，博通经典，京师号曰：天下无双，江夏黄童"。这说明汉代注意选用少年人才，促进了天才儿童的教育。

察举取士的弊端

汉代创立的察举取士，总的来说是一种进步。因为它打破了宗法世袭制，使社会上的各种人才有了施展自己才能的机会。但因其以地方察举为主，考试为辅，甚至不进行考试而直接录用，同时没有一套比较完善的法规相配合，即使有一些法规也未能保持其连续性。因此，它缺乏科学性。所以班固说："汉之得人，于兹为甚。"封建时代真正政治清明的时间不多，主持选士的人也多是一些贪赃枉法的人，因而这种选士制度往往弊端百出。汉末名士王符《潜夫论·考绩》中对此揭露说：

> "群僚举士者，或以顽鲁应茂才，以桀逆应至孝，以贪饕应廉吏，以狡猾应方正，以谀谄应直言，以轻薄应敦厚，以空虚应有道，以罟暗应明经，以残酷应宽博，以怯弱应武猛，以愚顽应治剧。名实不相副，求贡不相称。富者乘其材力，贵者阻其势要，以钱多为贤，以刚强为上。凡在位所以多非其人，而官听所以数乱荒也。"